KB125322

더 울프 오브 월스트리트

THE WOLF OF WALL STREET

THE WOLF of WALL STREET

더 울프 오브 월스트리트

아무것도 없이 모든 것을 이룬 남자

조던 벨포트 지음 | 장지웅 옮김

여의도
책방

누가 그를 사기꾼이라고
손가락질할 수 있는가

　영화 〈더 울프 오브 월스트리트〉의 주인공이자 이 책의
작가인 조던 벨포트가 장외주식을 팔던 1980년대 후반은
법적제재가 미비했던 시절이었고, 그는 허술한 법망을 피
해 급속도로 부를 창출했다.
　조던 벨포트는 자신의 욕망을 이루기 위해 타인의 욕망
을 이용한 전략가이다. 쓰레기 같은 페니 주식을 불특정
다수에게 고가에 판 사람을 사기꾼이 아닌 전략가로 칭하
는 것에 불편함을 느낀다면 이쯤에서 책을 덮어도 좋다.
사기꾼은 대중에게 손가락질을 받는다. 역으로 사기꾼에
게 당한 자들은 어떤 상황에도 비난받지 않는다. 사기를
치는 사람이나 당하는 사람 모두 자신의 원초적인 욕망을

채우려다가 늪에 빠진 것이다. 1달러도 안 되는 기업의 주식을 고가에 사는 인간의 심리가 한탕 잡아서 부자가 되어 보겠다던 조던 벨포트의 욕망과 무엇이 다른가. 그들이 더 천박했으면 천박했지 별반 다르지 않다고 본다. 한탕에 실패한 사람들을 동정하고 싶지 않다.

대한민국에서는 금융감독원의 허가를 받아야 장외주식도 중개할 수 있고, 일대일 투자자문도 할 수 있으며, 고객의 돈을 운용할 수 있다. 얼마나 우스운가. 왜 대한민국에서 가장 금융을 모르는 금감원이 허가한다는 것인가. 과연 운용사나 증권사 사람들이 금융을 많이 아는 일반인보다 낫다고 볼 수 있을까? 천만의 말씀이다.

내가 열 차례 M&A를 하면서 겪었던 제도권 인물들은 모두 하나같이 눈뜬장님이거나 양의 탈을 쓴 늑대였다. 조던 벨포트가 1달러짜리 주식을 수천 달러에 파는 것과, 증권사에서 사라고 권유한 특정 펀드나 특정 종목의 가치가 하루아침에 바닥을 치는 현상은 도대체 무슨 차이가 있는가.

운용사 대표나 증권사 임원이 TV·유튜브·책·강의 등에서 쓰레기 같은 페니 주식을 권유하는 모습을 심심찮게 본다. 이 또한 불특정 다수에게 전화를 돌려 주식을 팔던 그 시절의 조던 벨포트와 무엇이 다른가. 운용사 대표나 증권사 임원은 그 어떤 개소리를 해도 대중의 신뢰를 받는다. 그들이 제도권이라는 이유만으로. 이 얼마나 우스운가.

얼마 전 가상화폐 특금법(특정 금융거래정보의 보고 및 이용 등에 관한 법률)이 통과되었다. 가상자산의 중개·매매 금지로 자격을 부여하겠다는 것인데, 아마도 대중은 그 내용을 어렵지 않게 받아들일 것이다. 얼마나 많은 기회비용이 드는 일인지 알지 못하겠지만, 자격을 부여하는 제도를 절대 시장에 도입해서는 안 된다는 것이 내 개인의 의견이다. 돈은 시장의 흐름에 따라 자체적으로 걸러질 때 가치가 높아진다. 결국 대중은 제도권에 있다는 이유로 신뢰받는 이들에게 또 사기를 당할 것이다.

조던 벨포트는 그 어떤 제도권의 사기꾼들보다 투명하고 위대하다. 그것이 내가 이 책을 우리 독자에게 소개하고 싶었던 가장 큰 이유 중 하나이다. 기회와 부는 진정성의 대상이 아니다. 기회와 부는 거짓을 진실로 보이게 할 때 구현되는 명제이다. 조던 벨포트는 거짓조차 진실로 받아들이게 하는 언변을 활용하여 추악한 욕심을 지닌 자들의 환심을 샀다. 그래서 그는 위대하다. 그는 아무런 노력 없이 부자가 되고 싶은 사람들의 심리를 이용했을 뿐이다.

페니 주식을 매수시킴으로써 '더 울프 오브 월스트리트'를 이룩했다.

섹스·마약·도박이 강조되는 이 책의 장면들은 불편하지만 월스트리트 늑대들의 본능을 일깨운다. 조던 벨포트의 삶은 잡다한 인간 군상의 실체를 보여준다. 처음부터 그의 인생을 옮긴 영화의 팬이었지만 그의 첫 자전적 소설을 우리말로 옮기고 보니, 더욱 그를 21세기의 진정한 심리학자이자 이코노미스트라고 부르고 싶어진다.

2022년 1월

장지웅

정글 속의 아기

1987년 5월 4일

"자넨 연못에 떠다니는 쓰레기보다 쓸모없어." 나의 새로운 상사 스콧은 LF 로스차일드LF Rothschild[1]의 객장으로 나를 안내하면서 말했다. "무슨 문제라도 있나, 조던?"

"아뇨, 문제없습니다."라고 나는 대답했다.

그는 "좋아." 하고 톡 쏘아붙이더니 계속 걸어갔다.

우리는 전설적인 맨해튼 5번가에 우뚝 솟은, 유리와 알루미늄으로 마감된 41층짜리 마천루의 23층에 있는 갈색

---

1   1899년 설립된 투자금융회사이며 1987년 주식 시장 붕괴 여파로 파산했다. 유명한 로스차일드 가문과는 관계가 없다.

마호가니 책상과 검은 전화선이 미로를 이룬 곳으로 걸어 들어갔다.

객장은 300제곱미터쯤 되는 광활한 공간이었다. 책상, 전화기, 컴퓨터 모니터, 그리고 70명이나 되는 여피[2]가 가득 차 있어 매우 압박감이 들었다. 아침 9시 20분쯤, 그들은 양복 재킷을 벗은 채 의자에 기대앉아 〈월스트리트저널The Wall Street Journal〉을 읽으며 우주의 지배자Master Of The Universe[3]가 된 것을 자축하고 있었다.

우주의 지배자가 되는 일은 정말 고귀한 목표처럼 보였고, 값싼 파란색 양복과 헝겊 구두를 신고 그들 사이를 지나가면서 문득 나도 그들 중 하나가 되고 싶다는 열망에 휩싸였다. 하지만 스콧은 재빨리 내 현실을 일깨워주었다. "네가 해야 할 일은." 그는 내 옷깃에 달린 플라스틱 명찰을 쳐다보며 말을 이었다. "조던 벨포트는 연결원이야. 하루에 500통씩 전화를 걸어 비서들을 무사히 통과해야 해. 무언가를 팔거나 추천하거나 창작하는 일이 아니야. 그냥 사업주들에게 전화를 걸기만 하면 돼." 그는 잠시 멈추었다가

---

2   도시의 젊은 고소득 전문직 종사자
3   월스트리트 트레이더들을 신과 같은 존재라는 뜻으로 일컫는 별칭

또다시 독설을 토해냈다. "전화가 연결되면 '안녕하십니까, 사장님. 스콧 씨를 바꿔 드리겠습니다.'라고 말한 다음 나한테 전화를 돌리고, 다음 전화를 걸기 시작하는 거지. 할 수 있겠나? 너무 복잡한가?"

"아닙니다. 할 수 있습니다." 공포의 물결이 쓰나미처럼 몰려왔지만 나는 자신 있게 대답했다. LF 로스차일드의 훈련 프로그램은 6개월짜리였다. 고달프고 힘든 그 몇 달 동안 스콧 같은 놈들과 여피 지옥의 불구덩이 같은 곳에서 거드름을 피우는 개자식들에게 매달려 있어야 했다.

나는 한구석에서 스콧을 몰래 바라보며 그가 금붕어처럼 생겼다고 생각했다. 피부는 창백했고, 대머리에 남은 머리카락은 진흙 같은 오렌지색이었다. 30대 초반에 키가 크고 좁은 두상, 부어오른 분홍 입술을 가지고 있었다. 불룩한 갈색 눈알 위에 철사 테 안경을 쓰고 있어서 더 물고기처럼 보였다. 그런 데다가 나비넥타이를 매고 있어 더 우스꽝스러워 보였다.

쓰레기 금붕어가 말했다. "좋아, 기본 규칙을 알려주지. 쉬는 시간도 없고, 개인적인 전화도 할 수 없고, 아프거나 지각을 해서도 안 되고, 빈둥거려서도 안 돼. 점심시간은 30분이야." 잠시 말을 끊더니 이어 말했다. "그리고 제시간에 네 자리로 돌아오는 게 좋을 거야. 네가 제대로 일을 못하면 네 자리를 차지하려고 기다리는 사람이 족히 오십 명은 되니까."

내가 흑백 컴퓨터 모니터 위로 미끄러져 들어오는 수천 개의 오렌지색 다이오드 주식 시세에 넋을 잃은 채 한 걸음 뒤에서 따라가는 동안 스콧은 걸어가며 쉴 새 없이 이야기했다. 객장 앞 통유리로는 맨해튼 중심가가 한눈에 내다보였다. 앞에 보이는 엠파이어스테이트 빌딩은 하늘로 끝없이 솟구쳐올라 있었는데 대단히 인상적이었다. 우주의 젊은 지배자들에게 걸맞은 광경이었다. 물론 지금 당장은 그 목표가 너무 멀리 있는 것 같지만.

"솔직히 난 자네가 이 일에 안 어울린다고 생각해."라며 스콧이 땍땍거렸다. "자넨 어린애 같거든. 월스트리트는 애들이 올 데가 아니야. 킬러들의 전쟁터지. 용병들의 전쟁터라고. 내가 채용 담당이 아니라서 운이 좋았던 거지." 스콧은 빈정거리며 킬킬댔다.

난 입술을 깨물고는 아무 말도 하지 않았다. 그해는 1987년이었고, 스콧 같은 얼간이들이 세상을 지배하고 있는 것 같았다. 월스트리트는 엄청난 호황을 누렸고, 신흥 갑부들은 돈다발을 마구 뿌려댔다. 돈은 싸고 넘쳐났다. 마이클 밀켄Michael Milken이 '정크 본드junk bond'[4]라는 걸 발명했는데, 이것이 미국의 사업 방식을 완전히 바꿔놓았다. 걷잡을 수 없는 탐욕의 시대였고, 터무니없는 방종의 시대, 여피들의 시대였다.

자기 자리에 다 왔을 때 원수 같은 스콧이 돌아서며 말했다. "다시 한번 말할게, 조던. 자네는 최하위야. 아직 텔레마케터조차 못 되지. 그저 연결원일 뿐이라고." 그의 말에서 경멸이 뚝뚝 묻어났다. "그리고 네가 시리즈 세븐Series 7[5]을 통과할 때까지는 전화 연결이 자네가 경험하는 전부일 거야. 그게 바로 연못의 쓰레기보다 쓸모없는 이유지. 이의 있나?"

"전혀 없습니다. 저한테 완벽한 직업이네요. 전 연못의 쓰레기보다 못하니까요." 이렇게 말하고는 아무렇지 않다는 듯 어깨를 으쓱했다.

스콧과 달리 나는 금붕어처럼 생기지 않았다. 그는 내가 자신을 비꼬는 건가 싶어 내 얼굴을 뚫어져라 쳐다봤고, 난 은근히 우월감을 느꼈다. 키는 작은 편이지만, 스물네 살인

---

4 신용 등급이 낮은 기업이 발행하는 고수익 고위험 채권
5 금융 전문가 공인 자격 시험

데도 여전히 사춘기 같은 앳된 모습이 남아 있었다. 신분증을 확인해야 바에 들어갈 정도로 동안이었고, 옅은 갈색 머리, 매끄러운 올리브색 피부, 크고 푸른 눈을 가졌다. 절대 못생긴 얼굴은 아니었다.

그렇지만 스콧이 나한테 연못의 쓰레기보다 못하다고 한 말은 거짓말이 아니었다. 사실이 그랬다. 처음 손댄 사업이 망하면서 자존심이 땅에 떨어졌다. 육류와 수산물 사업을 했는데, 잘못된 선택이었다. 마지막에 남은 건 개인 신용으로 빌린 트럭 26대와 채무 불이행 상태였다. 은행들의 빚 독촉에 시달렸고, 아메리칸 익스프레스의 한 여직원은 돈을 안 갚으면 개인적으로 날 찾아와 가만두지 않겠다고 위협했다. 전화번호를 바꿔버리고 싶었지만 요금이 너무 많이 밀려 있어서 전화회사에도 쫓기는 상황이었다.

스콧은 자기 옆자리를 내게 권하며 격려의 말을 해주었다. "좋게 생각해. 기적이 일어난다면 말이야, 자네가 게으르거나 어리석거나 지각을 해서 해고되지 않는다면 언젠가는 정말로 증권 브로커가 되어 있을지도 몰라." 그는 자기가 한 말이 재밌다는 듯 혼자 웃었다. "알다시피 나는 작년에 30만 달러 넘게 벌었고, 자네가 모실 사람은 100만 달러 넘게 벌었어."

100만 달러 넘게 벌었다고? 과연 어떤 사람일지 궁금했다. "그게 누군데요?"

여피가 쏘아붙였다. "왜? 무슨 상관이야!"

그 순간 '맙소사! 말을 걸 때만 대답해야지, 멍청아!'라고 속으로 말했다. 마치 해병대에 와 있는 것 같았다. 이 개자식은 영화 중에서 〈사관과 신사An Officer and a Gentleman〉를 가장 좋아하는 게 틀림없다. 그는 나를 상대로 해병대 중사 역을 연기한 루이스 고셋을 흉내 내며 덜떨어진 대원을 쥐 잡듯 하는 교관 행세를 하고 있었다. 그렇게 생각했지만 "아닙니다. 어, 그냥 좀 궁금해서요."라고만 대답했다.

"마크 해나Mark Hanna. 곧 만나게 될 거야." 그러면서 그는 나에게 부유한 사업주의 이름과 전화번호가 적힌 색인 카드 뭉치를 건넸다. "웃으면서 전화를 걸어. 12시까지는 절대 머리를 들지 말고." 그렇게 말한 뒤 스콧은 자기 책상에 앉아 검은색 악어가죽 신사화를 신은 두 다리를 책상 위에 올려놓고는 〈월스트리트저널〉을 읽기 시작했다.

막 수화기를 들려고 하는데 어깨에 억센 손이 느껴졌다. 올려다보자마자 그가 마크 해나라는 걸 한눈에 알 수 있었다. 그는 진정한 우주의 지배자답게 성공한 냄새를 풍겼다. 185센티미터에 100킬로그램은 되어 보이는 그는 온통 근육질이었다. 검은 머리칼, 검고 강렬한 눈, 굵직한 이목구비에 여드름 자국까지 있었다. 세련된 도시남 이미지에 그리니치빌리지[6]의 힙한 냄새를 풍기는 그에게서 카리스마가 느껴졌다.

"조던?" 그가 매우 부드러운 어조로 불렀다.

"예, 접니다. 연못의 쓰레기죠. 뭐든 시켜만 주십시오!" 나는 운명을 받아들인 듯 담담하게 답했다.

그는 따뜻하게 웃음을 터뜨렸고, 그때마다 2,000달러짜리 회색 줄무늬 양복의 어깨 패드가 오르락내리락했다. 그는 스콧을 향해 고개를 돌리더니 필요 이상으로 크게 말했다. "그래, 그래. 우리 동네 양아치가 첫 약을 먹인 것 같군."

나도 모르게 고개를 끄덕였다. 그가 내게 윙크하며 말했다. "걱정 마. 내가 여기 선임 브로커야. 스콧은 한심한 찌질이일 뿐이니까 그가 지금까지 한 말과 앞으로 하는 말은 모두 무시해버려."

스콧을 슬쩍 훔쳐보니 "빌어먹을, 해나!"라며 으르렁거리고 있었다.

마크는 아무렇지 않다는 듯 그저 어깨를 한번 으쓱하고

---

6 맨해튼 남부에 있는 예술가 거주지역

는 내 책상 주위를 두리번거리더니 말했다. "아, 신경 쓰지 마. 네가 일류 세일즈맨이라고 들었어. 1년 후에는 저 멍청이가 너한테 키스할 거야."

나는 뿌듯함과 부끄러움이 뒤섞인 미소를 지었다. "제가 훌륭한 세일즈맨이라고 누가 그랬죠?"

"널 채용한 스티븐 슈워츠Steven Schwartz. 네가 면접에서 제대로 된 주식을 자기한테 팔았다고 하던데." 마크는 키득거리며 말했다. "감명받았나봐. 나한테 널 눈여겨보라고 말하더군."

"그래요? 전 안 뽑아줄까봐 불안했어요. 면접을 보려고 스무 명이나 대기하고 있는데, 뭔가 강한 인상을 심어줘야겠다 싶었죠. 나중에는 목소리를 조금 낮추라는 소리도 들었어요."

마크는 피식 웃었다. "그래, 그런데 너무 가라앉히지는 마. 이 업계에서는 강한 압박이 필수야. 주식을 안 사겠다는 사람들을 설득해서 주식을 팔아야 하니까. 절대 잊지 마." 그는 잠시 말을 끊었다. "어쨌든 저 쓰레기가 한 말 중에 한 가지는 옳아. 전화 연결이지. 나도 7개월간 그 짓을 했는데 매일 자살하고 싶었어. 그래서 말인데, 내가 비결 하나 알려줄게." 마크는 음모를 꾸미듯 목소리를 낮추었다. "그냥 전화를 거는 척만 해. 그리고 틈만 나면 빈둥거리는 거지." 그는 웃으며 윙크를 하고는 다시 목소리를 높였다. "오해하지 마. 난 최대한 많이 나한테 전화를 연결해주길 바라니까. 그래야 내가 돈을 벌지. 그렇다고 손목을 긋거나 하진 마. 난 피 보는 게 싫거든." 그가 다시 윙크를 보내며 말했다. "그러니까 잘 쉬어둬. 필요하다 싶으면 화장실에 가서 혼자 풀고. 내가 그랬거든. 나한텐 그게 효과 만점이었어. 어때? 너도 손으로 하는 거 좋아하지?"

나는 그 질문에 조금 당황했지만 "아, 예. 저도 좋아합니다. 그러니까 제 말은, 어떤 남자가 그렇지 않겠어요?"라고 대답했다. 나중에 알게 된 사실이지만 월스트리트 객장은 일반적으로 쓰는 인사말이 오가는 장소가 아니었다. 'X발, 개자식, 또라이' 같은 말이 '예, 아니요, 혹시, 제발'처럼 흔하게 쓰였다.

그는 안심이라는 듯 고개를 끄덕였다. "좋아, 아주 좋아. 혼자 하는 게 최고지. 마약도 강추야. 특히 코카인. 전화를 더 빨리 걸게 만들어주거든." 마크는 좀 더 조언할 말을 찾는 듯 말을 끊었지만 더 떠오르는 게 없는 듯했다. "음. 내가 알려줄 건 그게 다야. 잘할 거야, 신참. 언젠가 지금을 돌아보며 웃게 될 거야. 그 정도는 장담하지." 그는 한 번 더 웃고 나서 자기 전화기 앞에 가서 앉았다.

잠시 후 개장을 알리는 버저가 울렸다. 지난주 JC페니 JCPenney백화점에서 14달러에 구매한 타이맥스Timex 손목시계를 쳐다봤다. 9시 30분 정각이었다. 1987년 5월 4일, 내가 월스트리트에 온 첫날이었다.

바로 그때 장내 스피커로 세일즈매니저 스티븐 슈워츠의 목소리가 들려왔다. "자, 여러분. 오늘 아침에는 선물先物이 강세를 보이고, 도쿄에서 본격적인 사자 주문이 들어오고 있습니다." 스티브 슈워츠는 겨우 서른여덟 살이었지만 작년에 200만 달러 넘게 벌었다. 그가 "개장하자마자 10포인트나 뛰었습니다. 그러니 전화를 걸며 신나게 달려봅시다!"라고 외쳤다.

순식간에 객장은 혼란의 도가니로 변했다. 〈월스트리트 저널〉은 쓰레기통에 처박고 셔츠 소매를 팔꿈치까지 걷어 붙였다. 그러고는 일제히 수화기를 집어 들고 다이얼을 돌리기 시작했다. 나도 수화기를 들고 다이얼을 돌렸다.

몇 분 사이에 모두가 격한 몸짓으로 서성거리면서 마구 손을 흔들고 검은색 전화기에 대고 소리를 질러대자 엄청난 굉음이 터져 나왔다. 그것이 내가 처음으로 들은, 마치 폭도들의 고함 같은, 월스트리트 객장의 함성이었다. 평생 잊지 못할 소리, 내 인생을 송두리째 바꿔놓을 소리였다. 탐욕과 야망에 휩싸인 젊은이들이 마음과 영혼을 다 바쳐 미국 전역의 부유한 사업가들을 설득하는 소리였다.

"미니스크라이브MiniScribe가 지금은 뜨고 있어요." 통통한 얼굴을 한 여피가 전화기에 대고 소리쳤다. 스물여덟 살 코카인 중독자인 그는 총 60만 달러를 벌어들였다. "웨스트 버지니아의 브로커요? 이런! 그 사람은 탄광회사 주식이야 잘 고르겠죠. 그런데 지금은 80년대예요. 대세는 첨단기술이라고요!"

"줄라이 피프티스July Fifties 5만 주 주문받았어!" 두 자리 건너 브로커가 외쳤다.

"그런 것들은 돈만 날려요!" 다른 브로커가 외쳤다.

"제가 이 거래 한 건 한다고 해서 부자가 되는 건 아니에요." 어떤 브로커는 고객에게 으름장을 놨다.

"지금 농담하세요?" 스콧이 헤드셋에다 대고 딱딱댔다. "수수료 받아서 회사랑 쪼개고 세금 내고 하면 강아지 사룻값도 안 나와요."

종종 거래를 성사시키면 브로커는 수화기를 내려놓고 주문서를 작성해 기둥에 부착된 공기 전송관 시스템 쪽으로 걸어가 주문서를 유리 실린더에 집어넣고, 천장으로 쑥 빨려 들어가는 모습을 지켜봤다. 주문서가 전송관을 타고 건물 다른 쪽에 있는 주식 거래팀 책상으로 전달되면 거기서 다시 뉴욕증권거래소로 주문을 보냈다. 이렇게 전송관 시설을 갖추다 보니 천장이 낮았고, 마치 내 머리를 내리누르는 것 같았다.

10시쯤인데 마크 해나는 벌써 기둥에 세 번 다녀왔고, 또 한 건을 성공시키려는 참이었다. 그가 너무나 부드럽게 전화를 해서 나는 감동을 받았다. 마치 고객에게 손실을 입혀서 죄송하다고 사과하는 것 같았다. 마크는 〈포천Fortune〉 선정 500대 기업의 회장에게 "저는 이러한 문제의 진상을 규명하는 일에 자부심을 느낍니다. 그리고 제 목표는 회장님을 이런 상황 속에서 이익을 보시도록 안내하는 것뿐 아니라 이런 상황 속에서 손실을 보시지 않도록 안내하는 것입니다."라고 말했다. 그의 말투가 너무나도 부드럽고 감미로워서 거의 최면에 걸린 것 같았다. "저는 회장님께, 그리고 회장님의 비즈니스와 가문에 유용한 자산이 되어 드리고 싶습니다."

2분 뒤 마크는 25만 달러어치 마이크로소프트 주식 매수 주문서를 들고 전송관 앞에 가 있었다. 마이크로소프트라는 이름을 들어본 적은 없지만 어쩐지 꽤 괜찮은 회사처럼 느껴졌다. 어쨌든 마크는 거래 수수료로 3,000달러를 벌었다. 내 주머니에는 7달러밖에 없는데.

12시가 되자 나는 어지럽고 배가 고팠다. 배가 고픈 나머지 식은땀까지 뻘뻘 흘렸다. 하지만 무엇보다도 객장을 울리던 거대한 함성에 완전히 빠져들었다. 이 일을 잘해낼 수 있을 것 같았다. 마크 해나가 한 것처럼, 아니 어쩌면 그보다 더 잘할 수도 있을 것이다. 나는 비단처럼 부드러운 사람이니까.

놀랍게도, 그날 나는 엘리베이터를 타고 로비로 내려가 내 순자산의 절반을 들여 프랑크푸르트 소시지 2개와 콜라 한 잔을 사는 대신 마크 해나에게 이끌려 펜트하우스로 올라가고 있었다. 목적지는 '톱 오브 더 식스Top of the Sixes'라는 5성급 레스토랑이었는데, 41층에 있었다. 이곳은 엘리트들이 모여 식사를 하고, 우주의 지배자들이 마티니를 마시며 전쟁 이야기를 주고받는 곳이었다.

우리가 레스토랑에 발을 들여놓는 순간, 지배인 루이스가 달려와 마크의 손을 잡고 거칠게 흔들며 "이렇게 찬란한 월요일 오후에 만나는 건 너무도 멋진 일이에요."라고 말했다. 마크는 그에게 50달러를 찔러주었는데, 그 모습을 보고 나는 내 혀를 삼킬 뻔했다. 루이스는 맨해튼의 어퍼웨스트

사이드와 조지워싱턴브리지가 한눈에 내려다보이는 코너 테이블로 우리를 안내했다.

마크는 미소를 지으며 말했다. "앱설루트 마티니 두 잔 갖다줘요, 루이스. 스트레이트로." 두툼한 황금 롤렉스 손목시계를 내려다보며 이렇게 덧붙였다. "정확히 7분 30초 뒤에 두 잔 더 갖다줘요. 그런 다음 우리 중 한 명이 기절할 때까지 5분마다 계속 갖다줘요."

루이스가 고개를 끄덕였다. "알았습니다, 해나 씨. 훌륭한 전략입니다."

나는 마크에게 미소를 지으면서 멋쩍은 투로 말했다. "미안하지만, 음, 저는 술은 안 마시겠습니다." 그리고 루이스를 보며 "콜라 한 잔 주세요. 저는 그거면 됩니다."라고 말했다.

루이스와 마크는 마치 내가 범죄라도 저지른 것처럼 눈빛을 교환했다. 마크가 루이스에게 "월스트리트에 처음 왔으니까 시간을 좀 주자고요."라고 말했다.

루이스는 나를 쳐다보며 입술을 꾹 다물고는 크게 고개를 끄덕였다. "충분히 이해할 수 있습니다. 걱정 마세요. 곧 알코올중독자가 될 겁니다."

마크는 동의한다는 듯 고개를 끄덕였다. "잘 생각했어

요, 루이스. 하지만 혹시 마음이 바뀔 경우를 대비해서 마티니를 갖다줘요. 안 되면 내가 마실 테니까."

"훌륭합니다, 해나 씨. 당신과 당신의 친구는 오늘 식사를 할 건가요, 아니면 그냥 술을 마실 건가요?"

나는 루이스가 무슨 말을 하는지 의아했다. 점심시간이라는 걸 감안하면 어처구니없는 질문이니까. 그러나 놀랍게도 마크는 루이스에게 오늘은 먹지 않을 것이며, 나만 먹을 거라고 대답했다. 그러자 루이스는 메뉴판을 건네고 음료수를 가지러 갔다. 잠시 후 나는 마크가 왜 식사를 하지 않는지 알게 되었다. 그는 양복 재킷 주머니에서 유리병을 꺼내더니 뚜껑을 열고 작은 숟가락을 집어넣었다. 그는 자연의 가장 강력한 식욕 억제제인 코카인을 한 숟갈 퍼내서 오른쪽 콧구멍으로 훅 들이켰다. 이 과정을 몇 차례 반복하고는 왼쪽 콧구멍으로도 들이켰다.

나는 깜짝 놀랐다. 믿을 수가 없었다! 여긴 레스토랑이었다! 그것도 우주의 지배자들이 가득한! 나는 누가 눈치라도 채지 않았나 싶어 식당을 힐끗 둘러봤다. 아무도 눈치채지 못한 것 같았다. 돌이켜보면 그들은 어차피 전혀 신경 쓰지 않았을 것이다. 그들 또한 보드카, 스카치, 진, 버번, 그리고 엄청나게 부풀려진 월급으로 산 위험한 약물들을 먹느라 너무 바빴으니까.

"여기 있어." 마크가 나에게 병을 건네며 말했다. "월스트리트의 진정한 티켓이지. 이거랑 창녀들."

창녀들? 이상하다는 생각이 들었다. 내 말은, 난 한 번도 창녀한테 간 적이 없다! 게다가 내게는 결혼하고 싶은 사랑하는 여자가 있었다. 이름은 데니즈Denise이고, 정말 아름다웠다. 외모만큼이나 마음도 아름다웠다. 내가 그녀를 두고 바람을 피울 확률은 0도 안 된다. 그리고 코카인이라면, 글쎄, 여러 해 전 대학 파티 때 한 번 해본 게 다였다. "괜찮습니다." 나는 약간 당황하며 말했다. "그게 저하고는 정말 안 맞아서요. 어, 그러니까 제가 미친놈이 돼요. 잠도 못 자고, 밥도 못 먹고, 어, 모든 게 걱정이 되기 시작하죠. 그건 저한테 정말 안 맞거든요. 정말 해롭죠."

그는 문제없다고 말하며 다시 한번 가루를 들이켰다. "그렇지만 코카인이 자네가 이 바닥에서 하루를 보내는 데 확실히 도움이 될 거라고 내 장담하지!" 그는 고개를 저으며 어깨를 으쓱했다. "주식 브로커 일은 참 말도 안 되는 돈벌이야. 오해하지 말고 들어. 돈은 엄청나지만 우리는 아무것도 창조하지도 만들지도 않아. 그래서 시간이 지나면 좀 지겨울 정도로 단조로워져." 그는 적당한 말을 찾듯이 잠시 말을 멈췄다. "진실은 우리가 추잡한 세일즈맨에 지나지 않는다는 거야. 우리 중 누구도 어떤 주식이 오를지 모르거든! 그냥 보드판에다 다트를 집어던지는 거야. 아무튼 이 모든 걸 곧 알게 될 거야."

그 뒤 몇 분 동안 우리는 자라온 이야기를 나누었다. 마크는 브루클린의 베이리지Bay Ridge라는 동네에서 자랐는데, 내가 알기로는 꽤 험한 동네였다. 그는 다시 병을 열어 코카인을 들이켜곤 덧붙였다. "무슨 일이 있어도 베이리지에서 온 여자하고는 사귀지 마. 다 미친년들이야! 내가 마지막으로 사귄 거기 여자가 잠자던 나를 연필로 찔렀어. 상상할 수 있겠나?"

그 말을 할 때 턱시도를 입은 웨이터가 와서 테이블에 음료를 놓았다. 마크는 20달러짜리 마티니를, 나는 8달러짜리 콜라를 들었다. 마크가 "다우존스가 5000으로 오를 날을 위하여!"라고 말한 뒤 우리는 잔을 부딪쳤다. "또 조던의 월스트리트 커리어를 위해 건배!" 그가 덧붙였다. "이곳에서 엄청난 재산을 모으고, 그 과정에서 조금이나마 영혼을 간직하기를!" 우리는 웃으며 다시 잔을 부딪쳤다.

바로 그 순간 누군가가 내가 지금 앉아 있는 이 레스토랑을 소유하게 될 거고, 마크 해나와 LF 로스차일드의 브로커

절반이 결국 나를 위해 일하게 될 거라고 말했다면, 나는 미쳤냐고 했을 것이다. 그리고 누군가 나에게 바로 이 레스토랑에서 고급 매춘부 12명이 감탄하며 쳐다보는 동안 코카인을 들이켜고 있을 거라고 말한다면, 나는 정신이 돌았냐고 했을 것이다.

하지만 그건 시작에 불과했고, 내 의지와는 상관없는 일이 벌어졌다. 컴퓨터 프로그램 거래 기반 주식 헤징 전략인 포트폴리오 보험은 뜨겁게 달아오르던 강세장을 끝장내며 다우존스가 하루 만에 508포인트 폭락하게 만들었다. 그리고 거기서부터 상상하지 못한 일련의 사건들이 이어졌다. 월스트리트는 한동안 사업을 중단했고, 투자은행 회사 LF 로스차일드는 문을 닫을 수밖에 없었다.[7] 그리고 광기가 자리를 잡기 시작했다.

나는 월스트리트 역사상 가장 거칠었던 여정 중 하나로 밝혀질 그 광기를 풍자적으로 재구성한 이야기를 들려줄 것이다. 그 당시 내 머릿속에서 재생되던 목소리로 말이다. 아이러니한 목소리, 재잘거리는 목소리, 이기적인 목소

---

7   포트폴리오 보험과 지수차익거래는 블랙 먼데이로 불리는 1987년 10월 19일 주식 시장 붕괴를 초래한 컴퓨터 프로그램 거래의 두 형태로 지목된다.

리, 때로는 비열한 목소리이다. 절제되지 않는 쾌락주의의 삶을 사는 데 방해가 되는 것은 무엇이든 합리화할 수 있게 해준 목소리이다. 그 목소리는 내가 다른 사람들을 타락시키고 조종하는 데 도움이 되었고, 미국의 젊은이들에게 혼돈과 광기를 가져다주었다.

나는 퀸즈Queens 베이사이드Bayside[8]의 중산층 가정에서 자랐다. 우리 집에서는 니거nigger, 스픽spick, 왑wop, 칭크chink 같은 말[9]은 어떤 상황에서도 절대 해서는 안 되는 가장 추잡한 단어로 여겼다. 부모님은 어떤 종류의 편견이든 몹시 싫어했다. 편견은 열등한 존재, 미개한 존재의 정신적 과정으로 간주했다. 나도 항상 그렇게 여기고 살았다. 어린 시절, 청소년기, 심지어는 광기가 절정에 달했을 때도 마찬가지였다. 그러나 그런 비속어는 특히 광기가 자리를 잡았을 때 놀랍도록 쉽게 내 입에서 술술 흘러나왔다. 여기는 월스트리트이고, 월스트리트에서는 예의를 갖춘 농담이나 사회적 격식을 따질 시간이 없다고 스스로 합리화했다.

갑자기 이런 말을 왜 하느냐고? 내가 실제로 어떤 사람

---

8   미국 캘리포니아주 험볼트카운티에 있는 자치구
9   각각 흑인, 라틴계, 이탈리아계, 중국인을 가리키는 비속어

인지, 더 중요하게는 어떤 사람이 내가 아닌지 알았으면 해서다. 그리고 나는 두 아이의 아빠이고, 언젠가 그 아이들에게 설명해야 할 것이 많기 때문이다. 자신들을 축구 시합장에 태워다주고, 학부모-교사 회의에 참석하고, 금요일 저녁이면 집에 머물면서 시저샐러드를 만들어주는 사랑스러운 아빠가 어떻게 한때는 그토록 비열한 인간이었는지 설명해야겠다.

그러나 내가 진심으로 바라는 건 바로 이것이다. 내 삶의 이야기가 부자와 가난한 자 모두에게 경고가 되는 것. 위에 알약을 한 움큼 털어 넣고 코로 마약을 한 숟갈씩 들이켜는 모든 사람에게, 신이 주신 선물을 남용하는 사람에게, 어두운 힘의 편에 서서 쾌락주의의 삶을 살기로 선택한 모든 사람에게, 그리고 월스트리트의 늑대로 알려지는 것이 매력적이라고 생각하는 모든 사람에게 내 이야기가 교훈을 주기를 바란다.

차례

II

III

I
THE WOLF
of
WALL STREET

1 양의 탈을 쓴 늑대

6년 뒤

광기는 빠르게 퍼졌다. 1993년 겨울에 나는 광기 어린 TV 리얼리티 쇼의 주연을 맡은 것 같은 섬뜩한 느낌을 받았다. 아직 그런 쇼가 유행하기 전이었다. 리얼리티 쇼의 제목은 〈부자와 기능장애인의 생활Lifestyles of the Rich and Dysfunctional〉이었고, 나날이 지난번보다 문제가 더 많아지는 것 같았다.

나는 스트래턴 오크몬트Stratton Oakmont라는 중개 회사를 창업했다. 이 회사는 현재 월스트리트 역사상 가장 크고 거침없는 중개 회사 중 하나였다. 월스트리트에서는 내가 불굴의 죽음을 소망하고, 서른이 되기 전에 무덤에 가두어야 한다는 소문이 돌았다. 그러나 그건 말도 안 되는 소리였다. 나는 이제 막 서른한 살이 되었고, 여전히 팔팔하게 살아 있었으니까.

12월 중순 어느 수요일 아침, 맨해튼 도심 30번가의 헬기장에서 롱아일랜드 올드브룩빌의 내 저택으로 가는 쌍발 엔진 벨 제트Bell Jet 헬리콥터의 계기판 뒤에 앉아 있는 내 몸에는 마약으로 유명한 과테말라에서나 경험할 법한 정도의 엄청난 마약이 돌고 있었다.

새벽 3시가 조금 지났을 때, 우리는 롱아일랜드의 리틀넥베이Little Neck Bay 서쪽 끝에서 시속 200킬로미터로 순항하고 있었다. 정신이 몽롱해지면서 사물이 둘로 보이는데도 똑바로 날 수 있다는 것이 놀라웠다. 갑자기 헬리콥터가 급강하하는데, 검은 물이 나를 향해 밀려왔다. 헬리콥터의 주 회전날개에서 끔찍한 진동이 들렸고, 헤드셋에서는 공포에 질린 부조종사의 목소리가 들렸다. "맙소사! 보스, 당겨요! 당겨! 추락한다고요! 젠장!"

잠시 뒤에 우리는 평정을 되찾았다.

충성스럽고 내가 가장 신뢰하는 부조종사 마크 엘리엇Marc Elliot이 조종간을 잡았다. 그는 내가 기절하거나 땅에 처박힐 위험이 있지 않은 한 조종간에 손대지 말라는 엄격한 명령을 받았다. 이제는 그가 조종했고, 그게 최선이었다.

마크는 턱이 네모진 선장 타입인 데다 보기만 해도 자신감을 심어주는 유형이었다. 턱만 네모난 게 아니라 몸 전체가 마치 네모 위에 네모를 용접해 붙인 것처럼 보였다. 완벽한 직사각형 검은 콧수염이 산업용 빗자루처럼 뻣뻣한 윗입술에 걸려 있었다.

우리는 10분 전쯤 맨해튼에서 출발했다. 광란의 긴 화요일 밤을 보내고 난 뒤였다. 지난밤 나는 파크 애비뉴의 카나스텔스Canastel's라는 트렌디한 레스토랑에서 젊은 주식 브로커들과 저녁을 먹었다. 그런데 어쩌다 보니 헴슬리팰리스호텔Helmsley Palace Hotel의 프레지덴셜 스위트룸에 가 있었다. 그곳에서 입술이 도톰하고 허리가 잘록한 최고급 매춘부 베니스가 내 발기를 도우려고 힘썼지만, 결국 실패했다. 그것이 늦게 출발한, 그러니까 약 5시간 30분 늦게 출발한 이유였다. 다시 한번 말하지만, 의리 있고 사랑스러운 두 번째 아내 네이딘Nadine은 정의와 야망에 똘똘 뭉쳐 남편에게 폭력을 행사하기도 한다.

아마 TV에서 네이딘을 본 적이 있을 것이다. 〈먼데이 나이트 풋볼Monday Night Football〉 중간에 나와서 밀러 라이트 맥주를 광고하던 섹시한 금발이다. 원반을 날리면서 개와 함께 공원을 거닐던 바로 그 여자. 그녀는 광고에서 말을 많이 하지 않았지만 아무도 신경 쓰지 않았다. 그녀가 모델 직업을 갖게 된 건 그녀의 매끈한 다리, 누구보다 탄력 있고 예쁜 엉덩이 덕분이었으니까. 어쨌거나 나는 곧 그녀의 정의로운 분노를 맞닥뜨려야 한다.

나는 심호흡을 하며 정신을 차리려고 노력했다. 기분이 꽤 좋아져서 캡틴 스펀지밥에게 다시 조종간을 넘겨받을 준비가 되었다는 신호를 보냈다. 그가 약간 긴장한 듯해서 나는 따뜻한 미소를 지어 보였고, 음성 작동 마이크를 켜서 친절하게 격려하는 말을 했다. "이보 이에 다안 이언스다으

바으 거오, 치우." 아, 내가 하려던 말은 이거였다. "이번 일에 대한 위험수당을 받을 거요, 친구."

"그래요? 잘됐군요." 마크가 조종간을 놓으며 대답했다. "만약 우리가 살아서 집에 돌아간다면 저한테 수당을 꼭 챙기라고 다시 알려줘요." 그는 체념한 표정으로 고개를 가로저으며 덧붙였다. "하강 전에 왼쪽 눈 감는 거 잊지 말아요. 그래야 두 개로 보이지 않으니까."

매우 빈틈없는 전문가인 그는 사실 엄청난 파티광이었다. 그는 내 헬리콥터의 유일한 조종사일 뿐 아니라 50미터짜리 요트 '네이딘호'의 선장이기도 했다. 요트의 이름은 앞에서 말한 아내의 이름을 따서 지은 것이다.

나는 나의 선장에게 진심으로 엄지손가락을 치켜세워 보인 뒤 조종석 창밖을 응시하며 방향을 잡으려고 했다. 앞쪽으로 로슬린의 부유한 유대인 주거지에 솟아오른 흰색과 빨간색 줄무늬 굴뚝이 보였다. 그 굴뚝은 올드브룩빌이 있는 롱아일랜드 골드코스트의 중심부로 들어가고 있다는 표지 역할을 했다.

골드코스트는 살기에 아주 좋은 곳이다. 특히 명문가 와스프WASP: White Anglo-Saxon Protestant[10]와 값비싼 경주마를 좋아한다면 말이다. 개인적으로 나는 둘 다 경멸하지만, 어쩌다보니 값비싼 경주마를 여러 마리 소유하게 되었고, 명문가

---

10   앵글로색슨계 백인 신교도이며 미국 주류 지배계급

WASP 무리와 어울리게 되었다. 그들은 나를 유대인 서커스단의 명물처럼 여기는 것 같았다.

고도계를 보니 90미터 상공에서 나선을 그리며 하강하고 있었다. 나는 링에 오르는 권투 선수처럼 목을 좌우로 돌리면서 30도 각도로 하강하기 시작했다. 브룩빌 컨트리클럽의 구불구불한 페어웨이를 통과해 조종간을 오른쪽으로 꺾어 헤그먼스 대로의 양쪽에 늘어선 가로수 위를 날았다. 거기에서 나는 마지막 하강 코스를 시작했다.

페달을 밟으면서 헬리콥터를 지상 6미터 정도 높이에서 정지시킨 뒤 착륙을 시도했다. 왼발과 오른발로 좌우 페달을 조금씩 밟아 조정하고, 콜렉티브 피치로 엔진 동력을 줄이고, 조종간을 약간 뒤로 당겼다. 그러자 헬리콥터가 땅에 부딪히더니 다시 떠오르기 시작했다.

"아우, 젠장!" 나는 올라가면서 중얼거렸다. 당황해서 콜렉티브 피치를 확 내려버렸고, 그러자 헬리콥터는 바위처럼 푹 가라앉기 시작했다. 그리고 '콰르릉' 하는 무시무시한 굉음과 함께 착륙했다.

나는 놀라서 고개를 흔들었다. 정말 엄청난 착륙이었어! 완벽한 착륙은 아니었지만 누가 신경 쓸까? 사랑하는 기장을 쳐다보며 자부심에 취해서 말했다. "나 잘했죠요? 조끔 요란스럽기는 했쥐만 괜찮았쬐요!"

마크 기장은 마치 '당신 지금 제정신이야?'라고 말하듯 네모난 머리를 옆으로 꼿꼿이 세우고 직사각형 눈썹을 네모난 이마 위로 치떴다. 그러다 천천히 고개를 끄덕이더니 쓴웃음을 지었다. "잘했어요, 친구. 인정할게요. 근데 왼쪽 눈은 감았나요?"

나는 고개를 끄덕였다. "그것 참 잘되던데요. 역시 당쉰이 최고에여."

"좋아요. 그렇게 생각해주니 고맙군요." 그는 조그맣게 낄낄 웃었다. "어쨌든 상황이 더 안 좋아지기 전에 얼른 가야겠어요. 경비실에 연락해 모시고 가라고 할까요?"

"아니이, 나는 괜찮아요, 친구. 나느은 괜찮아요." 나는 안전벨트를 풀고 마크 기장을 향해 거수경례를 한 다음 조종실 문을 열고 밖으로 나왔다. 그러고 나서 바퀴를 돌며 조종석 문을 닫고 창문을 두 번 두드렸다. 마약은 했어도 정신이 멀쩡하다는 걸 마크 기장에게 알려주려는 행동이었다. 무척 흡족했다. 이제 되돌아서서 집으로, 네이딘이란 허리케인의 눈 속으로 향했다.

밖은 정말 멋졌다. 하늘에는 수많은 별이 찬란하게 반짝이고 있었다. 12월인데도 따뜻했다. 바람 한 점 불지 않았고, 어린 시절을 떠오르게 하는 땅 냄새가 풍겼다. 여름밤의 캠핑이 생각났다. 나는 최근에 형수가 우리 회사 중 한 곳을 성희롱으로 고소하겠다고 협박한 뒤로 연락이 끊긴 로버트 형이 생각났다. 그때 형과 저녁 식사를 하면서 너무 취해 형수한테 심한 욕을 했다. 그래도 여전히 좋은 추억, 훨씬 소박하던 시절의 추억이다.

현관까지는 180미터쯤 됐다. 나는 심호흡을 하며 내 땅의 향기를 만끽했다. 얼마나 좋은 냄새인지! 버뮤다 잔디 냄새! 향긋한 소나무 향! 마음을 달래주는 소리도 많다. 귀뚜라미의 끊임없는 울음소리! 신비로운 부엉이 울음소리! 조금은 우스꽝스러운 연못과 폭포에서 쏟아지는 물소리!

　나는 뉴욕증권거래소 회장 딕 그라소Dick Grasso한테서 이곳을 구입했다. 그는 치킨 사업가 프랭크 퍼듀Frank Perdue와 묘하게 닮았다. 나는 수백만 달러를 쏟아부어 이곳저곳을 손봤다. 대부분은 우스꽝스러운 연못과 폭포 시스템에, 나머지는 최첨단 경비실과 보안 시스템에 들어갔다. 경비실에는 무장 경호원 2명이 하루 24시간 근무했고, 그들은 둘 다 이름이 로코Rocco였다. 경비실 안에는 부지 곳곳에 설치된 보안 카메라 22대의 화면을 수신하는 TV 모니터가 있다. 각 카메라는 모션 센서와 투광 조명등에 연결되어 절대 뚫을 수 없는 보안망을 만들었다.

　그때 엄청난 돌풍이 일며 어둠 속으로 헬리콥터가 올라갔다. 그 모습을 보려고 목을 길게 빼면서 뒤로 한 걸음, 다시 성큼 한 걸음 물러섰다. 그러다 오, 젠장! 걸음이 비틀렸는지, 흙바닥에 부딪힐 뻔했어! 두 팔을 날개처럼 쭉 편 채 크게 걸음을 내디디면서 잘못 착지한 피겨스케이팅 선수처럼 무게중심을 잡으려고 이리저리 비틀거렸다. 그리고 갑자기 눈부신 불빛이 쏟아졌다!

　"아, 뭐야!" 눈이 멀 정도로 강력한 빛을 가리려고 손으로 눈을 감쌌다. 모션 센서를 건드린 것인데, 내가 설치한 보안 시스템에 스스로 희생자가 된 셈이다. 고통이 몰려왔다. 두 눈은 약 기운에 퉁퉁 부어 있었고, 동공은 접시만큼 커졌다.

마지막 모욕이 기다리고 있었다. 뾰족한 악어가죽 구두에 걸려 뒤로 벌렁 자빠진 것이다. 몇 초 후 투광 조명등이 꺼졌고, 나는 천천히 팔을 옆으로 내렸다. 부드러운 잔디가 손바닥에 닿았다. 넘어지기에 정말 멋진 곳으로 골랐어! 나는 다치지 않고 넘어지는 법을 정확히 알고 있는 전문가였다. 비결은 할리우드 스턴트맨처럼, 억지로 버티지 않고 자연스럽게 몸을 맡기는 것이었다. 더구나 내가 선택한 마약 퀘일루드Quaalude는 내 몸을 고무로 바꿔주는 놀라운 효과가 있어서 위험에서 더 잘 보호해주었다.

애초에 나를 넘어지게 한 게 퀘일루드라는 생각은 받아들이지 않았다. 퀘일루드의 장점이 너무 많아서 급기야 그것에 중독된 게 행운이라고까지 생각했다. 수많은 약이 당시에는 기분을 좋게 만들지만 다음 날 극심한 후유증을 남기지 않는가? 그리고 나처럼 너무나 크고 무거운 책임을 짊어진 사람은 그런 후유증에 시달릴 여유가 없다. 그렇지 않은가?

그리고 아내는…글쎄, 그녀는 나와 함께함으로써 자신의 활동 무대를 마련한 듯싶은데, 정말 그렇게 화를 낼 이유가 많을까? 내 말은, 나와 결혼했을 때 그녀는 자신이 어떤 상황에 놓일지 잘 알고 있었다는 것이다. 안 그런가? 빌어먹을, 그녀는 나의 정부였다. 그건 많은 걸 말해준다. 그렇지 않은가? 그리고 오늘 밤에 내가 정말로 무슨 짓을 저질렀나? 그렇게 끔찍한 건 없었다. 적어도 그녀가 증명할 수 있는 건 아무것도 없다!

나는 뒤틀린 마음으로 이성화, 정당화, 부인, 합리화를 하면서 내 분개가 정당하다는 결론을 내렸다. 그렇다. 내 생각에, 부자와 그들의 아내 사이에 있었던 어떤 일들은 원시 시대까지 거슬러 올라가거나 적어도 밴더빌트Vanderbilt[11]와 애스터Astor[12] 가문 시대로 거슬러 올라가기도 한다. 말하자면, 권력을 가진 자들이 누릴 수 있는 특정한 자유가 있다고 말이다! 물론 내가 나서서 네이딘에게 이런 말을 할 수는 없다. 그녀는 툭하면 신체적 폭력을 행사했는데, 덩치가 나보다 크거나 적어도 같았다. 이게 내가 그녀를 원망하는 한 가지 이유였다.

그때 골프 카트의 윙윙거리는 모터 소리가 들렸다. 근무 순서에 따라 밤의 로코Rocco Night일 수도 있고 낮의 로코Rocco Day일 수도 있었다. 어느 쪽이든 '로코'가 나를 데리러 오고 있었다. 모든 일이 항상 잘 풀리는 것 같아서 신기했다. 내가 넘어지면 항상 나를 일으켜줄 사람이 있었고, 음

---

11 1794-1877, 미국의 실업가
12 1763-1848, 뉴욕의 부동산 재벌

주운전을 하다가 적발되면 항상 부정한 판사나 부패한 경찰관이 해결해줬다. 저녁 식사 자리에서 정신을 잃고 수프에 빠지려 할 때면 항상 아내가 곁에 있었고, 그녀가 없더라도 구강 대 구강 인공호흡법으로 나를 구해줄 자비로운 창녀가 있었다.

마치 방탄이라도 된 것 같았다. 죽음을 얼마나 많이 모면했던가? 대답하기 불가능할 정도이다. 내가 정말 죽고 싶었을까? 죄책감과 후회가 나를 끔찍하게 괴롭혔던 걸까? 그래서 스스로 목숨을 끊으려고 시도했던 걸까? 지금 생각해보니 정말 기가 막혔다. 나는 수천 번이나 목숨을 걸었지만 상처 하나 입지 않았다. 음주운전을 하고, 의식이 없는 상태에서 스쿠버다이빙을 하고, 전 세계 카지노에서 수백만 달러를 도박으로 날렸지만, 나는 여전히 스물한 살을 넘지 않은 것만 같았다.

별명도 많았다. 고든 게코Gordon Gekko[13], 돈 코를레오네 Don Corleone[14], 카이저 소제Kaiser Soze[15], 심지어는 왕King이라고도 불렸다. 하지만 내가 가장 좋아하는 별명은 '월스트리트의 늑대'였다. 나에게 꼭 맞는 이미지였기 때문인데, 나는 양의 탈을 쓴 늑대였다. 나는 아이처럼 보였고 아이처럼

---

13   영화 〈월스트리트〉의 악명 높은 금융가
14   영화 〈대부〉의 마피아 두목
15   영화 〈유주얼 서스펙트〉의 거대 지하 조직 두목

행동했지만, 결코 아이가 아니었다. 겉은 서른한 살이지만 속은 예순이었다. 나는 해마다 일곱 살씩 나이를 먹었다. 내게는 부와 권력, 멋진 아내, 그리고 살아 숨 쉬는 완벽한 존재인 4개월 된 딸이 있었다.

모든 것이 잘되었고, 모든 것이 잘 돌아가는 것 같았다. 어쩌다 보니 1만 2,000달러짜리 비단 이불을 덮고, 공수 부대 전체의 낙하산으로 쓰기에도 충분한 새하얀 중국 비단으로 뒤덮인 왕족 침실에서 잠을 자게 되었다. 그리고 아내는…아마도 나를 용서해줄 것이다. 항상 그래왔듯이.

이런 생각을 하다가 기절했다.

2 베이리지의 공작부인

1993년 12월 13일

다음 날 아침, 더 정확히 말하면 몇 시간 뒤 나는 기막히게 좋은 꿈을 꾸고 있었다. 젊은 남자라면 누구나 바라고 소망하는 꿈이었기 때문에 그냥 따르기로 했다. 침대에 혼자 누워 있는데 매춘부 베니스가 다가왔다. 그녀가 내 호화로운 킹사이즈 침대 가장자리에 무릎을 꿇고 손이 닿지 않는 곳에서 맴도는 모습이 흐릿하게 눈에 들어왔다. 이제 그녀가 또렷이 보인다. 윤기 나는 밤색 머리카락, 고운 얼굴, 매력적인 싱싱한 몸매, 믿을 수 없을 정도로 가늘고 매끈한 허리가 탐욕과 욕망으로 반짝이고 있다.

"베니스. 이리 와, 베니스. 내게로 와, 베니스!"

베니스가 나를 향해 무릎으로 다가온다. 새하얀 그녀의 피부가 비단 속에서 반짝이고 있다. 비단, 사방에 비단이다. 천장에 매달린 거대한 캐노피에서 드리워진 하얀 중국 비단이 침대 네 귀퉁이에 늘어져 있다. 하얀 중국 비단이 너무 많아서 하얀 비단에 빠져 죽겠다고 생각하는 바로 그 순간 머릿속에 터무니없는 수치들이 떠오른다. 90센티미터에 250달러이고, 이렇게 꾸미려면 180미터는 있어야 하니까 모두 5만 달러어치야. 새하얀 비단이 너무 많아.

하지만 이건 내 사랑스러운 장식가 지망생인 아내가 하는 일이지. 아니, 잠깐, 이건 지난달의 소원이었는데? 지금은 셰프 지망생 아닌가? 조경사 지망생인가? 아니면 와인 감정사인가? 혹시 의상 디자이너? 누가 그녀의 열망을 다 헤아릴 수 있을까? 마사 스튜어트Martha Stewart[16]를 흉내 내는 새싹과 결혼해 사는 건 정말 피곤한 일이다.

바로 그때 물방울이 느껴진다. 나는 올려다본다. 도대체 무슨 경우지? 폭풍 구름? 어떻게 왕족의 침실에 폭풍 구름이 있을 수 있지? 아내는 어디에 있을까? 이런 제길! 내 아내! 내 아내! 허리케인 네이딘!

'촤악!'

나는 두 번째 아내 네이딘의 화나면서도 멋진 얼굴을 보며 잠에서 깼다. 그녀는 오른손에 빈 물잔을 들고 있었다. 왼손은 7캐럿짜리 노란색 카나리아 다이아몬드가 백금 세팅으로 박힌 반지를 낀 채 말아쥐고 있었다. 마치 권투 선수처럼 발꿈치를 들었다 났다 하는 그녀를 보면서 반지를 조심해야 한다는 생각을 재빨리 마음에 새겼다.

---

16 세계적인 라이프 코디네이터

"도대체 왜 이랬어?" 나는 버럭 소리쳤다. 손등으로 눈을 닦고 아내를 살폈다. 맙소사, 내 아내는 정말 매력적이야! 나는 도저히 그녀를 원망할 수가 없었다. 아내는 짧은 분홍색 슈미즈를 입었는데, 아무것도 안 입은 것보다 더 야했다. 그리고 그녀의 다리도! 맙소사, 정말 맛있어 보였다. 그러나 지금은 그게 중요한 게 아니었다. 나는 그녀에게 큰소리치면서 누가 진정한 실세인지 보여줘야 했다. 나는 이를 악물고 말했다. "네이딘, 맹세코 죽여버릴 거야."

"어머나, 너무 무섭네요." 금발을 한 따발총이 내 말을 막았다. 그녀는 혐오스럽다는 표정을 지으며 고개를 흔들었고, 안 입은 것과 마찬가지인 옷 위로 핑크빛 젖꼭지가 튀어나왔다. 쳐다보지 않으려고 했지만 어려웠다. "내가 어디로 사라져버려야 할 것 같아. 아니면 그냥 여기 남아서 당신 엉덩이를 걷어차버릴지도 몰라!" 마지막 말에서는 비명을 질렀다.

글쎄, 어쩌면 그녀가 실세일 것이다. 어느 쪽이 됐든, 그녀는 확실히 나와 함께함으로써 자신의 활동 무대를 마련했다. 그것을 부인할 수는 없다. 그리고 베이리지 공작부인은 성질이 고약했다. 맞다, 그녀는 공작부인이었다. 영국 태생이고, 아직도 영국 여권을 소지하고 있었다. 이 놀라운 사실을 그녀는 항상 나에게 상기시켰다. 그렇지만 그녀는 실제로 영국에서 살아본 적이 거의 없으니 참 아이러니한 일이다. 그녀가 아기였을 때 브루클린의 베이리지로 이

사했고, 그곳에서 미국식 영어를 쓰며 자랐다. 베이리지는
T.S. 엘리엇T.S. Eliot과 월트 휘트먼Walt Whitman의 위대한 시와
젊은 토박이들이 입에 달고 사는 상스러운 욕설이 공존하
는 지구상의 작은 구석 동네였다. 그리고 이곳에서 영국인,
아일랜드인, 스코틀랜드인, 독일인, 노르웨이인, 이탈리아
인의 피가 뒤섞인 공작부인, 나의 사랑스러운 네이딘 카리
디는 롤러스케이트 끈 묶는 법을 배우면서 욕하는 법도 함
께 배웠다.

몇 년 전 마크 해나가 베이리지에서 온 여자와는 데이트
하지 말라고 경고한 게 생각났다. 그가 자는 동안 여자 친
구가 뾰족한 연필로 찔렀다고 했는데, 공작부인은 물 들이
붓기를 더 좋아했다. 확실히 내가 더 나은 것 같다.

어쨌든 공작부인이 화를 낼 때면, 그녀가 말하는 모습이
마치 브루클린 하수도 구멍에서 썩은 물이 콸콸 솟아오르
는 것 같았다. 나보다 그녀를 더 화나게 할 사람은 없었고,
월스트리트의 늑대라고 불리는 그녀의 충성스럽고 믿음직
한 남편은 헴슬리팰리스호텔 스위트룸에서 돌아온 지 5시
간도 채 되기 전에 안절부절못하고 있었다.

"그래, 말해봐, 이 개자식아." 공작부인이 쏘아붙였다.
"베니스가 누구야? 어?" 잠시 말을 멈추더니 공격적인 자
세로 엉덩이를 삐죽 내밀고는 짝다리를 짚고 서서 가슴 아
래로 팔짱을 꼈다. 그러자 젖꼭지가 더 도드라져 보였다.
"뭐, 보나 마나 매춘부겠지. 틀림없어." 그녀는 비난하듯이

크고 푸른 눈을 가늘게 떴다. "당신이 무슨 짓을 하고 다니는지 내가 모를 것 같아? 이 얼굴을 박살 내야 하는데…으으으으악!" 분노에 찬 신음을 내뱉더니 그녀는 팔짱을 풀고 침실을 가로질러 씩씩대며 걸어갔다. 주문 제작한 베이지색 12만 달러짜리 에드워드 필즈Edward Fields 카펫 위를 성큼성큼 걸어 번개처럼 빠르게 안방 화장실까지 가서는 수도꼭지를 틀어 물잔을 다시 채우더니 배나 더 화난 표정으로 돌아왔다. 분노에 차서 이를 악물자 그녀의 각진 모델형 턱이 더욱 도드라졌다. 그녀는 마치 지옥에서 온 공작부인처럼 보였다.

그러는 사이 생각을 가다듬으려 했는데, 아내가 너무 빨리 움직였다. 생각할 겨를이 없었다. 망할 퀘일루드 때문이야! 그게 잠꼬대를 하게 만들었다. 오, 젠장! 내가 뭐라고 했을까? 여러 가지 가능성을 생각해봤다. 리무진, 호텔, 마약, 매춘부 베니스, 촛불을 든 베니스. 세상에, 망할 촛불! 나는 얼른 그 생각을 떨쳐버렸다.

탁자 위에 놓인 디지털시계를 봤다. 7시 16분이었다. 맙소사! 몇 시에 집에 왔지? 머릿속 잡생각을 떨쳐내려고 고개를 흔들었다. 손가락으로 머리를 쓸어 넘기는데, 맙소사! 흠뻑 젖어 있었다. 아내가 내 머리에 물을 들이부은 게 틀림없었다. 그러곤 나더러 개자식이라고 했다. 왜 날 그렇게 불렀지? 난 개자식이 아닌데? 공작부인은 아주 잔인했다.

그녀는 팔꿈치를 옆으로 들고 물잔을 앞으로 내밀었다.

다시 물을 들이부으려 했다. 표정은 순수하면서도 독기가 서려 있었다. 그런데도 여전히 부인할 수 없는 아름다움이라니! 풍성한 금빛 머리카락과 눈부신 파란 눈, 찬란한 광대뼈, 작은 코, 매끄러운 턱선, 작게 보조개가 팬 뺨, 크림 같은 팽팽한 젖가슴. 챈들러Chandler에게 젖을 물리느라 좀 망가졌지만 1만 달러와 날카로운 메스로 고칠 수 없는 건 없었다. 그리고 그 다리…맙소사, 그녀의 늘씬한 맨다리는 너무나 완벽했다. 발목은 가늘면서도 무릎 위쪽 허벅지는 너무나 섹시했다. 이것들은 그녀의 엉덩이와 함께 그녀가 가진 최고의 자산이었다.

사실 내가 공작부인을 처음 본 것은 불과 3년 전이다. 너무나 매혹적인 그녀의 모습에 결국에는 친절한 첫 아내 데니즈Denise를 떠나게 되었다. 데니즈에게 위자료 수백만 달러를 일시불로 지불하고 월 5만 달러를 생활비로 보내기로 하자 그녀는 조용히 떠나갔다.

상황이 얼마나 빨리 악화되었는지! 내가 정말 무슨 큰 잘못을 했나? 잠꼬대 몇 마디 했을 뿐인데? 거기에 대체 무슨 죄가 있는가? 공작부인은 확실히 과민 반응을 보인 것이다. 그러니 사실 나도 그녀에게 화낼 이유가 충분했다. 어쩌면 이 사태를 바꿔서 최고의 섹스인 메이크업 섹스make-up sex[17]로 무사히 넘길 수 있을 터였다. 나는 심호흡을 하고는

---

17 다투고 난 뒤 화해의 표현과 갈등 해결 수단으로 갖는 섹스

태연하게 말했다. "나한테 왜 화가 난 거야? 내 말은, 당신이 오해하고 있는 것 같은데."

공작부인은 황당하다는 듯 금발 머리를 옆으로 꺾더니 "오해? 오해라고? 이 거지 같은 인간아!"라고 쏘아붙였다. 또다시 욕을 하다니, 믿어지지 않는다. "어디서부터 시작할까? 늦을 거라는 전화 한 통 없이 새벽 3시에 헬리콥터를 타고 집으로 오는 게 결혼한 남자의 정상적인 행동이야?"

"아니, 나는…."

"그리고 당신은 아빠잖아! 이제 아빠라고! 그런데도 여전히 어린애처럼 행동하잖아! 그리고 저 버뮤다 잔디밭이 당신하고 무슨 상관이야? 다 망가뜨렸잖아!" 그녀는 역겹다는 듯 고개를 젓더니 계속 말했다. "온갖 걸 알아보고 조경사와 골프 코스 건설업자를 상대하는 내 수고는 전혀 신경 쓰지 않지? 내가 당신 뒤치다꺼리하느라 얼마나 시간을 허비했는지 알아? 이 생각 없는 개자식아!"

아, 이번 달에는 조경사 지망생이었군. 정말 섹시한 조경사야! 이 상황을 바꿀 마법의 단어가 필요했다. "여보, 제발, 나는…."

앙다문 입에서 경고가 터져 나왔다. "그만해! 다시는 나를 여보라고 부르지 말라고!"

"그렇지만, 여보…."

'촤악!'

나는 그녀의 정의로운 분노에 찬 물세례를 피하려고 1만

2,000달러짜리 비단 이불을 머리 위로 끌어올렸다. 그래서 단 한 방울도 물이 나에게 튀지 않았다. 그러나 승리는 오래가지 못했다. 이불을 내려서 보니 그녀는 욕실로 가서 다시 물잔에 물을 채우고 있었다.

그녀의 손에 들린 물잔에서 물이 찰랑거렸다. 그녀의 파란 눈은 죽음의 광선을 뿜어내고 있었고, 모델형 턱은 더 넓어 보였다. 그리고 젠장, 나는 그녀의 다리에서 눈을 뗄 수가 없었다. 지금은 그럴 때가 아닌데. 늑대가 강해져야 할 때였다. 늑대가 송곳니를 드러낼 시간이었다.

나는 손바느질로 달아놓은 작은 진주 수천 개가 엉키지 않도록 조심하면서 하얀 비단 이불 아래에서 팔을 빼냈다. 그런 다음 닭 날개처럼 팔꿈치를 구부려 화가 난 공작부인에게 내 이두박근을 들어 보였다. 그리고 큰 소리로 말했다. "그 물 나한테 붓지 마, 네이딘. 진심이야! 두 번은 화가 나서 그랬다 쳐. 하지만 계속 그러면…그건 웅덩이에 엎어진 시체를 칼로 쑤셔대는 거랑 똑같아! 진짜 그만하라고!"

내 말에 그녀가 멈춘 것 같았지만, 아주 잠깐이었다. 그녀는 비웃으며 말했다. "팔에 힘 좀 빼는 게 어때? 너무 바보 같아!"

"난 팔에 힘을 주지 않았어."라고 말하면서 나는 팔에서 힘을 뺐다. 그러고는 그녀에게 따뜻한 미소를 지어 보이며 말했다. "당장 이리 와서 나한테 키스해줘!" 이 말이 입 밖으로 나온 순간 아차 싶었다.

"뭐? 키스해줘? 지금 장난해요?" 공작부인이 혐오감에 차서 소리쳤다. "당신의 잘난 쌍방울을 싹둑 잘라서 내 신발 상자에 넣어버리겠어. 아무도 못 찾도록!"

맙소사, 그녀의 말은 옳았다! 그녀의 신발장은 델라웨어만 한 크기여서 내 쌍방울을 영원히 못 찾을 것이다. 나는 최대한 불쌍한 표정으로 말했다. "제발 설명할 기회를 줘, 자기야. 제발 부탁이야!"

순식간에 그녀의 얼굴이 부드러워지더니 작게 코웃음을 치며 말했다. "당신을 믿을 수가 없어! 내가 무슨 잘못을 했다고 이런 꼴을 당하며 살아야 하는 거야? 난 좋은 아내야. 아름다운 아내라고. 그런데도 밤늦게 집에 들어와 다른 여자 이름을 부르며 잠꼬대를 하는 남편이 있어!" 그녀는 경멸에 찬 투로 신음하기 시작했다. "으으으음, 베니스, 베니스 이리 와."

맙소사! 퀘일루드는 가끔 진짜 사람을 잡을 수도 있다. 그녀는 이제 울고 있었다. 이것은 완전한 재앙이었다. 어떻게 해야 우는 그녀를 달래서 다시 침대에 눕힐 수 있을까? 새로운 전략을 짜야 했다. 난 벼랑 끝에서 뛰어내리겠다는 사람을 설득하는 말투로 애원했다. "물잔 내려놓고 그만 울어, 제발. 내가 다 설명할게, 정말이야!"

마지못해 그녀는 천천히 물잔을 허리 높이까지 내렸다. 그러고는 믿을 수 없다는 투로 말했다. "어디 말해봐. 거짓말을 밥 먹듯 하는 사람의 입에서 또 어떤 거짓말이 나오는

지 들어나 봐야지."

그건 사실이었다. 월스트리트의 본성이긴 했지만, 늑대
는 생계를 위해 거짓말을 했다. 진짜 힘 있는 브로커가 되
고 싶다면 그래야 했다. 누구나, 특히 공작부인도 익히 아
는 사실이니까 그 점에 대해 그녀가 화를 낼 이유는 없었
다. 그런데도 나는 그녀의 빈정거림을 덤덤하게 받아들였
고, 머릿속으로는 열심히 헛소리를 짜냈다. "우선, 내가 어
젯밤에 전화하지 않은 건 이렇게 늦을 줄 거의 열한 시가
다 될 때까지 몰랐기 때문이야. 당신 같은 미인은 잠을 많
이 자야 하는 걸 내가 알잖아. 그래서 당신이 자고 있을 거
라고 생각했어. 그러니 왜 일부러 전화를 하겠어?"

공작부인은 독설을 내뱉었다. "오, 그렇게 사려가 깊은
사람이었군. 이런 속 깊은 남편을 둬서 감사라도 해야겠네
요." 그녀는 마음껏 빈정거렸다.

나는 빈정거림을 무시하고 내 할 말을 하기로 했다. "어
쨌든 베니스에서 벌일 사업 얘기를 당신이 전혀 엉뚱하게
오해한 거야. 어젯밤에 캘리포니아 베니스에다 카나스텔스
레스토랑 분점을 여는 문제로 마크 패커Marc Packer와 이야기
하고 있었어."

'좌악!'

"이 빌어먹을 거짓말쟁이야! 어디서 구라를 쳐!" 그녀는
엄청나게 비싼 하얀 천 의자 등받이에 걸려 있던 비단 목욕
가운을 와락 움켜쥐며 소리쳤다. "완전 거짓말쟁이!"

나는 한숨을 쉬었다. "좋아, 네이딘. 아침에 이만하면 좋겠어. 이제 침대로 와서 키스해줘. 나한테 물을 퍼부었지만 난 여전히 당신을 사랑해."

나를 보는 그녀의 표정이라니! "지금 나랑 뭔가 하고 싶다는 거야?"

나는 눈썹을 치켜올리고 열심히 고개를 끄덕였다. 마치 "아이스크림 먹고 싶니?"라고 묻는 엄마에게 일곱 살 꼬마가 대답하는 듯한 모습이었다.

"그래! 너 혼자 알아서 해!" 공작부인이 소리쳤다.

그 말을 끝으로 베이리지의 공작부인은 방을 나가버렸다. 12킬로톤에 달하는 핵폭발도 견딜 수 있을 만큼 튼튼한, 300킬로그램에 3.7미터 높이의 견고한 마호가니 문이 그녀의 뒤로 부드럽게 닫혔다. 문이 쾅 닫히면 우리의 가사 도우미에게 잘못된 신호를 보내게 될 것이다.

우리 집의 가사 도우미 구성원을 소개하면 이렇다. 스페인어를 쓰는 상냥한 가정부가 다섯 명인데, 그중 두 명은 부부이다. 자메이카에 있는 가족에게 전화하느라 한 달 전화 요금이 1,000달러가 나오는 소아과 간호사. 사랑에 빠진 강아지처럼 공작부인을 졸졸 따라다니는 이스라엘 출신 전기 기술자. 헤로인에 중독된 바다 민달팽이만큼밖에 안 되는 백인 잡역부. 아무리 희한한 것이라도 나한테 꼭 필요한 걸 알아서 척척 준비해주는 내 개인 가정부 권Gwynne. 백인 정착민들이 매티네콕Mattinecock 인디언들에게 땅을 훔쳤던 1643년에 올드브룩빌에서 마지막 범죄가 일어났음에도 불구하고 여러 도둑을 막아낸 무장 경호원 로코와 로코. 상근 조경사 5명. 그중 3명은 최근 내가 기르는 진갈색 래브라도 리트리버인 샐리Sally에게 물렸다. 샐리는 챈들러의 침대에 감히 3미터 이내로 접근하면 무조건 물었는데, 특히 피부가 갈색 종이봉투보다 짙으면 더 그랬다. 가장 최근에 동물원에 추가된 전직 해양생물학자 부부 팀도 샐리에게 물렸다. 이 부부는 연간 9만 달러를 들여 악몽 같은 인공 연못의 생태학적 균형을 유지했다. 나를 포함해 모든 백인을 미워하는, 숯처럼 새까만 피부를 가진 리무진 운전사 조지 캠벨George Campbell도 있었다.

벨포트 저택에서 일하는 사람이 이렇게나 많지만, 내가 금발의 두 번째 아내한테 물벼락을 맞아 흠뻑 젖고 흥분한 채로 혼자 남아 있다는 사실이 바뀌지는 않았다. 나는 몸을 닦을 만한 것을 찾으려고 주위를 둘러보았다. 하얀 비단 자락을 집어 들고 몸을 닦으려고 했지만 조금도 도움이 되지 않았다. 방수 처리가 되었는지 물을 여기에서 저기로 밀어내기만 할 뿐이었다. 뒤를 돌아보니 베갯잇이 보였다. 이집트산 면인데, 300만 가닥은 족히 되는 실로 만들어졌다. 상당한 돈이 들었을 것이다. 그러니까 내 돈이! 나는 안에 든 푹신한 거위털 베갯속을 꺼낸 뒤 베갯잇으로 물기를 닦기 시작했다. 아, 이집트산 면은 정말 부드럽고 흡수력이 대단했다. 금세 기분이 상쾌해졌다.

젖은 내 자리에서 아내 자리로 몸을 옮겼다. 이불을 뒤집어쓰고 달콤한 꿈에 빠져들어 다시 베니스에게로 돌아가려고 했다. 숨을 들이마시는데, 젠장! 온통 공작부인의 향기야! 갑자기 허리춤으로 피가 솟구치는 게 느껴졌다. 맙소사, 공작부인은 암내를 풍기는 작은 짐승이었다! 혼자서 해결하는 수밖에 다른 도리가 없었다. 결국 공작부인의 권력은 내 아랫도리에서 시작되었으니까.

막 혼자 해결하려고 하는데 문을 두드리는 소리가 들렸다. "누구세요!" 나는 방공호 문이라도 뚫고 나갈 만큼 큰 소리로 물었다.

"저어예요, 귄인." 귄이었다.

아하, 귄. 그녀의 느린 남부식 말투는 참 멋지다. 마음을 편안하게 해준다. 귄은 모든 면에서 마음을 진정시켜준다. 나한테 필요한 걸 알아서 척척 준비해주고, 그녀와 그녀의 남편 윌리Willie가 결코 가질 수 없는 아기를 돌보듯 나를 보살펴준다. "들어와요." 나는 따뜻한 목소리로 대답했다.

육중한 방공호 문이 열렸다. "군모오닝, 군모오니잉!" 귄이 말했다. 귄은 옅은 아이스커피 한 잔과 바이엘 아스피린 한 병이 놓인 순은 쟁반을 들고, 왼팔 아래로는 하얀 목욕타월을 끼고 있었다.

"굿모닝, 귄. 오늘 아침 기분은 어때요?" 나는 격식을 차려 물었다.

"조오아요, 조오아요! 음, 부인 자리 쪽에 누웠네요. 제

가 그쪽으로 아이스커피를 가져다줄게요오. 부드러운 수건
도 가져왔어요오. 벨포트 부인이 그러는데 물을 엎질렀다
면서요오?"

아, 믿을 수 없어! 마사 스튜어트가 또 날 저격했다. 나
는 발기 때문에 하얀 비단 이불에 서커스 텐트가 생겼다는
사실을 깨닫고는 토끼처럼 재빨리 무릎을 세웠다.

귄은 공작부인 자리 옆쪽에 있는 고풍스러운 탁자 위에
쟁반을 올려놓았다. "자아, 말려줄게요오!" 귄은 마치 어린
아이에게 하듯 하얀 수건으로 내 이마를 톡톡 두드려가며
물기를 닦기 시작했다.

맙소사! 이 무슨 서커스 같은 상황인가! 나는 발기한 채
똑바로 누웠고, 통통한 쉰다섯 살 흑인 가정부는 내 얼굴
에 축 처진 젖가슴이 닿을락 말락 몸을 숙이고 500달러짜
리 프라테시Pratesi 목욕 타월로 날 닦아주고 있었다. 아, 정
말 싫다! 이 집에서 이런 일이 너무나 당연하게 여겨진다는
게. 물론 귄은 흑인처럼 보이지 않았다. 사실 귄은 나보다
훨씬 피부색이 밝았다. 아마도 150년 전, 딕시Dixie[18]가 아직
딕시였을 때, 그녀의 증조할머니가 남부 조지아의 부유한
농장주의 애인 노예는 아니었을까.

어쨌거나 귄의 축 처진 젖가슴이 내 아랫도리에 몰려 있
던 피를 원래 있던 곳으로 돌려보냈다. 그래도 이렇게 가까

---

18   미국 남부 지방을 통칭하는 말

이에서 움직이는 모습이 부담스러워서 내가 스스로 이마를 닦겠다고 친절하게 설명했다.

그 말에 조금 서운해하는 것 같았지만, 그녀는 그저 "알았어요오."라고 말했다. "아스피린 좀 가져다줄까요오?"

나는 고개를 저었다. "아뇨, 괜찮아요, 권. 어쨌든 고마워요."

"그러음 허리 아픈 데 먹느은 흰색 알약을 갖다줄까요오?" 그녀는 천진난만한 얼굴로 물었다. "몇 알 갖다줄까요요오?"

세상에! 내 가정부가 아침 7시 30분에 퀘일루드를 갖다준다고 했어! 이러니 내가 어떻게 술을 끊지? 내가 어디에 있든 마약이 내 이름을 부르며 내 뒤를 쫓아다녔다. 최악은 내 중개 회사였다. 거의 모든 종류의 마약이 젊은 주식 브로커들의 주머니에 들어차 있었다.

내 허리가 아픈 건 사실이었다. 공작부인의 개 때문에 다친 이후로 만성 통증에 시달렸다. 작은 하얀색 몰티즈 강아지 로키Rocky는 끊임없이 짖어대면서 만나는 사람마다 귀찮게 할 뿐 아무 쓸모가 없었다. 나는 롱아일랜드 햄프턴에서 어느 여름날 해 질 무렵 바닷가에 이 녀석을 데리고 나가려 했다. 그런데 강아지는 내 말을 따르려 하지 않았다. 내가 잡으려고 하자 주위를 빙빙 돌았고, 나는 이놈을 붙잡으려고 달려들었다. 영화 〈록키 2Rocky II〉에서 록키 발보아Rocky Balboa가 아폴로 크리드Apollo Creed와의 재경기를 앞두고 닭을 쫓아다니며 훈련하던 장면 같았다. 결국 번개처럼 빨라져 재대결에서 승리한 록키 발보아와 달리, 나는 디스크가 터져서 2주 동안 병원 신세를 져야 했다. 그 후로 두 차례 더 허리 수술을 받았고, 두 수술 모두 통증을 더 악화시켰다.

그래서 퀘일루드는 고통을 덜어주는 일종의 진통제 역할을 했다. 그리고 그럴 필요가 없을 때조차 여전히 퀘일루드를 계속 복용하는 훌륭한 구실이 되었다.

나만 이 조그만 강아지를 싫어한 건 아니었다. 모두가 싫어했다. 이 녀석의 유일한 보호자이자 침대 발치에다 재우면서 자기 팬티를 물어뜯어도 가만히 내버려두는 공작부인만 빼고. 이게 또 질투를 불러일으켰다. 그래도 로키는 계속 들러붙어 있을 것이다. 공작부인이 내 탓으로 돌리지 않을 선에서 이놈을 제거할 방법을 알아낼 때까지는 말이다.

아무튼 나는 귄에게 고맙다고 했지만 퀘일루드에 대해선 고맙다고 하지 않았다. 귄은 그 사실에 대해 조금 더 슬퍼하는 것 같았다. 결국 그녀는 내게 필요한 걸 다 해결해주지는 못한 셈이었다. "음, 미리 타이머를 맞춰서 지금 당장 사우나를 할 수 있도록 준비해놨어요. 오늘 입을 옷도 어젯밤 늦게 준비해뒀고요. 회색 줄무늬 양복과 작은 물고기가 있는 파란색 넥타이요, 알았지요오?"

세상에, 이런 서비스라니! 왜 공작부인은 이보다 더 잘할 수 없는 걸까? 나는 귄에게 연봉 7만 달러를 주고 있었는데, 이는 평균보다 두 배가 넘는 금액이었다. 하지만 그 보답으로 내가 받는 대가를 보라. 저 미소 가득한 서비스라니! 그런데 아내는 한 달에만 7만 달러를 형편없이 쓰고 있었다. 그 빌어먹을 열망을 채우느라 아마 그 두 배를 썼을지도 모른다. 그래도 나는 괜찮았다. 다만 뭔가 타협점을 찾아야 했다. 내가 가끔 나가서 꽹과리를 치든 징을 울려야 할 일이 있다면 나를 조금 봐줘야 하지 않을까? 아무리 생각해도 그래야 했다. 그렇게 나 스스로 생각을 합리화하며 고개를 끄덕였다.

그러자 귄은 자기 질문에 대한 긍정적인 대답으로 내가 고개를 끄덕인다고 여기고는 이렇게 말했다. "그래요오, 저는 그러믄 나가서 아빠를 만나기 전에 챈들러를 예쁘고 깨끗하게 해놓을게요오. 샤워 잘하세요오!"

귄은 방을 나갔다. 그녀가 내 발기를 가라앉혔으니 일어나서 챈들러한테 가는 게 낫겠다 싶었다. 공작부인에 관해서는 나중에 걱정하기로 했다. 그녀는 결국 잡종이었고, 잡종은 마음이 넓기로 유명하지 않은가.

생각을 정리한 뒤 아이스커피를 마시고 아스피린 6알을 먹고 침대에서 일어나 사우나로 향했다. 그곳에서 전날 밤 먹은 퀘일루드 5알, 코카인 2그램, 자낙스Xanax 3밀리그램을 땀으로 빼냈다. 평소에 비하면 비교적 적은 양이었다.

흰색 중국 비단이 안방 침실의 상징이라면 안방 욕실의 상징은 회색 이탈리아 대리석이었다. 이탈리아인들만 할 줄 아는 절묘한 파케이parquet[19] 패턴으로 꾸며져 있었다. 그들은 터무니없는 비용을 청구했다! 나는 이탈리아 날도둑들에게 순순히 돈을 지불했다. 결국 모든 사람이 모든 사람에게 사기를 쳐야 하는 것이 20세기 자본주의의 본성이었고, 가장 사기를 잘 치는 사람이 게임에서 승리했다. 이 기준으로 보면 나는 무패의 세계 챔피언이었다.

거울로 잠시 나를 바라보았다. 맙소사, 이렇게나 깡마르다니! 나는 상당한 근육질이었는데…. 마약 때문인지 샤워하면서 땀을 빼려면 뛰어야 했다. 글쎄, 아마 그럴지도 몰랐다. 그러나 어쨌든 나한테는 잘 어울렸다. 나는 겨우 170.2센티미터였다. 어떤 아주 똑똑한 사람이 말하기를, 부자일수록 좋고 날씬할수록 좋다고 했다. 약장 문을 열고 초강력 안약 바이진Visine 병을 꺼냈다. 목을 뒤로 젖히고 양쪽 눈에 권장 복용량의 3배인 6방울씩 넣었다.

바로 그 순간 이상한 생각이 머리에 떠올랐다. 대체 어떤 인간이 바이진을 이렇게 남용할까? 바이엘 아스피린은 왜 6알이나 먹었을까? 말이 안 되는 짓이었다. 퀘일루드, 코카인, 자낙스는 복용량을 늘렸을 때 효과가 확실했다. 그런데 바이진이나 아스피린은 권장 복용량을 초과할 타당한 이유가 전혀 없었다.

아이러니하게도 이것이 내가 살아온 방식이었다. 모든

---

19 쪽모이 세공을 한 바닥재 플로어링의 일종

것이 지나쳤고, 모든 것이 선을 넘었다. 절대 하지 않으리라 여겼던 짓을 하고, 거친 자들과 어울렸다. 정말이지 모든 것이 지나쳤다.

갑자기 우울해졌다. 내가 아내한테 무슨 짓을 하려고 했지? 맙소사, 내가 정말로 그런 짓을 한 걸까? 오늘 아침 아내는 화가 많이 난 것 같았다. 그녀가 지금 뭘 하고 있을지 궁금했다. 아마도 아래층 어딘가에서 전화를 붙들고 친구나 제자 중 한 명과 수다를 떨고 있을 것이다. 그녀는 자기보다 완벽하지 않은 친구들에게 완벽한 지혜를 마구 뽐내면서 약간의 코칭으로 자기 친구들을 자기처럼 완벽하게 만들 수 있기를 간절히 바랐다. 아, 그게 바로 내 아내였다. 베이리지의 유치한 공작부인과 그녀의 충성스러운 신하들, 마치 엘리자베스 여왕이라도 되는 것처럼 굽실대는 스트래턴 오크몬트의 젊은 아내들. 정말 역겨웠다.

그렇지만 그녀를 변호하자면, 공작부인은 해야 할 역할이 있었고 그녀는 그 일을 잘해냈다. 그녀는 스트래턴 오크몬트와 관련된 모든 사람이 느끼는 뒤틀린 충성심을 이해했다. 또 핵심 직원의 아내들과 유대 관계를 잘 맺었고, 그것이 훨씬 더 견고한 환경을 만들었다. 공작부인은 진짜 영리한 여자였다.

그녀는 보통 아침에 내가 출근 준비를 하는 동안 욕실로 따라 들어오곤 했다. 나한테 가서 엿이나 먹으라고 말할 때만 빼면 참 좋은 대화 상대였다. 하지만 대개는 내가 화를 자초했기에 그녀를 탓할 수는 없었다. 사실 난 그녀를 탓할 자격이 없었다. 마사 스튜어트를 흉내 내는 온갖 헛소리에도 불구하고 그녀는 아주 좋은 아내였다. 하루에 "사랑해." 라고 수백 번씩 말했고, 갈수록 강력한 약을 조금씩 추가했다. "죽도록 사랑해!" "무조건 사랑해!"…물론 내가 가장 좋아한 건 "미치도록 사랑해!"였다.

하지만 이런 다정한 말에도 불구하고 나는 여전히 그녀를 믿을 수 있을지 확신이 서지 않았다. 그녀는 결국 두 번째 아내였고, 말이란 건 값이 싸니까. 그녀는 상황이 좋아지든 더 나빠지든 상관없이 나와 함께 있을까? 겉으로는 나를 진심으로 사랑한다는 온갖 표현을 하고, 끊임없이 키스를 퍼붓고, 대중 앞에서 손을 잡거나 껴안거나 손가락으로 내 머리카락을 빗어 넘겼다.

모두 혼란스러웠다. 데니즈와 결혼했을 때는 이런 걱정을 한 적이 없었다. 그녀는 내가 아무것도 없을 때 나와 결혼했기 때문에 그녀의 충성심을 의심할 여지가 없었다. 하지만 내가 처음으로 100만 달러를 벌었을 때 그녀는 분명 불길한 예감이 들었을 것이다. 그녀는 나에게 왜 1년에 100만 달러를 버는 평범한 직업을 가질 수 없느냐고 물었다. 당시에는 말도 안 되는 질문 같았지만, 우리 둘 모두 내가 1년도 안 되어 일주일에 100만 달러를 벌게 될 줄은 몰랐다. 그리고 2년도 채 되지 않아 밀러 라이트 모델인 네이딘 카리디가 7월 넷째 주말에 웨스트햄프턴 비치 하우스에 차를 세우고 초미니스커트에 하이힐 차림으로 노란색 페라리에서 내릴 줄은 꿈에도 몰랐다.

데니즈에게 상처를 주려던 건 아니었다. 사실 그럴 의도는 전혀 없었다. 그러나 나는 네이딘에게 한눈에 빠져버렸고, 네이딘도 마찬가지였다. 일단 사랑에 빠지면, 맹목적인 사랑, 모든 것을 앗아가는 사랑, 한순간도 떨어져 있을 수 없는 사랑에 빠지면, 그런 사랑을 어떻게 그냥 지나칠 수 있겠는가?

나는 데니즈와 관련된 모든 일을 잊으려고 애쓰며 깊은 숨을 내뱉었다. 어차피 죄책감이나 양심의 가책은 쓸모없는 감정 낭비가 아닐까? 아니라는 걸 알아도 그러고 있을 시간이 없었다. 앞으로 나아가는 것, 이게 핵심이었다. 뒤돌아보지 말고 최대한 빨리 달려 나가야 했다. 아내가 잘해 나가는 한, 나도 그녀와의 관계를 바로잡을 것이다.

5분도 안 돼서 마음을 정리하고 거울 속 내 모습에 억지로 미소를 지으며 다시 사우나로 향했다. 거기에서 악령들을 땀으로 빼내고 하루를 시작할 것이다.

3 몰래카메라

아침 해독을 시작한 지 30분 만에 원기를 되찾고 상쾌한 기분으로 안방에서 나왔다. 권이 준비해준 회색 줄무늬 양복을 입고, 얇고 세련된 1만 8,000달러짜리 금빛 불가리 시계를 왼쪽 손목에 찼다. 공작부인을 만나기 전에는 두툼하고 묵직한 순금 롤렉스를 차고 다녔지만 취향, 우아함, 품위에 자칭 전문가인 공작부인이 촌스럽다며 즉시 내버렸다. 브루클린에서 자라며 그녀가 본 가장 멋진 시계는 디즈니 캐릭터가 새겨진 것일 텐데, 어떻게 순금 롤렉스를 촌스럽게 여기는지 의문이다. 어쨌거나 나는 그녀의 안목을 인정했기에 대체로 그녀가 권하는 대로 받아들였다.

그 대신 검정 수제 악어가죽 카우보이 부츠로 나는 남자의 자존심을 유지했다. 통가죽으로 재단해 매끄러움이 탁월한 2,400달러짜리 부츠를 나는 정말 애지중지했다. 물론 공작부인은 이 부츠를 싫어했다. 나는 일부러 보란 듯이 이 부츠를 신었다. 아내가 나를 내쳤지만 더는 그러면 안 된다는 분명한 신호를 아내에게 보내려는 의도였다.

내 가장 소중한 딸 챈들러에게 뽀뽀를 해주려고 챈들러의 방으로 향했다. 챈들러는 내 인생에서 가장 큰 보람이었다. 챈들러를 품에 안으면 모든 잡념이 사라지는 듯했다.

챈들러의 방으로 가면서 나는 기분이 좋아졌다. 챈들러는 이제 생후 5개월이 되었고 비할 데 없이 사랑스러웠다. 그런데 방문을 열었더니 아내가 채니(챈들러의 애칭)의 방에서 나를 기다리고 있는 게 아닌가.

아내와 채니는 방 한가운데 화려한 분홍색 카펫 위에 앉아 있었다. 이 카펫도 아내가 자신의 감각을 과시하려고 아주 값비싸게 주고 산 것이었다. 챈들러는 엄마의 다리 사이에 앉아 있었다. 약간 벌어진 다리! 아내의 단단한 배 위에 앉은 챈들러가 엄마의 허벅지에 작은 등을 기대 있고, 아내는 챈들러를 안전하게 잡고 있었다. 그렇게 앉아 있는 둘의 모습이 참으로 예뻤다. 채니의 선명한 푸른 눈과 멋진 광대뼈는 엄마를 그대로 닮았다.

나는 심호흡을 했다. 아, 이 부드러운 아기 냄새! 아내의 체취를 맡으려고 한 번 더 숨을 들이쉬었다. 한 병에 400달러나 하는, 어디서 구입할 수 있는지는 오직 신만 아는 샴푸와 컨디셔너의 향기. 저자극성 맞춤형 키엘 스킨의 은은한 향이 살짝 묻어나는 샤넬 향수가 내 신경 줄기를 타고 허리께를 기분 좋게 파고들었다.

이 방은 완벽하고도 이상한 분홍색 나라였다. 여기저기 예쁜 동물 그림이 있고, 오른쪽에는 6만 달러에 맞춤 제작한 메디슨가의 벨리니 아기 침대와 유모차, 그 위에는 디즈니 노래 12곡과 함께 디즈니 캐릭터가 빙글빙글 도는 모빌이 걸려 있었다. 그 또한 안목 높은 천부적 장식 전문가인 아내가 맞춤 제작한 제품이다. 비록 9,000달러가 들기는 했지만, 내가 가장 사랑하는 챈들러의 방인데 뭐 어떤가.

잠시 아내와 딸을 바라보고 있자니, 갑자기 숨이 멎는 듯했다. 채니는 자주 그렇듯이 벌거벗은 상태였다. 채니의 올리브빛 피부는 흠잡을 데 없이 부드럽고 매끄러워 보였다.

아내는 가슴이 깊게 파인 연분홍 미니드레스를 입고 있었다. 마치 나를 놀리기 위한 것처럼 멋진 가슴이 도드라져 보였고, 금발 머리카락이 아침 햇살에 반짝였다. 치마가 너무 짧아서 엉덩이 위로 밀려 올라갔는데, 뭔가 허전했다. 그게 뭐지? 나는 신경이 쓰여서 찬찬히 살펴보았다. 무릎을 살짝 구부리고 있는 그녀의 다리 전체를 눈으로 훑었다. 그녀의 구두는 드레스와 깔 맞춤인 마놀로 블라닉이었다. 아마 1,000달러는 줬을 테지만, 그 순간 내가 무슨 생각을 했는지 안다면 한 푼도 값어치가 없을 것이다.

내 머릿속은 도대체 뭐가 허전한지 찾느라 분주하면서도 갑자기 아내를 원하는 마음이 솟구쳤다. 갓난아기라 별로 상관은 없지만 그래도 딸이 함께 있었다. 또 공작부인이 나를 용서했는지도 아직은 모른다. 뭔가 말을 하고는 싶었지만 말이 나오지 않았다. 나는 아내를 사랑하고, 내 삶을 사랑하고, 내 딸을 사랑했다. 모두 소중하고, 모두 잃고 싶지 않았다. 그래서 바로 그 순간 결심했다. 그래, 이제 매춘부는 그만! 야간에 헬기 타는 것도 금지! 더는 마약도 안 돼. 아, 과연 내가 마약을 끊을 수 있을까….

법정에서 자비를 구하듯 뭔가 아내에게 말하려고 했지만 기회가 없었다. 채니가 먼저 말을 시작했기 때문이다. 오, 내 딸은 천재야! 채니가 입을 크게 벌리고 웃으며 조그마한 목소리로 "다다다다다. 다다다다다."라고 말했다.

"좋은 아침이에요, 아빠!" 아내가 딸아이 목소리를 흉내 내며 말했다. 정말 달콤하고 섹시했다. "아빠, 모닝키스 안 해줄 거예요? 어서 해주세요."

아니, 이렇게 쉬울 수가 있나? 나는 앞으로 다가가면서 "두 분에게 키스해도 되나요?"라고 말하며 귀여운 강아지처럼 입술을 오므리고 얼굴을 내밀었다.

"음, 안 돼요." 아내가 나의 기대를 저버렸다. "아빠는 엄마에게 아주 오랫동안 키스를 할 수 없어요. 하지만 채니는 아빠가 키스를 해줘야 해요."

맙소사, 아내가 이런 식으로 나오다니!

아내는 아기 목소리로 말했다. "채니야, 어서 아빠에게 기어가렴. 아빠는 채니가 안길 수 있도록 허리를 숙여주세요, 어서요."

나는 한 걸음 앞으로 나아갔다.

"그 정도면 충분해요." 아내가 오른손을 들어 올리며 경고했다. "이제 엄마가 말한 것처럼 허리를 숙여요."

나는 시키는 대로 했다. 사랑스러운 공작부인에게 큰소리치던 사람은 어디 갔을까?

아내는 채니가 네 발로 길 수 있게 살짝 내려놓았고, 채니는 "다다다다다." 소리를 내며 느릿느릿 내게 기어왔다.

아, 정말 행복했다. 정말이지 난 세상에서 제일 행복한 남자였다. "이리 와. 아빠에게 오렴." 이렇게 말하며 아내를 쳐다본 순간, 내 눈을 의심했다. "아니, 여보! 네이딘! 도대체 왜 그러는 거야? 지금 당신…."

"아빠, 왜 그래요? 그렇게 쳐다보지 마세요. 앞으로 더는 그걸 가질 기회가 없을 거예요." 아내가 멋진 다리를 슬쩍 벌리자 치마가 엉덩이 위로 말려 올라갔고, 보여야 할 팬티는 어디에도 없었다. 아내의 예쁜 분홍색 음부가 눈앞에서 욕망으로 반짝이며 나를 응시하고 있었다. 부드러운 복숭아 솜털 같은….

이런 경우 여느 남편들이 하듯이 나도 주인에게 야단맞은 강아지처럼 애원했다. "제발 여보, 어젯밤 일은 정말 미안해. 맹세코 다시는…."

"음, 내년까지는 참아야 해요." 아내가 손을 저으며 말했다. "아빠가 거짓으로 하나님께 맹세하길 얼마나 좋아하는지 엄마는 잘 알고 있어요. 하지만 시간 낭비예요. 엄마는 이제부터 짧은 치마만 입고 다닐 거래요. 맞아요, 아빠! 속옷 없이 짧은 치마만 입는 거요." 양손으로 방바닥을 짚고 팔꿈치를 뒤로 살짝 젖히는 요염한 자세로 아내가 말했다.

그리고 신발 디자이너들은 상상하지도 못할 방식으로 마놀로 블라닉 하이힐의 코를 요염하게 돌리며 그 멋진 다리를 오므렸다 폈다 했다. "왜 그래요, 아빠? 안색이 안 좋아 보여요."

물론 아내가 나를 놀린 것은 이번이 처음은 아니다. 엘리베이터, 테니스코트, 공영주차장, 심지어 백악관에서까지. 장소 불문이었다. 그런데 이번이 가장 충격이었다. 나는 날아오는 펀치를 미처 보지도 못한 채 얻어맞고 기절한 권투 선수가 된 기분이었다.

채니는 내게로 기어오다가 중간에 멈춰서 분홍색 카펫을 쳐다보고 있었다. 놀라운 무언가를 발견한 것처럼 카펫 올을 몇 가닥 집고는 잡아당기는 데 정신이 팔려서 엄마 아빠의 대화에는 관심을 두지 않고 있었다.

한 번 더 아내에게 사과하려고 했지만, 아내는 오히려 오른손 검지를 입에 넣고 빨기 시작했다. 난 말할 힘을 잃었다. 아내는 자신이 방금 엄청난 펀치를 날렸다는 걸 안다는 듯 천천히 손가락을 빼면서 아기 목소리로 더 크게 말했다. "가엾은 우리 아빠. 이렇게 아쉬울 때만 잘못했다고 말하죠. 그렇죠, 아빠?"

나는 믿을 수 없다는 듯이 쳐다보았고, 다른 결혼한 부부들도 이렇게 사는지 정말 궁금했다.

"아빠, 사과하기에는 너무 늦었어요." 마치 위대한 진실을 말하듯 아내는 섹시한 입술을 오므리고는 천천히 고개를 끄덕였다. "엄마는 아빠를 너무 사랑하고 하루 종일 아빠와 사랑을 나누고 싶답니다. 그런데 신만 아시는 어떤 일을 하고, 밤마다 헬리콥터를 타고 시내를 날아다니기를 좋아하는 건 정말 부끄러운 일이죠. 엄마가 정말 원하는 건 아빠가 가장 좋아하는 곳에 키스하는 거예요. 지금 아빠가 찾고 있는 바로 거기 말이에요."

아내는 다시 입술을 오므리고는 입술을 삐죽 내밀었다. "하지만 불쌍한 아빠! 이제는 그럴 가능성은 없어요. 아빠가 지구상의 마지막 사람이라도 말이에요. 사실 엄마는 방금 유엔처럼 섹스금지령을 내리기로 결심했어요. 아빠는 올해 말까지 엄마와 사랑을 나누지 못해요. 그런데 아빠가 또다시 실수를 저지르면 2월 2일 성촉절[20]까지 연장된대요." 뭐라고? 와, 미치겠군.

마음을 비우고 무조건 항복을 선언하려던 찰나, 갑자기 어떤 생각이 불쑥 떠올랐다! 맙소사, 이걸 말해줘야 하나, 말아야 하나? 젠장, 쇼가 너무 리얼한데!

아내가 또다시 아기 목소리로 말했다. "생각해보니 아빠, 이제 엄마는 집에서 아빠가 제일 좋아하는 엄마의 부드러운 허벅지 털을 다 보여주면서 돌아다닐 거래요."

나는 열심히 고개를 끄덕였다.

"엄마는 속옷 입기가 너무 지겨워서요. 사실 그래서 속옷

---

20 아기 예수의 봉헌과 성모 마리아의 정결례를 기념하는 가톨릭 축일

을 모두 다 버리기로 결정했어요. 그러니 잘 보세요, 아빠."

이 정도에서 멈춰야 할까? 아니, 아직 아니야. "당분간 볼 수는 있겠지만 금지령 때문에 만지거나 할 수는 없답니다. 엄마가 허락하기 전까지는 안 돼요. 알았죠, 아빠?"

자신감에 차서 내가 말했다. "그런데 엄마는 어떻게 할까? 어떻게 견디지?"

"아, 엄마는 스스로를 기쁘게 하는 방법을 잘 알고 있어요. 흐응, 흐응." 아내가 신음 소리를 냈다. "사실, 엄마는 생각만으로도 흥분할 수 있어요. 이제는 헬리콥터가 싫지 않아요, 아빠?"

나는 공격할 틈을 찾았다. "사실 모르겠어요, 엄마. 내 생각엔 말만 하고 행동은 하지 않는 것 같아서 믿을 수가 없어요."

아내가 고개를 천천히 저으며 말했다. "음, 아빠가 첫 번째 교훈을 배워야 할 때가 된 것 같아." 아, 잘돼가고 있어. 채니는 여전히 카펫을 뚫어져라 쳐다보고 있었다. "엄마의 말을 안 들으면 금지령이 성촉절에서 부활절까지 연장될 거예요. 누가 대장인지 알겠어요, 아빠?"

나는 폭탄을 떨어뜨릴 준비를 하며 말했다. "네, 엄마. 그런데 손으로 뭘 하시게요?"

"쉿!" 하며 아내는 손가락을 입에 넣고 쪽쪽 빨더니 천천히 우아하게 아래쪽으로 향했다. 가슴골을 지나 배꼽을 지나 더 아래쪽으로….

"안 돼! 거기서 멈춰." 나는 손을 들며 말했다. "내가 당신이라면 더는 안 할 거야!"

아내는 깜짝 놀라서 움찔거렸다. 보아하니 아내도 나만큼 이 흥분된 시간을 고대하고 있었던 것 같다. 하지만 그 이상은 안 된다. 드디어 폭탄을 떨어뜨려야 했다. 그런데 그러려던 찰나에 아내는 나를 꾸짖기 시작했다. "와, 아빠가 해냈군요. 7월 4일까지 키스도 사랑도 나누지 못하게 되었어요."

"하지만 엄마, 로코와 로코는 어떻게 생각해요?"

아내는 갑자기 놀란 듯 얼어붙었다. "어?"

나는 몸을 숙여 카펫에 심취한 챈들러를 두 팔로 들어 가슴에 안고는 뺨에다 키스하며 말했다. "아빠가 엄마에게 이야기를 하나 해줄 거예요. 엄마가 하려던 일을 하기 전에 아빠가 멈추라고 해서 엄마가 고마워한다면, 엄마는 아빠가 한 모든 일에 대해서 용서해야 해요, 알았죠?"

아내는 가만히 있었다. "좋아요. 이건 롱아일랜드의 올드브룩빌에 있는 한 작은 분홍색 침실에 관한 이야기예요. 엄마는 이 얘기를 계속 듣고 싶어 할까요?"

아내는 혼란이 가득한 얼굴로 고개를 끄덕였다.

"엄마는 아빠가 그 이야기를 다 하는 동안 가랑이를 넓게 벌리고 있을 거죠?"

아내는 꿈결처럼 천천히 고개를 끄덕였다.

"좋아요. 왜냐하면 그게 아빠가 세상에서 가장 좋아하는 모습이기 때문이고, 아빠에게 곧이곧대로 이야기를 털어놓게끔 영감을 주니까 그런 거겠죠! 알겠어요? 롱아일랜드 최적의 위치에다 부지도 완벽한 곳에 있는 훌륭한 석조 저택 2층에는 작은 분홍색 침실이 있었는데, 거기 사는 사람들은 돈이 어마어마하게 많았죠. 이건 이 이야기에서 매우 중요한 부분이에요, 엄마. 그들이 가진 모든 재산 중에서, 그리고 소유한 모든 것 중에서, 또한 그 모든 것을 합친 것보다 훨씬 더 가치 있는 것이 하나 있었는데, 그건 바로 그들의 어린 딸이었죠.

이 이야기 속의 아빠는 그를 위해 일하는 사람이 엄청 많았는데, 그들은 대부분 아주 어렸고 거의 길들여지지 않은 아이들이었어요. 그래서 엄마와 아빠는 이 모든 아이가 더는 초대받지 않고 집에 들락거리지 못하도록 건물 전체에 큰 철문을 설치하기로 했죠. 믿거나 말거나지만. 엄마, 그런데도 그들은 여전히 들락거리려 했대요!"

나는 잠시 말을 멈추고 서서히 핏기가 가시는 아내의 얼굴을 살폈다. "하여튼 시간이 좀 지나자 엄마와 아빠는 그런 일이 너무 귀찮고 피곤해져서 상근 경호원 두 명을 고용했어요. 엄마, 우습게도 그들은 이름이 둘 다 로코였어요." 나는 잠시 멈추고 아내의 예쁜 얼굴을 살펴보았다. 이제 그녀는 유령처럼 창백했다.

나는 계속했다. "어쨌든 로코와 로코는 이야기 속 저택의 뒤뜰에 있는 멋진 경비실에서 항상 시간을 보냈어요. 그리고 이야기 속의 엄마는 항상 무슨 일이든지 제대로 하는 걸 좋아했기 때문에 감시 분야에서 가장 뛰어난 장비를 찾았고, 결국 돈으로 살 수 있는 것 중에서 가장 선명하고 밝고 세밀하게 촬영할 수 있는 최신 TV 카메라를 구입했어요. 화질과 색상이 우리 눈으로 보는 것보다 더 좋았답니다."

아내는 아직도 가랑이를 넓게 벌린 채로 있었다. "어느 비 오는 일요일, 엄마와 아빠는 침대에 누워서 간호사와 가정부가 아기를 학대했다는 기사를 읽었어요. 아빠는 깜짝 놀라서 엄마와 상의해 그 분홍색 침실에 몰래카메라 두 대와 음성 작동 마이크를 설치했답니다. 그리고 그 몰래카메라 중 하나가 바로 지금 아빠가 있는 벽의 조그만 구멍에서 앞을 비추고 있는데, 공교롭게도 그게 엄마의 가장 중요한 부분을 떡하니 바라보고 있을 거래요."

그러자 아내의 두 다리가 마치 은행 금고처럼 딱 오므려졌다. "그리고 엄마와 아빠는 채니를 매우 사랑하기 때문에 이 카메라를 경비실의 정중앙에 있는 커다란 대형 모니터에 연결해두었답니다.

웃어요, 엄마! 몰래카메라에 찍혔어요!"

아내는 잠시 움직이지 않았다. 그러다 갑자기 전기에 감전된 것처럼 벌떡 일어나 소리쳤다. "와, 진짜! 미쳤어! 세상에! 이럴 수가! 어떡해, 어떡해!" 그녀는 창가로 달려가 경비실을 내다보더니 빙글 돌아서 뒤로 뛰어가다가 꽈당! 쓰러졌다.

하지만 아내가 쓰러져 있던 건 아주 잠깐이었다. 그녀는 마치 세계적인 레슬링 선수처럼 살짝 구르더니 순식간에 벌떡 일어났다. 도망치는 그녀의 뒤로 문이 쾅! 닫혔다. 내가 충격을 받은 것은, 그야말로 야단법석이라고 생각될 법한 그 기이한 모습들을 그녀가 전혀 개의치 않았다는 사실이다. 그렇게 그녀는 사라졌다.

"채니, 귀부인은 문을 쾅 닫으면 안 된단다. 깜짝 놀랐지, 아가? 이젠 괜찮아." 채니에게 이렇게 말하고는 나는 채니가 커서 나 같은 남편을 만나지 않기를 하나님께 기도했다. 내가 생각해도 나는 남편으로는 점수 미달이니까. 나는 아래층으로 내려가서 수다쟁이 간호사 마샤Marcia에게 채니를 맡기고는 곧장 경비실로 향했다. 조금 전 아내의 모습이 담긴 동영상이 할리우드에서 '부자와 기능장애인의 생활'이란 제목으로 방영되는 것은 원하지 않았으니까.

4 WASP의 천국

아내를 찾기 위해 스물네 개나 되는 방마다 이 잡듯 샅샅이 뒤졌다. 사실 방뿐만 아니라 2만 6,000제곱미터가 넘는 모든 곳을 뒤졌는데도 아내를 찾지 못했다. 귀엽고 섹시한 아내가 어디에 숨었는지 도저히 찾을 수 없어서 결국 포기했다. 거의 9시가 다 되어서 일하러 가야 했다.

9시가 조금 지나 조지 캠벨이 운전하는 리무진 뒷좌석에 올랐다. 백인을 증오하는 조지는 내 차를 운전하는 4년 동안 거의 말이 없었다. 그동안 내게 한 말을 다 합해야 열두 마디나 될까. 말없이 고개만 까딱하며 인사하는 것이 못마땅했지만, 오늘은 오히려 과묵한 그가 반가웠다. 사실 오늘 아침같이 아내와 신경전을 벌인 후에는 침묵이 최고니까.

그래도 매일 일과처럼 따뜻한 어조로 인사를 건네고 어떤 형식이든 간에 조지의 답례를 기대하곤 했다. 오늘도 평소처럼 인사를 건넸다. "안녕 조지, 오늘 기분은 어때요?"

조지는 내가 그의 눈 흰자위를 볼 수 있을 만큼 오른쪽으로 고개를 약간 돌리고는 딱 한 번 고개를 까딱했다.

절대 틀리는 법이 없군, 저 녀석은 벙어리야.

6개월 전 조지는 내게 이를 새로 해 넣어야 한다면서 5,000달러를 빌려줄 수 있느냐고 물었었다(물론 그냥 달라는 뜻이었을 것이다). 나는 기꺼이 줬고, 그 덕에 15분 동안이나 얘길 나눴다. 자신의 이가 얼마나 하얀지, 얼마나 많이 해 넣어야 하는지, 한 번 하면 얼마나 오래가는지, 지금 자신의 치아에 무슨 문제가 있는지 등등. 조지가 말을 마쳤을 때는 검은 이마에서 땀방울이 흘러내리고 있었다.

오늘도 조지는 감색 정장을 입고 연봉 6만 달러에는 어울리지 않는 암울한 표정을 짓고 있었다. 나는 조지가 다른 백인을 미워하거나 증오하듯 내게도 같은 마음이라는 걸 의심하지 않았다. 다만 내 아내만큼은 예외였다.

리무진에는 수많은 종류의 술병, TV와 비디오, 냉장고, 멋진 사운드 시스템, 버튼 하나로 퀸 사이즈 침대로 변하는 뒷좌석 등이 갖춰져 있었다. 침대는 내 요통이 심할 때 쉬려고 덧댄 것이지만, 가끔은 10만 달러짜리 사창가로 변하는 의도하지 않은 효과를 가져왔다(마음껏 상상하시길). 오늘 아침 내가 가는 곳은 스트래턴 오크몬트가 있던, 조용한 중산층 도시인 롱아일랜드의 레이크 석세스Lake Success였다.

요즈음의 이 도시는 애리조나주의 툼스톤과 비슷했다. 소형 영세 산업들은 회사의 별난 직원들의 갖가지 욕구를 읽고 거기에 맞춘 서비스를 갖추게 되었다. 윤락, 불법 도박장, 심야 클럽을 비롯한 온갖 종류의 사행사업이 판을 쳤고, 심지어 주차장의 가장 아래층에서 한 판에 200달러씩 속임수를 쓰는 어린 매춘부들도 있었다.

처음에는 지역 상인들이 우리 직원들의 품위 없는 야생적인 모습에 마치 들짐승을 대하듯 반감을 가졌다. 그러나 얼마 지나지 않아 스트래턴 브로커들이 가격표를 전혀 확인하지 않고 돈을 마구 쓴다는 걸 알게 되자 상인들은 상품의 가격을 대폭 올렸고, 이후로는 평화롭게 살았다. 마치 서부 야생에서처럼.

리무진은 골드코스트에서 가장 멋진 도로인 치킨밸리 로드 위에 있었다. 나는 신선한 공기를 마시려고 창문을 조금 열고, 오늘 새벽 마약에 취해서 헬기를 타고 지나갔던 브룩빌 컨트리클럽의 페어웨이를 바라보았다. 그 컨트리클럽은 내 사유지와 놀랄 만큼 가까웠다. 나는 7번 아이언으로 앞 잔디밭에서 7번 페어웨이 중간까지 골프공을 날릴 수 있었다. 나는 WASP의 천국을 침범할 만한 뻔뻔함을 지닌 유대인이기는 하지만, 굳이 회원 가입을 신청하지는 않았다.

유대인을 제한한 것은 브룩빌 컨트리클럽만이 아니었다. 주위 모든 클럽이 푸른 피가 흐르는 WASP를 제외한 다른 어떤 인종에게도 자신의 영역을 터놓지 않았다(브룩빌 컨트리클럽은 가톨릭 신자를 거부하지는 않았으니 그 점에서는 다른 클럽보다는 양심적이었다). 공작부인과 내가 맨해튼에서 처음 이곳으로 이사를 왔을 때 WASP 집단의 모든 면에 대해 거부감이 심했다. 무슨 비밀 클럽 같기도 했지만, 마치 도

도새나 점박이부엉이와 다를 바 없는 심각한 멸종위기종이라는 걸 알게 되었다. WASP가 타 인종의 침략에 대비해 그들만의 골프장과 사냥터를 운영한다는 건 공공연한 비밀이었다. 하지만 그들은 나처럼 야만적인 유대인들에게 압도당할 위기에 처한 20세기의 조금 큰 뿔에 지나지 않았다. 그들은 월스트리트에서 돈을 벌었고, 개츠비가 사는 곳에서 살기 위해 무엇이든지 기꺼이 소비했다.

리무진이 부드럽게 좌회전하며 헤게만 길로 들어섰다. 왼쪽 앞에 '골드코스트 마구간'이라는 승마 센터가 있었는데, 이름에서마저 WASP 전용 지역이라는 기운이 풍겼다.

지나가는데, 아내가 말을 보관하는 마구간이 보였다. 승마와 관련된 거라면 다 기분 나빴다. 그건 순전히 접대용 미소를 지으며 철저히 WASP 행세를 하는 배불뚝이 유대인 주인 때문이었다. 그는 금발로 염색한 사이비 WASP 마누라와 함께 우리 부부에게 한물간 말들을 세 배나 비싼 값으로 떠안겼다. 괘씸하게도 그 말들은 우리가 구입하자마자 이런저런 병에 시달렸다. 진료비에 사료비, 승마 조련비 등등 돈을 어마하게 빨아들이는 거대한 블랙홀이었다.

이번에 취미를 승마로 바꾼 아내는 말 알레르기가 있어 연신 재채기를 하고, 콧물이 나고, 가려움과 기침으로 고생하면서도 사탕수수며 당근을 먹이고 승마 레슨을 받기 위해 매일 그곳에 갔다. WASP의 천국에서 같이 살아가려고 그들처럼 말을 좋아하는 척하는 것이었다.

북부 대로를 지날 때쯤엔 허리 통증을 참기가 힘들었다. 어젯밤에 먹은 약 효과가 모두 사라진 것이다. 이제부터 통증이 극심해진다는 신호이기도 했다. 아마도 성난 공룡이 깨어나는 것 같은 어마어마한 통증이 시작될 것이다. 왼쪽 허리에서 시작된 통증은 왼쪽 허벅지로 뻗어 내렸다. 벌겋게 달아오른 다리미로 지지듯 격심한 고통이 여기저기로 옮겨 다니며 괴롭히기 시작했다.

나는 퀘일루드 세 알을 삼키고 싶은 충동을 억누르며 심호흡을 했다. 밤도 아닌 업무 시간에 직원들 앞에서 약에 취해 침이나 질질 흘리는 바보가 될 수는 없었기 때문이다. 그 대신 마른하늘에서 번개라도 내리쳐 내 허리를 이렇게 만든 아내의 강아지를 감전시켜달라고 짧게 기도했다.

북부 대로의 이쪽 편은 임대 가격이 확실히 낮았다. 평균 주택 가격이 100만 달러 조금 넘는 정도였다. 물론 나같이 가난하게 자란 사람이 100만 달러짜리 집들이 이제는 판잣집처럼 보일 정도로 부와 사치에 둔감해진 것이 아이러니했다. 하지만 부자의 특권이니 나쁘다고만 할 수는 없다.

곧 롱아일랜드 고속도로의 진입로 표지판이 눈에 들어왔다. 조금 있으면 집보다 마음 편한 내 집, 스트래턴 오크몬트의 사무실에 도착할 것이다. 광기마저도 지극히 정상으로 보이는 그곳에서는 곧 미국에서 가장 치열한 금융가의 전투가 벌어질 것이다.

5 가장 강력한 마약

　스트래턴 오크몬트는 오래된 롱아일랜드의 늪지를 메운 신흥 도심지에 자리 잡은 웅장한 4층짜리 검은색 유리 빌딩의 1층을 전부 차지하고 있었다. 쓸모없던 옛 늪지는 1980년대 초에 매립됐고, 지금은 거대한 지하 주차장을 갖춘 일류 오피스 단지로 변신했다. 여기에서 스트래턴 브로커들은 오후 중반에 커피를 마시며 매춘부와 함께 행복한 시간을 보내곤 했다.

　여느 때와 마찬가지로 빌딩 앞에 차를 세우고 나자 자부심으로 가슴이 벅차올랐다. 거울처럼 비치는 검은 유리가 아침 햇살에 눈부시게 빛났고, 지난 5년 동안 내가 얼마나 크게 성장했는지 느낄 수 있었다. 중고차 대리점이던 이곳을 인수해 스트래턴을 시작했다고 어느 누가 상상이나 할 수 있을까. 지금, 바로 이곳을!

　건물 서쪽에 매우 웅장하고 멋진 입구가 있었지만, 스트래턴 직원들은 거의 사용하지 않았다. 시간이 곧 돈인 그들에게는 너무 멀리 돌아가는 길이었기 때문이다. 그 대신 다들 남쪽 콘크리트 경사로를 이용했고, 그 경사로는 사무실로 곧장 연결되었다.

나는 조지에게 인사를 하고 리무진에서 내려 콘크리트 경사로를 따라 올라갔다. 사무실 앞에 이르자 마피아처럼 고함을 지르며 영업에 임하는 브로커들의 열정이 느껴졌다. 그 소리는 내게 음악 같았고, 내 발걸음에 자신감이 솟구쳐오르게 해주었다.

십여 걸음을 걸어가 모퉁이를 돌면 스트래턴 오크몬트의 사무실이었다. 축구장보다 길고, 넓이는 절반에 가까운 거대한 규모에 칸막이 없이 천장이 매우 낮은, 탁 트인 공간이었다. 단풍나무색 책상들이 교실처럼 배치되어 있고, 끝없이 펼쳐진 흰색 와이셔츠의 바다가 사납게 출렁였다. 브로커들이 양복 재킷을 벗은 채 검은 전화기에 대고 고함을 치는 바람에 전화기에서는 울부짖는 소리가 났다. 젊은 그들은 미 전역의 부자 고객들에게 자기들 나름의 이론과 이유를 대며 투자를 설득하고 있었다.

"맙소사, 빌! 이번 기회를 놓치면 땅을 치고 후회할 거예요. 당장 투자를 결정하세요!" 연봉 120만 달러인 땅딸막한 바비 코흐Bobby Koch가 외쳤다. 고졸이며 스물두 살이고, 극심한 마약 중독자에 아일랜드 출신이다. 그는 미국 어딘가의 대도시에 살고 있는 '빌'이라는 사업가를 설득하고 있었다. 책상마다 컴퓨터 모니터에 실시간 주식 시세가 펼쳐졌지만 한 사람도 의미 있게 쳐다보지는 않았다. 그들은 땀을 뻘뻘 흘리며, 귀에서 거대한 가지가 자라는 것처럼 보이는 검은 전화기에다 저마다 소리를 지르느라 바빴다.

"빌! 지금 당장 결정하세요!" 바비가 재촉했다. "스티브 매든은 월스트리트의 새로운 이슈 중에서도 가장 핫해요! 생각할 필요도 없다니까요. 아마 오후가 되면 확 올라서 손댈 엄두도 못 낼걸요." 바비는 2주 동안 헤즐든 클리닉 Hazelden Clinic[21]을 나와 있었고, 중독은 이미 재발하고 있었다. 두 눈이 그의 단단한 아일랜드계 두개골에서 튀어나올 것만 같았다. 땀샘에서는 코카인 알갱이가 새어 나오는 것이 느껴질 정도였다. 이제 겨우 오전 9시 30분인데.

올백 머리에 사각 턱을 가진 젊은 브로커는 짧은 목을 잔뜩 웅크린 채로 고객에게 의사결정 과정에 아내를 포함시키는 것에 대한 장단점을 설명하느라 애쓰고 있었다. "부인한테 상의를 허요? 워메, 제정신이유?" 흥분하면 사투리가 심하게 나오는 친구였다. "아하, 긍께 부인은 째 신발 사러 나갈 때마담 선생님과 상의하나봐유?"

세 줄 뒤에는, 곱슬머리에 여드름이 잔뜩 난 브로커가 뺨과 어깨 사이에 검은 전화기를 끼운 채 꼿꼿이 서 있었다. 비행기 날개처럼 펼친 겨드랑이에 커다란 땀자국이 보였다. 그 옆에서 회사 전속 양복쟁이 앤서니 길베르토Anthony Gilberto가 줄자로 여기저기 사이즈를 재고 있었다. 길베르토

---

21   마약중독 치료 전문기관

는 온종일 이 책상 저 책상 옮겨 다니며 직원들의 사이즈를 재고는 한 벌당 2,000달러에 양복을 만들어줬다. 옆자리의 또 다른 젊은 브로커는 고개를 뒤로 젖히고 마치 스완 다이 빙을 하듯 두 팔을 벌리고 어쩔 줄 모르겠다는 투로 고객을 어르고 있었다. "세상에, 킬고어 씨. 주식 1만 주를 판다고요? 오, 제발! 사장님 때문에 제가 미치겠어요. 할 수만 있다면 지금 당장이라도 텍사스로 날아가서 사장님의 팔을 비틀어버리고 싶어요, 진짜."

정말 헌신적이라는 생각이 들었다. 여드름투성이 초짜 브로커는 양복을 맞추는 와중에도 주식을 매매하고 있었다. 흰 와이셔츠의 바다를 가로질러 객장 맞은편에 있는 내 사무실로 걸어갈 때면 마치 홍해를 건너는 모세가 된 것처럼 느껴졌다. 브로커들이 내가 가기 편하도록 이리저리 비켜주었기 때문이다. 그러면서 내가 지나칠 때마다 그들은 내가 창조한 이 작은 천국에 대한 감사 표시로 윙크를 하거나 미소를 보냈다. 그들은 내게 희망, 사랑, 조언, 지도 등을 구하려고 자주 왔다. 나는 그들보다 열 배는 더 많은 열정을 지니고 있었고, 우리는 미칠 듯이 전화기에 대고 고함을 질러대는 열정을 똑같이 사랑했다. 아무리 열정을 쏟아부어도 성에 차지 않았다.

"제발 전화 좀 받아!"라고 금발 영업 비서가 소리쳤다.

"직접 받아! 그건 네 일이야!"

"한 방만 쏘라고요!"

"…여덟 시 반에 2만…."

"…10만 주를 주워 담아…."

"이 주식이 앞으로 치솟을 거라고!"

"젠장, 스티브 매든이 현재 월스트리트 최고의 관심 종목이라니까요."

"염병할 메릴린치! 이 바퀴벌레를 콱 밟아버리겠어!"

"지역 증권사 직원이요? 그놈들은 어제 자 〈월스트리트 저널〉을 읽느라 바빠요."

"…4시에 2만 주 주문을 받았…."

"빌어먹을 자식들!"

"그래, 너도 엿이나 먹으셔! 네가 몰고 온 그 망할 폴크스바겐도!"

엿 먹어! 염병! 젠장! 이게 월스트리트의 언어였다. 증권 브로커들의 힘찬 포효의 본질이었고, 모든 문제의 답이었다. 이런 말들이 사람들을 열광시켰고 매혹시켰으며, 불가능하다고 포기했던 꿈을 이루게 도와주었다. 그 사실에 모두 빠져들었는데, 특히 내가 완전히 휩쓸렸다.

객장에 있는 수천 명 중에 30대는 거의 없었고, 대부분 20대 초반이었다. 잘생긴 데다 허영심이 강했고 혈기도 왕성했다. 그들은 수제 양복에 흰 와이셔츠, 실크 넥타이, 순금 손목시계로 치장하기를 좋아했다. 십분의 일에 불과한 여성들은 터질 듯한 뽕브라에 가슴골이 훤히 드러나는 티셔츠를 입고, 아찔한 스커트와 스파이크힐로 멋을 냈다. 이런 패션은 스트래턴의 인사 규정에는 엄격히 금지돼 있지만, 사기를 북돋느라 눈감아주고 있었다.

젊은 스트래턴인들은 발정 난 동물처럼 책상 아래, 화장실 진열대, 옷장 안, 지하 주차장, 그리고 건물 유리 엘리베이터에서까지 애정 행각을 벌일 정도로 상황은 걷잡을 수 없게 되었다. 급기야 근무기강 확립 차원에서 아침 8시부터 오후 7시까지는 사무실에서 애정 행위를 금지한다는 공문을 배포하기에 이르렀다. 공문의 맨 위에는 '애정 행위 금지 구역'이란 제목이 들어갔고, 아래에는 개가 교미하는 모습 위에 X자가 그려진 빨간 동그라미를 얹었다. 하지만 아무도 심각하게 받아들이지 않았다.

그래도 괜찮았다. 공문을 돌린 것으로 충분했다. 모두가 젊고 아름다웠고, 그들은 그 순간을 즐기고 있었다. 한창 왕성한 젊은 스트래턴인 모두의 가슴과 영혼을 불태워 엄청난 업무 성취를 이끌어내고 있었다. 좀 과하기는 해도 이 활동적인 쾌락에서 에너지가 나온 것이다.

그러니 누가 그들의 성공을 따지고 들겠는가? 그들이 벌어들인 돈의 양은 엄청났다. 신입 브로커가 첫해에 25만 달러를 벌지 못하면 무능하게 여겨졌고, 2년 차에 50만 달러를 벌지 못하면 쓸모없는 사람 취급을 받았다. 3년 차에 100만 달러 넘게 벌지 못하면 완전히 웃음거리가 되었다. 이건 어디까지나 최소한의 기준에 불과했다. 그보다 세 배나 많은 실적을 내는 브로커도 있었다.

그리고 그때부터는 재산이 줄어들었다. 영업 보조원들은 연간 10만 달러 이상을 벌었다. 단순히 전화 응대만 하는 영업 보조 직원도 연간 8만 달러를 벌었다. 이곳은 구식 골드러시나 다름없었고, 레이크 석세스는 신도시가 되었다. 아직 어린 스트래턴인들은 이곳을 '브로커 디즈니랜드'라고 부르기 시작했는데, 놀이공원처럼 신나게 큰돈을 벌 수 있는 곳이란 뜻이었다. 그런 만큼 직원들은 어떻게 해서든 스트래턴에 붙어 있으려고 피나는 노력을 했다. 언젠가 직업을 잃게 된다면 어쩌나 하는 두려움이 있었던 것이다. 그래서 더욱 스트래턴인 시절에는 가장 멋진 차를 몰고, 고급 레스토랑에서 식사하고, 팁을 많이 주고, 고급스러운 옷을 입고, 롱아일랜드의 멋진 골드코스트에 있는 저택에서 살기를 원했다. 새로 입사해서 한 푼도 없는 브로커들도 마찬가지였다. 스트래턴 오크몬트의 직원이라는 신용만으로 은행에서 대출을 받아 그런 삶을 누릴 수 있었다.

여전히 10대의 상징인 여드름을 자랑하고 최근에야 면도를 시작한 앳된 직원들도 나가서 저택을 구입하고 있었지만, 회사가 나서서 통제할 수는 없다. 그들 중에는 사놓기만 하고 부모님 집에서 사는 것이 더욱 편하다고 느끼는 아주 어린 친구들도 있었다. 어떤 직원들은 여름에 대서양의 멋진 경치를 조망할 수 있는 수영장을 구비한 호화 주택을 빌려 주말에 퇴폐적인 파티를 즐기다 경찰에게 제지당하기도 했다. 파티에서는 라이브 밴드가 연주를 하고, DJ가 레코드판을 돌리며, 젊은 스트래턴 여직원들은 상반신을 드러내놓고 춤추며 놀았다. 스트리퍼와 매춘부들은 아주 귀한 손님이었다. 어느 순간 어떤 친구들은 발정 난 들짐승처럼 여기저기서 섹스를 하면서 즐겼다.

그게 잘못되었다고 말할 수 있을까? 그들은 젊음과 탐욕에 취해 불타올랐다. 갈수록 많은 사람에게 중요 정보를 제공하고 돈을 벌게 되자 돈에 대한 욕심이 더욱 커져갔다. 부동산 중개업자들은 그들에게 저택을 팔았고, 주택담보 대출 중개업자들은 대출을 권했다. 인테리어 업자들은 저택에 값비싼 가구를 가득 채우도록 꼬드겼다. 심지어 조경 업자들은 스트래턴인이 스스로 잔디를 깎을 수 없게 만들었다. 포르셰를 팔았던 외제자동차 중개업자들은 메르세데스, 페라리, 람보르기니 등을 갖다 안겼고, 유명 레스토랑의 셰프들은 값비싼 요리를 팔았다. 각종 스포츠 행사와 록 콘서트, 브로드웨이 쇼의 VIP석을 예약한 암표상들도 큰 이득을 챙겼다.

그 외에도 보석방, 시계방, 구두닦이, 꽃꽂이, 미용사, 안마사, 지압사, 심지어 매춘부와 마약상까지 객장을 들락거리며 어떻게든 이 젊은 고객들을 유치하려고 애썼다. 그들은 객장에 나타나 자신들의 서비스를 스트래턴인의 발 앞에 바로 전달했다.

그래서 스트래턴인들은 바쁜 하루 중에서 단 1초도 쉴 필요가 없었고, 단 한 가지 행동만 하면 됐다. 바로 전화 걸기! 그게 다였다. 사무실에 들어온 순간부터 퇴근할 때까지 웃으며 전화를 걸었다. 만약 전화 거는 일에 싫증을 느끼거나, 하루 수백 번씩 미국의 모든 고객의 비서들이 전화를 거절할 정도로 의욕이 없다면, 그의 뒤에는 기꺼이 그 일을 하려고 기다리는 사람이 언제나 열 명도 넘었다. 한 번 자리를 물려준다면 영원히 추방되어야 했다.

우리 직원들이 그렇게 많은 돈을 버는 데는 도대체 어떤 비법이 있었을까? 그 해답은 두 가지 단순한 진리에 있었다. 첫째, 미국의 부자 상위 1퍼센트는 비록 자신에게 불리한 주사위가 나오더라도 계속해서 주사위를 굴리고 싶은 유혹을 견디지 못한다는 점이다. 둘째, 이전의 가설과 달리, 섹스에 미친 물소 떼 같은 집단적 사회 규칙을 가지고 있고, 포레스트 검프보다 지능이 한참 떨어지는 젊은 남녀에게 '월스트리트 마법사'라는 단어를 일일이 적어서 1년간 하루에 두 번씩 계속 그들의 머리에 주입하면, 그들을 자연스럽게 월스트리트의 마법사로 만들 수 있다는 것이다.

이 작은 비밀이 롱아일랜드 전역에 퍼지기 시작했다. 레이크 석세스에 어떤 야성적인 증권사가 있는데, 무조건 찾아가서 그 법도에 따르고 오너에게 충성을 맹세하기만 하면 그가 당신을 부자로 만들어줄 거라는 소문으로 말이다. 그래서 아무 예고도 없이 젊은이들이 불쑥불쑥 회사로 찾아오곤 했다. 처음에는 가끔 오더니 갈수록 쏟아져 들어왔다. 출신 지역도 퀸스와 롱아일랜드의 교외에 사는 중산층

부터 뉴욕 5개 자치구로 확대되었다. 어느새 미국 전역에서 일자리를 구하러 오게 되었다. 그들은 무조건 회사로 찾아와서는 월스트리트의 늑대에게 충성을 맹세했다. 그리고 나머지는, 그들이 말하듯이 월스트리트의 역사이다.

언제나 그랬듯이, 내 충직한 개인 비서 자넷Janet은 내가 출근하기를 기다리며 자신의 책상 앞에 앉아 있었다. 오른손 집게손가락으로 책상을 두드리면서 '내 미친 상사가 출근하는 데는 왜 항상 하루 종일 걸리는 거지?'라는 표정으로 고개를 젓고 있었다. 물론 내 상상일 뿐이다. 자넷은 그저 지루해하고 있었을지도 모른다. 아무튼 자넷의 책상은 마치 쿼터백을 지키는 공격형 라인맨처럼 내 사무실 바로 앞에 놓여 있었다. 그건 우연이 아니다. 자넷이 해야 할 많은 일 중에서도 특히 내 사무실 문지기 역할은 꽤 중요했다. 누군가 날 만나거나 할 말이 있으면 자넷을 반드시 거쳐야 했는데, 그게 쉬운 일은 아니었다. 마치 암사자가 새끼를 보호하듯이 나를 지켜주었고, 때때로 강압적으로 침범하려는 이가 있으면 상대가 누구든 가리지 않고 분노를 터뜨렸기 때문이다.

자넷이 나를 보자마자 따뜻한 미소를 지었다. 그녀는 20대 후반이었지만 몇 살은 더 많아 보였다. 짙은 갈색 머리카락, 하얀 피부, 작지만 당찬 몸매, 아름다운 파란 눈을 가졌는데, 눈 속에서는 어떤 슬픔이 느껴졌다. 아마도 어렸을 때 마음에 큰 상처를 받은 것일까? 어쩌면 그래서 매일 저승사자처럼 입고 출근하는 것인지도 모른다. 자넷은 항상 머리부터 발끝까지 검은색 옷을 입었고, 오늘도 예외는 아니었다.

"안녕하세요? 그런데 왜 이렇게 늦었어요?" 밝은 목소리였지만 약간 짜증스러운 어조로 자넷이 말했다.

나는 충실한 비서에게 따뜻하게 미소를 지었다. 내 개인적인 가십거리를 하나도 빠짐없이 알고 싶어 하는 태도에도 불구하고 그녀를 볼 때마다 유쾌했다. 집에 귄이 있다면, 사무실에는 자넷이 있어서 나의 모든 일을 처리했다. 청구서 지불, 중개계좌 관리, 스케줄 관리, 여행 준비, 매춘부 화대 지불, 마약상 관리, 내 아내에게 알리바이 대기 등등. 자넷은 기꺼이 해내지 못하는 일이 없었다. 믿을 수 없을 정도로 유능했고 절대 실수하지 않았다.

자넷은 베이사이드에서 자랐지만, 어릴 때 부모님이 모두 돌아가셨다. 엄마는 좋은 사람이었지만, 아빠는 자넷을 마구 학대하는 사람이었다. 그래서 나는 자넷이 사랑받는다고 느끼도록 최선을 다했다. 자넷이 나를 보호해주는 것처럼 나 또한 자넷을 보호했다.

지난달에 자넷이 결혼했을 때 성대한 결혼식을 치러주었고, 아버지를 대신해 내가 그녀를 신랑에게 인도해주었다. 그날 자넷은 공작부인이 고르고 내가 돈을 지불한, 눈처럼 하얀 베라 왕[22] 웨딩드레스를 입었다. 공작부인은 자넷의 신부화장을 해주느라 두 시간 동안이나 시간을 보냈다(음, 공작부인은 메이크업 아티스트 지망생이기도 했다). 그날 자넷은 정말 아름다웠다.

"안녕? 오늘 사무실 분위기 좋은데?" 나는 미소를 띠며 인사를 건넸다.

"항상 좋았죠. 근데 왜 늦었냐는 질문에는 대답을 안 하셨는데요."

자넷은 까다롭고, 참견도 잘했다. 나는 깊게 한숨을 내쉬며 물었다. "혹시 네이딘이 전화했어?"

"아니요. 왜요? 무슨 일이라도 있어요?" 속사포처럼 질문을 쏟아내는 걸 보니, 설마 벌써 재미있는 소문을 눈치챈 것일까.

"아니, 아무 일도 없었어, 자넷. 집에 늦게 들어갔더니 네이딘이 화가 나서 물컵을 나한테 던졌어. 그게 다야. 사실 굳이 세자면 세 번이었어. 나머지는 말하기가 좀 곤란하지만, 어쨌든 지금 당장 꽃을 보내줘. 안 그러면 당장 세 번째 아내를 구해야 할지도 몰라."

"얼마나 보낼까요?" 자넷이 몽블랑 펜과 메모지를 집어 들며 물었다.

---

22 이방카 트럼프, 미셸 오바마 등 유명인의 웨딩드레스를 제작한 미국의 패션 디자이너

"글쎄, 한 3,000~4,000달러 정도. 아니다, 그냥 한 트럭쯤 보내달라고 해줘. 그리고 백합을 많이 넣어야 해. 네이딘은 백합을 좋아하니까."

자넷은 눈을 가늘게 뜨고 입술을 오므렸다. '내용이 얼마나 끔찍하든지 간에 업무의 일부로서 상세한 내용을 모두 알 권리를 가진 내게 얘기해줘야죠!'라고 말하는 것처럼. 하지만 자넷은 특유의 센스로 더는 묻지 않고 "좋아요. 무슨 일인지는 나중에 얘기해주세요."라고만 말했다.

나는 고개를 끄덕였다. "그래, 다음에. 오늘 사무실에 특별한 일은 없나?"

"글쎄요. 스티브 매든이 사무실 어딘가를 초조하게 왔다 갔다 하고 있는데, 좀 긴장한 것 같아요. 오늘 그렇게 잘할 것 같지가 않아요."

스티브 매든Steve Madden! 갑자기 흥분이 솟구쳐올랐다. 어이없게도 오늘 아침에 너무 정신이 없었던 나머지 스티브 매든 제화가 상장되는 날이란 걸 깜빡 잊었다. 사실 내가 거금 2,000만 달러짜리 상장식을 해주기로 했었다. 그래서 오늘은 스티브 매든 제화의 CEO가 우리 객장의 연단에서 소위 '도그 앤드 포니 쇼dog-and-pony show'라고 부르는 간단한 연설을 해야 했다. 이제 곧 재미있어질 것이다. 스티브가 젊은 스트래턴인들의 거친 눈을 바라보고도 기죽지 않고 잘 버틸 수 있을지는 나도 알 수 없었다.

'도그 앤드 포니 쇼'는 월스트리트의 오랜 전통이었다.

신규상장 직전, CEO가 상장 주관사의 증권 브로커들 앞에 서서 자신의 회사가 얼마나 미래가 있고 성장할 것인지에 초점을 맞춰 연설을 했다. 물론 짜고 치는 고스톱 같은 의례적인 행사 성격이 강했다. 그것은 서로 뒷짐 지고 가짜로 손바닥을 누르는 것 같은 편안한 절차였다.

하지만 스트래턴에서는 가끔 상황이 좀 험악해지기도 했다. 문제는 스트래턴인들이 쇼에 조금도 관심이 없다는 것인데, 그들은 오로지 주식을 팔아 돈을 챙기는 일에만 열중했다. 연사가 처음부터 그들의 관심을 사로잡지 못하면 금방 지루해질 것이다. 스트래턴인들은 야유와 비난에 욕설까지도 서슴지 않았다. 급기야 종이를 구겨서 던지거나 썩은 토마토, 먹다 남은 닭 다리, 먹던 사과를 스피커 쪽으로 던지기도 했다.

그런 끔찍한 운명이 스티브 매든에게 닥치게 할 수는 없었다. 우선 그는 우리 회사의 부사령관 대니 포루시Danny Porush와 어릴 때부터 절친이었다. 또 나는 그 회사의 주식을 절반 넘게 소유하고 있었다. 그래서 이번 기업공개는 바로 내 회사의 일이나 마찬가지라서 그런 지경이 되면 곤란했다. 나는 약 1년 반 전 그에게 50만 달러를 투자하고 지분비율 85퍼센트를 보장받아 단일 최대 주주가 되었다. 몇 달 후 35퍼센트를 50만 달러가 조금 넘는 금액에 매각하여 원래 투자금을 회수했다. 결국 나는 공짜로 지분의 50퍼센트를 갖게 되었다. 이 얼마나 좋은 거래인가!

사실 개인 기업의 주식을 매입하고 투자원금만큼 재판매해서 공짜로 지분을 갖는 방법은 기업공개를 앞둔 회사도 주식 가치가 올라가기 때문에 서로 윈-윈이었다. 특히 나 같은 경우는 증권사라는 힘을 빌려 주가를 순식간에 끌어올릴 수 있었다. 월스트리트에서는 이런 방법을 '머천트 뱅킹'이라고 불렀는데, 나는 매달 로또에 당첨되는 거나 마찬가지였다.

"그 사람은 잘해낼 거야. 아니다 싶으면 내가 나서서 수습하면 돼. 뭐 다른 일은 없어?"

"아버지가 찾으시던데요, 잔뜩 화가 나신 것 같았어요." 자넷이 어깨를 으쓱하며 말했다.

"그래? 젠장." 나는 투덜거리듯 중얼거렸다. 아버지 맥스는 스트래턴의 사실상 CFO(재무 총괄)였고, 자칭 게슈타포 국장이었다. 9시가 되면 스톨리치나야 보드카를 가득 채운 스티로폼 컵을 들고 줄담배를 피우면서 객장 안을 이리저리 돌아다녔다. 차 트렁크에는 미키 맨틀Mickey Mantle이 사인한, 42온스짜리 루이빌 슬러거Louisville Slugger 야구 배트가 항상 들어 있었다. 그래서 자신의 주차 공간에 겁 없이 주차할 만큼 미친 증권 중개인의 '자동차 창문'을 너무도 쉽게 내리칠 수 있었다는 게 흠이라면 흠이었다. "뭐 때문에 화났대?"

"글쎄요. 물어봐도 이유는 말하지 않고 화만 내시던데요. 단단히 화가 나셨던데, 아마도 11월 아멕스카드 청구서 때문인 것 같아요."

내 얼굴이 자동으로 찡그려졌다. "그래?" 갑자기 머릿속에 50만이라는 숫자가 떠올랐다.

자넷은 고개를 흔들며 엄지와 검지를 7센티미터쯤 벌리더니 "손에 청구서를 들고 계셨는데, 아마도 두께가 이만큼은 되는 것 같았어요."라고 말했다.

"흐음." 잠시 카드 청구서에 대해 기억을 더듬고 있는데, 저 앞에서 무언가가 둥둥 떠다니는 게 보였다. 뭐지? 맙소사! 누군가가 빨간색, 흰색, 파란색 비치볼을 가져온 게 아닌가. 스트래턴 오크몬트에서 롤링스톤스의 콘서트라도 열리는 건 아닐 텐데.

"아니, 누가 어항을 씻고 있는 거야! 믿을 수가 없네." 자넷이 깜짝 놀라며 말했다.

나는 자넷의 말 뒷부분만 듣고는 "그래, 믿을 수가 없군."이라고 대충 얼버무렸다.

그러자 자넷은 "내 말 안 들었죠? 굳이 다 알아들은 척 안 해도 돼요."라고 말했다.

세상에! 우리 아버지와 아내 말고 누가 나한테 이런 식으로 말할까. 당연히 내 아내는 내게 그렇게 말할 자격이 있다. 하지만 자넷이 이런 식으로 말해도 밉지 않았다. "아, 웃겨. 도대체 무슨 일인데?"

"그러니까 제 말은, 저기 저 아이가 믿을 수 없다는 거예요." 자넷은 20미터쯤 떨어진 책상을 가리켰다. "이름이 로

버튼가 뭔가인데, 글쎄 신규상장일에 어항을 청소하고 있잖아요. 어이없지 않으요?"

자넷이 가리키는 곳을 보았다. 젊은 스트래턴인은 아니었다. 갈색 곱슬머리에 나비넥타이를 맨, 사회 부적응자 같은 녀석이었다. 물론 책상 위에 어항이 있다는 건 그리 놀라운 일이 아니다. 스트래턴에서는 애완동물을 기르는 것이 허용되었으니까. 많은 직원이 이구아나, 앵무새, 쥐, 거북이, 대형열대거미, 심지어 뱀이나 몽구스까지도 애완용으로 기르곤 했다. 50개가 넘는 영어 단어를 외우는 마코앵무새도 있었는데, 그 새가 스트래턴인들의 말투를 흉내 내느라 바쁘지 않다면 당신한테 엿이나 먹으라고 말할지도 모른다. 내가 유일하게 주의를 줬을 때는, 기저귀를 채운 침팬지에게 롤러스케이트를 신겨서 데려온 경우였다.

"가서 대니 데려와. 대니한테 경고 한번 주라고 해."

자넷은 고개를 끄덕이고는 대니를 찾으러 갔고, 나는 어이가 없어서 멍하니 서 있었다. 어떻게 저런 멍청이 같은 짓을 저지를 수가 있지? 완전히 똥멍청이 같은데? 스트래턴 오크몬트가 지향하는 모든 것에 반하는 행동이야! 신성모독이라고! 물론 신에 대한 것이 아니라 사람에 대한 것이지만! 스트래턴의 윤리규정을 위반했으니 처벌을 해야 했다. 물론 대니 포루시에게 맡겨두면 알아서 할 것이다. 그는 그쪽 방면으로 재주가 뛰어날 뿐 아니라 그 일을 꽤나 즐겼다.

잠시 후 대니가 왔는데, 한눈에도 화나 보였다. 이제 곧 저 녀석이 신나게 깨질 거라는 의미이다. 오늘 대니의 복장은 매우 평범했다. 회색 줄무늬 정장에다 흰 와이셔츠, 빨간색 실크 넥타이. 겉으로 봐서는, 자신의 목표가 사무실 모든 여직원과 잠자리를 하는 것이라고 떠벌리고 다니는 사람인지는 전혀 티가 나지 않는다.

대니 포루시는 막무가내형 유대인이었다. 보통 체격인 그는 유대인으로 보이지 않았다. 특히 차갑게 빛나는 푸른 눈에서 느껴지는 인상은 마치 빙산을 보는 듯, 유대인의 일반적 특성과는 영 거리가 멀었다.

적어도 대니는 그렇게 보이는 걸 좋아했다. 그는 WASP처럼 보였고, WASP로 인정받고 싶은 욕망이 매우 강했다. 그래서 치아 미백 성형으로 이를 새하얗게 만들었고, 시력이 2.0인데도 갈색 투명 테 안경을 쓰고, 파리가 앉으면 쭉 미끄러질 만큼 반짝반짝 광이 나는 구두를 신고 다녔다.

서른넷이라는 나이에 비해 대니는 약간 비정상적인 심리 상태라고 할 수 있다. 6년 전 그를 처음 만났을 때 바로 그런 점 때문에 좋게 보지 않았었다. 내가 스트래턴을 시작하기 전이었고, 대니는 증권 브로커 양성 전문가로 일하고 있었다. 어느 봄, 맨해튼의 회계사무실에 가면서 우연히 그의 인생 이야기를 듣게 되었다. 우편 서비스와 휠체어 사업을 어떻게 말아먹었는지와 자신의 사촌 여동생 낸시가 너무 예뻐서 어쩔 수 없이 결혼했다는 얘기 등등. 내가 그에게 근친혼 기형아가 걱정되지 않느냐고 물었는데, 그는 만일 그런 아이가 태어나면 보육원 계단에 놔두면 되지 않느냐고 대답했었다.

그때 이런 친구는 내 인생에 전혀 도움이 되지 않는다고 깨닫고 그에게서 얼른 도망쳤어야 했다. 하지만 나는 대니가 자립할 수 있도록 돈을 빌려주었고 증권 브로커가 되도록 훈련시켰다. 그리고 1년 후 그와 함께 스트래턴을 시작했다. 그때부터 5년간 대니는 유능한 전사로서 자신의 능력을 발휘했고, 누구든 자기 앞길을 가로막는 자가 있으면 밟고 올라서서 스트래턴의 2인자 자리를 굳건히 지켰다. 그는 교활하지만 명석하고, 포악하지만 영리했다. 그의 비정상적인 사고방식과 포악한 성격에도 불구하고, 충견처럼 충성스럽다는 사실은 부인할 수 없었다. 사실 나는 그가 내 지저분한 일들을 다 처리해줄 거라고 믿었고, 그는 기대 이상으로 그런 일을 즐기면서 잘해냈다.

대니는 두 팔을 크게 벌려 나를 껴안고 양쪽 볼에 키스하는, 마피아식 인사를 했다. 그건 충성과 존경의 표현이었고, 스트래턴 오크몬트의 사무실에서는 엄청난 감사를 표현하는 몸짓이었다. 대니의 충성심과 애정을 자넷이 약간 조롱 섞인 눈빛으로 바라보고 있었다.

포옹을 풀며 대니가 말했다. "나, 말리지 마. 저 자식 죽여버릴 거야."

"대니, 오늘 같은 특별한 날은 좀 참아. 대신 오늘 중으로 안 치우면 잘라버린다고 하는 게 어때? 물론 최종 선택은 자네가 알아서 해."

그때 자넷이 소리쳤다. "와, 대박. 나비넥타이를 매고 있어요. 봐봐요!"

"저런 멍청한 쥐새끼!" 대니가 한심하다는 듯이 내뱉었다. "내 식대로 처리할 거야." 대니는 씩씩거리면서 그 친구 앞으로 가서는 뭔가 말을 주고받기 시작했다.

잠시 후 나비넥타이가 고개를 저었고, 몇 마디 말을 더 주고받던 대니가 인내심의 한계에 다다른 듯 고개를 크게 가로저었다.

자넷은 궁금해 죽겠다는 표정으로 말했다. "도대체 무슨 얘길 하는 거지? 아, 내 귀가 소머즈 귀였으면 좋을 텐데."

"글쎄, 나도 잘 모르겠는걸. 자넷, 소머즈는 이 세상에 없어. 가상의 인물일 뿐이지."

대니가 그 직원의 왼팔을 가리키며 뭐라고 말했는데, 아마도 손에 들고 있는 그물을 달라고 하는 것 같았다. 그러자 그는 뺏기지 않으려고 뒤로 물러섰다.

"대니가 그물로 무얼 할까요?" 가상의 여인이 물었다.

나는 가능한 시나리오를 떠올려보려고 했다. "잘 모르겠어. 정확하게 뭔지 알아야…."

그때 갑자기 대니가 양복 상의를 벗어 바닥에 내동댕이쳤다. 와이셔츠 단추를 풀어 소매를 걷어 올리고 두 손을 어항에 푹 담그더니 마구 휘저으며 금붕어를 잡으려고 했다. 그의 얼굴은 완전히 악에 받친 사람처럼 굳어 있었다.

주위에 있던 영업 보조 직원들이 죄 없는 금붕어를 잡으려는 대니를 보고는 공포에 질려 자리에서 벌떡 일어나 뒤로 물러났다.

"아이고 세상에! 저러다 금붕어들을 죽이겠어요." 자넷이 말했다.

"잡았다!" 마침내 대니가 두 눈을 동그랗게 뜨면서 소리쳤다. 파닥거리는 오렌지색 금붕어를 꽉 움켜쥔 채 팔을 높이 들었다.

"결국 잡았어요!" 주먹으로 입을 가리며 자넷이 외쳤다.

"그래, 하지만 그다음에 뭘 하는지 맞히면 100달러! 내기 어때? 아마도 먹어버릴걸?"

"좋아요, 100달러 내기. 난 안 먹는다에 걸 거예요. 으, 너무 징그러워."

자넷의 말이 끝나기도 전에 대니가 책상 위로 올라가서는 팔을 양쪽으로 쭉 뻗고는 소리쳤다. "신규상장일 아침에 애완동물을 가지고 장난치면 어떻게 되는지 눈 똑바로 뜨고 봐." 그리고 잠시 생각하더니 덧붙였다. "그리고 객장에서 나비넥타이는 금지! 염병할…말도 안 돼."

"아, 아까 그 내기 취소예요, 취소!" 자넷이 갑자기 소리쳤다.

"아니, 너무 늦었어."

"아, 이건 너무 불공평해요."

"인생은 원래 불공평한 거야." 나는 장난스럽게 어깨를 으쓱했다. "잘 알아둬." 그 순간 대니가 입을 쩍 벌리더니 오렌지색 금붕어를 꿀꺽 삼켰다.

여직원들은 놀라서 숨을 삼켰지만, 증권 브로커 수백 명은 무고한 해양 생물의 사형 집행관 대니 포루시를 향해 경의를 표하며 환호했다. 대니는 마치 브로드웨이 시상식장의 배우처럼 정중하게 인사하고는 책상에서 가볍게 뛰어내렸다.

나는 키득거리며 자넷에게 말했다. "자넷, 돈 걱정은 하지 마. 월급에서 깔 테니까."

"안 돼요! 그러기만 해봐요!" 자넷이 씩씩거렸다.

"좋아, 나한테 빚진 걸로 해. 대신 어서 꽃 주문하고 커피 한잔 갖다줘. 시간이 별로 없네." 나는 웃으면서 말하고는 사무실로 발걸음을 옮겼다. 세상이 나를 향해 어떤 돌을 던지더라도 기꺼이 맞아줄 수 있을 것 같은 기분이었다.

6 쓸데없는 규칙들

5분쯤 뒤 나는 사무실 내 자리, 즉 독재자에 걸맞은 책상 뒤에 있는 왕좌만 한 의자로 가서 앉았다. 나는 고개를 비스듬히 돌려서 두 사람에게 말했다. "확실히 짚고 넘어갈게. 자네들은 난쟁이를 여기로 데려와서 객장 안에다 엉덩이를 기어이 밀어 넣었으면 좋겠어?"

둘이 동시에 고개를 끄덕였다.

내 맞은편 검붉은 가죽 의자에는 대니 포루시가 앉아 있었다. 그는 최근의 물고기 사건으로는 별 악영향이 없어 보였고, 새로운 아이디어로 나를 설득하려 했다. 난쟁이를 객장으로 불러와서 브로커들에게 돈을 받겠다는 것이었다. 롱아일랜드 증권사 역사상 처음으로 난쟁이 던지기 대회를 열자니, 좀 이상하게 들리기는 했지만 솔직히 흥미도 좀 느꼈다.

대니가 어깨를 으쓱하며 말했다. "그렇게 미친 짓은 아니야. 아무 데나 던지자는 게 아니잖아. 객장 앞쪽에 레슬링 매트를 늘어놓고 가장 힘센 직원 다섯 명에게 난쟁이를 던지게 하는 거지. 매트 한쪽 끝에 과녁을 만들고 그 위에 벨크로 테이프를 붙여서 난쟁이를 달라붙게 하면 돼. 그리고 몸매가 끝내주는 여직원 몇 명이 다이빙 대회 심판처럼 점수판을 들고 던지는 스타일, 거리, 난이도에 따라 점수를 매기는 거야."

나는 믿기지 않았다. "그런데 당장 난쟁이를 어디서 구하는데?"

나와 대니 말고 다른 한 사람, 앤디 그린Andy Greene을 쳐다봤다. "자네는 우리 회사의 변호사니까 할 말이 있을 것 같은데? 어떻게 생각해?"

앤디는 적절한 법적 대응 방안을 찾는 것처럼 신중하게 고개를 끄덕였다. 그는 믿을 만하고 오래된 친구였다. 최근 재무 부문 최고 책임자로 승진시켰다. 그의 주 업무는 매일 밀려드는 수많은 사업계획서를 검토해서 나에게 전달할 가치가 있는지 선별하는 일이었다. 말하자면 재무 부문은 원료를 처리해서 제품을 만드는 공장처럼, 신규상장 업무를 위해 주식이나 신주인수권 발행 등을 도맡았다.

앤디는 전형적인 스트래턴식 복장을 하고 있었다. 세련된 길베르토 정장, 흰색 셔츠, 실크 넥타이. 한 가지 다른 점은 철의 장막 같은 가발을 썼다는 것이다. 마치 말라버린 당나귀 꼬리를 가져다가 달걀 모양의 유대인 두상에 씌우고 니스를 들이부은 상태에서 꼭지 부분에 시리얼 접시를 엎어놓은 것처럼 보였다. 앤디의 공식 애칭이 '위그왐

Wigwam'[23]이 된 이유였다.

위그왐이 입을 열었다. "음, 우선 보험 문제와 관련해서 난쟁이한테 각서를 받아놓으면 혹시 난쟁이가 목이 부러지더라도 우리에겐 책임이 없을 거야. 하지만 법적 요건대로라면 합리적인 사람이 취할 수 있는 모든 예방책을 분명하게 준비해야 해."

이런 염병할! 나는 이 난장판 계획에 대한 법적 분석을 바란 게 아니었다. 그저 위그왐이 이 행사를 브로커들의 사기 진작에 도움이 된다고 생각하는지 알고 싶었을 뿐이다. 한심하다는 생각이 들어서 한 눈은 컴퓨터 모니터에서 깜박이며 흐르는 주식 시세에, 또 다른 한 눈은 객장이 훤히 내다보이는 통유리 쪽으로 돌렸다.

위그왐과 나의 인연은 초등학교까지 거슬러 올라간다. 그때만 해도 그는 옥수수수염처럼 탐스러운 멋진 금발이었다. 하지만 열일곱 살 생일이 되자 그의 멋진 머리카락은 과거의 기억에서나 찾아볼 수 있게 되었다.

고등학생 때 벌써 독수리처럼 대머리가 된다는 생각에 절망한 앤디는 마음을 닫고 세상과 거리를 두었다. 지하실에 틀어박혀 대마초를 피우고 비디오 게임에 몰두했으며, 냉동 피자로 하루 세끼를 해결하는 철저히 망가진 생활을 했다.

---

23 아메리카 원주민의 원형 천막

3년 뒤, 머리카락 몇 가닥과 곰돌이 푸같이 불룩한 배, 이전과는 달리 매사에 시크한 인격을 지닌 노련한 50세 유대인의 몰골로 지하실에서 나왔다. 곧 SAT 시험에 도전했는데, 커닝하다가 들켜서 뉴욕 북부의 작은 마을 프레도니아로 망명길에 올랐다. 여름에도 얼어 죽는다는 프레도니아 주립대학교를 5년 반 만에 졸업했다. 단 1도 똑똑해지지는 않았지만, 훨씬 소박해졌다. 그곳에서 그는 남캘리포니아에 있는 미키마우스 로스쿨에 간신히 입학했고, 천신만고 끝에 졸업장을 취득했다.

물론 스트래턴 오크몬트의 투자은행에서 학력은 큰 의미가 없었다. 인맥과 충성도가 가장 중요했다. 위그왐은 1년 전쯤 내가 극적으로 성공의 열쇠를 거머쥐었을 때, 다른 친구들의 뒤를 따라 어릴 적 친구인 나를 찾아와 충성을 맹세하고 행운의 대열에 끼어들었다. 그 후 전형적인 스트래턴 방식으로 그는 자신의 앞을 가로막는 자가 누구든 음해하고 짓밟아서라도 기어이 먹이사슬의 꼭대기까지 치고 올라왔다.

그는 스트래턴 스타일의 기업금융 운영방식에 전혀 경험이 없었지만, 자금에 목말라 내부 지분 양도를 조건으로 금융지원을 받으려는 기업들이 내게 손 내밀고 오는 것을 보고는 빠르게 배워나갔다. 나는 위그왐에게 변호사 면허가 있다는 걸 감안해 연봉 50만 달러를 주기로 했다.

"이해할 수 있겠어?" 위그왐이 물었다.

문득 위그왐이 나한테 질문했다는 걸 깨달았지만, 난쟁이 던지기와 관련이 있다는 것 외에는 무슨 말을 하는지 전혀 몰랐다. 그래서 그를 무시하고 대니에게로 고개를 돌렸다. "난쟁이는 어디서 찾을 거야?"

대니가 어깨를 으쓱거리며 말했다. "잘은 모르겠지만 자네가 허락한다면 링링 브라더스[24]에 먼저 전화해볼까 해."

"아니면 세계 레슬링 연맹도 있지." 위그왐이 거들었다.

어휴, 말을 말아야지. 나는 한숨을 내쉬며 말했다. "잘들 들으라고. 난쟁이에 관한 일은 장난이 아니야. 그들은 하나같이 아주 센 놈들이야. 나를 잔뜩 노리고 있지. 그래서 이번 게임을 시작하기 전에 나 대신 감옥에 들어갈 놈을 구해 둬야 해. 만약 감옥에 가야 할 일이 생기면 반창고, 수갑, 콩밥을 원 없이 주는 구치소로 보내는 거지."

위그왐이 끼어들며 말했다. "죄수복도."

"전기 고문기도." 대니도 맞장구를 쳤다.

"바로 그거야." 나도 낄낄 웃으며 말했다. "그리고 소금도 몇 병 구해놔. 그 자식이 여기에 들어와서 여직원 꽁무니를 졸졸 쫓아다닐지도 몰라. 그들은 뿔 많은 꼬마요정이나 잭 토끼처럼 신나서 떡을 칠 거야."

얘기를 끝내며 내가 말했다. "하지만 조심해야 해. 만약 언론에 알려지기라도 하면 대가를 치러야 할 거야."

---

24 Ringling Bros. Circus, 1871년 시작된 미국의 유명 서커스단

대니는 어깨를 으쓱했다. "잘은 모르겠지만 왠지 재미있을 것 같은데. 한번 생각해봐. 난쟁이들이 일할 곳이 얼마나 있겠어? 그냥 불우이웃 돕는다고 생각하면 될 거야. 누가 신경이나 쓰겠어?"

사실 그의 말이 맞을 것이다. 누가 이 따위 기사에 꿈쩍이나 하겠는가. 그들의 관점은 항상 부정적이었다. 스트래턴 직원들은 어린 나이에 성공한, 쥐뿔도 모르는 조던이 이끄는 사기꾼들이라서 정상적인 사고와는 거리가 멀다고 악성 루머를 퍼뜨리는 식이었다. 언론의 눈에는 나와 스트래턴 오크몬트는 샴쌍둥이나 마찬가지였다. 얼마 전 학대받는 어린이를 돕는 재단에 돈을 기부했을 때도 좋은 이야기는 단 한 단락뿐이었고, 다른 서너 페이지에는 그것과 다른 글로 전부 도배했었다.

1991년 〈포브스Forbes〉의 로울라 칼라프라 기자가 나를 부자들에게 돈을 강탈해서 직원들에게 나눠주는 로빈 후드의 타락 버전으로 소개하면서 언론의 맹공격이 시작되었다. 그녀는 유능한 기자였고, 처음에는 나도 그 기사가 날 칭찬하는 거라고 생각했었다. 스물여덟이라는 어린 나이에 〈포브스〉에 소개되는 사람이 몇이나 될까? 그리고 로빈 후드 같은 사업이 나를 띄운 것도 부인할 수는 없었다. 기사가 나간 뒤, 기사 내용이 엄청나게 부정적이었는데도 불구하고 우리 회사에서 일하고 싶다는 젊은 친구들이 구름같이 몰려들었다.

그렇다. 린드버그 유괴 사건[25]만 빼고는, 모든 혐의를 받고 있는 한 남자를 위해 일했다는 것만으로 스트래턴 직원들이 더 자랑스러워할 수 없다는 건 정말 모순이 아닐 수 없다. 그들은 채용되자 사무실을 뛰어다니며 "저희들은 사장님의 기쁨조예요."라고 말했고, 몇몇은 몸에 딱 달라붙는 타이즈를 입고, 또 몇 사람은 화려한 베레모를 쓰고 출근했다. 누군가 숫처녀의 꽃을 꺾는 개념으로 찾아보자고 제안했는데, 애써 찾아보았지만 적어도 사무실 안에서는 찾을 수 없었다.

그래, 대니의 말이 맞았다. 아무도 기사에 신경 쓰지 않았다. 그런데 난쟁이 던지기를 지금 당장 시작하기에는 시간이 없었다. 나는 스티브 매든 신규상장과 관련해 처리해야 할 일이 있었고, 한 손에는 50만 달러짜리 아멕스카드 청구서를 들고 다른 한 손에는 차가운 보드카 잔을 들고 가까이 숨어 있는 아버지와 한바탕 싸워야 했기 때문이다.

나는 위그왐에게 "스티브 매든에게 가서 격려나 몇 마디 해줘."라고 말했다. "특히 짧고 달콤하게 말하라고 하고, 여성용 구두에 대해 너무 지나치게 깊이 설명하면 직원들한테 욕을 먹을지도 모른다고 얘기해줘."

"알았어. 구두장이한테 구두 얘기는 하지 말라고 할게."

---

25 1927년 대서양 단독비행으로 유명한 미국의 전설적인 비행사 찰스 린드버그의 아들이 아버지의 유명세로 유괴되어 살해당한 사건

위그왐이 의자에서 일어서며 말했다.

위그왐이 문밖으로 나가자마자 대니가 중얼거렸다. "저 싸구려 커튼은 뭐야? 꼭 죽은 다람쥐 같잖아."

나는 어깨를 으쓱했다. "남성용 헤어 클럽의 특징 같은데. 항상 하던 거잖아. 드라이클리닝만 잘하면 평생 가겠는데 뭘. 그건 그렇고, 잠깐 상의 좀 해보자고. 매든과의 계약도 여전히 문제가 해결되지 않았고, 시간도 없는데."

"나스닥에 상장한다는 거 아니었어?" 대니가 물었다.

나는 고개를 저었다. "맞아. 그런데 5퍼센트까지만 보유하라고 할 거야. 나머지는 상장 전에 스티브에게 매각해야 해. 그러니까 지금 당장 서류에 서명해야 한다는 거야. 또 회사가 상장된 후에 일을 그르치지 않도록 스티브를 믿어야 한다는 뜻이기도 하지." 나는 입을 꾹 다물고 천천히 고개를 흔들기 시작했다. "모르겠어, 대니. 나는 스티브가 우리와 체스 게임을 하고 있다는 느낌이 들어. 나중에 딴소리를 할까봐 솔직히 좀 불안해."

"스티브를 믿어도 돼, 조던. 진짜 100퍼센트 믿을 만한 내 평생 친구야. 나를 봐서 믿으라고. 다른 누구보다 입이 무거워." 그러면서 엄지와 검지로 입술을 집고는 절대 말이 새어 나가지 않는다는 표시를 하듯이 비틀었다. 마피아식 '침묵'을 말하는 것이었다. 그리고 그가 이어 말했다. "어쨌든 네가 그를 위해 모든 일을 잘 끝낸다면, 널 해치지는 않을 거야. 스티브는 바보가 아니니까. 그가 돈을 많이 벌긴

하지만, 나에 비하면 새 발의 피거든. 그러니 그 비밀금고를 놓치는 위험을 감수하진 않을 거라고."

비밀금고란 스트래턴식 암호인데 위탁명의자를 말했다. 서류상으로 주식을 보유하고 있지만 실제 권리는 없는 사람을 뜻한다. 증권법상 정당한 세금만 내면 위탁명의자가 되는 것 자체는 불법이 아니었다. 실제로 다른 사람들이 눈치채지 못하도록 지분을 사 모으는 수단으로 월스트리트에서는 일반적인 방법이었다. 그리고 한 회사의 지분이 5퍼센트를 넘어가면 증권법 13D 조항에 따라 신고하면 되는 것이었다.

하지만 이번 경우는 대규모 지분율이라서 위탁명의자를 내세운다고 해도 증권거래법을 심각하게 위반하는 것이었다. 다만 그 법에는 빠져나갈 구멍이 많았다. 물론 이런 법의 사각지대를 월스트리트에서는 누구나 이용하고 있었다. 단지 우리가 조금 더 부도덕하고 뻔뻔하게 그 일을 한다는 점이 달랐지만.

나는 대니에게 말했다. "물론 그가 자네의 비밀금고라는 건 알지만, 돈으로 사람을 조종하는 건 생각만큼 쉽지 않아. 그런 건 내가 자네보다 훨씬 오래 해왔으니 내가 전문가야. 내 말을 듣는 게 좋을 거야. 과거는 과거일 뿐이야. 오히려 발목을 잡힐 수도 있지. 사람은 특히 친한 친구에게 신세 지는 걸 좋아하지 않잖아. 얼마 안 가서 비밀금고가 자네를 곤란하게 할지도 몰라. 난 이미 그런 식으로 친한 친구 몇을 잃었어. 너도 그럴 수 있어. 어쨌든 돈으로 산 우정은 오래가지 않고, 충성도 마찬가지야. 그래서 위그왐처럼 오랜 친구가 이 바닥에서는 더없이 귀하지. 넌 그런 충성심을 살 수 없어. 내 말뜻 알지?"

대니가 고개를 끄덕였다. "그래, 그게 나와 스티브의 관계야."

나는 슬픈 듯이 말했다. "오해하지 마, 대니. 너와 스티브의 관계를 가볍게 보려는 건 아냐. 다만 최소한 800만 달러에 달하는 수익에 관한 것이라면, 회사가 하기에 따라서는 그 열 배가 넘을 수도 있지. 하여튼 그러면 무슨 일이 일어날지 누가 알겠어? 내 주머니에는 미래를 볼 수 있는 수정 구슬은 없지만, 대신 퀘일루드가 여섯 개 있으니까 장 끝나면 반 나눠줄게." 이렇게 말하고 나는 눈썹을 세 번 연속 빠르게 치켜올렸다.

대니가 웃으며 엄지손가락을 들었다. "오케이, 좋아!"

나는 고개를 끄덕이며 말했다. "어쩐지 이번엔 예감이 정말 좋아. 이 회사가 꼭 성공할 것 같단 말이지. 잘만 되면 우리는 200만 주를 갖게 될 거야. 주당 100달러면 2억 달러잖아. 그 정도 돈이면 사람을 이상하게 만들어. 스티브 매든뿐 아니라 누구든."

"자네가 무슨 말을 하는지 알아. 그리고 이 분야에서는 자네가 최고라는 것도. 하지만 스티브는 정말 진국이야. 문제가 있다고 한다면 스티브한테서 어떻게 그 돈을 잘 받느냐 하는 거지. 지금 상태로는 시간이 좀 걸릴 텐데."

그것은 타당한 지적이었다. 비밀금고의 문제 중 하나는 어떻게 하면 법적으로 문제없이 돈을 회수하느냐였다. 특히 수백만 달러나 되는 돈을 처리하는 건 결코 쉬운 문제가 아니기 때문이다. 나는 자신 있게 말했다. "방법이 있지. 컨설팅 계약을 맺고 그 비용 명목으로 어느 정도 해결할 수 있어. 액수가 커지면 스위스 계좌를 이용하는 방법도 생각해봐야지. 되도록 비밀에 부치고 싶기는 해. 어쨌든 스티브 매든 제화와 비슷하거나 오히려 큰 신규상장 건이 앞으로도 계속 생길 텐데, 대책은 세워봐야지. 스티브도 그렇지만 잘 알지도 못하는 대다수 사람에 대한 신뢰 문제로 항상 골치 아플 거야."

대니는 "스티브에게 어떻게 했으면 좋겠는지 말해봐. 하라는 대로 할게."라고 말한 뒤 덧붙였다. "그렇지만 그가 절대 걱정할 필요가 없는 인간성이라는 건 내가 보증할게."

물론 스티브가 내게 얼마나 충성스러운가는 아주 잘 알고 있었다. 내가 그의 회사에 투자하고 지분의 85센트를 약속받았다는 단순한 사실만으로도 알 수 있었으니까. 사실 마하트마 간디가 환생한 게 아닌 이상, 그렇게 많이 가져간 것에 대해 나를 엄청나게 원망해야 했다. 그것도 표면적인 명의는 자신이면서 실제로는 내 것이니 말이다.

그리고 한 가지 더 나를 고민하게 만드는 게 있었다. 스티브가 내게 대니를 건너뛰고 직접 거래하자고 제안한 것이다. 스티브는 단순히 내 환심을 사려고 그렇게 말했겠지만, 그의 전략은 완전히 빗나갔다. 결국 이로써 스티브의 교활함이 증명됐고, 더 크고 좋은 거래를 찾고 있음을 말했다. 만약 나보다 더 좋은 조건을 가진 누군가를 만나면 나 또한 배신하고 말 것이다.

지금 당장은 스티브한테 내가 필요했다. 그에게 700만 달러를 만들어주는 것과, 비록 좀 적기는 해도 스티브의 명의를 빌려 대니에게 약 300만 달러를 만들어주기 위해 스트래턴이 할 수 있는 방법은 별로 없었다. 하지만 그건 어제까지의 얘기였다. 스티브가 자신의 명의로 내 지분을 흔쾌히 인정한 것은 상장 후 내가 마음대로 주당 가격을 조종할 수 있다는 것을 알았기 때문이다. 그는 스트래턴 단독으로도 주식을 사고팔며 가격을 올릴 수 있다는 걸 아주 잘 알았다. 내 의지대로 충분히 가격을 조종할 수 있으니, 스티브가 비협조적으로 나오면 주가를 형편없이 떨어뜨릴 수도 있었다.

스트래턴 오크몬트의 모든 고객의 머리 위에 바로 이 마법의 도끼가 걸려 있는 셈이었다. 나는 그들이 스트래턴을 떠나지 않도록 가끔 이 도끼를 사용했다. 이런 든든한 배경 덕분에 공모 전 신규상장회사에서 시세보다 낮은 가격으로 주식을 인수할 수 있었고, 상장 후에 우리 회사의 시스템을 활용하여 막대한 시세차익을 거두었다.

물론 이런 재테크 게임을 생각해낸 사람은 내가 아니었

다. 메릴린치Merrill Lynch나 모건스탠리Morgan Stanley, 딘위터 Dean Witter, 살로몬브라더스Salomon Brothers 등 월스트리트에서 권위 있는 많은 대형 투자은행에서 이런 일이 일어나고 있었다. 이 기업들은 누구라도 그들과 협력하지 않으면 수십억 달러 규모 회사일지라도 때려눕히는 데 가책을 전혀 느끼지 않았다.

미국에서 가장 훌륭하고 합법적인 금융기관들이 어떻게 금융시장을 조작하고(살로몬브라더스), 캘리포니아 오렌지 카운티 파산사건을 일으키고(메릴린치), 노부부에게 3억 달러를 뜯어냈는지(푸르덴셜바체Prudential-Bache) 이해할 수 없다. 하지만 이 기업들 모두 여전히 사업을 영위하고 있으며, WASP 집단의 비호 속에 여전히 번창하고 있다.

그런데 언론에서 싸구려 주식이나 취급한다고 얕잡아보는 스트래턴 오크몬트에는 그런 방패막이가 없었다. 신규 상장회사의 주식이 4달러와 10달러 사이에서 가격이 매겨졌으니, 실제로 싸구려 주식은 아니었다. 오히려 시기심으로 규정을 어기고 우리를 곤란에 빠뜨린 것이다. 증권거래위원회SEC가 내게 2,200만 달러 규모로 소송을 제기한 것도 사실 이런 이유에서였다. 본질적으로 SEC는 스트래턴이 마치 '페니 증권사'[26]인 것처럼 소송을 조작했지만, 스트래턴

---

26 나스닥에 등록 못 하는 중소 벤처기업의 1달러 미만짜리 주식을 다루는 증권사

오크몬트는 페니 증권사와는 전혀 달랐다.

페니 증권사들은 전국적으로 작은 지점 수십 개가 분산되어 있는 것으로 악명이 높았다. 하지만 스트래턴사는 사무실이 하나뿐이었고, 그 덕에 SEC가 소송을 제기한 후 영업팀 전체로 확산할 수 있는 부정적인 요소를 통제하기가 더 쉬워졌다. 보통은 그러한 이유만으로도 페니 증권사를 폐업시킬 수 있었다. 페니 증권사들은 순자산이 적거나 거의 없는 초보 투자자를 타깃으로 삼고 기껏해야 2만 달러 정도 투자하도록 설득한다. 반면 스트래턴사는 미국에서 가장 부유한 투자자를 타깃으로 삼아 수백만 달러를 투자하도록 설득한다. 따라서 SEC는 스트래턴의 고객이 투기성 주식에 돈을 투자하기에 부적합하다는 일반적인 주장을 펼칠 수 없었다.

그런데 SEC가 소송을 제기하기 전에는 이런 일이 전혀 발생하지 않았다. 대신 그들은 질 나쁜 언론이 스트래턴의 사업을 충분히 망칠 수 있다고 오해하고 있었다. 하지만 관리할 사무실이 하나였기 때문에 직원들에게 동기를 부여하는 일은 쉬웠고, 단 한 사람도 빠짐없이 그렇게 했다. 또 SEC가 소송을 제기한 후에야 비로소 스트래턴의 새로운 계정 형식을 검토하게 되었고, 스트래턴의 모든 고객이 백만장자였다는 사실이 밝혀졌다.

내가 해온 일은 돈 많은 상위 1퍼센트 부자에게 좋은 주식을 조직적으로 매도하는 것이었다. DH블레어라는 회사가 월스트리트에서 20년 이상 유사한 방식으로 영업해왔고, 이 회사의 오너 J.M. 데이비스는 엄청난 성공을 거둬 월스트리트의 전설로 통했다.

하지만 나는 정통만을 고수했고, 운 좋게도 잘 맞아떨어졌다. 주식시장은 대폭락에서 막 회복되기 시작했지만, 자본시장은 여전히 혼돈에 빠져 있었다. 나스닥은 이제 더는 뉴욕증권거래소의 의붓자식이 아니었다. 초고속 컴퓨터 시스템이 확산하면서 시장이 월스트리트에서 전국 각지로 넓어졌다. 변화의 시기였고, 격변의 시대였다. 나스닥 거래량이 급증하는 걸 보고 나는 직원들을 하루 세 시간씩 집중 훈련했다. 그 결과 대폭락의 폐허 속에서 투자은행 스트래턴 오크몬트가 탄생했고, 혜성과 같이 엄청난 회사로 성장했다.

바로 그때 흥미로운 생각이 떠올라 대니에게 물었다. "저 두 멍청한 SEC 놈들이 무슨 말을 했지?"

"별말 없었어." 대니가 대답했다. "주차장에 있는 차들에 관한 얘기 외에는 별 얘기 없었어. 정말 아무것도 모르는 놈들이야. 우리가 오늘 무슨 일을 하는지도 모를걸. 1991년 이후의 거래 기록이나 훑어보고 있을 거야."

"음." 나는 생각에 잠겨 턱을 문질렀다. 대니의 대답에 별로 놀라지도 않았다. 왜냐하면 지금까지 한 달이 넘도록 회의실을 도청해서 매일 SEC의 정보를 수집하고 있었기 때문이다.

그 결과 내가 알게 된 것 중 하나는 그들은 왼손이 하는 일을 오른손이 모른다는 것이었다. 워싱턴D.C.에 있는 SEC 본부에서 스티브 매든 제화의 신규상장을 허가하는 동안 뉴욕 SEC 감독관들은 도청당하는 줄도 모르고 우리 회의실에 앉아 있었던 것이다.

"거기 방 온도는 몇 도야?" 대니에게 물었다.

"코트를 그대로 입고 있는 걸 보니 아마 한 5도쯤 될걸."

"이런 망할! 왜 그렇게 따뜻하게 해놓은 거야? 저 자식들이 당장 맨해튼으로 돌아가버리게 냉골로 만들어놓으라고 했잖아! 그놈들 코에 고드름이 달릴 정도로 춥게 해야지. 이해 못 하겠어?"

대니가 웃으며 말했다. "워워, 조던. 우린 저놈들을 얼려 죽일 수도 있고 태워 죽일 수도 있어. 그런데 만약 너무 덥거나 너무 춥게 만들어서 그들이 여길 떠난다면 우리는 따끈따끈한 정보를 어디에서 얻냐고."

그건 대니의 말이 맞았다.

"좋아, 까짓것. 그 새끼들이 늙어서 죽게 놔두지 뭐. 그건 그렇고 스티브 매든과 반드시 해야 할 일이 있잖아. 거래를 시작하고 나서 주가가 얼마나 올라가든, 전망이 얼마나 좋든 간에 그 지분은 내 몫이라는 걸 문서로 남겨야지. 그런 다음 그 문서는 제3자에게 보관해둬야 문제가 안 생긴다고. 제3자로는 위그왐이 적격이겠지. 아무도 이번 일에 대해 알 필요는 없어. 이건 친구 사이의 일이잖아, 오메르타Omertà[27]. 스티브가 우리를 엿 먹이려고 하지만 않는다면 다 괜찮을 거야."

대니도 동의했다. "그렇게 처리할게. 하지만 그게 정말 안전할까? 만약 그 합의가 깨진다면 양쪽 다 문제가 생길 텐데. 내 말은, 우리가 위반하는 법이 1만 7,000가지나 되는데 만약 스티브가 그렇게 많은 주식을 가지고 있다면…." 대니는 '우리가 어기는 법'이라는 말을 입에 담았다.

나는 손을 들며 부드럽게 웃었다. "좋아, 좋아! 우선 30분 이내로 사무실 도청 장치를 제거해서 감독관 도청은 영원히 증거를 없애자고. 그리고 우리가 어기는 것은 1만 7,000가지의 법이 아니야. 아마도 서너 개나 다섯 개쯤 되는 상위법이겠지. 하지만 어느 쪽이든 아무도 알 필요가 없어." 나는 어깨를 으쓱하고 나서 좀 세게 말했다. "어쨌든 댄! 서명된 계약을 체결하면 실제로 유효하지 않더라도 많은 도움이 돼. 그건 단지 그가 우리를 엿 먹이려는 것을 막기 위한 강력한 억제책이야."

바로 그때 인터폰에서 자넷의 목소리가 들렸다. "아버님이 이쪽으로 오고 계세요."

"회의 중이라고 전해줘, 젠장!" 나는 급하게 말했다.

자넷이 바로 되받아쳤다. "싫어요! 전 말 못 하니까 사장님이 직접 얘기하세요."

---

27   마피아 사이의 암묵적 침묵에 관한 규율을 일컫는 말

어쭈, 이제 완전히 막 나가는 건가! 몇 초간 침묵이 흘렀다. "자넷, 제발! 급한 회의 중이라거나 통화 중이라거나, 아무튼 무슨 핑계든 대줘!"

"안 돼요. 못 해요." 자넷이 힘없이 대답했다.

"고마워, 자넷. 잘할 수 있어. 2주 후면 크리스마스 보너스 받을 때라고. 알았지?"

나는 잠시 말을 멈추고 자넷의 대답을 기다렸다. 아무런 대답도 없었다. 숨 막히는 침묵이었다. 믿을 수가 없어! 나는 계속 말을 이었다. "지금 어디쯤이지?"

"45미터쯤 앞에서 엄청 빠르게 오고 계세요. 와, 머리에서 핏줄이 튀어나오는 게 여기에서도 보여요. 담배 두 개비를 동시에 피우시는 것 같은데, 마치 불을 뿜는 용처럼 보여요. 정말이에요."

"용기를 줘서 고맙군! 자넷, 어떻게 좀 주의를 돌려줄 수 없을까? 화재경보기를 누르든가." 바로 그때 대니가 도망치듯 의자에서 일어났다. 나는 대니에게 손으로 앉으라는 시늉을 했다. "이봐 친구, 지금 어딜 가? 어? 도로 앉으란 말이야. 잠깐 기다려." 나는 검은 스피커폰 쪽으로 고개를 돌렸다. "잠시만, 자넷. 아무 데도 가지 마." 그러고 나서 대니를 향해 말했다. "친구, 아마도 아멕스카드 청구서 중에서 5만~6만 달러는 자네가 썼으니까 욕을 먹더라도 같이 먹자고." 나는 스피커폰 쪽으로 다시 고개를 돌렸다. "자넷, 케니에게 지금 당장 내 사무실로 오라고 해줘. 그도 이

125

일을 같이 처리해야 하거든. 그리고 소음이 좀 들어오도록 사무실 문을 열어놔줘."

내 다른 파트너인 케니 그린Kenny Greene은 대니와는 다른 종족이었다. 사실 어떤 두 사람도 이보다 더 다를 수는 없었다. 대니는 둘 중 좀 더 똑똑하고 확실히 세련된 반면, 케니는 지혜와 지식에 대해 지칠 줄 모르는 탐구욕을 가지고 있었다. 그에게는 완전히 결여된 두 가지 속성이 있었다. 그렇다, 케니는 '얼간이'였다. 슬프지만 사실이었다. 그리고 그는 비즈니스 회의에서 가장 뜬금없는 말을 던져서 분위기를 깨는 놀라운 재능이 있었다. 특히 내가 더는 참석하지 못하게 한 중요한 회의에서 말이다. 대니는 이것을 웃겨 죽는다며 좋아했고, 케니의 많은 단점을 단 하나도 놓치지 않았다. 나는 두 그린에게 둘러싸여 있었는데, 어쨌든 앤디 그린과 케니 그린은 친인척 관계는 절대 아니다.

바로 그때 문이 휙 열리더니 객장에서 직원들이 외쳐대는 엄청난 굉음이 내 사무실로 쏟아져 들어왔다. 내가 그 무엇보다도 소중하게 여기는 함성이었다. 그래, 그 굉음이 내게는 그 어떤 마약보다 더 강력한 힘을 느끼게 해주었다. 그것은 아내의 성난 잔소리보다, 내 허리의 통증보다, 내 회의실에 버티고 있는 감독관들보다 훨씬 강했다.

그리고 이 순간 나를 향해 엄청난 폭발을 준비하고 있는 내 아버지의 호통보다 더 강렬했다.

7 작은 고문

빛나는 푸른 눈이 툭 튀어나온 만화 캐릭터처럼 보이는 매드 맥스Mad Max(분노했을 때 아버지의 별명)가 험악한 목소리로 말했다. "너희 세 놈 다 얼굴에서 그 잘난 척하는 겉멋을 없애지 않으면 내가 반드시 지워주지."

그러더니 얼굴을 일그러뜨리면서 분노를 드러낸 채 서성거리기 시작했다. 오른손에는 아마도 스무 개비째는 되는 듯한 담배가 연기를 내며 타고 있었고, 왼손에는 스톨리치나야 보드카가 가득 담긴 스티로폼 컵이 들려 있었다.

갑자기 발걸음을 멈추는가 싶더니 검사처럼 발꿈치를 휙 돌려 대니를 쳐다봤다. "도대체 어떻게 된 건지 말해봐, 포루시! 무슨 멍청한 일을 한 거야. 객장에서 금붕어를 삼켰다던데? 대체 왜 그런 거야?"

대니는 일어서서 미소를 지으며 말했다. "아버님, 그렇게 나쁜 일은 아니었어요. 그런 정신 못 차리는 놈은 혼을…."

"입 다물고 앉아, 포루시! 네 가족들이 알면 얼마나 부끄러워하겠어. 웃지 마, 젠장! 네 이빨들이 내 눈을 물어뜯을 것 같아서 보안경이라도 써야 할 판이군그래."

대니는 앉아서 입을 꾹 다물었다. 우리는 서로 눈짓을 주고받았고, 나는 웃음을 참느라 안간힘을 썼다. 만일 내가 웃어버리면 아버지는 더 화가 나서 날뛸 것이 분명했다. 나는 케니를 힐끗 쳐다보았다. 케니는 내 맞은편, 위그왐이 앉았던 의자에 걸터앉아 있었다. 하지만 눈을 마주치지는 못했다. 그가 평소처럼 더러운 자기 구두를 쳐다보느라 바빴기 때문이다. 전형적인 월스트리트 패션이었는데, 소매를 팔꿈치 위까지 걷어 올리고 두꺼운 황금 롤렉스를 차고 있었다. 그것은 프레지덴셜 모델이었다. 아내가 촌스럽다고 차지 말라고 했던 시계였는데, 케니가 차니까 오히려 샤프해 보였다. 군대식으로 자른 그의 사각형 머리는 더 네모져 보였다. 딱 봐도 보스의 똘마니, 깍두기였다.

방 안에 어색한 정적이 흘렀다. 내가 나서서 해결해야 할 타이밍이었다. 아버지가 가장 좋아할 만한 단어를 생각하며 차분한 목소리로 말했다. "좋아요, 아버지. 이제 그만하시고 좀 진정하세요. 여기는 제 회사예요. 업무적으로 지출한 비용은 얼마든지…."

내가 뭐라고 더 말하기도 전에 아버지가 내 말을 잘랐다. "너희들 셋이 사탕 가게에 놀러 간 애들처럼 철없는 짓을 하는데 나보고 진정하라고? 도대체 언제 철들 거냐, 이 생각 없는 놈들아. 너희들이 즐기는 호화 파티를 내가 모를 줄 알아? 이 황당한 놀음이 개인적인 거지, 회사의 정당한 지출이야? 이 지긋지긋한 녀석들!"

잠시 말을 멈추더니 자기 아들인 나부터 시작해서 우리 셋을 차례로 내려다보았다. 이런 특별한 순간에, 아버지는 진짜로 내가 자기 아들이 맞는지 의아해하는 표정이었다. 나는 아버지가 돌아섰을 때 우연히 보게 된 수척한 모습에 새삼 놀랐다. 또 지난 30년간 변하지 않은 아버지의 패션이 눈에 들어왔다. 중국식 세탁 서비스를 통해 맞춤 제작해서 빳빳하게 풀 먹인 남색 블레이저와 영국식 옷깃, 선명한 남색 넥타이, 황갈색 개버딘 바지를 입은 매드 맥스는 무척이나 멋졌다. 내 아버지는 바로 습관의 노예였다.

우리 셋은 착한 아이들처럼 가만히 앉아서 아버지가 또 무슨 말을 할지 참을성 있게 기다리고 있었다. 나는 그가 한 가지 행동을 먼저 하기 전까지는 아무 일도 없을 거라는 것을 알았다. 그것은 바로 담배였다. 이윽고 아버지는 담배를 한 모금 깊게 빨아들이더니 복어처럼 가슴을 활짝 폈다가 다시 천천히 숨을 내쉬어서 연기를 내뿜었다. 그러자 다시 가슴이 정상 크기로 돌아왔다. 하지만 그의 어깨는 여전히 거대했고, 앞으로 기울어진 자세와 숱 없는 희끗희끗한 머리카락 때문에 흥분한 커다란 황소처럼 보였다.

그리고 나서 고개를 뒤로 젖히고 스티로폼 컵을 크게 한 번 들이켜더니 마치 차가워진 에비앙 생수보다 더 자극적인 것을 마신 것처럼 삼키고는 고개를 흔들기 시작했다.

"너희들이 번 돈이지만 마치 내일이 없는 것처럼 흥청망청 써대고 있어. 이건 참 어리석은 일이지. 너희 셋은 어떻게 생각하니? 너희들이 회사 망치는 꼴을 보고도 내가 죽은 척 가만히 있으면서 예스맨이나 하기를 바라니? 얼마나 많은 사람이 이곳에서 생계를 유지하고 있는데, 너희들 때문에 회사가 위험에 빠져도 괜찮다고 생각하는 거야?"

매드 맥스는 한층 더 노기를 띠며 말을 이어갔다. 사실 나는 그토록 많은 욕설을 퍼부으면서도 문장 하나하나를 아주 시적으로 들리게 하는 아버지의 대단한 능력에 매료되고 말았다. 저주를 퍼붓는 아버지의 모습은 정말 대단했다. 마치 셰익스피어의 희곡에 나오는 인물처럼! 물론 스트래턴 오크몬트에서는 저주가 예술과 같은 뜻으로 쓰이기도 했다. 누군가가 저주를 퍼부으면 그걸 자신에 대한 칭찬으로 생각했기 때문이다. 하지만 매드 맥스는 완전히 다른 차원으로 말했고, 지금처럼 진짜 열을 올리고 있을 때 그의 언어유희는 내 귀에 아주 착착 달라붙었다.

아버지는 혐오감에 가득 차 고개를 흔들었다. 물론 불신도 섞여 있었을 것이다. 아버지는 카드 청구서에 적힌 47만 달러 중에서 겨우 2만 달러만 업무적인 비용이고, 나머지는 모두 개인적인 지출이나 쓸데없는 비용이라고 우리에게 설명했다. 그리고 목소리를 내리깔며 으르렁거렸다. "미리 말해두겠는데, 너희 세 미치광이들은 분명히 험한 꼴을 당할 거야. 내 말 명심해. 조만간 국세청 놈들이 감사를 나올 거야. 이제라도 정신을 차리지 않으면 너희 셋은 완전히 개망신을 당할 거라고. 그래서 난 이 청구서를 너희들 각자에게 청구할 거야. 한 푼도 회사 비용으로 처리할 수 없어. 45만 달러를 몽땅 너희들 급여에서 차감할 거니까 그렇게들 알아!"

헉! 이게 무슨 날벼락이야? 이젠 내가 나서야 할 때였다. "아버지, 잠깐만요. 그건 말도 안 되는 소리예요. 아버지가 믿든 안 믿든 그건 모두 정상적인 지출이라고요. 잠깐 진정하시면 제가 하나하나 설명할게요. 그러니까…."

하지만 이번에도 아버지는 내 말을 끊고 공격을 퍼부었다. "그래, 너는 소위 말하는 월스트리트의 늑대, 정신 빠진 어린 늑대지. 내 아들, 정말 내가 낳은 자식이지만 형편없는 놈이지. 한 벌에 8,000달러나 하는 모피 코트를 그것도 두 벌이나 샀어? 난 뭔가 착오라고 생각해서 청구서에 있는 알레산드로 망할 털 가게에 확인해봤단다. 참나, 그 그리스 주인 놈이 나한테 뭐라고 한 줄 아니?"

"몰라요. 그 사람이 뭐라고 했는데요?"

"네가 똑같은 밍크 코트를 두 벌 샀다는 거야. 색상, 스타일, 가격, 그 모든 것이 똑같은 코트를!" 그러더니 매드 맥스는 머리를 한쪽으로 꺾어 턱을 쇄골 사이로 당겨 넣었다. 동그래진 파란 눈으로 나를 쳐다보면서 "며느리한테 한 벌로 모자라니? 아니면 내가 맞혀볼까? 그래, 창녀한테 주려고 하나 더 샀겠지, 그렇지?" 아버지가 담배 한 모금을 깊게 빨았다. "그리고 설마 내가 EJ 엔터테인먼트가 어떤 곳인지 모를 거라고 생각하니? 너희 세 미치광이들이 창녀 화대를 회사 카드로 긁다니. 세상에, 도대체 어떤 창녀가 신용카드를 받아?"

우리 셋은 눈짓을 주고받을 뿐 아무 말도 하지 못했다. 사실 할 말이 없었다. 매춘은 말하자면 우리 스트래턴 문화의 일부였다. 우리는 그들을 거래소에서 거래되는 주식처럼 분류했다. 예를 들면 초특급 매춘부는 블루칩이라고 불렀는데, 주로 디자이너 의상비와 학비가 필요한 어린 모델이거나 유난히 아름다운 대학생들이었다. 몇천 달러만 내면 우리가 상상할 수 있는 거의 모든 것을 할 수 있었다. 그 다음은 한 단계 아래인 나스닥인데, 300~500달러 정도였지만 팁을 듬뿍 주지 않으면 콘돔을 껴야 했다. 가장 아래 단계는 장외 종목이라 불렀는데 100달러 정도였고, 잡지 광고를 보고 부르거나 길거리에서 유혹하는 애들이었다.

블루칩은 신용카드를 받았는데, 국세청에서도 그건 알 수밖에 없었다. 예전에는 비싼 점심도 정상적인 비용으로 인정해서 여비 및 유흥비라는 명목으로 회계처리도 했으니까. 그것은 Travel and Entertainment의 약자인 T와 E라고 불렀는데, 내가 한 일은 T와 E를 가슴과 엉덩이Tits and Ass로 바꿔 그들의 논리를 조금 자유롭게 해석했을 뿐이다!

어쨌든 요지는 스트래턴 오크몬트에서 매드 맥스는 물 밖의 물고기, 명왕성의 물고기와 같았다는 것이다. 그는 스트래턴 직원의 평균 나이보다 마흔다섯 살이 많았다. 또 고등교육을 받았고, CPA(공인회계사)이자 IQ도 아주 높은 사람이었다. 반면 평균적으로 스트래턴 직원은 교육을 전혀 받지 못했고, 돌머리나 마찬가지였다. 매드 맥스는 스트래턴인과는 다른 시간과 장소인 옛 유대인 지역 브롱크스에서, 저녁에 먹을 음식이 있는지도 알 수 없는 대공황의 잿더미 속에서 성장했다. 그 시절 30대를 보낸 수백만 명의 다른 사람처럼 여전히 우울한 과거의 그림자에 시달렸다. 어떤 형태나 모양의 변화에도 거부감을 느끼고 재정적 의심으로 가득한, 대공황 시대의 사고방식에 사로잡혀 있는 것이다. 그러나 매드 맥스는 이곳에서 순간순간의 변화에 기반을 둔 단독 사업을 진행하는 회사의 재정과, 타고난 모험가인 자신의 아들이 우연히 되어버린 대주주를 관리하고자 애써 노력했다.

나는 심호흡을 하고 의자에서 일어나 책상 모서리에 걸터앉았다. "아버지, 여기에서 우리가 하는 사업에는 아버지가 도저히 이해 못 할 부분도 있어요. 하지만 간단하게 생각하세요. 제가 원하는 건 뭐든지 돈으로 할 수 있고, 그건 다 제 돈이에요. 제가 쓰는 비용이 회사 재정에 큰 타격을 주진 않으니까 아버지는 그냥 모른 척 눈감아줬으면 좋겠어요."

이어서 말했다. "제가 아버지를 사랑한다는 걸 아시잖아요. 그깟 카드 청구서 때문에 아버지가 고민하는 게 마음이 아파요. 어차피 돈을 내면 끝나는 일인데, 그것 때문에 화낼 게 뭐 있어요? 오늘 중에 우리는 2,000만 달러를 벌 텐데, 50만 달러도 안 되는 돈 때문에 뭐 하러 고민을 해요?"

그때 케니가 끼어들었다. "아버님, 제가 쓴 비용은 거의 없어요. 그러니 아버님이 하라는 대로 하겠습니다."

케니는 큰 실수를 저지른 것이었다. 매드 맥스와 얘기할 때는 크게 두 가지 원칙이 있었다. 첫째, 책임을 전가하지 않는다. 둘째, 아버지만 비난할 권리가 있는 자기 사랑하는 아들을 손가락질하지 않는다. 아버지가 케니에게 말했다. "이 망할 놈아! 돈이 적고 많고가 문제가 아니야. 적어도 내 아들은 돈을 버는 사람이야! 너는 도대체 뭐냐? 가슴 큰 어느 여직원한테 성희롱으로 고발이나 당하고 말이야. 입 닥치고 너 같은 멍청이를 파트너로 거둬주는 우리 아들한테 고마워하는 게 어때?"

나는 아버지에게 미소를 건네며 말했다. "아버지, 아버지! 자, 심장마비로 쓰러지기 전에 진정하세요. 우리는 아버지를 존경하고, 아버지 말씀을 믿고 따르잖아요. 그러니 이제 한 걸음씩 물러나서…."

아버지는 눈에 보이지 않는 적들과도 일상적으로 싸우곤 했다. 내가 다섯 살 때, 자동차가 생물이라는 믿음을 갖고 있던 아버지에게 몇 가지 사건이 있었다. 1963년산 녹색 닷지Dodge였는데, 아버지는 그것을 '그녀'라고 불렀다. 문제는 그녀의 대시보드 아래쪽에서 덜컹거리는 소리가 들린다는 것이었다. 아버지는 분명히 공장 조립 라인의 어떤 멍청한 조립공이 일부러 골탕 먹이려고 그렇게 만들었다고 믿었다. 그것은 아버지가 감정이 폭발하는 걸 막기 위해 그 소리를 들은 척만 하는 엄마를 제외하고는 아무도 들을 수 없는, 말 그대로 그냥 덜컹거리는 소리였다.

하지만 그것은 시작에 불과했다. 냉장고에서 우유를 꺼내어 바로 입에 대고 마시다가 한 방울이라도 턱에 묻으면 소리를 지르며 우유 통을 내동댕이치고는 투덜거렸다. "이런 염병할 우유 통을 봤나, 도대체 어떤 놈이 디자인을 했기에 이 모양이야? 우유가 턱에 좀 안 튀게 만들 수 없어?"

물론 우유 팩이 잘못이었다. 그래서 매드 맥스는 덜컹거리는 대시보드와 불완전한 우유 통이 가득한, 잔인하고 예측할 수 없는 세상을 향한 적개심을 갖고 있었다. 그는 매일 아침 일어나 켄트 담배를 세 대 피우고, 30분간 샤워를 한 다음, 면도칼로 과하게 오랫동안 면도를 했다. 그러는 동안 담배 한 대는 입에 물고 있었고, 다른 한 대는 싱크대 위에서 타고 있었다. 그다음엔 옷을 입는데, 먼저 하얀 복서 반바지를 입고, 무릎까지 오는 검정 양말을 신은 다음, 검정 에나멜가죽 신발을 신었다. 바지는 입지 않은 그런 차림으로 아파트 주위를 돌아다니곤 했다. 아침을 먹고 담배를 몇 대 더 피우면서, 그가 어마어마한 짓을 한 것에 대해 변명했다. 이후에는 거의 완벽하게 머리를 손질하고, 와이셔츠를 입고, 느릿하게 단추를 잠그고, 옷깃을 세우고, 꼼

지락대며 넥타이를 매고, 옷깃을 내리고서 정장 재킷을 입었다. 마지막으로 집을 나서기 직전에 바지를 입었다. 왜 그가 이런 단계를 끝까지 차례대로 지키는지 알 수 없었지만, 수년간 지켜봐온 이 모든 것이 어떤 방식으로든 나에게 어떤 영향을 미쳤을 것이다.

이상하게도 매드 맥스는 갑자기 울리는 전화벨 소리를 매우 싫어했다. 그런데도 전화기 1,000여 대가 꽉 들어찬 사무실에서 일하고 있으니, 그에게는 매우 잔인한 현실일 터였다. 전화는 언제나 매드 맥스가 정확히 사무실에 들어서는 오전 9시(물론 그는 결코 지각하는 일이 없다)부터, 언제든 그가 매우 기분 좋은 때인 퇴근 시간까지 끊임없이 울려댔다.

놀랄 것도 없이, 퀸즈의 방 두 개짜리 작은 아파트에서 자랐다. 아침에 전화벨이 울리면 대부분 아버지에게 온 전화였다. 하지만 자신의 전화가 확실한데도 전화를 직접 받는 일은 없었다. 왜냐하면 내 어머니 세인트 레아 여사가 전화벨이 울리자마자 세계적인 육상 선수로 돌변했기 때문이다. 또 어머니는 통화를 미리 방해하는 게 이후에 수습하는 것보다 훨씬 쉽다는 것을 알고 있었다.

어머니가 수화기를 집어 들고 누군지 확인한 뒤 아버지를 부르면 아버지는 하얀 복서 반바지만 입은 채 거실 의자에서 천천히 일어나 일부러 쿵쿵거리며 부엌으로 가곤 했다. "이 망할 놈의 전화기! 젠장, 아침부터 빌어먹을! 젠장,

빌어먹을, 일요일 정오가 지나고….”

하지만 막상 수화기를 집어 들면 마술처럼 기이한 일이 일어났다. 정중한 태도와 귀족풍의 영국식 말투를 지닌 세련된 신사 맥스(점잖은 아버지를 부르는 표현)로 변신하는 것이다. 브롱크스 남쪽의 더러운 골목에서 태어나 자란 아버지가 영국에 가본 적이 없다고 생각하니 참으로 낯선 광경이었다. “네, 그렇군요. 제가 어떻게 하면 좋겠습니까? 알겠습니다.” 그리고 통화가 끝나면 바로 매드 맥스로 돌아간다. “이런 형편없는 염병할 친구 같으니! 이 망할 놈의 집. 염병할, 젠장!”

그럼에도 불구하고 매드 맥스는 내가 소속된 모든 어린이 팀의 자상한 코치였고, 일요일 아침이면 가장 먼저 일어나 아이들과 함께 밖으로 나가 공놀이를 해주는 멋진 아빠였다. 내가 자전거를 배울 수 있도록 아파트 앞 산책로에서 자전거 뒷좌석을 잡고 밀어주었고, 무서움을 많이 타는 나를 위해 밤마다 내 머리카락을 쓰다듬으며 재워주었다. 또 학예회, 학부모회의, 음악 발표회 등과 같은 자리에는 절대 빠지지 않는 인물이었다. 아버지는 자식들을 즐겁게 해주고 우리가 사랑받고 있다는 걸 보여주었다.

아버지는 좀 복잡한 사람이었다. 성공에 대한 욕망이 컸지만 자신의 감정적 한계 때문에 평범하게 변모한 정신 승리자였다. 어쨌든 이런 사람이 어떻게 기업 세계에서 이런 일을 할 수 있겠는가? 그런 행동이 용인될까? 이런 이유로 그는 얼마나 많은 일자리를 잃었을까? 몇 번이나 승진에서 밀렸을까? 매드 맥스의 이런 성격 때문에 얼마나 많은 기회의 문이 닫혔을까?

그러나 스트래턴 오크몬트에서는 달랐다. 매드 맥스가 불같은 분노를 마음껏 발산할 수 있는 곳이었다. 사실 스트래턴인이 충성심을 증명하는 가장 좋은 방법은 매드 맥스에게 욕을 먹고 더 큰 이익을 위해 그것을 자기 것으로 만들어 성장하는 것이었다. 매드 맥스가 야구방망이를 휘두르거나 거친 욕설을 하는 것을 하나의 통과의례로 여겼고, 마치 훈장이라도 받는 것처럼 생각했다.

어쨌든 매드 맥스와 신사 맥스가 있는데, 지금은 그중에서 신사 맥스를 이끌어내야만 했다. 그 첫 시도는 일대일 접근이었다. 나는 케니와 대니에게 말했다. "아버지와 단둘이 얘기 좀 하게 잠깐만 자리를 비켜줘."

둘은 즉시 사무실을 나갔다. 우리는 넓은 소파에 앉았고 우리 뒤로 문이 쾅 닫혔다. 아버지는 앉아서 담배에 불을 붙이고는 크게 한 번 빨았다. 나는 오른쪽에 털썩 주저앉아서 몸을 뒤로 젖힌 채, 우리 앞에 놓인 유리 테이블 위에 발을 올렸다.

나는 풀 죽은 듯이 얘기했다. "맹세컨대, 요즘 허리가 말도 못 하게 아파요. 아마 아무도 모를 거예요. 통증이 왼쪽 다리 바로 뒤쪽으로 내려가고 있는데, 사람을 완전히 미치게 만든다고요."

그러자 아버지의 표정이 금세 부드러워졌다. 1차 시도는 순조로웠다. "그래, 의사는 뭐라 그래?"

흐음. 마지막 몇 마디에서 영국식 억양이 전혀 느껴지지 않았다. 나는 허리 때문에 너무 힘들었고, 분명히 의사에게 치료받는 과정에 있었다. "의사요? 의사가 뭘 알겠어요? 지난번 수술 이후 더 나빠졌어요. 의사가 하는 일이라고는 그저 속을 버리게 하는 약이나 처방해주는 거지, 고통은 근본적으로 해결해주지 못해요." 그러면서 나는 고개를 흔들었다. "어쨌든 걱정시켜 드리고 싶지는 않아요. 그냥 그러려니 하세요."

나는 테이블에서 발을 떼고 몸을 뒤로 젖혀서 소파 양쪽에 팔을 올리고 부드럽게 말했다. "그런데 아버지, 우리가 하는 미친 짓들이 이해하기 어렵다는 걸 알아요. 하지만 절 믿어주세요. 특히 돈에 관해서는 제게 생각이 있어요. 돈을 벌려면 저 친구들이 꿈을 좇도록 해야 해요. 또 그러자면 항상 돈에 대한 목마름이 있어야 하고요."

나는 통유리 너머 객장을 가리켰다. "보세요! 얼마를 벌든지 결국은 모두 무일푼이 되잖아요. 그들이 제 생활방식을 따라 하려고 돈을 몽땅 써버리는 거죠. 하지만 그들은 절대 그럴 수 없어요. 왜냐하면 충분히 벌지 못하기 때문이에요. 결국 100만 달러나 되는 연봉으로도 겨우 입에 풀칠만 하죠. 아버지가 자라던 때를 생각하면 쉽게 이해가 안 되겠지만, 지금은 이게 현실이에요."

아버지는 내 말을 주의 깊게 들으며 나를 뚫어지게 쳐다보았다. "저들이 돈을 다 써버려야 통제하기가 쉬워져요. 생각해보세요. 차며 집이며 보트며 모든 걸 빚으로 장만해서 살아가고 있어요. 만일 급여가 모자라게 되면 그들은 끝장이에요. 황금 수갑을 차고 있는 것처럼요. 진실은 그들에게 필요한 돈보다 제가 더 많이 지불할 여유가 있다는 거예요. 하지만 그들은 그만큼이 필요하지는 않을 거예요. 그런데 그들에게 너무 적게 주면 저를 싫어하겠죠. 그래서 전 그들이 저를 필요로 할 만큼만 지불해요. 그리고 그들이 필요로 하는 한 그들은 언제든 저를 두려워할 거고요."

나는 다시 턱으로 통유리 너머를 가리켰다. "언젠가 모든 것이 사라지겠죠. 이런 충성심도 사라질 날이 올 거예요. 그리고 그런 날이 왔을 때 여기에서 일어난 일에 대해 아버지가 아무것도 몰랐으면 좋겠어요. 그래서 가끔 아버지한테 자세히 말하지 않아요. 아버지를 믿지 않거나 존중하지 않아서가 아니에요. 오히려 그 반대예요. 아버지를 사랑하고 존경하기 때문에 이런 불합리한 일에 아버지가 깊숙이 관여되지 않기를 바라는 거예요."

신사 맥스는 걱정스러운 어조로 말했다. "왜 그런 말을 하는 거냐? 왜 잘못되는 경우를 생각해? 네가 하는 회사 일은 모두 합법적이지 않니?"

"그래요, 그런 불합리는 사실 비즈니스와는 아무 상관이 없어요. 우리는 다른 회사들과 똑같은 일을 하고 있어요.

다만 우리가 더 크고 잘하다 보니 다른 회사들이 우리를 시기할 수 있어요. 하지만 걱정하지 마세요. 다 잘될 거예요, 아버지."

바로 그때 자넷이 인터폰으로 말했다. "방해해서 죄송합니다만, 지금 아이크 소킨Ike Sorkin 변호사님과 다른 변호사 몇 분과 전화 회의 시간이에요. 지금 통화 연결이 되었는데, 상담료 계산 시계를 눌러놓고 대기 중이에요. 연결할까요, 아니면 일정을 다시 잡을까요?"

전화 회의? 원래 그런 스케줄은 없었는데? 그래, 자넷이 나를 위해 꾀를 쓰는 거였다. 나는 아버지를 바라보며 난처한 표정을 지었다. "어떡하죠? 이 전화를 받아야 해요."

우리는 재빨리 포옹과 사과를 주고받았고, 나는 앞으로 지출을 줄이겠다고 다짐했다. 물론 우리 둘 다 그게 완전히 헛소리라는 건 알았지만. 그런데도 사자처럼 들어왔던 아버지는 순한 양처럼 사무실을 떠났다. 아버지가 떠나고 문이 닫히자 나는 자넷에게 크리스마스 때 작은 선물이라도 줘야겠다고 생각했다.

오늘 아침 내게 했던 온갖 헛소리에도 불구하고 자넷은 정말 유능한 비서였다. 최고의 비서!

8 구두장이

한 시간쯤 뒤, 스티브 매든은 자신감에 차서 객장 앞으로 걸어가고 있었다. 도그 앤드 포니 쇼를 정복한 듯한 남자의 걸음걸이였다. 하지만 그가 객장 앞에 이르렀을 때의 표정이란! 완전히 테러에 가까웠다.

옷차림도 엉망이었다! 그는 술에 잔뜩 취해서 드라이브 레인지에 서 있는 몰락한 프로골퍼처럼 보였다. 유행에 뒤떨어진 옷차림을 보면 그가 패션 사업을 하고 있다는 사실이 전혀 연결되지 않았다. 그는 괴짜 디자이너에, 예술을 하는 초라한 남자였다. 그는 이 신발이 왜 다음 시즌에 인기 절정이 될 제품인지는 설명하지 않은 채, 끔찍해 보이는 플랫폼 슈즈(밑창 전체가 통굽인 신발)를 손에 들고 시내를 돌아다녔다.

오늘 같은 특별한 날에 그는 싸구려 캔버스 조각처럼 얇은 옷걸이에 걸려 있던 구겨진 남색 블레이저를 입고 있었다. 다른 옷도 그다지 상태가 좋지는 않았다. 찢어진 회색 티셔츠와 뻣뻣한 흰색 리바이스 청바지를 입고 있었는데, 둘 다 얼룩이 묻어 있었다.

가장 충격적인 건 신발이었다. 상장 첫날인 만큼 어쨌든 자신을 품위 있는 구두의 장인으로 보이려고 가장 화려하게 신경 쓸 것이라고 모두 생각할 것이다. 그런데 한눈에 봐도 형편없는 싸구려 갈색 단화를 신었고, 그가 맨날 쓰는 야구 모자로 듬성듬성한 금발을 덮고는 뒷머리를 고무줄로 묶어 말 꼬리처럼 늘어뜨린, 전형적인 시골 패션이었다.

스티브가 강연대에 올라 쇼를 시작할 준비가 되었다는 듯 마이크를 잡고 "어흠"과 "후후"를 내뱉자 직원들도 서서히 수화기를 내려놓고 의자 등받이에 몸을 기댔다.

그때 문득 왼쪽에서 작은 지진 같은 굉장한 진동이 느껴져서 돌아보니, 엄청난 뚱뚱보 하위 겔판드였다.

"안녕하세요, 조던?" 뚱뚱보 하위가 인사했다. "매든 제화 주식을 1만 주만 주면 안 될까요? 그 정도는 해줄 수 있죠?" 입이 귀에 걸릴 정도로 웃더니 내 어깨에 팔을 둘렀다. "우린 친구잖아요?"

뚱뚱하기는 하지만 내가 좋아하는 친구였다. 신규상장 주식은 금보다 귀했지만, 그 정도 부탁은 들어줄 수 있었다. 주식의 가치를 따지는 건 단순한 산수였다. 신규상장 한 주에 보통 A, B 신주인수권이 붙어 있어 상장 후 시초가보다 약간 높게 살 수 있는 권리가 있었다. 매든 제화는 시초가가 4달러였으니 A 인수권은 4.5달러, B 인수권은 5달러에 행사할 수 있었다. 그리고 신주가격이 상승하면 인수권 가치도 따라서 올라가는데, 그 지렛대 효과는 엄청났다.

보통 신규상장 주식은 200만 주가 4달러씩에 판매되는데, 그 자체로는 그다지 화려하지 않았다. 그러나 젊은 스트래턴인이 가득 찬 축구장에서는 공급보다 훨씬 많은 수요가 발생했다. 결과적으로, 거래가 시작되면 곧장 주당 20달러까지 치솟을 것이다. 따라서 고객에게 1만 주를 지급하는 것은 100만 달러를 선물로 주는 것과도 같았다. 두 가지가 아무런 차이가 없다는 말인데, 이것이 고객이 기꺼이 협조하는 이유이다. 다시 말해 최초 공모 가격으로 제공된 모든 주식에 대해서, 공개적으로 거래가 시작되면 애프터마켓aftermarket[28]에서 그 10배가 팔릴 것이었다.

"좋아." 나는 흔쾌히 대답했다. "자네를 특별히 좋아하고 인정하니까 1만 주 배정해주지. 자, 이제 심장마비가 오기 전에 살을 좀 빼라고."

하위는 함박웃음을 지었다. "최고예요, 조던. 만세!" 그는 연신 허리를 굽혔다. "사장님은 정말 왕이에요. 아니, 늑대예요. 월스트리트의 영원한 늑대. 정말…."

그의 말을 가로막으며 말했다. "어서 나가, 하위. 그리고 자네 구역 아이들에게 스티브가 쇼를 시작하면 절대 야유하거나 욕설을 퍼붓지 않게 확실하게 말해둬, 알았지?"

하위는 왕을 배알하고 물러나는 신하처럼 허리를 굽히며 뒤로 한 걸음 물러나더니 팔을 앞으로 쭉 뻗은 채 인사를

---

28 신규 증권 발행 후의 시장

하고는 사라졌다.

그는 매우 뚱뚱하지만 성격이 비단처럼 부드러운 정말 멋진 세일즈맨이었다. 하위는 창업 초기 멤버인데, 입사 때 겨우 열아홉 살이었다. 첫해에 25만 달러를 벌었고, 올해는 150만 달러를 벌기 위해 애쓰고 있었는데도 여전히 부모님 집에서 함께 살고 있었다.

바로 그때 마이크에서 스티브의 목소리가 들려왔다. "저, 실례합니다. 여러분은 저를 잘 모르시죠? 저는 스티브 매든 제화의 사장인 스티브 매든입니다."

첫 마디가 끝나기도 전에 여기저기에서 직원들이 한마디씩 했다.

"우린 당신이 누군지 다 알아요."

"그 야구 모자 정말 멋진데!"

"시간은 돈이니까 요점만 말해요."

그러면서 휘파람 소리와 고양이 울음소리, 여기저기에서 야유하는 소리가 들려왔다. 잠시 후 다시 조용해지기 시작했다.

스티브가 나를 힐끗 쳐다보았다. 그는 입을 약간 벌리고 갈색 눈을 옆으로 게슴츠레하게 뜨고 있었다. 나는 그를 향해 팔을 앞으로 쭉 뻗어 위아래로 움직이며 "진정하고 침착해!"라고 말했다.

스티브가 고개를 끄덕이고는 심호흡을 했다. "제 소개를 하고 신발 산업에서의 우리 회사 현황을 소개하겠습니다.

그리고 회사의 미래를 위해 제가 가지고 있는 발전 계획을 논의하고 싶습니다. 저는 열여섯 살 때 처음으로 신발 가게에서 바닥 청소를 하며 일을 배웠습니다. 친구들이 여자애들과 시내를 돌아다니는 동안 저는 여자의 신발에 대해 배웠죠. 저는 알 번디처럼 구둣주걱을⋯."

누군가 갑자기 소리를 질렀다. "마이크가 입에서 너무 멀어서 한 마디도 안 들려요. 마이크를 좀 더 앞으로 당겨요!"

스티브가 마이크를 움직이며 말했다. "이런, 죄송합니다. 아, 말했던 것처럼 아주 오랫동안 신발 업계에서 일했어요. 첫 직장은 시더허스트의 질도르 슈즈Jildor Shoes라는 조그만 신발 가게였고, 재고관리를 하다가 영업사원이 되었어요. 제가 여성화를 처음 좋아하게 된 건 어릴 때인데, 솔직히 말하자면⋯."

그는 10대 초반부터 어떻게 여성화를 좋아하게 되었고, 어디에서 어떻게 여자 신발의 디자인 가능성에 매료되어 왔는지에 대해서 놀라울 정도로 상세하게 설명하기 시작했다. 온갖 종류의 부자재, 거기에 붙일 수 있는 모든 장식품을 직접 고급화하여 점점 멋진 구두를 만들게 되었다는 등의 얘기를 끝없이 늘어놓고 있었다.

나는 객장 분위기를 힐끗 살펴보았다. 여기저기 직원들의 짜증 난 얼굴이 보였다. 여간해서는 예의를 잃지 않는 영업 보조 직원들조차 지루해하며 고개를 돌리고 있었다. 그들 중 몇몇은 눈을 돌리고 있었다.

그러더니 한꺼번에 불만을 터뜨렸다. "호모 같은 놈!"

"정말 역겨워. 도대체 뭐야?"

"아주 돌았어. 뒈져버려!"

그 이후 더 많은 야유가 나왔고, 휘파람과 고양이 울음소리에 발 굴리는 소리까지 들렸다. 인내의 한계에 이르렀다는 신호였다.

대니가 머리를 흔들며 걸어왔다. "정말 창피한 일이군." 그가 중얼거렸다.

나는 고개를 끄덕였다. "그래도 어쨌든 스티브는 이번 합의서에 동의했잖아. 미리 서류를 만들어놓지 못한 건 유감이지만. 애들이 스티브를 산 채로 잡아먹기 전에 이 소동을 말려야겠어. 몇 분 전에 확인했을 땐 괜찮아 보였는데. 자기 회사가 정말 좋으니까 스티브가 자세히 얘기하고 싶어 하는 것 같긴 한데, 자네 친구지만 정말 미친놈이잖아. 분위기 파악도 못 하고."

대니가 목소리를 깔고 말했다. "어릴 때 학교에서도 항상 그랬어."

난 어깨를 으쓱했다. "한 1분만 더 기다려보고 안 되면 내가 올라가야겠어."

그때 스티브가 우리를 쳐다보았고, 그의 이마에는 땀이 비 오듯 흐르고 있었다. 고구마만 한 다크서클도 생겨 있었다. 나는 속도를 좀 내라는 뜻으로 작은 원을 그리며 손을 흔들었고, 입 모양으로 "회사의 미래에 대해 얘기해요."라고 말했다.

그는 고개를 끄덕였다. "여러분, 스티브 매든 제화가 어떻게 시작되었고 미래가 얼마나 밝은지 얘기하겠습니다."

'밝은 미래'라는 말에 다행히도 객장은 잠잠해졌다.

스티브가 말했다. "저는 1,000달러와 메릴린이라는 신발 한 켤레로 회사를 시작했어요. 그것은 서양 나막신 같은 것이었는데, 훌륭한 신발이었죠. 최고는 아니었지만 어쨌든 훌륭했어요. 외상으로 메릴린 500켤레를 만들어 트럭에 싣고 다니며 팔았죠. 이 신발을 어떻게 설명해야 할까요? 어디 보자, 바닥이 두툼하고 오픈토open-toe 형태지만 윗면이 뭐랄까…. 음, 그건 별로 중요하진 않은 것 같네요. 제 말의 핵심은 스티브 매든 제화의 트레이드마크인 그 신발은 정말 파격적인 펑키 스타일이었습니다. 어쨌든 이 회사를 진짜로 론칭하게 만든 신발은 마리 로우Mary Lou라고 불렸고, 이건 보통 신발이 아니었어요! 신이시여! 정말 엄청난 괴짜였어요. 시대를 훨씬 앞선 신발이었죠."

스티브는 마치 "잊어버려!"라고 말하듯 허공에 손을 흔들었다. 그리고 계속 말을 이었다. "어쨌든 제가 설명해 드리죠. 왜냐하면 이건 중요한 내용이니까요. 이것은 기존의 메리 제인 검정 에나멜가죽의 변형인데, 비교적 얇은 발목끈이 달려 있어요. 하지만 핵심은 이 신발의 둥그런 앞코 모양이죠. 여기 계신 몇몇 여성은 제가 무슨 말을 하는지 정확히 아실 거예요, 그렇죠? 제 말은 이게 정말 멋진 신발이라는 거예요!" 그는 잠시 말을 끊고 여직원들의 긍정적인 피드백을 기대했지만 아무도 대꾸하지 않았다. 다만 고개를 흔들 뿐이었다. 폭풍전야 같은 섬뜩한 침묵이 흘렀다.

갑자기 한쪽 구석에서 종이비행기가 객장을 가로질러 나는 게 보였다. 다행히 스티브에게 직접 물건을 던지지는 않았다. 하지만 좀 있으면 그럴 태세였다. 나는 대니에게 말했다. "한계가 온 거 같은데, 이제 내가 나서야겠지?"

"자네가 안 나서면 나라도 나서야 할 판이야. 이거 완전히 돌겠는데."

"좋아, 내가 갈게." 나는 곧장 스티브에게 다가갔다.

내가 가까이 갈 때까지도 그는 여전히 마리 로우가 얼마나 완벽한 신발이고 합리적인 가격이며, 오랫동안 정성 들여 만든 신발인지를 얘기하고 있었다.

그의 손에서 마이크를 빼앗았을 때, 나는 그가 자신의 신발 이야기에 너무 심취한 나머지 땀을 그치고 완전히 편안한 상태가 되었다는 걸 깨달았다.

마이크를 뺏긴 스티브가 속삭였다. "뭐 하는 거예요? 저들을 봐요, 내 얘기에 완전히 푹 빠졌는데."

나는 눈을 가늘게 떴다. "스티브, 당장 내려가요. 안 그러면 토마토가 날아올 테니까. 안 보여요? 저들은 당신의 신발에는 관심이 없어요. 오직 당신의 주식을 팔아서 돈을 벌고 싶을 뿐이라고요. 우리 아이들이 당신 야구 모자를 벗기고 그나마 몇 가닥 남은 머리를 죄다 뽑아버리기 전에 당장 대니 옆으로 가 있어요."

스티브는 마지못해 내려갔다. 나는 오른손을 들어 조용히 해달라고 부탁했고, 객장은 금세 조용해졌다. 나는 마이크를 입 가까이에 대고 조롱하듯이 말했다. "좋아요, 여러분! 스티브 매든 사장과 그의 특별한 신발에 대해 큰 박수를 쳐줍시다. 방금 전 마리 로우 얘기를 듣는 순간, 난 우리 고객들에게 당장 전화를 걸어야겠다는 생각이 들었습니다. 여직원을 포함해서 우리 직원들은 한 사람도 빠짐없이 스티브 매든 사장과 그의 섹시한 신발 마리 로우를 위해 소원을 빌었으면 합니다." 나는 겨드랑이에 마이크를 끼우고 박수를 치기 시작했다.

그러자 곧바로 우레와 같은 박수갈채가 진동했다. 전 직원이 열광적으로 박수를 치며 휘파람을 불고 환호했다. 내가 다시 마이크를 공중으로 들어 조용히 하라고 했지만 별 소용이 없었다. 그들은 그 순간을 즐겼다.

마침내 조용해지자 내가 말했다. "그래요, 나는 스티브가 이렇게까지 집요하게 얘기하는 이유를 여러분이 알았으면 합니다. 그의 집념에 주목하라는 말입니다. 단순하지만 중요한 사실은, 스티브는 창조적인 천재이며, 어떻게 보면 광기에 사로잡힌 장인이라는 것입니다."

나는 내가 한 말을 다시 확신하듯 크게 고개를 끄덕였다. "제 말을 잘 들으세요, 여러분. 스티브의 재능은 그저 몇 가지 최신 신발 트렌드를 파악하는 것에서 그치지 않습니다.

스티브의 진정한 힘은, 미국에 있는 다른 모든 신발 디자이너와는 다르게 제화산업에서 새로운 트렌드를 창조했다는 점입니다. 이게 얼마나 대단한 일인지 알죠? 실제로 패션 트렌드를 만들고 유행시킬 수 있는 사람을 찾기는 어렵죠. 스티브 같은 사람은 10년에 한 명 태어나요. 바로 코코 샤넬, 이브 생로랑, 베르사체, 아르마니처럼 누구나 아는 이름이 되는 거죠."

나는 객장으로 몇 걸음 내려서며 마치 결론을 얘기하려는 설교자처럼 목소리를 낮췄다. "스티브 같은 사람을 띄우는 것이 이런 회사를 지구상 최고의 위치에 올리는 데 필요한 일입니다. 내 말을 꼭 기억하세요. 스티브 매든 제화는 우리가 처음부터 기다려온 바로 그 회사입니다. 스트래턴을 새로운 반석 위에 올려줄, 우리가 목마르게 찾던 바로 그 회사라고요."

나는 계속해서 열정적으로 말을 이어갔지만, 속으로는 벌써 이번 상장으로 벌어들일 이익을 계산하고 있었다. 2,000만 달러라는 엄청난 금액이 떠올랐다. 내 몫인 200만 주 중에서 절반은 차명계좌에 숨겨두었다가 그걸 내가 다시 주당 5~6달러에 사서 회사 소유의 주식거래계좌에 넣어둘 것이다. 그런 다음 스트래턴에서 주당 20달러까지 구매하면 1,400만이나 1,500만 달러를 장부상 수익으로 얻게 될 것이다. 월스트리트의 다른 사람들이 나를 위해 더러운 일을 해줄 것이니, 주당 20달러까지는 내가 직접 움직일 필요도 없었다. 다른 중개회사와 무역회사들이 내가 최고가로 다시 주식을 살 의향이 있다는 것을 알고 있는 한, 그들은 내가 원하는 만큼 가격을 올려줄 것이다! 나는 단지 몇몇 핵심 투자자에게 이 말을 하면 되고, 나머지는 알아서 돌아갈 것이다(나는 이미 그렇게 해두었다). 스트래턴이 1주에 최대 20달러까지 사들인다는 소문이 돌고 있었기 때문에 주식 시장의 바퀴는 이미 움직이고 있었다! 믿기 어려울수도 있지만! 돈을 모으되 매입은 하지 않을 것이니, 범죄나 마찬가지이기는 하지만 아직은 증명할 방법이 없었다. 아, 고삐 풀린 자본주의에서는 가능한 일이었다.

"…로켓처럼 계속 올라갈 거예요. 주가가 얼마까지 오를지 누가 알겠어요? 20달러? 30달러? 반만 목표로 잡는다고 해도 지금의 시세는 형편없이 낮아요. 이 회사와 비교 대상이 없다는 것도 아주 중요합니다. 눈 깜짝할 사이에 주당 50달러에서 60달러가 될 수도 있어요. 먼 미래를 말하는게 아니에요. 지금 이 순간 바로 그렇게 될 수도 있어요.

여러분, 스티브 매든 제화는 여성 신발 업계에서 가장 인기 있는 회사입니다. 주문량이 폭주해서 주요 백화점인 메이시스, 블루밍데일스, 노드스트롬, 딜라드에서도 공급을 늘려달라고 아우성이죠. 날개 돋친 듯 팔려나가고 있어요.

여러분은 증권 브로커로서 고객에게 최대한 많은 주식을 사도록 해야 할 의무가 있다는 걸 알기 바랍니다. 말하자면, 제 말이 끝나는 즉시 고객에게 전화를 걸어 스티브 매든 제화의 주식을 최대한 많이 사도록 권유하는 것이죠. 그렇지 않으면, 우리는 이 모든 일이 끝난 뒤 함께 심각한 문제를 겪게 될 테니까요.

여기에 여러분의 고객과 회사에 대한 책임이 있습니다. 그리고 여러분 자신에 대한 책임도 있습니다. 고객이 '2만 주 주문을 넣어주세요.'라고 할 때까지 계속 설득하는 게 좋을 거예요. 왜냐하면 그들이 산 주식은 미래에 큰 이익을 돌려줄 것이 확실하니까요.

저는 스티브 매든 제화의 밝은 미래를 확신합니다. 계속되는 신규 판매처 오픈을 통한 판매 증가와 경쟁사보다 효과적인 신발 제조 방법, 이미 높아진 지명도 덕분에 막대한 광고비 지출이 없는 점, 대형 유통업자가 기꺼이 로열티를 주고 디자인을 도입하는 것만 봐도 알 수 있어요. 하지만 고객이 알고 싶은 것은 '주식 가치는 계속 올라가니까 믿고 투자하십시오!' 이 한마디일 거예요. 그거면 충분합니다."

속도를 조금 늦추고 말했다. "여러분, 내가 나서서 여러분의 고객에게 주식을 팔 수는 없죠. 여러분만 전화를 걸고 팔 수 있으니까요. 지금 가장 필요한 것은 행동입니다. 행동 없이는 아무리 의도가 좋더라도 아무 소용이 없어요."

깊게 숨을 한 번 들이마시고 천천히 내뱉었다. "자, 모두 아래를 내려다보세요." 나는 팔을 뻗어 바로 앞에 있는 책상을 가리켰다. "바로 앞에 있는 작은 검은 상자를 보세요. 전화라고 불리는 아주 놀라운 발명품입니다. 전화기! 이놈은 자기 스스로 다이얼을 돌릴 수 없어요. 여러분이 행동에 옮기기 전까지는 쓸모없는 플라스틱 덩어리일 뿐이에요. 정식 훈련을 받지 않은 신입 해병대원에게 맡겨놓은 M16과 같습니다. 잘 훈련된 특수요원에게 M16은 무시무시한 살상 무기가 됩니다.

여러분은 진정한 전사입니다. 당신이 고도로 훈련받은 스트래턴 직원이라면 고객이 주식을 사거나 죽을 때까지 전화를 끊지 않을 것이고, 모든 전화 통화에서 판매가 이루어지고 있고, 이것이 누가 판매하느냐 하는 문제일 뿐이라는 것을 충분히 알고 있는 사람처럼 행동해야 합니다. 당신이 그 판매자인가요? 당신은 대화를 주도하고 판매를 이끌어낼 만큼 충분히 능숙하고 의욕이 넘치고 배짱이 있나요? 아니면 타이밍이 맞지 않아 투자할 수 없거나, 아내나 사업 파트너, 산타클로스, 빌어먹을 이빨 요정과 의논해야 해서 지금 당장 투자할 수 없다고 설명하는 고객인가요?"

나는 눈에 힘을 주고 고개를 돌려 직원들을 둘러보았다. "여러분의 앞에 놓인 전화기가 엄청난 무기라는 걸 절대 잊지 말아요. 스트래턴 전사들의 손에는 돈을 찍어내는 면허가 있다는 사실도 잊지 마세요. 그건 똑같은 말이에요!" 나는 말을 잠시 멈춰서 나의 외침이 객장에 울려 퍼지게 했다.

"이제 여러분이 할 일은 수화기를 들고 고객들에게 내가 말한 사실을 얘기하는 것뿐입니다. 그러면 여러분은 이 나라에서 가장 영향력 있는 CEO처럼 될 수 있어요. 여러분이 하버드를 졸업했건 빈민가에서 막 자랐건 상관없습니다. 그저 작은 검은 전화기만 있으면 무엇이든 이룰 수 있어요. 그 전화기는 곧 돈입니다. 여러분이 지금 아무리 많은 문제를 가지고 있더라도 신경 쓰지 마세요. 왜냐하면 모든 문제는 돈으로 해결할 수 있으니까요.

그래요, 돈이야말로 인류에게 알려진 가장 훌륭한 해결사입니다. 그리고 누구든 다른 얘기를 하는 사람은 완전히 똥멍청이예요. 사실, 그런 말을 하는 사람들은 자기 이름으로 한 푼도 투자한 적이 없다고 장담해요!" 나는 스카우트 선서를 하듯 활기차게 손을 들었다. "돈에 대해 무가치한 조언을 먼저 내뱉는 사람들, 돈이 모든 악의 근원이고 돈이 어떻게 부패하는지에 대해 헛소리를 하는 가난뱅이들은 항상 같은 사람들이죠. 그러니까 내 말은, 정말 얼마나 행복한 말장난인지! 돈이 있다는 것은 멋진 일이죠! 결국 돈은 있어야 해요!

잘 들어봐요, 여러분. 가난에는 고귀함이 없답니다. 나는 지독한 가난과 엄청난 부를 다 경험해봤고, 매번 부자를 선택했어요. 적어도 부자라면 어떤 문제에 직면했을 때 이렇게 해결할 수 있어요. 수천 달러짜리 양복에 수만 달러짜리 금시계를 차고 리무진 뒷좌석에 앉아서 말이에요. 문제가 생겨도 돈으로 훨씬 쉽게 처리할 수 있다는 말입니다."

나는 극적인 효과를 위해 어깨를 으쓱했다. "만일 내가 미쳤다고 생각하거나 내 말에 동의하지 않는 사람이 있다면 당장 여기를 박차고 나가세요. 그리고 맥도널드에 취직하세요. 거기가 당신이 있어야 할 곳이니까요. 만약 맥도널드에 자리가 없다면 그 옆에 버거킹도 있어요.

하지만 이곳을 실제로 떠나기 전에 옆에 앉은 동료를 잘 봐두세요. 왜냐하면 머지않아 신호등 빨간불 앞에서 당신이 국민차를 타고 멈춰 있을 때 그 동료는 신형 포르셰에 멋진 여자 친구를 태우고 휙 지나갈 테니까요. 그럼 당신 옆에는 누가 있을까요? 3일 동안 면도도 못 한 당신 옆에 아무렇게나 입고 나온 못생긴 여자 친구가 있을 겁니다. 아마도 함께 할인 식료품이 가득한 해치백을 타고 프라이스 클럽Price club[29]에서 집으로 돌아가는 길이겠죠!"

잔뜩 겁먹은 듯한 직원과 눈이 마주치자 나는 더욱 힘주어 말했다. "왜? 내 말이 틀렸나요? 만일 여러분이 기품 있게 늙기를 바란다면 지금 부자가 되는 게 좋을 거예요. 〈포천〉 500대 기업에서 일하고 은퇴해서 연금을 받는 건 옛날 이야기예요. 사회보장제도가 당신의 노후를 안전하게 해줄 거라고 기대한다면 다시 생각해야 합니다. 요즘 같은 인플레 상황에서는 턱수염과 콧수염을 기른 뚱뚱한 자메이카 봉사원이 빨대로 수프를 먹이고, 기분이 안 좋을 때는 뺨도 마구 때리는 형편없는 양로원에서 기저귀나 갈아주는 서비스로 만족해야겠죠.

---

29 코스트코 같은 회원제 할인점

그러니 내 얘길 잘 들으세요. 신용카드 청구서가 밀린 게 문제입니까? 그렇다면 지금 당장 전화를 돌리세요.

아니면 집주인이 당신을 쫓아내겠다고 협박합니까? 좋아요, 그러면 당장 전화기를 들고 다이얼을 돌리세요.

아니면 여자 친구인가요? 당신이 루저라고 생각해서 헤어지자고 합니까? 그렇다면 지금 바로 전화를 돌리세요.

나는 여러분이 부자가 됨으로써 모든 문제를 해결했으면 해요. 당신의 모든 문제에 정면으로 부딪쳤으면 좋겠어요. 지금 당장 나가서 돈도 썼으면 좋겠다고요. 당신 자신을 지렛대로 삼았으면 해요. 궁지에 몰리면 성공할 수밖에 없어요. 실패의 결과가 너무 끔찍하고 상상할 수도 없어서 성공을 위해 무엇이든 할 수밖에 없을 테니까요.

성공하는 길 외에는 방법이 없습니다. 스스로 부자라고 생각하고 행동한다면 분명히 부자가 될 거예요. 당신이 타의 추종을 불허하는 자신감을 가진 것처럼 행동하면 사람들은 분명 당신을 신뢰하게 될 거예요. 당신이 비교 불가한 경험을 가진 것처럼 행동하면 사람들은 당신의 충고를 따를 거고요. 그리고 이미 엄청난 성공을 거둔 것처럼 행동하세요. (오늘 내가 여기에서 그랬던 것처럼) 당신은 성공하게 될 겁니다!

자, 이제 한 시간 이내에 거래가 시작될 거예요. 그러니 당장 수화기를 들고 고객 명단의 처음부터 끝까지 살펴보며 전화를 걸어야 합니다. 맹렬하게! 황소같이! 저돌적인 저격수가 되어 고객의 마음을 사로잡으세요. 내가 말한 대로 정확히 믿고 행동한다면 얼마 안 가서 내게 수천 번도 더 감사하게 될 겁니다. 물론 여러분의 고객도 돈을 벌게 되겠지요."

그렇게 말하고 나는 수천 명의 스트래턴인이 환호하는 소리를 들으며 강연대에서 내려왔다. 그들은 이미 전화기를 집어 들고 고객의 마음을 사로잡기 위해 나의 충고를 충실히 따르고 있었다.

9 합법적인 진술거부권

오후 1시, 전미증권업협회NASD: National Association of Securities Dealers의 천재들은 나스닥 증권거래소에서 네 글자로 된 거래코드로 신발의 슈shoe와 발음이 같은 SHOO를 생성했다. 이 얼마나 귀엽고 맘에 쏙 드는 코드인가!

그리고 그들은 관례에 따라 월스트리트의 늑대인 내가 시초가를 제시할 수 있는 큰 영광을 남겨두었다. 사실 이 관례는 시세조종 목적이 강한 정책이라서 문제는 있었지만, 신규상장 후 거래를 활성화한다는 취지에서 보면 적절한 방법이었다.

NASD는 시장을 조성하고 거래의 장을 제공하는 기능을 했지만, 회원사들의 자율적 통제에 기반을 둔 조직이어서 회원사들의 이익을 우선시하는 성격이 강했다(사실, 스트래턴 오크몬트도 회원이었다).

본질적으로 NASD의 진정한 목표는 일반 고객의 편에 선 것처럼 보이지만 내면을 들여다보면 증권사 편이었다. 그리고 사실, 그렇게 하려고 너무 열심히 노력하지도 않았다.

SEC의 눈치를 보느라 고객의 편에 선 것처럼 꾸민 겉치레에 불과했다.

시장의 흐름에 따라 매수자와 매도자 사이에 자연스럽게 가격이 형성되는 대신, 상장 주 계약사에 가격 결정권이라는 막대한 혜택을 부여했다. 이 경우는 특히 나빴다. 나는 내가 적절하다고 생각하는 어떤 가격이라도 임의적이고 변덕스럽게 선택할 수 있었다. 나는 고민 끝에 주당 5.5달러에 매수 주문을 냈다. 그러면서 차명계좌에 있던 100만 주를 그 가격에 사서 회사의 위탁계좌로 옮겼다. 결국 명의제공자는 단지 명의만 빌려주고 아무런 비용이나 리스크도 없이 주당 1.5달러를 챙겼다. 만약 그들이 다음 거래에도 함께하기를 바란다면 입 다물고 그저 "고마워요, 조던!"이라고만 말하는 게 좋을 것이다. 왜 그렇게 싸게 팔았냐고 연방이나 주 증권감독원에서 질문을 받더라도 적당히 둘러대면 그만이다.

어느 쪽이든, 이 문제에 있어서 내 논리에 의문을 제기할 수는 없었다. 오후 1시 3분에 내가 5.5달러에 차명계좌에서 매수한 주식은 18달러까지 치솟았다. 단 3분 만에 1,250만 달러를 벌었다는 뜻이다. 3분 만에! 1,250만 달러! 회사는 중개수수료로 100만 달러가량을 벌었고, 며칠 후 브리지론을 상환하면 3,400만 달러를 더 벌게 되어 있었다. 이 얼마나 아름다운 일인가! 스티브는 내 가장 큰 차명인이었고, 내 주식 120만 주를 갖고 있었다. 하지만 이 주식은 나스닥의 상장 규정에 따라 매각해야만 했다. 현재 주가가 18달러이고 한 주당 신주인수권이 두 개씩 붙어 있었으니 실제 가치는 8달러였다. 계산해보면 스티브가 갖고 있는 내 주식의 가치는 1,000만 달러쯤이었다. 결국 늑대는 대박을 맞은 것이다.

이제 충성스러운 스트래턴 직원들이 이렇게 값이 치솟은 주식을 고객에게 팔 차례였다. 신규로 상장된 100만 주 외에 회사의 위탁계좌에 있는 내 주식 100만 주, 그리고 며칠 내로 다시 사들여야 할 브리지론 형태의 주식 30만 주, 그리고 18달러까지 밀어붙인 모든 중개회사(나를 위해 더러운 일을 맡은)에서 추가 주식을 다시 사야 했다. 그들은 천천히 스트래턴 오크몬트에 그들이 가진 주식을 팔아서 이익을 챙길 것이다. 결국 오늘 안으로 스트래턴 직원들은 약 3,000만 달러를 모아야 했다. 그것은 모든 상황을 커버하는 것 이상일 뿐 아니라 (나중에 그들이 더 싸게 그것을 다시 살 수 있도록 가격이 떨어지길 바라면서) 자신이 소유하지도 않은 주식을 팔려고 할 수 있는 골치 아픈 공매도자들에 대항하는 좋은 완충재가 될 것이다. 특히 어느 때보다 심혈을 기울였던 오늘 아침 회의 이후로, 나의 활기찬 브로커들에게 3,000만 달러는 아무런 문제가 되지 않았다.

바로 이 순간, 나는 회사의 거래실 안에 서서 수석 거래상 스티브 샌더스의 어깨너머를 바라보고 있었다. 한 눈은 스티브 바로 앞에 있는 컴퓨터 모니터를, 다른 한 눈은 통유리 창으로 객장을 살폈다. 그곳은 흥분의 도가니였다. 브로커들은 전화기에다 소리를 질러댔고, 영업 보조 직원들은 몇 초마다 주문서를 잔뜩 들고 와서 투입함에 한 무더기씩 던져 넣었다. 그러면 주문 직원 네 명 가운데 한 명이 주문서를 들고 와서 스티브 앞에 있는 대형 스크린의 시세 변화를 봐가면서 컴퓨터에 입력했고, 그 시점에 스티브는 현재 시세에 따라 그것들을 실행했다.

스티브의 단말기에서 번쩍이는 주황색 숫자를 보면서 나는 SEC의 두 얼간이가 내 회의실에 앉아 어떤 종류의 결정적 단서를 찾기 위해 기록을 뒤지는 동안 내가 그들의 턱밑에서 실시간으로 한 방 날린 것에 대해 뒤틀린 자부심을 느꼈다. 하지만 그들이 하는 말을 전부 듣고 나니, 그 한 방에 맞아 죽기에는 그들이 너무 바빴던 것 같다.

지금까지 50곳 넘는 증권사가 매수 열풍에 동참하고 있었다. 그들 모두의 공통점은 결국 사 모은 모든 주식을 시장 최상위에 있는 스트래턴 오크몬트에 되팔 생각이라는 것이었다. 다른 많은 중개회사가 매입하고 있기 때문에 SEC가 아무리 감시해도 스티브 매든 제화의 주식을 18달러로 조종한 사람이 나라는 것을 입증하기란 불가능할 것이다. 사실 시세조종은 간단한 기술이었다. 내가 주가를 올리지 않았다면 무슨 잘못이 있겠는가? 사실 나는 내내 판매자였다. 그리고 나는 다른 증권사들의 새로운 이슈를 계속 조작할 수 있도록 입술만 적시는 정도의 소량으로 계속 팔기만 하면 되었다. 나중에 내가 물량을 거두어들일 때도 큰 부담이 되지 않았고, 그렇게 해야 신규상장을 추천하면 협조받기도 쉬웠다. 이렇게 다른 증권사와 연계해서 주식을 주고받으며 스티븐 매든 제화의 주가를 올리면서 SEC에 보여줄 그럴듯한 진술거부권을 준비하고 있었다. 약 한 달 후면 신규상장 첫날 거래 기록을 제출해야 하는데, 그때면 미국 전역의 중개회사에서 정당한 거래를 통해 스티브 매든 제화의 주가가 올랐음을 알게 될 것이다. 그것이 바로 그럴듯한 진술거부권인 셈이다.

거래실을 떠나기 전 스티브에게 마지막으로 지시한 일은, 무슨 일이 있어도 주식을 18달러 아래로 떨어지게 하면 안 된다는 것이었다. 친절하게 시세조종에 동참해준 월스트리트의 다른 증권사가 배신감을 느끼지 않도록 말이다.

10 사악한 친구

오후 4시가 되자 신기록이 수립되었다.

장이 종료되고, 스티브 매든 제화가 미국에서 가장 활발하게 거래된 주식이었다는 뉴스가 다우존스 전산망을 통해 세계로 전파되었다. 정말 대단한 일이었다.

그렇다. 사실 스트래턴 오크몬트의 작품이었다. 스트래턴 오크몬트는 권력자였고, 스트래턴의 리더로서 나는 권력의 최정상에 있었다. 내 온몸과 영혼까지 흥분이 퍼졌다. 800만 주가 거래되면서 종가는 19달러 미만으로 마감했다. 시초가 대비 500퍼센트 상승률은 나스닥과 뉴욕증권거래소, 아멕스는 물론 세계 어느 시장을 통틀어서도 가장 높은 폭으로 오른 것이었다. 그렇다. 세계, 즉 노르웨이 오슬로의 얼어붙은 황무지 북쪽에 있는 OBX^{Outer Banks North Carolina} 거래소부터 남쪽으로는 호주 시드니의 캥거루 천국에 있는 ASX^{Australian Stock Exchange} 거래소까지 말이다.

나는 치열한 전투에서 승리한 전사의 모습으로 사무실 유리벽에 기대어 팔짱을 낀 채 서 있었다. 객장의 요란한 함성은 여전했지만 조금은 차분해져 있었다.

지금은 자축의 시간이었다. 나는 오른손을 바지 주머니에 찔러 넣고 퀘일루드 6알이 그대로 있는지 재빨리 확인했다. 퀘일루드가 가끔 사라지기도 했는데, 친구들이 슬쩍하거나 약 기운에 취해서 나도 모르게 삼켜버릴 때도 있기 때문이다. 그건 퀘일루드의 효과 제4기에 나타나는 가장 위험한 건망증 단계였다. 제1기는 설레는 단계, 제2기는 발음이 새는 단계, 제3기는 침을 흘리는 단계, 제4기는 건망증 단계였다.

어쨌든 마약의 신은 내게 친절했고, 퀘일루드를 끊을 수는 없었다. 퀘일루드를 손끝으로 이리저리 만지자 묘한 기쁨이 느껴졌다. 언제 이 약을 먹어야 할지 시간을 계산해보았다. 아마도 25분 뒤, 4시 30분쯤일 것이다. 그러면 15분간 오후 회의를 하고, 여직원 삭발식을 보기에도 충분한 시간이었다.

여직원 삭발식이란, 한 여직원이 브라질식 비키니를 입고 객장 앞 나무 의자에 앉아 삭발을 하기로 한 것이다. 주인공은 빛나는 금발 아가씨인데, 최근에 가슴을 D컵까지 키웠다. 그녀는 이 행사로 현금 1만 달러를 받게 될 것이다. 그녀는 비용의 12%만 지불하고 가슴 성형을 한 것이다. 따라서 오늘 행사는 모두에게 윈윈인 셈이었다. 6개월이면 탐스러운 머리카락을 다시 갖게 될 것이고, D컵 수술 빚도 갚을 수 있으니까.

대니가 난쟁이를 사무실로 데려오도록 놔뒀어야 했나 하는 생각을 떨칠 수 없었다. 처음에는 좀 지나치다 싶었는데, 조금 지나고 보니 나쁘지 않은 것 같았다.

사실 난쟁이를 집어던지며 놀 수 있는 권리는, 말하자면 전쟁에서 전리품을 확보한 것이나 마찬가지였다. 사춘기에 가졌던 기괴한 환상을 여러 사람 앞에서 실제로 보여줌으로써 자신이 성공한 사람임을 나타낼 수 있지 않을까? 어느 책에도 분명히 그런 표현이 있었다. 만약 성공한 젊은이라면 부도덕한 행동을 했을지라도 자기 스스로 도덕성이라는 대차대조표에 그 이상한 행동을 입력해두었다가 나이 들어서 현명하고 점잖은 노인이 되었을 때 친절과 관용으로 그것을 상쇄하면 되는 것이었다.

다른 한편으로 우리는 스트래턴이라는 자율적인 집단 내에서 스스로 통제 가능한 정도로 타락한 일종의 마니아들이었다. 스트래턴인은 타락 행위를 즐겼고, 그것이야말로 살아가는 보람이라고 생각했다.

바로 이런 이유 때문에 기본적인 타락 행위에 완전히 둔감해진 후에는 회사 내에 새로운 타락 행위를 끊임없이 생각해낼 수 있는 비공식 팀이 필요했다. 대니 포루시가 그 집단의 자랑스러운 리더였다. 이 팀은 성배를 찾는 신성한 템플기사단처럼 행동했다. 하지만 템플기사단과는 달리, 스트래턴 기사단은 점점 더 새로운 타락거리를 찾아 지구 구석구석을 뒤지고 있었다. 그렇다고 헤로인이나 싸구려 마약

중독자는 아니었다. 우리는 더 높은 절벽으로 올라가면서도 얕은 웅덩이에 착륙해야 하는 흥분 중독자들이었다.

타락 행사는 1989년 10월 시작되었다. 스트래턴의 초기 멤버 8명 중 하나인 스물한 살 피터 갈레타Peter Galletta가 건물 유리 엘리베이터에서 잽싸게 자위행위를 한 뒤 벽에다 정액 세례를 하던 순간, 뒤이어 들어온 몸매 죽이는 열일곱 살 여직원이 그 장면을 봤을 때부터였다. 스트래턴의 첫 여직원이었던 그녀는 아름다운 금발이었는데, 문란하기 짝이 없었다.

처음에 나는 그 일을 전해 듣고 충격을 받아 피터를 해고할까도 생각했다. 그런데 일주일 만에 이 어린 소녀가 진정한 팀플레이어라는 게 입증됐다. 스트래턴인 8명 모두에게 유리 엘리베이터에서, 나는 내 책상 밑에서 오럴섹스를 해줬던 것이다. 그녀는 자신만의 독특한 방법을 사용했는데, 그것이 스트래턴인 사이에서 전설이 되었다. 그녀가 혀를 빙글빙글 돌리면서 두 손을 동시에 사용하는 것을 우리는 '비틀기'라고 불렀다. 어쨌든 약 한 달 후, 대니는 아내들이 크리스마스 드레스를 사러 나가는 토요일 오후에 우리 둘이 동시에 그녀와 섹스를 하자고 약간의 재촉 끝에 나를 설득했다. 얄궂게도 3년 후 그녀는 스트래턴인 8명 중 한 명과 결혼했다. 그 친구는 자기 아내의 남성 편력을 수없이 봐왔지만 신경 쓰지 않았다. 아마도 그를 사로잡은 게 '비틀기'였을지도 모른다. 어쨌든 그가 처음 나와 일을 시작했을 때가 고등학교를 중퇴한 열여섯 살이었다. 그는 결혼한 지 얼마 지나지 않아 심한 우울증으로 자살하고 말았다. 스트래턴 내부에서 첫 자살이었지만 마지막 자살은 아닐 것이다.

그런 분위기다 보니 우리 회사 내에서는 정상적인 행동이 오히려 여러 직원의 즐거움을 망치는 나쁜 행위로 여겨졌다. 어떤 면에서는 타락의 개념이 상대적이지 않은가? 로마인들이 마음에 안 드는 노예들은 사자 밥으로 주고, 총애하는 노예들에게는 포도주를 잔뜩 먹였어도 그들 스스로 타락한 미치광이라고 생각하지는 않았을 것이다.

그때 저 앞에서 케니가 눈썹을 이마 높이 올리고 입이 찢어져라 웃으며 턱을 약간 들고 나를 향해 다가오고 있었다. 저런 모습은 내게 뭔가 질문을 할 때 보이는 습관이었다. 다른 사람도 아닌 케니니까, 그 질문이 지극히 바보 같거나 쓸모없다는 건 굳이 듣지 않아도 알 수 있었다. 나는 그를 알아보고 나서 턱을 갸웃거리며 잠시 생각해보았다. 케니는 각진 머리 모양에도 불구하고 실제로 잘생겼다. 이목구비가 어린 소년처럼 동그랗고 체격도 상당히 좋았다. 키도 보통, 몸무게도 보통이었는데, 그가 누구의 배 속에서 태어났는지를 생각해보면 놀라운 일이었다.

그의 어머니 글래디스 그린Gladys Greene은 덩치가 굉장히 큰 여자였다. 어디에나 있는 흔한.

파인애플 같은 금발 올림머리 때문에 15센티미터나 더

커진 그녀의 머리끝에서부터, 두껍고 단단한 근육 덩어리를 다 더하면 3미터가 넘었다. 캘리포니아 삼나무 같은 목과 내셔널 풋볼 리그NFL 수비수의 어깨를 가지고 있었고 몸통이 분명 크기는 하지만 지방은 조금도 없었다. 러시아 역도선수에게서나 볼 수 있는 그런 근육이었다. 그리고 손은 정육점에서 육류를 거는 갈고리만큼이나 컸다.

마지막으로 글래디스가 화가 났을 때는 그랜드 유니온 슈퍼마켓에서 계산대를 통과할 때였다. 이상한 곳에 큰 코를 갖다 대는 고약한 버릇을 가진 롱아일랜드의 한 유대인 여자가 유감스러운 실수를 저질렀다. 글래디스에게 매우 깐깐한 태도로 빠른 계산대를 통과할 수 있는 최대 품목 수를 초과했다고 알려준 것이다. 글래디스는 그 여자에게 달려들어 오른쪽 크로스로 완전히 때려눕혔다. 의식을 잃은 그 여자를 내버려둔 채 글래디스는 침착하게 식료품값을 지불하고 재빨리 빠져나왔다. 그런데도 그녀의 맥박은 72를 넘지 않았다.

따라서 케니가 대니보다 덜 미친 사람인지 알아내려고 굳이 논리적으로 비약할 필요는 없었다. 하지만 케니는 자라면서 자신을 방어하는 데 많은 어려움을 겪었다. 담배 딜러였던 아버지는 케니가 열두 살 때 암으로 돌아가셨다. 나중에 알고 보니 세금 때문에 몇십만 달러나 되는 막대한 빚을 유산으로 남겨둔 상태였다. 글래디스는 파산을 신청하는 대신 케니와 함께 담배 밀수 사업에 뛰어들었다. 뉴욕에서 말보로나 럭키스트라이크 같은 담배를 사서 박스갈이를 한 뒤 위조 세금인지를 붙여 뉴저지로 밀수했다. 운 좋게도 그 방법은 성공적이었고, 그 많던 빚을 다 갚았다.

하지만 그건 시작에 불과했다. 케니가 열다섯 살 때, 그의 어머니는 케니가 친구들과 마리화나를 피우는 걸 보게 되었다. 글래디스가 화를 냈을까? 전혀! 글래디스는 조금도 망설이지 않고 풋내기 케니를 마리화나 딜러로 후원했다. 그에게 재정, 격려, 거래할 수 있는 안전한 안식처, 그리고 물론 그녀의 특기였던 신체 보호도 제공했다.

물론 케니의 친구들은 글래디스 그린의 능력을 잘 알고 있었다. 그들은 그녀의 이야기를 전해 들었지만 그것이 폭력으로 이어지진 않았다. 내 말은, 어떤 열여섯 살짜리 아이가 부모의 집 앞에 나타나서 마약 빚을 갚으려고 하겠냐는 것이다. 특히 그녀가 보라색 폴리에스터 바지와 12인치 보라색 펌프스, 차바퀴만 한 렌즈가 달린 분홍색 아크릴 안경을 쓰고 있을 때라면 말이다.

하지만 글래디스는 천천히 준비만 하고 있었다. 어쨌든 마리화나를 좋아할 수도 있고 싫어할 수도 있지만, 특히 10대에게는 시장에서 가장 믿을 만한 입문 마약임을 인정해야 했다. 이를 감안할 때 케니와 글래디스는 롱아일랜드의 10대 마약 시장에 다른 경제적 공백이 있음을 깨달았다. 그렇다. 볼리비아의 행진용 파우더라 불리는 코카인은 글래디스와 케니 같은 열정적인 자본가들이 무시하기엔 이윤이 너무 높았다. 이번에는 케니의 어릴 적 친구 빅터 왕Victor Wang과 손잡게 되었다.

빅터는 흥미로운 사람이었다. 이 길을 걸은 가장 힘 있는 중국인이라는 점에서 말이다. 빅터는 판다만큼 큰 머리에 작은 눈구멍, 만리장성만큼이나 넓은 가슴을 가진 친구이다. 제임스 본드의 영화 〈007 골드핑거007 Goldfinger〉에 나오는 암살자 오드잡과 똑같이 생겼는데, 그는 200보 속도로 달려가 철로 된 중산모로 당신의 머리를 날려버릴 수도 있다.

그는 중국에서 태어나 롱아일랜드의 아주 험한 유대인 마을인 예리코Jericho와 시오셋Syosset에서 자랐다. 중산층 유대인의 집단 거주 지역이었는데, 초창기 스트래턴의 직원 100명 중 대부분이 이곳 출신이었고, 그들 대부분 케니와 빅터의 마약 고객이었다.

꿈을 좇는 다른 롱아일랜드 아이들과 마찬가지로 빅터도 스트래턴 오크몬트는 아니었지만 내 회사에 취직했다. 그는 자회사 중 하나인 주디케이트Judicate의 CEO였다. 사무실은 지하 1층에 있었는데, 나스닥 매춘부들의 행복한 히트 팀과 거리가 아주 가까웠다. 거기에서 하는 사업은 대체 분쟁 해결, 즉 ADRAlternative Disput Resolution이었는데, 은퇴한 법관을 직원으로 채용해 보험회사와 보험 청구인 간에 중재하는 일이 주 업무였다. 겨우 현상 유지나 하는 정도이긴 했지만 훌륭한 사업 구조로 평가받고 있었다. 월스트리트에는 이런 사업 개념의 회사가 아주 많았고 이런 회사만 찾아다니는 인수합병 전문 자본들이 있었다.

나는 전망이 그다지 밝지 않은 듯해서 서서히 주디케이트를 접으려고 생각하고 있었는데, 비록 자신의 경영 능력 때문은 아니지만 빅터에게는 썩 유쾌한 일이 아니었다. 그 사업은 근본적으로 결함이 있었고, 아무도 그 사업을 성공시킬 수 없었을 것이다. 게다가 빅터는 체면을 중요시하는 민족적 특성상 폐업을 하느니 차라리 목을 매는 편이 낫다고 생각하는 친구였다. 하지만 더는 선택사항이 아니었다. 빅터는 정말로 체면을 구겼고, 나로서는 처리해야 할 문제였다. 그리고 케니가 빅터를 계속 변호했고, 나도 고민하고 있었다.

케니가 "이따가 빅터와 만나서 같이 일을 풀어나가보는 게 어때?"라고 말했을 때 조금도 놀라지 않았던 게 이런 이유 때문이었다.

하지만 본체만체하면서 대답했다. "무슨 일인데?"

"빅터에게 그의 회사를 열게 하는 문제로 얘기하자고. 네가 조금만 힘을 실어주길 원하고 있어. 그 친구 정말 애가 달았어."

"빅터가 나의 힘을 원하는 거야, 돈을 원하는 거야?"

"둘 다." 케니가 잠시 생각하더니 말했다. "그래, 둘 다야!"

"그래?" 나는 심드렁하게 물었다. "만약 내가 둘 다 거절하면?"

케니는 막막한 듯 한숨을 내쉬었다. "대체 왜 빅터를 싫어해? 그 친구는 자네에게 수천 번도 더 충성을 맹세했어. 그리고 우리 앞에서 지금 당장이라도 다시 맹세할 거야. 정말이야. 빅터는 내가 아는 사람 중에서 자네 다음으로 머리가 잘 돌아가. 그 친구 덕에 우리는 반드시 떼돈을 벌 거야. 거의 헐값에 새로 인수할 회사도 물색했던데, 듀크증권사 Duke Securities라고. 인수 자금으로 50만 달러만 주면 돼. 그거면 충분하다고."

나는 역겨워서 고개를 내저었다. "정말로 필요할 때를 위해서 지금의 부탁은 아껴두는 게 좋아, 케니. 어쨌든 지금은 듀크증권 얘기를 할 때가 아니잖아. 내 생각에는 이게 더 중요할 거 같아, 그렇지?" 나는 영업 보조 직원들이 모의 이발소를 준비하는 객장 앞을 손으로 가리켰다.

케니는 혼란스러운 표정으로 이발소를 쳐다봤지만 아무 말도 하지 않았다.

나는 심호흡을 하고 천천히 말했다. "잘 들어봐, 케니. 빅터를 생각할 때마다 머리가 아파. 물론 지난 5년간의 세월을 생각하면 당연하겠지." 나는 빙그레 웃었다. "넌 이해 못 하는 것 같아, 케니. 빅터의 계략은 손자병법 운운하지만 결국은 죽음이야. 체면 구기는 게 무슨 대수야? 난 거기에 또 골치를 썩고 싶지 않아. 이건 꼭 명심해두라고.

어쨌든 잘 생각해봐. 빅터는 절대 믿을 만한 친구가 못 돼! 너도, 나도, 자기 자신도! 명분 싸움에서 이기기 위해 체면은 살릴지 모르지만 실속은 없는 일이야. 알겠어?" 나는 냉소적으로 웃었다.

그리고 잠시 멈추고 목소리를 낮췄다. "어쨌든 잠깐만 들어봐. 내가 널 얼마나 사랑하는지, 얼마나 존경하는지 알잖아, 케니." 나는 이렇게 말하고는 웃고 싶은 걸 참아야 했다. "난 빅터를 설득하려고 노력할 거야. 내가 싫어하는 빅터 때문이 아니라, 내가 아끼는 케니 그린 때문에 그러는 거지. 그리고 다른 얘기인데, 빅터는 아직 주디케이트를 떠나서는 안 돼. 적당한 때가 되면 그때 얘기해줄게."

케니가 고개를 끄덕였다. "좋아, 문제없어. 빅터는 내 말을 믿으니까, 자네가 그를 알고 그에게⋯."

케니가 헛소리를 지껄이기 시작했는데, 내 말뜻을 잘못 알아들었기 때문이었다. 사실 주디케이트가 망하면 잃을 게 가장 많은 건 빅터가 아니라 나였다. 나는 300만 주 넘게 주식을 갖고 있었고, 빅터는 스톡옵션만 보유하고 있었다. 현재 주당 가치를 2달러씩으로 계산해보면 600만 달러였지만, 회사의 실적이 너무 저조해서 지금 그 주식을 팔 수도 없었다. 물론, 스트래턴 군단이 없다면.

그러나 이 전략에는 한 가지 문제가 있었다. 다시 말해 내 주식은 아직 매각 대상이 아니었다. 내가 증권거래 규정 144에 따라 주디케이트의 주식을 직접 인수했기 때문에 최소 2년 보유 조건이 아직 충족되지 않았던 것이다. 2년이 되려면 한 달밖에 남지 않았다. 그래서 빅터가 조금은 더 버텨줘야 했다. 이 간단해 보이는 일이 생각보다 문제가 컸다. 회사의 자금이 줄줄 새고 있었기 때문이다.

사실 빅터의 스톡옵션은 아무런 쓸모가 없었다. 실질적인 보상은 그의 연봉 10만 달러였다. 이는 동료들이 위층에서 벌고 있는 것에 비하면 아주 적은 액수였다. 그리고 아무 생각 없는 케니와 달리 빅터는 바보가 아니었다. 내가 스트래턴의 힘을 이용해 보유 지분을 팔아치울 수 있다는 걸 잘 알고 있었고, 그 후에는 자신도 껍데기뿐인 회사의 CEO로 전락해버릴 거라는 사실도 알고 있었다.

그래서 고교 시절 이후로 자신의 따까리 역할을 해온 케니를 통해 넌지시 제안해온 것이었다. 그동안 몇 번이고 빅터에게 내팽개치지 않을 거라고 말해왔다. 그게 비록 뒷구멍으로 돈을 버는 걸 말하더라도 말이다.

그러나 이 사악한 친구는 내 말을 신뢰하는 것 같지 않았다. 마치 한 귀로 듣고 한 귀로 흘려버리는 것 같았다. 단순한 사실은 그가 편집증적인 개자식이라는 거였다. 그는 사나운 유대인 틈에서 몸집이 큰 중국인으로 자랐다. 그 결과, 엄청난 열등감에 시달렸다. 그는 모든 야만적인 유대인을 원망했고, 특히 내가 가장 야만적인 유대인이라고 생각했다. 지금까지 나는 그를 앞질렀고, 뛰어넘었으며, 능가했기 때문이다.

사실 빅터가 스트래턴에 합류하지 않은 건 자존심 때문이었다. 그 대안으로 주디케이트를 선택했다. 1988년에 그의 친구들이 내게 충성을 맹세하고 스트래턴인이 되었을 때 그는 옳은 결정을 내리지 못한 데 대한 체면을 세울 방법을 찾았고, 그 나름대로 중심부로 들어오기 위한 작전이었다. 빅터는 주디케이트를 발판으로 다시 그 줄을 잡을 수 있다고 믿었다. 언젠가 내가 그의 어깨를 툭툭 치면서 "빅, 난 자네가 자신의 증권회사를 열었으면 해. 거기에 필요한 돈과 전문지식이 여기에 있어."라고 말할 줄 안 것이다.

그건 모든 스트래턴인의 꿈이기도 하다. 나는 모든 회의 때마다 열심히 일해서 성과를 보이고 내게 대한 충성이 변하지 않으면 그렇게 해줄 거라고 말해왔다. 그러면 당신도 진짜 부자가 될 거라고.

실제로 지금까지 두 명에게 그렇게 해줬다. 한 명은 먼로 파커 증권사Monroe Parker Securities를 운영하는 내 가장 오래되고 신뢰하는 친구 앨런 립스키Alan Lipsky이고, 다른 한 명은 빌트모어 증권사Biltmore Securities를 운영하는 또 다른 오랜 친구 엘리엇 로웬스턴Elliot Loewenstern이다. 엘리엇은 어린 시절 아이스크림 장사할 때의 파트너였다. 여름 동안 우리는 지역 해변으로 가서 파라솔을 돌며 이탈리아산 아이스크림을 팔아 떼돈을 벌곤 했다. 20킬로그램 가까이 되는 스티로폼 냉각기를 들고 다니며, 경찰이 쫓아오면 도망치면서도 판매 계획을 외쳐댔었다. 친구들이 하찮은 아르바이트를 하며 시간당 3.5달러를 받을 때 우리는 하루에 400달러를 벌고 있었다. 매년 여름 우리는 한 사람당 2만 달러를 저축해서 겨울 동안 대학 등록금으로 사용했다.

어쨌든 빌트모어와 먼로파커 두 회사는 모두 연간 수천만 달러를 벌 정도로 잘해나가고 있었고, 두 회사 모두 내게 회사 설립에 대한 숨겨진 로열티를 매년 500만 달러씩 지불하고 있었다. 500만 달러는 거액이긴 했지만 사실상 그 돈을 마련하는 것과 그 금액은 별 상관이 없었다. 실제로 그들은 충성심과 존경심으로 내게 그 돈을 지불했다. 그리고 가장 중요한 것은 그들이 여전히 자신들을 스트래턴인이라고 생각한다는 사실이었다. 그건 나도 마찬가지였다.

케니가 내 앞에 서서 여전히 빅터가 충성심이 강하다고 횡설수설하고 있을 때, 나는 그렇지 않다는 걸 알았다. 가슴 깊이 유대인에 대한 증오를 품고 있는 사람이 어떻게 월스트리트의 늑대에게 충성할 수 있단 말인가? 빅터는 원한을 품은 사람이었다. 그는 스트래턴의 최고 권력자를 경멸하는 남자였다.

사악한 친구를 지지할 명분은 없었지만, 그렇다면 또 다른 문제를 일으킬 것이 뻔했다. 그래서 내가 할 수 있는 일은 시간을 끄는 것뿐이었다. 그렇다고 너무 오래 끌면 그는 내 도움 없이 스스로 길을 찾을 것이고, 그게 혹시 성공한다면 스트래턴 직원들에게 나쁜 선례를 남길 위험이 있었다.

그렇게 되면 나의 힘이 환상에 불과하다는 걸 알게 된다는 것이니, 그보다 열 걸음은 앞서서 모든 대책을 세워야 했다. 모든 사람의 동기에 담긴 다양한 세부 사항을 읽어내기 위해서 나는 모든 결정에 대해 고민할 수밖에 없었다. 나는 하루의 대부분을 그 모든 움직임과 대응책, 그리고 결과를 고려하며 보냈다. 그렇다 보니 항상 비뚤어진 게임이론가처럼 생각에 사로잡혔다. 지난 5년간 남들은 내가 최고의 성공 가도를 달렸다고 보지만 실제로는 감정적으로 황폐한 상태에서 살아왔다. 사실 내 마음이 편했던 때는 마약에 취해 황홀한 상태였거나 요염한 공작부인의 품에 파묻혀 있을 때뿐이었다.

어쨌든 빅터를 무시할 수는 없었다. 중개회사를 시작하려면 아주 적은 자본, 기껏해야 50만 달러가 필요했다. 이건 그가 처음 몇 달 동안 벌어들인 돈에 비하면 엄청난 액수였다. 케니가 원한다면 그에게 자금을 대줄 수 있을 것이다. 하지만 그건 명백한 도발 행위였다. 만약 내가 그 사실을 증명할 수 있다면 그런 일은 일어나지 않겠지만.

사실 빅터의 발목을 잡고 있는 유일한 것은 자신감 부족이었다. 즉, 그가 가진 어마어마한 중국인으로서의 자존심과 규모가 적은 중국인들의 삶을 위태롭게 할 수 있는 것에 대한 단순한 거부감이었다. 그는 중국인들의 활동을 보장받길 원했고, 활동 방향과 정서적 지원을 원했으며, 공매도에서 지켜주길 원했다. 그리고 가장 핵심은 월스트리트에서 가장 뜨거운 이슈인 스트래턴의 주식을 많이 소유하길 원한다는 것이었다.

그는 스스로 알아낼 때까지 이 모든 것을 원할 것이다.

알아내고 나면 더는 원하지 않을 테고.

적어도 6개월이면 그가 나를 배신할 것 같았다. 그는 내가 준 모든 주식을 되팔고, 그 때문에 스트래턴은 불필요한 압력을 받게 되고, 결국 스트래턴이 그 물량을 받아줘야 하겠지. 결국 그가 매도함으로써 주가는 하락할 것이고, 고객들과 우리 직원들이 그 피해를 고스란히 떠안게 되겠지. 그러면 그는 그 상황을 이용해 우리 스트래턴 직원들을 빼내려고 할 것이고. 그는 듀크 시큐리티[30]에 새 삶을 살겠다고 거짓 약속을 하고 다시 일을 시작할 것이다. 물론 내 생각이다. 그가 그래왔던 것처럼 뭔가 작고 민첩한 물밑 작업이 있을 것 같았다. 그리고 그런 공격을 막기는 어려울 것이다. 나는 주변인들에 잘 휘둘리는, 느릿느릿한 거인이었으니까.

정답은 강한 위치에서 빅터를 상대하는 것이었다. 나는 몸집이 컸고, 주변부는 엉망이었지만 중심은 아주 강인했다. 처음부터 정곡을 찔러야 했다. 나는 빅터의 뒤를 받쳐주기로 하고 그를 안심시킬 것이다. 그러고 나서 그가 전혀 예상치 못한 때에 도저히 회생 불가능한 강력한 한 방을 터뜨릴 계획이었다.

먼저, 빅터에게 내 지분을 처분하기까지 3개월만 기다려달라고 부탁할 것이다. 그는 아무 의심 없이 요청에 응할

---

30 중개인 판별 사이트

테고, 그동안 나는 케니에게 약간의 양보를 끌어낼 것이다. 결국 스트래턴 주식의 20%를 가진 파트너로서 약간의 주식을 갖길 원하는 다른 스트래턴인들을 막아줄 것이다.

그리고 일단 빅터를 사업에 투입하면, 나는 그가 돈을 벌기는 해도 너무 많이 벌지는 못하게 할 것이다. 그런 다음 나는 그에게 미묘하게 노출될 수 있는 방식으로 거래하라고 조언할 것이다. 그리고 가장 수준 높은 거래상만 할 수 있는 방법이 있었지만 분명 빅터는 그렇게 하지 않을 것이다. 나는 그의 어마어마한 중국인으로서의 자존심을 가지고 장난칠 것이다. 즉, 그의 독점 거래 계좌에 주식을 많이 보유하라고 충고하는 것이다. 그리고 그가 예상치 못했을 때, 그가 가장 어려운 코너에 몰려 있을 때, 나는 내가 가진 힘과 능력을 다해 그에게 공격을 퍼부을 것이다. 그리하여 사악한 친구를 이 바닥에서 몰아낼 것이다.

나는 빅터가 전혀 들어본 적이 없는 이름, 나인지 추적할 수 없는 이름, 그의 커다란 머리를 긁적거리게 하는 이름을 통해 주식을 팔곤 했다. 내가 매우 빠르고 격렬하게 매도 공세를 퍼부으면 그가 자신에게 무슨 일이 닥쳤는지 알기도 전에 파산하고 말 것이다. 그리고 내 영역에서 영원히 사라지게 될 것이다. 물론 케니는 그 과정에서 약간 손해를 보겠지만, 결과적으로 그는 여전히 부자일 것이다. 그건 부수적인 손해라고 치부해버리면 그만이었다.

나는 케니를 보고 미소를 지었다. "말했다시피 너를 존중해서 빅터를 만나는 거야. 하지만 다음 주까지는 안 돼. 차명계좌를 완벽하게 만들어놓고 애틀랜틱 시티에서 만나자고. 빅터도 올 수 있겠지?"

케니는 고개를 끄덕였다. "자네가 원하면 어디든지."

나는 고개를 끄덕였다. "그럼 그때까지 이 일은 잊어버리자고. 내가 완전히 준비되기 전까지는 말이야. 그리고 그때까지 주디케이트는 계속 영업을 하도록 하고. 알겠어?"

케니가 힘차게 고개를 끄덕였다. "자네가 밀어준다고만 하면 그는 언제까지고 기다릴 거야."

언제까지고 기다린다니, 케니는 정말 바보였다. 그건 단지 내 망상이었을까, 아니면 그가 얼마나 어리석은지 다시 한번 증명한 건가? 바로 그 말을 함으로써 그는 내가 이미 알고 있던 사실, 즉 사악한 친구의 충성은 조건부라는 걸 확인해준 셈이었다.

그렇다. 케니는 정말 충직한 친구였다. 그는 여전히 스트래턴인이었다. 하지만 어떤 사람도 두 주인을 영원히 섬길 수는 없다. 사악한 친구는 케니에게 있어 또 다른 주인이었다. 그 주인은 케니의 약한 마음을 조종하며 내 후배 파트너부터 시작해서 배신의 씨앗을 뿌리고 있었다.

여기에 전쟁의 기운이 싹트고 있다. 지평선 바로 너머에서 머지않은 장래에 내 발끝까지 쳐들어올 것이다. 그리고 그것은 내가 이길 전쟁이었다.

II
THE WOLF
WALL STREET
of

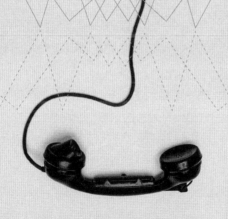

11 비밀 자금의 대륙

1993년 8월(넉 달 전)

도대체 어디 있는 거지, 빌어먹을! 점보제트기에서 랜딩 기어를 내리면서 내는 기분 나쁜 마찰음에 잠에서 깨며 가장 먼저 이 생각이 떠올랐다. 앞자리 등받이의 빨강과 파랑이 섞인 엠블럼을 보며 천천히 기억을 더듬었다. 분명 점보제트기는 보잉747이었고, 내 자리는 일등석 창가 2A번이었다. 눈은 떴지만 자던 자세 그대로 턱을 어깨에 댔는데 머리는 경찰봉으로 한 대 얻어맞은 듯 몽롱했다. 퀘일루드 때문인가? 그럴 리가 없었다.

나는 여전히 혼란스러워 목을 쭉 빼고 타원형 창밖을 내다보며 실마리를 찾으려고 했다. 태양이 지평선 너머에서 막 떠오르고 있었다. 고개를 갸우뚱거리며 눈에 들어오는 경치를 보았다. 주위를 빙 둘러싼 푸른 산, 반짝이는 작은 도시, 초승달 모양의 거대한 옥빛 호수, 하늘 위로 솟구치는 거대한 물줄기가 그야말로 장관이었다.

그런데 내가 왜 여객기를 탔지? 이상하네! 내 전용기 걸 프스트림Gulfstream은 어디 있고? 도대체 얼마나 잔 거야? 퀘일루드는 몇 알이나 삼켰지? 오, 맙소사! 레스토릴Restoril!

절망감이 밀려왔다. 의사의 경고를 무시하고 레스토릴과 퀘일루드를 섞어서 삼켜버렸다. 둘 다 수면제 성분이 들어 있지만 작용 범위가 달랐다. 따로따로 먹으면 한 6~8시간 은 푹 잘 수 있지만 둘을 한꺼번에 먹으면 그 결과가 어떻 게 될지는 알 수 없었다.

심호흡을 하며 숨을 가다듬는데 비행기가 착륙했다. 그 때 나는 스위스에 왔다는 사실을 문득 깨달았다. 친근하게 느껴지는 중립적인 나라 스위스! 부드러운 밀크초콜릿, 쫓 겨난 독재자, 명품 시계, 나치의 금 저장고, 숫자로만 된 은 행 계좌, 돈세탁과 계좌비밀보장법, 스위스프랑, 스위스산 퀘일루드 등 모든 것이 스위스 자체였다. 작지만 멋진 나 라. 공기가 전혀 오염되지 않았고 자연과 조화를 이룬 전원 주택이 점처럼 흩어져 동화책에서나 봄 직한 아름다운 풍 경을 만들어내며 신비한 간헐천이 즐비한 나라. 무엇보다 스위스는 메타세딜스Methasedils라는 퀘일루드를 생산하는 나 라였으니 호텔에 도착하면 안내인에게 확인해볼 참이었다.

어쨌든 스위스는 절반은 프랑스 사람, 절반은 독일 사람 으로 가득하지만 사랑스러운 나라인 것은 틀림없다. 오랫 동안 벌어진 전쟁과 정치적 타협의 결과 제네바에서는 프 랑스어, 취리히에서는 독일어가 통용되었다.

유대인인 내가 볼 때 제네바에 기반을 둔 프랑스 친구들은 비즈니스 상대가 될 만했다. 하지만 취리히에 기반을 둔 독일 사람들은 하루 종일 귀에 거슬리는 딱딱한 독일어를 해대면서 뜨뜻미지근한 맥주를 마시고 캥거루처럼 배가 불룩해질 때까지 음식을 먹었다. 나치 잔당들은 내 조상들에게서 빼앗은 금붙이를 팔아 생활하며 지금도 숨어 있을 게 뻔했다.

어쨌든 제네바에서 프랑스어를 하는 사람, 즉 여자가 사업을 하는 것은 추가로 이득이 있었다. 오, 그래! NFL에서 뛰어도 될 만큼 넓은 어깨에 가슴이 탄탄해 보이는 독일 출신의 평범한 취리히 여자와 달리 쇼핑백과 푸들을 안고 제네바 거리를 활보하는 프랑스 여자는 겨드랑이 털은 많지만 날씬하고 멋있지. 그 생각을 하니 얼굴에서 미소가 피어올랐다. 결국 내 목적지는 다름 아닌 제네바였기 때문이다.

창문 쪽에서 고개를 오른쪽으로 돌리니 대니 포루시가 파리를 잡을 듯 입을 헤벌리고 아침 햇살에 하얀 이를 반짝거리며 자고 있었다. 왼쪽 손목에는 산업용 레이저로 써도 될 만큼 단단한 다이아몬드가 전면에 빼곡히 박힌 두꺼운 금딱지 롤렉스를 차고 있었다. 금도 빛났고 다이아몬드도 반짝였지만 초신성보다 더 번쩍이는 그의 하얀 치아에는 어울리지 않았다. 그는 투명한 렌즈를 끼운 우스꽝스러운 뿔테 안경을 쓰고 있었다. 엄청나군! 국제선에서마저도 유대계 WASP는 여전했다.

대니 오른쪽에는 자칭 스위스 은행 전문가인 게리 카민스키Gary Kaminsky가 앉아 있었다. 그는 내가 최대 주주로 있는 달러타임그룹Dollar Time Group의 CFO였다. 대니와 마찬가지로 그도 자고 있었다. 그는 흰머리와 검은 머리가 섞인 가발을 썼는데 주변의 머리와 색깔이 완전히 달라서 우스워 보였다. 나는 병적인 호기심과 습관으로 그의 끔찍한 가발을 분석해보았다. 그것은 아마도 남자를 위한 훌륭하고 오래된 헤어 클럽 시스퍼링 스페셜일 것이다.

그때 스튜어디스가 걸어왔다. 아, 프랑카Franca! 귀여운 스위스 여인! 크리미화이트 블라우스의 빳빳이 세운 칼라 위로 나풀거리는 금발이 참으로 아름다웠다. 마치 억압된 섹슈얼리티 같았다. 왼쪽 가슴에 핀으로 고정한 황금색 날개 문양은 어떤가! 정말 멋진 여자였다. 특히 착 달라붙은 빨간색 치마와 검은색 실크 팬티스타킹 차림으로 지나갈 때 나는 스치는 소리가 완벽하게 어우러졌다.

뉴욕 케네디공항에서 이륙하기 전 우연히 본 프랑카와 잘 놀았던 일이 기억났다. 그녀는 나를 좋아했다. 아마도 오늘 밤 스위스에서 프랑카와 밀회를 즐길 수 있겠지. 나는 얼굴에 가득 미소를 지으며 제트기 엔진의 굉음을 뚫고 지나갈 만큼 큰 소리로 말했다. "프랑카, 사랑스러운 아가씨. 이리 와서 얘기 좀 할 수 있을까요?"

프랑카가 뒤돌아섰다. 팔짱을 끼고 어깨는 뒤로한 채 등은 약간 둥그렇게 구부리고 엉덩이를 씰룩이며 경멸하는 표정을 지었다. 그 표정, 가늘게 뜬 눈, 꽉 다문 어금니, 도도한 콧대. 정말 독이라도 품은 것 같았다.

왜 그러지? 뭐가 잘못되었나? 내가 영문을 몰라 하는 사이에 프랑카는 홱 돌아서서 가버렸다.

스위스의 환대는 어떻게 되었지? 스위스 여자는 모두 걸레 같다고 하던데. 아니야, 스웨덴 여자였나? 흠, 확실히 그건 스웨덴 여자였어. 그래도 그렇지, 날 이렇게 무시하다니! 세상에, 나는 스위스 항공에 비싼 티켓값을 낸 유료 고객이다. 그런데 그 대가로 무엇을 얻었지? 더 넓은 좌석과 더 나은 식사? 빌어먹을 식사 시간에 잠만 잤다고!

갑자기 참을 수 없을 정도로 오줌이 마려웠다. 좌석벨트 사인을 올려다보았다. 이런 젠장, 벌써 불이 들어와 있었지만 도저히 참을 수가 없었다. 내 방광은 유난히 작고 한 7시간은 푹 잤으니까 꽉 찼을 게 틀림없었다. 내가 일어서면 승무원들이 나를 어떻게 할까? 그깟 오줌 누러 간다고 체포라도 할까? 이런 생각을 하면서 일어서려고 했지만 일어날 수가 없었다. 아래를 내려다보니 좌석벨트 네 개가 나를 묶고 있었다. 고개를 오른쪽으로 돌려 큰 소리로 말했다.

"대니, 빨리 일어나서 날 풀어줘. 이 망나니야!" 하지만 대답이 없었다. 대니는 머리를 뒤로 젖힌 채 입을 벌리고 침까지 흘리며 자고 있었다.

"대니! 일어나, 빌어먹을! 아우, 씨! 빨리 정신 차리고 날 풀어달란 말이야!"

여전히 소용이 없었다. 나는 심호흡을 하고 천천히 고개를 뒤로 젖혔다가 강하게 앞으로 내밀면서 머리로 대니의 어깨를 쳤다. 그러자 대니가 벌린 입을 딱 닫으며 눈을 번쩍 떴다. 그는 고개를 저으며 지나치게 투명한 렌즈를 통해 나를 바라보았다.

"왜, 왜 그래? 지금 뭐 한 거야?"

"내가 뭘 했단 거야? 날 풀어줘, 인마. 네 면상을 날려버리기 전에!"

그러자 대니가 어색하게 웃으며 말했다. "안 돼. 내가 너를 풀어주면 그들이 자네를 쏴버릴지도 몰라."

"뭐라고?" 나는 영문을 몰라 물었다. "대체 무슨 말을 하는 거야? 누가 날 테이저로 쏘겠어?"

대니가 숨을 크게 들이쉬더니 작은 소리로 말했다. "내 말 잘 들어. 문제가 좀 있어. 네가 프랑카를 쫓아갔다고." 대니가 금발이 반짝이는 스튜어디스를 턱으로 가리켰다. "비행기를 거의 돌릴 뻔했는데 내가 너를 묶어두자고 설득했어. 너를 자리에 앉혀두겠다고 약속했거든. 입국심사대에서 스위스 경찰이 기다릴지도 몰라. 너를 체포하려고 말이야."

나는 기억을 더듬어보았으나 아무 생각도 나지 않았다. 하지만 가슴이 철렁했다. "네가 무슨 말을 하는지 전혀 모르겠어, 대니. 아무것도 생각나지 않아. 내가 뭘 어떻게 한 거야?"

대니가 어깨를 으쓱했다. "네가 프랑카의 젖가슴을 움켜잡고 강제로 키스하려고 했어. 상황이 달랐다면 그렇게 끔찍한 일이 아니겠지만 여기는 비행기 안이라…우리 사무실과는 다른 규칙이 있지. 정말 짜증 나는 건 프랑카가 널 좋아한 것 같다는 거야." 대니는 고개를 저으며 입술을 꼭 다물었다. "괜찮은 여자였는데, 네가 빨간색 치마를 걷어 올리려고 하자 그녀가 기겁했지."

나는 믿을 수 없다는 듯 고개를 저었다. "왜 날 말리지 않았어?"

"말렸지. 하지만 도저히 어쩔 수 없었어. 도대체 뭘 먹은 거야?"

"으흐흐. 잘 모르겠어." 나는 중얼거렸다. "아마 퀘일루드 서너 알, 그리고 음…파란색 레스토릴 세 알 정도. 그리고 음, 글쎄. 자낙스 한두 알에다 허리 통증 때문에 먹는 모르핀 정도야. 하지만 모르핀과 레스토릴은 의사 처방을 받은 거니까 문제없지."

나는 편한 대로 생각하려고 했지만 천천히 현실을 자각하게 되었다. 편안한 일등석에 기대어 정신을 차리려다 순간 당황했다. "오, 젠장! 공작부인! 공작부인이 알게 되면 어쩌지? 나 진짜 망했어. 대니! 아내에게 뭐라고 말하지? 만약 이 일이 신문에라도 난다면, 세상에! 아, 내가 날 십자가에 못 박는 짓을 한 거야! 이 세상의 어떤 변명도 통하지 않을 거야."

나는 생각을 멈출 수 없었다. 잠시 후 더 큰 공포감이 밀려왔다. "오! 맙소사, 미국 정부. 스위스에어를 탄 건 익명으로 하려는 것이었어. 그런데 외국에서 체포된다면…. 맙소사! 내게 그 약을 준 닥터 에델슨Dr. Edelson을 죽여버릴 거야. 그는 내가 루데스를 복용한다는 걸 알고 있다고."

나는 필사적으로 책임을 피할 방법을 찾았다. "내게 수면제를 처방해주다니, 젠장. 내가 원하면 헤로인이라도 처방해주었겠지. 빌어먹을 악몽이야. 그런데 대니, 뭐가 더 나쁠까? 돈세탁의 나라 스위스에서 체포되었는데 우리는 아직 돈세탁도 하지 않았잖아. 큰일 났다." 나는 머리를 흔들었다. "불길한 징조야, 대니. 풀어줘. 일어나지 않을게."

그러다 갑자기 좋은 생각이 떠올랐다. "프랑카에게 사과해야겠어. 그녀와 관계가 원만해질까? 현금은 얼마나 가지고 있어?"

대니가 날 풀어주려고 몸을 돌리면서 말했다. "2만 달러를 가지고 있지만 그녀에게 말을 걸면 안 돼. 오히려 상황이 더 나빠질 거야. 네가 그녀의 팬티 속으로 손을 넣었으니까. 손가락 냄새 좀 맡아보자."

"닥쳐, 대니. 어서 벨트나 풀어달라고."

대니가 웃으며 말했다. "하여간 지금 갖고 있는 퀘일루드는 내게 맡겨. 검색대를 통과할 때 문제가 되기 전에."

나는 고개를 끄덕이며 스위스 정부가 자신들의 평판이 나빠지는 것을 원하지 않을 거라면서 소리 없이 기도했다.

비행기가 천천히 착륙할 때 나는 마치 뼈만 앙상하게 남은 개처럼 필사적으로 그 생각만 했다.

모자를 손에 들고 회색 의자에 엉덩이를 걸치고는 맞은 편에 앉은 세관원에게 말했다. "정말입니다. 아무것도 기억이 안 나요. 비행기를 탈 때 불안감이 심해서 약을 먹었을 뿐이에요." 나는 우리 사이에 있는 회색 금속 책상에 놓인 약병 두 개를 가리켰다. 고맙게도 두 약병 모두 라벨에 이름이 제대로 적혀 있었다. 현재 상황에서는 이것이 가장 중요한 것 같았다. 내 퀘일루드들은 지금쯤 안전한 대니의 항문 속에서 출입국사무소를 무사히 통과했을 것이다.

스위스 세관원 셋이 프랑스 사투리를 지껄이기 시작했다. 그들 입에 썩은 스위스 치즈가 가득 들어 있는 것 같았다. 신기했다. 광속에 가까운 속도로 말하면서도 그들은 입을 꼭 다물고 있었다.

나는 방 안을 천천히 둘러보았다. 내가 감옥에 있었나? 스위스인과 구별할 방법이 없었다. 그들의 얼굴은 마치 스위스 시계의 평범한 정밀도로 삶을 영위하는 자동 기계인 것처럼 무표정했다. 그동안 내내 방 안에서는 '당신은 이제 빌어먹을 중간지대에 들어왔습니다!'라고 소리치는 듯했다. 창문도 없고, 사진도 없고, 시계도 없고, 전화도 없고, 연필도 없고, 펜도 없고, 종이도 없고, 램프도 없고, 컴퓨터도 없었다. 강철 회색 의자 네 개와 그에 어울리는 강철 회색 책상, 서서히 죽어가는 시든 제라늄 외에는 아무것도 없었다.

대사관과 통화하라고 해야 하나? 안 돼, 이 바보야! 아마 감시자 명단에 올라 있을지도 몰라. 익명으로 지내야 해, 철저하게 익명으로 말이야.

나는 세 사람을 바라보았다. 그들은 여전히 프랑스어로 떠들었다. 하나는 약병을 들고 있었고, 다른 하나는 내 여권을 들고 있었고, 또 다른 하나는 마치 내 운명을 결정하려는 것처럼 자기 뺨을 긁적이고 있었다. 어쩌면 뺨이 가려웠을지도 모르지만.

마침내 뺨을 긁던 스위스인이 말했다. "우리에게 당신 이야기를 한 번 더 해주시겠습니다."

해주시겠다고? 이게 다 무슨 헛소리야? 도대체 왜 이 멍청한 개구리[31]들은 기이한 형태의 가정법으로 말하기를 고집할까? 모든 것을 소원wish에 근거를 두고 모든 문장에 would나 should나 could, 그리고 might나 maybe를 썼다. 왜 그들은 그냥 내 이야기를 반복하라고 요구하지 못할까? 하지만 안 되지! 그들이 바라는 게 내가 내 이야기를 반복하는 것뿐이니까! 심호흡을 하고 말을 시작하려는데 문이 열리면서 또 다른 세관원이 방으로 들어왔다. 그 사람의 어깨에는 캡틴 바가 있었다.

잠시 후 처음의 세 사람은 무표정한 얼굴로 방을 나갔고

---

31   프랑스인을 모욕하는 표현

캡틴과 나 단둘이 방에 남았다. 그는 얼굴에 미소를 지으며 스위스 담배 한 갑을 꺼냈다. 그는 불을 붙이고 조용히 담배 연기를 뿜어댔다. 그러다 담배 연기로 놀라운 묘기를 부렸다. 입에서 구름 연기를 진하게 내뿜더니 그것을 다시 두 콧구멍으로 빨아들이는 것이었다. 와! 지금 내 상황과 상관없이 그것은 인상적이었다. 다시 말하면, 내 아버지가 담배 피우는 것을 한 번도 본 적이 없는데 그 아버지가 담배 묘기에 관한 책을 쓴 격이랄까! 내가 살아서 이 방을 나간다면 아버지에게 이것에 대해 물어볼 것이다.

캡틴은 마지막으로 뿜어낸 연기를 몇 번 코로 들이마신 후 말했다. "자, 벨포트 씨! 이런 불행한 오해로 불편을 끼쳐 드려서 죄송합니다. 그 스튜어디스는 고소하지 않기로 했으니 이제 가셔도 됩니다. 당신 친구들이 밖에서 기다리니 저를 따라오시죠."

이렇게 간단할 수 있다니! 스위스 은행 측에서 이미 손을 쓴 건가? 다시 한번 월스트리트의 늑대에게 기적이 일어난 듯했다.

내 마음은 이제 공황 상태에서 벗어나 안정을 찾았고, 곧장 프랑카에게로 향했다. 나는 천진난만하게 웃으며 새로운 스위스 친구에게 말했다. "당신이 계속 소원 같은 소리를 해댔으니, 어떻게든 그 비행기에 있던 스튜어디스에게 연락을 취해주면 정말 좋겠군요." 나는 잠시 말을 멈추고 양의 탈을 쓴 늑대의 미소를 지어 보였다. 그러자 캡틴의 얼굴이 순식간에 굳었다.

오, 젠장! 나는 손을 들어 그에게 손바닥을 보이며 말했다. "물론 제 뜻은 그 젊은 금발 아가씨에게 사과하려는 것입니다. 아마 금전적 보상도 해야겠죠. 당신이 제 뜻을 이해했다면 말이죠." 나는 윙크를 하고 싶었지만 꾹 참았다.

그가 머리를 한쪽으로 기울이는데 '너는 미친놈이야!'라고 말할 듯해서 미리 감정을 가라앉혔다. 그러나 그는 이렇게 말했을 뿐이다. "스위스에 있는 동안 그 스튜어디스에게 연락하지 않았으면 좋겠습니다. 지금 그녀는…영어로 어떻게 말하더라…그녀는…."

"정신적 충격?" 내가 말했다.

"아, 맞아요, 트라우마. 이것이 우리가 하고 싶은 말입니다. 우리는 당신이 어떤 상황에서도 그녀와 연락하지 않기를 바랍니다. 당신 목적이 여자라면 분명 스위스에서 많은 여자를 만날 테니까요. 보아하니 적당한 곳에 친구들이 있는 것 같은데 말이에요." 그리고 캡틴은 직접 세관을 통과하도록 날 호위했다. 여권에 도장을 찍지도 않고.

비행기와 달리 리무진은 조용하고 무난해서 좋았다. 이런 약간의 평화는 오늘 아침의 난리 통에서 벗어나 얻은 휴식 같았다. 우리는 스위스 최고 호텔이라는 르 리치몬드Le Richemond에 도착했다. 스위스 은행 친구들에 따르면 르 리치몬드는 가장 우아하고 세련된 곳이었다.

하지만 호텔에 도착하자 '세련되고 우아한'이 우울하고

땅딸막한 것을 가리키는 스위스식 단어라는 사실을 깨달았다. 호텔 로비에는 1700년대 중반 이후 루이 14세가 자랑스러워했을 프랑스 고가구가 즐비했는데 내가 루이 14세였다면 실내 장식 책임자를 단두대로 보냈을 정도로 형편없었다. 카펫 문양은 원숭이가 장난으로 그린 듯했고 색상은 개 오줌처럼 누리끼리한 게 내 취향과는 정반대였지만 이걸 표 낼 수도 없었다. 나는 그 개구리 캡틴이 이 쓰레기 같은 인테리어에 엄청난 돈을 썼을 거라고 확신했다. 나 같은 신진 유대인에게는 그게 그냥 쓰레기 같았다! 나는 새롭고, 밝고, 경쾌한 걸 원한다.

어쨌든 나는 그것을 그냥 자연스럽게 받아들였다. 스위스 은행가들에게 빚을 졌으니 최소한 그들의 숙박시설 선택에 감사하는 척이라도 해야겠다는 생각이 들었다. 그래도 그렇지, 1박에 1만 6,000프랑(약 2,000만 원)이라니! 큰 키에 깡마른 프랑스인 호텔 매니저가 체크인하면서 마이클 잭슨Michael Jackson을 포함한 유명한 고객의 이름을 자랑스럽게 알려주었다. 그들은 대단했지만, 지금은 확실히 이곳이 싫었다.

잠시 후 매니저의 안내를 받아 프레지덴셜 스위트룸으로 갔다. 그가 매우 친절했으므로 나는 앞으로의 모든 편의를 위해 2,000프랑을 팁으로 주었다. 나를 인터폴에 신고하지 않고 체크인까지 해주다니 고마웠다. 매니저는 떠나면서 스위스 최고의 매춘부들은 그저 전화 한 통이면 가능하다고 장담했다.

짐을 풀고 테라스로 걸어가 제네바 호수 너머로 내다보이는 제트분수를 경외심을 가지고 바라보았다. 물줄기가 적어도 90미터는 위로 솟는 것 같았다. 무엇이 그들에게 이런 것을 만들도록 동기를 부여했을까? 아름답긴 한데 왜 스위스에 세계에서 가장 높이 솟는 인공 분수가 있을까?

그때 별안간 전화벨이 울렸다. 그런데 이상했다. 벨이 세 번 울리고 긴 침묵, 또다시 세 번 울리고 긴 침묵. 희한한 프랑스 놈들! 전화벨까지 짜증 나는군. 갑자기 미국이 그리워졌다. 치즈버거와 케첩! 바비큐치킨! 스테이크! 룸서비스 메뉴를 보기가 무서웠다. 세계 어디를 가도 미국만큼 편안한 곳은 없었다. 그런데 왜 어글리 아메리칸이라고 손가락질을 해댈까?

맙소사! 전화기는 너무 구식이었다. 초기에 출시된 제품이 분명했다. 겉은 오프화이트off-white 컬러였고 프레드와 윌마 플린스턴Fred and Wilma Flintstone[32]이 집에서 썼던 전화기처럼 보였다.

나는 구식 수화기를 집어 들고 다짜고짜 물었다.

"무슨 일이야, 대니?"

"대니라고?" 공작부인의 목소리였다.

"오! 여보, 어떻게 지냈어? 대니인 줄 알았잖아."

---

32 미국의 1960년대 애니메이션 〈고인돌 가족〉의 주인공

"아니야, 난 당신의 또 다른 아내잖아. 여행은 어땠어?"

맙소사. 벌써 알았나? 아니지, 알 리 없잖아. 하지만 나의 공작부인은 육감이 뛰어났다. 그렇더라도 이건 너무 빨랐다, 심지어 그녀에게도! 혹시 신문에 가십기사라도 났나? 내가 비행기에서 일으킨 소란과 〈뉴욕포스트New York Post〉의 다음 판 사이에 시간이 얼마 흐르지 않았다. 얼마나 다행인가. 하지만 정말 간발의 차였다! 그러자 끔찍한 생각이 떠올랐다. 설마! 순간 CNN처럼 실시간 뉴스채널이라면 그럴 수도 있겠다는 생각이 들었다. 이미 걸프전 때 CNN의 위력을 봤지 않은가? 전쟁 실황을 중계하듯이 그 스튜어디스의 인터뷰가 벌써 흘러나왔을지도 모른다.

"여보세요?"라고 금발의 검사가 내뱉었다. "왜 대답이 없어?"

"아! 별일 없었지. 항상 그랬듯이 말이야. 무슨 말인지 알지?"

긴 침묵이 흘렀다.

맙소사! 공작부인은 내가 침묵을 못 참고 먼저 말할 때를 기다리며 나를 시험하고 있었다! 내 아내는 사악하다! 아무래도 대니에게 책임을 떠넘겨야 할 것 같았다.

하지만 아내는 "아, 그랬어? 일등석 서비스는 어땠고? 비행기에서 귀여운 스튜어디스라도 만났나? 얘기해봐, 질투하지 않을 테니." 하며 낄낄거렸다.

믿어지지가 않았다! 내가 어메이징 크레스킨Amazing

Kreskin[33]과 결혼했나? "아니, 독일인인가 한 그 아가씨가 어찌나 크던지 그중 한 명은 내 엉덩이를 찰 만큼 컸어. 어쨌든 내내 자느라 식사도 놓쳤다고."

그 말이 공작부인을 슬프게 한 것 같았다. "오 이런, 참 안됐군. 우리 아기 배고프겠네. 근데 세관 통과는 어땠어? 별문제 없었지?"

맙소사! 나는 지금 당장 이 전화를 끊고 싶었다! "대부분은 꽤 괜찮았어. 몇 가지 질문이 있었지만 의례적인 거였고. 결과적으로 여권에 도장도 안 찍었다니까." 그리고 화제를 슬쩍 돌리며 물었다. "그보다 더 중요한 게 있지. 채니는 잘 지내?"

"잘 놀고 있어. 하지만 보모 때문에 돌아버리겠어. 전화기를 붙잡고 산다니까. 아무래도 자메이카로 전화하는 것 같아. 그건 그렇고 오늘 해양 생물학자 둘을 고용했어. 골치 아픈 수초를 뭔가 특별한 박테리아로 없앨 수 있다던데, 어떻게 생각해?"

"보수는 얼마나 줘야 하지?" 나는 별 뜻 없이 물었다.

"두 사람 합쳐서 9만 달러. 둘이 부부인데 꽤 괜찮은 사람들이야."

"좋아, 그 정도면 괜찮군. 어디서 소개받았어?"

바로 그때 누군가 문을 두드렸다.

---

33   1970년대 인기 마술사

"여보, 잠깐만. 룸서비스인가봐. 금방 올게."

수화기를 침대에 내려놓고 문 쪽으로 가서 문을 열었다. 도대체 뭐야! 나는 고개를 들었다. 그리고 와! 피부색이 검은 늘씬한 아가씨가 문 앞에 있었다! 에티오피아 출신 같은데 보자마자 정신이 아찔했다. 부드러운 피부와 편안한 미소, 그리고 정말 멋진 다리! 그녀의 다리는 엄청 길었다. 내 다리는 짧지만, 상관없었다. 매력적인 그녀는 검은색 초미니스커트를 입고 있었다. "도움이 필요한가요?" 나는 짓궂게 물었다.

"안녕하세요?" 그녀가 대답했다.

내 생각이 맞았다. 에티오피아 출신인 그녀는 인사만 영어로 할 수 있었다! 내가 딱 좋아하는 타입이었다! 그녀에게 손짓으로 방 안 침대에 가서 앉으라고 했다. 그녀가 침대에 앉자 나는 그녀 옆에 앉았다. 나는 천천히 몸을 뒤로 젖히고는 침대에서 오른손으로 턱을 괴었다. 오, 젠장! 아내와 통화 중이었잖아! 제기랄! 나는 얼른 검지를 입술에 갖다 대고는 이 여자가 모든 창녀에게 알려진 이 국제통용 손동작을 이해하기를 빌었다. 그 손동작이 이 특별한 상황에서 다음과 같이 해석되기를 바랐다. "이 창녀야! 내 아내가 전화했는데 방에서 다른 여자 목소리가 들려, 그럼 난 깊은 수렁에 빠질 테고 넌 팁도 없을 줄 알아!"

고맙게도 흑인 아가씨가 고개를 끄덕였다. 다시 수화기를 집어 들어 아내에게 차가워진 에그 베네딕트보다 더 나쁜 것은 없다고 설명했다. 동정심이 많은 그녀는 무조건 나를 사랑한다고 말했다. 나는 그 말의 모든 가치를 증명하기 위해 이 사랑한다는 말에 매달렸다. 그러고 나서 나도 사랑한다고 말했다. 그녀가 그립다고, 그녀 없이는 살 수 없다고 말했는데 이 모든 것은 다 진실이었다.

그리고 그 순간 끔찍한 슬픔의 파도가 나를 덮쳤다. 어떻게 내가 아내에게 이런 감정을 느끼고, 어떻게 아직도 그런 행동을 할 수 있는가? 나는 왜 이러는 거지? 이건 평범한 남자의 행동이 아니었다. 아무리 힘 있는 사람이라도 말이다. 아니, 특별히 힘 있는 사람치고는! 때때로 부부간에 무분별한 행동을 하는 것은 한 가지였다. 그것은 예상된 일이었다. 하지만 어떤 한계선이 있어야 했기에 나는 그 생각을 계속하기로 했다.

심호흡을 하고 머릿속에서 부정적인 생각을 떨쳐내려 했지만 잘 안 되었다. 나는 아내를 사랑했다. 그녀는 좋은 여자였는데도 내 첫 결혼생활은 파탄이 났다. 그건 정말 내 탓이 컸다. 정말 하고 싶어서가 아니라 나에 대한 기대 때문에 그렇게 행동했던 것 같다. 마치 내 인생이 연극무대 같고, 내 일거수일투족을 판단하고 내 말 한마디에 목숨을 거는 상상 속 관객들에게 '월스트리트의 늑대'라는 공연을 하고 있는 것 같았다.

그것은 내 성격의 장애에 대한 잔인한 통찰이었다. 내가 징말 프랑가를 좋아했나? 그녀의 프랑스 어양도, 아내의 브루클린 사투리도 다 받아들였으니! 하지만 나는 공황상태에서 벗어난 뒤에도 책임자에게 그녀의 전화번호를 물었다. 왜 그랬을까? 그게 월스트리트의 늑대다운 행동이라고 믿었을까? 이상하고도 씁쓸한 기분이 들었다.

침대에 걸터앉은 흑인 아가씨를 천천히 훑어보았다. 겉으로 보아 에이즈를 걱정할 필요는 없을 것 같았다. 그녀는 아프리카 출신이지만 에이즈는 이미 구시대적 질병이었다. 이제 내 거시기를 구멍에 쑤셔 넣고 즐겨야 했다. 게다가 난 한 번도 병에 걸린 적이 없다. 그런데 왜 이번에는 달라야 할까?

그녀가 나를 보고 미소를 지어서 나도 같이 미소를 지었다. 그녀는 침대 가장자리에 걸터앉아 허벅지를 드러냈는데, 정말 섹시했다! 그녀의 스커트는 이제 엉덩이 위로 올라가 있었다. 그래, 이게 마지막 기회잖아! 이 초콜릿색 피부의 아가씨를 그냥 보내는 건 정의를 가장한 비겁한 행동이야. 이런 생각으로 나 자신을 합리화했다. 그와 동시에 온갖 부정적인 생각은 떨쳐버리고 현재에 충실하자고 다짐했다. 그리고 다음부터는 남은 퀘일루드를 변기에 던져버리고 새로운 기분으로 인생을 시작하자고 각오를 다졌다.

그리고 나는 바로 그렇게 했다. 정확히 그 순서대로.

12 불길한 예감들

그로부터 몇 시간이 지난 낮 12시 30분, 호텔 청소 시간
에 나는 트롤어선보다 더 넓고 장의차보다 더 긴 파란색 롤
스로이스 리무진 뒷좌석에 대니와 마주 앉아 있었다. 그 느
낌은 마치 내 장례식에라도 가는 듯 섬뜩했다. 그것이 그날
의 첫 번째 불길한 예감이었다.

우리는 스위스 은행가를 만나려고 유니온 뱅크 프리비
Union Bancaire Privée라는 은행으로 가고 있었다. 창문으로 인
공 분수의 장관을 내다보는데 대니가 아쉬운 듯 말했다.
"나는 아직도 왜 남은 약을 모조리 변기에 버렸는지 이해가
안 돼. 몇 시간 전에는 항문에 넣어뒀는데, 정말 아깝군. 안
그래, 조던?"

나는 대니를 바라보며 미소를 지었다. 그는 효과적인 방
식을 알고 있었다. 나도 과거에는 공항 검색대를 통과하기
전 항문 속에 마약을 숨기곤 했으므로 충분히 이해되었다.
마약을 넣은 병에 바셀린을 잔뜩 바르면 쉽게 넣을 수 있다
고도 했지만, 요즘은 마약 밀수 조직이 있어서 굳이 그런

수고까지 할 필요는 없었다.

어쨌든 황금 거위를 보호하듯 항상 곁에서 나를 돌봐주는 대니가 고마웠다. 하지만 황금알을 낳는 거위가 더는 알을 낳지 않는다면 얼마나 더 보호해줄 수 있을까? 그건 좋은 질문이긴 했지만 깊이 생각해볼 내용은 아니었다. 나는 지금 승승장구하고 있고 그 어느 때보다 많은 돈을 벌어들였으니까.

"물론 아깝지. 나도 그걸 부정하지는 않아. 그리고 내가 하자는 대로 따라준 자네를 정말 고맙게 생각해. 특히 콘돔도 없이 그걸 거기에 박았잖아. 최면제를 꺼낼 시간도 없었고 말이야. 하지만 앞으로 며칠간은 네가 최선을 다했으면 해. 나도 최선을 다해야 하고."

대니는 의자에 몸을 기대고 다리를 꼬며 시큰둥하게 말했다. "그래, 좋아. 나도 항문에 찜찜하게 숨길 필요도 없고 말이야. 난 그저 일이 꼬이는 게 싫을 뿐이거든."

"우리도 창녀들과 함께하는 횟수를 줄여야 해, 대니. 벌써 역겨워지고 있다고." 나는 내 말의 요점을 강조하려고 고개를 저었다. "내 말은, 이 마지막 소녀는 꽤 섹시했어. 자네가 봤어야 했는데, 그녀는 정말 키가 컸어. 그래서 막 태어난 아기가 엄마 젖을 빠는 것 같은 기분이 들어서 엄청 흥분되었지." 나는 불편한 좌석에서 자리를 옮겨 내 왼쪽 다리에 가해지는 압박을 줄였다.

"흑인 소녀들은 백인 소녀들과 맛이 조금 다르다고 생각하지 않아? 특히 그들의 새끼손가락은 맛이…자메이카 사탕수수! 그래, 그것처럼 아주 달콤해. 흑인 소녀의 성기란! 이건 마치 음, 뭐 별로 중요한 얘기는 아니지만 들어봐, 대니. 네 거시기를 어디다 꽂아야 할지 모르겠다고 말하지 마. 그건 네 문제잖아. 하지만 나는 이제 창녀들과 만나지 않을 거야. 진심이야."

대니가 어깨를 으쓱하며 말했다. "나도 내 와이프가 자네 부인만큼만 되면 딴짓을 안 하겠어. 하지만 낸시는 정말 악몽이야. 내 인생을 송두리째 망쳐놨어, 젠장."

나는 그의 개인사를 다 들춰내고 싶은 충동을 억누르고 그 말에 동정하듯이 미소를 지으며 말했다. "자네 부부도 곧 이혼하겠군. 다들 그러니까 무리도 아니지." 나는 어깨를 으쓱했다. "하지만 자네 행동은 반드시 부인 때문에 그런 건 아닌 것 같은데? 그건 그렇고 사업 얘기로 돌아가서, 몇 분 후면 은행에 도착할 텐데 그 전에 자네와 확실히 해둘 게 있어. 첫째, 내가 얘기를 하도록 내버려둬. 알겠지?"

대니가 끄덕였다. "내가 저능아라 그거지?"

그 말에 나는 웃으며 말했다. "아니, 자네 머리는 정말 뛰어나지. 그러니까 자네는 뒤에서 무슨 말이 오가는지 잘 듣고 저 프랑스 놈들이 무슨 꿍꿍이를 부리지는 않는지 잘 보란 말이야. 난 그들의 몸짓은 아무리 봐도 모르겠거든. 그리고 그들의 제안이 얼마나 매력적이든 간에 우리는 별 관심이 없다고 말하며 미팅을 끝내는 거야. 반드시 그래야 해, 대니. 미국 법규와는 맞지 않으며 따를 수도 없다고 해야 해. 법적인 문제가 나오면 내가 적당한 논리로 대응할 테니까. 알았지?"

"그래, 알았어. 하지만 왜 그래야 하지?"

"카민스키 때문이야. 첫 미팅에는 그가 함께 참석하잖아. 물론 믿는 친구지만 전부 믿는 건 아니야. 여기 스위스 은행 제도는 뭔가 미심쩍은 구석이 많단 말이야. 그리고 설령 스위스와 거래하더라도 카민스키는 모르게 해야 해. 여차하면 이 은행 말고 다른 은행과 거래할 수도 있어. 난 그들이 카민스키에게 충성하지 않는다고 확신해." 나는 이어서 말했다. "중요한 건 미국에서는 누구도 이 일을 알아선 안 된다는 거야. 대니, 네가 얼마나 괴롭힘을 당했는지, 얼마나 많은 최면제를 먹었는지, 얼마나 많은 코카인을 마셨는지는 관심 없어. 하지만 어떤 경우든 그 누구도, 심지어 네 아버지라도, 특히 네 와이프라도 절대 알게 해서는 안 돼. 알았지?"

대니가 끄덕였다. "맹세하네, 친구. 이 세상 끝까지."

나는 웃으며 말없이 창밖을 내다봤다. 그건 이제 더는 내가 대니에게 얘기할 것이 없다는 신호였고, 오랜 친구인 대니도 잘 알았다. 나는 나머지 시간 동안 '거리를 저렇게 깨끗이 유지하는 비결이 뭘까' 경탄하며 앉아 있었다. 하지만 이내 마음이 혼란스러워졌다. 내가 왜 이런 일까지 해야 하는지 궁금해졌다. 이건 분명히 불법행위이고 위험천만한 계획인데.

내 멘토 중 한 명인 알 에이브럼스Al Abrams는 해외 은행은 피하라고 경고했다. 혹시 해외계좌를 이용하더라도 투명하게 해야 하는데, 그러지 않으면 분명히 문제가 되고 패가망신할 거라고 했다. 그는 또한 스위스인을 절대로 믿으면 안된다고 했다. 스위스 은행은 모두 미국에 지점이 있기 때문에 미국 정부가 압력을 가하면 굴복할 수밖에 없으며, 따라서 반드시 배신할 거라고 했다. 그의 조언은 모두 타당했다. 그는 내가 알고 지내는 사람 중 가장 신중했다. 혹시 서류의 날짜를 과거로 고쳐야 할 경우를 대비해 10년 이상 된 펜과 잉크를 준비해둘 정도로 철저했다. FBI의 가스분석기로 검사해도 문제가 없도록 말이다.

처음 스트래턴에서 일할 즈음 알 에이브럼스와 나는 세비예다이너Seville Diner라는 식당에서 아침을 먹었다. 이 식당은 2001 마커스 애비뉴Marcus Avenue에 있는 당시 스트래턴 본사에서 길을 따라 1.5킬로미터 정도 떨어져 있었다. 그는 나에게 연방증권법의 발전에 대한 역사적 분석과 함께 커피 한 잔과 린저 토르테Linzer torte[34]를 권했다.

그리고 그는 과거의 일이 왜 잘못되었으며 사람들이 어떤 실수를 했는지, 그런 일에 대비해서 법률이 어떻게 보완되었으며 그에 어떻게 대응해야 하는지 등을 설명했다. 나

---

34   오스트리아 전통 디저트 케이크

는 절대 메모를 하면 안 되었으므로 그의 모든 얘기를 머릿속에 깊이 새겼다.

그와 하는 모든 거래도 단지 악수로 시작되었다. 그의 말은 곧 보증수표였고 그는 단 한 번도 그걸 어긴 적이 없다. 문서가 필요하면 반드시 그가 펜과 종이를 준비했는데, 모든 서류는 일이 잘못될 경우를 대비해 그럴듯한 진술거부권을 가지도록 작성되었다. 그가 가르쳐준 여러 지식 가운데 가장 중요한 것은 모든 거래, 모든 전신송금은 서류로 흔적을 남기라는 것이었다. 그리고 설사 서류에서 위법성을 찾아내지 못한다 해도 얼마든지 나를 곤경에 빠뜨릴 수 있다는 것이었다. 나는 그의 충고에 따라 매사에 신중을 기했다.

스트래턴 오크몬트 창업 당시 모든 거래나 송금은 자넷 명의로 했고, 문제가 생길 소지가 있는 금융거래에는 다른 사람을 내세우거나 시간을 확인해주는 스탬프 또는 내용증명 등을 이용하여 내게 법적 책임이 없도록 조치했다. 그렇게 월스트리트의 늑대는 교묘히 법망을 피했고, 정부기관의 감시망에 걸리지 않도록 알 에이브럼스가 가르쳐준 대로 했다.

그렇게 철저했던 알 에이브럼스는 지금 돈세탁 혐의로 교도소에서 선고를 기다리고 있다. 그는 매사를 조심스럽게 해왔지만 한 가지 방법, 즉 국세청에 세금 신고를 피하려는 수단으로 은행 계좌에서 1만 달러보다 약간 적은 금액

단위로 현금을 인출하는 방법은 알지 못했다. 이것은 마약상이나 마피아를 막으려고 제정된 법인데, 이제는 모든 미국 시민에게 적용되었다. 그의 또 한 가지 중요한 가르침은 만약 공공단체에서 과거의 거래 사실을 묻는 전화가 올 때는 반드시 음모가 있는 것이며, 혹시 그가 내게 전화를 걸어서 평상시와 달리 "그때를 생각해보면"이라고 말한다면 그에게 무슨 문제가 생긴 거라고 했다. 그로부터 얼마 후 그의 변호사에게서 전화가 왔다. 알 에이브럼스가 기소되었고, 그의 모든 재산이 동결되어 현금 유동성이 부족하니 공동 투자 지분들을 인수해주면 고맙겠다고 했다.

나는 망설임 없이 시장가치의 다섯 배에 달하는 금액으로 그의 지분을 모두 인수해서 그에게 수백만 달러의 유동 자금을 공급했다. 나는 그가 나를 포기하지 않기를 바랐다. 그리고 그가 심문에 잘 대처하게 해달라고 기도했다. 또 그가 당국에 협조하면서 나를 제외한 모든 사람을 포기하기를 기도했다. 나중에 뉴욕 최고 형사 변호사에게 알아본 결과, 그가 나를 조금이라도 궁지에 몰아넣는 말은 하지 않았다는 걸 알고 비로소 가슴을 쓸어내렸다.

만약 알 에이브럼스가 나를 배신했다면 나 또한 기소될 수밖에 없었다. 그가 은행에서 인출한 현금은 대부분 내게 전달되었다. 그가 언젠가 보석 거래 영역에서 뒷돈이 생겼다고 말한 적이 있다. 그는 새로운 이슈로 돈을 벌었는데, 그것이 그에게 많은 현금을 벌어주었다. 한 번도 그가 은행에서 돈을 인출한다는 생각을 해본 적이 없다. 그러기엔 그는 너무 똑똑했을 뿐 아니라 세상에서 가장 조심스러운 사람이었다. 그런데 단 한 번 실수했다. 그게 전부였다.

그렇다면 나도 그와 같은 운명을 걷는 게 아닐까? 스위스로 온 것이 내 유일한 패착일까? 최근 5년 동안 놀라울 정도로 조심스럽게 행동하며 결코 FBI 수사망에 걸릴 여지를 만들지 않았다. 과거에 대해 전혀 이야기하지 않았고 집과 사무실은 수시로 도청 장치가 있는지 점검했으며 모든 서류작업에는 그럴듯한 진술거부권을 대비해놓았다. 그리고 아무리 적은 금액이라도 은행에서 찾지 않았다. 거액의 현금이 걸려도 그럴듯하게 부정할 수 있는 근거로 여러 은행 계좌에서 1,000만 달러가 넘는 현금을 쪼개 25만 달러 이상씩 인출했다. 만약 FBI가 묻는다면 간단히 말하면 되었다. "은행에 체크해보면 내 현금이 모두 합법적이라는 걸 알게 될 거요."

하지만 세상에서 가장 철저했던 나의 멘토 알 에이브럼스조차 FBI에 체포되는 마당에 나는 더욱 조심해야 했다. 이 순간 알 에이브럼스가 생각나는 것 자체가 불길하다는 예감이 불현듯 뇌리를 스쳤다. 하지만 그런 전조가 끝이 아니었다는 걸 그때는 몰랐다.

13 돈세탁

유니온 뱅크 프리비는 제네바 한가운데 우뚝 솟은 10층 짜리 검은색 빌딩에 자리 잡고 있었다. 그 회사는 제네바에서 가장 비싼 쇼핑가 중심인 론 거리rue du Rhôe에 있었는데, 내가 좋아하는 제트분수에서도 아주 가까웠다.

진입로를 통과하자 방탄유리 뒤에서 여직원들이 미소로 맞이하는 미국 은행과는 다른 풍경이 눈에 들어왔다. 회색 이탈리아 대리석 40톤가량으로 고급스럽게 장식된 로비, 내 헬리콥터를 착륙시킬 수 있을 만큼 널찍한 마호가니 책상 저편에 젊은 여자 한 명이 앉아 있었다. 무표정한 그녀는 연한 회색 정장 바지에 하얀색 하이넥 블라우스를 입고 있었다. 뒤로 깔끔하게 묶은 금발과 주름 하나 없이 완벽한 피부가 마치 로봇을 보는 것 같았다.

대니와 내가 다가가자 그녀는 의심스러운 듯 우리를 쳐다보았다. 그녀는 다 알고 있는 것처럼 행동했다. 부당하게 얻은 이익을 세탁하려는 젊은 미국 범죄자들! 학생들에게 마약을 팔아 돈을 번 마약상들이라고 우리 얼굴에 다 드러났던 것이다. 나는 심호흡을 하고, 그녀에게 우리는 마약에만 중독된 평범하고 늙은 주식 사기꾼에 불과하다고 설명하고 싶은 충동이 이는 걸 참았다. 우리는 정말 마약을 팔지 않았다고 말이다.

하지만 고맙게도 그녀는 우리 범죄의 정확한 핵심은 말하지 않고 자기 생각을 숨기는 쪽을 택했다. 그리고 "어떻게 오셨습니까?"라고만 물었다. 아니 이런! 무슨 말이든 더 하라고!

"네, 장 자크 소렐Jean Jacques Saurel 씨와 약속했는데요. 저는 조던 벨포트라고 합니다." 왜 모든 말을 질문으로 표현했을까? 이 스위스 놈들은 나를 말려 죽이려 했다.

그 로봇에게서 무슨 대답이 나오길 기다렸으나 그녀는 대답하지 않았다. 그녀는 계속 나를 쳐다보았고 대니도 쳐다보았는데…우리 둘을 위아래로 훑어보는 것이었다. 그러고 나서 내가 소렐 씨 이름을 얼마나 서투르게 발음했는지 강조하듯 "아아, 므슈 장 자크 소렐 씨 말이군요." 하며 꾀꼬리 같은 목소리로 답했다. "벨포트 씨? 다들 5층에서 기다리고 있습니다. 저를 따라오세요." 그녀는 우리를 엘리베이터로 안내했다.

대니와 나는 19세기 스위스 육군 원수처럼 차려입은 젊은이가 안내하는 마호가니 패널로 된 엘리베이터를 타고 올라갔다. 나는 엘리베이터 안에서 대니에게 속삭였다.

"내가 얘기했던 거 명심해. 무슨 조건을 제시하더라도 우리는 흥미 없다고 얘기하고 떠나는 거야. 알았지?" 대니가 고개를 끄덕였다.

우리는 엘리베이터에서 내려 마호가니로 장식된, 부티가

흐르는 긴 복도를 따라 걸어갔다. 너무 조용해서 마치 관 속에 들어온 느낌이 들었지만 나는 그 특정한 생각에 어떤 결론을 내리려는 충동과 싸웠다. 심호흡을 하며 묵묵히 키가 크고 체격이 호리호리한 사람에게로 계속 나아갔다.

"벨포트 씨, 포루시 씨, 어서 오십시오." 소렐이 부드러운 목소리로 인사했다. 우리는 악수를 주고받았다. "공항에서 있었던 귀찮은 일은 호텔에서 쉬면서 모두 잊어버리셨겠죠? 커피나 한잔하면서 그 스튜어디스와의 모험담이나 들려주시죠." 그는 이렇게 말하며 나에게 윙크했다.

내가 보기에 그는 멋진 남자였다. 그는 분명 유럽의 한량이었지만 스위스인이라기에는 너무 예의가 발랐다. 올리브색 피부에 짙은 갈색 머리카락이었는데, 마치 진짜 월스트리터처럼 매끈하게 뒤로 넘겼다. 몸매처럼 얼굴도 길쭉하고 말랐지만 모든 것이 그에게 잘 어울렸다. 회백색 가로줄 무늬가 들어간 깔끔한 남색 소모사梳毛絲 슈트에 프렌치 커프스가 달린 하얀 드레스셔츠를 입고 비싸 보이는 파란 실크 넥타이를 매고 있었다. 그의 옷은 유럽 놈들만 소화할 만한 모습으로 너무 멋지게 그에게 입혀 있었다.

우리는 복도에서 잠깐 대화를 나눴다. 그러는 동안 나는 은행의 파리 지점에서 파견된 소렐이 실제로는 스위스인이 아니라 프랑스인이라는 것을 알게 되었다. 이제야 이해가 되었다. 소렐은 게리 카민스키가 이 미팅에 참여하는 것이 별로 탐탁지 않다고 해서 나를 놀라게 했지만 그가 주선한 자리이니 어쩔 수 없었다. 그는 우리를 안으로 안내하면서 지금은 간단한 인사 정도만 하고 나중에 따로 만나는 것이 어떠냐고 제안했다. 나는 그와 같은 이유로 회의를 부정적인 분위기로 끝낼 계획이라고 그에게 말했다. 그는 입술을 오므리며 동의하듯 고개를 끄덕였다. 마치 "그거 괜찮군!"이라고 말하는 것 같았다. 나는 대니 쪽은 쳐다보지도 않았다. 보지 않아도 그가 감명받았음을 알았다.

소렐은 우리를 남자 흡연실처럼 보이는 회의실로 안내했다. 긴 유리 테이블에 스위스 개구리 여섯 마리가 둘러앉아 있었는데, 개구리마다 전통적인 업무 복장을 하고 있었다. 이들은 각자 불을 붙인 담배를 들고 있거나 앞에 놓인 재떨이에 담배를 지지고 있었다. 방 안이 온통 뿌연 연기로 가득 차 있었다.

카민스키도 우스꽝스러운 가발을 쓴 채 그들 틈에 끼어 있었다. 그의 살찐 동그란 얼굴에는 두들겨 패고 싶게 만드는 썩은 미소가 걸려 있었다. 잠깐 그더러 나가 있으라고 할까 했으나 내가 스위스 은행을 통한 돈세탁에 관심이 없다는 걸 그가 듣고 증인이 되도록 하는 것이 좋겠다고 생각을 바꿨다.

잠시 가벼운 인사가 오갔다. 그러다가 본론으로 들어가며 내가 단도직입적으로 말했다. "당신네 은행의 비밀 유지 체계를 알고 싶습니다. 많은 분쟁 사건에 대해 들었는데, 어떤 경우 미국 정부에 정보를 제공합니까?"

그러자 게리 카민스키가 재빨리 대답했다. "그건 이곳에서 가장 중요하게 생각하는⋯." 나는 그의 말을 가로막으며 "게리, 만일 자네 의견에 관심이 있었다면 뭐 하러 여기에 와서 지랄⋯." 하다가 말을 멈췄다. 여기 스위스 로봇들은 아마도 내가 쓰는 일상적인 욕을 도저히 이해하지 못할 거라고 생각했기 때문이다. 그래서 말투를 고쳐 말했다. "여러분, 죄송합니다. 게리, 자네 의견은 나중에 뉴욕에 돌아갔을 때 물어보겠네."

그들은 웃으며 고개를 끄덕였지만 표정은 한결같이 이렇게 말하는 듯했다. "이 카민스키는 보기만큼 아주 바보군요." 하지만 지금 내 마음은 앞서 달리고 있었다. 내가 은행과 거래하기로 결정하면 카민스키는 일종의 중개인 수수료를 받을 것이다. 그게 아니면 그가 내 걱정을 진정시키려고 그렇게 애쓰지 않을 것이다. 원래부터 나는 카민스키가 모호한 주제에 대해 얼마나 많이 아는지 나대는 것을 좋아하는 또 다른 별 볼 일 없는 인간이라고 생각했다. 월스트리트는 그런 사람들로 가득 차 있었다. 그런 이들을 호사가라고 불렀다. 그러나 이제 나는 카민스키의 동기가 돈이라는 것을 확실히 알았다. 만약 내가 실제로 은행에 계좌를 개설한다면, 그는 중개인 수수료 영수증으로 경고를 받을 것이다. 그게 문제였다.

그런 내 염려를 읽은 듯이 소렐이 말했다. "카민스키 씨는 항상 자기 생각을 성급하게 얘기하더군요. 그가 뭐라고 하든 당신 결정에는 영향을 미치지 못하겠지만요. 그는 이미 당신을 여기로 안내함으로써 사례비를 받았으므로 당신이 유니온 뱅크와 거래하든 하지 않든 상관없습니다." 나는 이해한다는 의미로 고개를 끄덕였다. 나는 소렐이 가정법으로 말하지 않는 것이 흥미로웠다. 그는 영어, 관용구 등을 완벽하게 구사했다.

소렐이 이야기를 이어나갔다. "하지만 당신 질문에 답을 하자면 우리가 미국 정부에 협조할 경우는 미국에서 저지른 범죄 행위가 스위스에서도 범죄 행위로 인정될 때로 한정됩니다. 예를 들면 스위스에서는 탈세에 관한 법이 없으므로 미국 정부에서 그런 건에 대해 요청받으면 우리는 정보 제공을 거절합니다."

"소렐 씨 말이 정확합니다."라고 안경을 쓴 자그만 체격의 피에르Pierre 부행장이 끼어들었다. "우리는 당신네 정부에는 별 신경을 쓰지 않습니다. 물론 형사사건이거나 중대한 범죄일 때는 상호협력을 하지만 말입니다." 그리고 두 번째 피에르가 끼어들었다. 더 어리고 당구공처럼 대머리인 이 사람은 "스위스 형법이 미국 형법보다 훨씬 더 느슨하다는 것을 알게 될 겁니다. 그러다 보니 미국에서는 중범죄라도 스위스에서는 중범죄로 간주되지 않는 일이 아주 많습니다."라고 말했다.

오, 하나님! 중범죄라는 단어가 내 등골을 오싹하게 만들기에 충분했다. 나는 스위스에 비밀계좌를 두는 데 커다란 문제가 있을 거라는 선입견이 있었다. 하지만 비밀계좌가 스위스에서는 합법이라면? 나는 속으로 분주히 그 가능성을 생각했다. 나중에 소렐을 따로 만나면 물어보아야 할 것 같았다.

나는 웃으며 말했다. "잘 알겠습니다. 하지만 나는 미국 법을 어길 생각이 전혀 없으므로 그런 규정에는 별 관심이 없습니다." 물론 그건 새빨간 거짓말이었지만 그런 헛소리에는 아무도 신경 쓰지 않았다. 왠지 모르게 스위스에 있다는 사실에 마음이 편해졌다. 나는 다음과 같이 덧붙였다.

"그리고 내가 그렇게 말할 때는 대니를 대변하기도 합니다. 우리가 스위스에 돈을 맡기려는 이유는 당연히 자산을 보호하기 위해서입니다. 말도 안 되는 소리지만 우리 업무 분야는 고소당할 우려가 높거든요. 어쨌든 내가 알고 싶은 건, 단도직입적으로 말해 어떤 경우라도 내가 예치해둔 돈을 미국으로 돌려보낸다거나 제3국에서 나를 상대로 민사재판이 벌어져도 그 나라로 돈을 보낸다거나 하지 않느냐는 것입니다."

소렐이 웃으며 말했다. "우리는 결코 그렇게 하지 않을 뿐만 아니라 민사재판 여부를 판단하지도 않습니다. 설사 당신 보증에 구상권 청구가 들어온다 해도 우리는 협조하지 않습니다." 그가 갑자기 생각난 듯 덧붙였다. "아! 만약 은행이 거기에 협조한다면 스위스에서는 그런 일이 중범죄에 해당하니 아무도 협조하지 않을 겁니다!" 공모자 같은 비열한 미소가 그의 얼굴에 떠올랐다.

나는 그 말에 수긍하며 방을 둘러보았는데 나를 빼고 모든 사람이 이 미팅 내용에 만족하는 것 같았다. 하지만 나는 지칠 대로 지쳤다. 소렐의 마지막 말이 신경을 자극해서 생각이 꼬리를 물고 계속 떠올랐다. 단순히 생각해보면 스위스 정부가 미국 SEC의 요구를 거절한다면 미국 검찰에 범죄 수사를 의뢰하는 방법 이외에는 다른 방도가 없을 것이다. 그러면 내 사업이 망하지 않게 할 방법은 무엇일까?

마음속으로 가능한 여러 시나리오를 생각했다. SEC의 소송은 90퍼센트 이상이 민사사건으로 진행되고, 특별히 심각해서 질서를 어지럽힌다고 판단되면 FBI에 범죄 조사를 요청할 수 있다. 하지만 SEC가 자체적으로 조사하려다가 스위스 측의 협조 거부로 난관에 부딪힌다면 무슨 근거로 중대 범죄 여부를 판단할 수 있단 말인가? 그렇다면 스위스에 돈세탁 계좌를 열어도 그다지 문제 될 것은 없었다.

나는 한숨을 내쉬고는 카민스키에게 눈길을 주지 않으려고 노력하면서 말했다. "그런데 미국 정부가 어떻게 스위스 은행이 구상권 청구서를 보낸 것까지 알고 체크할 수 있는지 궁금합니다. 계좌에는 이름도 없고 단지 번호만 나와 있는데요. 그러니 누군가 알려줬다고 할 수밖에요. 어느 곳에 돈을 예치해두는지 등 서류상 추적이 가능할 만큼 부주의했기 때문에 조사 대상을 골라낼 수 있는 거겠죠. 계좌 번호만으로 추측할 수는 없잖아요? 스위스에 있는 은행만도 수천 개에다 은행마다 계좌도 수십만 개가 되니 그 엄청난 계좌에서 찾아낸다는 건 백사장에서 바늘 찾기인데, 그건 불가능한 일 아닌가요?" 나는 소렐의 검은 눈동자를 똑바로 쳐다보았다.

소렐은 잠시 침묵한 뒤 대답했다. "정말 좋은 질문이군요. 하지만 그에 대한 답으로 스위스 은행의 역사를 약간 얘기할까 합니다."

그것은 참 좋은 방법이었다. 과거 사례를 이야기하는 것은 알 에이브럼스가 나를 쉽게 이해시키려고 썼던 방법이다. 그때 그의 얘기가 내 머릿속에 쏙쏙 들어왔다는 사실이 떠올랐다. 나는 고개를 끄덕이며 말했다. "네, 얘기해주세요. 특히 전혀 모르는 낯선 곳에서 어떻게 사업을 해나갈지 모색하는 나 같은 사람에게는 큰 도움이 될 것 같습니다."

소렐이 웃으며 말했다. "모든 계좌가 번호로만 관리된다는 것은 오해입니다. 물론 고객들의 비밀을 유지하려고 그렇게 하기도 하지만 각각의 계좌는 이름과 함께 기록되어 은행에 남아 있습니다." 그 말에 나는 가슴이 철렁했지만 소렐은 계속 이어나갔다.

"제2차 세계대전이 일어나기 전에는 스위스 은행들이 계좌에 이름을 함께 써서 관리하지 않았습니다. 모든 계좌는 개인적 관계나 친분에 따라 회사 이름으로 관리했지요. 미국의 은행과 달리 스위스 은행은 무기명이 원칙이었으니 이름을 붙여야 할 의무는 없었습니다. 다시 말해 실물 증권을 가져오는 사람을 권리자로 인정했지요. 그러다 아돌프 히틀러Adolf Hitler와 나치 일당이 비열한 정권을 잡았습니다. 이것은 우리 역사의 매우 슬픈 지점이자 부끄러운 장면입니다. 우리 은행들은 유대인 고객들에게 예금이나 권리증을 찾아주려고 노력했지만 결국 충분히 돕지 않았다고 말하고 싶습니다. 아시다시피 벨포트 씨, 저는 프랑스인이지만 이 방에 있는 모든 남자를 대변하는 것 같습니다. 우리가 더 많은 일을 했더라면 좋았을 거라고 말입니다." 그는 잠시 말을 멈추고 고개를 숙였다.

어릿광대 같은 카민스키를 포함한 방 안의 모든 사람이 동감한다는 뜻으로 고개를 끄덕였다. 모두 나와 대니가 유대인이라는 사실을 알 거라고 생각했다. 그런데 이런 얘기가 무슨 도움이 되기에 소렐이 여기에서 그렇게 말하는지 궁금했다. 그가 한 말이 진심이었을까? 어느 쪽이든, 그가 말을 시작하기 전 나는 이미 열 걸음 앞서서 그가 다음에 어디로 갈지 정확히 알고 있었다. 히틀러가 유럽을 휩쓸고 유대인 600만 명을 가스실에서 몰살시키기 전에 많은 돈이 스위스 은행으로 비밀리에 옮겨졌다는 얘기일 것이다.

1930년대 초 나치가 정권을 잡을 당시 벽에 기록된 낙서를 보면 돈은 빼돌리기 쉬웠지만 사람은 빠져나가기가 매우 어려웠다는 것을 알 수 있다. 덴마크를 제외하고는 유럽의 모든 국가에서 절망에 빠진 유대인에게 도피처를 제공하지 않았다. 더욱이 많은 국가가 자국 내 유대인 정보를 히틀러에게 넘기는 대가로 안전을 보장받으려 했지만, 나치는 유대인을 넘겨받고 나면 안전보장 약속을 깨고 차례차례 정복했다. 나라가 나치에 넘어가면서 유대인은 숨을 곳이 없었다. 그중에서도 특히 스위스는 유대인의 돈은 받아줬지만 망명은 쉽게 허락하지 않았다. 이 얼마나 역설적인 일인가.

나치가 패망한 이후 수많은 유대인 생존 자녀가 가족의 비밀계좌를 찾으려고 스위스로 왔지만 자신에게 권리가 있다고 증명할 방법이 없었다. 이름이 아닌 번호로 관리했기 때문에 정확하게 어느 은행에 예치했는지 알지 못하면 찾을 수 없었다. 그렇다 보니 오늘까지도 엄청난 돈이 주인을 찾지 못하고 있다.

그러고 나니 나는 점점 우울해졌다. 이 스위스 놈들 중 몇 명이 살아남은 아이들이 누군지 정확히 알고 그들을 찾아내지 않았을까? 온 가족이 전멸된 유대인 아이들이 얼마나 제대로 스위스 은행에 찾아갔을까? 설령 제대로 찾아갔다 하더라도 얼마나 많은 스위스 은행이 모른다고 잡아떼었을지 생각해보면 그런 비극이 없었다. 단지 몇몇 정직한 은행만 유족들에게 정당한 권리를 찾아주었을 것이다.

하물며 독일 놈들이 득시글거리는 취리히 쪽은 유대인에게 호의적인 사람을 찾기가 더 어려웠다. 차라리 제네바 쪽이 그나마 약간 낫다는 정도의 차이밖에 없었다. 결국 인간의 욕심은 똑같은 것이 아니겠는가. 막대한 돈이 주인을 찾지 못하고 스위스 금융으로 흡수되어 이 나라를 상상도 못할 만큼 살찌웠으니 그 덕분에 스위스에는 거지가 없다는 말도 생겨났다.

소렐은 "그래서 그렇게 되었지요. 그래서 요즘은 스위스에서 계좌를 개설할 때 수익권자를 반드시 명기하도록 되어 있습니다."라고 말했다.

대니를 살펴보니 희미하게 고개를 끄덕였는데, 그 무언의 메시지는 '이건 빌어먹을 악몽이야.'라는 것이었다.

호텔로 돌아오는 길에 나와 대니는 아무 말도 하지 않았다. 차창 밖으로 수백만 유대인의 혼령이 그들의 돈을 찾아 헤매는 환상이 스쳐 지나갔다. 그동안 느끼지 못했던 다리 통증이 걷잡을 수 없이 밀려왔다. 이런 만성적 통증만 아니었다면 마약을 가까이하지 않았을 것이다. 신경이 너무 날카로워졌다. 약을 안 먹은 지 24시간이 지났지만 마음이 매우 비장해서 그 어떤 참기 힘든 고통도 능히 이겨낼 수 있을 것 같았다.

하지만 스위스 금융법에 맞는지는 어떻게 알 수 있을까? 법은 법이지 않은가? 법을 무시할 수는 있어도 어겨서는 안 된다는 사실을 알 에이브럼스의 구속이 잘 설명해주지 않는가? 간단히 생각해도 내가 유니온 뱅크에 계좌를 개설하려면 여권 사본을 줘야 하며, 그 사본은 은행에 파일로 보관될 것이다. 그런데 만약 미국 법원이 주식 사기와 관련해서 소환장을 발부하면 이는 스위스에서도 범죄이니 당국도 응할 수밖에 없을 것이다. 설령 연방정부가 내 계좌나 거래 은행을 찾지 못한다 하더라도 결코 포기하지 않을 것이다. 소환장은 곧장 스위스 법무부로 갈 것이며, 소환장에 나타난 개개인의 기록과 관련 있는 계좌를 찾으려고 모든 은행에 수배가 내려질지도 모를 일이었다.

그렇다면 차라리 비밀계좌를 미국에서 만드는 게 낫지 않을까. 소환되었을 때 거짓 증언을 하면 되고 좀 찜찜하긴 하지만 적어도 서류로 흔적은 남기지 않을 수 있다.

잠깐만! 누가 은행에 여권을 줘야 한다고 했지? 그럼 차라리 스위스에 누군가를 대신 내세워 그 명의로 계좌를 개설하면 어떨까? 제아무리 FBI라도 차명 인물이 만든 비밀계좌를 밝혀낼 수 있을까? 이중 보호막인데…. 만약 미국 정부가 조던 벨포트와 관련된 소환장을 스위스에 보내면 스위스 법무부는 '조사 결과 혐의 계좌 없음'이라고 회신할 게 뻔했다. 그렇게 하려면 스위스 비밀계좌에 그동안 내가 미국에서 이용하던 차명을 쓰지 않는 편이 좋을 것이다.

지금까지 내가 차명인을 선정하는 기준은 신뢰성뿐 아니라 국세청에서 의심하지 않도록 자신이 거액의 현금을 조달할 수 있어야 했다. 사실 그것은 찾기 어려운 조합이었다. 내 주요 차명인은 엘리엇 라빈Elliot Lavigne인데, 퀘일루드 공급책이기도 했다. 그는 페리 엘리스Perry Ellis라는 대형 의류메이커 사장이지만 그의 위치는 약간의 오해를 불러일으켰다. 사실 그는 대니보다 열 배쯤 미친놈이라고 생각하면 딱 맞았다. 그에 비하면 대니는 교회 성가대원이라고 해도 될 정도였다. 그는 병적인 도박꾼에 마약중독자일 뿐 아니라 섹스 탐닉과 혼인빙자 간음 등 온갖 비정상적 행위는 다 하고 다녔으며 회사로부터 수백만 달러를 착복했다. 해외 공장들이 페리 엘리스에 옷 한 벌당 1~2달러씩 더 비싸게 청구한 뒤 엘리엇에게 현금을 돌려주었는데, 그 금액이 수백만 달러에 달했다.

내가 신규상장에 필요한 돈을 조달하려고 그의 해외 거래처에서 받은 돈을 사용했음은 물론이다. 그런 방법은 완벽한 차명거래로, 어디에도 서류상 흔적이 남지 않았다. 하지만 요즘은 도박과 마약이 더 심해져 내게 자주 돈을 빌려갔는데, 벌써 빚이 200만 달러까지 늘었다. 하지만 그와 관계를 단절하면 그 돈은 받을 길이 없었다. 그래서 나는 신규상장 건이 있을 때마다 그를 끌어들여 내 채무를 조금씩 상쇄해나갈 계획을 세워두고 있었다.

하지만 지금까지 그는 나의 차명인 역할을 충실히 수행해서 500만 달러에 달하는 비자금을 만들어줬고, 그 돈은 미국의 사설 금고에 잘 보관되어 있다. 그 돈을 어떤 방법으로든 스위스로 무사히 보내려고 하는데, 몇 가지 아이디어가 있긴 하지만 여전히 확신이 들지 않았다. 몇 시간 후 소렐과 만나면 그 문제를 상의해볼 참이었다. 어쨌든 엘리엇을 대신할 현금 동원 능력이 있는 차명인을 찾는 일이 분명히 필요했다. 그렇다고 스위스에 비밀계좌를 만들기 위해 깨끗한 차명인이 반드시 필요한 것은 아니었다. 누구를 쓰든 단순히 계좌를 만들어 필요한 돈을 예치한 다음 저절로 이자가 불어나도록 놔두면 되었다. 오늘 회의에서 언급하지 못한 유일한 이슈는 내가 스위스 계좌에 보관하고 있는 모든 돈을 어떻게 사용하느냐 하는 것이었다. 내가 그걸 어떻게 쓸 수 있을까? 그 돈을 어떻게 미국으로 들여오는가 하는 건 반드시 풀어야 할 숙제였다.

중요한 것은 스위스에 비밀계좌를 운용할 때 믿을 만한 차명인으로 누구를 내세울 수 있는가였다. 이런저런 가능성을 따져보다가 갑자기 아내와 그 가족이 대상으로 떠올랐다. 그들은 모두 미국 시민이 아니고 영국에 살며 FBI의 관찰 대상도 아니었다. 미국 주식법에는 외국인이 미국에 투자할 때 미국인보다 훨씬 좋은 조건으로 할 수 있게 하는 예외 조항이 있다. 그것은 규정 S^Regulation S라고 불리는데, 외국인은 이 규정 144에 따라 2년 보유 제한 대신 40일만 주식을 보유하면 되었다. 이는 외국인에게 엄청난 혜택을 주는 우스꽝스러운 법이었다.

그 결과 이를 남용하는 편법이 등장했다. 외국인이 규정 144에 따라 2년 보유 기간을 기다리지 않고도 공공기업의 사모 주식을 살 수 있도록 허용하자 현명한 미국 투자자들이 외국인과 물밑 거래를 시작했고, 2년 보유 규정을 피해 막대한 차익을 얻는 자들이 생겨난 것이다. 내게도 그런 제안이 수없이 들어왔지만 그때마다 알 에이브럼스의 충고를 생각해서 거절했다. 게다가 본질적으로 불법적인 짓을 하는 외국인을 도대체 어떻게 믿을 수 있겠는가? 외국인을 이용해 규정 S 주식매수를 하는 것은 심각한 범죄이니 FBI의 호기심을 잔뜩 불러일으킬 게 분명했다. 그래서 나는 항상 그것을 피했다.

하지만 아내의 친척이라면, 특히 이중 안전장치가 마련된 상태에서라면 그다지 위험해 보이지 않았다. 아내의 친척 중에서는 역시 패트리샤Patricia 이모, 우리의 패트리샤 이모가 유력했다. 나는 처음 패트리샤 이모를 만난 날 우리가 서로 혈족 같다는 인상을 받았다.

2년 전 런던의 도체스터호텔Dorchester Hotel에서 처음 만났는데 그날은 공교롭게도 내가 퀘일루드를 과다 복용한 상태였다. 그녀가 내 방으로 들어왔을 때 나는 변기 위에 쓰러져 몸이 반쯤 물에 젖어 있었다. 하지만 이모는 나를 형편없는 놈이라고 판단하기보다 정성스레 간호하면서 밤새도록 내 곁을 지켰다. 약을 토해내는 나를 자기 무릎 위에 누이고 변기 옆에서 그대로 밤을 새웠다. 코로 들이마신 모든 코카인에서 비롯한 불안의 물결이 나를 덮쳤지만 이모는 어린 시절 내 어머니처럼 나의 머리칼을 쓰다듬어주었다. 코카인으로 인한 불안을 줄이려다 보니 안정제인 자낙스를 조금도 자제할 수 없었고 피부가 근질근질했다.

다음 날, 맨정신에 함께 점심 식사를 하면서도 내 모습에 실망하기는커녕 마약을 끊을 수 있다고 넌지시 내게 확신을 주었다. 그때부터 내리 2주간 나는 마약의 유혹에서 벗어났다. 나는 영국에서 네이딘과 휴가를 보냈는데, 우리 사이는 더없이 좋았다. 나는 정말로 행복한 나머지 아예 영국으로 이사해서 패트리샤 이모와 함께 지낼까도 생각했지만 그건 꿈이었다. 왜냐하면 나의 삶과 회사, 모든 성취는 미국이었기에 가능했으며 내가 있어야 할 곳도 미국이라는 걸 부정할 수 없었기 때문이다. 그래서 어쩔 수 없이 미국으로 돌아왔고 대니와 엘리엇 그리고 다른 친구들의 영향으로 내 마약 습관은 다시 돌아왔다. 허리 통증이 심해짐에 따라 오히려 마약의 강도가 더 세졌다.

교사로 있다가 은퇴한 패트리샤 이모는 예순다섯 살에 이혼했으며, 정부의 모든 것을 경멸하는 철저한 무정부주의자였다. 게다가 나는 아무 의심 없이 이모를 믿었다. 이모는 국가와 법이라는 장애물을 넘어 스위스로 돈을 옮기는 일을 도와달라고 하면 당장이라도 스위스행 비행기에 오를 것이 확실했다. 여유는 없었지만 자존심이 매우 강한 이모는 내가 만날 때마다 1년은 넉넉히 쓸 수 있을 정도의 용돈을 드리려 해도 번번이 거절했다. 하지만 나를 도와주는 대가로 돈을 드릴 명분까지 생기게 된다. 노후를 풍요롭게 즐기게 해줄 수 있으니 참으로 멋진 생각 아닌가? 제2차 세계대전이라는 험난한 시기에 성장했고, 지금도 교사의 박봉으로 마련한 조그만 집에서 그럭저럭 살고 있으니 삶을 즐긴다는 것은 생각지도 못할 것이다. 그나마 연금으로 받는 돈으로는 두 손자 치다꺼리 정도밖에 안 되었다. 앞으로 좀 더 여유로운 삶을 누리도록 도와줄 수 있다는 생각만으로도 마음이 따뜻해졌다.

혹시 미국 정부 관리가 패트리샤 이모 집을 찾아와 뭔가 물어보려고 한다면 "양키 놈들아! 엉덩이를 걷어차버리기 전에 돌아가!" 하며 대차게 나갈 이모를 생각하니 저절로 웃음이 나왔다.

"뭐가 그렇게 행복해, 조던? 미팅은 시간 낭비였을 뿐이야. 그리고 내게는 슬픔을 달래줄 퀘일루드가 한 알도 남아 있지 않다고. 그런데도 뭐가 그렇게 즐거운 거야?" 대니가 영문을 몰라 하며 물었다.

나는 미소 지으며 말했다. "몇 시간 후 소렐을 만나기로 했어. 몇 가지 더 확인할 것도 있고. 난 해법을 찾은 것 같아. 호텔로 돌아가거든 자넷에게 전화해서 내일 아침 이곳에 비행기를 준비시키자고. 그리고 도체스터호텔도 예약해 두라고 해야겠어. 우리는 내일 런던으로 갈 거야, 친구! 런던으로."

14 국제적 알리바이

세 시간 후 르 리치몬드의 자뎅 레스토랑에서 나는 소렐의 맞은편에 앉아 있었다. 테이블이 기가 막히게 멋졌고, 잘 정돈된 은접시와 명품 도자기 그릇들이 풀을 잔뜩 먹인 새하얀 식탁보와 잘 어울렸다. 정말 근사하고 엄청 비싸 보였다. 하지만 내부 장식은 호텔과 마찬가지로 내 취향과는 거리가 있었다. 분명 1930년경의 아트데코였는데, 아마 그때 마지막으로 레스토랑을 수리했을 것이다.

썩 훌륭하지 않은 내부 장식과 장시간의 비행기 여행에서 온 피로로 컨디션은 별로 좋지 않았지만 업무 파트너는 아주 훌륭했다. 소렐은 스위스 여자들이 얼마나 섹스를 좋아하며 그녀들의 섹스 기술이 얼마나 예술적인지 열심히 설명했다. 소렐의 설명에 따르면, 그녀들을 유혹하기는 손바닥 뒤집기만큼이나 쉬워서 미니스커트에 강아지를 데리고 거리를 산책하는 여자들 가운데 그저 대상만 물색하면 된다고 했다. 이런 얘기를 대니가 함께 들었다면 귀를 쫑긋하고 좋아했겠지만 아쉽게도 나 혼자였다. 오늘 얘기할 내용이 워낙 불법적이어서 그 범죄에 관련이 있더라도 제3자가 모의에 가담하는 것은 그만큼 위험하다고 판단했기 때문이다. 이 또한 알 에이브럼스의 충고에 따른 결정이었다. "두 명은 범죄를 모의하지만 세 명은 음모를 꾸민다."

나만 이곳에 와 있자니 혼자 있는 대니가 신경 쓰였다. 그는 외국에서라면 특히 혼자 둘 수 없었다. 혼자 있으면 뭐든 장난을 꾸미고 제멋대로 하게 내버려두면 나쁜 일이 일어날 것이 거의 확실했다. 유일하게 다행인 점은 이 나라에서 대니가 할 수 있는 일이 강간이나 살인 외에는 거의 없다는 것이었다. 그런 일은 내 맞은편에 있는 저 남자가 전화 한 통 거는 것으로는 해결할 수 없었다.

"대개 우리 은행 건너편 메트로폴호텔Métropole Hotel로 데려가서 즐기죠. 그런데 이 즐긴다는 말의 의미가 참으로 훌륭하죠? 탈선과는 상관없는. 핵심을 제대로 찌를 만한 프랑스어가 없네요. 하지만 오해는 마시길. 요점은 제가 가능한 한 많은 스위스 여자를 침대에 눕히는 것을 금융업에 이은 두 번째 직업으로 삼았다는 것입니다." 소렐은 제비족처럼 어깨를 으쓱이며 부드러운 유럽 한량 같은 미소를 지었다. 그러고 나서 어깨를 으쓱하며 담배를 깊이 빨았다. 그는 담배 연기를 내뿜으며 "당신도 여자들에 대한 제 사랑을 이해하시죠, 그렇죠?"라고 말했다. 나는 웃으며 고개를 끄덕였다.

"아, 그거 아주 좋네요." 호색한이 말을 이었다. "아주 좋아! 카민스키에게 들으니 부인이 아주 미인이라더군요. 그런 아름다운 부인이 있는데도 이런 얘기에 관심을 보이는 건 믿기지 않지만 뭐 어때요, 그게 남자의 본성인걸. 우리 집사람도 아주 예쁘지만 멋진 여자를 보면 어쩔 수 없더군요. 그런데 스위스에는 멋진 여자들이 아주 많답니다. 우리 같은 능력 있는 남자라면 그런 특권을 누리는 게 당연하겠지요?" 그는 어깨를 으쓱했다.

맙소사! 내가 내 행동을 정당화하려고 나 자신에게 자주 해왔던 말이지만 다른 사람에게서 그런 말을 들으니 좀 한심해 보이는 것도 사실이었다.

"그렇지만 진정한 남자라면 스스로 자기 위치에 충실해야 할 때가 오지 않을까요? 내겐 지금이 그런 때인 것 같군요. 아내가 보고 싶으니."

소렐이 미간을 좁히며 신중하게 고개를 끄덕였다. "나도 그런 경우가 여러 번 있었죠. 그런데 당신도 그런 생각을 한다니 참으로 신뢰가 가는군요. 우리 인생에서 진정 중요한 게 무엇인지 생각하게 해주니까요. 결국 돌아갈 가족이 없다면 그 인생은 참으로 공허하겠지요? 그래서 그런 생각이 들면 가족에게 충실해졌다가 며칠 지나면 또 슬금슬금 빠져나가게 되더라고요. 그렇다고 오해는 하지 마세요. 나도 충분히 아내와 아이를 사랑하니까요. 그건 단순하게 내가 프랑스인이고, 프랑스 남자로서 그들을 심하게 원망하기 전에 한바탕 즐기는 것이 합리적으로 가능하다는 말입니다. 다만 가끔 집에서 떨어져 있을 때 남편으로서, 아버지로서 좀 더 충실해져야겠다고 느낄 수 있다는 게 요점이에요."

소렐이 재떨이에서 담배를 집어 물고 깊이 빨았다. 그리고 내가 기다리고 기다려도 그는 연기를 내뱉지 않았다. 와, 그거 정말 흥미롭군! 우리 아버지도 그렇게 하는 건 본 적이 없는데! 소렐은 연기를 내면화해 자신의 심연으로 흡수하는 것 같았다. 문득 스위스 남자는 미국 남자와 다른 이유로 담배를 피우는 것 같다는 생각이 떠올랐다. 그것이 스위스에서는 단순히 남자다운 쾌락에 참여할 자격으로 보이는 반면, 미국에서는 모든 경고에도 불구하고 끔찍한 악행을 저지르면서 스스로 해할 권리를 갖는 것과 관계가 있어 보였다.

이제 사업 얘기로 들어가야 할 때였다. "참, 스위스 계좌로 얼마를 보내고 싶은지에 대한 당신의 첫 번째 질문에 대답하겠습니다. 처음에는 약간의 금액, 즉 500만 달러 정도가 적당하다고 봅니다. 그래서 문제가 없다는 확신이 들면 다음에는 12개월 동안 2,000만 달러를 더 들여오는 것을 고려하겠습니다. 물론 당신네 은행이 송금해주는 방법이 있다니 그것도 좋지만, 나는 내 친구들을 이용할까 해요. 그들이 저를 위해 이 일을 해줄 것이라고 확신합니다.

하지만 걱정도 됩니다. 그중 하나가 카민스키에 관한 것인데, 만일 그가 나와 당신네 은행의 관계를 조금이라도 알게 된다면 이 일을 하지 않는 편이 낫다고 봅니다. 그러니

만일 그가 내 돈이 조금이라도 당신네 은행에 예치되어 있다고 의심한다면 거래를 완전히 깰 것입니다. 모든 계좌를 폐쇄하고 돈을 다른 곳으로 옮길 거예요."

소렐은 그 말에 전혀 동요하지 않고 냉담하게 말했다. "그런 걱정은 할 필요가 없습니다. 카민스키는 그런 사실을 모를뿐더러 만일 그가 조사하려고 한다면 그의 신상이 인터폴에 통보되어 즉각 체포될 겁니다. 우리 스위스의 비밀유지법은 당신이 생각하는 것 이상으로 엄격합니다. 아시겠지만 카민스키는 한때 여기에서 일했으니 누구보다 잘 알 겁니다. 그가 이번처럼 문제를 폭로하거나 그 문제에 참견한다면 교도소에 갈 수 있다고 한 건 농담이 아닙니다. 그는 교도소에 갇힐 테고 우리는 그를 버릴 테니까요. 그러니 카민스키는 마지막으로 제쳐둡시다. 만약 당신이 그를 계속 고용하겠다면 그건 당신이 결정할 일이죠. 하지만 그를 조심하세요. 그는 입이 가벼운 사람이니까요."

나는 그 말에 수긍하며 답했다. "알았습니다. 카민스키가 떠벌이라 약간 걱정되지만 내가 그를 고용한 또 다른 이유가 있습니다. 달러타임이라는 회사가 엄청난 적자에 시달리는데, 만약 다른 CFO를 영입한다면 그가 딴마음을 먹을 수 있겠죠. 그래서 잠자는 개는 그대로 내버려두자는 심정으로…. 하지만 지금은 달러타임보다 더 중요한 얘기가 있으니까 그냥 넘어가죠. 어쨌거나 카민스키가 내 계좌에 대해서는 전혀 모를 거라는 당신 말을 믿고 더는 걱정하지 않겠습니다."

소렐이 고개를 끄덕였다. "진정한 사업가답군요. 아마도 전생에 유럽에서 사업을 했을 것 같아요, 그렇죠?" 그는 좀 전과 달리 활짝 웃었다.

"고맙군요." 나는 약간 모호함을 담아 대답했다. "계좌를 개설하려면 내 여권이 필요하다고 했는데 그건 왠지 찜찜하단 말이에요."

소렐이 담배에 불을 붙여 길게 한 번 들이마셨다가 모사꾼처럼 내뱉으며 말했다. "조던, 이제야 당신의 철두철미한 성격을 알겠군요. 혹시 문제가 생기면 안 되니까 사소한 위험 요소라도 미리 없애자는 거죠?"

나는 말없이 고개를 끄덕였다. 몇 초간 침묵이 흘렀고, 소렐은 내 의구심을 말끔히 해결해야만 한다는 걸 깨달았다. "좋습니다." 그가 어깨를 으쓱하며 말했다.

"사실 은행에서 얘기했던 것들은 대부분 헛소리예요. 모두 카민스키나 다른 이들에게 도움이 되는 것들이지요. 알고 보면 우리도 합법적인 선에서 움직일 수밖에 없으니 당신에게 여권을 요구하지만 숫자로 만들어진 계좌에 당신 이름이 연동되어 있다는 건 당신에게는 자살행위나 마찬가지입니다. 그러니 그건 바람직하지 않죠. 다만, 우리 은행에 당신 이름으로 계좌를 만들어 모든 사람이 알 수 있게 하는 건 반드시 필요합니다. 무슨 말이냐고요? 그건 미국 정부가 당신의 통화 기록을 조회한다면 우리 은행에 전화한 사실도 알게 될 테고, 그렇다면 합당한 이유가 있어야겠죠. 아시다시피 스위스 은행에 계좌를 개설하고 돈을 예치하는 것 자체는 불법이 아닙니다. 그러므로 당신이 반드시 해야 할 일은 우리 은행에 약간의 돈, 한 25만 달러 정도를 예치하는 겁니다. 그러면 우리는 당신 돈으로 유럽 내 최고 우량회사의 주식을 사놓는 거죠. 이렇게 함으로써 당신이 우리 은행에 접근한 충분한 이유가 되는 겁니다."

정말 그럴싸한 얘기였다. 사실 그럴듯한 진술거부권은 화이트칼라 범죄에서는 국제적으로도 반드시 필요한 일종의 알리바이였다.

나는 왼쪽 다리에 점점 심해지는 통증을 느끼면서도 무덤덤하게 말했다. "무슨 뜻인지 알았습니다. 하지만 내가 어느 정도 철저한지는 모를 겁니다. 내가 우리 집에서 이곳에 전화를 몇 번이나 했을까요? 단 한 번도 하지 않았다면 믿겠어요? 이곳에 전화를 한 건 브라질이었어요. 그것도 공중전화였죠. 그래서 말인데 계좌 개설은 나와 성이 다른 친척을 이용하려고 합니다. 아내의 이모인데 영국 국적이죠. 저는 내일 영국으로 갔다가 모레 계좌 개설을 위해 함께 올 겁니다."

소렐이 고개를 한 번 끄덕이더니 말했다. "그 여인을 전적으로 믿는 것 같군요. 그렇다면 문제없습니다. 우리도 만약 당신에게 그런 사람이 없다면 100퍼센트 믿을 수 있는 조세피난처의 농부들을 소개해주려고 했어요. 대부분 맨섬

Isle of Mann의 농부나 목동인 그들은 당신 계좌에 접근할 권한이 박탈되었으니 전혀 위험 요소가 없죠. 당신이 확실히 믿는 친척이 있다니 그렇다면 됐습니다.

하지만 좀 더 확실한 대비책을 위해 롤랜드 프랭크Roland Franks를 소개하겠습니다. 그는 서류작업 전문가이며 그 분야 최고 권위자입니다. 필요하다면 주식매도증서, 재정보고서, 주문서, 중개확인서 등 모든 합법적인 서류를 만들 수 있죠. 우리는 그를 신탁전문가라고 부르는데, 그가 무기명 회사를 설립하도록 도와줄 겁니다. 상장사 주식의 5퍼센트 보유 규정 위반을 감시하는 정부의 눈을 피하려고 잘게 쪼갠 무기명 회사채 형태로 서식을 만들어주는 등 국내외를 불문하고 당신에게는 도움이 많이 될 겁니다."

자금세탁을 할 수 있도록 이런 수직화된 서비스까지 마련하고 있다니 신기했다. 사람들이 왜 스위스의 금융시스템을 선호하는지 알 것 같았다. 롤랜드 프랭크는 합법적인 알리바이를 갖추는 데 필요한 모든 서류를 만들고 위조할 수 있다고 했다. "그 사람을 만나고 싶습니다. 모레 약속을 잡아주십시오."

소렐은 고개를 끄덕이며 말했다. "알겠습니다. 롤랜드 프랭크 씨는 당신네 정부의 법규를 위반하지 않으면서도 당신이 바라는 만큼의 돈을 스위스 계좌로 송금하고 또 재투자하는 등 한층 더 전략적인 방법을 안내할 겁니다."

"예를 들면요?" 나는 단도직입적으로 물었다.

"글쎄요. 방법이 많지만 가장 일반적인 것은 비자카드나 아멕스카드 등 계좌에 연계된 신용카드를 발급하는 거죠. 카드로 구매하면 계좌에서 자동으로 대금이 빠져나가는 거예요." 그는 미소 지으며 말했다. "카민스키가 그러는데 당신은 신용카드에 꽤 많은 돈을 지출한다면서요. 그러면 이 방법이 유용한 도구가 될 것입니다."

"그럼, 그 카드 명의자는 저로 해야 하나요? 영국에서 데려오려는 이모로 해도 괜찮나요?"

"그건 당신 명의라야 하지만 이모님 명의로 따로 하나를 더 발급해서 함께 쓰는 게 좋습니다. 하지만 그녀가 매달 적은 금액만 소비하도록 하는 것이 현명한 방법입니다."

나는 무슨 말인지 이해되었다. 패트리샤 이모가 매월 카드를 사용한다면 그 계좌는 실제로 그녀 것임을 뒷받침해준다. 하지만 또 다른 문제가 생각났다. 즉 카드가 내 명의로 되어 있는 경우 FBI가 내가 쓴 카드의 서명을 확인하면 꼬리가 밟힐 수 있었다. 그런데도 소렐이 그런 단순한 방법을 추천한다니 좀 이상했다. 하지만 그런 생각은 마음속으로만 간직한 채 넌지시 물었다.

"내가 돈을 좀 헤프게 쓰는 습관은 있지만 그렇게 과하지는 않아요. 그렇지만 우리가 생각하는 규모는 최소 수백만 달러가 되는데 미국에서 이미 통용되는 직불카드 방식으로는 금방 추적되지 않을까요? 큰 금액도 문제없는 방법을 생각해야 할 것 같은데요."

"물론 그렇지요. 그렇다면 다른 방법으로는 집을 담보로 한 모기지 제도를 활용할 수 있습니다. 그건 롤랜드 씨에게 무기명사채를 만들게 하고 당신의 스위스 계좌에 있는 돈을 그 회사 계좌에 투자 명목으로 옮긴 다음, 공식적인 모기지 서류를 만들어 그 서류에 서명함으로써 모기지 대출을 합법적으로 받는 방법이에요. 이 방법은 두 가지 이점이 있는데 첫째, 투자금에 대해 이자를 받을 수 있습니다. 요즘 롤랜드 씨는 영국령 버진군도British Virgin Islands를 선호하는데, 버진군도는 소득세가 없고 서류도 까다롭지 않습니다. 둘째, 미국 내에서 절세를 할 수 있는데, 미국 금융법상 모기지론 이자는 공제 대상입니다."

참으로 현명한 방법이었지만 직불카드보다 더 위험해 보였다. 내 집을 모기지 담보로 제공하면 그 기록은 올드브룩빌Old Brookville 시청에 남게 되고 FBI가 추적하면 외국 회사가 대출원이라는 것은 쉽게 알 수 있기 때문이다. 얘기를 진행하면 할수록 스위스 계좌에 돈을 보내고 조사를 받지 않도록 보호하는 일은 쉽지만 그 돈을 합법적으로 미국으로 되가져오는 것이 어렵다는 사실을 알게 되었다.

"영국에서 모셔오는 숙녀분은 이름이 어떻게 되지요?" 소렐이 물었다.

"패트리샤. 패트리샤 먼로예요."

소렐이 의미심장하게 웃음을 지으며 말했다. "참으로 적합한 이름이군요. 그런 이름을 가진 사람이라면 법을 어기지는 않을 것 같은 인상을 주니까요."

한 시간 후 소렐과 나는 엘리베이터를 타고 호텔 4층에서 내려 대니 방 앞으로 걸어갔다. 로비와 마찬가지로 복도의 카펫이 칙칙한 게 영 마음에 들지 않았지만 진한 밤색 문은 반짝반짝 멋진 모양을 자랑하고 있었다. 이중적 매력이 있다는 생각이 들었다. 아마도 구식이 주는 매력일 것이다. 대니 방 앞에 이르렀을 때 소렐에게 말했다.

"대니는 놀기를 무척 좋아해요. 그러니 그가 약간 비뚤어진 모습이어도 놀라지 마세요. 아까 스카치위스키 마시는 걸 봤는데 지금쯤이면 피곤해서 일찍 잘지도 모르겠네요. 평소 성격은 매우 치밀하고 머리도 잘 돌아가죠. 그의 좌우명이 '남자애들과 사귀면 남자애들과 잠에서 깨야 한다.'인데 무슨 말인지 아시겠죠?"

소렐이 활짝 웃으며 말했다. "아! 물론이죠. 그런 철학을 가진 사람이라면 존경할 수밖에 없지 않겠어요? 유럽인의 사고방식과 일맥상통하는 면도 있고. 나는 육체적 쾌락에 대한 욕망으로 다른 사람을 판단하는 마지막 사람이 될 겁니다."

하지만 열쇠로 방문을 열고 들어가니 대니는 알몸으로 호텔 바닥에 등을 대고 누워 있고 그 위에 역시 알몸인 여자 네 명이 제각각의 자세로 얽혀 있었다. 하나는 가슴으로 대니의 코를 간질이고 있었고, 다른 하나는 허리 위로,

또 다른 여자들은 독수리처럼 팔을 쭉 펼치고 여기저기를 쓰다듬고 만지고 난장판이었다. 그들은 우리는 아랑곳하지 않고 평소처럼 격렬하게 섹스를 하고 있었다.

나는 소렐에게 시선을 돌려 그를 잠시 보았다. 그의 머리는 한쪽으로 꺾이고 오른손은 마치 이 추잡한 장면에서 각 여자들의 역할이 무엇인지 이해하려는 듯 생각에 잠겨 턱을 문지르고 있었다. 그러더니 갑자기 눈을 가느스름하게 뜨고 느리게 고개를 끄덕이기 시작했다.

나는 버럭 소리를 질렀다. "대니, 도대체 뭐 하는 짓이야? 이 미친놈!"

대니는 오른팔을 움직여 여자들을 밀치고 천천히 일어나 웃음을 지으려는 것 같았지만 얼굴이 거의 굳어 일그러져 보일 뿐이었다. 손에는 코카인이 들려 있었다. "츠크럼을 짜고 이써쓰어." 대니가 꽉 다문 입술로 뭐라고 말했다.

"뭘 한다고? 무슨 말인지 하나도 못 알아듣겠어."

대니가 심호흡을 하며 정신을 가다듬으려 애쓰는 것이 보였다. 그러더니 스타카토로 탁탁 끊어서 말했다. "나는… 나는…크루…크루…!"

"도대체 무슨 소리를 하는 거야?" 나는 중얼거렸다.

그러자 소렐이 끼어들었다. "아, 그렇군요! 지금 럭비게임을 하고 있지 않습니까? 저런 복장은 본 적이 없지만 럭비는 프랑스에서도 아주 인기가 많지요. 게임이 아주 재미있어 보이는군요. 그런데 조던, 어서 가서 이모님께 미리 얘기해두어야죠. 내일 런던으로 간다면 준비해야 하지 않겠어요? 그동안 나는 친구분을 맡을게요. 정말 신사분인지 아닌지, 사업 파트너로 적당한지 아닌지 얘기도 해보고 말이죠."

나는 고개를 끄덕이고는 침대 위에 있던 퀘일루드와 코카인을 변기 안에 던져넣고는 그들을 남겨둔 채 내 방으로 갔다.

잠시 후 침대에 비스듬히 누워 내 삶에서 미친 짓을 생각하는 나를 발견하고는 공작부인에게 전화하고 싶은 강한 충동을 느꼈다. 시계를 보니 오후 9시 30분이었다. 뉴욕 시간으로 새벽 4시 30분인데 이 시간에 전화해도 될까? 공작부인은 잠이 많았다. 하지만 뇌가 질문에 대답하기도 전에 이미 전화를 걸고 있었다.

벨이 몇 번 울리자 공작부인이 전화를 받았다. "여보세요?"

미안함에 기어들어가는 목소리로 말했다. "여보, 나야. 이렇게 이른 시간에 전화해서 미안해. 하지만 내가 당신을 얼마나 사랑하는지 말하고 싶었어."

"오, 나도 사랑해요. 그리고 지금은 오후인걸요. 시간을 거꾸로 계산했나봐요."

"그래? 흠흠. 그렇군. 어쨌든 보고 싶어 죽겠어. 당신은 전혀 모르겠지만."

"아, 정말 다정하기도 하지." 매력적인 공작부인이 말했다. "지금 당신이 우리와 함께 집에 있었으면 좋겠다고 채니와 얘기하던 중이었어요. 언제 와요?"

"최대한 빨리 갈게. 하지만 내일 런던으로 패트리샤 이모를 만나러 가야 해."

"왜요?" 공작부인이 약간 놀란 목소리로 물었다. "이모는 무슨 일로 만나러 가요?"

갑자기 이 얘기를 전화로 하면 안 된다는 생각이 들었다. 그리고 공작부인이 가장 좋아하는 이모를 돈세탁범으로 끌어들이게 되는구나 하는 생각이 떠올랐다. 그래서 나는 그 골치 아픈 생각을 접어두고 "아니, 아니, 그런 뜻이 아니야. 런던에 다른 볼일이 있는데 가는 길에 들러서 저녁 식사나 함께하려고."

"아! 그렇군요." 공작부인이 즐거운 듯 대답했다. "패트리샤 이모 만나거든 안부 전해줘요. 알았죠?"

"알았어, 여보." 그리고 잠시 멈추었다가 말했다. "그런데 여보!"

"왜요?"

나는 무거운 마음으로 말했다. "모든 점에서 미안해."

"무엇 때문에, 여보? 뭐가 미안해요?"

"모든 게. 무슨 말인지 알지? 내가 갖고 있던 약은 모두 변기에 던져버리고 비행기에서 내린 후 한 알도 입에 대지 않았어."

"정말요? 허리 통증은 괜찮아요?"

"그렇게 좋지는 않아. 사실 정말 아프긴 한데 그렇다고 언제까지고 마약 신세를 질 수는 없잖아. 지난번 수술한 이후 더 나빠진 것 같아. 하루 종일 아프더니 밤에도 그래. 어쩌면 알약 때문에 더 나빠지는 걸지도 모르겠어. 이제 진짜 모르겠다니까. 돌아가면 플로리다에 유명한 의사가 있다니까 가봐야겠어."

"잘될 거예요, 여보. 걱정 말아요. 내가 당신을 얼마나 사랑하는지 알죠?"

"그럼, 알고말고! 그런데 나는 그보다 두 배는 더 사랑한다고. 돌아가면 정말 훌륭한 남편이 될 거야. 잘 지켜봐, 알았지?" 나는 약간 거짓말을 섞어서 말했다.

"당신은 이미 훌륭한 남편이에요. 허리도 안 좋은데 이제 그만 자고 최대한 빨리 안전하게 돌아와요, 알았죠?"

"알았어. 정말 무지 사랑해."

전화를 끊고 엄지손가락으로 허리부터 다리까지 도대체 어디서 통증이 시작되는지 눌러봤다. 하지만 정확히 알 수 없었다. 할 수 없이 통증이 잦아들기를 바라며 심호흡을 하고 몸을 눕혔다. 마른하늘에서 강력한 번개가 내리쳐 아내의 미운 강아지를 태워 죽여주었으면 하고 생각하다가 여행의 피로감이 온몸을 짓눌러 나도 모르게 잠들어버렸다.

15 참회왕

  히드로공항! 런던! 날씨와 음식과 서비스를 제외하면 내
가 세상에서 가장 좋아하는 도시였다. 날씨는 유럽 최악,
음식도 유럽 최악, 서비스도 유럽 최악이었지만 영국 사람
들은 참으로 사랑스러웠다. 면적은 오하이오주 정도에 자
연자원이라고는 몇십억 파운드의 석탄뿐이었지만 전 세계
를 두 세기에 걸쳐 지배한 저력이 있는 나라였다.

  그리고 만약 그것으로 충분하지 않다면, 인류 역사상 가
장 오래 지속된 사기극을 영속시키려고 엄선한 몇몇 영국
인의 놀라운 능력에 경외심을 느껴야 했다. 충성심! 그것은
역대 가장 멋진 사기였고, 영국 왕족들은 그것을 제대로 해
냈다. 어떻게 서민 3,000만 명이 믿을 수 없을 정도로 평범
한 사람들을 숭배하고 그들의 일거수일투족을 경외심과 경
이로움으로 따라갈 수 있었는지 정말 놀라웠다. 훨씬 더 놀
라운 사실은 3,000만 명이 스스로 '충성스러운 신민'이라고
부르며 이리저리 떠벌리고 다닐 만큼, 그리고 엘리자베스
여왕Queen Elizabeth이 실제로 똥을 싸고 자기 엉덩이를 닦았

다는 것을 상상할 수 없다고 자랑할 만큼 어리석었다는 것이다.

그러나 실제로는 이 모든 것이 중요하지 않았다. 다만 패트리샤 이모가 이 영광스러운 영국 땅에서 태어났으며, 대영제국의 가장 가치 있는 사람이라는 사실이 중요했다. 영국 세관을 통과하면 이모를 곧 만날 수 있을 것이다. 6인승 리어55 비행기가 히드로공항에 도착했을 때, 나는 대니에게 비행기 엔진 소리보다 더 큰 소리로 말했다. "나는 미신을 꽤 믿는 편이야. 그래서 말인데 대니, 이륙할 때 말했던 대로 착륙할 때도 자넨 정말 미친놈이란 말을 해야만 이번 여행이 성공할 것 같아."

대니가 어깨를 들썩거리며 투덜댔다. "그건 칭찬으로 들리는군. 하지만 퀘일루드 몇 알을 남겨놓았다는 걸 알았을 때도 그다지 놀라지 않은 것 같던데?"

나는 머리를 가로저으며 말했다. "자네가 그러리라는 걸 알았지. 그리고 그 사실을 알고서야 내 판단력이 쓸 만하다고 느꼈으니 고맙지."

대니가 웃으며 손바닥을 쳐들고 소리쳤다. "이봐, 친구 좋다는 게 뭐야."

그 말에 나는 쓴웃음을 지으며 맞받았다. "이제 마약은 없겠지? 이번 입국심사장은 무사히 통과하고 싶다고!"

"난 깨끗해. 네가 깡그리 변기에 버렸잖아." 대니가 스카우트 대원처럼 오른손을 들며 말했다. 나는 이렇게 덧붙였다. "난 그저 네가 지금 이 쓰레기 같은 일에 잘 협조해주면 좋겠어."

대니가 "그러지."라고 자신 있게 대답했지만 마음속으로는 확신할 수 없었다. 솔직히 완전히 믿기는 힘들었지만 대니가 퀘일루드 몇 알쯤 감춰놓지 않은 게 약간 실망스러웠다. 왼쪽 다리가 아직도 나를 아프게 했기에 정신이 맑아 기분은 좋으면서도 퀘일루드 한 알이 참으로 아쉬웠다. 내가 마지막으로 퀘일루드를 먹은 지는 이틀이 넘었으니 그걸 먹으면 얼마나 좋은지는 상상만 해야 했다.

나는 심호흡 한 번으로 아쉬움을 애써 달래며 대니에게 말했다. "그냥 약속만 기억해. 영국에 있는 동안 창녀는 절대 안 돼. 이모님 앞에서는 좋은 모습만 보여야 한단 말이야. 그분은 워낙 예리해서 자네가 못된 짓을 하면 바로 안다고."

"근데 내가 왜 반드시 같이 만나야 하지? 당신에게 무슨 일이 생기면 신이 막아줄 거라고 이모님에게 전해줘. 신은 내 부탁을 들어줘야 하거든. 난 차라리 북적대는 런던 거리를 돌아다니며 수제 양복이나 한 벌 사든지 킹스크로스 King's Cross를 구경하는 게 좋을 것 같은데." 그가 내게 윙크를 했다.

킹스크로스는 런던의 대표적 창녀촌인데, 20파운드면 늙은 창녀를 상대로 싸구려 섹스를 즐길 수 있었다. "아주 웃긴다, 대니. 안됐지만 여기엔 너를 돌봐줄 소렐도 없어.

아예 보디가드를 한 명 구해줄까?" 정말 놀라운 아이디어였고 나는 정말 그러고 싶었다. 하지만 대니는 내가 나사를 풀어버린 것처럼 손을 흔들어 날렸다. 그러고는 "보디가드 따위는 필요 없어."라고 소리쳤다. "조던, 나는 목숨이 아홉 개인 고양이거든!"

나는 고개를 저으며 눈을 부라렸다. 하지만 내가 뭘 할 수 있을까? 그는 성인 남자이다. 음, 그렇기도 하고 아니기도 하지만. 그나저나 몇 시간 뒤면 패트리샤 이모를 만날 텐데, 항상 조용한 미소로 편안하게 만들어주는 이모를 만난다는 반가움이 나를 들뜨게 했다.

패트리샤 이모는 나와 팔짱을 끼고서 나무가 늘어선 런던 하이드파크Hyde Park의 좁은 길을 산책하며 "언제 우리의 멋진 모험이 시작되는 거지?"라고 물었다.

나는 따뜻한 미소로 이모를 바라보며 런던의 시원한 공기를 깊이 들이마셨다. 이 순간은 완두콩수프 한 그릇보다 더 진하게 느껴졌다. 내가 보기에 하이드파크는 급성장하는 대도시에 둘러싸인 작은 천국이라는 점에서 뉴욕 센트럴파크Central Park와 무척 닮았다. 그래서인지 고향에 온 듯한 느낌이었다. 아침 10시, 안개 속에서도 저 높은 곳에서 내리비치는 햇살이 널따란 공원의 높이 뻗은 나무와 숲을 가로지르는 말 산책로를 마치 그림엽서에 나오는 수채화처럼 완벽하게 살려주었다. 공원은 쓰레기 하나 없이 깨끗한 콘크리트 포장도로로 구불구불하게 연결되어 내 취향에 꼭 맞았다. 그 구불구불한 길 위를 나와 패트리샤 이모가 걷고 있었다.

패트리샤 이모로 말하자면 전원생활 잡지의 표지모델처럼 꾸민 아름다움이 아닌, 인생을 우아하게 살아온 깊은 아름다움과 잔잔한 향기를 간직한 여인이었다. 그런 내면의 아름다움은 절제된 몸짓과 구사하는 말투에서 은은하게 흘러나와 마치 깨끗한 샘물과 깊은 산속의 상쾌한 공기처럼 마음을 편안하게 만들어주었다.

하지만 겉모습만 보면 지극히 평범한 여인이다. 나보다 약간 작은 키에 마른 몸매, 어깨까지 내려온 은갈색 머리칼과 푸른 눈동자, 창백할 정도로 하얀 뺨은 특히 기나긴 청소년기를 나치 폭격을 피해 지하 대피소에서 지낸 여인의 인생 역정을 보여주는 듯했다. 이모는 웃을 때마다 앞니 사이의 작은 틈이 드러났는데, 특히 우리 둘이 함께 있을 때 그랬다. 오늘 아침에는 금색 버튼으로 장식된 크림색 블라우스에 체크무늬 스커트와 재킷을 입었는데, 고급스럽지는 않아도 고상한 품위가 느껴졌다.

"가능하면 내일이라도 스위스로 가면 좋겠지만 이모님 편할 대로 하겠습니다. 여기에서 할 일도 있으니 기다릴 수 있어요. 자가용 비행기는 히드로공항에 대기시켜뒀으니 한 시간 이내에 그곳에 갈 수 있죠. 일이 끝나면 하루쯤 관광과 쇼핑도 하시고요."

그리고 잠시 침묵한 뒤 나는 이모의 풀죽은 눈을 똑바로 보며 말했다. "이모님, 다시 한번 말하지만 적어도 한 달에 1만 파운드는 용돈으로 쓰겠다고 약속해주세요."

그러자 이모가 걸음을 멈추고 내 팔에 끼었던 팔짱을 풀며 나를 부드럽게 쳐다봤다. "조던, 고맙지만 나는 그 큰돈을 어디에다 써야 하는지도 모르고, 필요한 건 모두 있으니 정말 필요 없단다, 정말로."

나는 다시 패트리샤 이모의 손을 잡고 걷기 시작했다. "이모님은 물론 필요한 모든 것을 가지고 있겠지요. 하지만 제가 볼 때는 그렇지 않아요. 먼저 차부터 한 대 사서 2층 버스를 타고 다니는 고생도 이제 그만하시고, 좀 더 큰 아파트로 이사해서 콜럼Collum과 애뉴스카Anushka가 오면 자고 갈 수 있게 각각의 방을 만들어준다면 아이들이 얼마나 좋아하겠어요?"

잠시 말을 멈추었다가 다시 이어나갔다. "아마 몇 주 후면 스위스 은행이 이모님 앞으로 아멕스카드를 발급할 거예요. 그러면 모든 지출을 그걸로 하세요. 원하는 만큼 쓰실 수 있어요."

"그런데 누가 그 엄청난 비용을 대주지?" 이모가 혼란스러워하며 물었다.

"은행이 해줄 거예요. 그리고 제가 말했듯 그 카드는 한도가 없어요. 이모님이 카드를 쓸 때마다 저는 정말 기쁠 거예요."

패트리샤 이모는 미소를 지었고, 우리는 아무 말 없이 그렇게 걸었다. 하지만 그 침묵은 불편한 침묵이 아니라 두 사람 사이의 완벽한 교감에서 비롯된 편안한 침묵이었다. 이모 옆에서는 놀라울 정도로 마음이 편안해졌다.

내 왼쪽 다리는 이제 언뜻 나아진 듯했지만, 그건 패트리샤와 별 관계가 없는 일이었다. 걷거나, 테니스를 치거나, 역기를 들거나, 심지어 골프채를 휘두르거나 하는 모든 종류의 활동이 고통을 줄여주는 것처럼 보였는데, 내 척추에 가해지는 분명한 스트레스를 생각하면 골프가 그렇다는 게 오히려 이상하게 느껴졌다. 하지만 멈추는 순간 고통은 다시 시작되었다. 다리에 통증이 느껴지면 가라앉힐 방법이 없었다.

바로 그때 패트리샤 이모가 길가의 조그마한 나무 벤치를 가리키며 말했다. "우리 여기 좀 앉자꾸나." 벤치에서 이모는 내 옆에 앉아 부드럽게 말했다. "조던, 나는 너를 진짜 아들처럼 사랑한단다. 그래서 돈 때문이 아니라 네게 도움이 된다니 기꺼이 네 부탁을 들어주려는 거야. 너도 좀 더 나이가 들면 알겠지만 돈이란 그 가치보다 더 큰 불행도 가져다주지." 이모는 어깨를 으쓱했다. "오해하지 마. 나는 허황된 꿈속에서 신기루를 쫓아다니는 늙은이가 아니란다. 물론 돈이 중요하다는 것도 잘 알지. 영국인은 나치의 공격으로 완전히 폐허가 되어 당장 먹을 식량조차 없는 암울한 제2차 세계대전 와중에는 아무것도 확신할 수 없었어. 런던의 절반이 나치에 의해 엉망이 되어버렸고, 우리 미래는 불확실했으니까. 하지만 우리는 희망이 있었고 이 나라를 재건하려는 의지가 있었지. 그리고 그때 우연히 남편 테디를 만났단다. 아주 용감한 대영제국 공군 조종사였는데, 처음 세상에 선보인 해리어 전투기를 타고 나치와 싸웠지. 그의 별명은 '날아다니는 협탁'이었어."

이모는 미소를 지었지만 왠지 슬퍼 보였다. 나는 팔을 벤치 뒤로 뻗어 이모의 어깨를 부드럽게 감쌌다.

"그 사람은 책임감이 아주 강해서 높이 올라갈수록 자신의 지위에 대해 더 불안해하고 자신의 성과에 만족을 못 했어. 무슨 뜻인지 알겠니?"

나는 천천히 고개를 끄덕였다. 물론 이모의 생각을 완전히 알 수는 없었지만 성공적인 삶을 위해 가족을 내팽개쳐서는 안 된다는 정도로 이해했다. 지금 이모는 남편과 이혼하고 따로 살았다.

이모는 천천히 말을 이었다. "가끔 나는 네가 돈을 최고 가치로 생각하는 건 아닌지 궁금하단다. 네가 다른 사람들을 잘 부리려고 돈을 쓴다고 믿고 또 아무도 그걸 잘못이라고 하지는 않지. 하지만 나는 혹시라도 그 돈이 너 자신을 지배하게 될까봐 걱정스럽단다. 돈은 목수의 연장과 같아서 삶에 여유는 주지만 평화는 주지 못한단다. 물론 네 삶을 이래라저래라하려는 게 아니란 건 알지? 누구도 완벽할 수는 없으니까. 어쨌든 우리가 모의하는 범죄로 돌아가서 얘기하면 사실 아주 신나는 모험이 될 것 같구나. 이언 플레밍Ian Fleming[35] 소설의 주인공이 된 것 같은 착각마저 들고. 사실 국제적인 돈세탁 모의는 아슬아슬한 모험이라 나를 더 젊어지게 해줄 것 같거든."

나는 빙긋이 미소 지으며 부드럽게 웃었다. "이해할 수 있어요. 하지만 모험에는 골치 아픈 일들도 생길 수 있답니다. 그리고 이번 모험은 이언 플레밍 소설보다 더 흥미진진해요. 어쩌면 런던 경찰청에서 수색영장을 들고 들이닥칠 수도 있어요."

나는 패트리샤 이모의 눈을 똑바로 바라보며 진지한 말투로 말했다. "하지만 그런 일이 일어나면 제가 바로 달려와 이모님은 이 일에 전혀 관련이 없으며, 제가 여권만 복사해달라고 부탁했다고 할 겁니다." 물론 가슴속에서 우러난 단 한 점의 거짓도 없는 얘기였다. 결국 이 지구상의 어떤 기관도 이 순박한 할머니가 국제적인 돈세탁에 참여할 거라고는 믿지 않을 것이다. 상상도 하지 못할 일이니까.

이모는 유쾌하게 웃었다. "무슨 뜻인지 알겠으니 걱정하지 마라. 그리고 손자들을 부양하는 데 도움이 된다니 기쁜 일이지. 하지만 내가 국제금융 사기에 연루되어 감옥에 간다고 하더라도 손자들이 자기네들을 위해 한 일이니 기꺼이 면회는 오지 않겠니? 걔들이 나를 국제 은행사기범으로

---

35   007 시리즈의 저자

둔갑시킨 후였으니 말이야. 그렇게 생각하지 않니?" 이모
는 몸을 앞으로 숙이고 크게 웃었다.

나도 따라 웃었지만 속으로는 미안한 마음에 가슴이 쓰
라렸다. 농담이 아닌 일이 몇 가지 있었으니까 말이다. 그
건 단지 너무 운이 없었던 것이었다. 다 된 밥에 재를 뿌린
거나 마찬가지였으니까. 오래도록 그래왔다면 분명 일은
다 망쳐질 게 분명했다. 그리고 그 악운은 계속되었다.

하지만 패트리샤 이모가 그걸 어떻게 알까? 이모는 월스
트리트의 늑대를 만나기 전까지는 평생 법을 어긴 적이 없
었다! 내가 진정 합법적 진술거부권을 얻으려고 예순다섯
의 할머니를 돈으로 매수할 만큼 사악한 인물이었던가? 하
지만 곰곰이 생각해보면 그건 동전의 양면과도 같았다. 한
면은 선량한 할머니를 매수해 범죄로 끌어들여 위험에 빠
뜨릴 수 있다는 것이었다. 만약 일이 잘못되면 뇌졸중이나
다른 스트레스 장애를 일으킬 수도 있는 명백한 범죄가 된
다. 하지만 반대로 그녀가 부유하고 사치스러운 삶을 필요
로 하거나 원하지 않았다는 것이 결코 그녀에게 더 좋았다
고 할 수는 없지 않은가! 그 편이 더 나았다고 말이다!

많은 돈으로 풍요를 누리고 혹시 병이라도 걸린다면 최
상급 병원에서 가장 실력 있는 의사들에게 완벽한 치료를
받을 수 있다. 영국인이 말하는 '국민의 천국'이라는 개념
은 평등을 가장한 실질적 불평등 아닌가? 돈이 많은 부유
한 국민은 보통과 다른 특별한 의료서비스를 받을 수 있어

야 진정한 평등 아닌가? 게다가 영국인은 미국인만큼 탐욕스럽지 않을지도 모르지만 그렇다고 망할 공산주의자는 아니었다. 그리고 사회화된 의학, 매우 사회화된 의학은 공산주의자의 음모에 불과하다!

이모가 얻을 수 있는 또 다른 이점도 있다. 국제적 은행 사기라는 불법적인 사자의 소굴에 사랑스러운 패트리샤 이모를 고용하는 것에 대부분 찬성했다. 이모는 자신이 정교한 돈세탁 연결고리의 일부가 된다는 데 대한 엄청난 흥분감이 자신을 더 젊게 만들어줄 거라고 말했다. 아마도 다가올 몇 년 동안은 말이다! 이 얼마나 긍정적인 생각인가! 그리고 사실, 그녀가 정말로 곤경에 빠질 확률이 얼마나 될까? 나는 거의 없다고 보았다. 아마도 아예 없을 것이다.

이모가 말했다. "너는 두 가지 다른 대화를 동시에 하는 훌륭한 재능을 지녔어. 나와 하는 대화 하나와 너 혼자 들을 수 있는 자신과의 대화 하나 말이야."

나는 예의 바르게 웃어 보였다. 마치 벤치가 내 모든 걱정을 다 떠안아주기를 바라듯, 몸을 뒤로 기대어 맨 위의 나무 널빤지에 팔을 벌려 얹었다. "많이 봐두세요, 이모님. 그거 아세요? 제가 변기 물에 몸이 흠뻑 젖은 채 처음 만난 날 이후 저는 이모님이 세상에서 저를 가장 잘 이해해주는 분이라 믿어왔습니다. 아마도 저 자신보다 저를 더 많이 알고 이해하실 거라고 생각해요. 사실 저는 유치원 때부터 어린애답지 않게 뚜렷한 생각을 하면서 살아왔어요. 그때는 선생님이 질문하기도 전에 답을 알았거든요."

나는 말을 멈추고 이모의 눈을 똑바로 보며 말했다. "이건 제가 자랑하려는 게 아니고 단지 저를 좀 더 잘 이해하도록 솔직하게 말하고 싶어서 그러는 거예요. 그리고 나이가 들수록 또래보다 지능적으로 계속 앞서갔죠. 하지만 초등학교에 들어가자 이번엔 나 자신과 속으로 하는 대화가 하루 종일 시끄럽게 머릿속을 맴돌았어요. 물론 누구나 어느 정도는 자신과 속으로 대화하겠지만 저는 머리가 아플 정도로 많은 대화를 했다는 것이 다른 아이들과 다른 점이었어요. 또 저는 저 자신에게 끊임없이 질문했어요. 항상 생각하고 질문하고 대답하면서 내 행동이 어떤 결과를 불러올지 예측하려고 애썼죠. 아니, 좀 더 정확히 말하면 모든 일을 조종했다는 게 맞을 거예요. 마치 내 인생을 상대로 체스게임을 하는 것처럼 말이죠."

이렇게 말하면서 이모가 어떻게 반응하는지 살펴보았지만 이모는 빙긋 웃을 뿐 대답이 없었다. 하지만 그 침묵으로 전하는 메시지는 분명했다. "계속 얘기하렴!"

"그러다 일곱 살인가 여덟 살 때 끔찍한 공황발작을 일으키기 시작했어요. 그런 공포는 요즘도 느끼지만, 지금은 약을 먹어 잊어버리곤 하죠. 그 공포를 생각하는 것만으로도 끔찍했지만 천천히 그 강도는 약해졌어요. 마치 심장이 가슴팍에서 벗어나듯이 그 한순간이 영원한 것처럼 편안함과는 거리가 멀게 말이죠. 처음 이모님을 만났을 때 저는 바로 그런 상태였어요. 비록 코카인에 취하긴 했지만. 기억하세요?"

이모가 따뜻한 미소를 보이며 고개를 끄덕였다. 이모의 표정에는 어떤 비난도 담겨 있지 않았다.

나는 계속 말을 했다. "그리고 어렸을 때부터 뭔가를 성취하려고 쉬지 않고 노력했어요. 그때 시작된 불면증이 지금도 계속되고 오히려 더 심해졌지요. 작은 아파트에서 형과 방을 같이 쓰다 보니 아기처럼 잠자는 형의 얼굴을 보며 밤을 새우곤 했어요. 비록 지금은 형과 말도 안 하고 지내지만 저는 상상 이상으로 형을 사랑했어요.

어쨌든 저는 잠을 잘 수 없었기 때문에 밤이 무섭다기보다는 두려웠어요. 밤새 침대 옆에 놓인 디지털 알람시계를 쳐다보며 시간과 분을 곱했죠. 대부분 지루함을 달래려고 그랬지만 내 마음이 반복적인 무언가를 하기 원해서였기도 했어요. 여섯 살 때는 암산으로 네 자리 곱셈을 계산기보다 빠르게 할 수 있었어요. 진짜예요. 지금도 할 수 있고요. 당시 제 또래는 글을 읽지도 못했는데 말이에요! 하지만 그건 좋은 방법이 아니었어요.

밤이 되어 잠자리에 들 때면 공황발작이 올까 두려워 아기처럼 울었어요. 아버지와 어머니는 내 방에 들어와 나와 함께 누워 나를 진정시키려고 했지만 두 분 모두 다음 날 일을 해야 했으니까 밤새도록 같이 있을 수는 없었어요. 그래서 결국 혼자 온갖 생각을 하면서 밤을 새우곤 했지요.

해가 갈수록 그런 공포감은 사라졌지만, 그 지긋지긋한 불면증은 아직도 저를 괴롭혀요. 그래도 과거를 돌아보면 결코 채울 수 없는 구멍을 채우려고 노력하면서 살아왔다는 생각이 들어요. 하지만 노력하면 할수록 그 구멍은 더 커졌기 때문에 많은 시간을 쏟아부어야만 했죠."

그 후 말이 입안에서 계속 맴돌며, 마치 내 내면을 갈기 갈기 찢어발기는 듯한 느낌 속에서 갈피를 못 잡았다. 아마 인생을 온전한 상태로 유지하려는 처절한 노력이었을 것이다. 돌이켜보면 그곳은 나 같은 인간이 내면을 솔직히 털어내기에는 더없이 좋은 장소였다. 그곳에는 월스트리트의 늑대도 스트래턴 오크몬트도 없었다. 둘 다 저 바다 건너에 있었다. 자신을 너무 괴롭히고 자기 성공이 순식간에 파멸의 도구가 되어버린 조던 벨포트라는 겁에 질린 어린 아이만 있었다. 유일하게 궁금한 것은 내가 먼저 자살할 것인가, 아니면 그러기 전에 정부가 먼저 나를 잡아갈 것인가 하는 문제였다.

한번 시작한 고백은 쉼 없이 이어졌다. 모든 인간은 자기 죄를 남 앞에서 고백하는 본성을 타고났다. 종교도 그런 바탕 위에서 자라났으며, 모든 죄가 고백하면 용서된다는 믿음 속에서 제국도 만들어졌다.

어쨌든 그렇게 두 시간 동안 내 고백이 이어졌고, 그 고백으로 몸과 마음을 파괴하려던 사악함을 없애려고 몸부림쳤다. 우리 집이 가난하다는 사실을 처음 알았을 때의 좌절감과 다혈질인 아버지, 그리고 그런 아버지의 폭력에서 지켜주지 못한 어머니에 대한 분노를 솔직히 털어놓았다. 비록 어머니는 최선을 다해 나를 보호하려 했다는 걸 지금은 알지만 어린아이의 눈으로 보았을 때는 도저히 용서할 수 없었다는 것도 고백했다.

의사가 되는 것이 명예롭게 돈을 버는 유일한 길이라고 강조한 어머니를 사랑하고 존경했으며, 공립학교 6학년 때부터 마리화나를 피웠다는 사실도 고백했다. 의대 면접 하루 전날 마약에 취해 늦잠을 자는 바람에 의대 진학을 포기하고 치대에 갔던 일, 입학식 날 치과 의사들의 황금시대가 끝났으니 돈을 벌 생각이라면 지금 당장 여기를 떠나라는 총장의 연설을 듣고 그 자리를 박차고 나온 일을 얘기했다. 어떻게 정육과 생선 유통 사업을 하게 되었으며 전처 데니즈를 만나게 되었는지도 얘기했다. 얘기하다가 눈물이 왈칵 쏟아지기도 했다.

"우리는 너무 가난해서 샴푸 살 돈도 없었어요. 가진 돈을 다 날렸을 때는 아내가 날 떠날 것 같은 두려움마저 들었죠. 아내는 젊고 아름다웠지만 전 실패자였으니까요. 이모님과 다른 사람들이 어떻게 생각할지 모르지만 저는 여자에 대해서는 자신감이 없었어요. 하지만 정육 사업으로 처음 돈을 벌자 여자에 대한 자신감도 생겼지요. 그즈음 첫 번째 아내를 만났지만, 왠지 아내가 내 포르셰 때문에 나를 사랑한다고 느꼈어요. 그때만 해도 가난하게 자란 20대 초반 청년이 포르셰를 갖는다는 건 정말 어려운 일이었거든요. 데니즈를 처음 본 순간 저는 완전히 빠졌어요. 그녀의 아름다움에 가슴이 콩닥콩닥 뛰었죠. 그래서 그날 트럭을 몰고 데니즈가 일하는 미용실로 쫓아갔고 그 후 계속 쫓아다니며 전화번호라도 알려달라고 수없이 졸랐지만 계속 차이기만 했어요. 그러던 어느 날 이대로는 안 되겠다 싶어 집으로 가서 포르셰를 끌고 와서는 미용실에서 퇴근하는 그녀가 쉽게 볼 수 있는 곳에서 기다렸지요."

이 부분에서 이모에게 계면쩍은 미소를 지었다. "좀 황당한 얘기인데 이해하시겠어요? 어떤 자신감 있는 남자가 그런 짓을 할까요. 정말 죽도록 창피했어요! 어쨌든 아이러니한 건 내가 스트래턴 사업을 시작한 이래 미국의 모든 아이가 스물한 살까지 페라리를 소유하는 게 타고난 권리인 줄 안다는 거예요." 나는 어이없다는 듯 고개를 저으며 눈을 굴렸다.

이모가 미소 지으며 말했다. "그럼 이해하고말고. 그런데 예쁜 여자를 보고 집으로 가서 멋진 차를 몰고 온 건 네가 처음이 아니란다. 사실 여기에서 얼마 떨어지지 않은 곳에 로튼거리가 있는데 전에는 그곳에서 젊은 아가씨들이 봐주길 바라는 청년들이 말을 타고 어슬렁거리곤 했지." 그 말을 하면서 재미있었는지 이모가 깔깔거렸다. "네가 그 전설을 만든 게 아니거든."

나는 상냥하게 웃었다. "그건 그렇지만 저는 여전히 바보같이 느껴진다고요. 그 후 이야기는 말 안 해도 아시겠지요? 더 최악은 네이딘을 만난 후 데니즈와 이혼했는데, 모든 신문에 그 기사가 실렸다는 거예요. 데니즈에게는 정말 악몽과도 같은 일이었을 겁니다. 인기 절정의 젊은 모델에게 남편을 빼앗긴 스물다섯 살 이혼녀라니요. 신문마다 데니즈가 성적 매력을 잃어 젊은 아가씨에게 밀려났다는 식의 가십기사로 도배했죠. 데니즈는 여전히 젊고 아름다웠으니 다들 이상하다고 생각했지만 월스트리트에서는 돈을 벌면 조강지처와 헤어지는 게 남자들의 특권으로 받아들여졌지요. 그렇지만 이혼하고 재혼하는 동안 20대와 30대 인생이 곧장 40대로 넘어간 것 같은 기분이 들었어요. 20~30대 때 겪는 일과 그 일들을 해결하는 과정이 한 남자를 완숙하게 해준다고 하지만, 저는 그런 과정을 건너뛰었으니 어른 모습을 한 청년과 다를 게 없었지요. 그래선지 저는 가끔 하나님에게서 받은 재능을 옳게 쓸 수 있는 정신적 성숙이 부족하다고 느껴요.

하나님은 제게 통솔력과 사람들이 대부분 갖지 못한 통찰력을 주셨지만 절제력과 인내심은 주시지 않아 그 뛰어난 재능을 온전히 쓰지 못하는 것 같아요. 어쨌든 데니즈가 어디를 가든 사람들은 '오, 저기 밀러맥주 모델에게 밀려난 여자야.'라며 손가락질을 했어요. 제가 있는 곳이 월스트리트든 메인스트리트든 상관없었죠. 제가 한 짓은 절대 용서받을 수 없는 일이었어요. 어떤 일이 있어도 저와 함께해주던 착하고 예쁜 소녀를 버렸으니까. 진실을 말하자면 이모님, 거기에 상처를 받은 건 저였어요. 제가 한 짓은 절대 용서받을 수 없었기 때문이지요. 저는 영원히 지옥불에 타는 형벌을 받아 마땅해요."

나는 심호흡을 한 번 했다. 내가 이혼한 이유를 정당화하려고 데니즈의 잘못을 들추어내려 했지만 그럴수록 내가 잘못했다는 것만 더 뚜렷해졌고, 결국 약간 더 긴 다리와 조금 더 예쁜 얼굴 때문에 조강지처를 버린 나쁜 놈이라는 결론이 항상 나를 괴롭혔다.

"이모님, 물론 이 문제에서 중립적으로 되기는 어렵다는 걸 알지만 이모님이라면 그래 주실 거라 믿습니다. 저는 데니즈를 믿은 것과 달리 네이딘에게는 신뢰감이 안 생겨요. 앞으로 한 40년 같이 살고 나면 신뢰감이 생기겠지만 그건 너무나 먼 훗날이잖아요."

잠자코 듣던 이모가 말을 꺼냈다. "아니, 그건 그렇지 않아. 그런 상황에서라면 어떤 여자를 만나든 신뢰감을 갖기가 쉽지 않지. 그러니 너 자신을 더는 학대하지 마. 네이딘을 그런 시각에서 본다면 평생 달라지는 게 없을 거야. 결국 네가 이 모든 것을 자기충족 예언으로 바꿔버릴지도 몰라. 모든 일이 지나면 우리가 우주로 보냈던 에너지가 종종 우리에게 돌아와. 그게 보편적 법칙이지. 이와 별개로 다른 사람을 믿으려면 자기 자신을 먼저 믿어야 한단다. 너는 너 자신을 믿니?"

아, 이런! 그것은 정곡을 찌르는 질문이었다. 나는 그 질문에 대답하려고 했지만 도저히 할 수 없었다. 강력한 충격이 머리를 내리쳐 아무 생각도 나지 않았다.

"이모님, 허리 통증이 심해서 못 견디겠어요. 좀 걸었으면 좋겠어요. 호텔 쪽으로 가지요. 조금만 더 가면 길거리 연설대가 있죠? 누군가 연설대에서 영국 수상을 비난할지도 모르겠네요."

"그럴지도 모르지." 이모가 맞장구쳤다. 이모는 벤치에서 일어나 팔짱을 끼었다. 우리는 호텔 쪽으로 길을 따라 걸었다. 이모가 말했다. "누가 연설한다면 뭐라고 하는지 들어보자. 하지만 그다음에는 내 질문에 대답해야 해. 알았니, 조던?"

아! 그랬다. 내 본질을 꿰뚫고 있는 이모를 사랑할 수밖에 없었다.

"좋아요. 이모님, 좋다고요! 그 질문에 대한 제 대답은 '아니요'예요. 저는 형편없는 거짓말쟁이에다 사기꾼이고 오입쟁이입니다. 하루의 절반을 온갖 약물에 절어 지내며, 맨정신으로 있을 때조차 저 자신과 남을 끊임없이 속이지요. 이제 속이 후련하세요?"

이모는 거침없는 내 대답에 웃으며 일침을 놓았다. "오! 사랑하는 조던, 남자라면 누구나 오입쟁이라는 본성이 있단다. 네 장모도 그건 잘 알지. 그래서 어떻게 보면 네이딘은 좋은 것과 나쁜 것을 동시에 선택한 거야. 하지만 내가 정말 묻고 싶은 건 창녀가 아닌 다른 여자들과 잠자리를 한다거나 연정을 품는다거나 하는 거야."

나는 확신에 차서 대답했다. "아니요, 그건 아니에요." 그러면서 혹시 내가 거짓말을 하는 건 아닐까 싶어 기억을 더듬었다. 그래, 결코 그런 면에서 네이딘을 속인 적은 없었다. 이모님은 정말 내가 갈등하던 문제를 끄집어내 속 시원히 해결해주었다. 이 얼마나 놀라운 여인인가!

그래서 깊이 묻어두고 싶었던 얘기, 즉 허리 통증에 따른 만성적 고통이 나를 얼마나 미치게 만드는지 이야기했다. 몇 번 수술했지만 상황은 더 나빠졌고 결국 마약에 의지하게 되었다고 털어놓았다. 그 때문에 인생이 더 황폐해진다는 생각이 들어 해독제를 같이 먹지만 해독제가 속을 쓰리게 해서 이번에는 위장 보호제를 같이 복용하는데, 그 때문에 간 기능에 이상이 생겨 성욕 감퇴와 더불어 입이 마르는 증상이 생겼으며, 그 해결책으로 최음제와 교감신경 흥분제를 찾을 수밖에 없는 악순환에 빠졌다고 이야기했다. 그래서 결국 이런 부작용에서 가장 안전하고 허리 통증에도 효과가 좋은 퀘일루드를 다시 찾을 수밖에 없었고 매일 복용한다는 얘기도 털어놓았다.

내가 "이제는 약물에 완전히 중독되어서 허리 통증이 낫는다고 해도 약을 끊을 수 없을 것 같아요."라고 슬프게 말했을 때 우리는 막 길거리 연설대에 다다랐다. "이제 내가 기억도 하지 못하는 일을 하는 블랙아웃 증상이 나타나기 시작했어요. 정말 무서워요. 마치 내 삶의 일부가 사라져 버리는 것 같다고요. 하지만 중요한 건 제가 가진 퀘일루드를 변기에 쏟아버렸더니 이제는 제가 죽겠다는 거예요. 사실 비서한테 콩코드로 기사를 보내달라고 할까 생각 중이에요. 차에서도 퀘일루드를 먹을 수 있게요. 20개에 2만 달러 정도 할 거예요. 2만 달러나요! 그런데도 전 그걸 살 생각이나 하죠. 이모님, 저는 약물중독자예요. 저도 전에는 그런 사람들을 비난하기도 했지만 이제는 제가 약물 없이는 살아갈 수 없게 되었고, 누구도 막을 수 없어요. 게다가 그 때문에 돈을 버는 놈들은 저를 감언이설로 부추기기까지 해요.

이 지구상에서 가장 심한 기능장애를 가지고 사는 것 같아요. 성공한 실패자! 그걸 알면서도 중독에서 벗어날 수 있을지 자신이 없어요. 하지만 아내를 사랑하고, 제게는 삶의 전부인 딸까지 있어요. 물론 딸이 태어나면 마약을 끊겠다고 맹세했지만 그럴 수 없었고, 앞으로도 아주 오래 끊지 못할 것 같아요. 그래서 저는 챈들러가 자기 아빠가 마약중독자라는 사실을 알게 되면 무슨 생각을 할지, 혹시 교도소에라도 간다면 무슨 생각을 할지, 커서 자기 아빠에 대한 부정적인 신문기사를 보면 무슨 생각을 할지 정말 두려워요. 그런 날이 곧 오겠지요. 슬픈, 참으로 슬픈…."

그렇게 가슴속에 있던 얘기를 모두 털어놓았다. 기분이 좀 나아질 줄 알았는데 똑같이 느껴졌다. 그리고 걷는데도 왼쪽 다리에 통증이 너무 심했다. 내 마지막 고백에 대해 이모의 현명한 조언을 기다렸지만 이모는 아무 말 없이 힘주어 팔짱을 낄 뿐이었다. 어쩌면 나를 조금 더 끌어당긴 것뿐이었지만 그 단순한 행동으로 이모가 여전히 나를 사랑하고 항상 그럴 거라고 말하는 것임을 알았다.

길거리 연설대에서는 아무도 말하지 않았다. 그 대신 오늘 이곳 하이드파크에서 이모를 앞에 두고 내 인생을 얘기했다. 그렇게 참회한 결과 월스트리트의 늑대는 어느새 조던 벨포트로 돌아와 있었다. 저 멀리 런던의 혼잡한 거리 위로 불쑥 솟아오른 도체스터호텔이 보였다. 마음 한편에서는 콩코드 비행기가 언제 뉴욕을 출발해서 런던에 도착할지를 계속 생각했다.

16 다시 과거로

내가 일주일에 100만 달러를 벌 때 보통의 미국 사람들은 1,000달러를 벌었으니 내가 2만 달러를 쓴다면 그건 보통 사람들이 20달러를 쓰는 것과 같은 게 아닐까?

한 시간쯤 뒤 호텔 스위트룸에 앉아 뭔가를 아주 골똘히 생각했다. 사실 모든 게 너무 딱 들어맞았다. 나는 수화기를 집어 들고 전화를 걸어 깊이 잠들어 있는 자넷을 깨워서 조용히 말할 것이다. "조지를 앨런 케미컬 토브Alan Chemical-tob의 집으로 보내서 퀘일루드 20개를 픽업하게 한 다음 콩코드로 보내, 알았지?" 정말 나중에 생각난 것이지만 베이사이드는 런던보다 5시간 느렸기 때문에 자넷이 있는 곳은 새벽 4시였다.

그러나 죄책감은 오래가지 못했다. 어쨌든 내가 그녀에게 이런 짓을 한 것이 처음이 아니었고 이번이 마지막도 아닐 거라는 얌체 같은 생각이 들었다. 그리고 다른 비서들보다 연봉을 다섯 배나 주니까 어쩌다 한 번 이런 부탁을 하는 게 뭐 어떤가 하는 생각이 들었다. 또 그녀에게 베풀었던 사랑과 친절만으로도 그녀를 깨울 권리가 있지 않을까?

분명히 그랬다. 자넷은 한 치의 망설임도 없이 완전히 잠에서 깼고 내 비위를 맞추려고 안달이 났으니까. 자넷의 아주 명랑한 목소리가 수화기를 타고 들려왔다.

"알았습니다, 사장님. 서랍에 있는 퀘일루드 20알을 직원에게 들려 첫 비행기 편으로 보낼게요. 하지만 그를 앨런 집에 보낼 필요는 없어요. 여기에 비상약이 있으니까요. 그런데 호텔 방에서 전화하시는 거예요?" 자넷이 물었다.

그렇다고 대답하기도 전에 나는 비서에게 전화를 걸어 지독한 마약 습관과 분명한 자기 파괴 욕구를 만족시키려고 마약을 빨리 보내달라고 요구하고 그 대가를 얻는 데 눈썹 하나 까딱하지 않는 남자를 어떻게 판단할지 스스로 궁금해졌다. 그건 골치 아픈 주제라 이내 생각하기를 그만두었다. 나는 자넷에게 말했다.

"그럼, 호텔방이지 어디서 전화하겠어? 이 깡통아! 내가 피카디리 서커스라도 보러 와서 공중전화를 쓰겠어?"

"무슨 말씀을 그렇게 하세요." 그녀가 쏘아붙였다. "그냥 궁금해서요. 그런데 호텔방은 스위스보다 맘에 드세요?"

"그럼, 훨씬 낫지. 완전히 내 취향은 아니지만 모든 게 새롭고 아름다워. 정말 고마워." 나는 말을 멈추고 그녀의 대답을 기다렸지만 아무 말도 들리지 않았다. 이런! 그녀는 그 방에 대한 상세한 설명, 즉 대리만족을 원한 것이다. 아, 정말 우스운 여자야! 나는 웃으면서 전화기에다 말을 이었다. "어쨌든 내가 말했던 것처럼 방이 정말 좋아. 호텔 지배인의 말에 따르면 영국 전통식으로 꾸몄다고 하더군. 그게 무슨 뜻이든 간에 말이야! 하지만 침실은 정말 좋아. 특히 침대가. 거대한 캐노피와 파란 천이 사방에 널려 있어. 그런데 영국인은 푸른색을 정말 좋아하나봐. 여기도 블루, 저기도 블루. 그리고 베개는 왜 이렇게 많은지 방 안에 베개가 한 1,000개쯤 되는 것 같아.

다른 건 다 영국식 쓰레기야. 커다란 식당 테이블 위에 순은 촛대가 놓여 있거든. 그걸 보니 리버라치Liberace[36]가 생각나더라고. 대니 방은 내 스위트룸 반대편에 있는데 그는 지금 영국 거리를 활보할 거야. '런던의 늑대들'이라는 노래처럼 말이지. 이게 전부야. 네가 역시나 알고 싶어 할, 내 정확한 위치 말고는 더 알려줄 게 없어. 그러니 묻기 전에 알려줄게. 창밖으로는 하이드파크가 내려다보이는데 안개 때문에 그다지 잘 보이지는 않아. 이제 됐지?"

"어머, 그것 참 안됐군요."

"체크인할 때 신경을 안 썼는데, 방값이 얼마나 되지?"

"9,000파운드니까 달러로는 1만 3,000달러 정도 되겠네요. 그 정도 값어치는 하는 것 같아요?"

잠깐 그녀 질문을 생각해보니 쓸데없이 비싸기만 한 스위트룸을 왜 항상 고집해야 하는지 알 수 없었다. 아마도

---

36 미국 피아니스트, 은갈치 패션의 원조

내가 가장 좋아하는 영화 〈귀여운 여인Pretty Woman〉에서 리처드 기어Richard Gere가 묵었던 호텔방에 대한 향수 때문인 듯했다. 거기에 한 가지가 더 있다. 호텔에 들어서서 체크인하면서 "조던 벨포트라고 하는데 스위트룸 예약을 확인해주시겠어요?"라고 말할 때 느껴지는 우쭐거림에 대한 중독이 오히려 더 크다고 해야 할 것이다.

"환율까지 알려주시고 정말 고맙습니다, 은행 총재님. 하룻밤에 1만 3,000달러면 정말 싸군요. 물론 그 가격에는 하인도 딸려 있겠죠?" 나는 비아냥을 섞어 자넷의 질문에 답했다.

"다음에는 하인까지 있는 호텔로 예약해 드리죠." 자넷이 말했다. "하지만 제가 내일 늦게 체크아웃해 드릴 테니 하룻밤 비용만 지불하면 돼요. 제가 당신 돈을 항상 관리한다는 거 아시죠? 그건 그렇고, 이모님은 잘 계세요?"

팟! 순간 이 전화가 도청될 가능성을 머릿속으로 생각하며 통화에 대한 극도의 편집증 증세가 나타나려 했다. 설마 FBI가 자넷 집 전화까지 도청할까? 아니, 그건 말도 안 돼. 성희롱이나 마약중독 혐의를 잡으려고 도청한다면 그 성과에 비해 비용이 너무 많이 드는 것이고, 아직 착수하지도 않은 범죄를 잡아내기 위해서라면 그것도 말이 안 되었다.

혹시 영국 경찰이 도청을 시도한다면? IRA(아일랜드 독립 단체)에 대응하느라 바쁜 그들이 쓸데없이 호텔 전화나 도청한다는 건 말도 안 되었다. 더군다나 월스트리트의 늑대와 은퇴한 교사의 범죄 모의라는 혐의로?

나는 이렇게 안심하고 나서야 대답했다. "응, 잘 계셔. 그냥 집에 모셔다드렸는데 여기에선 그곳을 아파트라고 부르더군, 자넷."

"쓸데없이 친절하시네요, 사장님." 그녀가 불쾌한 듯 말했다.

"오 실례했군. 난 자네가 그렇게 세상 물정에 밝은 줄 몰랐지. 그건 그렇고 런던에 하룻밤 더 있어야겠는데. 볼일이 좀 있어. 호텔을 하루 더 연장해주고, 금요일 아침에 우리 비행기를 히드로공항에 대기시켜줘. 당일 일정으로 스위스에 갔다 올 거라고 기장에게 미리 말해주고."

자넷이 특유의 비웃음조로 물었다. "분부대로 합죠! 사장님, 그런데 런던에는 왜 하루 더 계시려고요?" 자넷은 내가 스위스 놈들 몰래 여기에서 퀘일루드에 취해 하루를 보내려는 계획을 눈치챘다. 그녀는 그런 점에서 아내와 비슷했다. 하지만 내가 아내에게만큼 거짓말을 하지 않았기 때문에 그녀는 내가 좋지 않을 때를 훨씬 더 잘 예상했다.

그래도 거짓말을 할 수밖에 없었다. "변명할 생각은 아니지만 말을 꺼냈으니 대답해주지. 런던에 아나벨스Annabelle's 라는 유명한 나이트클럽이 있어. 그냥 들어가는 건 어려울 것 같더군. 그러니까 내일 밤 가장 좋은 테이블을 가져갈 테니 차게 만든 크리스털 세 병을 달라고 해줘. 그게 어려울 것 같으면…."

"제발 절 모욕하지 마세요." 자넷이 말을 막았다. "당신 자리는 분명히 있을 겁니다, 벨포트 사장님. 제가 당신이 어디의 누구라는 것을 잘 알고 있다는 사실도. 여기 베이사이드에 있는 제가 충성심이 그렇게 강하지 않다는 것도 잊지 마세요. 달리 더 필요하신 거 있으세요? 아니면 내일 저녁은 준비가 다 됐나요?"

"오우! 정말 유능한 비서야. 여자에 대해서는 별생각 없었는데 자네가 일깨워주는군. 내친김에 블루칩Blue Chip 둘을 준비해줘. 나 하나, 대니 하나. 아니다. 셋이 낫겠어. 하나가 망가질 걸 대비해서 말이야. 이 나라에서는 무슨 일이 일어날지 알 수 없잖아. 그 정도로 하고 난 이제 좀 씻고 본 드거리로 쇼핑이나 가야겠는걸. 우리 아버지가 다음 달 청구서를 보고 즐거워하시게 말이야. 그리고 전화 끊기 전에 내가 얼마나 훌륭한 상사인지 상기시켜주고 나를 얼마나 사랑하고 그리워하는지 말해줘!"

자넷이 호들갑을 떨며 대답했다. "사장님은 세상에서 최고의 보스예요. 저도 사장님을 정말 사랑하고 그리워한답니다. 사장님 없이는 세상 살기도 싫어욧!"

"나도 그렇게 생각할 줄 알았어." 나는 통명스럽게 대답하고는 작별 인사도 없이 전화를 끊었다.

17 서류 위조의 달인

정확히 26시간이 지난 금요일 아침, 리어젯Learjet이 전투기처럼 굉음을 내며 히드로공항을 이륙하여 스위스로 향했다. 내 왼쪽에 앉은 패트리샤 이모는 비행 공포증 때문에 얼굴이 질려 있었다. 이모가 팔걸이를 너무 세게 잡고 있어서 손가락 마디가 하얘졌다. 내가 이모를 바라본 30초 동안 그녀는 눈을 딱 한 번 깜빡였다. 양심의 가책이 느껴졌지만 어쩔 도리가 없었다. 실제로 조그마한 제트기가 이륙해서 시속 900킬로미터 속도로 총알같이 날아갈 때 느낌은 보통 사람들에게는 무시무시한 고통일 수밖에 없었다.

대니는 조종석을 등지고 나를 마주 보고 있었다. 그는 스위스로 가는 동안 뒤를 보고 비행할 것이다. 이것은 매번 나를 당황시켰다. 하지만 대부분 인생사처럼 그건 대니에게 아무 일도 아니었다. 사실 소음과 진동에도 그는 이미 잠들어 평상시 자세대로 입을 크게 벌리고 고개는 뒤로 젖혔고 이를 크게 갈았다. 그의 이 놀라운 능력, 단숨에 잠들어버리는 능력이 나를 완전히 미치게 만들었다. 어떻게 머릿속을 떠다니는 생각을 저렇게 단번에 멈출 수 있지? 정말 말도 안 돼! 그건 그의 재능이자 내게는 저주였다.

나는 마음이 답답해져 작은 타원형 창문에 머리를 기대고 톡톡 부딪쳤다. 그러고 나서 창에 코를 대고 점점 작아지는 런던을 바라보았다. 아침 7시인 이 시간에도 짙은 안개가 여전히 젖은 담요처럼 도시를 뒤덮고 있었고, 안개 속에서 뾰족이 솟아오른 대형 시계탑 빅벤Big Ben의 희미한 형태만 보일락 말락 했다. 그렇게 36시간을 보내고 나니 섹스라는 것도 너덜너덜해진 내 신경을 완전히 지치게 만들기에 충분했다.

갑자기 아내가 보고 싶어졌다. 네이딘, 사랑스러운 나의 공작부인. 지금 뭐 하고 있을까. 아내의 부드럽고 따뜻한 가슴에 머리를 기대면 항상 솟아나던 삶의 힘. 하지만 지금은 대서양 너머 저 멀리 있었다. 아마도 최근에 내가 저지른 죄에 대해 안 좋은 예감을 했을 테고 그녀의 복수도 계획되었을 것이다.

정말 아내를 사랑하면서 도대체 왜 그런 형편없는 짓을 했을까? 마약이 날 그렇게 만들었을까? 양심의 가책을 마약 탓으로 돌려버리려는 나의 무의식 때문은 아니었을까? 어쨌든 그건 닭이 먼저냐 달걀이 먼저냐 하는 쓸데없는 논쟁거리에 불과했다.

바로 그때 조종사가 급좌회전을 했고 아침의 엄청난 햇

살이 오른쪽 날개 끝에 반사되어 객실 안으로 새어 들어와 자리에 가만히 앉아 있을 수 없었다. 나는 뜨거운 햇살을 피하며 이모를 바라보았다. 아, 불쌍한 패트리샤! 이모는 동상처럼 얼어붙은 채 여전히 팔걸이를 움켜잡고 있었고 완전히 긴장한 상태였다. 뭔가 이모에게 도움이 되는 말이라도 해야겠다는 생각에 큰 소리로 말을 걸었다.

"이모님, 무슨 생각 하세요? 일반 여객기와는 느낌이 무척 다르죠? 방향 전환도 바로 느껴지고요." 나는 고개를 돌려 대니를 잠시 바라보았다. 여전히 잘 자고 있는 게 믿어지지 않았다. 쥐새끼 같으니라고!

오늘 스케줄과 해야 할 일을 떠올렸다. 이모가 해야 할 일은 별로 힘들지 않은 것이었다. 그저 은행에 들러 폐쇄회로 카메라를 보며 미소 짓고 서류 몇 장에 서명한 뒤 여권 사본만 건네주면 끝이었다. 오후 4시까지는 런던에 돌아올 수 있을 테고, 일주일 후면 신용카드가 발급되어 내 차명인으로서 그냥 풍족하게 누리면 된다. 이모가 은행에서 일을 보는 동안 나는 소렐과 여러 가지 미비점이나 돈을 스위스로 몰래 옮기는 방안을 상의해야 했다. 처음에는 500만 달러 정도로 시작해 점차 늘려나가야 하는데, 이 일에 적합한 사람들은 미국으로 돌아가서 정하면 되었다.

약간의 행운으로 나는 오늘 내 모든 비즈니스를 끝내고 내일 아침 스위스발 첫 비행기를 탈 수 있다. 이 얼마나 행복한 상상인가! 난 아내를 사랑해! 그리고 나서 챈들러를 만나 품에 안는다. 그럼 이것에 대해서는 뭐라 할 말이 있을까. 챈들러는 말 그대로 완벽하다! 걔가 한 일이라곤 자고 똥 싸고 미지근한 분유만 먹는 게 전부인데도 언젠가 천재가 될 거라고 말할 수 있다. 그리고 그 애는 정말 예쁘다! 하루하루 점점 더 네이딘을 닮아갔다. 내가 바라던 대로 완벽한 일이다.

그다음에는 롤랜드 프랭크와의 만남으로 생각을 옮겼다. 소렐의 말에 따르면 롤랜드 같은 사람과 만나는 것은 정말 횡재였다. 법적인 문제를 교묘히 피할 수 있는 합법적 서류를 만드는 일은 보통 사람은 불가능했다. 특히 내가 직접 혜택을 받을 수 있는 규정 144의 2년 보유 제한을 피할 수 있도록 해준다는 것은 엄청난 혜택이었다.

만약 롤랜드가 해외에 합법적인 유령회사를 만들어준다면 가장 적합한 회사는 분명 달러타임이 될 것이다. 그에 필요한 200만 달러는 롤랜드가 설립 절차만 잘 밟아주면 스위스로 빼돌리는 돈으로 충당할 수 있다. 이것이 오늘 일정에서 가장 중요한 일이었다. 내가 가장 불신하는 카민스키 덕에 소렐과 롤랜드를 만나다니 참으로 아이러니했다. 이런 생각을 하며 눈을 감고 잠을 청했다. 이제 곧 스위스에 도착할 테지.

롤랜드 프랭크의 사무실은 제네바 시내 한적한 거리의 3층짜리 붉은 벽돌 건물 1층에 있었다. 거리에는 구멍가게가 줄지어 있었지만 한낮인데도 인적이 별로 없었다. 사안의 위험성을 생각해 롤랜드는 나 혼자 만나기로 했다. 논의할 내용이 나를 감옥에서 평생 썩게 만들 수 있다는 점을 감안하면 더욱 그랬다. 하지만 위험성이라는 생각을 머릿속에서 애써 지우며, 롤랜드를 이용해 법적으로 아무런 문제가 없는 방법만 떠올리려고 노력했다. 수많은 교묘한 전략, 바로 위조의 달인만이 할 수 있는 일이었다. 합법적 진술거부권이라는 방패막이로 법망을 교묘하게 빠져나갈 수많은 방법이 이제 곧 현실이 되는 것이다.

패트리샤 이모의 서류 작업은 아무 문제없이 끝나 앞으로 모든 게 순탄할 징조로 여겨졌다. 지금쯤 내 전용기를 타고 런던으로 향할 터였다. 점심 식사 때 비행 공포증을 쫓을 수 있도록 위스키를 다섯 잔이나 마셨으니 귀국길이 훨씬 편안해졌을 것이다. 그리고 대니는 소렐의 사무실에서 소렐에게 스위스 여자들에 대한 설교를 들으며 눈을 반짝일 것이다.

롤랜드의 사무실로 통하는 복도는 착 가라앉은 분위기 속에서 약간 어둠침침하고 엄숙한 느낌마저 들었다. 물론 회사 이름에는 어디에도 위조의 달인임을 짐작하게 할 만한 표현이 전혀 없었다. 사실 위조의 달인이라는 표현은 내가 속으로 붙인 별명이지 원래 그의 공식적 업무와는 전혀 관계가 없었다. 위탁관리자라는 말만 보았을 때는 아무런 불법성이나 부정적 의미가 없었다. 위탁관리자라는 말은 고객을 법률적으로 보살펴준다는 긍정적 의미가 오히려 강했다.

실제로 미국에서는 WASP가 자녀들에게 상속할 때 일반적으로 이용하는 제도였다. 대부분 위탁관리자는 모체 격인 WASP가 자금을 언제, 얼마나 분산할 수 있는지를 정한 엄격한 가이드라인을 따라 운영했다. 따라서 계획대로 착착 진행되면 아이들이 완전히 자립할 때까지 안전하게 재산을 관리할 수 있었다. 그리고 나서도 그들은 여전히 WASP만의 방식으로 여생을 보내기에 충분한 돈을 가지고 있을 것이다.

하지만 롤랜드는 그런 상속 위탁관리자가 아니라 나를 수익자로 하여 내가 지침을 정하면 그에 필요한 서류작업을 하고 해외계좌 간 자금이동에 문제가 없도록 공문서 작성과 관리를 책임져야 했다. 즉 내가 선택한 어느 나라든 내 지시에 따라 해외계좌를 이용한 지분 투자를 하는 데 법적 하자가 없도록 공문서 형식의 서류를 만들어야 했다.

사무실은 응접 공간 없이 널찍한 공간에 마호가니로 된 나무 벽과 카펫으로 깔끔하게 잘 정리되어 있었다. 그의 책상은 수많은 서류로 덮여 있어 역시 전문가다워 보였다. 나 정도 키에 장난기를 머금은 그의 얼굴은 마치 여러 나라 정부를 속일 방법을 찾으며 일생을 보낸 화려한 경력을 자랑하는 듯했다.

그의 등 뒤로 족히 3미터는 넘어 보이는 짙은 밤색 가죽 표지에 크기가 똑같은 책들로 꽉 찬 책장이 천장에 닿을락 말락 했다. 하지만 모든 서책은 각기 다른 이름으로 금박이 새겨져 있어 구분할 수 있었다. 미국에서도 연도별 회사 설립 연감이 그런 식으로 되어 있는 걸 본 적이 있다. 새로운 회사를 설립할 때마다 받은 책자들이었다. 각각에는 법인 헌장, 백지 주식 증서, 법인 인감 등이 들어 있었다. 책장에 기대어 서 있는 것은 바퀴가 아래쪽에 달린 구식 도서관 사다리였다.

롤랜드가 내게 다가와 손을 덥석 잡고 힘차게 악수했다. 얼굴에 가득 미소를 띠며 그가 말했다. "아, 조던, 조던! 우리는 금방 친구가 되겠군요. 당신 얘기는 소렐에게서 수없이 들었어요. 화려한 과거와 미래의 계획까지요. 협의해야 할 것은 많고 시간은 별로 없죠?"

나는 그의 솔직하고 부드러운 태도에 약간 압도되어 열심히 고개를 끄덕였다. 이내 그가 친숙하게 느껴졌다. 아주 정직하고 진솔한 성격에 신뢰감으로 가득 찬 사람이었다. 롤랜드는 나를 검은 가죽 소파로 안내했고 나에게 자리에 앉으라고 손짓한 다음 검은 가죽 클럽 의자에 앉았다. 그는 은색 케이스에서 담뱃잎을 꺼내 담뱃대에 담더니 바지 주머니에서 케이스와 어울리는 은색 라이터를 꺼내 불을 붙이고는 라이터 불에 데지 않도록 고개를 옆으로 돌렸다. 그러고 나서 담배를 깊게 한 모금 빨았다.

나는 조용히 지켜보았다. 마침내 다행스럽게 10초 후 그가 숨을 내뱉었지만, 나온 것은 연기 한 모금뿐이었다. 믿을 수 없었다! 다 어디로 갔지? 막 물어보려는데 "보잉747로 여기에 오실 때 재미있는 일이 있었다고 들었습니다. 물론 성공한 남자라면 가능한 특권이죠. 나중에 얘기해주시겠죠?"라고 말하며 그가 내게 윙크했다. 그리고 손바닥을 위로 들고 어깨를 으쓱하면서 말했다. "그런데 저는 소심해서 집사람밖에 모릅니다. 그건 그렇고, 당신의 투자은행과 다른 회사 얘기도 다 들었는데 젊은 나이에 정말 대단하군요. 존경스럽습니다. 아직 젊어 보이는데."

그는 내가 얼마나 젊고 얼마나 대단한지 쉴 새 없이 얘기했지만, 나는 마치 조정 경기 중인 보트처럼 앞뒤로 분주히 움직이는 그의 아래턱을 보기에 바빴다. 롤랜드는 지적인 갈색 눈과 납작한 이마에 코는 펑퍼짐했으며 아주 하얀 피부에 목이 거의 없어 어깨 위에 바로 머리가 얹혀 있는 듯했다. 머리카락은 검은색에 가까운 짙은 밤색인데 가지런히 빗어 깔끔해 보였다. 첫인상이 맞았다. 스위스식 친절만 발휘해도 충분한데 이 남자가 뿜어내는 내면의 따뜻함, 매우 부유한 사람 특유의 삶의 여유가 느껴졌다.

"하지만 친구여, 거기에는 장단점이 있어요. 결국 외모가 일을 쉽게도 어렵게도 만드니까요. 점이 안에 찍히느냐 밖에 찍히느냐에 따라 나와 너가 되듯이 말입니다." 위조의 달인이 웃으며 말했다.

그가 말한 뒷부분만 알아들었는데도 의미는 분명했다.

즉 과거 기록이 모든 것을 말한다는 것이었다. 평소보다 더 솔직해진 나는 대답했다. "그 말에 전적으로 동의해요, 롤랜드. 그동안 저는 저 자신이 매우 신중하다고 자부해왔으며 지극히 현실적이라 믿어왔습니다. 결국 우리 같은 남자들은 방심할 여유가 없습니다. 그것은 여성과 아이들의 사치입니다." 내 말투는 영악했지만 마음속 깊은 곳에서는 그가 영화 〈대부Godfather〉를 본 적이 없기를 바랐다. 내가 마치 〈대부〉의 돈 콜레오네Don Corleone처럼 다소 위협적으로 보이려고 노력했기 때문이다. 어떻게 보면 내 인생도 그와 비슷하다고 할 수 있지 않을까? 되도록 전화로는 얘기하지 않고, 철저히 검증된 몇몇 오랜 친구 아니면 신뢰하지 않으며, 정치인과 경찰에게 뇌물을 주고 빌트모어와 먼로파커로부터 정기적으로 상납받는 등 여러 면에서 비슷했다. 다만 돈 콜레오네는 마약과 미녀의 유혹을 멀리했다는 점이 차이라면 차이였다. 그래, 바로 그 점이 아킬레스건이긴 했지만 누구든 완벽한 사람은 없으니까.

롤랜드는 내 마피아식 말투에는 신경 쓰지 않은 채 대답했다. "젊은 사람의 직관이 그 정도라니 정말 놀랍습니다. 진정 성공하려면 신중해야죠. 하지만 신중하다고 해서 매사가 완벽할 순 없어요. 그래서 제가 여러 가지로 도움이 될 겁니다. 저는 남을 속이는 수많은 방법으로 무장하고 있으니까요. 물론 제가 자랑하는 서류보완 분야는 당신도 어느 정도 할 테고, 그렇다면 서로 좀 더 신속하게 협력할 수 있을 겁니다. 그러면 어디서부터 시작할까요? 생각하는 바를 말씀하시면 제가 도와드리겠습니다."

나는 웃으며 말했다. "소렐에게 당신이 이 분야에서 최고이자 신뢰도 또한 세계 최고라고 들었습니다. 그러니 쓸데없는 얘기는 집어치우고 지금부터 쭉 같이 가길 희망합니다." 나는 잠시 말을 멈추고 롤랜드가 내 호의 표시에 대한 반응으로 고개를 끄덕이며 미소 짓기를 기다렸다. 그리고 내가 결코 잘난 척하는 말을 좋아하지는 않았지만, 진정한 위조 달인과 대면한 것은 이번이 처음이었기에 그에게는 그런 말을 해도 될 것 같았다.

예상했던 대로 롤랜드는 입꼬리를 치켜올리며 다정하게 고개를 끄덕이고 담배 연기를 깊숙이 들이마시더니 도넛 모양을 만들며 연기를 내뱉었다. 조그마한 연기 링이 하늘로 숭숭 떠오르는 모습이 멋졌다. 지름 5센티미터 정도 되는 연회색 연기 고리였는데 공기 중에서 쉽게 흩어지는 것 같았다.

나는 웃으며 말했다. "연기로 만든 링이 아주 멋집니다. 당신을 보니 스위스 사람들이 왜 그렇게 담배를 좋아하는지 알겠군요. 우리 아버지도 지독한 애연가라서 담배는 저도 친밀하게 느끼지만 스위스 사람들은 담배를 피우는 차원이 다른 듯한데 왜 그럴까요?"

롤랜드가 어깨를 으쓱하더니 대답했다. "30년 전쯤 미국도 우리와 똑같았을 겁니다. 하지만 시간이 지날수록 미국 정부 정책이 계속 엄격해져 점차 개인의 기호까지도 법률로 제한했죠. 담배와의 전쟁도 비슷합니다. 하지만 다행스럽게도 유럽은 그런 부분에 관대합니다. 왜 정부가 개인 취미까지 관여하지요? 다음은 무엇일지 궁금합니다. 음식일까요?" 그는 미소 짓더니 크게 웃으며 자신의 둥그런 배를 아주 즐겁게 쓰다듬었다. "만약 우리나라가 그렇게 된다면 나는 반드시 입에 권총을 넣고 방아쇠를 당길 거예요."

나는 예의 바른 미소를 띠고는 고개를 저으며 손을 흔들었다. 마치 "오, 이런! 당신은 그렇게 뚱뚱하지 않아요!"라고 말하는 것처럼. "그렇군요! 정확한 대답 같습니다. 당신 말을 들으니 이해가 갑니다. 미국은 정부가 개인 생활에까지 너무 많은 간섭을 하는 게 사실입니다. 그 때문에 제가 여기까지 온 거 아니겠어요? 하지만 제가 당신들의 세상, 특히 해외 금융 부문을 자세히 모르기 때문이겠지만 걱정도 되는 게 사실입니다. 저는 시장주의 신봉자가 아닙니다. 아는 것이 힘이라는 논리에도 전적으로 동의하고요. 특히 이렇게 위험 요소가 많은 거래에서는 무지는 곧 재앙을 뜻한다고 생각합니다.

그래서 더 확실히 알아야 한다고 믿는데, 누구든 멘토가 필요하듯이 당신이 제 멘토가 되어주셨으면 합니다. 사실 제게는 당신네 나라 법률에 대한 지식이 조금도 없습니다. 금기사항이 무엇인지, 어떻게 하면 법적으로 문제가 없고 진실한 사람으로 취급받는지. 그래서 그런 부분에 대해 당신의 적극적인 도움이 필요합니다. 저는 당신네 금융법을 속속들이 알아야 할 필요가 있다고 생각합니다. 또 가능하면 과거 사례들을 살펴보고 연구해서 같은 실수를 저지르지 않도록 해야 합니다. 과거 실수를 되풀이하는 시장 신봉자가 되어서는 안 되기 때문입니다." 처음 스트래턴을 창업할 때도 그런 생각으로 과거의 고소와 고발 사례를 미리 살펴 큰 도움이 되었었다.

그러자 롤랜드가 말했다. "그건 또 다른 놀라운 직관력이군요. 힘닿는 대로 그런 사례들이 있는지 조사해보지요. 그전에 한 가지 명백하게 해두고 싶은 건 미국인이 생각하는 모든 문제는 사실 이곳 유럽에서는 그다지 일어나지 않는다는 것입니다. 돈만 이곳에 보내온다면 그다음에는 제가 알아서 미국 정부 감시망에 걸리지 않는 방법으로 여러 회사로 분산하겠습니다. 소렐이 그러던데 먼로 여사께서 오늘 아침 은행에 들렀다더군요. 그렇죠?"

"네, 그리고 벌써 영국으로 돌아가셨지만 여권 사본은 제게 있으니 필요하면 드리겠습니다." 나는 재킷 오른쪽 주머니를 손가락으로 가리켰다.

"그거 정말 잘되었군요. 제게 그 사본을 주시면 향후 설립할 각 회사 자료로 활용하겠습니다. 아! 한 가지 말씀드리고 싶은데, 소렐은 당신이 허용한 사실만 내게 말할 수 있습니다. 소렐과 내 관계는 일방통행이므로 서로 허용되지 않는 부분은 말하지 않습니다. 아시겠지만 달걀을 한 바구니에 담지 않아야 합니다. 오해하지 말고 잘 들으세요. 비록 유니온 뱅크가 신뢰할 만한 은행임은 분명하지만 다른 나라, 예를 들면 룩셈부르크나 리히텐슈타인 등 다른 은행도 활용한다면 훨씬 도움이 많이 됩니다. 여러 나라 금융 계좌로 서로 엉키게 해서 돈을 주고받으면 관련된 모든 정부가 협조하지 않는 한 그걸 풀기란 불가능하기 때문이죠. 또 나라마다 금융법이 달라서 스위스에서는 문제가 되는 것이 리히텐슈타인에서는 합법적인 경우도 있습니다. 그러므로 어떤 거래냐에 따라서 어느 나라 은행을 활용할지 그때그때 선택할 수 있습니다. 어쨌든 그런 모든 경우를 대비하겠습니다."

롤랜드는 생각 이상으로 완벽한 금융의 달인이었다. 잠시 침묵이 흐른 뒤 내가 말했다. "모든 절차를 아주 간략히 잘 설명해주셨군요. 이제 안심됩니다. 하지만 미국이건 스위스건 상관없이 회사 명의로 거래하는 것이 확실히 이익이 더 크지만 저는 좀 이익이 적더라도 다른 식으로 하는 것이 좋다고 생각합니다." 나는 미소를 지으며 의자 깊숙이 몸을 기대고 다리를 꼬았다. 그건 '나는 서두를 필요 없으니 천천히 이야기하세요.'라고 말하는 듯한 태도였다.

"물론입니다. 이제 본론으로 들어갈까요? 제가 설립하는 모든 회사는 서류상으로는 누가 주인인지 알 수 없는 무기명식 주식회사입니다. 이론적으로는 주식 지참인이 오너가 되지요. 이런 회사에서 오너십을 확보하는 방법은 두 가지가 있습니다. 첫 번째는 주식예탁권을 직접 소지하는 방법인데, 예탁권을 안전하게 보관해둘 곳을 찾는 일은 당신이 해야 합니다. 미국 내 어느 은행의 대여금고도 그런 장소 중 하나겠죠.

두 번째는 스위스에 숫자로 표시한 대여금고를 개설하고 그곳에 예탁권을 보관하는 것입니다. 물론 당신만 그 대여금고를 찾을 수 있는데, 스위스 은행 계좌와 달리 대여금고는 이름 없이 번호로만 관리됩니다. 당신 생각에 두 번째 방법이 좋다면 50년간의 요금을 미리 내고 사용하도록 권장합니다. 그러면 어떤 정부도 그 금고에 접근할 수 없습니다.

당신이나 원한다면 부인까지만 대여금고의 존재를 알게 하는 것이 최선이지만 부인께도 될 수 있으면 알리지 않는 편이 좋습니다. 그 대신 불미스러운 일이 생기면 어떻게 부인에게 연락할 수 있는지만 제게 알려주는 거죠. 그렇다고 부인을 불신한다는 뜻은 아니니 오해하지 마세요. 정말 드문 일이지만 부인이 국세청에 남편을 신고하는 일도 있습니다."

그의 말을 곰곰이 생각하니 자신의 비밀계좌를 찾는 유대인 혼령들이 취리히와 제네바의 은행 거리를 정처 없이 떠돌고 있음을 암시하는 것 같은 생각이 들었다. 비록 롤랜드가 진심으로 조언하는 것은 알지만 세상의 누구를 믿는단 말인가? 차라리 아버지에게 번호가 적힌 봉투를 맡겨

혹시 내가 죽으면 열어보게 하는 편이 낫다는 생각이 불현 듯 들었다. 생각해보면 마약에 취한 채 헬리콥터를 조종하거나 스쿠버다이빙을 하는 내 평소 취미는 죽음의 그림자가 항상 따라다니는 것이었다.

나는 이 모든 잡념을 혼자 간직하기로 했다. "두 번째 방법이 좋겠습니다. 그리고 지금까지 법원으로부터 소환장은 한 번도 받은 적이 없지만 모든 서류는 법원의 관할권 이외 지역에 보관하는 것이 좋다고 생각합니다. 제 사업상 분쟁이 일어난다 해도 그건 형사사건이 아니라 민사사건이 됩니다. 하지만 형사사건에 연루되지 않도록 주의해야 합니다. 저는 합법적인 사업가이므로 당신도 그 점에 유념해서 언제까지나 옳은 방법만 제시해주시기 바랍니다. 단, 미국의 법이 모호한 점이 많아서 완전히 틀린 것도 완전히 옳은 것도 없다는 걸 아셔야 합니다. 따라서 자의적 해석이 가능하므로 정부가 의도하는 대로 목표를 정해 죄를 뒤집어씌울 수도 있습니다. 그래서 종종 완벽하게 합법적이라고 생각했던 일들이 제 뒤통수를 쳤던 거고요. 좀 불공정하지만 그게 맞는 거죠, 뭐. 어쨌든 제 문제는 대부분 부실하게 만들어진 증권법, 다시 말해 개인 투자를 간섭하는 것처럼 느껴지는, 각각에 대한 선별적 시행을 목적으로 고안된 법과 직결된다고 말씀드리고 싶네요."

롤랜드가 의미심장하게 웃었다. "오, 조던. 정말 본질을 완벽하게 꿰뚫는 능력이 있군요. 지금까지 만난 미국인 가운데 그런 수준 높은 추론을 한 사람은 당신이 처음이에요. 정말 훌륭합니다.”

나도 따라 웃으며 말했다. “고맙습니다. 당신 같은 전문가에게 그런 칭찬을 듣다니요. 저도 가끔 다른 사업가들처럼 위험 앞에 노출되기도 하지만 그건 철저히 계산된 경우에 한합니다. 그럴 때도 철저한 기밀 유지를 전제로 하고 합법적 부인권을 위한 서류는 미리 준비해둡니다. 합법적 부인권이 무슨 뜻인지는 잘 아시죠?”

롤랜드가 천천히 고개를 끄덕였다. 증권거래법 위반을 합리화하는 내 능력에 적잖이 매혹된 듯했지만, SEC가 새로운 규정을 계속 마련해 법망을 피하기가 점점 어려워진다는 사실은 아직 알지 못했다.

“당신은 잘 알 거라고 생각합니다. 어쨌든 5년 전 제가 은행을 시작할 무렵 아주 철저한 분에게서 뛰어난 가르침을 받았습니다. 그분은 ‘우리가 하는 사업에서 살아남기를 바라거든 무슨 일을 하든 세 글자로 된 정부기관에서 추적하니 항상 왜 그런 일을 했으며, 어떻게 해서 법을 어기는 것과 거리가 먼지 설명할 수 있는 자료를 반드시 갖춰두라.’고 했습니다. 저는 그 말에 충실히 따라 지금까지 99퍼센트는 문제없이 왔으나 나머지 1퍼센트가 언제든 나를 죽일 수 있다고 봅니다. 그 나머지 1퍼센트와는 어떻게든 거리를 두려고 하지만 인간인 이상 실수는 할 수 있겠죠. 그래서 얘긴데 무기명식 회사를 설립한다면 당신이 각 회사의 위탁대리인이 되는 거죠?"

"네, 그렇습니다. 스위스 법에 따라 회사 이익을 극대화하기에 가장 적합한 투자를 선택할 수 있는 위임권을 행사할 겁니다. 물론 그 이익 극대화 지침은 당신이 정해준 범위 안에서 지켜지죠. 예컨대, 만약 당신이 내가 어떤 새로운 분야나 부동산 등에 투자해야 한다고 생각한다면, 나는 당신 조언에 따를 것입니다.

이 바닥에서는 제 서비스가 당신에게 가장 도움이 될 겁니다. 또한 이 점이 가장 중요한데, 각각의 투자를 결정하려면 각각의 전문가에게서 받은 분석 리포트를 그 투자 서류에 첨부해둡니다. 누가 언제 요구하더라도 합리적 근거를 제공할 수 있도록 말이죠. 또 정기적으로 외부 감사기관에 감사를 의뢰해서 내가 자의적인 투자 결정을 하지 않도록 스스로 통제합니다. 그리고 마지막으로 법적으로 저촉되지 않는 서류를 백업해두고 합법적 부인권을 확보합니다. 실질적 지표 보고서 없이는 안 되거든요. 결국 그럴듯한 발뺌을 뒷받침해주는 것이 바로 이러한 지표이죠.

누구든 투자 책임을 물을 때는 그 모든 근거 서류가 구비된 두꺼운 서류철을 제시하고 저는 어깨만 으쓱하면 되죠. 이건 하나의 예일 뿐이고 그 외에도 당신이 보이지 않는 가면 뒤에서 투자를 조종할 수많은 방법이 있습니다. 하지만 제가 정말 도움이 되는 부분은 그런 것들보다는 당신이 그런 투자행위를 그만두고 본국으로 돈을 보내고자 할 때입니다."

이건 아주 흥미로운 얘기인데, 바로 내가 고민하던 부분이었다. 나는 자세를 고쳐 앞으로 바짝 다가앉으며 목소리를 낮췄다. "아주 흥미로운 얘기입니다. 사실 소렐이 얘기했던 것들은 그다지 확 구미가 당기는 부분이 없었거든요. 그는 두 가지 다른 조건을 제시했는데 제게는 잘하면 본전이고 잘못되면 자멸할 수 있는 것으로 보였습니다."

"그랬군요." 롤랜드가 어깨를 으쓱하며 대답했다. "그럴 수밖에 없는 게 소렐은 은행가이다 보니 재산 정리 부분에만 특기가 있지 그걸 여러 가지로 증식하고 법의 구멍을 찾아 새로운 금융으로 재탄생시키는 데는 한계가 있을 겁니다. 그렇기에 위탁관리자가 필요한 거죠."

위조의 달인다운 말이었다!

"사실 유니온 뱅크는 계좌에서 돈을 인출하는 것을 그다지 달가워하지 않을 겁니다. 물론 당신 돈을 마음대로 하겠다는데 은행이 왈가왈부하지는 않겠지만 말이죠. 그렇지만 간혹 소렐이 돈을 인출하지 말라고 부탁할 때는 그럴 만한 사유가 있는 것이니 놀라지 마세요. 모든 스위스 은행이 그렇게 하니까요. 히지만 그럴 일은 아주 드물어요. 스위스 은행 전체의 하루 금융거래 규모가 3,000억 달러에 달하니까 당신 계좌의 돈이 아무리 들어가고 빠져나간다고 해도 금융당국의 감시망에 걸리지 않을 겁니다. 그런데 아까 소렐이 두 가지를 제안했다고 하셨는데 그건 어떤 내용이죠?

요즘 은행들이 쓰는 수법이 갑자기 궁금해지는군요." 롤랜드는 손깍지를 끼워 배 위에 얹고 등받이에 등을 기댔다.

나는 그의 보디랭귀지를 따라 소파 가장자리에서 뒤로 물러나며 말했다. "첫 번째는 직불카드를 사용하는 것이었어요. 그건 정말 욕 나올 만큼 나한테는 말도 안 되는 방법이었죠. 외국 은행에 연결된 직불카드를 미국의 한 도시에서 쓴다면 그건 돈세탁을 광고하는 것과 똑같잖아요?"

나는 머리를 저으며 불만스럽게 얘기를 이어갔다. "두 번째 역시 말도 안 되는 것이 미국에 있는 내 집을 담보로 해 외계좌에서 모기지론을 일으키라는 제안이었습니다. 어쨌든 이런 제안이 두 번 다시 소렐에게서 나오지는 않겠지만 정말 실망스러웠습니다. 롤랜드, 말해봐요. 내가 지금 놓치고 있는 게 있나요?"

롤랜드가 자신 있다는 듯 웃었다. "서류 추적을 피하는 방법은 여러 가지가 있어요. 모두 서류상 흔적을 남기지 않습니다. 더 정확히 말하면, 돈을 인출할 때 아주 많은 흔적을 남기는 것입니다. 그러면 관련 국가들이 모두 협조해서 정밀하게 추적하지 않는 한 어떻게 하지 못하게 됩니다. 이전 가격을 조정하는 관행을 아십니까?"

이전 가격의 조정? 갑자기 머릿속으로 수많은 생각이 스쳐갔다. 그 가능성은? 정말 끝이 없었다. 나는 위조의 달인을 보고 활짝 웃으며 말했다. "알 것 같습니다. 달인, 아니 롤랜드, 그건 정말 뛰어난 방법이군요."

그는 내가 안다고 하자 약간 놀란 것 같았다. 이전 가격의 조정이란 자금 흐름에 따라 과다지급 또는 과소지급을 해서 상품을 사고파는 거래로, 돈세탁을 하려고 내가 실제로 구매자이자 판매자가 되어 거래 양쪽에 모두 관여하는 방법이었다. 주로 기업들이 세금 회피 수단으로 사용하는데, 거래에 따른 이익이 줄어들어 과세 대상도 줄어든다. 그래서 법인세율이 높은 나라에서 주로 활용하는 방법이다. 어떤 경제 잡지에선가 혼다자동차 사례를 다룬 기사가 바로 이전 가격의 조정이었다. 미국에 수출하는 자동차 부품 가격을 뻥튀기함으로써 미국 법인의 당기순이익을 대폭 줄였고 국세청이 그 혐의를 잡아 한바탕 소동이 벌어진 것이다.

롤랜드가 말했다. "당신이 이전 가격을 안다니 놀랍군요. 그 방법은 미국에서 널리 알려진 관행이 아니거든요."

나는 어깨를 으쓱했다. "감시의 눈초리를 피해 돈을 이리저리 움직이는 방법도 여러 가지 있죠. 당신과 협력하면 어디엔가 유령회사를 설립하고 미국에 있는 내 회사와 거래해서 얼마든지 할 수 있겠군요. 대상으로는 달러타임이 아주 적합할 것 같습니다. 한 200만 달러 정도 의류 재고가 있는데 그 의류들은 거의 쓰레기로, 상품 가치가 전혀 없으니까요. 의류사업과 관계될 만한 이름의 예를 들면 국제의류도매상사라든가 그 비슷한 이름의 무기명 회사를 설립하고 달러타임과 무역 거래를 일으켜 달러타임이 갖고 있는 재고를 팔면 스위스 계좌에 있는 돈을 미국으로 들여올 수 있겠습니다. 필요한 서류는 주문서와 송장밖에 없으니 서류 추적 염려도 없겠고요."

롤랜드가 고개를 끄덕였다. "정확해요. 물론 나는 그 절차에 필요한 모든 서류를 만들고 필요하다면 한 1년 전으로 소급한 주식거래 건으로도 이전 가격 방법을 쓸 수 있습니다. 다시 말해 1년 전 신문에서 높은 상승률을 기록한 종목을 찾아 그 당시 주식거래 기록을 위조해두는 방법인데, 굳이 그렇게까지 앞서갈 필요는 없을 것 같군요. 모든 걸 설명하고 당신에게 가르치자면 몇 개월은 걸릴 테니까요. 또 다른 방법으로는 세계 여러 나라에 무기명 회사를 설립하고 회사 돈을 분산해서 예치해둔 다음 존재하지도 않는 제품을 사고팔 서류를 만들어 거래한다면 어디든 한곳으로 돈을 모을 수 있습니다. 어떤 서류든 기밀 유지가 되도록 완벽한 서류보완으로 거래의 정당성까지 갖춰둘 수 있죠. 이미 소렐의 부탁을 받고 당신 대신 회사 두 개를 설립해두었습니다. 이리 오세요, 보여 드리겠습니다."

위조의 달인은 그가 앉아 있는 검은 가죽 소파에서 큰 몸을 일으켜 나를 회사 책장으로 안내했다. 그리고 책장에서 두툼한 서류로 된 책을 두 권 꺼내 보여줬다. "이 책들 중 하나는 유나이티드 오버시즈 인베스트먼트이고 다른 하나는 파이스트 벤처스라는 회사의 설립 서류입니다. 두 회사 모두 버진군도에 설립했는데 세금과 신고 의무가 없습니다. 또 이를 규제할 법도 없고요. 먼로 여사의 여권 사본만 있으면 나머지 절차가 완결되도록 해두었습니다."

나는 기분 좋게 여권 사본을 꺼내 위조의 달인에게 넘겨 주었다. 앞으로 필요한 모든 방법은 이 사람에게서 배울 것이다. 그리고 외국 무기명 회사라는 거미줄처럼 짜인 추적 불가능한 금융시스템을 이용한 익명 거래 기법도 배운다면 어떤 감시의 눈도 피해 자유롭게 자금세탁이 가능할 것이다. 만약 이번 일이 잘 풀리지 않는다 해도 내가 만든 위조 문서가 다 해결해줄 것이다.

이제 모든 것이 명료해졌다. 비록 소렐과 롤랜드 프랭크는 분야는 달랐지만 자기 분야에서 최고이며 신뢰할 만한 인물들이었다. 그리고 무한한 비밀의 땅 스위스는 나를 배신할 어떠한 이유도 없었다.

슬프게도 그 둘 중 한 사람과는 잘못된 운명임을 그때는 몰랐지만.

18 푸 만추와 노새

노동절 주말의 화창한 토요일 오후, 우리는 웨스트햄프턴 해변Westhampton Beach의 침대에 누워 보통의 부부들과 마찬가지로 섹스를 즐겼다. 공작부인의 멋진 금발이 얼굴 윤곽과 완벽하게 어울렸다. 마치 나를 위해 하늘에서 내려온 천사처럼 보였다. 나는 그녀와 같은 자세로 양팔을 벌려 그녀 위에 엎드려 있었고, 두 손을 깍지 낀 채 잡고 있었다. 우리 사이를 갈라놓은 거라곤 끈적한 땀뿐이었다.

나는 그녀가 움직이지 못하게 내 깡마른 몸으로 버티려 했다. 우리는 키가 거의 똑같아 완벽한 결합이 가능했다. 공작부인의 향기를 맡자 그녀의 젖꼭지가 내 젖꼭지를 밀어내는 것이 느껴졌고, 그녀의 말랑한 허벅지가 내 허벅지에 닿아 따뜻했으며, 그녀의 발목이 내 발목에 스치자 비단결같이 보드라웠다.

하지만 부드럽고 호리호리한 몸매인데도 공작부인은 활활 타는 모닥불보다 더 열정적이었으며 황소보다 더 강했다. 내가 노력한다고 하더라도 나는 그녀를 한곳에 묶어둘 수 없을 것 같았다. "그만 바르작거려!" 나는 열정과 분노가 뒤섞인 채 소리쳤다. "나 거의 다 왔어, 여보. 다리 좀 펴봐!" 공작부인이 잔뜩 짜증 난 목소리로 말했다. "잠깐, 난 지금 안 되겠어요. 등이 너무 아파. 날 일으켜줘요."

입술에 키스를 해보았지만 그녀는 고개를 돌려버렸고 나는 뺨에다 입을 맞춰야 했다. 나는 고개를 기울여 그녀와 얼굴을 마주 보려 했지만 그녀는 또다시 얼굴을 옆으로 돌려버렸다. 이제 나는 다른 쪽 뺨과 마주했다. 너무 비벼져 아랫입술이 매우 아팠다.

난 그녀를 놔줘야 한다는 걸 알고 있었고 그게 옳다고 생각했다. 하지만 나는 여기에서 끝내고 싶지 않았다. 거의 절정에 다다랐을 때는 특히나. 그래서 전술을 바꿔서 최대한 불쌍한 척 말했다. "자기야, 제발 이러지 마!" 나는 그녀에게 입술을 내밀었다. "지난 2주 동안 완벽한 남편이었으니 불평 그만하고 뽀뽀해줘!"

정말 그랬다. 스위스에서 돌아온 이후 정말 충실한 남편으로서 최선을 다했다. 창녀와 즐긴다거나 늦게 집에 온다거나 하는 일이 단 한 번도 없었으며, 퀘일루드 등 약물 사용도 반 이하로 줄였고 아예 며칠씩 건너뛰기도 했다. 사실 마약의 환각 상태를 언제 경험했는지 기억이 가물거릴 지경이었다. 그동안 심해지기만 했던 마약중독 습관이 다스려지는 것 같았다. 이 시기에는 허리 통증도 덜한 것 같았고 잠도 더 잘 잘 수 있을 것 같았다. 하지만 그런 시기는 항상 쏜살같이 지나갔다. 무슨 일이든 누군가든 나를 미치게 만들 테고, 그러면 내 상태는 더 나빠질 것이다.

약간 분노를 담은 채 "젠장! 제발 가만히 좀 있으라고! 거의 쌀 것 같은데 그러는 동안 키스도 하고 싶단 말이야!" 하고 말했다. 아내는 내 이기적인 태도를 받아주지 않았다. 내가 무슨 일이 일어나는지 깨닫기도 전에 아내가 그 가느다란 팔로 내 어깨를 밀치며 일어나는 바람에 나는 바닥으로 굴러떨어져버렸다. 그 순간 짙푸른 대서양의 아름다운 풍경이 벽면 전체를 차지한 통유리 창 너머로 보였다. 바다는 100미터쯤 떨어져 있었지만 훨씬 가깝게 느껴졌다. 나는 뼈가 부러진 게 아닐까 하는 생각이 들 정도로 꽈당 소리와 함께 마룻바닥에 떨어졌다.

"여보, 그러려고 한 게 아닌데 미안해요."

나는 심호흡을 하고 눈을 깜박이며 뼈가 부러지지 않도록 기도했다. "아아아! 왜 그랬어?" 나는 신음하며 완전한 나체로 이른 오후 햇빛에 번들거리는 발기된 성기를 드러내고 벌러덩 누워 있었다. 고개를 들어 잠시 내 발기 상태를 점검했다. 아직도 빳빳했다. 그래서 기분이 조금 나아졌다. 내 허리가 나갔나?…아니다. 그렇지는 않다고 확신했다. 그렇지만 너무 멍해서 꼼짝도 하지 못했다.

공작부인은 금발 머리를 침대 옆으로 쑥 내밀고 나를 의아하게 바라보았다. 그러더니 부드럽게 입술을 달싹이면서 놀이터에서 갑자기 넘어진 아이를 달래는 엄마처럼 말했다. "오, 불쌍한 우리 아기. 나와 함께 침대로 올라가면 기분이 좋아질 거야!" 더는 투정을 부리긴 싫어서 그녀의 속삭임을 무시하고 뒤로 엎드렸다가 일어섰다. 그리고 막 그녀의 위로 올라가려 할 때, 나는 내 앞에 펼쳐진 놀라운 광경에 넋을 잃었다. 공작부인이 돈으로 만들어진 침대에 누워 있었다. 그랬다. 정확히 300만 달러!

조금 전 우리 둘이 세어서 1인치 두께로 1만 달러씩 비닐에 싼 다음 두 겹으로 마룻바닥에 깔아보니 킹사이즈 매트리스 크기였다. 공작부인이 돈 침대에서 내려와서는 7만~8만 달러를 내 쪽으로 장난스럽게 던졌다. 그 돈은 나와 함께 침대에서 떨어진 또 다른 25만 달러가량의 돈더미에 더해졌다. 그래도 돈에는 흠집 하나 나지 않았다. 침대 위에는 초록색 달러가 너무 많아서 마치 우기가 지난 아마존 우림의 바닥처럼 보였다.

공작부인은 따스하게 미소 지으며 나를 일으켜주면서 천진난만하게 어깨를 으쓱였다. "어깨가 너무 아파서 그랬어. 당신 살이 좀 빠진 것 같은데. 우리 옷장에 들어가서 하자. 어때, 내 낭군님?" 그녀는 나에게 또 한 번 천사 같은 미소를 지어 보였고, 한번에 일어나더니 침대에서 벌거벗은 몸을 불쑥 내밀고 내 옆에 섰다. 그리고 입술을 삐죽이면서 자기 뺨 안쪽을 씹기 시작했다. 그녀가 무언가 난감할 때마다 하는 행동이었다. 잠시 후 그걸 멈춘 그녀가 말했다.

"그런데 이런 방법이 정말 법적으로 문제가 안 되는 거

맞아요? 왠지 그게 아닌 것 같아."

이 순간 나는 아내에게 돈세탁에 대해 거짓말하고 싶은 생각이 거의 없었다. 사실, 지금 내 유일한 욕망은 그녀를 침대 옆으로 눕혀놓고 섹스를 하는 것이었다. 하지만 그녀는 내 아내였고, 그것은 그녀가 속아넘어갈 권리가 있다는 것을 의미했다. 나는 확신에 차서 말했다. "내가 말했잖아, 여보. 내 돈을 은행에서 인출하는 게 뭐가 문제야? 물론 엘리엇에게 그간 몇 푼씩 상납받은 건 있지만 이 돈이랑은 전혀 관계가 없잖아. 이 돈은 모두 완전히 합법적인 거야. 지금 FBI가 들이닥친다 해도 은행 인출증을 보여주면 아무 문제가 없단 말이야." 그리고 아내의 허리를 꼭 끌어안으며 키스했다.

아내는 키득거리며 몸을 빼더니 말했다. "물론 은행에서 돈을 찾는 건 봤지만 불법 같은데. 현금이 이렇게나 많다니 잘 모르겠어요. 어쩐지 좀 찜찜한걸." 그리고 또다시 볼 안쪽을 어금니로 살짝살짝 깨물며 물었다.

"정말 아무 문제도 없는 거죠?"

내 성기가 서서히 기운을 잃어갔으므로 너무 슬퍼졌다. 이제 섹스를 할 타이밍이었다. "나만 믿어, 여보. 전혀 문제없어. 우리 옷장에서 섹스하자. 토드와 캐롤린이 한 시간 내로 올 거야. 이제 아까 못 끝낸 거나 마저 끝내자고."

아내가 눈을 찡긋하더니 갑자기 응접실로 뛰어가며 소리쳤다. "응접실까지 누가 먼저 가나 내기해요, 여보!" 우리는 그렇게 즐거운 휴식을 즐겼다.

1970년대 초 토드 개럿Todd Garret이라는 아주 이상한 유대인 한 놈이 레프락Lefrak에서 도망치듯 우리 동네로 이사왔다. 나보다 세 살 위였는데, 그를 처음 만난 날을 지금도 기억한다. 내가 열 살 무렵이던 어느 날 토드는 그의 형편 없는 부모 레스터Lester, 셀마Thelma와 함께 이사한 정원 딸린 아파트의 차고에 서 있었다. 그의 형 프레디Freddy는 최근 헤로인 중독으로 사망했는데, 죽은 지 이틀 만에 변기에 앉아 있는 그를 발견했을 때 그의 팔에는 녹슨 주삿바늘이 꽂혀 있었다. 그런데 그들과 달리 토드는 평범한 사람이었다. 그가 아파트 차고 안에 샌드백을 걸어놓고 도복 차림으로 발차기, 주먹 지르기 등을 연습하는 모습을 봤다. 1970년대 초에는 쿵후가 낯선 운동이었기 때문에 토드는 금세 유별난 아이로 소문났다. 하지만 적어도 그는 한결같았다. 더구나 그의 끈기는 지독해서 1년 365일 하루 12시간씩 샌드백을 차고 때리고 무릎으로 찍는 훈련을 계속했다. 하지만 모두 별로 주목하지는 않았다.

그러다 열일곱 살이 된 어느 날, 퀸즈시 잭슨하이츠Jackson Heights라는 동네의 그다지 질이 좋지 않은 술집에서 토드와 콜롬비아 출신 마약상 네 명 사이에 시비가 붙었다. 잭슨하이츠는 베이사이드로부터 몇 킬로미터 떨어지지 않은 곳이지만 완전히 딴 세상이었다. 공식어가 변칙영어였고 대부분 무직자인 데다가 할머니들마저 잭나이프를 가지고 다닐 정도로 무법지대였다.

어쨌든 그 싸움은 토드의 일방적 승리로 끝났는데, 네 명 중 둘은 뼈가 부러졌고 하나는 지니고 있던 자기 칼에 찔려 쓰러졌다. 폭력배 네 명 모두 만신창이가 되었다는 게 알려지자 그때부터 토드는 무서운 아이로 통하게 되었다. 그 뒤 토드는 공포와 위협으로 가득 찬 마약 유통업에 뛰어들어 치열한 자리다툼과 목숨을 건 싸움을 거쳐 급기야 20대 초반에 그 분야 일인자가 되었고, 연간 수십만 달러씩 쓸어 담았다.

여름 휴가철에는 프랑스 남부와 이탈리아 리비에라Riviera에서 보냈고, 겨울 휴가철에는 브라질 리우데자네이루의 찬란한 바닷가에서 보내는 등 호화로운 생활을 했다. 그러던 5년 전 어느 날, 이파네마 해변Ipanema Beach에서 이름도 모르는 열대 벌레에 물려 넉 달 동안 중환자실에 누워 있었다. 결국 심장이식 외에는 방법이 없다고 결론이 나서 대기자 명단에 이름을 올리고 하염없이 기다리는 동안 182센티미터의 건장한 체구가 45킬로그램으로 거의 해골이 다 되었다. 그로부터 2년이 지난 어느 날, 신체 조건이 비슷한 한 벌목공이 캘리포니아 레드우드에서 떨어져 죽었다. 그리고 그들 말대로 한 남자의 불운은 다른 남자에게는 축복이었다. 마침 토드와 면역 거부반응이 없어 그의 심장을 이식받게 된 것이다.

놀랍게도 토드는 심장이식 3개월 만에 스포츠 센터에서 운동을 시작했고, 그로부터 3개월이 지나자 이전의 건강한 신체를 찾았으며, 또 3개월이 지나자 미국 내 최고 퀘일루드 딜러로 복귀했다. 그러다 얼마 안 되어 퀘일루드 중독자이자 대형 투자은행 오너인 나를 알게 되었다.

그때가 약 2년 전이었다. 그동안 그는 내게 퀘일루드를 5,000개가량은 팔고 5,000개가량은 공짜로 주었다. 물론 내가 신규상장을 할 때마다 그를 참여시켜 돈을 벌게 해주었으므로 일종의 감사 표시였다.

하지만 신주공모에 참여할 때마다 100만 달러씩 벌다 보니 퀘일루드 거래로 버는 것은 아무것도 아니란 걸 알게 되었고, 언젠가부터 나를 위해 일할 게 없을까 하고 얘기를 해왔다. 나는 초등학교 2학년 때부터 나를 오해하는 모든 아이를 두들겨 패주고 싶다는 충동을 억눌러 왔는데, 그가 "내가 당신을 위해 해줄 수 있는 일이 있다면, 그게 누군가를 죽이는 일일지라도 내게 맡겨달라."며 수도 없이 말해온 탓에 결국 내가 그 제안을 받아들였다. 그러다 이번 돈세탁 작전에 스위스 국적인 그의 새 아내 캐롤린Carolyn이 적임자로 생각되어 부탁했고, 그 부부가 흔쾌히 승낙한 것이다.

나는 네이딘을 억지로 떠밀다시피 해서 쇼핑을 보냈다. 나는 지금 내 앞에서 벌어지고 있는 미친 짓을 그녀가 보지 않길 바란 것이다. 캐롤린은 팬티와 브래지어 차림으로 테니스 운동화만 신고 있었다. 그녀는 마치 경찰이 "손 머리 위로 하고 가만히 있어. 그렇지 않으면 쏜다!" 하고 소리치는 것처럼 두 손을 머리 뒤로 움켜잡고 팔꿈치를 옆으로 내밀고 내게서 1.5미터도 채 떨어지지 않은 곳에 서 있었다. 그 와중에 마치 빵빵한 물풍선처럼 풍성한 그녀의 두 가슴은 날씬한 158센티미터 정도의 몸에 찰싹 달라붙어 있었다. 윤기 나는 금발 머리는 엉덩이까지 내려와 있었다. 매력적인 파란 눈과 시원한 이마에 충분히 예쁜 얼굴이었다. 그녀는 매력녀였다. 그래, 스위스 매력녀.

"이 멍청한 양반, 기어이 테이프로 날 다치게 해야 직성이 풀리겄어?" 캐롤린이 특유의 스위스식 영어로 말했다.

"입 닥쳐, 이 프랑스 마녀야. 한 대 맞기 전에 닥치고 그대로 있으라고." 토드가 손에 테이프를 들고 캐롤린의 주위를 빙빙 돌았다. 그렇게 단단히 테이프로 둘러서 현금 30만 달러를 캐롤린의 배와 허벅지에 붙이자 그저 뚱뚱한 여인으로 보일 정도로 그다지 표가 나지 않았다.

"누구한테 마녀라는 겨? 이 잡놈아. 마녀라 부를 때마다 한 대씩 패버릴까부다. 안 그려요, 조던?"

나는 고개를 끄덕이며 대답했다. "그럼요, 캐롤린. 당장 한 방 먹여요. 그런데 댁의 남편은 그 정도 갖고는 간지럼도 안 탈걸요? 진짜 그를 엿 먹이려면 차라리 거리에 나가서 '내 남편은 정말 착하고 좋은 사람이에요. 그리고 잠자리 기술이 끝내준다고요.'라고 사람들에게 떠드는 편이 좋을 거예요."

토드가 날 보며 음흉한 미소를 지었다. 그 모습을 보며 레프락에서 자란 유대인이 어찌 저렇게 푸 만추Fu Manchu[37]처럼 보일 수 있을까 생각했다. 그의 눈초리는 살짝 치켜 올라갔고 피부색도 황색기가 살살 돌며 턱수염과 콧수염은 그를 영락 없는 푸 만추로 보이게 했다. 토드는 항상 검은색 옷을 입었는데, 오늘도 예외 없이 검은 베르사체 티셔츠와 오토바이용 라이크라 바지를 입어 근육질 몸매가 그대로 드러났다. 특히 허리춤에는 38구경 권총의 두툼한 모양새가 툭 불거져 보였고 팔뚝에는 검은 털이 무성하게 자라 마치 늑대인간처럼 보였다.

"왜 쓸데없이 아내 편을 드는 거요? 그냥 무시하는 게 상책인데." 토드가 투덜거리자 캐롤린이 이를 드러내고 비웃으며 말했다. "그려. 당신이나 무시해. 이런 지랄 맞은 냄편 같으니."

"냄편이 아니라 남편이다, 이 무식한 스위스 촌년아! 이제 다 됐으니까 아가리 닥치고 움직이지 마."

토드가 가방에서 휴대형 금속 탐지기를 꺼내 캐롤린의 몸을 위아래로 훑다가 가슴께에서 멈추었고, 우리 둘 다 그 섹시한 가슴에서 눈을 떼지 하고 잠시 멍하니 쳐다봤다. 나는 그렇게 여자 가슴을 좋아하는 편은 아니지만, 그녀의 가

---

37 영국 작가 색스 로머의 소설 주인공으로 세계 정복 야망을 가진 중국인 악당. 기다란 콧수염을 좌우로 늘어뜨렸다.

습은 정말 예쁘긴 했다.

"거 보라니까. 암 소리 안 나는 걸 괜히 금속 탐지기 산다고 돈을 쓰고 그런대. 종이가 무슨 쇠라도 되나? 멍충한 인간!"

토드가 머리를 절레절레 흔들며 말했다. "뭘 모르면 입 닥치고 있으라니까. 100달러짜리 지폐에는 얇은 금속 실이 들어 있단 말이야. 그래서 혹시 탐지되나 테스트해봤다고."

토드가 지폐를 하나 들어 전등 앞에 갖다 대자 1밀리미터쯤 되는 얇은 금속 띠가 위아래를 관통하는 게 보였다. 토드가 흡족한 표정을 지으며 말했다. "알았어, 이 멍청아? 앞으로 내 말에 절대 의심하지 말라고!"

"알았어요. 요번 한 번만 참죠. 하지만 내한테 함부로 하지 마요, 타하드. 나 잘나가는 여자니깐. 당신 친구 앞에서 팬티만 입고 이런…."

캐롤린은 토드가 자신을 얼마나 막 대하는지 등 하소연을 했지만 나는 듣는 둥 마는 둥 하며 딴생각에 빠져들었다. 캐롤린 혼자 그 많은 돈을 옮기는 건 불가능했다. 우선 300만 달러를 혼자 옮기려면 왕복 열 번, 총 스무 번 검색대를 통과해야 한다는 계산이었다. 물론 그녀가 스위스 국적이니 미국 출국심사에서 검색대를 빠져나갈 때나 스위스 입국에서 문제가 생길 소지는 거의 없었다. 누군가 밀고하지 않는 이상 잡힐 염려는 없었다. 하지만 꼬리가 길면 밟히는 법이니 안심하고 똑같은 짓을 하다가는 모든 것이 물거품으로 돌아갈 수 있었다. 300만 달러까지는 어떻게든 문제가 없겠지만 그건 단지 시작에 불과했다. 문제가 없으면 추가로 1,500만 달러를 더 빼돌려야 했다.

나는 캐롤린의 얘기를 끊으며 말했다. "부부 싸움을 끊어서 미안하지만 캐롤린, 당신 남편과 해변에서 얘기를 좀 하고 싶은데요. 당신 혼자 그 많은 돈을 옮긴다는 건 아무래도 무리 같아요. 그래서 좀 더 생각해봤으면 하는데 집 안에서 얘기하기는 좀….."

재봉 가위를 토드에게 건네며 재촉했다. "자, 부인을 풀어주고 우리는 해변으로 갈까요?"

"스스로 풀도록 내버려두고 그냥 갑시다. 이 여편네가 할 줄 아는 거라곤 쇼핑과 불평밖에 없으니."

"뭣이라? 이 화상, 타하드! 지금 고걸 농담이라고 하는 거야? 참 나 기가 막혀서. 조던! 어서 데리고 가요. 나도 혼자 평화로운 시간 좀 가지게. 내 알아서 풀 테니까."

나는 뭔가 미심쩍어 다시 물었다. "정말 괜찮겠어요, 캐롤린?"

토드가 내게 말했다. "괜찮아요, 갑시다." 그러더니 캐롤린을 돌아보고는 눈을 부라리며 말했다. "이 돈을 우리 집으로 가져가면 다시 한 장 한 장 세어볼 거야, 캐롤린. 그때 한 장이라도 없으면 넌 죽을 줄 알아."

캐롤린도 질세라 맞고함을 쳤다. "오호호호, 또 겁을 주는구만. 이 화상, 내 당신이 처먹는 약을 몽땅 독약으로 바꿔놓을 테니 그리 알어."

캐롤린이 영어와 프랑스어, 독일어까지 섞어가며 저주를
퍼부었다.

나는 토드와 함께 대서양이 시원스레 보이는 통유리 창
문을 열고 해변으로 나왔다. 최고 등급의 강력한 허리케인
에도 견딜 만큼 두꺼운 통유리 창문을 통해 캐롤린이 고래
고래 소리 지르는 게 뒤쪽 갑판까지 들렸다. 갑판 끝에는
긴 나무 길이 모래언덕 위로 나 있고 그 길은 모래사장으로
이어져 있었다. 파도가 밀려왔다 나가는 모래톱까지 오자
비록 머릿속에서는 '너는 젊은 인생에 치명적 실수를 하고
있다.'는 세찬 꾸짖음이 메아리를 쳤지만 주위는 왠지 고요
함마저 느껴졌다.

나는 태양의 따스함 속에서 억지로 부정적인 생각을 밀
어냈다. 우리는 검푸른 대서양을 왼쪽에 두고 서쪽으로 걸
었다. 저 앞 500미터쯤 떨어진 바다에서 트롤어선이 조업
을 하고 있고 그 위로 갈매기 떼가 어선이 잡아 올린 물고
기를 훔치러 열심히 왔다 갔다 하는 게 보였다. 그냥 평범
한 어선이었지만 나의 편집증적 의심이 몽글몽글 솟아올랐
다. FBI가 갑판 위에 파라볼라Parabola 안테나를 숨겨두고 우
리 대화를 엿듣는 게 아닐까 하는.

나는 심호흡을 한 번 하고 말했다. "캐롤린만으로는 안
되겠어요. 여행을 너무 많이 해야 할 텐데, 그러자면 출입
국사무소에서 뭔가 낌새를 채고 조사할 수 있단 말이지요.

그렇다고 간격을 한 6개월씩 건너서 한다면 시간이 너무 걸리고. 외국에서 자금을 들여와야만 해결되는 급한 일들도 있으니 정말 난감하네요."

토드는 고개만 끄덕일 뿐 한마디도 하지 않았다. 그게 무슨 일이며 왜 그렇게 급한지 궁금하면서도 묻지 않는 것에 신뢰가 더 생겼다. 지금 달러타임사 상태는 곧바로 2,300만 달러를 투입하지 않으면 파산할 우려가 있었다. 그렇지만 부실투성이 회사에 정상적인 방법으로 자금을 지원하기엔 명분도 약했지만 절차상으로도 최소 3개월은 잡아야 했다. 더군다나 금융당국의 감사까지 받는다면 그건 설상가상이 될 게 뻔했다. 분명히 감사보고서는 부정적 의견을 낼 테고 나스닥위원회는 상장폐지를 결정할 수밖에 없을 것이다. 그렇다면 정크본드 수준으로 추락한 주가는 회복 불능이 되고 나는 한 푼도 못 건지고 결국 손실 처리를 할 수밖에 없다.

따라서 가장 현실적인 방안은 사재를 투입하는 것이지만 말이 쉽지 결코 쉬운 일이 아니었다. 스트래턴은 공모방식 업무에서는 꽤 큰 영향력이 있었지만 사모방식 업무는 매우 약했다(그것은 완전히 다른 사업이고 스트래턴은 준비되지 않았다). 그리고 동시에 10여 개 신규상장 업무가 진행되어 개인 돈이 지속적으로 필요했다. 그래서 별도 여유가 없었고 달러타임에 300만 달러를 투입한다면 다른 투자 업무에 심각한 공백이 생길 수 있었다.

그러므로 이 경우에는 '규정 S'라는 외국인 투자 방식이 훌륭한 대안이 될 수 있었다. 스위스의 패트리샤 먼로 계좌에서 송금한 금액으로 규정 S 제도를 이용해 달러타임 증자에 참여하고 40일 후 시장에 내다 판다면 막대한 시세차익을 거둘 수 있었다. 규정 144에 따라 미국인이 개인 공모에 참여해서 2년을 기다렸다 파는 경우와는 엄청난 차이가 있었다.

이미 롤랜드 프랭크와는 규정 S 시나리오에 대해 협의를 끝내고 합법적 거래가 가능하도록 필요한 모든 서류작업을 해두었다. 이제 내가 할 일은 어떻게든 현금을 스위스로 보내는 것뿐이었다.

나는 토드에게 말했다. "아마도 이번에는 자가용 비행기로 스위스에 가야 할 것 같아요. 지난번 출입국사무소를 통과할 때는 내 여권에 스탬프도 안 찍었는데 이번엔 어떨지 모르겠네요."

토드가 머리를 가로저었다. "조던, 당신이 위험해진다면 그건 안 돼요. 내게는 특별한 사람이니까요. 필요하다면 우리 아버지와 어머니까지 돈을 나를 수 있어요. 70대 노인들이니 공항출입국에서 그다지 심하게 하지 않을 거고 또 내동생들 리치와 디나까지 같이한다면 총 다섯 명이 30만 달러씩 두 번만 갔다 오면 끝나죠. 그리고 몇 달 쉬었다 또 하면 되잖아요."

토드가 잠시 생각하는 듯 쉬었다가 말을 이었다. "나도 거기에 참여하고 싶지만 마약 거래상이라는 전력이 있어 감시가 워낙 심해요. 하지만 부모님과 형제들은 모두 깨끗해서 문제없어요."

우리는 잠자코 해변을 걸었다. 내 머릿속은 여러 가지 생각으로 복잡했다. 사실 토드의 부모님은 현금 운반의 적임자임이 분명했다. 하지만 리치와 디나는 좀 달랐다. 둘 다 히피 스타일인 데다 특히 리치는 머리를 허리까지 길게 늘어뜨려 누가 봐도 헤로인 중독자였다. 디나도 비슷하지만 여자라서 조금은 나을 수 있었다.

"좋아요, 당신 부모님은 안전할 거예요. 그리고 아마 디나도 괜찮겠고. 하지만 리치는 마약 딜러처럼 보이니까 이번 일에서 제외합시다."

토드가 걸음을 멈추고 내게 고개를 돌렸다. "그런데 친구, 만일 무슨 일이 생기면 법적 비용은 당신이 알아서 처리해주겠죠? 물론 그럴 거라 믿지만 당신이 직접 말해줬으면 해요. 물론 그런 일은 일어날 리 없지만."

나는 토드의 어깨에 손을 얹으며 말했다. "당연히 말할 필요도 없지요. 만일 무슨 일이든 일어난다면 법적 비용은 물론 일이 잘 끝났을 때 모두 한 10만 달러씩은 보너스로 줄 거예요. 어쨌든 난 당신을 전적으로 믿어요. 나는 런던으로 다시 가져가게끔 당신에게 300만 달러를 줄 겁니다. 그리고 분명 일주일 안에 스위스에서 일을 끝낼 거고요. 내가 세상에서 신뢰하는 사람은 정말 몇 명 안 됩니다."

토드가 의미심장하게 고개를 끄덕였다.

"그리고 대니가 당신에게 전달할 100만 달러를 가지고 있지만 다음 주 중반 이후에나 받을 수 있을 거예요. 나는 네이딘과 뉴잉글랜드로 휴가를 가기로 약속해서 대니더러 별도로 연락하도록 해두었어요. 알겠죠?"

토드가 얼굴을 찌푸렸다. "조던, 나야 당신이 말하는 건 뭐든 따르지만 대니는 정말 맘에 안 들어요. 한낮에도 퀘일루드에 빠져 살잖아요. 만약 이번에 100만 달러를 들고 오는데 그때도 퀘일루드에 취해 있다면 맹세코 한 대 치고 말 거예요. 진짜라고요. 난 흐리멍덩한 놈하고 거래하는 게 정말 싫어요."

나는 그 말에 미소를 지으며 말했다. "잘 알았어요. 내가 주의를 줄게요. 분명히 알아듣도록 얘기할 테니까. 이제 집에 돌아가야겠어요. 영국에서 이모님과 장모님이 오기로 되어 있어요."

토드가 고개를 끄덕였다. "좋아요, 다만 대니에게 주의 주는 건 잊지 말아야 해요."

"약속할게요."

그렇게 말하고 수평선을 등지며 집으로 향했다. 하늘은 짙푸른 코발트색으로 수평선과 어디까지고 맞닿아 있었다. 하지만 나는 토드가 걱정하는 내용을 대니에게 말해야 한다는 사실을 까맣게 잊어버리고 말았다.

19 가장 어색한 현금 운반책

우리는 웨스트햄프턴으로 식사를 하러 나갔다. 사우샘
프턴Southampton에 사는 WASP는 웨스트햄프턴을 비아냥거
리듯 유대인 햄프턴이라 불렀다. 마치 우리가 엘리스섬Ellis
Island에서 여권에 방금 막 도장을 찍고 아직도 긴 검은 코트
와 실크 모자를 쓴 유대인인 것처럼 WASP는 웨스트햄프턴
에 사는 사람들을 마치 미개인처럼 취급했다. 하지만 나는
웨스트햄프턴 해변에 별장형 집을 지어 살고 싶었다. 그리
고 전 직원이 다 같이 모여 흥청망청 놀고 먹는 스트래턴식
휴가를 즐기는 것이다.

나는 이날 저녁 웨스트햄프턴 해변 언덕에 있는 스타복
스Starr Boggs 레스토랑에 4인석을 예약해두었다. 물론 조금
전 기분을 밝게 하려고 퀘일루드 두 알을 삼켜 지금은 약효
가 슬슬 나타났다. 하지만 두 알 정도는 아무런 문제가 안
되었다. 바로 앞에는 대서양의 멋진 야경이 보였고 파도가
해변에 부딪히는 소리가 들려왔다. 오후 8시 30분에는 보
라, 핑크, 암청색 조명이 수평선을 수놓았고 하늘에는 커

다란 보름달이 둥실 떠 있었다. 그런 훌륭한 자연과 철저한 대조를 이루며 레스토랑의 칠이 벗겨져 갈라진 나무 바닥 위에 은색 철제 테이블이 휑하니 있었다. 새로운 페인트칠과 많은 보수가 절실히 필요한 상황이었다. 만약 맨발로 바닥을 걷는다면 발바닥이 베어 응급실행이 될 게 뻔했다.

설상가상으로 허공에 달린 100개가 넘는 빨간색, 주황색, 보라색 전등은 지난 크리스마스 때 쓰다가 아직도 그대로 둔 듯 안타깝게 빛났다. 여기저기 배치한 폴리네시안식 횃불은 연한 오렌지색을 내며 타올라 전체 분위기를 왠지 슬프게 만드는 듯했다. 하지만 폴리네시안식 횃불을 제외한 모든 인테리어는 키 큰 배불뚝이 레스토랑 주인 스타의 작품이 아니었다.

주인이 일급요리사인데도 가격만큼은 아주 합리적이었다. 언젠가 왜 이곳 스타복스 레스토랑의 저녁 식사비용이 1만 달러나 되는지 의아해하는 아버지에게 이해도 시켜 드릴 겸 모시고 온 적이 있다. 아버지는 음식값보다는 내가 좋아해서 주인이 준비해준 레드와인이 한 병에 3,000달러짜리라는 걸 알고 적잖이 충격을 받았다.

지금은 나와 아내, 장모 수잰과 사랑하는 패트리샤 이모 넷이서 애피타이저도 주문하기 전에 이미 1985년산 샤토마고Chateau Margaux 두 병을 해치우고 세 병째 마시고 있었다. 장모님과 이모님은 아일랜드계라서 술이라면 따로 말할 필요조차 없었다. 지금까지 일부러 돈세탁과는 전혀 관련이 없는 쪽으로 대화를 유도해 이런저런 시사 문제를 화제로 삼았다. 그리고 네이딘에게 패트리샤한테 무슨 일이 일어나는지 말하는 동안 모든 것을 완벽하게 합법적으로 보이게끔 상황을 꾸몄다. 우리가 어기고 있는 수천 가지 법처럼 패트리샤 이모가 어떻게 신용카드를 얻게 되어 황혼을 호화롭게 살게 되었는지에 초점을 맞췄다. 어쨌든 네이딘은 몇 분 동안 뺨을 씹고, 영 마음에 내키지 않아 하다가 마침내 그것을 받아들였다.

장모님은 에이즈가 존 에프 케네디John F. Kennedy 암살 때와 마찬가지로 미 정부가 만든 음모에서 비롯했다고 역설하고 있었다. 그 얘기에 집중하려고 애썼지만 장모님과 이모님이 쓰고 온 우스꽝스러운 모자 때문에 자꾸 주의가 흐트러졌다. 크기가 멕시코 밀짚모자 솜브레로Mexican sombreros보다 더 큰데 챙 주변에 핑크색 꽃이 달려 있어 두 사람 모두 햄프턴 사람이 아니라는 걸 증명이라도 하는 것 같았다.

장모님의 정부 꼬집기가 계속 이어지자 오랜만에 엄마의 그런 모습에 기분이 좋아진 공작부인이 테이블 아래에서 하이힐 끝으로 날 쿡쿡 찌르며 조용히 속삭였다. "엄마가 또 시작이야." 즐거워하는 아내를 보니 6주 전만 해도 농구공을 삼킬 듯했던 그녀가, 챈들러가 태어난 후 어떻게 처녀 때 모습으로 이렇게 빨리 돌아올 수 있었는지 참으로 신기했다. 이제 챈들러는 짜증이 나면 나를 칠 수 있을 정도로 (몸무게 5킬로그램 정도) 많이 자랐다.

나는 아내 손을 슬그머니 잡아 식탁 위로 올려놓으며 마치 우리 둘을 대변하듯 말했다. "언론에 관한 이론과 모든 것이 어떻게 거짓인지에 관한 한 장모님 말씀에 더 동의할 수 없습니다. 문제는 사람들이 대부분 장모님만큼 통찰력이 없다는 것입니다." 나는 심각하게 고개를 저었다.

그러자 패트리샤 이모는 와인잔을 들고 크게 벌컥벌컥 들이켜더니 "언론에 대해 그렇게 느끼는 게 얼마나 편리한지, 특히 자네가 그 빌어먹을 새끼들이 계속 때리는 사람이니까! 안 그래?"

나는 패트리샤 이모에게 미소를 보내며 "그럼요, 이 대목에서 건배!"라고 외치며 다들 잔을 들 때까지 기다렸다가 외쳤다. "또 한 분 신랄한 무정부주의자 패트리샤 이모님을 위하여!" 우리는 쨍그랑쨍그랑 와인잔을 부딪치고 순식간에 한 잔에 500달러씩이나 하는 와인을 마셨다.

아내가 빈 잔을 내려놓고 내 뺨을 쓰다듬으며 말했다. "오! 여보, 우리는 다른 사람들이 당신에 대해 하는 얘기들이 모두 거짓말이란 걸 알고 있어요. 그러니 뭘 하든 걱정하지 말아요."

"그렇다네." 장모가 거들었다. "물론 그건 모두 거짓말이지. 다들 마치 자네 혼자 뭔가 잘못하는 것처럼 말하지만 그건 소가 웃을 얘기야. 1700년대 로스차일드나 1900년대 초 JP모건이나 똑같은 놈들이지. 잘 알겠지만 주식시장이야말로 정부의 또 다른 꼭두각시놀음 아닌가?" 장모는 약간 괴짜이긴 하지만 책을 매우 좋아하는 영특한 분이었다. 남편과 이혼하고 혼자 아내와 처남을 키우며 어려운 일을 도맡다시피 했다. 특히 전남편에게 경제적으로나 다른 어떤 도움도 없이 혼자 두 아이를 키우느라 고생도 많이 했지만 어깨까지 내려오는 딸기 빛이 도는 갈색 머리카락과 반짝이는 푸른 두 눈이 어울리는 매우 아름다운 여인이었다.

그때 레스토랑 주인 스타가 흰색 요리사복에 주방장 모자를 쓰고 우리 테이블로 왔다. 키가 2미터쯤 되는 그는 하얗고 둥글둥글한 캐릭터 같았다.

"안녕하세요. 유쾌한 노동절 휴일입니다." 스타가 부드러운 목소리로 인사를 건넸다. 아내가 마치 치어리더처럼 의자에서 깡충거리듯 일어서더니 스타의 뺨에 가볍게 키스하고 가족을 소개했다. 잠시 이런저런 짧은 환담이 이어지고 스타가 오늘의 특별요리를 소개하는 걸 들으며 나는 점차 토드와 캐롤린 그리고 300만 달러에 대한 생각 속으로 빠져들었다. 그들이 과연 들키지 않고 들어갈 수 있을까? 나머지 현금은 어떻게 보낼까? 그냥 소렐의 행낭 편을 이용할까? 아니지, 그건 너무 위험해. 전혀 일면식도 없는 사람들에게 비밀 접선 방식으로 돈을 넘겨준다는 건.

그러다 장모와 우연히 눈을 마주쳤는데 그녀는 내게 아주 따뜻한 미소를 보내주었다. 나도 즉시 미소로 화답했다. 사실 네이딘과 사랑에 빠진 그날 이후 장모는 내게 아무것도 바라지 않았으며, 그저 우리의 행복한 결혼생활만 빌고

또 빌었다. 물론 결혼 후 해변에 새집과 차도 사 드리고 용
돈도 드렸지만 내게 베풀어주시는 마음에 비하면 아무것도
아니었다.

그 순간 문득 돈을 옮기는 일에 장모와 이모 이상 적임자
가 없다는 생각이 떠올랐다. 누가 이들을 의심할까? 나이
든 할머니들을 출입국 심사관들이 붙잡을 수 있을까? 아무
리 생각해도 그럴 가능성은 제로였다. 하지만 이내 그 생각
은 머리에서 지워버렸다. 내가 사랑하는 장모와 이모를 돈
세탁이라는 범죄에 끌어들인다는 건 절대 용서받을 수 없
는 일이었다. 만일 잘못된다면 아내와 챈들러도 날 떠날 테
고, 그들 없이는 살 수 없었다.

갑자기 아내가 부르는 소리가 크게 들렸다. "세상에, 여
보! 여보?"

나는 그녀에게 고개를 돌려 공허한 미소를 보냈다. "당신
은 갈치로 할 거죠? 그렇죠?" 나는 열심히 고개를 끄덕이
면서 계속 웃었다. 아내는 거보라는 듯 빵 조각을 뺀 시저
샐러드까지 주문하고 내 뺨에 부드럽게 키스한 후 자리에
앉았다.

스타는 우리에게 감사를 전하고, 네이딘을 칭찬한 다음
자기 일을 하기 시작했다. "내가 건배 제의를 할까?" 패트
리샤 이모가 와인잔을 들고 주위를 빙 둘러보았다. "이 건
배는 조던을 위한 거야. 네가 아니었으면 어떻게 이런 훌륭
한 곳에서 이렇게 멋진 저녁식사를 할 수 있겠니? 또 네 덕

분에 큰 집에서 손자들과 함께 지내게 되었으니."

아차 싶어 아내의 눈치를 살폈다. 아내가 볼우물을 만들며 우물우물 입 안쪽 벽을 씹는 게 보였다. 이런 젠장!

"이제 아이들 각자 침대 방을 꾸며주게 되었으니 모두 다 조던 덕분이야. 아주 자랑스러운 우리 사위를 위해 건배!" 쨍! 그리고 아내의 유쾌한 키스가 이어졌고 그 키스는 내 아랫도리를 묵직하게 만들었다. 와! 내 결혼생활은 정말 멋져! 그리고 매일 더 돈독해져! 네이딘, 나, 챈들러까지. 우린 진짜 가족이었다. 누가 더 뭘 바라겠는가?

그로부터 두 시간 후 나는 마치 자신의 애완용 공룡에게 감금된 프레드 플린스턴처럼 우리 집 현관문을 두드렸다. "여보! 정말 미안해. 어서 문 좀 열어줘."

안에서는 경멸에 찬 아내 목소리가 들려왔다. "미안하다고? 이 쪼끄만 꼬맹아. 만약 이 문이 열린다면 당신은 한 대 단단히 맞고 말 거야!"

난 숨을 길게 들이마시고 천천히 내쉬었다. 누구든 날 쪼끄맣다고 하는 건 죽어라 싫었다. 왜 그녀가 날 그렇게 불렀지? 난 꼬맹이가 아닌데, 빌어먹을! 하지만 지금은 그걸 따질 때가 아니었다.

"여보! 농담이었어. 제발, 설마 내가 장모님에게 돈세탁을 도와달라고 하겠어? 문 좀 열어줘."

안쪽에서는 발소리만 들렸다. 나는 장모에게 돈을 스위

스로 옮겨달라고 말한 적이 없다. 오히려 장모가 내게 제안했을 뿐이다. 내가 그런 식으로 유도했을지는 몰라도 제안은 분명히 장모가 했다.

나는 좀 더 큰 소리로 말했다. "네이딘! 문 열어. 이거 너무하잖아?"

안쪽에서 발소리가 다가오더니 허리 높이에 있는 우편함이 열리며 아내가 말했다. "내게 할 말이 있으면 여기에다 대고 해요."

내가 아무런 생각 없이 얼굴을 갖다 대는 순간, 촤악!

"오우, 이런 젠장!" 티셔츠 허릿단으로 얼굴에 잔뜩 묻은 물기를 훔치며 소리쳤다. "이거 뜨거운 물이잖아. 당신, 날 삶아 죽일 참이야?"

"뭐라고? 삶아 죽인다고? 당신이 우리 엄마를 교묘히 조종해서 엄마가 그렇게 말한 거 내가 모를 줄 알아요? 이 쪼끄만 인간! 비열한 인간 같으니."

다른 말보다 나보고 쪼끄맣다고 하는 말은 정말 화를 돋웠다. "당신이 쪼그맣다고 하는 사람이 누군지 잘 보라고. 한 대 갈길지도 모르니까."

"그래요. 해봐! 해봐! 내게 손이라도 올리면 잘 때 당신 거시기를 잘라 당신 입에 넣어버릴 거야!"

세상에! 어떻게 저런 아름다운 얼굴에서 저렇게 끔찍한 독설이 나올 수 있을까? 그것도 자기 남편에게. 더구나 아내는 오늘 밤 내내 내게 키스를 퍼부은 천사 같았는데….

패트리샤 이모와 장모는 마치 어느 영화에 나오는 괴짜 자매 같은 느낌이었다. 그리고 두 사람 모두 영국 국적이므로 더욱 그럴듯해 보였다. 그래서 내가 슬슬 바람을 잡아 돈세탁 작업에 참여할 의향이 있는지를 떠봤다.

아내가 우편함을 통해 말했다. "이리 와서 날 보고 엄마를 절대 그 일에 연루시키지 않겠다고 약속해요."

"거기에 대고? 그래, 알았어. 그런데 가만. 눈을 갖다 대라니 혹시 또 뜨거운 물을 끼얹으려고? 내가 그렇게 어리석어 보여? 또 속게."

아내가 기품 있는 말투로 말했다. "아니에요. 물은 절대 끼얹지 않을게요. 챈들러에게 맹세해요."

그래도 내가 그대로 서 있자 아내가 말했다. "있잖아요, 여보. 문제는 우리 엄마랑 이모는 당신의 돈세탁 작업을 하나의 큰 게임처럼 여긴다는 거예요. 두 사람 모두 무정부주의자여서 국가가 정한 법을 어기는 것이 진정한 정의라고 믿어요. 이제 당신이 한번 말을 뱉었으니 계속 같이하자고 할 거예요. 손바닥 보듯 뻔해요. 어쩌면 출입국 검사에 걸리지 않고 돈을 빼돌리는 게 아마도 아주 재미있는 게임이라고 생각할 거라고요."

"아냐, 장모님을 이 일에 끌어들이지 않겠어. 그럴 생각은 없었는데 술이 과해서 그랬단 말이야. 내일 장모님께 얘기할게."

"당신은 술을 그다지 많이 마시지 않았잖아요. 그래서 속상하단 말이에요. 오히려 맨정신일 때 당신이 더 사악한 것 같아요. 그런데도 왜 나는 당신을 그렇게 사랑하는지 모르겠어요. 미친 건 나지 당신이 아녜요. 그리고 오늘 저녁 식사비가 2만 달러나 나왔어요. 결혼식 피로연이라면 모를까 누가 보통 저녁 식사에 그렇게 많이 쓴대요? 내가 아는 어느 누구도 그렇지는 않아요. 하지만 당신은 눈도 깜짝 안 하잖아요. 하긴 옷장 안에 300만 달러를 현찰로 두었으니 그럴 만도 하겠지만 그 또한 결코 정상적인 집은 아니죠. 당신이 어떻게 생각하든 난 그런 건 아무것도 필요 없어요. 스트래턴과 이 모든 미친 일에서 벗어나 그냥 평범하고 조용히 살았으면 좋겠어요. 그러니 나쁜 일이 생기기 전에 이사라도 가요. 물론 권력에 중독된 당신은 따르지 않겠지만. 당신 왕국에서 당신은 왕이니까."

아내의 넋두리가 열쇠구멍을 통해 들렸다. "내 남편, 월스트리트의 늑대! 정말이지 바보 같은 말이지만 당신은 그걸 모르죠? 뭐든지 당신 위주니까. 정말 쪼끄만 이기주의자예요."

"제발 날 쪼끄맣다고 하지 마, 성질나니까."

"와, 예민도 하셔라. 그래요, 예민 씨. 오늘 밤은 손님방에서 주무세요. 내일 밤도, 모레도. 혹시 운이 좋다면 내년쯤에는 우리 함께 잘 수 있을지도 모르겠지만 이번에는 아마 오래갈 거예요." 그러면서 아내는 위층으로 올라갔다.

글쎄, 난 그럴 자격이 있다고 생각해. 그런데 장모님

이 체포될 가능성은 얼마나 될까? 거의 없다고 생각되는데! 괜히 그녀와 패트리샤 이모가 쓰고 있던 그 우스꽝스러운 밀짚모자가 떠올랐다. 그리고 내가 장모님을 재정적으로 지원한 건 뭔가 도움이 됐다. 결국 그것도 그녀가 먼저 요청한 거였다. 장모님은 예민하고 품위 있는 부인이었지만, 본심은 내가 정말로 급할 때 융통할 수 있는 돈이 많다는 것을 알고 있는 사람이기도 했다. 내 말은 올바른 척하는 허튼소리들을 다 걷어내면 아무도 선한 마음을 베풀지 않는다는 것이다. 비록 그것이 다른 사람을 도왔을 때 얻는 개인적 만족일 뿐이라 해도 항상 어떤 숨은 의도가 있기 마련이다. 결국 사람은 자기 잇속만 챙기게 되어 있다.

나는 오늘 내일쯤은 아내와 섹스를 하지 않아도 견딜 수 있을 거라고 생각하며 서 있었다.

20 갑옷의 틈새

물론 아내가 슬퍼하는 이유가 반은 이해되지만 반은 말도 안 되었다. 그랬다. 국제적 돈세탁이라는 멋진 모험에 자기 엄마를 끌어들이지 말라는 건 옳은 말이었다. 사실 아무도 그녀를 말리지 않았다. 어쨌든 장모와 나의 현금 운반은 좀 스릴 있는 일이었으니 말이다. 구체적으로 얘기하지는 않았지만 90만 달러를 손가방에 담아 아무렇지 않은 양 공항 검색대를 유유히 걸어 나간다는 건 영화에나 나오는 근사한 모험 아닌가? 그리고 걱정할 필요 또한 없었다. 장모는 이미 양국의 공항 검색대를 무사히 통과하여 소렐에게 현금을 넘겨주었다. 현재 그녀는 무사히 영국으로 돌아가 패트리샤 이모와 함께 남은 9월을 보내게 되었다. 그 두 사람은 10여 가지 법을 어기고도 아무 일 없이 탈출하는 영광을 누렸다. 그렇게 아무 일 없이 끝나자 아내는 다시 예전의 아름다운 공작부인으로 돌아왔고 우리는 로드아일랜드Rhode Island의 해변 도시 뉴포트Newport에서 곧 이혼 예정인 나의 오랜 친구 앨런 립스키Alan Lipsky 부부와 함께 막바지 여름휴가를 즐겼다.

앨런과 나는 요트 네이딘호를 향해 걸어갔다. 앨런은 나보다 키가 15센티미터는 더 크고 드럼통만 한 가슴에 목이 두꺼운 근육질 사내였다. 외모는 다소 마피아 암살자 같았지만 잘생겼고, 이목구비가 크고 눈썹 숱이 많았다. 지금도 연청색 반바지에 황갈색 브이넥 티셔츠를 입고, 황갈색 모카신을 신은 모습이 위협적이었다.

저 앞에 다른 요트들보다 선실이 높아 눈에 확 띄는 네이딘호가 보였다. 특이한 황갈색 덕분에 훨씬 더 눈에 잘 띄었다. 그 호화로움 자체에 흡족해하면서도 대체 내가 왜 저 애물단지를 샀지 하는 후회가 스쳐갔다. 매사에 부정적인 내 회계사 데니스 가이토Dennis Gaito는 "보트는 딱 이틀, 처음 산 날과 팔아버린 날만 행복하다."라는 오래된 격언을 읊으며 나에게 그러지 말라고 조언했다. 주위에서 말리는 바람에 망설이는데 아내까지 반대하니 왠지 오기가 생겨 지르고 말았다.

그렇게 해서 길이 150미터의 떠다니는 실망 덩어리를 소유하게 되었는데, 문제는 이 배가 원래 1960년대 초 유명 디자이너 코코 샤넬Coco Chanel을 위해 만들어진 오래된 보트라는 것이었다. 그렇다 보니 엄청난 소음에다 가끔 고장이 나기도 했다. 그 시대 요트가 대부분 그랬듯이 두꺼운 나무로 마감해 승무원 열두 명이 주기적으로 하루 종일 붓을 들고 칠을 해줘야 했고, 그런 날이면 니스 냄새 때문에 구역

질에 시달리곤 했다.

처음 진수하던 때는 그 길이가 100미터 남짓이었는데 이전 주인 버니 리틀Bernie Little이 헬리콥터를 내릴 수 있도록 공간을 확장했다. 버니는 아주 영악한 사람이었다. 내가 몇 번 이 요트를 빌리자 어느 날 선장인 마크까지 포함해서 내가 아예 사버리도록 부추겼다. 그 꼬임에 넘어가서 요트를 샀고, 얼마 후에는 제트엔진이 장착된 수상 비행기를 한 대 사고 격납고를 만들도록 마크 선장이 날 꼬드겼다.

우린 둘 다 스쿠버다이빙이 취미였는데, 제트 수상 비행기를 타고 남들이 가지 못하는 곳으로 날아가서 엄청나게 큰 고기를 잡을 수 있다고 했다. 그는 이렇게 말했다. "그 물고기들은 멍청해서 별 기술이 없어도 쉽게 잡을 수 있어요!" 나는 그 말에 혹해서 그러기로 해버렸다. 비용은 50만 달러를 예상했지만 결국 100만 달러가 들어갔다. 하지만 다 만들고 보니 헬리콥터와 제트스키 여섯 대, 수상 오토바이 두 대, 다이빙보드 등이 상단 갑판에 올려져 있어 이들과 충돌하지 않고 헬리콥터가 이착륙할 공간이 없었다. 나는 이 모든 일에 너무 깊이 빠져들어 어쩔 수 없이 배를 조선소에 집어넣고 70만 달러를 들여서 다시 한번 연장할 수밖에 없었다.

그 결과, 선수는 앞으로 더 나가고 선미는 뒤로 더 길어졌기 때문에 요트가 너무 거대해졌다. 나는 앨런을 쳐다보며 태연하게 말했다. "전에도 말했지만, 이 요트는 정말 잘

산 것 같아."

그러자 앨런도 맞장구쳤다. "그렇고말고, 정말 멋진 요트잖아."

마크 선장이 선착장 앞에서 우릴 기다렸다. 앨런과 내가 어린 시절 갖고 놀던 결투 로봇처럼 흰색 칼라 티셔츠와 흰색 보트 반바지를 입고 있었는데, 위아래 모두 로열 블루 색상의 대문자 N 주변으로 금빛 독수리 날개로 장식된 네이딘 로고가 근사하게 빛나고 있었다. 마크 선장은 날 보자 이렇게 말했다. "대장을 찾는 전화가 수도 없이 왔어요. 하나는 대니였는데 뭔가 숨넘어가는 소리였고, 나머지 세 통은 프랑스 악센트가 심한 캐롤린이라는 여자였는데 급히 전화해달라더군요."

뭔가 잘못되었을까? 가슴이 두근거렸다. 맞다! 오늘 대니가 토드를 만나 100만 달러를 전달하기로 했지? 젠장 무슨 일이 생긴 게 틀림없었다! 둘 다 FBI에 잡혀간 건 아닐까? 아니, 그럴 리 없지. 누군가 미행했다면 몰라도. 하지만 맙소사, 대니에게 퀘일루드 먹고 절대 토드 앞에 나타나지 말라고 말했어야 했는데 깜빡 잊었다!

나는 심호흡을 하고 마음을 가라앉히려고 애썼다. 어쩌면 이 모든 것이 우연의 일치일지도 모르겠다. 나는 마크 선장에게 미소를 지으며 물었다. "대니가 뭐라고 했나요?"

마크가 어깨를 으쓱하며 말했다. "잘은 모르겠지만 모든 일이 아주 잘 끝났다고 대장에게 전해달라던데요."

앨런이 나를 보며 물었다. "혹시 내가 뭐 도울 건 없어?"

"아니, 아니야." 나는 안도의 한숨을 쉬며 대답했다. 내가 손사래를 치며 말했다. 앨런도 베이사이드에서 자라서 토드를 잘 알고 있었다. 하지만 앨런에게는 이 일을 얘기하지 않았다.

내가 그를 믿지 못한 것이 아니라 특별히 그에게 말할 이유가 없었다. 다만 해외의 달러타임사 주식 보유자로부터 몇백만 주를 살 때 그의 증권사인 먼로파크가 필요할 수 있다고만 말했을 뿐이다. 그는 아마도 내가 그랬으리라고 생각했을 것이다. 하지만 그게 누구인지는 묻지 않았다. 나는 차분하게 말을 이었다.

"아무 일도 아니야. 두어 군데 전화해야겠는데. 아래층 침실로 가야겠군." 그리고 나무 선착장 가장자리에서 그 옆에 묶여 있는 요트로 가볍게 뛰어올랐다. 그리고 아래층에 있는 스위트룸으로 가서 위성전화를 집어 들고 대니의 휴대전화로 전화를 걸었다.

신호음이 세 번 울리고 나서 대니의 어눌한 목소리가 들렸다. "워쩌. 잘 쟤내?(어때, 잘 지내?)" 대니가 엘머 퍼드 Elmer Fudd[38]처럼 중얼거렸다. 힐끔 시계를 보니 11시 30분이었다. 세상에! 평일 오전 11시 30분에 약에 취해 있다니.

"대니, 대체 왜 그래? 지금 사무실에서 약에 취해 있는

---

38   애니메이션 〈루니 툰〉의 등장인물

거야?"

"뇨요뇨! 난 오날 타즈 만난다거 휴가 내쪄. 하지만 격정 먀. 일쩌리 완박해쪄.(노노노! 난 오늘 토드 만난다고 휴가 냈어. 하지만 걱정하지 마. 일 처리 완벽했으니까.)"

그래, 적어도 내가 걱정하는 일은 없었다.

"그러면 회사에는 누가 있어?"

"깍두기하고 위그왐이 이쩌. 괜찮아, 매드 맥스도 있수니까."

"토드가 자네에게 엄청 화가 났겠군."

"구래, 그놈 미친놈이야. 총을 뽑더니 날 겨누고 내가 자네 친구인 걸 행운으로 알아으더군. 총을 갖고 대니다니, 그 미친놈이 굴쎄…."

토드가 총을 꺼냈다고? 그냥 겁주려고? 말도 안 된다.

"대니, 무슨 말이야? 길거리에서 총을 꺼냈단 말이야?"

"아뉘, 아뉘. 내가 구놈 리무진 디짜석에 007가방을 던져줘써. 우린 베이테라수 쇼핑센터 주차장서 만나따가 굼방 헤어져써."

그제야 그림이 그려졌다. 토드의 리무진과 대니의 롤스로이스 컨버터블이 쇼핑센터 지하주차장에 나란히 서 있었을 것이다.

"그래서 아무 문제도 없었단 말이지?"

"구러엄! 엄꼬말고…." 대니가 뭐라 뭐라 하는데 수화기를 꽝 하고 내려놓고 말았다. 약에 취한 바보 같은 놈과 맨

정신인 내가 대화한다는 게 화가 치밀었기 때문이다. 그리고 바로 캐롤린에게 전화를 걸려고 할 때 전화벨이 울리기 시작했다. 잠시 전화기를 쳐다보는데 그 순간 내가 딱 매드 맥스가 된 기분이었다. 두려운 벨소리에 내 맥박도 빨라졌다. 하지만 곧장 전화를 받지 않고 고개를 좌우로 꺾으며 노려보았다.

네 번째 벨소리에 누군가 전화를 받았다. 나는 심호흡을 하고 기도했다. 잠시 후 귀에 거슬리는 삐 소리가 났고 마크 선장의 섹시한 여자 친구 탄지가 "벨포트 씨, 2번 전화에 캐롤린 개럿 씨입니다."라고 말했다.

나는 생각을 정리하려고 잠시 멈칫했다가 수화기를 들었다. "여보세요? 캐롤린, 어때요? 별문제 없어요?"

"오! 이런, 하나님 감사해라. 마침내 당신을 찾았군요. 타하드는 지금 유치장에 있어요. 그리고…."

나는 잽싸게 캐롤린의 말을 가로막으며 말했다. "캐롤린, 아무 말도 하지 말아요. 내가 지금 공중전화로 가서 전화할 테니까. 지금 집이에요?"

"네, 집이에요. 전화 기다릴게요."

"좋아요. 아무 걱정하지 말아요, 캐롤린. 나만 믿어요."

나는 전화를 끊고 침대 가장자리에 앉았다. 믿을 수 없었다. 내 마음은 천 가지 다른 방향으로 내달렸다. 전에 느끼지 못했던 이상한 감정마저 느꼈다. 토드가 유치장에 있다니, 도대체 무슨 일이 일어난 거야? 혹시 불었을까? 아니겠지. 침묵의 법칙대로 사는 사람, 그게 바로 토드 개럿이잖아! 게다가 그게 벌써 몇 년째인지도 모르겠는데? 그는 입이 무거운 사내인데, 젠장! 그는 항상 입버릇처럼 말했다. "지금 사는 세상은 덤이다. 이제 다른 사람을 위해 살겠다." 그렇지? 아마도 재판은 한참 뒤로 미뤄질 수도 있을 거야. 곧장 그런 생각을 한 것을 후회했다. 그게 진짜라 하더라도 말이다.

나는 심호흡을 하고 마음을 다잡으려 노력했다. 그리고 침대에서 일어나 공중전화로 향했다. 부두를 내려가다 나한테 퀘일루드가 5개뿐이라는 걸 깨달았다. 지금 상황에서는 도저히 용납할 수 없는 개수였다. 롱아일랜드에 3일 더 머무르지 말았어야 했다. 게다가 지금 허리가 너무 아팠다. 더구나 거의 한 달을 마약 없이 살았는데….

공중전화에 이르러 먼저 자넷에게 전화를 걸었다. 전화벨이 울리는 순간 혹시 도청되고 있는 건 아닐까 하는 생각이 뇌리를 스쳤지만, 이내 공중전화는 FBI가 도청할 수 없다는 사실이 떠올랐다. 그런 생각을 해낸 내가 자랑스러웠다. 그 정도로 난 신중했다.

"자넷! 지금 바로 내 서랍 맨 아래 칸에 있는 퀘일루드 40개를 위그왐에게 줘서 헬리콥터를 타고 이리로 오라고 전해줘. 여기에서 한 5킬로미터쯤 떨어진 곳에 사설 비행장이 있으니까. 그를 데리러 갈 시간이 없으니 리무진을 타라고 해."

자넷이 말을 끊었다. "두 시간 안에 도착할 테니 걱정하지 마세요. 그런데 목소리가, 무슨 일 있어요?"

"아니야, 아무 일도. 다만 지금 허리가 너무 아파서 미치겠어." 나는 작별 인사도 없이 전화를 끊고 다시 캐롤린에게 전화를 걸었다. 그녀는 전화를 받자마자 바로 말했다.

"여보세요. 조던?"

"그래, 나예요. 근데⋯."

"오! 하나님, 아까 말했지만."

"캐롤린, 지금 말하면 안 돼요."

"타하드가 유치장에⋯."

그녀는 내 만류에도 계속 말을 했다. 그래서 내가 큰 소리로 "캐애로오올리이이인!" 하고 소리치자 그제야 말을 그쳤다.

"내 말 잘 들어요. 아무 말도 하면 안 돼요. 소리 질러 미안하지만 집 전화기로는 절대 말하면 안 돼요. 알겠죠?"

"위Oui." 심지어 지금 나는 그녀가 이 긴박한 상황에서 모국어로 대답하는 것을 알아차렸다.

"좋아요. 지금 즉시 가까운 공중전화로 가서 이곳으로 전화해줘요. 401-555-1665. 내가 있는 공중전화예요.

"네." 그녀가 다시 영어로 침착하게 대답했다. "번호 적었어요. 조금 있다 전화할게요. 잔돈을 바꿔야 하거든요."

"아니야, 그냥 내 공중전화 카드를 써." 나는 차분하게 말했다.

5분쯤 지나서 전화벨이 울렸다. 나는 전화를 받아 캐롤린에게 공중전화 번호를 알려달라고 했다. 그러고 나서 전화를 끊고 옆에 있는 공중전화로 가서 캐롤린에게 전화를 걸었다.

캐롤린은 기다렸다는 듯 얘기를 시작했다. "타하드가 대니를 주차장에서 기다리고 있었다는데, 대니가 엄청 큰 롤스로이스를 타고 나타나서는 쇼핑센터 주변을 빙빙 돌며 다른 차들을 거의 칠 뻔했나봐요. 그래서 경비원들이 대니가 음주운전을 한다고 생각해서 경찰에 신고했고요. 대니가 돈 가방을 토드한테 주고 가려는데 타하드가 대니를 죽이겠다고 총을 뽑았대요. 대니는 잽싸게 날랐는데, 바로 그때 경찰차 두 대가 사이렌을 틀고 다가오자 토드는 무슨 일이 벌어지는지 알아차리고 옆에 있던 비디오 가게로 뛰어들어가 빈 박스를 찾아서 총을 숨겼대요. 하지만 금세 뒤따라온 경찰이 수갑을 채우고 CCTV를 돌려 타하드가 총을 숨긴 데를 찾았대요. 그래서 결국 체포되었어요. 그담엔 차로 가서 돈 가방까지 찾고."

이런 제기랄! 그래도 그 돈은 나와 직접 관계가 없으니 대니만 잡히지 않는다면 문제 될 건 없었다. 대니는 어딘가로 도망가서 잠적하도록 하고 토드에게는 적당히 입막음해야 했다. 하지만 토드가 이 모든 사실을 캐롤린에게 전화로 얘기했으면 100퍼센트 도청되었을 텐데 토드처럼 주의 깊은 사람이 자기 집에 전화를 걸어 이런 모든 범죄 사실을 애기했을까?

"토드와 언제 마지막으로 통화했어요?" 뭔가 나눈 얘기라도 있기를 바라며 그렇게 물었다.

"전화로 얘기한 적 없어요. 변호사한테 들었어요. 타하드가 그에게 전화해서 보석금을 구하라고 했고, 이 문제가 커지기 전에 나한테 스위스로 가라고 해서 그의 부모님과 동생까지 비행기표를 예약해뒀어요. 리치는 타하드를 위해 서류를 작성한 뒤 그에게 보석금을 줄 거예요."

휴! 다행이었다. 적어도 토드는 전화 통화를 하지 않을 정도의 상식은 있었다. 그리고 그가 변호사와 면담하는 한 그건 비밀에 부쳐질 것이다. 하지만 가장 아이러니한 점은 그가 유치장에 있는 동안 그가 모든 일의 핵심이 된다는 것이다. 토드는 여전히 내 돈을 해외로 빼돌리려 하고 있었다. 나는 내 일에 대한 그의 확고한 헌신에 감사해야 하는지, 아니면 그가 얼마나 무모한지에 대해 화를 내야 하는지 알 수 없었다.

모든 상황을 제대로 파악하기 위해 내 마음속 생각을 전부 훑어보았다. 진실은 경찰이 마약 거래를 우연히 발견했다고 생각했을 수도 있다는 것이었다. 토드는 판매자였기 때문에 현찰로 가득 찬 가방을 들고 있었고 구매자는 롤스로이스 운전자였다. 경찰이 대니의 자동차 번호를 알고 있을까? 그랬다면 대니는 왜 아직 체포되지 않았지?

하지만 어떤 근거로 그를 체포할 수 있을까? 사실, 그들은 대니에 대해 아무것도 가지고 있지 않았다. 그들이 가진 거라곤 현금이 가득 든 서류 가방뿐이었다. 주요 쟁점은 총이었지만 그것은 해결할 수 있었다. 유능한 변호사가 토드를 집행유예로 풀어줄 수도 있고 어쩌면 무거운 벌금도 물게 할 수도 있다. 벌금은 내가 내거나, 아니면 대니가 낼 것이다. 그게 다일 것이다.

"좋아요. 캐롤린. 그럼 스위스로 가세요. 그리고 자세한 얘기는 타하드에게서 들었죠? 누굴 만나야 하는지 알죠?"

"장 자크 소렐 씨를 만나서 돈만 주면 되죠? 전화번호는 받아두었고 그 거리를 잘 아니께 걱정 붙들어 매세요."

"좋아요, 캐롤린. 부디 조심하세요. 부모님에게도 안부 전해주시고. 토드의 변호사에게는 내게 상황을 다 알려줬다고 토드에게 전하라고 해요. 그리고 내가 모든 걸 책임질 거라고 말해줘요, 모든 걸. 알았죠?"

"걱정하지 마세요. 타하드는 당신을 끔찍하게 생각하니께 한마디도 안 할 거예요. 당신에게 피해를 주느니 자살을 택할 사람이니까요."

토드가 지구상의 어떤 영혼도 사랑할 수 없다는 것을 알면서도 그 말은 나를 미소 짓게 했다. 토드는 됨됨이가 마피아와도 같아 신의를 목숨처럼 여기는 사람이니 목에 칼이 들어와도 나에 대해서는 한마디도 안 할 것이다.

혼란한 생각을 정리한 나는 캐롤린에게 좋은 여행을 기원하며 전화를 끊고 요트로 돌아왔다. 유일하게 남은 문제는 대니에게 전화를 걸어 나쁜 소식을 전해야 하는가 하는 것이었다. 하지만 약에 취한 놈한테 말해봐야 쓸데없으니 나중에 얘기하는 편이 좋겠다고 마음을 고쳐먹었다.

처음의 충격이 많이 가라앉자 어쨌든 그렇게 나쁜 상황인 것만은 아니라는 생각이 들었다. 결과적으로 좋은 소식도 아니었지만, 그건 다른 무엇보다 예상치 못한 문제였으니 말이다. 어쨌든 퀘일루드 때문에 대니가 몰락할 것이란 사실은 부인할 수 없었다. 그는 그 마약에 심각하게 중독된 상태였고, 아마도 그것 때문에 도움을 구할 타이밍이었을 것이다.

III

THE WOLF of WALL STREET

21 실체를 형성하다

1994년 1월

주차장 사건이 일어난 다음 주, 경찰이 쇼핑센터의 CCTV를 조사했지만 대니의 차량 번호판이 너무 흐려서 판독 불가로 판정 났다. 나중에 토드의 말을 들어보니 경찰이 운전자를 알려달라며 딜을 해왔지만 끝내 말하지 않았다고 했다. 물론 토드는 개소리 말라며 거절했지만, 나는 그가 내게서 돈을 뜯어내려고 약간 과장해서 말하는 게 아닌가 하는 의심이 들었다. 어느 쪽이든, 나는 그 문제를 꼭 해결 해주겠다고 약속했고 그 대가로 토드는 대니의 목숨을 살려주기로 했다.

그렇게 1993년이 저물었고 '부자와 기능장애인의 생활'은 조금도 변함없이 계속 이어졌다. 스티브 매든 제화의 주가도 그럭저럭 별 무리 없이 주당 8달러를 약간 웃돌며 끝났다. 상장으로 거둬들인 직간접 수익은 2,000만 달러에 달했다.

크리스마스와 연말연시 휴가를 요트를 타고 카리브해에서 보냈다. 공작부인과 나는 미친 듯이 파티를 벌였고 세인트 바트St. Bart's와 세인트 마틴St. Martin 사이에 있는 거의 모든 고급 레스토랑에서 술에 취해 잠들기를 반복했다. 퀘일루드에 취해 스쿠버다이빙을 하다가 약간 다쳤지만 괜찮았고, 여행 중에 생긴 자잘한 문제도 별 탈 없이 지나갔다.

휴가가 끝나고 다시 일상으로 돌아왔다. 지난 1월 첫째 주 화요일, 나는 우리 회사의 법률자문 변호사 리 소킨Lee Sorkin의 사무실에서 얘기를 나누고 있었다. 다른 모든 유명 변호사와 마찬가지로 소킨도 한때는 나쁜 사람을 위해서도, 좋은 사람을 위해서도 일했었다. 이 말은 누구에게 일을 부탁했느냐에 따라 달라지는데, 소킨도 한때는 규제감독 일을 하던 사람이었다는 뜻이다. 그는 예전에 SEC의 뉴욕지부장이었다.

이 특별한 순간에 그는 그의 멋진 가죽 의자에 기대앉아 따지듯 말했다. "기뻐서 춤이라도 춰야겠어요, 조던. 2년 전 SEC가 2,200만 달러에 달하는 소송을 걸어 스트래턴을 죽이려 한 사건이 이제야 결론이 나서 300만 달러 벌금으로 확정되었어요. 이건 완벽한 승리예요."

나는 마음이 무거웠지만 변호사의 허풍에 열심히 웃는 척을 했다. 크리스마스 휴가를 보내고 돌아온 첫날은 너무 힘들었다. SEC가 내게서 사소한 증거 하나도 찾지 못했는데 내가 왜 그렇게 빨리 합의를 봐야 하지? 2년 전 SEC는 나를 시세조종을 위한 과잉거래 혐의로 고발했지만 뒷받침할 증거가 없어 그동안 법적 공방을 지루하게 이어왔다.

SEC는 우리 직원 열네 명을 소환해 법정에 세웠지만 대부분 모르는 일이라며 죄를 부인했다. 하지만 그중 두 명은 패닉 상태에 빠져서 과잉거래에 대한 혐의를 시인했고, SEC는 "솔직해 말해줘서 고마워!"라는 말로 그들을 증권업계에서 내쫓았다. 위증했던 열두 명은 지금도 스트래턴에서 활발하게 일하고 있었다.

리 소킨은 이 정도 결과는 거대한 기관을 상대로 해서 거둔 놀라운 승리라며 더 싸우지 말고 이 상태로 끝내자고 했다. 하지만 여기에는 약간 문제가 있었다. 벌금 300만 달러로만 끝나는 것이 아니라 나 또한 사장으로서 책임을 지고 증권업계에서 영원히 떠나야 한다는 걸 의미하기 때문이다. 몇 마디 더 보태면, 난 죽은 뒤에 부활할 방법을 찾는다는 건 절대 안 될 일이라고 확신했다.

내 생각을 말하려 했지만, 잠시간의 침묵을 못 견딘 소킨이 말을 이었다. "조던, 우린 완벽한 팀워크로 SEC를 상대해서 승산 없는 싸움이었지만 이긴 거예요." 그는 자신의 발언에 만족하듯 고개를 끄덕였다. "300만 달러는 한 달만에 다시 벌어들일 수 있는 돈이잖아요? 벌금은 세금 공제도 되고요. 그러니 이제는 인생을 즐기면서 사는 게 어때요? 맘 편히 돌아가서 아내와 딸과 함께 쉬는 거죠." 그러더니 그가 얼굴 가득 미소를 띠고 고개를 끄덕이며 나를 설득했다.

나도 아무렇지 않다는 듯 웃었다. "대니와 케니의 변호사들도 이 소식을 알고 있나요?"

그가 음흉스럽게 웃으며 대답했다. "아니요. 아직은 비밀이에요, 조던. 다른 사람들은 아무것도 모릅니다. 법적으로는 저만 스트래턴을 대리하고 있으니까요. 전 스트래턴에 충성을 다하고 있고 당신이 곧 스트래턴이니까 나는 당신에게 충성하고 있죠. 어쨌든 법원에서는 며칠 말미를 주고 당신과 거래를 제의해온 상태예요. 우리가 가진 시간적 여유는 그게 전부예요. 단 며칠, 길어야 일주일 정도요."

우리가 처음 소송을 당했을 때는 잠재적 갈등을 피하기 위해 각각 별도로 법률 고문을 두었다. 당시 나는 그것을 심각한 돈 낭비라고 생각했다. 하지만 지금은 잘한 선택 같았다. 나는 자신감에 차서 말했다. "난 그들이 제안을 금방 철회하진 않을 거라 확신해요, 소킨. 당신이 말한 대로 우리가 그들의 옷을 벗겨버리자고요. 사실 이 사건에 대해서 정확히 알고 있는 사람은 SEC 내부에는 아무도 없을 겁니다." 회의실 도청 장치 덕분에 정확히 알고 있다는 사실을 얘기해버릴까 했지만, 마음을 고쳐먹었다.

소킨이 허공에다 손을 내저으며 말했다. "조던, 선물은 흠을 잡는 게 아녜요. SEC 뉴욕사무소는 지난 반년간 너무 많은 인사이동이 있어서 사기가 떨어져 있어요. 하지만 그건 우연의 일치일 뿐 앞으로도 계속 그러지는 않을 거예요.

변호사가 아닌 친구로서 권고하는데, 새로운 수사관이 개입해서 조사하게 되면 결국 뭔가를 찾아낼지도 모르고 그러면 모든 게 헛수고가 될 수 있어요."

나는 천천히 고개를 끄덕이며 말했다. "이 얘기를 다른 사람들에게 하지 않은 건 잘한 일이에요. 내가 직접 얘기하기 전에 이 얘기가 새어 나간다면 큰 혼란이 생길 테니까요. 그리고 개인적으로도 증권업계에서 추방당한다는 건 참으로 서글픈 일입니다. 객장은 내게 삶 자체이고, 내 정신이 모두 녹아 있는 곳이니까. 하지만 나보다는 케니가 더 충격이 크겠죠. 대니는 그대로 남고 자기는 떠나야 한다는 사실을 이해 못 할 거예요. 아주 뛰어나다고 할 수는 없지만 연간 1,000만 달러를 벌어들이는 친군데, 이제 그 일을 할 수 없다는 사실을 알면 낙담이 이만저만이 아니겠죠."

소킨이 어깨를 으쓱하며 말했다. "그러면 케니를 남게 하고 대니를 떠나게 합시다. SEC야 누가 남고 누가 떠나든 신경도 안 쓸 겁니다. 당신만 떠나면 되는 거니까요. 월스트리트의 늑대만 그들의 표적이니까. 대니를 설득하는 게 더 쉽겠죠?"

"그건 안 될 말이에요, 소킨. 케니는 내가 사랑하는 친구지만, 그렇다고 해서 회사를 경영할 능력이 없다는 사실이 바뀌진 않아요. 우리가 합의하면 어떻게 되는지 알려줘요."

소킨은 잠시 생각하더니 말했다. "당신이 케니를 설득해서 두 사람의 지분을 대니에게 넘긴 후 증권업계를 영원히 떠난다고 법원에 서약한다면, 두 사람의 벌금은 회사가 대신 지급해도 아무런 문제가 없도록 할 수 있어요. 개인 돈으로 벌금 300만 달러를 내지 않아도 되죠. 물론 법원에서는 별도로 감사를 선임해서 감독하겠지만 그건 별문제가 안 되고요.

그런데 대니에게 모든 지분을 넘기는 건 좀 심한 것 같아요. 확실히 케니보다는 CEO로서 적임자이지만 하루 중 반은 약에 취해 있잖아요. 물론 조던, 당신도 마약을 즐기긴 하지만 업무 시간에는 항상 절제하죠. 게다가 좋건 싫건 세상에 조던 벨포트는 한 명뿐이에요. 특히 뉴욕법원 판사 마티 쿠퍼버그Marty Kupperberg가 이 사실을 잘 알고 있죠. 그래서 당신이 물러나야만 한다는 거예요. 그는 당신이 이룬 성공은 인정하면서도 당신의 모든 면을 혐오하는 것 같더군요. 두어 달 전 플로리다에서 열린 SEC 콘퍼런스에 참석했는데, 현재 워싱턴 제2본부장인 리처드 워커Richard Walker가 조던 벨포트 같은 친구를 다스리려면 증권거래법을 다 뜯어고쳐야 한다고 말하더군요. 그 말을 들은 사람들은 완전히 낄낄대고 난리였죠. 그가 진짜 싫은 얼굴로 말하진 않았어요. 물론 무슨 뜻인지 잘 아시겠지만."

"그럼요, 알고말고요. 정말 가슴 벅찬 칭찬이군요. 우리 엄마한테 전화해서 그처럼 높은 사람이 날 칭찬하더라고 좀 떠들어주세요. 내가 그 정도로 존경받고 있다는 걸 알 수 있도록요. 믿을지 모르겠지만 얼마 전까지만 해도 난 가난한 유대인 가정에서 자란 착한 소년이었어요. 용돈을 벌기 위해 삽으로 폭설을 치우는 아르바이트를 해야 할 정도였고, 5년 전만 해도 레스토랑에 들어서면 냉대받기 일쑤였어요."

나는 놀라서 고개를 가로저었다. "내 말은, 젠장! 내가 어떻게 일이 이렇게 되도록 놔뒀단 말이지? 소킨, 난 이렇게 되려고 스트래턴 사업을 시작한 게 아니었어요, 진짜로!" 의자에서 일어나 통유리 너머로 엠파이어스테이트 빌딩을 바라보았다. 내가 주식중개인 교육을 받기 위해 처음 갔던 곳이었다. 그리 오래전은 아니었다. 내가 급행열차를 탄 거지, 급행열차를! 그때 수중에는 7달러가 있었다. 살길을 찾아 맨해튼으로 가는 버스를 기다리던 모든 사람이 가졌을 절박한 심정을 지금도 기억한다. 나이가 지긋한 사람들이 매캐한 디젤 연기를 맡으며 딱딱한 플라스틱 의자에 앉아 멍하니 창밖을 바라보는 모습을 보며 나는 절대로 저렇게는 살지 않겠다고 다짐 또 다짐했었다.

나는 맨해튼에서 멀지 않은 곳에서 자랐지만, 버스에서 내려 저 고층빌딩을 올려다보며 도시의 기운에 주눅 들었던 기억이 났다.

돌아서서 소킨을 마주 보며 그때의 회한에 젖은 목소리로 말했다. "난 이렇게 끝나길 바란 적은 한 번도 없었어요. 5년 전 스트래턴을 시작했을 때, 정말 좋은 의도만 갖고 있었죠." 고개를 저으며 말을 이었다. "실제 행동으로 옮기지 않는 선의는 의미가 없다는 말이 맞는 것 같아요. 재밌는 이야기 하나 해줄게요. 내 전부인 데니즈 기억나요?"

소킨이 고개를 끄덕였다. "네이딘처럼 착하고 아름다운 여자였죠."

"그래요. 착하고 아름다웠어요. 물론 지금도 그렇지만. 처음 내가 스트래턴을 시작했을 때 이렇게 얘기했어요. '조던, 1년에 100만 달러 정도만 버는 평범한 일을 하면 안 될까?' 난 그때만 해도 쓸데없는 얘기라고 코웃음 쳤지만, 지금은 무슨 말인지 알아요. 스트래턴은 권력의 묘미를 느낄 수 있는 사이비 종교 같아요. 직원들은 나만 바라봤죠. 데니즈는 그런 면을 못 견뎌 했어요. 직원들은 나를 신격화하고, 나를 다른 사람으로 바꾸려 했어요. 지금은 알지만 그때는 몰랐죠. 권력에 중독되어 도저히 거부할 수 없었던 거예요."

나는 어깨를 으쓱하며 힘없이 웃었다. "어쨌든 저는 만약 무슨 일이 생기면 나 자신을 희생해서라도 조직과 직원들을 보호하겠다고 항상 다짐했어요. 물론 그런 생각은 지극히 비현실적인 감상이었지만 스스로 그렇게 세뇌시켜왔던 거죠.

그래서 만약 내가 항복하고 돈만 챙겨 도망친다면 우리 직원들을 배신하는 게 되죠. 물론 그렇게 하는 게 가장 편하다는 건 알아요. 당신이 말하는 대로 SEC와 타협하여 증권계에서 발을 빼고 가족들과 여생을 즐긴다면 우리 직원들을 엿 먹이는 게 되죠. 난 그들에게 끝까지 싸우겠다고 맹세했어요. SEC가 비상구를 열어준다는 이유만으로 어떻게 먹고 뛸 수 있을까요? 나는 선장이에요. 배에서는 선장이 마지막으로 내려야 하는 사람 아닌가요?"

소킨은 고개를 저었다. "그렇지 않아요. 지금 이 일을 바다에서의 모험과 비교할 수는 없어요. 간단히 말해 당신이 벌을 감수하면 스트래턴은 무사할 수 있어요. 물론 끝까지 계속 싸운다면 이번 한 번은 SEC를 이길 수 있겠지만 영원히 그들을 이기는 건 불가능해요. 아마 6개월 이내에 법정에 서게 될 것이고, 배심원들은 당신의 명분에 그다지 호의적이지 않을 거예요. 물론 수천 명의 일자리가 걸려 있고, 수많은 가족이 스트래턴에 생계를 의지하고 있죠. 당신이 이번 타협을 받아들인다면 당신 자신을 포함해서 모든 사람의 미래가 보장되는 겁니다."

소킨이 한 말을 잠시 생각해보았다. 그건 부분적으로만 맞는 말이었다. 사실 SEC의 제안은 예상하고 있었다. 어느 조찬 모임에서 알 에이브럼스가 충고했었다. 에이브럼스는 "합법적인 거래만 한다면 SEC에서 아무런 간섭도 받지 않겠지만 작은 잘못이라도 하게 되면 감시망에 걸려들 겁니다. 하지만 절대 잊어서는 안 돼요. 그 문제가 해결되었다 하더라도 영원히 자유로운 게 아니에요. 그다음 날부터 다른 트집을 잡고 나오죠. 그러니 새로운 문제가 생기지 않도록 서면 확인이 필요합니다. 더는 트집 잡을 건수가 없다고 해도 그걸로 끝이 아니라 상급 기관인 NASD로, 그것도 안 되면 연방, FBI로 점차 확대될 거예요. 그런데 그들이 계획을 했다면 이미 사건에 개입하고 있을 가능성이 매우 크죠."

알 에이브럼스의 조언을 떠올리면서 소킨에게 물었다. "SEC가 우리에게 또 다른 소송을 걸 계획이 없다는 건 어떻게 알 수 있을까요?"

"그 내용도 합의서에 반영하도록 하지요." 소킨이 대답했다. "합의에는 현재까지 이뤄진 모든 내용을 포함시킬 겁니다. 하지만 만약 대니가 약속을 다시 어긴다면 새로운 소송을 막을 방법은 없어요."

나는 납득이 가지 않는다는 표정으로 고개를 끄덕이며 물었다. "그런데 SEC가 이번 타협으로 완전히 끝낸다는 걸 어떻게 보장하죠? NASD나 연방, FBI는 가만히 있을까요?"

그러자 소킨이 의자 깊숙이 등을 기대며 대답했다. "그건 보장할 수 없습니다. 물론 그런 내용까지 합의서에 넣으면 좋겠지만, 그건 불가능해요. 하지만 상급 기관으로 확대될 가능성은 거의 없습니다. 어떤 변호사든 승산 없는 소송 건에는 휘말리지 않으려고 하죠. 경력에 치명적이니까요. 스트래턴 사건에 관여했던 변호사들은 모두 불명예를 안고 물러났기 때문에 로펌에서는 아무도 스카우트하지 않았죠. 대부분의 SEC 소속 변호사들은 경험과 경력을 쌓기 위해 그곳에서 일하며 인정을 받아 로펌에 고액 연봉으로 스카우트되는 게 목표입니다.

하지만 연방 검찰청은 다르죠. SEC에서 조사하는 것과 연방 검찰청에서 조사하는 것은 차원이 다릅니다. SEC에서 소환장을 받고 출두했던 스트래턴 직원들이 최선을 다해 당신을 옹호했지만, 만약 검찰청 대배심에서 소환장이 발부되었다면 몇 명은 겁을 집어먹고 아마 빌딩에서 투신이라도 했을 거예요. 하지만 말씀드렸다시피 연방 검찰에서는 이런 사건에 별 관심이 없답니다. 스트래턴은 맨해튼이 아닌 동부지역이라 증권법 위반 같은 경제법 관련 사건이 별로 많지 않기 때문이죠. 그래서 말인데, 당신이 그들의 제안을 수용하고 사건을 종결한다면 모두에게 행복한 결말이 보장될 겁니다."

천천히 심호흡을 하고는 소킨에게 물었다. "좋습니다. 명예를 지키며 평화롭게 해결될 수 있다면 따르는 게 맞겠지요. 그런데 만약 내가 객장에 모습을 나타낸다면 어떻게 되죠? FBI가 나타나서 법원 명령을 위반했다고 나를 체포합니까?"

그러자 소킨이 손을 저으며 대답했다. "아니요, 아니에요. 법이란 생각만큼 그렇게 엄격하지 않아요. 사실 이론적으로는 스트래턴이 있는 빌딩의 같은 층에 당신이 사무실을 내도 문제 될 건 없어요. 물론 그걸 부추기는 건 아니지만, 복도에서 대니와 만나서 온종일 있어도 되고 경영에 참견도 할 수 있어요. 다만 대니에게 지시할 수는 없다는 겁니다. 또 가끔 방문하는 건 전혀 문제없습니다."

그 말을 듣자 갑자기 궁금증이 생겼다. 정말 그렇게 쉬울까? SEC가 나를 제재하려 했는데, 내가 그렇게 많이 관여할 수 있다고? 이런 사실을 모든 직원에게 솔직하게 얘기해준다면 내가 그들을 버렸다고 생각하진 않을 게 아닌가? 생각에 여기에 이르자 한결 여유가 생겼다. "그러면 대니에게는 내 지분을 얼마나 넘겨야 하죠?"

"원하는 만큼이요." 내가 어떤 음흉한 생각을 하는지도 모른 채 소킨이 대답했다. "대니와 당신이 알아서 할 문제예요. SEC는 개의치 않아요."

머릿속으로 2억 달러쯤이면 괜찮겠다고 생각하며 말했다. "그럼, 대니와 솔직하게 의논해볼게요. 그 친구는 돈에 관해서는 아주 합리적이니까 얘기가 잘될 겁니다. 그리고 사무실은 스트래턴과 같은 빌딩보다는 한 블록 정도 떨어진 곳이 좋겠군요. 괜찮을까요?"

"좋은 생각이군요." 소킨이 대답했다.

나는 훌륭한 변호사에게 미소로 답하며 진심으로 물었다. "이미 답은 나와 있는 것 같지만, 다시 말하자면 내 소유 계좌에서는 투자가 금지되지도 않고 회사 지분 소유도 금지되지 않는단 거죠?"

소킨이 밝게 웃었다. "물론 아무런 제한이 없습니다. 주식을 팔아도 되고, 상장 회사 주식 지분을 사도 되고, 하고 싶은 건 뭐든 할 수 있어요. 다만 증권사를 운영할 수는 없어요."

"그럼, 스트래턴이 주관하는 신규공모에도 투자자로서 참여할 수 있겠군요? 내가 앞으로 주식 중개만 하지 않으면 그 제한은 나에게 적용되지 않는단 말이군요?" 나는 너무 기뻐서 전능하신 하나님께 조용히 감사 기도를 했다.

"믿거나 말거나, 답은 예스예요. 얼마든지 참여할 수 있습니다. 대니가 제안한 만큼 스트래턴의 새 주식을 살 수 있을 거예요. 그게 핵심입니다."

흠, 그렇다면 정말 일이 잘 풀린 것이다. 이제 남의 명의를 빌릴 필요도 없이 스트래턴뿐 아니라 빌트모어나 먼로 파커를 통해서도 주식을 할 수 있는 거였다. "소킨, 그러면 케니에게도 증권계 추방형을 받자고 설득할 수 있겠어요. 자기 친구 빅터가 증권사를 설립하도록 도와달라고 계속 부탁해왔는데, 내가 동의하면 아마 거래를 성사시킬 수 있을 거예요. 이 얘기가 새어 나가면 모든 게 수포로 돌아갈 수 있으니 며칠간 비밀을 유지해주세요."

소킨이 어깨를 으쓱하고는 선서하듯 손바닥을 들어 올리며 윙크했다. 그 이상 말이 필요 없었다.

왠지 모르지만 롱아일랜드 고속도로를 달릴 때마다 묘한 쾌감을 느꼈다. 지금까지 2만 번은 족히 달린 것 같았다. 어떤 이유에서인지 방치된 이 고속도로는 아직도 공사 중이었다. 사실, 지금 달리는 이 구간은 내가 다섯 살 무렵부터 언제나 공사 중이었다. 퀸즈 동쪽과 롱아일랜드의 서쪽이 만나는 구간이었는데, 공사가 언제 끝날지는 기약이 없어 보였다. 한 회사가 건설 계획을 독점 수주했는데, 그들은 역사상 가장 무능한 도로포장공이거나 지구상에서 영업 실력이 가장 뛰어난 사업가였을 것이다.

경우에 따라 다르겠지만, 매우 가능성이 커 보이는 일도 반드시 결과물이 따라오지는 않는다는 걸 보여주는 예시가 아닌가 하는 생각이 들었다. 나는 내 자리에 깊숙이 앉아 평소처럼 운전수 조지의 벗겨진 뒷머리를 바라보았다. 만약 조지는 일자리를 잃으면 어떻게 될까? 사실 조지뿐 아니라 우리 집 관리인 모두의 문제였다. 스트래턴이 문을 닫아 더는 내가 돈을 받지 못하게 되면 많은 사람이 영향을 받을 수밖에 없었다.

스트래턴 직원들은 어떻게 될까? 빌어먹을. 아마도 그들 모두 극도로 허리띠를 졸라매야 할 것이고, 그렇지 않으면 파산해야 할지도 몰랐다. 세상 사람들이 살아가는 것처럼, 원하는 걸 언제든지 살 수 없다는 것도 알게 될 테지. 정말 참을 수 없는 일이었다!

내 관점에서 볼 때 가장 현명한 방법은 깨끗이 물러나는 것이었다. 대니에게 회사를 터무니없는 가격에 팔지도 않고, 건너편에 사무실을 잡지도 않고, 뒤에서 일을 처리하지도 않고 말이다. 그건 아마도 월스트리트의 늑대가 곰돌이 푸처럼 꿀통에 머리를 자주 들이미는 꼴이 될 것이다. 데니즈와 네이딘에게 내가 무슨 짓을 했는가. 데니즈를 속이고 수십 번이나 바람을 피웠지. 젠장, 왜 이런 생각까지 해서 스스로 괴로워하고 앉았지?

어쨌든 내가 스트래턴에서 손을 뗀다고 해서 나한테 손해가 될 건 없다는 데는 의심할 여지가 없다. 이제 회의에서 조언과 지침을 내놔야 할 필요도 없고, 직원들의 복지에 신경 쓰지 않아도 된다. 대니처럼 영업차 사람을 만나는 일도 없을 것이다. 내가 원했던 대로 나는 아내와 아이와 함께 평범한 일상으로 돌아갈 것이다.

하지만 다들 내가 배와 선원을 모두 버리고 도망친 걸 아는데 어떻게 아무 일 없었던 것처럼 롱아일랜드를 활보할 수 있을까? 또 빅터에게 듀크 증권사를 인수하도록 해준 다음 내가 이제 스트래턴과 관련이 없다는 걸 알게 되면 빅터는 아마도 번개보다 빠르게 대니에게 들러붙을 것이다.

그러니 문제가 생기지 않게 하려면 내가 스트래턴과 관련이 있고, 대니를 공격하는 게 나를 공격하는 것과 같다는 걸 누구든지 알 수 있도록 하는 게 좋았다. 그렇다면 다들 나를 배신하지 못할 것이고, 빅터도 필요한 때까지 마음대로 부릴 수 있을 것이다. 결국 사악한 빅터도 통제할 수 있고, 대니가 스스로 너무 빨리 권력을 장악하려고 하지만 않는다면 빌트모어와 먼로파커도 언제까지고 내게 충성할 터였다.

대니가 너무 서두르지 않는 것이 중요한 변수였다. 그는 결국 자신의 본능에 따라 일을 처리하려고 할 것이다. 물론 내가 필요 이상으로 오래 영향력을 행사하려 한다면 대니에게는 수치스러운 일이 될 테니 대니와는 그 시기에 대해서 구두 합의라도 해두어야만 했다. 한 6개월에서 9개월 정도. 그다음엔 천천히 그가 스스로 모든 걸 알아서 하면 되었다.

빌트모어와 먼로파커도 마찬가지였다. 당분간 내가 영향력을 행사하고 난 후 그들 스스로 경영할 수 있게 해야 했다. 그들은 내게 각별한 충성심을 갖고 있으니 그 후에도 내게 돈을 만들어줄 것이다. 앨런은 그동안의 관계나 성격으로 보아 믿을 만한 친구였다. 그리고 그의 파트너인 브라이언은 먼로파커의 주식을 49%만 갖고 있었는데, 이 주식은 내 기본 자금조달을 위한 전제 조건으로 팔아넘긴 것이었다. 그래서 그 주식은 앨런이 관리했었다. 빌트모어의 경우는 엘리엇이 추가 이득을 챙겼다. 그리고 앨런만큼은 아니었지만 여전히 그들도 의리를 지키고 있었다.

어쨌든 내가 가진 재산은 너무 방대했다. 스트래턴은 내 금융거래의 한 측면만이었고, 그 외에 내가 직접 관계하고 있는 회사의 수는 워낙 많았다. 스트래턴과 스티브 매든 제화, 롤랜드 프랭크와 소렐도 있었다. 그리고 내 개인 지분이 들어 있는 수십 군데 회사에서 상장을 준비하고 있었다. 달러타임의 경우는 여전히 문제투성이지만 최악의 상황은 지났다.

이런저런 생각을 하며 조지에게 말했다. "고속도로를 나가서 국도를 타는 건 어떨까? 회사로 돌아가야겠어."

조지는 벙어리인 듯 고개를 두 번 까딱했다.

나는 그의 무례함을 무시하고 말했다. "날 내려주고 회사에서 대기해요. 난 텐진Tenjin[39]에서 점심을 먹을 거니까. 오케이?"

또다시 말없이 고개만 까딱했다.

저 망할 자식은 끝까지 말 한마디 안 하는데 나는 왜 스트래턴이 망하면 저런 자식들의 앞날이 어떻게 될지 걱정해야만 하는지 불만이 슬슬 올라왔다. 내가 떠나서 그들을 도와줄 형편이 안 된다면 아마 나보고 엿이나 먹으라고 할지도 모를 수많은 사람에게 내가 책임감을 느낄 필요는 없었다. 아마도. 그럴 거야. 아마도.

나 혼자 이런 고민을 한다는 게 참으로 우스운 일 아닌가. 이제 스트래턴을 떠나면 하루 종일 퀘일루드에 취해 있어도 아무도 뭐라 하지 않겠지. 나도 모르게 앞으로의 내어두운 시간에 대한 계획을 세우고 있었다. 내가 하고 싶은 대로 마음껏 하면서 살 수 있는 것이다. 여자와 마약에 대해서라면 더더욱.

---

39 일식 레스토랑

22 유별난 세상에서의 점심 식사

식당 문이 열릴 때마다 스트래턴 직원 몇 명씩 텐진으로 들어왔고, 그때마다 요리사들과 체격이 작은 여종업원 대여섯 명이 하던 일을 멈추고 소리를 질렀다. "곤방와! 곤방와! 곤방와!" 그것은 일본어로 밤 인사였다. 그리고 곧 목소리를 바꾸고 허리를 직각으로 굽히며 말했다. "이랏샤이마세! 이랏샤이마세! 이랏샤이마세!" '어서 오세요'라는 인사말이었지만, 그들은 오직 신만 알아들으라는 듯이 목청 높여 비명을 질러댔다.

요리사들은 새로 도착한 손님의 손목을 잡고 번쩍거리는 손목시계를 쳐다보며 투박한 영어로 질문을 퍼부었다. "시계 가격은 얼마인가요?", "어디에서 샀어요?", "어떤 차를 타고 왔나요? 페라리? 메르세데스? 포르셰?", "어떤 골프채를 쓰세요?", "어디에서 주로 골프를 치세요?", "핸디캡이 얼마예요?" 등등.

그런가 하면 분홍색 기모노를 입고 연두색 배낭을 멘 여종업원들은 수제 정장 재킷의 이탈리아산 고급 양털에 손

등을 비벼대며 간드러진 소리로 "아아! 아주 부드럽고 좋은 옷감이군요."라고 말했다.

그러다가 한순간에 비밀 사인이라도 받은 듯 똑같이 동작을 멈추고는 자신들이 하던 일로 되돌아갔다. 초밥 요리사는 굴리고 접고 썰고 다지는 작업을 했고, 여종업원은 젊은이와 목마른 사람에게 고급 사케와 기린 맥주를, 부자와 배고픈 사람에게는 초밥과 횟감으로 가득 찬 거대한 나무 접시를 내다 주었다.

그러다 또 다른 스트래턴 직원 무리가 문을 열고 들어오면 다시 한바탕 호들갑을 떨어댔다. 그건 분명 일본식 과잉 친절이었다. 스트래턴 직원을 환영하는!

바로 이 순간, 지구의 이 작은 구석에서 유별난 세계가 유감없이 빛나고 있었다. 스포츠카와 리무진 수십 대가 식당 주위를 빙 둘러쌌고, 젊은 스트래턴인들이 스트래턴의 트레이드마크인 야생 늑대처럼 행동하며 즐기고 있었다. 오늘은 레스토랑의 테이블 마흔 개 중에서 두 개만 스트래턴 직원이 아니었다. 아마도 그들은 편안하고 조용한 식사 장소를 찾다가 텐진에 들렀을 것이다. 그들은 곧 그들에게 닥칠 별난 운명을 전혀 예상하지 못하고 있는 듯했다. 식사를 어느 정도 마치면 마약 시간이었다.

그랬다. 시계가 방금 1시를 가리켰고, 몇몇 직원은 이미 시작하고 있었다. 누가 퀘일루드에 취해 있는지 구별하는 건 어렵지 않았다. 그들은 식탁 위에 침을 흘리면서 오전의 성과에 대한 영웅담을 풀어놓고 있었다. 영업 보조 직원들은 모두 사무실에 남아서 전화 당번이나 서류 업무를 해야 했기 때문에 오늘은 다행스럽게도 옷을 벗고 화장실이나 테이블 밑에서 성욕을 해소하는 사람은 없었다.

나는 홀 뒤쪽의 개인 룸에 앉아서 쓸데없는 얘기를 늘어놓는 케니의 얘기를 듣는 척하며 광란의 현장을 보고 있었다. 한편 빅터 왕, 즉 사악한 인간은 케니의 말을 경청하는 척하며 그 판다만 한 머리를 끄덕거리고 있었다. 그러나 나는 그 역시 케니가 바보인 것을 알고 있고, 그저 동조해주는 척하는 것일 뿐이라고 확신했다.

깍두기 케니가 말했다. "조던, 자네가 큰돈을 벌 수 있는 이유가 바로 그거야. 빅터는 내가 아는 가장 똑똑한 친구지." 그는 손을 뻗어 약아빠진 인간의 거대한 등을 쓰다듬었다. "물론 자네 다음으로. 그건 당연한 거지."

나는 환한 미소를 지으며 대답했다. "물론이지, 케니. 그렇게 믿어줘서 고마워."

빅터는 친구의 바보 같은 모습에 눈이 거의 안 보일 지경으로 킬킬거리며 나에게 꺼림칙한 미소를 날렸다.

그러나 케니는 반어법이라는 개념을 제대로 배운 적이 없었다. 그래서 그는 내 감사 표현을 액면 그대로 받아들였고 큰 자부심을 느끼고 있었다. "어쨌든 내 생각에는 한 40만 달러 정도로 우선 시작하는 게 좋을 것 같아. 자네가 현찰을 주면 어머니를 통해 그 돈을 세탁할게. ─어머니라

고?- 트집 잡힐 만한 흔적을 남길까봐 걱정하지 않아도
돼. -트집 잡힐 만한 서류?- 우리 어머니와 빅터는 부동산
공동소유 관계에 있으니 문제가 안 될 거야. 그다음으로는
핵심 직원 몇 명을 투입해서 대형 신규상장 업무를 담당하
게 하는 거지. 내 생각대로 한다면….”

케니는 흥분으로 가슴이 벅차올라서 말도 안 되는 소리
만 계속 쏟아내고 있었다.

물론 케니와 빅터는 SEC의 협상 제안을 모르고 있었다.
이 둘이 듀크 증권사의 찬란한 미래에 흠뻑 취해 스트래턴
오크몬트가 거의 아무것도 아닌 것처럼 여겨질 때까지, 나
는 그들에게 며칠 더 이 사실을 숨길 작정이었다.

빅터의 얼굴을 힐끗 보자 갑자기 배고프다는 생각이 들
면서 그놈을 잡아먹었으면 좋겠다고 느꼈다. 너무 허기져
서 뚱뚱한 그가 맛있는 요리로 보였던 것이다. 나는 이 덩
치 큰 녀석이 먹음직스러워 보여서 항상 당황스러웠다. 아
마도 신생아보다 더 부드러운 피부 때문인 것 같았다. 통통
하고 부드러운 피부 아래에 지방이 여러 겹 있어서 요리에
안성맞춤일 것이다. 그리고 그 밑에는 먹음직스러운 단단
한 근육이 꽤 있을 것이다. 그리고 제일 바깥쪽 표피는 가
장 맛있는 불그스름한 색을 띠고 있는데, 이게 바로 신선한
맛을 상징했다.

그래서 나는 빅터 왕을 볼 때마다 그를 젖먹이 돼지로 상
상했고, 입에 사과를 쑤셔 넣고 꼬챙이에 꿰어 구운 다음

새콤달콤한 소스를 발라, 집에 초대한 친구들에게 먹이고 싶다고 생각했다. 하와이식 파티처럼 말이지!

깍두기는 계속 말하고 있었다. "…빅터는 언제나 충직함을 유지할 친구니까, 아마도 자네는 빌트모어와 먼로파크를 합친 것보다 듀크 증권사 하나로 버는 돈이 훨씬 더 많을 거야."

나는 어깨를 으쓱하며 이렇게 말했다. "아마 그렇겠지, 케니. 하지만 내 관심사는 그게 아니야. 물론 돈은 벌어야 하지. 하지만 돈보다는 어떻게 하면 자네들의 미래를 보장해줄 수 있을까 하는 게 나의 고민이라고. 만약 미래를 보장할 수 있고, 거기에다 돈도 수백만 달러씩 벌 수 있다면 그거야말로 가장 큰 성공이겠지." 잠시 말을 끊고 나의 갑작스러운 변덕을 그들이 어떻게 받아들이는지 재빨리 파악해보았다.

지금까지는 괜찮다. "어쨌든 앞으로 반년 이내에 SEC의 조사가 일단락될 거야. 어떻게 결론이 날지는 아무도 모르지만 흘러가는 모양으로 보면 좋게 끝나겠지. 겉으로 보기에 사건에 종지부를 찍는 날이 올지도 모르겠어. 만약 그날이 온다면 난 모든 사람이 출국 비자에 도장을 찍고 떠날 준비가 됐는지 확인하고 싶어. 자네들은 잘 모르겠지만 난 정말 듀크 증권이 곧 업무를 시작하길 바라고 있어. 하지만 주디케이트 주식 문제가 해결되지 않아서 2주는 기다려야 해. 그러니까 그때까지만 이걸 비밀로 해뒀으면 좋겠어. 나로서는 그것도 무척 중요한 문제니까 말이야. 무슨 말인지 알겠어?"

빅터가 머리를 끄덕이며 대답했다. "아무한테도 말하지 않아. 주디케이트 주식에 관해서는 난 신경도 안 쓴다고. 우린 듀크 증권을 통해서 큰돈을 벌 수 있으니까 지금 지분을 팔지 않는다 해도 상관없어."

그러자 케니가 끼어들었다. "거봐, 조던. 내가 말했잖아! 빅터는 항상 제대로 된 생각을 하는 친구야. 이 바닥을 빠삭하게 꿰고 있다고." 그가 또다시 손을 뻗어 빅터의 거대한 등을 쓸었다.

빅터는 "내가 자네에게 항상 충성을 맹세한다는 걸 알아줬으면 해. 내가 어떤 주식을 사면 좋을지 말만 해주면 그대로 할게. 그리고 자네가 요청하기 전까지는 절대 안 팔고."

나는 미소를 지으며 이렇게 말했다. "그래서 내가 그렇게 결정한 거야, 빅터. 왜냐하면 난 널 믿고 네가 일을 잘 처리할 거라는 사실을 알기 때문이지. 항상 실수가 없으며 똑똑하니까 결국 크게 성공할 거야." 아부하는 말들은 아무 가치가 없다. 솔직히 빅터의 제안은 완전 쓰레기였고, 나는 이번 일에 목숨을 걸었다. 그 녀석은 누구에게든 충성할 사람이 아니었다. 심지어 자기 자신도 믿지 못하는 비뚤어진 자아를 가졌고, 무심코 스스로를 학대하는 사람이었다.

계획대로면 15분쯤 후에 대니가 나타나기로 되어 있었다. 그 정도면 케니가 대니의 눈치를 피해서 자신만의 얘기를 할 수 있는 충분한 시간이라고 판단했기 때문이었다. 케니는 대니에게 2인자의 자리를 뺏긴 것에 대해 항상 좋지 않은 감정을 갖고 있었다. 케니한테는 미안한 일이었지만, 어쩔 수 없었다. 케니의 약점은 여전히 어릴 때의 시선으로 빅터를 바라본다는 것이었다. 마약 거래의 먹이사슬에서 한 단계 아래인 단지 성공한 냄비 딜러일 뿐인데도 여전히 그를 성공한 코카인 딜러로 숭배했다.

오늘 아침 소킨과 만난 후 곧장 대니에게 가서 향후 계획에 대해 자세히 설명했다. 내 얘기를 듣자 대니는 예상했던 대로 말했다.

"내 마음속에서 스트래턴은 영원히 자네 소유야. 자네가 다른 건물에 사무실을 두고 있든, 요트를 타고 전 세계를 여행하든 모든 수익의 60퍼센트는 항상 네 거라고."

한 시간 후 대니가 도착했고, 그는 자리에 앉자마자 모든 컵에 술을 따르고는 건배를 하자며 자신의 컵을 들어 올렸다. 그리고 외쳤다. "우리의 우정과 충성심, 그리고 오늘 밤 블루칩과의 화끈한 밤을 위하여!"

"위하여! 위하여!" 우리 넷은 잔을 부딪친 다음 뜨끈한 양주를 단숨에 들이켰다.

나는 케니와 빅터에게 말했다. "아직 대니에게 듀크 증권에 관련된 얘기를 한 적이 없어. ―거짓말이다.― 그러니까 간단히 설명해주고 싶은데 괜찮지?"

빅터와 케니가 고개를 끄덕였고, 나는 재빨리 설명하고

는 빅터에게 물었다. "몇 군데 중에서 골라봐. 하나는 조지 워싱턴브리지George Washington Bridge를 지나 뉴저지로 가서 회사를 여는 거지. 포트리Fort Lee나 해컨색Hackensack이 좋을 거야. 어느 쪽이든 직원 채용에 무리는 없어. 뉴저지나 맨해튼에서도 데려올 수 있을 테니까. 다른 하나는 맨해튼인데 장단점이 있지. 직원 채용은 아주 수월하지만 직원들의 충성도는 장담 못 한다는 거야. 스트래턴의 핵심 경쟁력은 이 도시에 경쟁자가 없다는 거야. 예를 들어, 이 식당을 한번 봐."

나는 머리로 모든 테이블을 가리키는 시늉을 했다. "여기에는 전부 스트래턴 직원들뿐이지. 그래서 빅터, 네가 가진 환경이 자급자족사회라는 거야. −훨씬 더 적합한 단어인 cult(사이비 집단)를 쓰고 싶었지만 참았다.− 그곳에서는 반대하는 의견을 들을 수 없어. 맨해튼에 사무실을 열면 다른 회사 주식중개인 수천 명과 함께 점심을 먹어야 할 거야. 이게 지금은 별로 중요해 보이지 않겠지만, 내 말을 믿어야 해. 나중에, 특히 지금 압박을 받거나 주식 가격이 내려가기 시작하면 중요해질 거야. 그러면 중개인들의 귀에다 대고 아무도 부정적인 말을 속삭이지 않는 곳에 있는 게 행복할 테니까. 어쨌든 이건 그냥 하는 말이고, 결정은 네 몫이야."

빅터는 마치 찬반양론을 저울질하듯 신중하게 고개를 끄덕였다. 빅터가 뉴저지로 사무실을 정할 가능성은 희박하다. 빅터의 쓸데없는 자존심은 뉴저지가 아니라 월스트리트의 심장부를 선택할 것이었다. 그리고 그쪽이 내가 바라는 바였다. 때가 되었을 때 그놈을 파멸시키기가 훨씬 더 쉬울 테니까.

빌트모어와 먼로파크의 오너들에게도 똑같은 얘기를 했었다. 그들은 원래 맨해튼에 사무실을 열고 싶어 했다. 그것이 바로 먼로파크가 뉴욕 북쪽에 사무실을 정한 이유였고, 플로리다에 본사를 둔 빌트모어가 언론에서 모든 중개 회사가 모여 있는 플로리다 남쪽 구역에 이름 붙여준 보카러톤Boca Raton의 구더기 마을Maggot Mile에 사무실을 둔 이유였다.

결과적으로 이 발언은 뚜렷하게 두 가지 세뇌로 귀결되었다. 첫째는 현혹된 청중에게 계속 같은 말을 반복하는 것이다. 둘째는 당신이 그 말을 하는 유일한 사람인지 확인하는 것이다. 반대 의견이란 있을 수 없었다. 물론 당신이 말하는 것이 고객들이 듣고 싶어 하는 것과 정확히 일치한다면 일은 훨씬 쉬워진다. 바로 스트래턴 오크몬트가 그런 경우였다. 하루에 두 번씩 매일 나는 객장 앞에 서서, 그들이 내 말을 듣고 내가 말한 대로 정확히 행동하면 그들이 꿈꾼 것보다 더 많은 돈을 벌게 될 것이며 멋진 여자가 줄을 설 것이라고 말해왔다. 그리고 정확히 그렇게 되었다.

잠시 후 빅터가 대답했다. "자네 말은 이해하지만 난 맨해튼이 좋을 것 같아. 사무실 두 개 층을 채울 직원들을 쉽게 구할 수 있는 곳은 거기뿐일 것 같아."

그러자 깍두기가 끼어들었다. "빅터는 직원들에게 동기부여를 잘할 거야. 그러니 금방 직원들을 휘어잡겠지. 나도 빅터를 도울 수 있어. 지금까지 자네에게 배운 걸 다 기억하고 있으니까 빅터와 함께 회의도 하고 말이야."

오, 맙소사! 재빨리 눈을 감고 자이언트 판다가 무슨 꿍꿍이를 하고 있을지 생각해봤다. 빅터는 아주 영악한 친구였으며 그만의 쓰임새도 분명 있었다. 사실 3년 전에 그는 나를 위해 꽤 많은 일을 했었다.

내가 데니즈와 헤어진 직후였다. 네이딘과는 아직 결혼 전이었는데, 집안일을 돌봐줄 사람이 필요해서 나는 정규직 집사를 고용하기로 했다. 나는 다이너스티인가 댈러스인가 하는 쇼에서 봤던 것처럼 게이 집사를 원했다. 어쨌든 요점은 내 전용 게이 집사가 필요했고, 이 정도로 부자가 되었으니 그럴 자격이 충분하다고 생각했다.

그래서 자넷이 게이 집사를 물색했고, 물론 금방 찾아냈다. 이름은 패트릭Patrick이었고 완전히 게이였기 때문에 그의 똥구멍은 불꽃이 잠잠할 날이 없이 항상 벌겠다. 패트릭은 한 번씩 술에 취하는 것 말고는 꽤 괜찮은 사람처럼 보였지만, 나는 집에 오래 머물지 않아서 그가 어떤 사람인지 전혀 몰랐다.

공작부인과 결혼 후 그녀가 빠르게 집안일을 해나가면서 몇 가지 사실을 알게 되었다. 패트릭은 동영상에서 섹스

파트너를 거칠게 다루는 극도의 알코올중독자였다는 사실. 신경안정제와 술에 취해 혀가 풀리는 바람에 공작부인에게 털어놓은 것이었다. 그 외에 말하지 않은 것들은 더 알 수가 없었지만.

얼마 지나지 않아서 사건이 터졌다. 패트릭이 공작부인과 내가 부모님 댁에 가서 식사를 하고 늦게 올 거라고 오해하는 어마어마한 실수를 저지른 결과, 친구 스물한 명을 위해 게이 난교 파티를 열었다. 그들은 내 거실에다가 거대한 인간 나체 띠를 만들었고 내 침실에서 난잡한 춤을 추고 있었다. 그렇다, 공작부인(당시 23세)은 기절초풍했다. 모든 동성애자가 올림픽 타워 53층에 있는 맨해튼의 작은 사랑의 안식처에서 야생동물처럼 한 덩어리로 얽혀 헐떡거리고 있었으니.

패트릭과 그의 친구들이 내 서랍에서 현금 5만 달러를 훔쳤다는 사실이 밝혀진 후, 실제로 빅터는 패트릭을 바로 그 층 창문 밖에 매달았다. 그런 빅터를 말리려고 패트릭에게 훔친 돈을 돌려달라고 여러 번 요구했지만, 빅터는 그렇게 해버렸다. 물론 그 과정에서 패트릭은 빅터에게 심하게 맞아서 코가 부러졌고, 양 눈은 핏줄이 터졌으며, 갈비뼈도 서너 개 부러졌다. 그러면 패트릭이 훔친 돈을 바로 돌려줄 거라 생각했겠지?

음, 그런데 그는 그러지 않았다. 사실, 대니와 나는 빅터의 야만적인 행동을 지켜보기 위해 그곳에 있었다. 빅터가 주먹을 날려서 패트릭의 얼굴을 온통 피 칠갑을 만들 때까지 말이다. 누구보다 강경하게 그러자고 했던 대니는 화장실로 달려가 구토를 시작했다.

다시 빅터가 흥분한 채 패트릭을 창밖으로 던지려 했다. 그래서 나는 빅터에게 그를 다시 끌어올리라고 했고, 빅터는 실망한 것 같았지만 그렇게 해주었다. 대니가 퍼렇게 질린 얼굴로 화장실에서 나왔을 때 나는 그에게 경찰을 불렀으니 패트릭을 체포해 갈 거라고 알려주었다. 대니는 내가 이 폭력 사태를 부추겨놓고도 대담하게 경찰에 신고했다는 사실에 완전히 충격받은 듯했다. 그래서 대니에게는 경찰이 오면 무슨 일이 있었는지 정확히 설명하겠다고 말했고, 그렇게 했다. 그리고 젊은 두 경찰관이 내 뜻을 충분히 이해했는지 확실히 하기 위해 현금 1,000달러를 찔러주자 그들은 고개를 끄덕이며 경찰봉으로 패트릭을 마구 때리기 시작했다.

바로 그때, 내가 가장 좋아하는 웨이터 마사Massa가 주문을 받으러 왔다. 나는 웃으며 말했다. "오! 마사, 오늘은 뭐가 좋죠?"

하지만 마사는 내 말을 자르더니 오히려 내게 물었다. "오늘은 웬일로 리무진을 타고 왔어요? 페라리는 어디에 두고? 돈 존슨Don Johnson 좋아하세요?" 그러자 옆에 있던 여종업원 둘이 한목소리로 외쳤다. "오오, 그 돈 존슨! 사장님은 돈 존슨!"

돈 존슨이 드라마 〈마이애미 바이스Miami Vice〉에서 소니 크로켓Sonny Crockett을 연기할 때 몰았던 흰색 페라리 테라로사와 내 차가 똑같은 걸 보고 환호하는 일본인 팬들을 향해 미소를 지어주었다. 사실 페라리는 내 청소년기의 환상이었다. 내가 자라면서 아주 좋아했던 TV 프로그램이 〈마이애미 바이스〉였다. 그래서 처음 100만 달러를 벌었을 때 주저 없이 흰색 테라로사를 샀다. 그들이 돈 존슨을 언급하는 바람에 약간 당황해서 허공에다 손을 흔들며 고개를 저었다. 그러고는 "그래서 메뉴엔 뭐가…." 하면서 말을 돌렸다.

하지만 마사는 한 번 더 내 말을 끊었다. "사장님은 제임스 본드도 돼요. 본드처럼 애스턴마틴도 있잖아요. 그 차에 장난감을 가지고 있고, 기름도 있고…." 그러자 여종업원들이 따라서 소리쳤다. "오우, 제임스 본드! 키스키스 뱅뱅! 키스키스 뱅뱅!"

그거 때문에 우리 다 망했다. 마사는 내가 저지른 실수 중에 가장 멍청한 실수를 언급한 것이다. 1년 전쯤의 일이 생각났다. 새로운 회사를 상장시키고 무려 2,000만 달러를 벌어들인 날 오후, 사무실에서 대니와 둘이서 퀘일루드를 삼키고 환각을 즐기던 중 갑자기 지름신이 덮쳤다. 즉시 자동차 딜러에게 전화를 걸어 대니에게는 20만 달러짜리 검은색 롤스로이스를 사주고, 나는 25만 달러짜리 애스턴마틴 비라지를 샀는데 왠지 성에 차질 않았다. 그러자 자동차 딜러가 제임스 본드 차를 추천했다. 도로에 기름을 흘리고 레이더 교란 장치와 추적자를 따돌리기 위한 비밀경광등까지 갖추고 있으며, 못 살포 장치 등 옵션만 10만 달러에 달하는 차였다. 이 모든 장치는 자동차 배터리 용량의 대부분을 잡아먹었기 때문에 실제로 쓸 일이 거의 없었다. 사실, 내가 차를 몰고 나갈 때마다 차가 멈춰 서곤 했으니까. 그래서 지금은 우리 집 주차장에 전시용으로 고이 모셔두고 있었다.

"마사, 칭찬은 고맙지만 우린 지금 비즈니스 협의 중이야." 웃으며 말하자 마사는 정중하게 고개를 숙이고는 특선 요리를 읊어주고 점심 주문을 받았다. 그리고 다시 인사를 하고 떠났다.

나는 빅터에게 말했다. "자, 그럼 지분 얘기로 돌아가지. 난 두 사람이 사업을 같이 하든 말든 상관없지만, 케니의 어머니를 끌어들이는 건 아니라고 생각해. 내가 자네에게 현금 40만 달러를 줄 테니까 그걸 자네 부모님께 드리고 그분들에게 수표를 받는 건 어때?"

"우리 부모님은 아주 단순하셔." 빅터는 거침없이 대답했다. "복잡한 걸 이해 못 하시지. 그 대신에 동양에서 접속할 수 있는 몇 군데 계좌로 해결할 수 있을 것 같아."

대니와 나는 은밀하게 눈빛을 교환했다. 이 녀석이 벌써부터 불법적인 해외계좌로 돈세탁할 방법을 생각하고 있다니, 그는 정말 타락한 미치광이였다! 범죄를 저지르는 데는 어느 정도 논리적인 과정이 있는데, 빅터가 언급한 종류의 범죄는 돈을 벌기 전이 아니라 돈을 벌고 난 후의 일이었다. "하지만 빅터, 그건 또 다른 위험을 불러올 거야. 차라리 내게 2~3주 시간을 주면 방법을 생각해보지. 아무런 문제가 없는 제3자를 통한 방법 말이야."

빅터는 고개를 끄덕였다. "언제든 괜찮으니 내 해외계좌가 필요하면 말해, 알았지?"

나는 싱긋 웃으며 교묘한 함정을 들이밀었다. "좋아, 필요하면 얘기할게. 하지만 난 해외계좌엔 별로 손대지 않아. 그런데 그보다 내가 궁금한 건 자네가 듀크 증권의 거래 형태를 어떻게 운영할지에 관한 거야. 장기투자와 단기투자 두 가지 방법이 있는데, 지금 자세한 얘기를 할 수는 없지만 간단하게 얘기해주지." 의도하지는 않았지만 내 말장난에 나도 모르게 웃음이 새어 나왔다.

"장기투자를 한다면 단기투자보다 수익은 더 커져서 돈을 더 많이 벌게 돼. 거래 기간이 길면 듀크의 계정에 많은 주식을 넣어두고 장기적인 가격상승 후 처분함으로써 수익을 얻는 거지. 만약에 단기투자를 한다면 처분하고 나서 가격이 오르면 손해가 나는 거지. 그러니까 주식이 오른다고 하면 자네는 당연히 장기포지션을 취해야만 돈을 벌게 되겠지. 하지만 거기에도 약간 기술이 있어야 해. 왜냐하면 내가 팔고 싶을 때 브로커들이 항상 다 사줄 수 있는 건 아니니까 말이야. 그런 경우엔 돈이 묶이겠지. 하지만 배짱이 충분하고 시장에 대한 확신만 있으면, 긴 시간이 지나고 막대한 시세차익을 거둘 수 있어. 내 말 이해하겠어, 빅터? 그러니까 이건 소극적인 약자를 위한 게 아니라 적극적이고 선견지명이 있는 강자를 위한 전략인 거야."

그렇게 말하면서 눈썹을 한껏 치켜올리고 손도 높이 치켜들었다. 그리고 말하는 중간중간 내가 빅터에게 월스트리트 역사상 최악의 거래 조언을 한 사실을 케니가 알아채는지도 살펴보았다. 실제로 월스트리트에서는 장기포지션이야말로 절대 피해야 할 전략으로 통했다. 주식을 계좌에 잡아두고 있다는 건 모든 리스크를 감수한다는 뜻이기 때문이다. 월스트리트에서는 현금이 최고였고, 누군가 주식을 대량으로 보유하고 있다면 그건 공격에 취약하다는 말이었다. 어떻게 보면 다른 사업과 다를 게 없었다. 심지어 재고를 과다하게 쌓아둔 배관공이라고 해도 현금이 부족하다는 걸 금세 알 터였다. 집세, 전화요금, 임금이 밀렸을 때 채권자들에게 배관용품을 주겠다고 할 수는 없으니 말이다. 솔직히 어느 사업이건 현금이 최고였다. 특히 재고가 하루아침에 휴지가 돼버릴 수 있는 이 사업에서는 더욱.

적절한 방식은 단기 거래였고, 그 방법이면 현금을 많이 만질 수 있었다. 물론 팔아버린 주식의 가격이 오를수록 손해를 보는 것은 사실이지만, 보험료를 내는 것과 같았다. 나는 스트래턴 거래 계좌를 관리하면서 회사가 일상적인 거래에서 손실을 보더라도 현금보유 포지션을 유지하게 했다. 그러면 신규상장주식 매수 기회를 잡아 한꺼번에 누적 손실액의 열 배나 되는 수익을 거둘 수 있다는 신념을 갖고 있었기 때문이다. 내게는 다른 방식의 거래는 상상도 할 수 없을 정도로 확실한 거래였다.

문제는 빅터와 케니가 내 충고를 받아들이느냐, 아니면 빅터의 자아가 오랜 주식거래의 광기에 바로 빠져드느냐 하는 것이었다. 심지어 예리한 대니조차도 이 개념을 확실히 이해하지 못했을 것이다. 그러나 이해했어도 그는 태생적으로 위험을 감수하는 사람이었기 때문에 연간 몇백만 달러를 더 벌기 위해 기꺼이 회사를 불구덩이에 빠뜨렸을 것이다. 뭐, 완전히 장담할 수만은 없지만.

그 순간 대니가 끼어들어 내게 말했다. "그러고 보니 처음에는 자네의 장기보유 전략을 이해할 수 없었는데, 시간이 지날수록 수익이 계속 불어나더군." 그는 자신의 헛소리에 힘이라도 실어주듯 고개를 흔들기 시작했다. "하지만 이렇게 하려면 분명히 배짱이 필요해."

바보 같은 케니가 맞장구를 쳤다. "그래, 우리는 그런 방법으로 많은 돈을 벌었어. 빅터, 우리도 반드시 이렇게 하자고!"

어이없게도 케니는 그동안 내가 어떻게 스트래턴을 재정이 튼튼한 회사로 운영해왔는지 전혀 모르고 있었다. 나는 지금까지 신규상장주를 제외하고는 장기보유 포지션을 취한 적이 단 한 번도 없었다. 신규상장주는 일정 기간이 지나면 반드시 쓰나미 같은 강력 매수가 들어온다는 걸 알고 있었기 때문에 그저 며칠 동안 보유할 뿐이었다.

빅터는 "난 인생에서 리스크를 어느 정도 감수하면서 사니까 아무 문제가 안 된다고 생각해. 그게 어른과 아이를 구분하는 척도니까. 주가가 오른다는 걸 알면 마지막 1달러라도 투자할 거야. 위험도 없이 고수익이 가능하겠어?"라고 말하고는 눈이 다 사라질 정도로 크게 웃었다.

나는 빅터를 쳐다보며 고개를 끄덕였다. "자네는 확실히 통이 커, 빅터. 만일 자네가 안 좋은 상황에 처한다고 해도 다시 일어설 때까지 받쳐줄 테니까 나를 뒷배라고 생각해."

우리는 다시 한번 잔을 들고 건배했다.

한 시간 후 나는 복잡한 심정으로 사무실로 돌아왔다. 지금까지 모든 게 계획대로 되었지만 내 자신의 장래는 어떻게 될지 알 수 없었다. 나중에 챈들러에게는 어떤 아빠였다고 말할 수 있을까? 먼 훗날 딸아이에게 아버지는 진정한 월스트리트의 승부사였으며, 역사상 가장 큰 증권사 중 하나를 소유했고, 전국에서 모인 유능한 젊은이들이 아버지를 왕처럼 섬기며 아무런 의미 없는 것에 돈을 흥청망청 써댔다고 옛날을 회상하며 얘기할 것인가?

그래, 채니. 스트래턴 직원들은 네 아빠를 존경했고 왕이라고 불렀지. 네가 태어나던 바로 그 짧은 순간에도 아빠는 왕이 된 것 같았어. 아빠와 엄마는 어딜 가든 왕과 왕비 같은 대우를 받았어. 그런데 지금 네 아빠는…대체 뭐 하고 있는 걸까? 그리고 옛날 신문기사를 뒤져 나에 대한 기사를 찾아낸 딸아이에게 모든 언론은 거짓말쟁이니까 그들이 쓴 아버지에 관한 기사들은 모두 믿을 필요 없다고 말할 것인가? 가서 할머니에게 여쭤봐. 할머니가 다 말씀해주실 거야! 아, 잠깐 잊고 있었구나. 한동안 할머니를 못 뵈었지. 그녀는 돈세탁 혐의로 패트리샤 이모와 함께 감옥에 계시지, 이런!

이 얼마나 불길한 예감인가! 나는 심호흡을 하며 사무실 문을 밀어젖히고 들어갔다. 이제 서른한 살, 한창인데도 마치 노인이 된 것 같은 기분이 들었다. 마치 나이가 들어가며 추하게 변해버린 아역배우 같은 느낌이랄까. 〈패트리지 패밀리The Partridge Family〉[40]에 나오는 빨간 머리의 이름이 뭐였지? 대니 보나-두슈-백인가, 뭐였지? 하지만 없는 것보다는 있는 게 낫지 않을까? 대답하기 어려운 문제였다. 왜냐하면 동전에는 양면이 있으니까. 익숙해지면 그것 없이 살기가 어려우니 말이다. 나는 인생의 26년 동안 돈맛을 모르고 살아왔다. 그렇지 않은가? 하지만 이제, 돈이 내 인생의 일부가 되어버린 후에는 내가 어떻게 돈 없이 살 수 있을까?

심호흡을 하고 다시 한번 독하게 마음을 먹었다. 분주히 움직이는 스트래턴의 전사들을 바라보자 힘이 솟았다. 그렇다. 나는 계획이 있고, 그 계획대로 움직일 것이다. 지금

[40] 1970년대 미국의 인기 시트콤

당장이 아니라 대니와 오버래핑을 하며 한 단계 한 단계 철수하자. 그렇게 나의 전사들을 안정시키고 스트래턴의 위치도 견고하게 만들면서 사악한 인간을 궁지에 몰아넣자.

자넷에게 다가가자 그녀는 걱정스러운 얼굴을 하고 있었다. 눈이 평소보다 커져 있고 입술도 살짝 벌어져 있었다. 그녀는 의자의 가장자리에 걸터앉아 있다가 우리가 눈을 마주치자 의자에서 일어나 내게로 왔다. 그녀가 SEC와의 협상안에 대한 얘기를 들었는지 궁금했다. 아무리 월스트리트에 '좋은 소문은 금방 퍼지지만 나쁜 소문은 더 빨리 퍼진다.'는 우스갯소리가 있다지만 대니, 소킨, 그리고 나만 아는 비밀을 그녀가 알 리 없었다.

그녀가 대뜸 말했다. "비주얼이미지라는 곳에서 전화가 왔는데, 사장님과 급히 할 얘기가 있다고 하던데요. 당장 오늘 오후에 이야기하고 싶다고 했어요."

"비주얼이미지가 대체 어디지? 들어본 적이 없는 곳인 것 같은데?"

"아, 결혼식 비디오를 찍은 사람들이에요. 사장님이 앵귈라island of Anguilla까지 데려갔는데, 남자 하나랑 여자요. 여자는 금발, 남자는 갈색이었고요. 그 여자는 옷을…."

"아아, 이제 생각이 나는군. 그래, 이름이 뭐라고 했지?" 나는 자넷의 기억력에 놀라 고개를 저었다. 내가 만약 자넷의 말을 끊지 않았다면 나에게 그 소녀가 무슨 색 팬티를 입었는지까지 말해줬을 것이다. "전화를 건 게 남자야, 여자야?”

"남자요. 긴장한 목소리였어요. 당장 전화하지 않으면 문제가 생길 거라고 했어요."

문제가 생긴다고? 대체 뭐라는 거야? 말도 안 돼! 내 결혼식 비디오 촬영기사가 나한테 무슨 볼일이 있어서 연락한 거지? 내 결혼식에서 무슨 일이 있었나? 잠시 기억을 더듬어봤는데…. 글쎄, 카리브해의 작은 섬 앵귈라에서 경고를 받긴 했지만 그럴 가능성은 매우 낮았다. 나는 100만 달러가 넘는 비용을 들여서 세계적인 호텔 말리오아나Malliouhana로 가장 친한 친구(친구인가?) 300명을 데리고 휴가를 떠났다. 휴가 끝 무렵에 섬 관리자가 내게, 모두가 마약 소지 혐의로 체포되지 않은 단 한 가지 이유는 내가 섬에 너무 많은 돈을 썼으니 적어도 그 일만은 눈감아주어야 한다고 생각했다고 말했다. 그러나 그는 여기 왔던 사람들은 모두 감시 목록에 포함될 것이며, 그들이 앵귈라로 다시 올 계획이라면 마약은 두고 오는 것이 좋을 것이라고도 덧붙였다. 하지만 그건 3년 전 일인데, 이번 일과는 관계가 없지 않을까?

나는 자넷에게 "그 남자 전화 연결해줘. 내 자리에서 받을게."라고 말하고는 뒤돌아 내 사무실로 걸어갔다. 그리고 어깨너머로 "그 남자 이름이 뭐래?" 하고 물었다.

"스티브, 스티브 버스타인Steve Burstein이요."

잠시 후 내 책상의 전화벨이 울렸다. 롱아일랜드 사우스

쇼어South Shore 어딘가에 있는 작은 회사, 비주얼이미지의 사장 스티브 버스타인과 짧은 인사를 나눴다.

스티브는 걱정스러운 말투로 말했다. "어, 음, 어떻게 말씀드려야 할지…. 제 말은, 제 아내와 제게 정말 잘해주셨어요. 결혼식에서 우리를 하객처럼 대해주셨잖아요. 당신과 네이딘은 우리에게 더없이 잘해주셨어요. 그리고 그날은 내가 가본 곳 중 가장 멋진 결혼식이었어요. 그리고…."

내가 말을 끊고 말했다. "스티브, 내 결혼식이 즐거웠다니 다행이지만, 지금 좀 바빠요. 그냥 무슨 일인지 바로 말해주지 그래요?"

"그럼." 그가 대답했다. "오늘 FBI 요원 두 명이 찾아와서 사장님의 결혼식 비디오 사본을 요청했어요."

그 순간 나는 내 인생이 이전과 같지 않으리라는 사실을 직감했다.

23 아슬아슬한 줄타기

비주얼이미지에서 공포스러운 전화를 받은 지 9일 뒤 나는 이스트할렘의 유명한 식당 라오Rao's restaurant에서 전설적인 사설탐정 리처드 보 디틀Richard Bo Dietl과 함께 열띤 논쟁을 벌이고 있었다. 8인용 테이블을 예약했지만 더 올 사람은 FBI의 특수요원 짐 바시니Jim Barsini뿐이었다. 그는 보의 친구였고, 바라건대 곧 내 동료가 되어줄 사람이기도 했다. 이 만남을 주선한 사람은 보였고, 바시니는 15분 내로 도착할 예정이었다.

지금은 보가 이야기를 하고 나는 듣고 있었는데, 더 정확하게 말하면 보는 특별강의를 하듯 얘기를 하고 나는 심각하게 듣고 있었다. 내가 FBI를 도청해왔다는 소문에 대해 그는, 그렇게 무모한 시도를 했다면 분명 엄청난 보복을 당할 것이라며 잔뜩 겁을 주고 있었다.

보는 "그렇게 일을 처리하는 건 말도 안 돼요, 보."라고 말했다. 그는 말끝마다 "보."라고 말하는 이상한 습관을 갖고 있었는데, 내가 퀘일루드에 취해 있을 때는 특히나 헷갈렸다. 다행스럽게도 오늘은 맨정신이라 아무런 문제가 없었다. FBI 특수요원을 만나는데 마약에 취해 있어서는 안 될 것 같았다. 특히나 친구가 되고자 하는 사람이라면. 그래야 그에게서 정보를 얻을 수 있을 터였다.

그렇기는 하지만 내 주머니에는 퀘일루드 네 알이 들어 있었고, 바로 이 순간 내 회색 바지에서 다리를 간지럽히고 있었다. 또 남색 스포츠 재킷 안주머니에는 나를 유혹하는 코카인 볼 8개가 있었다. 하지만 난 꾹 참을 것이다. 적어도 바시니가 FBI 요원의 숙소로 돌아갈 때까지는 말이다. 다가오는 기분 좋은 시간을 위해 원래는 저녁을 가볍게 먹을 생각이었지만, 방금 구운 마늘과 수제 토마토소스의 맛있는 냄새가 코를 자극하고 있었다.

"잘 들어요, 보!" 보가 말했다. "이 같은 사건에 대해 FBI로부터 정보를 얻는 건 어렵지 않아요. 사실 몇 가지 당신에게 도움이 될 만한 정보를 입수하긴 했지만 그전에 반드시 명심해야 할 규칙이 있는데, 그 첫째가 FBI를 도청하지 않는 거예요." 그러면서 그 말에 자신이 놀란 듯 머리를 세차게 가로저었다. 그 습관도 이미 여러 차례였다. "그리고 둘째는 정보를 얻기 위해 FBI의 비서나 다른 사람에게 뇌물을 주려고 하지 않는 거예요." 그리고 고개를 조금 더 흔들었다. "또 사생활을 알아내려고 요원을 미행하지 말아야 하고요." 이번에는 그가 빠르게 고개를 흔들며 크게 눈알을 굴렸는데, 마치 모순된 얘기를 듣고 그걸 떨쳐내기라도 하려는 듯한 모습이었다.

보의 시선을 피하기 위해 레스토랑 창문 밖을 응시했다.
그 순간 나 자신이 이스트할렘의 어두운 구석을 똑바로 마
주하고 있음을 깨달았다. 도대체 뉴욕 최고의 이탈리아 식
당이 왜 이렇게 쓰레기 같은 지역에 있을까 궁금해졌다. 하
지만 곧 라오 레스토랑이 1800년대 후반부터 100년 넘게
이곳에서 사업을 해왔다는 걸 상기했다. 당시 할렘가는 다
른 지역이었을 것이다.

보와 내가 8인석 테이블에 앉은 것은 생각보다 큰 문제
였다. 라오 레스토랑은 최소 5년 전에 예약해야만 자리를
확보할 수 있을 정도로 유명했기 때문에 실제 예약은 거
의 불가능하다고 보는 게 옳았다. 레스토랑에는 테이블 열
두 개가 전부였고, 꽤 부유한 소수의 뉴요커가 콘도 스타일
condo-style로 소유하고 있었다.

그렇다고 그다지 멋지거나 화려하지도 않았다. 1월 14일
이었지만, 이날 저녁 레스토랑은 크리스마스 장식으로 꾸
며져 있었다. 아마도 8월까지 이 장식이 그대로 갈 것 같았
다. 이 레스토랑은 추억과 향수에 젖게 하는 분위기에서 이
탈리아 가정식을 제공하고, 한쪽 구석에서는 1950년대 스
타일의 주크박스에서 이탈리아 음악이 흘러나왔다. 저녁
이 무르익자, 레스토랑의 주인 프랑키에 펠레그리노Frankie
Pellegrino가 손님을 위해 노래를 불렀다. 유명인사들이 바에
모여 담배를 피우고 마피아 스타일로 인사를 나누는 동안

여자들은 잘나가던 옛 시절로 돌아간 것처럼 그들에게 호감의 눈길을 보냈다. 그리고 여성 손님들이 화장실에 가려고 일어설 때면 남자들은 일어나 의자를 빼주는 오랜 예법을 지켰다.

언제든 밤이 되면 레스토랑의 절반은 세계적인 운동선수, A급 영화배우, 업계 대표들로 가득 찼고 나머지 절반은 실제 폭력배들로 가득 찼다.

오늘 이곳을 예약한 사람은 보였고, 그는 이 조그만 식당의 귀빈 리스트에 올라 있었다. 그는 올해 겨우 마흔 살이었지만 경찰 분야에서는 전설로 통했다. 1980년대 중반 현역 시절에는 뉴욕경찰청 역사상 가장 유능한 형사로 대접받았으며, 강력 범죄가 많은 뉴욕에서 700명 이상 체포한 전적이 있다. 아무도 해결하지 못하는 어려운 사건을 해결하면서 유명했고, 할렘에서 일어난 가장 극악무도한 범죄 중 하나를 해결하며 일약 스타로 주목받았다. 일명 돈에 굶주린 코카인 중독자 두 명이 백인 수녀를 강간한 후 살해한 사건.

그렇지만 보를 처음 보면, 미소년 같은 잘생긴 얼굴에 구레나룻을 단정하게 정리하고 부드러운 갈색 머리카락을 깔끔히 빗어 넘겨서 별로 터프해 보이지 않았다. 보통 키에 적당한 몸집이었고, 가슴은 떡 벌어진 데다 고릴라처럼 목이 두꺼웠다. 보는 2,000달러짜리 실크 정장과 프랑스산 수갑, 뾰족한 칼라가 달린 빳빳한 흰색 와이셔츠를 선호했으며, 동네에서 가장 옷을 잘 입는 사람 중 하나였다. 그는 손목을 휘감는 무거운 금시계를 차고 있었으며, 핑크색 대왕 다이아몬드 반지를 끼고 있었다.

보의 성공은 자라난 환경과 관련이 있었다. 갱과 경찰이 팽팽하게 대치하고 있던 퀸즈의 오존파크Ozone Park에서 자라면서 마피아와도 어울리고 경찰과도 교류하면서 터득한, 아슬아슬한 줄타기처럼 균형감 있는 처세술은 그가 커갈수록 빛을 발했다. 특히 경찰이 된 뒤로는 그만의 정보망을 이용해 범죄 예방과 해결에 두각을 나타냈다. 경찰 내에서 신뢰감이 쌓이면서 주위에서 사랑과 존경을 받았고, 갱 조직에서는 두려움과 공포의 대상이 되었다.

하지만 경찰 생활에 염증을 느낀 보는 서른다섯이 되던 해에 사표를 던지고 그동안 착실히 쌓아온 명성과 경력을 앞세워 미국 내에서 가장 견실한 사설경비회사로 스카우트 되었다. 이러한 이유로 2년 전 내가 스트래턴의 경비를 요청하면서 인연을 맺게 되었다.

스트래턴의 객장에 들어와 난동을 부리던 폭력 조직을 쫓기 위해 몇 번 보의 도움을 받았다. 그의 말대로 폭력배가 침입하면 보에게 전화를 했고, 그들에게 보의 전화를 바꿔주면 어떻게 된 일인지 순한 양처럼 슬금슬금 사라졌으며, 어느 때는 사과의 표시로 꽃다발을 보내오기도 했다.

그 후로는 유명 갱단의 보스들이 내게 조직원을 보내 증권 업무에 대한 훈련을 부탁해왔고, 조직원에게 1년쯤 업무를 가르쳐주면 그들은 감사 인사와 함께 스트래턴의 운영을 방해하지 않고 아주 조용히 돌아가곤 했다. 그들은 내게 배운 기술과 경험을 바탕으로 자기들의 지역에 마피아 배경의 증권사를 세워 안정적으로 영업하기도 했다.

지난 2년간 보는 스트래턴의 보안과 관련된 모든 측면에 관여하게 되었다. 심지어 우리가 상장하고 있는 회사들도 조사했고, 우리가 사기꾼에게 사기를 당하지 않았는지까지 확인했다. 대부분의 경쟁사처럼 그의 회사는 컴퓨터 천재가 법률 서비스 사이트에서 빼낼 수 있는 일반적인 정보를 제공하는 것이 아니었다. 보의 직원들은 대단한 일을 해냈다. 우리가 찾기 어렵다고 했던 것들을 찾아내고는 했으니, 그 서비스 가격이 싸다고는 할 수 없지만 그만큼 값어치가 있었다.

사실, 보 디틀은 업계에서 최고였다.

창밖을 응시하고 있는 내게 보가 물었다. "대체 무슨 생각 해요? 창밖을 보면 좋은 해결책이라도 나오나요?"

나는 잠시 서서, FBI 도청을 고려했던 한 가지 이유는 SEC 도청에 성공했기 때문이었다고 말해야 할지 고민했다. SEC는 그들 몰래 내게 도청기를 팔았던 전직 CIA 직원들에게 나를 소개함으로써 무심코 길을 터준 것이다. 그중 하나는 전기 플러그처럼 생겼는데 회의실 벽 콘센트에 1년 넘게 꽂혀 있었던 덕분에 계속 전기를 공급받아 배터리가 닳지 않았다. 정말 대단한 장치였다.

그래도 지금은 보와 그 비밀을 나눌 때가 아니라고 생각했다. 그래서 "난 그저 이 모든 문제를 해결하는 데 무척이나 진심일 뿐이에요. FBI가 내게서 뭘 염탐해 가든 그건 중요하지 않아요. 다만 내가 책임지고 있는 수많은 식구가 나 때문에 위험에 빠진다면 그건 용납할 수 없어요. 그러니 그동안 당신이 알아낸 정보를 이제 말해주는 게 어때요?"

보는 그러겠다는 듯 고개를 끄덕였지만 대답하기 전에 큰 컵에 든 싱글몰트 스카치를 들고 마치 물처럼 서너 번 들이켰다. 그러더니 입술을 부루퉁하게 내밀고는 "우우우-! 바로 그거야!"라고 하더니 마침내 결심한 듯 말했다. "먼저, FBI의 수사는 아직 초기 단계고, 현재 당신에 대한 조사는 특수요원 그레고리 콜먼Gregory Coleman이 담당하고 있는데, 누구의 지시를 받아서 하는 것 같지는 않아 보여요. 그 친구 외에는 누구도 관심이 없는 것 같아요. 그리고 연방 검찰청에서는 숀 오셰이Sean O'Shea라는 예리한 검사가 담당하고 있어요.

내 친한 친구 중 숀 오셰이와 일해본 경험이 있는 그레고리 오코넬Gregory O'Connell이라는 변호사가 있는데, 그 친구가 슬쩍 떠보니 당신과 관련된 혐의에는 별 관심이 없대요. 왜냐하면 그 친구 관할 지역이 브루클린이다 보니 마피아 사건에 관심이 많은가봐요. 당신에겐 다행이겠지만 문제는 FBI의 콜먼이라는 친구가 아주 끈질기다는데, 당신 사건을 마치 톱스타 다루듯이 한다는 것 같아요. 그는 특히 당신

사건에 아주 적극적이라 쉽지 않을 것 같다는 생각이 드는 군요."

나는 심각한 표정으로 고개를 저었다. "제기랄, 집착하는 FBI 요원이라니! 그런데 도대체 어디서 갑자기 나타난 거죠? 그리고 왜 하필 지금이에요? 아마도 SEC에서 타협안을 제안해온 것과 관계가 있겠군요. 그 개자식들이 날 배신했어."

"진정해요, 보! 어찌 보면 그렇게 나쁜 것은 아니에요. 이번 일은 SEC와는 아무 관련이 없어요. 콜먼이 우연히 신문에 난 당신 기사를 보고 관심을 가지게 된 것 같더군요. 월스트리트의 늑대에 대한 모든 부분, 즉 마약과 창녀, 헤픈 씀씀이 등등은 연봉 4만 달러인 어린 요원의 흥미를 끌기에 충분하죠. 콜먼은 30대 초반인 거 같아요. 당신보다 나이가 많지는 않아요. 그러니 자기 연봉보다 당신의 1시간 수익이 더 많다는 걸 보고 자기의 냉혹한 현실을 생각해 보면 뻔하죠. 또 당신 부인이 TV에 자주 등장했던 모델 출신이라는 사실을 알고 뭔가 파헤치기로 했을 거예요."

보는 어깨를 으쓱했다. "어쨌든 제 말의 핵심은 당분간 몸을 좀 사리고 휴가를 떠나거나 하는 게 좋을 것 같아요. 그런데 SEC와의 타협 결과는 언제 공표될 예정인가요?"

"확실치는 않아요. 아마 일주일이나 2주 안에는 되겠죠."

보가 고개를 끄덕였다. "음, 좋은 소식은 콜먼이 꽤나 가차 없는 저격수라는 겁니다. 그리고 오늘 만나기로 한 친구는 아주 거친 친구예요. 내 말은 당신이 짐 바시니를 미행하고 있다면 그게 바로 아주 나쁜 소식이 되겠네요. 그는 이미 용의자 두세 명을 쐈어요. 그들 중 총을 든 한 명은 항복했는데도 쐈다니까요. 그러면서 그는 아마도 이렇게 말했겠죠. 'FBI다, 쏜다, 그대로 있어! 머리 위로 손 들어!' 이제 알겠나, 보?"

맙소사! 나는 생각했다. 이번 일에서 내가 의지할 유일한 동아줄이 이 지나치게 성급한 FBI 요원뿐이란 말인가?

보는 계속 말을 이었다. "하지만 콜먼은 아주 신중하고 담백한 성격이라 당신에게는 오히려 좋은 뉴스예요. 증거 조작을 한다거나 당신 직원들에게 징역 등으로 협박해서 자백을 받는다든지, 또는 당신 부인에게까지 수사를 확대한다거나 하지는 않을 거예요. 하지만…."

나는 매우 심각한 목소리로 보의 말을 잘랐다. "내 아내에게까지 수사를 확대한다고요? 어떻게 네이딘을 수사에 끌어들여요? 그녀는 돈을 펑펑 쓰는 거 외에는 아무 잘못도 없어요." 네이딘이 이 일에 휘말린다는 생각만으로도 한없이 우울해졌다.

보는 정신과 의사가 환자를 달래는 듯한 목소리로 말했다. "자, 진정해요, 보. 내 말은 수사를 위해서는 물불을 가리지 않는 대부분의 FBI 요원에 비해 콜먼은 정석대로 수사를 해나가는 성격이라는 얘기예요. 물론 부인께서 당신 사업에 아무런 관련이 안 되어 있겠지만."

"당연히 아니지!" 나는 아주 확신에 찬 말투로 대답하고 나서, 그게 사실인지 확인하기 위해 신속히 거래내역을 뒤졌다. 그런데 그게 사실이 아니라는 슬픈 결론이 났다. "실은, 아내 명의로 두어 번 거래를 한 적은 있지만, 내 아내의 책임은 거의 없어요. 절대 그녀가 책임지는 일은 없게 할 겁니다. 보, 내 아내가 기소되느니 차라리 내가 20년간 감옥살이를 하는 게 낫겠어요."

보가 천천히 고개를 끄덕이며 말했다. "가장이라면 누구나 그럴 테지요. 그런데 그들도 그 사실을 알고 있고, 그걸 약점으로 삼을 수 있다는 게 핵심이죠. 그래도 어쨌든 오늘은 대책을 협의하자고 만난 거니까 대책을 세워보죠. 조사가 초기 단계니까 지금은 낚시 여행이라도 떠나는 게 좋겠어요. 혹시라도 그사이에 콜먼에게 더 구미 당기는 사건이 생긴다면 당신에 대한 흥미를 잃을지도 모르죠. 그러니까 앞으로 조심하면 모든 게 괜찮을 겁니다."

나는 고개를 끄덕거렸다. "그 말을 믿죠."

"좋아요. 바시니가 금방 올 거예요. 몇 가지 당부할 게 있어요. 첫째, 절대 당신 사건에 관한 얘기는 하지 마세요. 그냥 친구 하나 사귄다는 생각으로 가볍게 만나야 합니다. 꼭 기억해요. 우리가 정보를 빼내려고 한다는 느낌을 줘서는 안 돼요." 그는 그 말을 강조하듯 고개를 저었다. "콜먼이 기어이 당신을 물고 늘어지겠다고 덤벼들면 아무도 막을 수 없어요. 다만 심심풀이 정도로 건드려보는 것이라면 그때는 바시니가 넌지시 얘기할 수 있겠죠. '이봐! 조던 그 친구는 내가 좀 아는데, 그다지 나쁜 친구는 아냐. 그러니 관심 끊으라고!' 그러면 아주 효과적이죠. 그리고 또 하나, 절대 FBI에게 뇌물을 쓰려고 하면 안 된다는 거예요. 뇌물 죄는 다른 어떤 범죄보다 더 엄격하니까요."

보는 눈썹을 치켜올리며 "대신에 바시니와 친구가 된다면 당신에게는 아주 유리해지죠."라고 덧붙였다. "콜먼이 당신에 대해 알고 싶어 하는 걸 바시니로부터 얻게 만들 수만 있다면. 콜먼이 바시니랑 가까워질지 누가 알아요? 사실 바시니는 아주 미친놈이긴 하지만 좋은 구석도 있는 녀석이거든요. 우리도 다 그렇잖아요, 안 그래요?"

나는 동의하듯 고개를 끄덕였다. "그렇죠. 하지만 난 누구를 겉모습으로 판단하는 성격은 아니에요. 전 그런 사람을 정말 싫어해요."

보가 능글능글 웃었다. "맞습니다. 저도 그럴 거라고 생각하고 있었어요. 어쨌든 바시니는 전형적인 FBI는 아니니까 날 믿으세요. 그 친구는 아마 특수부대인가, 해병 특수부대인가 아마 그쪽 출신일 거예요. 그래서인지 스쿠버다이빙에 깊은 취미를 갖고 있어요. 당신 요트로 초대해서 함께 즐기자고 하면 좋아할 거예요. FBI에 친구 하나쯤 있는 건 결코 나쁜 일이 아니죠."

보의 말을 들으며 식탁을 뛰어넘어가서 그에게 키스라도 퍼붓고 싶은 충동이 올라왔다. 그는 진정한 해결사이자,

가치를 매길 수 없는 인재였다. 공적인 것부터 사적인 것까지 다 해서 내가 보에게 얼마를 썼더라? 1년에 50만 달러 정도, 어쩌면 그 이상일지도 모르겠다. 그래도 그는 그만큼 능력이 뛰어났다. "그런데 바시니는 나에 대해 어떻게 알고 있죠? 내가 FBI의 조사를 받고 있다는 것도 알고 있나요?"

보는 고개를 저으며 말했다. "아니, 전혀 몰라요. 당신에 대해서는 조금밖에 말하지 않았어요. 그냥 내 우수고객이자 좋은 친구라고만 했죠. 두 가지 다 진실이니까요. 물론 오늘도 친구로서 하는 거고요."

"정말 고마워요. 절대 잊지 않을게요."

보가 내 말을 끊으며 식당으로 들어서는 40대 남자를 가리켰다. "그가 왔어요." 입구에 들어서는 남자는 40대 정도로 보였고, 큰 키에 다부진 몸매에다 머리를 스포츠형으로 짧게 자른 활동적인 타입이었다. 얼핏 봐도 낙하산 공수부대 요원 모집 팸플릿에 있는 모델이었다.

"빅 보! 내 친구, 그간 어떻게 지냈나? 도대체 이런 식당은 어떻게 알고 예약한 거야? 맙소사, 보. 내 말은 이 구역에선 사격 연습을 할 수 있을 거 같단 말일세!" 그는 은연중에 우리를 관찰하듯이 고개를 젖히고 눈썹을 치켜올렸다. 그러더니 덧붙였다. "하지만 지금은 아니죠. 난 은행 강도만 쏜다고요, 맞죠?" 다정하게 웃으면서 했던 그 무서운 마지막 말은 나를 향한 것이었고, 특수요원 바시니는 다시 말을 이었다. "조던이죠? 만나서 반가워요. 보가 얘기하길 스쿠버다이빙 좋아한다면서요? 악수나 한번 합시다." 나는 재빨리 손을 맞잡았는데 내 손보다 두 배는 되는 크기에 깜짝 놀랐다. 팔이 빠질 듯 세게 붙잡혔다가 마침내 그가 손을 풀고, 우리는 자리에 앉았다.

자리에 앉아 이런저런 시시껄렁한 얘기를 나누었지만, 좀처럼 스쿠버다이빙에 대해 얘기할 기회를 잡지 못했다. 바시니는 큰 소리로 "이 동네는 정말 쓰레기장이야."라고 쏘아대듯 말했다. 끔찍하다는 듯이 고개를 내저으며 바시니가 의자 등받이에 기대며 다리를 꼬았는데, 허리께에 리볼버 권총이 살짝 보였다.

보가 고개를 끄덕이며 바시니에게 말했다. "맞아. 그 점엔 정말 동감이야. 내가 이 동네에서 일할 때 얼마나 많은 놈을 체포했는지, 아마 말해도 안 믿을걸. 근데 그중 절반은 지금도 여기서 활개 치고 있던걸. 한 놈은 지금도 생생히 기억나. 몸집이 고릴라만 한데, 쓰레기통 뚜껑을 들고 내 뒤로 살짝 다가와서 내 머리통을 내리쳐 쓰러뜨리고는 내 동료를 쫓아가 기절시켰지."

나는 눈썹을 치켜뜨고 말했다. "그래서 그 남자는 어떻게 됐어요? 잡았어요?"

"네, 물론 잡았죠."라고 씁쓸하게 대답했다. "그놈이 날 기절시켰는데, 내 동료를 마구 두들겨 패고 있을 때 내가 깨어났고, 정신을 차리자마자 쓰레기통 뚜껑을 도로 빼앗아서 그놈 머리통을 몇 분 동안이나 때려버렸죠. 그놈 머리가 아주 단단하더라고요." 보는 어깨를 으쓱하더니 "그래도 그는 살아 있어요." 하며 이야기를 끝냈다.

"그거 정말 욕 나올 만큼 수치스러운 일이었어." 바시니가 답했다. "넌 너무 물러, 보. 나라면 그놈 귀를 찢어서 먹어버렸을 거라고. 너도 알다시피 손에 피 한 방울 안 묻히고도 그렇게 하는 방법이 있거든. 손목 스냅만으로 말이지. 그렇게 하면 펑 하는 소리가 나는데, 이를테면…." 바시니는 입을 꼭 다물고 양 볼로 꾹 눌렀다가 뗐다. "펑!"

바로 그때 식당 주인 프란키에 펠레그리노가 바시니 요원에게 인사를 하기 위해 우리 테이블로 다가왔다. 그의 옷차림은 매우 단정하고 완벽했는데, 세탁소에서 막 받아서 입고 나온 것처럼 갓 다림질된 상태였다. 짙은 감색 줄무늬 스리피스 정장에 왼쪽 가슴에는 흰 행커치프로 단정하고 멋지게 꾸미고 있었다. 프란키에 펠레그리노는 그 옷차림을 훌륭하게 소화해냈다. 그는 60대 부자였고, 외모는 깔끔하고 잘생겼으며, 레스토랑의 모든 손님을 자기 집에 온 손님처럼 친근하게 대하는 재주가 있었다.

"짐 바시니 씨죠? 보에게서 얘기 들었습니다. 라오에 오신 걸 환영합니다. 짐!" 프란키에 펠레그리노가 손을 내밀며 부드럽게 인사를 건넸다.

바시니가 자리에서 일어나며 악수했다. 프란키에의 몸이 이러저리 흔들리는 동안 완벽하게 정돈된 머리가 그대로인 것이 아주 흥미로웠다.

"세상에, 보! 이분은 마치 불곰처럼 손이 억세군. 그러고 보니 옛날에 말야…." 하며 프란키에가 얘기를 시작했다. 프란키에는 뚱뚱한 남자를 회색곰으로 표현하는 습관이 있는 것 같았다.

그 얘기를 듣는 둥 마는 둥 가끔 미소를 지어가며 나는 생각에 빠져들었다. 어떻게 하면 바시니가 콜먼에게 나에 대한 조사를 그만두게 만들 수 있을까? 물론 가장 쉬운 일은 바시니에게 뇌물을 먹이는 거겠지? 이 친구는 그다지 도덕적으로 완벽한 것 같지는 않은데. 그런데 탐욕 때문에 뒷돈을 받아 불명예를 떠안아야 한다면, 뇌물로는 그를 매수할 수 없을 것 같았다. FBI 요원은 1년에 얼마 정도 벌까? 궁금했다. 한 5만 달러? 그러면 그 돈으로 스쿠버다이빙을 몇 번이나 할 수 있을까? 몇 번 안 되겠지? 그렇다면 FBI에 내 수호천사를 만들기 위해 돈 좀 쓰지 뭐. 뭐 어때?

콜먼이 나에대해 조사하는 일을 그만두게 만들려면 얼마나 들까? 100만 달러? 아냐, 분명 200만 달러는 되어야지. 암! 200만 달러면 정부에서 기소를 당하고 재정이 파탄 날 가능성이 있는 엄청난 변수였다!

그런데 정신을 차리고 보니 그런 생각은 모두 공상에 불과했다. 라오 레스토랑의 경우를 봐도 오랫동안 신뢰할 수 없는 조직인 게 명백했다. 30~40년 전만 해도 갱들은 자신이 원하는 대로 할 수 있는 세상이었다. 판사를 매수하고 경찰과 정치인, 심지어 선생들까지 매수해서 마음대로 했지만, 케네디 대통령 시절이 되자 갱들끼리 서로 적이 되어 경쟁하게 되고 결국 별 이익이 없게 되자 돈으로 매수한다거나 하는 일이 자취를 감추게 되었다.

"···그래서 옛날에 그런 방법으로 해결했어요. 비록 그는 실제로 주방장을 납치한 건 아니고 잠시 동안 인질로 잡아두었을 뿐이었지요."

프란키에가 얘기를 끝마치자 우리는 모두 배꼽을 쥐고 웃었다. 나는 얘기의 대부분을 못 들었지만, 이곳 라오에서는 흔히 있는 일이었다. 하지만 이곳에서는 똑같은 몇 가지 얘기를 두고두고 들을 수 있으니 다음에 또 들으면 되었다.

24 횃불을 넘기다

벙어리 기사 조지가 스트래턴 오크몬트의 입구에 리무진을 부드럽게 주차했다. 그는 언제나처럼 고개만 까딱거리는 대신 웬일로 입을 열고 질문을 해왔다. "이제 어떻게 되는 건가요, 사장님?"

어이구 이런! 마치 늙은 악마가 내게 뭐라고 말하는 듯한 느낌이었다. 그의 질문이 다소 모호한 듯했지만, 사실 그게 핵심이었다. 결국 7시간쯤 뒤인 오후 4시에는 조지와 같은 심정으로 앞으로 그들의 장래는 어떻게 될 것인지 걱정하는 스트래턴 직원들을 대상으로 고별 연설을 하기로 되어 있었다.

수많은 걱정과 질문이 쏟아질 건 당연했다.

예를 들면 대니가 회사를 맡으면 무슨 일이 일어날 건지, 직원들이 해고당하지는 않을지, 혹시 해고당한다면 정당한 기준이 있는지, 대니보다 케니와 더 친했던 브로커들의 장래는 어떻게 될 것인지, 회사의 분위기는 이전과 변함이 없을지, 스트래턴이 그저 그런 증권사로 전락할 가능성은 없는지 등등.

하지만 나는 그런 생각들을 뒤로한 채 조지에게 대답했다. "걱정할 필요 없어요, 조지. 여기에서 가까운 곳에 사무실을 내고 당신과 자넷은 그곳으로 옮겨가게 될 거예요. 나와 아내는 당신이 여전히 필요하답니다." 나는 환하게 웃으며 목소리를 높였다. "그래서 먼 훗날 챈들러의 결혼식장에 우리 부부를 데려다주는 거예요. 알겠죠?"

조지가 비장의 무기인 환한 미소를 지었다. 그리고 겸손하게 대답했다. "저는 이 일을 천직으로 여기고 있어요. 사장님은 제가 모셨던 분들 중 최고예요. 부인도 그렇고요. 다들 그렇게 생각하죠. 하지만 사장님이 스트래턴을 떠난다니 참 아쉽습니다. 앞으로 이곳은 예전과 많이 달라지겠죠. 대니 부사장은 사장님과는 달라요. 직원들을 제대로 다룰 줄 모르니 아마도 여러 직원이 떠나겠죠."

조지의 말을 들으며 과연 진심일까 싶기도 했지만, 그가 자신의 일을 자랑스러워하고 나를 보스로 대접해왔다는 건 분명한 사실이었다. 아이러니하게도 마약 심부름에 창녀들 픽업, 어느 때는 엘리엇 라빈에게서 현금이 가득 든 샌드백을 받아 오는 심부름도 했다. 그런데도 날 그렇게 혐오하지 않았다는 사실은 놀라웠다.

물론 나도 운전기사라고 해서 조지를 막 대한 적은 없었다. 가장 힘들고 괴로웠던 시기에도 항상 조지를 존중하려고 애썼다. 그에 대한 몇몇 선입견이 있었던 것도 사실이지만, 물론 내 아내 외에 다른 사람에게는 그 생각을 떠벌리고 다니지 않았다. 그런 사정이 있었지만 그와 나는 잘 지냈다. 난 선입견을 갖고 사람을 대하는 성격은 아니었다. 솔직히 올바른 유대인 정신은 뭘까? 우리는 세상에서 가장 박해받는 사람들이었다.

문득 내가 조지의 충성심에 의문을 품은 적이 있었다는 사실이 떠올랐다. 그는 좋은 사람이었고 괜찮은 남자였다. 그런데 나는 그의 모든 것을 다 이해하는 사람이었나?

"조지, 누구든 미래를 알 수는 없어요. 스트래턴의 미래가 어떨지 누가 알겠어요? 다만 모든 건 시간이 말해주겠죠." 기분 좋게 웃으며 말했다.

"당신이 우리 회사에 와서 처음 내 차를 운전하던 날이 기억나요. 당신이 차를 세우고 내 자리로 뛰어와서 문을 열어주려 했었죠." 나는 그 기억이 나서 웃었다.

"하지만 난 그걸 말렸어요. 내 손이 멀쩡한데도 차 뒷좌석에 앉아 운전기사가 문을 열어주길 기다리는 건 인격에 대한 모독이라고 생각했죠. 그날 이후 쭉 나는 스스로 문을 열고 내렸고요. 하지만 오늘은 이곳 스트래턴에서의 마지막 날이니까 날 위해 문을 딱 한 번만 열어주지 않겠어요? 마치 뚱뚱한 WASP를 위해 일하는 멍청한 운전기사처럼 정중히 문을 열고 날 객장까지 안내해줘요. 그리고 대니의 조회 분위기를 확 깨버립시다. 아마 대니는 지금쯤이면 한창 목에 힘주고 있을 테니까요."

"…그리고 만 명이 넘는 남자들을 연구해본 결과…." 대니가 마이크에 대고 뭐라고 말하고 있었다. "5년 이상 자신의 성 습관을 유지한다더군요. 제가 몇 가지 연구 결과를 말씀드리면 정말 놀라실 겁니다." 그러면서 확신에 찬 얼굴로 고개를 끄덕이며 '진짜 리얼한 수컷 본성을 들을 준비를 하라.'는 듯이 앞뒤로 왔다 갔다 했다.

맙소사! 내가 아직 사장 자리에서 물러나지도 않았는데 이 친구는 벌써 사장이 된 듯 날뛰고 있었다. 나는 조지를 보며 잠시 반응을 살폈지만, 그는 별로 충격받은 것 같지 않았다. 그저 고개를 삐딱하게 기울인 채 "이제 주식은 어떻게 되는지 그거나 빨리 알고 싶다고!"라고 말하는 듯한 표정이었다.

흰 세로줄 무늬 양복에 가짜 WASP 같은 안경을 낀 대니는 "어떤 연구 결과를 보면 남성 중 10퍼센트는 완전 동성애자랍니다."라는 대목에서 말을 멈추고 청중의 반응을 살피듯 두리번두리번 돌아보았다.

이거 소송감이군. 여직원들은 성희롱이라고 난리 칠 텐데. 객장을 둘러보자 여기저기서 머쓱해하는 얼굴들이 보였다. 곧 몇 명이 억지로 늦은 웃음을 내뱉었다.

대니는 반응에 실망한 듯 보였지만 기죽지 않았다. "다시 말하지만," SEC가 두 가지 악 중에서 그나마 덜 나쁘다고 생각하는 그는 계속 말을 이어갔다. "그 10퍼센트가 미꾸라지처럼 온갖 흙탕물을 만들고 있다는 얘기예요. 물론 10

퍼센트가 결코 작은 숫자는 아니지요. 엄청 많은 수입니다. 그들이 온통 호모 세상을 만들어가고 있어요. 시도 때도 없이 거시기를 빨아대고 그리고….”

대니가 고함처럼 내뱉자 사무실은 온통 혼란의 도가니로 변했다. 남자 직원들은 휘파람을 불고 손뼉을 치고 왁자지껄하게 웃었다. 사무실에 있는 사람들 절반이 일어섰고, 많은 이가 서로 하이파이브를 했다. 그러나 영업 보조원들이 모여 있는 앞쪽에서는 아무도 일어서지 않았다. 내게 보이는 건 긴 금발 무리가 고개를 기울이고 있는 모습뿐이었다. 여직원들은 등받이에 몸을 기대고 옆 동료와 귓속말을 주고받으며 고개를 끄덕이거나 가로젓고 있었다.

그걸 보고 조지가 혼란스러운 듯 속삭였다 “도통 이해할 수가 없네요. 이런 얘기가 주식시장과 무슨 관련이 있죠? 왜 게이 얘기를 하는 겁니까?”

나는 어깨를 으쓱하며 대답했다. “그건 좀 복잡해요, 조지. 어찌 보면 히틀러가 병사들의 사기를 올리기 위해 공공의 적을 만든 것과 같은 이유라고 생각하면 돼요.” 그러면서 지금 대니가 흑인을 저격하지 않았다는 사실을 깨닫고는 말을 이었다. “어쨌든 이런 쓸데없는 얘기를 들을 필요는 없어요. 그건 그렇고, 4시 30분쯤 날 에스코트하러 다시 와줘요. 알았죠?”

조지는 고개를 끄덕이고는 사무실 밖으로 걸어 나갔다.

잠시 서서 사무실 광경을 보며 왜 항상 대니는 회의 말미에 섹스로 주제를 옮겨가는지 궁금했다. 그저 값싼 웃음을 이끌어내려는 의도겠지만, 그런 목적이라면 다른 방법도 많았다. 숨겨진 메시지는 이 모든 상황에도 불구하고 스트래턴 오크몬트는 고객의 수익을 위해 일하는 합법적인 중개회사라는 사실이었다. 그리고 고객이 돈을 벌지 못한 유일한 이유는 메뚜기 떼처럼 시장을 괴롭히는 공매도자의 사악한 음모 때문이었고, 그들이 스트래턴과 그들을 방해하는 다른 정직한 중개회사에 대한 악의적인 소문을 퍼뜨렸다는 내용이었다. 그리고 물론 그 메시지에는 머지않은 미래에 이 모든 기업의 핵심 가치가 빛을 발하고 주가는 불사조처럼 다시 폭등하여 스트래턴의 모든 고객이 큰돈을 벌게 될 거라는 내용도 담겨 있었다.

나는 모든 인간(소시오패스 소수를 제외하고)이 얼마나 옳은 일을 하려는 잠재적 욕망에 사로잡혀 있는지 대니에게 여러 번 설명했었다. 이런 이유로 각 회의에서는 그들이 미소를 지으며 홍보전화를 걸고 사람들을 현혹시키는 것이 부와 타인의 인정에 대한 자신의 쾌락주의적 욕망뿐 아니라 옳은 일을 하려는 잠재의식적 욕망도 충족시키고 있다는 메시지를 담아야 했다. 그런 다음에야 그들이 생각지도 못했던 목표를 달성하도록 동기를 부여할 수 있는 것이다.

대니가 손을 들어 분위기를 진정시키자 객장 안이 조용해졌다. "자, 이제 정말 흥미로운 내용이랄까, 아니 굳이 말하자면 충격적인 내용인데요. 모든 남성의 10퍼센트가 호모라면 이 객장 안에는 남자 직원이 1,000명쯤 되니까 우리 중엔 호모가 100명은 있고, 그들은 눈을 번뜩이며 누군가 뒤로 돌아설 때마다 뒤에서 덮치려 한다는 의미입니다."

말이 끝나기가 무섭게 다들 불신감에 가득 찬 눈빛으로 주위를 흘깃흘깃 살피는 게 보였다. 어떤 직원들은 뭔가 중얼중얼하며 뒤를 돌아보기도 했는데, 그 의미는 분명했다. "그놈들을 찾아내서 죽여버리자!"

젊은이 수백 명이 팔을 위로 뻗어 손가락질하며 비난의 시선을 던졌고 거기에 수천 명이 목을 움츠리는 모습을 흥미롭게 지켜보았다. 이윽고 그들은 아무 이름이나 외쳐대기 시작했다.

"테스고위츠Teskowitz는 호모야!"

"오라일리O'Reilly야말로 염병할 게이야! 일어서봐. 오라일리!"

"어브Irv와 스콧Scott은 어떻고?" 두 명이 일제히 소리치기도 했다.

"그래, 어브와 스콧! 스콧이 어브와 사귄다지?"

그러나 스콧과 어브에 대한 손가락질과 근거 없는 비난이 지나가고 1분여 동안은 아무도 말을 하지 못했다. 그래서 대니가 다시 손을 들어 진정시켰다. "여러분, 난 다 알고 있습니다. 그리고 어떻게 처리하는 게 좋을지도 알죠. 다들 스콧이 어브와 사귄다는 걸 알지만 그렇다고 그들이 회사에서 잘리지는 않았죠?"

그러자 어디선가 스콧의 볼멘소리가 들려왔다. "전 어브와 사귄 적 없어요. 그냥…."

대니가 그 말을 가로막으며 말했다. "그만해, 스콧. 자네가 부정할수록 의심은 더 커지는 법이야. 그러니 그만하라고. 너 때문에 네 아내와 아이들이 수치심을 느껴야 하다니, 유감이야." 그런 다음 대니는 고개를 저으며 스콧을 외면했다. 스트래턴의 새 CEO는 말을 이었다.

"어쨌든 회사에서는 파렴치한 것보다는 능력을 더 중시합니다. 그러니 어브는 능력을 가진 남자임이 증명되었습니다. 따라서 스콧은 어브의 능력을 부각시킨 장본인이라는 걸 생각해보면 용서받을 수 있다는 거예요. 나는 이런 직원들에게 관대하답니다. 여러분 중에 이런 배짱을 가진 진정한 남자가 있다면 한번 일어나서 떳떳이 자신을 증명해봐요!"

그러자 어떤 판단력 흐린 직원 하나가 스윽 일어서며 힘차게 소리쳤다. "저는 게이입니다. 이젠 그 사실이 자랑스럽습니다." 객장은 순식간에 난리가 났다. 그에게로 여기저기서 볼펜 따위가 날아가는 게 보였다. 그러더니 야유와 희롱하는 소리, 비명이 들렸다.

"이런 호모 새끼! 여기서 당장 꺼져!"

"저런 쓰레기 같은 놈은 죽여라!"

"너, 밤길 조심해! 데이트 강간을 당할 수도 있어!"

아침 회의가 이렇게 정신없이 끝나고 있었다. 도대체 무슨 유익함이 있었는지는 알 수가 없었다. 다만 이전의 스트래턴식 질서는 모두 새로운 모습으로 바뀔 거라는 느낌만 막연히 들 뿐이었다.

내가 왜 걱정을 하고 있지?

한 시간쯤 뒤에 나와 대니는 경영권 양수도 계약을 했고, 매드 맥스는 말도 안 된다며 맹비난했다. 계약 내용은 향후 15년간 내게 매월 100만 달러를 지급하며, 그 대가로 나는 증권업계에서 완전히 물러나 스트래턴과 경쟁하지 않는다는 게 요지였다.

몇몇 사람의 눈살을 찌푸리게 하는 합의에도 불구하고, 이건 불법이 아니었다. 변호사를 통해 법률적 검토를 거쳤으며, 법적인 하자는 전혀 없었다.

이 특별한 순간에 내 사무실에는 또 다른 사람, 위그왐이 앉아 있었다. 그는 지금까지 별말이 없었다. 그러나 그것은 놀라운 일이 아니다. 위그왐은 어린 시절의 대부분을 우리 집에서 한식구처럼 지냈기 때문에 매드 맥스를 잘 알고 있었다.

매드 맥스는 이렇게 소리치고 있었다. "너희 두 놈이 무슨 작당을 했는지는 모르겠다만, 100만 달러짜리 계약이라니. SEC가 가만있을 거 같으냐? 이런 말도 안 되는 짓거리들 하고는. 도대체 너희 둘은 언제 철들래?"

나는 어깨를 으쓱했다. "진정하세요, 아버지. 그렇게 나쁜 조건은 아니에요. 100만 달러 정도면 괜찮은 편이에요."

옆에서 대니도 거들고 나섰다. "아버님, 우리는 앞으로도 오랫동안 함께 일해야 하잖아요. 이걸 경험 삼아 미래를 기약하는 거죠. 결국 돈은 아드님한테로 가는데 뭐가 그렇게 나쁜가요?"

매드 맥스는 발뒤꿈치로 몸을 돌려 뒤돌아서더니 대니를 내려다보았다. 거세게 담배 연기를 빨아들이고는 입을 오므려 작은 동그라미로 만들었다. 힘차게 숨을 내쉬면서 촘촘한 레이저 광선처럼 연기를 뿜어댔다. 마치 대니의 웃는 얼굴에 대포를 쏘는 것 같았다. 대니는 담배 연기에 휩싸여 있었다. "한마디만 할게, 포루시. 내 아들이 여길 떠난다고 해서 너한테 살살거릴 생각은 추호도 없어. 오늘 아침 회의를 보며 나도 이젠 떠날 때가 되었다고 생각했지만, 네놈들이 하는 작당을 보니 더 명백해지는구나. 네 그 요상한 버릇 때문에 얼마나 많은 법을 어겼는지 알기나 해? 그 뚱보 도미닉 바버라Dominic Barbara가 얼른 연락이 와야 할 텐데. 그 얼치기 놈이 부를 사람은 바로 네놈이고 말이야."

아버지는 나를 쳐다보며 호통을 쳤다. "그리고 너! 어떻게 경쟁금지라는 조건으로 경영권을 넘겼지? 이미 법원에서 증권업 추방령을 받았잖아." 아버지는 담배 한 모금을 더 빨아들였다. "이 어이없는 계략을 꾸민 건 너와 그 개자식 가이토Gaito겠지. 정말 어이가 없어. 이런 웃기는 작당에 내가 동참하지 않는다는 의미에서라도 나는 이 일에서 빠져야겠구나." 그 말과 함께 매드 맥스는 문을 열고 나가려고 했다.

"잠깐만요, 아버지. 나가시기 전에 두 가지만 들어주세요." 난 아버지의 손을 잡으며 부탁했다.

"그래, 뭐냐? 말해보거라!"

"첫째는, 고문변호사에게 이 계약은 문제가 없다는 확답을 받았어요. 특히 비경쟁 조건으로 제게 앞으로 15년간 100만 달러를 지불하면 스트래턴은 모두 세금 공제를 받을 수가 있다고 했어요."

"집어치워. 세금 문제라면 나도 잘 알지. 그건 모두 눈가리고 아웅 하는 격이니 그런 식으로 속이려고 하지 마라. 그리고 또 다른 하나는 뭐야?"

그 말에 난 고개를 살짝 흔들며 말했다. "오늘 6시에 저녁 식사를 예약해뒀어요. 네이딘이 챈들러를 데리고 올 테니까 엄마와 함께 손녀의 얼굴을 볼 수 있을 거예요." 나는 챈들러라는 이름이 매드 맥스에게 마법을 걸기를 기다렸다. 매드 맥스는 손녀라는 말에 얼굴 가득 미소가 번졌다.

신사 맥스는 환하게 웃으며 약간의 영국 억양이 실린 말투로 말했다. "그래, 그래. 챈들러가 온다고? 당장 네 엄마한테 전화해야겠구나." 신사 맥스는 미소를 띤 채 가벼운 발걸음으로 사무실을 나갔다.

나는 대니와 위그왐을 보며 어깨를 으쓱했다. "아버지를 진정시키는 데는 몇 가지 방법이 있지. 물론 가장 강력한 건 역시 챈들러야. 하지만 이제는 자네들이 스스로 방법을

찾아야 우리 아버지가 심장마비로 쓰러지는 걸 막을 수 있
다는 걸 명심해."

"자네 아버지는 정말 좋은 분이야. 그리고 앞으로도 여기
에서 아버님에 대한 예우는 달라질 게 없어. 우리 아버지같
이 생각하고 있으니까, 은퇴할 준비가 되실 때까지 마음껏
하고 싶은 말씀을 하시면 돼."

대니의 진심에서 우러난 이야기에 고마워하며 미소로 화
답했다.

"그런데 조던, 그보다 듀크 증권이 벌써 문제를 일으키고
있어. 오픈한 지 사흘밖에 안 됐지만 빅터는 벌써 스트래턴
의 시대는 가고 듀크가 최강자로 군림할 거란 헛소리를 퍼
뜨린다는군. 아직 우리 직원들을 빼내 가지는 않았지만 머
잖아 분명히 그럴 거야. 그 뚱보는 지가 직접 훈련시킬 생
각은 않으니 뻔하지 뭐."

그 말에 위그왐을 바라보며 물었다. "자네 생각은 어때?"

"빅터를 신경 쓸 필요가 있을까? 규모도 작고, 스스로 대
규모 자금을 조달할 능력이나 이렇다 할 실적도 없잖아. 그
냥 헛소리라 생각하고 내버려두지 뭐."

나는 내가 이미 알고 있는 것을 방금 확인한 위그왐에게
미소를 지었다. 위그왐은 전시의 정보원이 아니었고, 이런
문제에서 대니에게 별 도움이 되지 않을 것이다. 나는 대니
를 바라보며 부드러운 목소리로 진정시켰다. "별것도 아닌
놈한테 신경 쓰는 것 같군. 만약 빅터가 똑똑한 놈이라면

우선적으로 직원부터 뽑았을 거야. 그 친구의 유일한 장점은 큰 몸뚱이뿐이라고. 물론 수수깡처럼 쓸모없지만. 사실 스트래턴에서는 정상에 오르기가 어렵지. 가로막는 사람이 너무 많으니까. 그래서 경영진을 잘 알지 못하면 자네는 세계에서 가장 영리한 사람이어도 앞으로 전진할 수 없거나, 적어도 빨리 전진할 수는 없을 거야.

하지만 듀크에는 그런 게 없지. 똑똑한 사람은 누구나 들어가서 자기 방식대로 할 수 있어. 이건 대기업보다 작은 회사에서 유리한 점이지. 어느 산업에서나 마찬가지야. 반면에 우리는 안정성이 있고 경험이 충분하지. 우리는 월급날에 급여 받는 걸 걱정하지 않지만, 그들은 항상 새로운 문제가 코앞에 있다는 걸 알게 될 거야. 빅터는 그런 사실을 아주 과소평가하고 멋대로 까불고 있는 거야." 나는 어깨를 으쓱했다.

"어쨌든 오늘 오후 고별식에서 내가 그런 점을 직원들에게 얘기해서 자신감을 불어넣어줄 테니까 자네도 조회 때 호모 얘기는 그만하고 신경 좀 쓰란 말이야. 석 달쯤 후에는 빅터가 스스로 쓰러져 다시는 도전해올 엄두를 못 낼 거야." 나는 자신 있게 웃었다. "그 외에 또 다른 건 없어?"

위그왐이 걱정된다는 듯이 말을 꺼냈다. "소형 증권사들이 우리를 공격하고 있는 것 같아. 신규상장 건을 가로채려 하질 않나, 우리 베테랑 브로커들을 빼내 가려 하질 않나. 이러다가 몇 건은 당하겠어."

나는 그 말에 코웃음을 쳤다. "당한다면 그건 자네들이
당하도록 만들기 때문이야. 스트래턴이 자기 직원들을 불
법적으로 빼내 가는 증권사를 상대로 소송을 준비 중이라
는 소문을 흘려버려. 우리의 새로운 전략은 눈에는 눈이 아
니라 심장이라는 걸 알려야지." 그러고는 대니에게 물었다.
"혹시 대배심 소환장을 받은 직원은 없대?"

대니가 고개를 저었다. "내가 알기로는 없어. 지금까지
자네와 나, 그리고 케니가 다야. 직원들 중에서 우리가 검
찰조사를 받고 있다는 사실을 아는 친구는 없는 것 같아."

"그렇군. 그건 다행인데, 어쨌건 난 남미로 낚시 여행이
나 다녀오는 게 좋을 것 같군. 보에게서 연락이 오는 대로
바로 떠나야겠어."

잠시 침묵이 흐른 뒤 위그왐이 말했다. "그게 좋겠군. 마
침 스티브가 주식 명의신탁 계약서에 서명했으니까 그건
걱정하지 않아도 돼."

그러자 대니가 옆에서 거들었다. "거봐, 스티브는 신뢰
할 수 있다고 말했잖아."

최근까지 스티브가, 대니는 스트래턴을 운영할 능력이
없다며 뒤에서 깠다는 말을 해줄까 하다가 그만두었다. 대
신 대니에게 그 어느 때보다 큰 잠재력을 보여주었던 스티
브 매든 제화를 확장하는 데 더 집중해야 한다고 말했다.
요사이 매든 제화는 한 달에 무려 50퍼센트씩 영업 신장률
을 보이며 폭발적으로 성장하고 있었다. 하지만 생산 능력

이 따라가지 못해 백화점에서 엄청나게 시달렸다. 신발 배송이 늦어져 백화점에서 평판이 나빠지고 있었다. 나는 스티브의 권유에 따라 사무실을 퀸즈 우드사이드Woodside로 옮길까 심각하게 고민했는데, 그곳에 매든 제화 본사가 있었다. 사무실을 같이 쓰면서 나는 영업에 전념하고 자신은 생산과 관련된 분야에 전념하면 좋겠다고 했다.

하지만 대니에게는 이렇게 말했다. "물론 나도 스티브를 믿지. 하지만 주식 지분에 대해서는 명확하게 해둬야 서로 맘 편히 일할 수 있어. 돈이 사람을 속일 수도 있으니까 말이야."

오후 1시였다. 나는 자넷을 불러 격려해줬다. 지난 며칠 동안 그녀는 매우 화난 것처럼 보였고, 오늘은 금방이라도 울 것만 같았다.

"잘 들어봐." 나는 마치 딸아이에게 용기를 북돋아주는 아버지같이 부드러운 목소리로 말했다. "자넷, 고마운 일이 너무 많았어. 이제 우리는 또 다른 세상을 향해 새로 시작하는 거야. 우리는 아직 젊잖아. 몇 달 마음 편하게 먹고 쉬엄쉬엄 지내다 보면 그 후엔 더 나아질 거야." 나는 따뜻한 얼굴로 웃어주었다. "어쨌든 우리는 일단 집에서 함께 일할 거야. 우리는 가족이잖아, 그렇지?"

자넷은 울음을 참고 있었다. "알아요. 하지만 저는 사장님이 빈손으로 시작해서 거대한 회사를 키워내는 걸 직접 봤잖아요. 그건 정말 기적을 보는 것 같았어요. 생전 처음 사랑받는다고 느꼈어요. ―사랑이라고? 내 생각에는 말이지.― 잘은 모르겠는데요, 사장님이 저를…마치 아빠처럼 다독여줬고….” 자넷은 말을 더 잊지 못하고 울음을 터뜨렸다.

맙소사! 내가 뭘 잘못했지? 그저 자넷을 위로해주려 했을 뿐인데, 오히려 울고 있었다. 공작부인을 불러야 해! 그녀는 위로의 달인이었다. 시간이 오래 걸리기는 하겠지만 아마도 그녀는 여기로 급히 달려와서 자넷을 집으로 데려갈 것이다.

나는 어쩔 수 없이 자넷에게 다가가 부드럽게 그녀를 껴안았다. 그리고 아주 상냥하게 말했다. “울지 마, 자넷. 세상에 영원한 기업은 없어. 스트래턴도 마찬가지야. 다만 그때가 언제냐만 다를 뿐이지. 하지만 우린 지금 최고의 순간에 스트래턴을 떠나는 거니까 언제까지고 성공한 사람들로 기억될 거야.” 나는 웃으며 좀 더 밝게 말했다. “어쨌든 오늘 저녁 우리 가족이 모두 모여 저녁 식사를 하기로 되어 있는데, 자넷도 꼭 참석하면 좋겠어. 올 거지?”

자넷은 챈들러를 본다는 생각에 미소를 지었다. 어린아이의 순수함만이 우리에게 평화를 가져다줄 수 있었다. 나는 그것이 우리의 삶에 무엇을 가르쳐주는지 궁금했다.

고별 연설을 하는 15분이 마치 내 장례식에서 추도사를 하는 것 같았지만, 달리 생각하면 내 장례식에 참석한 사람들의 반응을 볼 특별한 기회이기도 했다.

내 말 한마디도 놓치지 않고 듣는 것 좀 봐! 푹 빠져서 듣고 있는 직원들의 표정…너무나 열망하는 눈빛…. 많은 잘생긴 젊은이가 몸을 앞으로 내밀고 내 말에 집중하고 있었다. 윤기 나는 금발 머리와 매력적으로 길게 뻗은 목선, 그리고 끝내주게 야한 허리를 가진 영업 보조원의 열렬히 동경하는 눈빛 좀 봐. 아마도 나는 그들의 마음 깊숙이 잠재의식적인 욕망을 심고 싶었다. 그 모든 여성이 나와 함께 즐기고, 남은 생을 내 남자다움의 마지막 한 방울까지도 삼키려는 탐욕스러운 욕망에 불타오르게끔 말이다.

맙소사, 나는 정말 변태였어! 심지어 고별사를 하는 지금도 내 마음은 미친 듯이 이중적이었다. 입으로는 5년 동안 변함없는 충성과 존경을 보내준 스트래턴 직원에게 감사 인사를 중얼대고 있지만, 머리로는 여전히 내가 더 많은 영업 사원과 잤어야 했던 건 아닌가에 대해 의문을 품고 있음을 깨달았다. 그런 게 뭐 문제라도 되나? 아니면 그게 날 위협했나? 여자를 다 침대에 눕히고 싶은 게 당연한 일 아닌가? 섹스할 때 쓰지 않는다면 권력을 갖는 이유가 뭐지? 솔직히 나는 내가 할 수 있는 만큼, 아니 적어도 대니만큼 내 권력을 이용하지는 않았다! 그걸 언젠가 후회하게 될까? 아니면 그 정도가 옳았을까? 그건 성숙한 행동! 책임감 있는 행동이었다!

이 모든 기괴한 생각이 폭풍우처럼 머릿속을 휘저어댔

고, 자비로운 인사말은 조금도 의식적인 노력 없이 내 입에서 쏟아져 나왔다. 그러다 깨달았다. 정말 미친 것 같지만, 내 머릿속은 항상 그랬듯 사실 이중적인 것도 아니고 다중적이었다는 사실을.

연설 세 번째 파트에서는 내적인 독백을 했는데, 그 독백은 두 번째 파트에서 드러난 나의 변태성에 의문을 제기하는 내용이었고 이는 영업 사원과 놀아날 때의 장단점에 초점이 맞춰졌다. 반면, 첫 번째 파트에서 스트래턴 직원에 대한 내 칭찬들은 식은 죽 먹기처럼 쉽게 입에서 술술 나왔다. 그런데 그 말은…어디에서 나온 것일까? 아마도 내 의식과 별도로 작동하는 뇌 영역에서? 아니면 순전히 내 습관 덕분일 수도 있다. 지난 5년간 몇 번이나 회의를 했을까? 5년간 하루 두 번, 1년에 300일을 했으니 횟수만 무려 3,000번, 물론 열 번 중에 한 번은 대니에게 맡겼으니 2,700번은 했다. 시간으로 따져도 엄청났다. 이런 계산을 하는 동안에도 내 입에서는 이기적인 지혜의 말들이 계속 튀어나왔다.

…그 순간 나는 스트래턴 오크몬트가 앞으로 어떻게 생존할 수 있을지에 대해 설명하고 있었다. 물론 살아남을 수 있을 것이다. 나는 스트래턴 사람들에게 두려움 그 자체밖에는 두려울 게 없다는 것을 설명하기 시작했다.

이 시점에서 위그왐과 같은 유능한 참모를 곁에 두고, 뛰어난 직관과 예리한 판단력을 갖춘 대니가 회사를 맡아 운

영한다면 스트래턴은 한 단계 더 발전하는 회사가 되리라
는 사실을 직원들 앞에서 힘주어 말했다. 하지만 아아, 나
는 여전히 수많은 사람 앞에 서 있었다.

그래서 이제 강하게 충고해야겠다는 생각이 들었다. "여
러분, 비록 저는 증권업계 추방형을 받았지만 대니에게 조
언은 할 수 있습니다. 대니와 앤디 그린, 스티브 샌더스, 빌
트모어와 먼로파커의 대표, 그리고 누구든 희망하는 사람
들에게 조언하는 데는 아무런 제약이 없어요. 대니와 저는
항상 아침과 점심을 함께하며 회사의 현안을 의논하는데,
SEC의 치졸한 처사 때문에 그런 활동을 그만두지는 않을
거예요. 제가 이번 법원의 재판 결과를 수용한 것은 그렇게
함으로써 스트래턴의 굳건한 생존이 100년은 더 보장받을
수 있다는 판단 때문이었습니다."

여기까지 얘기하자 객장이 떠나갈 듯 박수와 함성이 울
려 퍼졌다. 나는 그들을 둘러보았다. 아, 정말 자랑스러웠
다! 월스트리트의 늑대에 대한 애정 표현이었다! 잔뜩 화가
난 매드 맥스와 눈이 마주치기 전까지는. 그나저나 대체 뭐
가 그렇게 걱정됐던 걸까? 어쨌든 다른 사람들은 그냥 받
아들이고 있잖아! 왜 그냥 응원해주지 못하는 걸까? 나는
아버지가 실제로 나를 신경 써주고 유일하게 내가 물러나
는 것을 걱정했던 사람이기 때문에 다르게 반응하고 있다
는 분명한 사실을 인정하고 싶지 않았다.

매드 맥스를 위해 나는 "물론 내가 조언을 하더라도 반드

시 따라야 한다는 건 아닙니다."라고 덧붙였고, 옆에 있던 대니가 한마디 했다. "물론 그건 사실입니다. 하지만 제정신이라면 누구라도 조던의 조언을 따르겠지요."

나는 그것이 듀크 증권사에 대한 완벽한 속임수라고 생각했고, 그걸 깨닫고 나서 FBI 조사 가능성을 제기했다. 그렇다, 마치 늑대가 모든 사건을 보고 이미 방어태세를 취한 것처럼 조사 가능성을 미리 예측하기 위해 지금 FBI를 언급하는 것이 좋을 것 같았다.

다시 한번 주의를 끌기 위해 손을 들었다. "여러분, 들어봐요. 나는 여기에서 거짓말을 하지는 않을 겁니다. SEC와의 합의는 가장 고뇌에 찬 결정이었습니다. 나는 무슨 일이 있어도 스트래턴이 건재할 줄 알았어요. 왜 그렇게 스트래턴이 특별하고 무적이냐 하면, 여기는 단순히 일하는 직장이 아니기 때문이죠. 그리고 단순 이익 창출만 추구하는 사업이 아니기 때문이기도 하고요. 스트래턴은 완벽합니다! 완벽하기 때문에 무너질 수 없는 것입니다. 2년에 걸친 그들의 끈질긴 조사와 수백만 달러에 달하는 국민의 혈세를 낭비해가며 벌여왔던 혹독한 마녀사냥에도 우리 스트래턴은 무사할 수 있었습니다.

스트래턴은, 여러분이 어느 가정에서 태어나고 자랐으며 어느 학교를 졸업했고 성적이 어땠는지는 전혀 상관하지 않았습니다. 단지 여기에 발을 디딘 그 순간부터 새로운 인생을 살아간다는 바로 그 정신이었습니다. 이 문을 열고 들어와 회사에 충성을 맹세하는 그 순간, 여러분은 우리의 가족이 되었고 스트래턴인이 되었습니다."

다시 한번 우레와 같은 박수가 나왔다. 마치 에볼라 바이러스처럼 순식간에 모두 일어서서 상처 입은 늑대에게 세 번째 기립박수를 보냈다. 손을 높이 올려 흥분된 분위기를 진정시킨 다음 내가 진정으로 아끼는 여성 브로커 캐리 초도시Carrie Chodosh를 바라보았다.

멋진 외모의 30대 중반인 그녀는 창립 멤버였다. 나를 찾아올 당시 거의 무일푼이었는데, 집세가 몇 달 치 밀려 있고 할부가 체납된 자동차의 견인 협박에 시달리던 때였다. 캐리는 잘못된 선택으로 결혼에 실패한 미인 중 하나였다. 그녀의 전남편은 결혼 10년 후부터 양육비를 한 푼도 주지 않는 개차반이었다.

심호흡을 한 뒤에 캐리를 가리켰다. "여러분은 모두 캐리 초도시를 알죠?"

그러자 휘파람 소리와 박수가 여기저기서 쏟아졌다.

"좋아요. 하지만 혹시 모르는 분을 위해 덧붙이자면, 그녀는 스트래턴의 초창기 브로커로서 창립 멤버 여덟 명 중 한 명이에요. 그녀를 보면 멋진 벤츠를 타고 롱아일랜드의 고급주택가에 살며 온갖 명품으로 치장하고 휴가를 바하마에서 보내며 통장에 얼마나 많은 돈이 예치되어 있는지도 모르는 멋진 여자라고만 알고 있겠죠. 물론 모두가 알고 있듯 캐리는 롱아일랜드에서 가장 높은 연봉을 받는 여성 임원 중 한 명입니다. 올해는 연봉이 150만 달러를 넘어설 전망이죠!"

그러고 나서 나는 캐리가 스트래턴에 처음 왔을 때, 그녀의 삶이 어땠는지를 말했다. 그러자 사랑스러운 캐리가 큰 소리로 외쳤다. "조던, 난 언제나 당신을 사랑할 거예요." 객장이 또다시 박수 소리에 휩싸였다. 나는 네 번째 기립박수를 받았다.

나는 감사의 뜻으로 고개를 숙여 인사하고, 30초쯤 뒤에 다시 주목해달라고 했다. 모든 직원이 자리에 앉자 다시 말을 이었다. "그녀는 아무것도 모르는 철없는 어린 아들을 보며 한숨으로 지냈습니다. 하지만 그냥 주저앉아 있을 순 없었고, 실패할 시간이 없었습니다. 스트래턴에서 이상을 펼치며 보란 듯이 떨치고 일어났습니다. 그녀의 아들 스콧은 머지않아 미국에서 가장 훌륭한 대학 중 하나에 입학할 거예요. 그리고 능력 있는 엄마 덕분에 학자금 대출을 받을 필요가 없어졌어요. 졸업해서 좋은 직장에…." 맙소사, 캐리가 울고 있었다! 내가 오늘 두 번이나 여자를 울리다니! 공작부인은 도대체 어디 있는 거지?

캐리가 너무 많이 울어서 직원 세 명 둘러싸고 그녀를 달래줬다. 아무래도 다른 사람까지 더 울기 전에 고별사를 빨리 끝내야 할 것 같았다. "오! 캐리, 우리 모두 캐리, 당신을 사랑해요. 그래서 당신이 운다면 우리 모두…."

캐리가 손을 들고 눈물을 삼키며 말했다. "괜찮아요. 미안합니다, 여러분."

"좋습니다! 여러분." 나는 고별사를 들으며 우는 스트래턴 여직원들에게 어떤 반응을 보여야 할지 몰랐다. 그런 반응 공식이 있기는 한 건가? "내가 하고 싶은 말은 여러분이 순식간에 저 높은 직책으로 승진할 기회를 노리고 있다면 이제 그건 불가능하다는 겁니다. 왜냐하면 스트래턴은 이미 거대한 회사가 되었고 조직 체계가 잘 정립되었고 그만큼 안정적인 조직으로 자리 잡았기 때문이에요.

나는 이제 떠나게 되었고, 내가 떠난 자리는 대니가 채울 겁니다. 대니는 어디에서 채울까요? 밖에서요? 월스트리트의 어딘가에서? 아니요. 바로 이 스트래턴에서 채울 겁니다. 내가 항상 그랬던 것처럼 말이에요. 여러분이 이제 막 문을 열고 들어왔든, 아니면 몇 달 동안 있으면서 시리즈 7을 통과했든, 아니면 1년 동안 여기에 있으면서 첫 100만 달러를 벌었든, 그건 중요하지 않습니다. 오늘이 가장 운이 좋은 날입니다. 스트래턴이 계속 성장함에 따라 다른 규제와 장애물이 있을 테지만, SEC와 마찬가지로 우리는 이러한 문제를 극복해갈 것입니다. 다음번에는 연방 검찰청이나 FBI가 가로막을 수도 있겠죠. 월스트리트에서는 거의 모든 대기업이 이런 과정을 겪습니다. 하지만 확실히 알아야 할 건 결국 스트래턴은 견뎌낼 것이고, 그런 역경에서 새로운 기회가 온다는 사실입니다. 아마 다음번에는 대니가 이 자리에 서서 여러분 중 누군가에게 횃불을 넘겨줄 겁니다."

잠시 말을 멈췄다가 다시 말을 이었다. "여러분, 행운을 빌어요. 계속해서 성공을 거둬주세요. 마지막으로 한 가지 부탁을 드릴게요. 여러분이 그동안 나를 따라온 것처럼 대니에게 무한한 신뢰를 보여달라는 겁니다. 이젠 대니가 책임자니까요. 대니, 행운을 비네. 자네가 반드시 이 회사를 한 차원 더 높게 이끌 것이라 믿네!" 그 말을 끝으로 나는 대니에게 경례하면서 마이크를 들어 올렸고 아주 긴 기립 박수를 받았다.

흥분이 가라앉은 후 나는 직원들이 준비한 작별 카드를 받았다. 아주 커다란 카드 한쪽에는 붉은 고딕체로 "세상에서 가장 위대한 보스에게"라고 쓰여 있었다. 다른 한쪽에는 수많은 직원이 손으로 쓴 이별 소감이 빽빽이 적혀 있었다. 우리의 인생을 극적으로 변화시켜주어 감사하다는 마음을 담은 내용이었다.

나중에, 내가 스트래턴을 떠나고 세월이 한참 흐른 뒤에도 그들이 여전히 나에게 감사할까 싶은 마음이 드는 건 어쩔 수 없었다.

25 진짜배기 퀘일루드

〈길리건의 섬Gilligan's Island〉[41]은 도대체 얼마나 봐야 질려서 다시는 보고 싶지 않아질까?

어느 추운 수요일 아침, 11시인데도 나는 여전히 침대에 누워 TV를 보고 있었다. 강제 퇴직, 이건 절대 휴가가 아니었다.

지난 4주간 TV를 실컷 보며 지냈더니, 공작부인은 내가 TV를 너무 많이 본다고 타박했다. 〈길리건의 섬〉은 한 번 본 뒤로 완전히 빠져들고 말았다.

이 드라마를 보면서 세상에 정말 많은 늑대가 살고 있다는 걸 깨달았다. 유감스럽게도 시트콤의 주인공은 나와 처지가 비슷했다. 그는 우연히 길리건의 섬에 조난을 당할 정도로 운이 없는 늙은 백인이었다. 그의 이름은 서스턴 하월 Thurston Howell 3세였고, 정말 멍청한 WASP였다. 전형적인 멍청이 WASP였는데, 문명의 혜택이라곤 전혀 없는 섬에

---

41   1960년대 미국 코믹드라마

서도 화장을 하고 정장을 입어야 한다고 생각하는 아내 러비Lovey와 함께 펼쳐가는 에피소드를 보여주었다. 길리건의 섬은 사람이 보이는 가장 가까운 뱃길에서 적어도 500마일은 떨어진 남태평양의 외딴섬이었다. 그런데도 WASP들은 과하게 옷을 차려입고 있었다.

그 드라마를 보면서 조던 벨포트가 아닌 월스트리트의 늑대가 해온 행동들은 내가 아주 경멸하는 멍청한 WASP의 습성과 많이 닮았다는 걸 느꼈고, 그럴 때마다 나는 우울해졌다.

매우 슬프고 우울했지만 이제 막 말을 시작한 딸아이와 많은 시간을 보낼 수 있다는 사실은 매우 즐거웠다. 특히 날이 갈수록 자기 엄마를 닮아가는 모습과 그동안 몰랐던 딸아이의 천재성을 발견하는 재미에 푹 빠졌다. 그녀는 역시 나의 딸이었다. 매일 서너 시간씩 챈들러와 놀며 말을 가르치고 있었다.

그러면서 내 안에서는 생소한 감정들이 피어났다. 이제껏 내가 다른 사람을 조건 없이 사랑한 적이 없다는 사실도 깨달았다. 챈들러 덕분에 나는 비로소 사랑이라는 단어의 진정한 의미를 이해했다. 처음으로 부모님이, 10대 시절나의 고통과 방황에 왜 그렇게 마음 아파했는지 이해할 수있었다. 나 자신의 재능을 버리고 방황할 때 어머니가 흘린눈물의 의미를 알게 되었고, 만약 내 딸이 나처럼 10대 시절에 방황한다면 나 또한 똑같은 눈물을 흘릴 거라는 사실도 깨달았다. 부모님의 애간장을 태울 것을 알면서도 부모님께 고통을 안겨 드렸다는 생각에 죄책감을 느꼈다. 부모님의 사랑은 무조건적이었다. 안 그런가? 그것은 가장 순수한 사랑이었고, 지금까지 나는 그 사랑을 받기만 했다.

그렇다고 공작부인에 대한 내 사랑이 식은 것은 아니었다. 그 대신, 아내와 함께 그런 편안함에 도달할 수 있을까, 서로 방심해도 조건 없이 사랑할 수 있는 수준의 편안함과 신뢰에 도달할 수 있을까 하는 생각이 들었다. 아마도 우리에게 또 다른 아이가 생긴다면 그렇게 될까, 생각해봤다. 우리가 함께 늙으면 정신적으로 깊이 이해할 수 있게 될 것이며, 그러면 마침내 진정한 믿음의 관계가 형성될지도 모른다.

날이 갈수록 챈들러에게서 평온함과 안정감, 그리고 삶의 목적을 찾고 있는 나를 발견했다. 감옥에 잡혀가 내 딸과 헤어져 있어야 한다는 생각만으로도 마치 죽은 사람이 된 것처럼 마음이 착잡했다. 콜먼 요원이 조사를 끝내고 아무것도 발견하기 전까지는 마음이 편할 수 없었다. 그렇게 결론이 나야 안심할 수 있을 것 같았다. 그래서 바시니 요원에게 정보를 얻은 게 있는지 수시로 물어보았지만, 보는 아직 바시니의 경계심을 완전히 누그러뜨리지 못했으니 좀 더 기다려야 한다고만 말했다.

요즈음 아내와는 더할 나위 없이 좋은 관계가 이어지고 있었다. 사실, 시간이 남아돌았기 때문에 나는 그녀에게 점점 심해지는 마약중독 증상을 숨기는 것이 훨씬 쉬워졌다. 보통 아내보다 두 시간 전쯤 새벽 5시에 일어나 아내 몰래 퀘일루드를 먹고 편안한 상태에서 환희를 느끼는 습관을 들였고, 그런 다음 나는 그녀가 깨기 전에 지나친 흥분, 근육 이완, 침 흘림, 의식 상실 이 4단계를 모두 겪어냈다. 그녀가 잠에서 깨어나면 나는 〈길리건의 섬〉이나 〈내 사랑 지니I Dream of Jeannie〉[42]를 몇 편 본 다음 챈들러와 1시간 정도 놀아주었다. 낮에는 대니를 만나 텐진에서 점심을 먹곤 했고, 다른 스트래턴 직원들도 만날 수 있었다.

그리고 증시가 마감되면 다시 대니와 만나 함께 퀘일루드를 즐기고, 7시쯤 집에 도착해 공작부인과 챈들러와 함께 저녁을 먹었다. 공작부인이 내가 무엇을 하고 있는지 알고 있기는 했겠지만, 적어도 내가 그녀 앞에서만큼은 침을 흘리지 않으려고 노력하고 있었기 때문에 알고도 눈감아주는 것 같았다.

그때 전화벨이 울렸다. "아직 주무세요?" 자넷의 목소리였다.

"지금 11시야, 자넷. 당연히 일어났지."

"글쎄요, 아무런 연락도 없으신데 제가 그걸 어떻게 알겠어요?"

믿을 수가 없군! 자넷은 여전히 내게 무례하게 굴고 있

---

42 1960년대 미국 드라마

다. 심지어 우리 집에서 일하면서도 말이다. 마치 자넷과 공작부인이 끊임없이 나를 괴롭히고 놀려대는 것 같았다. 다들 장난인 척, 사랑해서 그런 것인 척했지만 너무하는 것 같았다.

그런데 두 여자가 나를 놀려대는 이유는 뭘까? 진지하게 생각해보면, 나는 증권업계에서 퇴출당했지만 2월 한 달 동안 400만 달러나 벌었다. 그리고 이번 달에는, 아직 3월 3일밖에 안 됐지만 벌써 100만 달러를 벌었다. 그러니 내가 아무짝에도 쓸모없는 놈은 아니었다. 다만 아무것도 하지 않고 침대에 누워 있을 뿐.

그럼 저 두 사람은 종일 뭘 할까? 자넷은 하루 종일 챈들러와 놀거나 귄에게 하소연을 늘어놓았다. 네이딘은 그녀의 이상한 말을 타다가, 연두색 라이딩 팬츠와 그에 어울리는 면 터틀넥, 무릎까지 오는 반짝이는 검정 라이딩 부츠 앙상블 차림으로 집 안을 돌아다녔다. 그러면서 난치성 말 알레르기 때문에 재채기를 하고 쌕쌕거리면서 기침을 했다. 이 집에서 나를 진정으로 이해해주는 사람은 챈들러뿐이었다. 그리고 아마도 귄은, 침대에 내 아침을 차려주고 내 요통을 가라앉힐 퀘일루드를 가져다줄 것이다.

나는 자넷에게 말했다. "나 일어났어. 그러니 열 좀 식혀. 지금 〈파이낸셜뉴스Financial News〉를 보고 있다고."

자넷이 미심쩍은 듯이 물었다. "오, 그래요? 저도 보고 있는데, 무슨 얘기가 나오는데요?"

"쓸데없는 얘기 집어치우라고. 근데 웬일이야?"

"앨런 케미컬 토브한테 전화가 와 있어요. 중요한 일이라는데요."

앨런 케미컬 토브는 나의 퀘일루드 공급책인데, 정말 골칫거리였다. 이 사회적 거머리에게 퀘일루드 하나당 50달러를 계속 받아먹도록 하는 건 말이 안 됐다. 절대 안 될 말이지! 이 특수 마약상은 그가 원하는 대로 대접받고 싶어 했다. 다시 말해, 이 뚱뚱한 놈은 친절한 이웃 마약상이라는 말에 큰 의미를 부여한 것이다. 하지만 여전히 퀘일루드를 조달하는 능력은 단연 으뜸이었다. 퀘일루드 중독의 세계에서 최고의 퀘일루드는 합법적인 제약회사들이 여전히 퀘일루드 제조가 허락된 나라에서 구할 수 있었다.

한때 미국에서도 퀘일루드가 합법적으로 제조되던 시절이 있었지만, 언젠가 연방마약통제국의 일제조사 결과 불법 제조가 판치는 것을 적발해낸 이후 미국 내에서 퀘일루드 제조는 법으로 금지되었다. 안타까운 일이었다. 현재는 전 세계에서 스페인과 독일 두 나라에서만 합법적으로 생산하고 있었다. 그러나 두 나라 모두 통제가 너무 엄격해서 필요한 만큼 공급받는다는 건 거의 불가능했다.

…그것이 내가 전화를 받았을 때 미친 듯이 심장이 뛰기 시작한 이유였다. 앨런이 말했다. "벨포트 씨, 믿을 수 없이 기쁜 뉴스가 있어 전화를 드렸습니다. 은퇴한 약사한테서 15년 동안이나 꼭꼭 숨겨둔 진짜배기 레몬표 퀘일루드 20

개를 구했어요. 그동안 절대 팔지 않겠다고 했었는데, 오늘 아침 아들에게 대학 등록금을 줘야 한다며 한 개에 500달러씩 주면 팔겠다고 연락해왔어요. 이걸 살까….”

“물론 사야지!” 나는 내 관심에 굳이 의문을 제기하는 그를 빌어먹을 바보라고 부르고 싶었지만 참았다. 어쨌든 퀘일루드를 제조하는 곳은 여러 군데였다. 각 회사의 브랜드마다 배합이나 효능이 조금씩 달랐다. 그리고 레몬 714라는 브랜드 이름으로 퀘일루드를 판매했던 레몬제약의 천재들은 정말 대단했다. 그 약은 힘뿐만 아니라 순진무구한 처녀를 섹스에 미친 여왕으로 만드는 능력 때문에 유명해졌다. 그래서 그 약에 ‘다리 벌리기 선수’라는 별명이 붙었다. “내가 다 살게!”라고 외쳤다. “한 알에 40달러에 팔겠다고 하면 1,000달러씩 주고 100달러에 팔겠다면 1,500달러를 주겠다고 전해줘. 그럼 총 15만 달러야 앨런.” 세상에, 늑대가 부자라서 얼마나 다행이야! 진짜 레몬표라니! 팰러딘Palladin은 스페인의 합법적인 제약회사에서 제조되었기 때문에 진짜 퀘일루드 정도로만 인정받았지만, 레몬표야말로 최상급 진짜배기였다!

케미컬 토브가 대답했다. “근데 20개밖에 없어요.”

“젠장! 확실해? 거짓말하는 거 아니지?”

“당연하죠. 저는 친구한테는 절대로 거짓말 안 해요.”

망할 패배자 같은 녀석이라고 생각했지만, 나는 부드럽게 말했다. “좋아, 친구. 언제쯤 가져올 수 있어?”

"5시까지 도착할 수 있어요. 그 사람이 4시에 집에 돌아온다고 했거든요." 그러더니 "약을 바로 먹지는 마세요."라고 덧붙였다.

"제발, 케미컬 토브! 그런 말을 하다니, 좀 실망인데." 그렇게 말은 했지만 나는 그에게 안전하게 복용할 거라고 알려주었다. 전화를 끊고는 파오슈와츠FAO Schwarz[43]에서 장난감을 산 아이처럼 기쁨에 겨워 1만 2,000달러짜리 하얀 비단 이불을 뒤집어쓰고 침대 위를 데굴데굴 굴러다녔다.

그러다가 화장실로 가 약장에서 관장약을 꺼냈다. 바지를 내리고 뚜껑을 딴 약병의 뾰족한 노즐을 항문에 쑤셔 넣었다. 3분 후, 장 속 내용물이 후두둑 쏟아져 나왔다. 이렇게 한다고 해서 별다를 것도 없겠지만 그래도 신중한 조치라고 생각했다. 그런 다음 목구멍에 손가락을 찔러 넣고 오늘 아침에 먹은 것을 토해냈다.

뭐 그저 이 상황에서 할 수 있는 일을 한 것뿐이었다. 토하기 전에 관장을 한 것만 빼면. 하지만 나는 뜨거운 물로 손을 깨끗하게 씻었고, 성모상을 향해 내 잘못을 청산했다.

그리고 곧장 대니에게 전화를 걸어 내가 한 것처럼 똑같이 하라고 권했고, 물론 대니도 그렇게 했다.

오후 5시가 되었고, 나와 대니는 우리 집 지하에 있는 당구대에서 당구를 치며 케미컬 토브를 기다리고 있었다. 경

---

43   영화 〈나 홀로 집에〉에도 나온 뉴욕의 전설적인 장난감 가게

기는 8구였는데, 대니가 30분 동안 나를 앞서고 있었다. 공끼리 부딪치면서 소리를 냈고, 대니는 빅터를 욕했다. "그 빌어먹을 녀석이 주식을 무차별적으로 내다 파는 거 같아. 그놈 말고는 그렇게 많이 가진 사람이 없어."

대니가 말한 주식은 최근 스트래턴이 상장시킨 M.H. 메이어슨Meyerson이었다. 문제는 내가 케니와의 현상 유지 차원에서 빅터에게 큰 덩어리를 주기로 동의했다는 데 있었다. 그 물량에 즉시 매도하지 않는다는 조건을 달긴 했지만, 그놈은 이 약속을 무시하고 모든 주식을 되팔고 있었다. 정말 실망스러운 부분은 나스닥의 특성상 이러한 위반을 입증하는 것이 불가능하다는 점이었다. 그것은 모두 추측일 뿐이었다.

결국 사악한 인간이 날 엿 먹이려고 한 것이다. 나는 애써 침착한 척하며 "그게 그렇게 놀랄 일이야?"라고 말했다. "그놈은 아주 비열하니까 어차피 예상했던 일이잖아. 어쨌든 내가 왜 10만 주를 공매도로 선수 치라고 했는지 알겠지? 그놈은 팔 수 있는 만큼 싹 다 팔았고, 넌 여전히 끄떡 없지."

대니는 잔뜩 찌푸린 얼굴로 고개를 끄덕였다.

나는 웃으며 말했다. "걱정하지 마, 친구! 몇 주나 팔았는데?"

"100만 주 정도."

"좋아, 105만 주가 되는 순간 내가 그놈을 밟아버리지.

그리고…."

그때 초인종이 울렸다. 대니와 나는 순간 얼어붙었고, 눈을 크게 뜬 채 입을 벌렸다 닫았다 했다. 잠시 후 앨런이 계단을 쿵쾅거리며 내려와서는 "챈들러는 잘 크죠?"라고 물었다.

이런, 약이나 팔러 온 주제에 우리 딸 안부는 왜 묻지? 그런 생각이 들었지만 입으로는 "그럼. 잘 크고 있지."라고 대답했다. 잔말 말고 빨리 레몬표나 내놓지? "그래, 자네 부인 마샤와 아이들도 잘 있지?"

그는 코카인 중독자인 것처럼 턱을 갈면서 "오, 마샤의 마샤."라고 말했다. "하지만 애들은 잘 있죠. 이제 애들 앞으로 대학 기금 같은 펀드계좌를 만들어줘야 할까봐요."

"그거 좋지." 헛소리 그만하고 약이나 빨리 내놓으라고, 이 뚱보야! "대니의 비서에게 연락하면 알아서 해줄 거야. 그렇지, 대니?"

"물론이지!"라고 대니가 이를 악물고 대답했다. 그의 얼굴은 마치 "그 빌어먹을 레몬을 빨리 내놓지 않으면 뒷일은 감당 못 할걸!"이라고 말하는 표정이었다.

마침내 15분쯤 후, 앨런은 퀘일루드를 넘겨주었다. 그중 하나를 까서 자세히 살폈다. 10센트짜리 동전보다 조금 크고 허니 너트 치리오스Honey Nut Cheerios[44]만 한 두께였다. 그

---

44 시리얼 제품명

것은 눈처럼 하얗고, 매우 깨끗해 보였으며, 바이엘Bayer의 아스피린 같았다. 알약의 한 면에는 브랜드 이름 'Lemmon 714'가 두껍게 새겨져 있었다. 알약 표면 모서리가 비스듬한 것이 트레이드마크였다.

케미컬 토브는 "정말로 이건 한 개 이상 먹지 마세요. 팰러딘하고는 비교가 안 될 정도로 효능이 강하니까 절대 명심하세요."

나는 그에게 알았다고 장담했고…10분 뒤, 대니와 나는 천국으로 가는 길의 입구에 서 있었다. 우리는 진짜배기를 한 알씩 삼켰고, 지금 사방이 거울로 된 지하 체육실에 있었다. 체육실은 아널드 슈워제네거Arnold Schwarzenegger도 감탄할 최첨단 장비와 아령과 바벨, 벤치 프레스, 스쾃 선반으로 가득 차 있었다. 대니는 모터 달린 러닝머신을 빠른 속도로 걷고 있었고, 나는 계단 운동기에서 마치 콜먼 요원이 나를 쫓아오는 것처럼 계단을 오르고 있었다.

"퀘일루드 효과에 운동만 한 게 없지?" 대니를 쳐다보며 말했다.

"당연하지!" 대니가 소리쳤다. "모든 건 신진대사에 달렸어. 빠를수록 환상적이지." 그러면서 손을 뻗어 백자로 된 사케 컵을 집어 들었다. "이게 대박이지. 진짜배기를 먹은 다음 뜨거운 사케를 마시면 끝이야. 활활 타는 난로에 휘발유를 붓는 것처럼."

나는 내 술잔을 들고 건배를 위해 대니에게 손을 뻗었다.

대니도 똑같이 했지만 건배하기에 우리는 너무 멀리 떨어져 있었다.

"시도는 좋았어." 킥킥거리며 대니가 말했다.

"그래도 노력한 점수로 A는 받았네!" 나도 낄낄대며 답했다.

낄낄대던 두 바보는 허공에다 건배를 하고 술잔을 기울였다.

바로 그 순간 문이 휙 열렸고, 베이리지의 공작부인이 나타났다. 그녀는 라임그린색 승마복 차림이었다. 머리를 한쪽으로 꺾고 가슴 아래로 팔짱을 끼고 다리를 꼰 채 공격적으로 한 걸음을 내디뎠다. 그러더니 의심이 가득한 눈초리로 우리를 노려봤다. "두 사람, 지금 뭐 하고 있어요?"

세상에! 예상하지 못한 복병이었다! "어, 오늘 밤 호프와 함께 승마장에 나가는 줄 알았는데?" 태연한 척 물었다.

"에, 에, 에에에에취!" 그녀는 몸을 비틀면서 재채기를 했다. "알레르기가 너무 심해서…아, 아…에취!" 공작부인은 다시 재채기를 했다. "호프한테 취소했어요."

"안녕하세요, 우아한 공작부인!" 대니가 아내의 애칭을 부르며 인사를 건넸다.

"날 다시 한번 공작부인이라고 불러봐요, 대니. 그러면 그 뜨거운 사케를 당신 머리에 부어버릴 거예요." 아내가 앙칼진 목소리로 쏘아붙였다. 그러더니 나를 향해 "들어와요, 할 말이 있어요."라고 말하고는 뒤꿈치로 빙글 돌더니 소파가 있는 지하실의 다른 쪽으로 향했다. 실내 라켓볼 코트 맞은편이었는데, 그곳은 그녀가 최근 흥미를 가진 임부복 디자이너를 지원하기 위해 의류 쇼룸으로 개조한 곳이었다.

대니와 나는 곧장 뒤따랐다. 대니 귀에다 대고 "아직 별 반응 없지?"라고 속닥였다.

"아무 느낌이 없어." 대니도 속삭였다.

"오늘 헤더 골드Heather Gold와 통화했는데, 챈들러가 승마를 배우기에 딱 좋을 때래요. 그래서 챈들러에게 조랑말을 한 마리 사주고 싶어요." 그녀는 자기주장을 강조하려는 듯 고개를 세게 한 번 끄덕였다. "아주 귀엽고, 그다지 비싸지도 않은 녀석을 하나 봐뒀어요."

"얼마나 하는데?" 나는 아직 걸음마도 못 뗀 챈들러가 어떻게 말을 탈 수 있을까 의아해하며 물었다.

"7만 달러밖에 안 해요. 괜찮지 않아요?" 공작부인은 웃으며 대답했다.

"진짜배기에 취해 있는 동안 나랑 섹스해주기로 약속하면 얼마든지 그 비싼 조랑말 사줄게." 이렇게 말하고 싶었지만 정작 내뱉은 말은, "정말 싸게 사는군. 조랑말 값이 그렇게 비싼 줄도 몰랐지만."이었다. 나는 눈을 크게 떴다.

공작부인은 그들이 그렇게 해주기로 했다며 나를 설득했고, 그녀가 원하는 바를 얻어내려고 내 앞에서 코를 찡긋거리자 그녀의 향수 냄새가 풍겨왔다. "여보, 제발 사줘요.

네?" 아내가 어리광을 부리며 기댔다. "내가 더 잘할게."

바로 그때 자넷이 밝은 얼굴로 웃으며 계단을 내려왔다. "여러분, 다들 뭐 하세요?"

난 자넷을 올려다보며 말했다. "내려와서 이 빌어먹을 파티를 함께하자고!" 내 비아냥거림에도 불구하고 공작부인은 자넷을 자기 편으로 만들어버렸고, 그들 둘은 이제 귀여운 영국풍 승마 앙상블을 입은 챈들러가 말을 타면 얼마나 멋있을지 이야기하고 있었다. 앞으로 공작부인이 옷을 얼마나 많이 맞춤 제작할지 쉽게 짐작할 수 있었다.

기회를 포착한 나는 공작부인에게 만약 지금 화장실 세면대에서 섹스를 하게 해준다면, 내일 아침 〈길리건의 섬〉이 끝나는 11시에 같이 골드코스트 마구간에 가서 조랑말을 사주겠다고 꼬드겼다. 그녀는 "지금?"이라고 속삭였고, 나는 재빨리 고개를 끄덕이며 "제발."이라고 세 번 빠르게 말했다. 그러자 공작부인은 미소를 지으며 그러자고 했다. 우리 두 사람은 잠시 자리를 옮겼다.

약간 흥분된 나는 그녀를 세면대에 엎드리게 하고는 일말의 전희도 없이 그녀에게 들이밀었다. 그녀가 "아우!" 하고는 재채기와 기침을 했다. 그래서 나는 "축복해, 내 사랑!"이라고 말하고는 매우 빠른 속도로 펌프질을 하다가 로켓처럼 한 번에 쾅 하고 밀어 넣었다. 시작부터 마무리까지 9초밖에 안 걸렸다.

공작부인은 작고 예쁜 얼굴을 갸웃거리며 말했다. "다

야? 끝났어?"

"으응." 나는 여전히 아무렇지도 않은 손끝을 비비며 답했다. "2층으로 올라가서 진동기를 쓰는 게 어때?"

여전히 세면대에 엎드려 있던 공작부인이 말했다. "왜 나를 위로 올려보내려고 그렇게 안달이 난 거예요? 당신이 대니하고 뭔가 꾸미고 있는 거 알아요. 도대체 뭐예요?"

"아무것도 아니야. 그냥 사업 얘기를 하고 있었어. 그게 다야."

"뻥 치지 말아요. 거짓말인 거 다 알아요!" 그러면서 세면대를 지지대 삼아 나를 밀쳐냈고 내가 뒤로 날아가 부딪히는 바람에 욕실 문이 박살 났다. 아내는 바지를 제대로 입고 재채기를 하더니 거울을 보며 머리를 정리하고는, 나를 옆으로 밀치고 가버렸다.

10분 후 대니와 나는 지하실에 있었고, 여전히 아무 반응이 없었다. 나는 이상하다며 고개를 갸웃거렸다. "아무래도 너무 오래돼서 약효가 떨어진 거 같아. 한 개씩 더 먹어봐야겠어."

우리는 다시 한 알씩 먹었고, 30분이 지났지만 여전히 말똥말똥했다.

"이건 무슨 엿 같은 상황이지? 한 알에 500달러라면서? 그 개새끼가 사기 친 거야! 이건 완전히 범죄라고! 어디, 유통기한 좀 확인해봐야겠어." 대니가 불평 가득한 소리로 투덜거렸다.

나는 대니에게 약병을 던졌다.

그가 라벨을 확인했다. "맙소사! 1981년 12월! 기한이 엄청나게 지났잖아!" 그는 뚜껑을 열고 두 알을 더 꺼냈다. "이러니 약효가 안 나지. 하나씩 더 먹자."

30분 후에 우리는 또 망연자실했다. 각각 빈티지 레몬을 세 알씩 먹고도 아무런 약 기운을 느낄 수 없었다.

"음, 여기 적힌 건 이게 다야!" 나는 씩씩대며 말했다. "하등 쓸모도 없는 것들이군."

"그러게." 대니가 동의하듯 말했다. "인생은 그런 거야, 친구."

그때 인터폰이 울리고 권의 목소리가 들려왔다. "베엘포오트 씨, 보 리틀 씨한테서 전화가 왔어요오."

나는 수화기를 집어 들었다. "보, 무슨 일이에요?"

그는 "지금 당장 할 말이 있습니다."라며 딱딱하게 말했다. "공중전화로 가서 이 번호로 전화하세요. 뭐 메모할 펜이 있나요?"

"무슨 일이에요? 바시니와…."

보가 급하게 내 말을 끊었다. "이 전화로는 안 돼요. 하지만 간단히 말하자면 '예스'이고, 몇 가지 정보가 있어요. 얼른 지금 받아 적어요."

잠시 후, 나는 내 작고 하얀 벤츠 안에 있었다. 너무 서두르는 바람에 코트를 입는 것도 잊어서 엉덩이가 얼어버릴 것 같았다. 바깥은 매서운 추위에 꽁꽁 얼어붙고 있었다.

겨울 이맘때면 오후 7시라도 벌써 어둑어둑했다. 시동을 걸고 정문으로 향했다. 핀 오크 코트Pin Oak Court로 좌회전했고, 길 양쪽에 주차된 긴 줄을 보고 놀랐다. 어느 집에서 파티라도 하는 모양이었다. 굉장하군! 누구는 효과도 없는 퀘일루드에 1만 달러나 썼는데, 누구는 파티라니!

내 목적지는 브룩빌 컨트리클럽의 공중전화였다. 집에서 몇백 미터밖에 안 떨어진 곳이어서 30초 후 나는 진입로에 들어섰다. 클럽하우스 앞에 차를 세우고 하얀 코린트식 기둥을 지나 붉은 벽돌 계단을 올라갔다.

클럽하우스 안에는 공중전화가 벽에 늘어서 있었다. 그중 하나의 수화기를 집어 들고 보가 알려준 번호로 전화를 걸었다. 몇 번 벨소리가 울린 후에 끔찍한 소식이 들려왔다. 다른 공중전화에서 보는 "지금 막 바시니에게서 전화를 받았는데 당신을 돈세탁 혐의로 내사 중이라고 하더군요. 콜먼은 이미 당신이 스위스로 2,000만 달러나 불법으로 반출했다는 걸 알고 있다던데, 바시니 말로는 다른 사람의 돈세탁 혐의를 조사하다가 당신이 우연히 걸려들었답니다. 그런데 지금은 당신이 콜먼의 주 타깃이 되어 있다더군요. 아마 당신 집 전화는 도청되고 있을 거고, 해변에 있는 집도 마찬가지일 거예요. 도대체 이게 다 무슨 말이죠? 내게 말하지 않은 거라도 있어요?"

크게 심호흡을 하며 마음을 가라앉히고 보에게 할 말을 떠올리려 애써봤지만, 내가 무슨 말을 할 수 있을까? 내가 이모님의 계좌에 수백만 달러를 갖고 있고, 장모님이 나를 위해 그 돈을 밀반출했다고? 아니면 토드 개럿이 총을 꺼낸 이유가, 대니가 약에 취해 운전한 것만큼 멍청했기 때문일까? 그런 말을 보에게 말한들 무슨 이득이 있을까? 전혀 없었다. 그래서 내가 생각해낸 말은 "나는 스위스에는 돈이 하나도 없어요. 뭔가 착오가 있는 게 분명해요."였다.

"뭐라고요? 한마디도 못 알아듣겠어요. 다시 말해봐요."

나는 당황해서 말을 반복했다. "내 마루운 수잇수에 도눌 보낸 이어리 어브져요오!(내 말은 스위스에 돈을 보낸 일이 없어요!)"

보가 믿을 수 없다는 듯이 말했다. "돌 맞았어요? 무슨 말인지 하나도 못 알아듣겠어!" 갑자기 그가 다급한 어조로 말했다. "내 말 들어요, 조던. 지금 절대 운전대 잡지 말아요. 그리고 지금 어디 있는지 말해주면 로코를 보낼게요. 어디예요, 친구. 어서 말해요!"

기분 좋은 따끔따끔한 느낌이 온몸의 세포 하나하나를 튕기면서 머리 쪽으로 올라왔다. 수화기는 여전히 내 귀에 들려 있었고, 보에게 브룩빌의 컨트리클럽으로 로코를 보내서 날 데려가라고 말하고 싶었지만 입술이 전혀 움직이지 않았다. 뇌에서는 신호를 보내는데 그게 저절로 사라지고, 제멋대로였다. 몸이 마비된 것 같았고 기분은 좋아졌다. 나는 황홀감에 전화기를 바라보다가 고개가 옆으로 꺾였다. 전화기가 얼마나 예쁜지! 아름답게 반짝거렸다. 그런데 자꾸 전화기가 멀어졌다. 전화기가 어디로 가는 거지? 이런! 나는 지금 막 베어낸 나무처럼 뒤로 넘어지고 있었다. 쿵! 나는 반의식 상태에서 반듯이 누워 클럽하우스의 천장을 올려다보고 있었다. 그건 어느 사무실에서나 볼 수 있는 하얀 스티로폼이었다. 컨트리클럽치고는 너무 싸구려잖아! 이 망할 WASP 놈들이 천장을 이렇게 만들어놨겠지!

나는 심호흡을 하고 뼈가 부러지지는 않았는지 확인했다. 멀쩡한 것 같았다. 진짜배기 퀘일루드가 내 몸을 유연하게 만들어줬던 것이다. 이게 약효를 발휘하는 데는 거의 90분이 걸렸지만, 와우! 얼얼한 단계에서 곧바로 침 흘리는 단계로 넘어갔다. 지금까지 경험하지 못했던 새로운 환각효과가 나를 흥분시켰다. 정신은 말짱한데 내 몸을 전혀 통제할 수 없는, 새로운 환희였다. 너무 좋아! 너무 좋아!

천신만고 끝에, 고개를 들어 올린 나는 여전히 전화기에 매달려 달랑거리고 있는 수화기를 보았다. 내 상상 속 목소리였는지도 모르겠지만 "지금 어딘지 말해요, 로코를 보낼 테니!"라고 외치는 보의 목소리가 들리는 것 같았다. 제기랄! 내가 뭐 하러 다시 전화를 걸려고 했지? 말을 해도 입 밖으로 나오지가 않았다.

5분 정도 바닥에 누워 있자니 대니도 똑같은 경험을 하고 있겠다는 생각이 들었다. 맙소사! 공작부인이 알면 난리가 날 테니, 지금 당장 집에 가야 했다. 집에서 멀지도 않은 거리인데, 말 그대로 직격탄을 맞은 셈이었다. 내가 운전할 수 있겠지, 안 그래? 아니면 집까지 걸어가야 하나? 그러기엔 밖이 너무 추웠다. 그러면 아마 동상으로 죽을 것이다.

발로 굴러서 일어서려고 했지만 몸이 말을 듣지 않았다. 나는 카펫을 손으로 짚을 때마다 옆으로 넘어졌다. 어쩔 수 없이 기어가야 할 것 같았다. 기어가는 게 뭐 어때서? 챈들러도 맨날 기어 다니잖아.

나는 현관에 도착해서 무릎을 꿇고 문고리를 잡았다. 문을 당겨 열고 밖으로 기어 나왔다. 열 계단 아래에 내 차가 있었다. 아무리 노력해도, 내 뇌는 무슨 일이 일어날지 모른다는 두려움에 계단을 기어 내려가기를 거부했다. 그래서 나는 엎드려서 두 손을 가슴 아래로 집어넣고 통나무 인간으로 변신했다. 처음에는 천천히 계단을 굴러 내려갔는데, 그다음에는 가속도가 붙어 쿵쿵거리면서 아스팔트 주차장을 지나갔다.

하지만 이번에도 진짜배기 퀘일루드가 나를 완벽하게 보호해줬다. 잠시 후 나는 차 문을 열고 무릎으로 기어서 운전석에 앉아 있었고, 시동을 걸고는 운전대에 턱을 괸 채 운전대를 잡았다. 그렇게 찌그러진 자세로 내 눈은 간신히 계기판을 훑어보았고, 나는 20년간 고속도로 왼쪽 차선에서 운전하는 파란 머리의 할머니들 중 한 명처럼 되었다.

나는 주차장에서 나와 거북이 같은 속도로 운전하며 하나님께 기도했다. 그분은 성경 말씀대로 친절하고 자비가 넘치는 하나님이었다. 왜냐하면 나는 1분 후에 집 앞에 주

437

차했기 때문이다. 성공! 나를 이끌어주신 주님께 감사하며 겨우겨우 부엌으로 기어 들어갔을 때 공작부인의 아름다운 얼굴을 올려다보고 있는 나를 발견했다. 아, 이런! 이제는 나도 어쩔 수 없었다. 그녀는 얼마나 화가 났을까? 그건 말로 하기 어려웠다.

그런데 문득 아내가 화난 게 아니라 울고 있다는 사실을 깨달았다. 아내는 미친 듯이 울고 있었다. 그다음에 깨닫게 된 사실은 그녀가 몸을 잔뜩 웅크리고 앉아서 내 얼굴과 정수리에 따뜻한 키스를 퍼붓고 있다는 것이었다. 그녀는 울면서도 말을 하려고 애썼는데 "오, 집에 안전하게 돌아와서 다행이에요. 당신을 영영 잃어버리는 줄 알았어요. 나는…, 나는…." 그녀는 말을 잇지 못했다. "정말 사랑해요. 당신이 사고가 난 줄 알았어요. 보가 여기로 전화해서 당신과 통화하다가 당신이 정신을 잃었다고 했어요. 그래서 지하에 내려갔는데, 대니가 손과 무릎으로 벽을 쿵쿵 치면서 기어 다니고 있었어요. 내가 일으켜줄게요." 그녀는 나를 부축해서 식탁으로 데려가 앉혔다. 잠시 후 내 머리가 식탁으로 떨어졌다.

"제발 이젠 마약을 끊어요. 이러다간 당신 죽고 말 거예요. 난 당신을 잃을 수는 없어요. 챈들러를 봐요. 당신을 사랑해요. 계속 이러다가는 결국 당신은…."

나는 챈들러를 바라보았고, 내 딸은 나와 눈이 마주치자 해맑게 웃으며 "다다! 안녕, 다다!"(아빠! 안녕, 아빠) 하고 말했다.

챈들러에게 "사랑해!"라고 말하려는 순간, 갑자기 억센 팔이 나를 들어 올리더니 계단으로 끌고 갔다.

밤의 로코의 목소리였다. "사장님, 침대로 모셔 드릴 테니 푹 주무세요. 다 괜찮아질 거예요."

낮의 로코도 덧붙였다. "걱정 마세요, 사장님. 저희가 다 알아서 해결하겠습니다."

도대체 무슨 얘기를 하는 거지? 물어보고 싶었지만 말이 입 밖으로 한마디도 나오질 않았다. 잠시 후 나는 침대에 혼자 있었고, 여전히 옷을 입은 채였지만 이불을 뒤집어쓰고 불을 껐다. 나는 심호흡을 하면서 이 상황을 이해하려고 애썼다. 마치 내가 버릇없는 아이인 것처럼 아내가 로코를 시켜 나를 침대로 억지로 끌고 올라가게 했으면서도 한없이 상냥하게 대한 게 미심쩍었다. 제기랄! 내 생각에는…. 왕실의 침실은 매우 편안했고, 나는 아직 남아 있는 중국 실크 같은 환각 효과를 즐겼다.

잠시 후 침실 등이 켜졌다. 누군가가 내 하얀 실크 이불을 걷어냈다. 눈을 가늘게 뜨고 보니 눈부시게 밝은 손전등이 보였다.

"벨포트 씨? 일어나시지요, 선생님." 처음 듣는 목소리였다.

선생님? 누가 나를 선생님이라고 부르지? 몇 초 후, 내 눈이 빛에 적응하자 알게 되었다. 그는 올드브룩빌에서 온 경찰관이었다. 권총과 수갑, 경찰 배지 등등 모든 소품을 갖춘 경찰 두 명이 서 있었다. 한 명은 크고 뚱뚱한 체구에 축 늘어진 콧수염을 기르고 있었다. 다른 하나는 키가 작고 마른 체구에 10대처럼 피부가 붉었다.

갑자기 무시무시한 먹구름이 몰려오는 것 같았다. 뭔가가 단단히 잘못되었다. 콜먼 요원이 미리 손을 쓴 모양이군. 수사는 아직 시작 단계라고 했는데, 어떻게 된 일이지? 그리고 왜 콜먼 요원이 올드브룩빌 경찰을 이용해 나를 체포해? 빌어먹을! 경찰도 경찰서도 전부 가짜고 시트콤인 것만 같았다. 돈세탁 용의자도 이런 식으로 체포하나?

"벨포트 씨, 차를 직접 운전했습니까?"

어, 어! 돌에 맞은 내 뇌는 입으로 비상 신호를 보내기 시작했다. "저는 당시인드리 무슨 마를 하능주 모류게쇼오."

반응이 별로 좋지 않았다. 나는 곧 등 뒤로 수갑이 채워진 채 호위를 받으며 나선형 계단을 내려가고 있었다. 현관에 도착했을 때 뚱뚱한 경찰이 말했다. "벨포트 씨, 당신은 교통사고를 일곱 건이나 냈습니다. 그중 여섯 건은 바로 여기 핀 오크 코트에서, 그리고 다른 한 건은 치킨밸리 거리에서 정면 충돌이었어요. 그 운전자는 지금 팔이 부러져서 병원에 가고 있습니다. 당신을 음주운전에다 교통사고, 그리고 뺑소니 혐의로 체포합니다." 그리고 내 권리를 말해 줬다. 변호사를 선임할 여력이 안 된다는 부분에 이르렀을 때, 그와 그의 파트너는 키득거리기 시작했다.

하지만 나는 그들이 하는 이야기를 전혀 인정할 수 없었다. 나는 어떤 사고도 당하지 않았다. 하물며 교통사고가 일곱 건이라니! 하나님이 기도에 응답해주셔서 멀쩡하게 집으로 돌아왔는데. 그들은 사람을 잘못 잡았다! 나는 그들이 뭔가 신원 착오를 일으켰다고 생각했다.

하지만 내 작은 하얀 차를 본 순간 입이 딱 벌어졌다. 차는 앞뒤로 완전히 망가져 있었다. 조수석은 완전히 박살 났고, 뒷바퀴는 안으로 말려 들어갔다. 앞쪽 보닛은 아코디언 같았고, 뒤쪽 펜더는 아래로 떨어져 땅에 매달려 있었다. 갑자기 현기증이 났다. 무릎이 휘청거리더니…또다시 바닥에 쾅 쓰러져 밤하늘을 올려다봤다.

경찰관 두 명이 나에게 허리를 굽혔다. 뚱뚱한 남자가 걱정스러운 말투로 말했다. "벨포트 씨. 괜찮습니까? 저희가 도와드릴 수 있게 무슨 일인지 말씀해주세요."

음, 만약 당신이 위층에 있는 내 약장에 갈 수 있다면 코카인 2그램이 들어 있는 비닐봉지를 찾을 수 있을 거야. 제발 그걸 가져다주고 내가 정신을 차릴 수 있게 몇 번 흡입하게 해줘. 안 그러면 순순히 잡혀가지 않을 거야! 그러나 내 판단력은 아직 괜찮았다. 결국 내가 한 말은 "당신두리 사라물 잘못 바쩌!"뿐이었다. 사람 잘못 봤다고요.

두 경찰관은 서로 쳐다보며 어깨를 으쓱했다. 그러더니 나를 들어 올려서 경찰차로 데리고 갔다.

바로 그때 공작부인이 브루클린 억양으로 소리치며 달려

나왔다. "도대체 내 남편을 어디로 끌고 가는 거예요? 그 사람은 나와 계속 집에 있었어요. 만약 남편을 놔주지 않으면 다음 주엔 경찰 일을 못 하게 될 거야!"

나는 돌아서서 공작부인을 바라봤다. 로코들이 옆에서 그녀를 부축하고 있었다. 두 경찰은 조용히 멈춰 섰다. 뚱뚱한 경찰관이 아내에게 말했다. "벨포트 부인, 저희는 남편이 어떤 분인지 잘 알고 있습니다. 하지만 남편께서 운전한 걸 본 목격자가 여러 명이에요. 지금은 변호사에게 연락하시는 것이 나을 겁니다." 그리고 경찰들은 나를 경찰차에 태웠다.

공작부인은 내가 경찰차의 뒷좌석에 앉자 "걱정 말아요, 여보. 보가 알아서 해준대요. 괜찮을 거예요. 사랑해요."

그리고 경찰차가 우리 집을 떠날 때, 나는 내가 공작부인을 얼마나 사랑하는지 그리고 그녀가 나를 얼마나 사랑하는지만 생각났다. 그녀가 나를 잃었다고 생각했을 때 어떻게 울었는지, 그리고 경찰이 수갑을 채우고 나를 체포해 갈 때 나를 위해 어떻게 했는지 생각해보았다. 아마도 그녀가 마침내 나에게 자신의 마음을 내보인 것이겠지. 좋을 때나 나쁠 때나 그녀가 늘 내 옆에 있을 것이라는 사실을 알고 안심할 수 있을 것이다. 내 생각에 공작부인은 날 진심으로 사랑했다.

올드브룩빌 경찰서는 가까운 거리였는데, 신기한 일반 가정집처럼 보였다. 흰색 건물에 초록색 셔터가 달려 있었다. 꽤 마음 편해지는 외관이었다. 한잠 푹 자고 나면 퀘일 루드에서 깨끗이 깨어날 것만 같았다.

경찰서 안에는 유치장이 두 개 있었는데, 곧 그중 하나에 내가 앉아 있었다. 사실, 나는 앉아 있지 않았다. 바닥에 엎드린 채 콘크리트에 뺨을 대고 있었다. 나는 극도로 취한 상태에서 지문과 사진을 찍고 비디오 녹화까지 했던 것을 기억해냈다.

잠시 후 뱃살이 출렁출렁한 경찰관이 오더니 말했다. "벨포트 씨, 소변 샘플을 받아주시겠습니까?"

나는 벌떡 일어나 앉았다. 지금은 내가 약에 취해 있지 않다는 걸 금세 깨달았다. 진짜배기 레몬의 엄청난 약효가 다시 한번 대단하게 느껴졌다. 나는 정신이 완전히 말짱해졌다. 그래서 심호흡을 한 번 하고는 "당신들이 무슨 짓을 하고 있는지 모르겠지만, 지금 당장 전화할 데가 있으니 날 꺼내줘요. 안 그러면 당신들 곤란해질 줄 알라고!"라고 말했다.

그 말이 먹혀드는 것 같았다. 그는 "이제 정신이 드셨군요. 도망치지 않겠다고 약속하면 기꺼이 꺼내 드리죠."라고 말했다.

나는 고개를 끄덕였다. 그는 철창을 열고 작은 나무 책상 위에 있는 전화기를 가리켰다. 내가 왜 내 변호사의 집 전화번호를 외우고 있는 걸까 생각하면서 변호사의 집으로 전화를 걸었다.

5분 후 나는 내 변호사 조 파메게티Joe Fahmegghetti가 마약 양성반응에 대해 왜 걱정하지 말라고 했는지 궁금해하며 컵에 소변을 받고 있었다.

다시 유치장에 들어가 바닥에 앉아 있는데 경찰이 말을 걸어왔다. "벨포트 씨, 궁금해하실 것 같아서 말씀드리는 데요. 환각제만 빼놓고는 코카인과 메타콸론, 벤조다이아제핀, 암페타민, 마리화나 등 약물 양성반응이 나왔습니다. 그래서 말인데, 환각제는 별로 안 좋아하시나요?"

씩 웃으며 그에게 말했다. "경찰관 나리, 한 가지 말해줄게요. 오늘 운전에 관한 일이라면 사람 잘못 잡았어요. 그리고 약물 테스트 결과가 문제 있다 해도 그건 허리 통증 때문에 의사의 처방을 받아서 먹는 것이니 문제 될 게 없어요. 그러니 헛소리하지 말라고!"

경찰관이 믿지 않는다는 듯 나를 빤히 쳐다보았다. 그러다가 시계를 보더니 어깨를 으쓱했다. "글쎄요. 어느 쪽이든 법정에 가기에는 너무 늦었으니, 나소Nassau카운티의 경찰서 유치장으로 옮겨야겠는데요. 아마 벨포트 씨는 여태껏 거긴 가본 적이 없겠죠?"

나는 뚱뚱한 놈에게 나가 뒈져버리라고 말하고 싶은 충동을 억누르고 돌아서서 눈을 감았다. 나소카운티의 구치소는 진짜 지옥 같았지만, 그렇다고 내가 뭘 할 수 있겠어? 벽시계를 올려다보니 11시 조금 전이었다. 이런! 꼼짝없이 유치장에서 밤을 보내게 되다니, 너무 슬픈 일이야!

한 번 더 눈을 감고 잠을 청하려 했다. 그때 누군가 내 이름을 부르는 소리가 들렸다. 일어서서 창살 밖을 훑어보는데, 좀 이상한 광경이었다. 줄무늬 잠옷을 입은 대머리 노인이 나를 노려보고 있었다.

"조던 벨포트 씨인가요?" 그가 약간 짜증 난 목소리로 물었다.

"그런데요, 누구시죠?"

"스티븐스 판사입니다. 친구의 친구쯤 되죠. 지금 약식 심문을 하겠습니다. 당신이 모든 권한을 변호사에게 넘겼다고 생각하는데 맞습니까?" 그가 윙크를 했다.

"네." 나는 곧바로 대답했다.

"좋아요. 그렇다면 일단 무죄추정원칙에 따라 오늘은 방면 판결을 내립니다. 당신의 변호사 조에게 향후 진행 일정을 알아보세요." 그리고 그는 미소를 지으며 느릿느릿 걸어서 경찰서를 나갔다.

몇 분 후 조 파메게티가 나를 기다리고 있었다. 늦은 밤인데도 그는 완벽한 정장 차림이었다. 깔끔한 네이비 정장에 줄무늬 넥타이를 맨 그는 댄디한 멋쟁이 같았고, 희끗희끗한 머리는 깔끔하게 정리되어 있었다. 나는 그에게 미소를 지으며 "잠깐!" 하고 말하는 것처럼 손가락 하나를 들어 올렸다. 그런 다음 경찰서 쪽으로 뒤돌아서서 뚱뚱한 경찰관에게 "잠시 실례!"라고 말했다.

그는 "네?" 하며 나를 올려다봤다.

나는 그에게 가운뎃손가락을 날리며 말했다. "경찰서 유치장은 당신 엉덩이한테나 쑤셔 넣으라고!"

집으로 돌아오는 차 안에서 변호사에게 말했다. "소변 검사 때문에 걱정돼요, 조. 테스트 결과 모두 양성반응이 나왔어요."

조는 어깨를 으쓱했다. "뭐가 걱정이에요? 제가 잘 처리하지 못할 것 같아요? 운전하는 차 안에서 잡힌 건 아니잖아요? 운전할 당시에 마약이 당신의 몸속에 있었다는 걸 어떻게 증명하겠어요? 그리고 의사의 처방을 받아 정기적인 약물치료를 하는 환자라서 불법 마약 소지 혐의도 성립되지 않아요. 또 아무리 그렇다고 해도 경찰이 부인의 허가도 받지 않고 집에 들어가서 당신을 체포했다는 건 무단 침입에 해당하죠. 어쨌든 부서진 차량만 보상해주면 돼요. 팔이 부러져 병원에 실려 간 여자와도 합의를 보는 선에서 마무리하면 되고요. 다 합해서 10만 달러 미만으로 해결할 거라고 봅니다." 그는 "얼마 안 되죠!"라고 말하듯 어깨를 으쓱했다.

나는 고개를 끄덕였다. "저 미친 늙은 판사는 어디서 찾은 거죠? 진짜 구세주였어요!"

"모르시는 게 나을 텐데요." 내 변호사는 약간 당황스러워했다. "그냥 친구의 친구라고 해두죠."

차 안에 있던 나머지 시간은 조용히 보냈다. 집에 도착했을 때 조가 말했다. "부인은 지금까지 몇 시간 동안 울고 있으니 잘 위로해야 할 겁니다. 꽤 많이 놀라셨더군요. 보가 내내 그녀 곁에 있었는데 정말 큰 힘이 되더라고요. 그는 15분 전쯤 떠났어요."

나는 다시 말없이 고개를 끄덕였다.

조가 덧붙였다. "아! 그리고 한 가지 더. 부러진 팔은 고칠 수 있지만 죽은 몸은 살릴 수 없다는 거, 잊지 마세요. 아시겠어요?"

"그럼요, 조. 물론 잘 알아요. 이제 앞으로는 절대로 안 그럴게요." 우리는 악수를 했고, 그것으로 상황은 일단락되었다.

위층 안방에 가보니 공작부인이 침대에 누워 있었다. 나는 몸을 숙여 그녀의 뺨에 키스하고는 재빨리 옷을 벗고 침대로 올라갔다. 우리는 하얀 실크 캐노피 아래서 벌거벗은 몸으로 서로 엉덩이와 어깨를 토닥였다. 나는 그녀의 손을 잡아 내 손에 꼭 쥐었다.

나는 부드러운 목소리로 말했다. "난 아무 기억이 안 나, 여보. 그렇지만 모두 내가 잘못…."

아내가 내 말을 막았다. "쉿, 아무 말 하지 말아요. 그냥 편히 쉬어요." 아내는 내 손을 콱 움켜잡았고, 우리는 한참을 그렇게 조용히 누워 있었다.

나는 아내의 손을 잡았다. "이제 끝났어. 맹세코 이번엔 진심이야. 오늘 일은 하나님의 경고라고 생각해. 내가 왜 그랬는지 모르겠어." 나는 몸을 숙여 그녀의 뺨에 부드럽게 입을 맞췄다. "그리고 허리 통증에는 무슨 수를 쓰든지 해야겠어. 이 이상은 안 되겠어. 이런 식으로 살 수는 없어. 마약이 너무 많은 것을 망치고 있어." 난 심호흡을 하고 마음을 다잡으려 애썼다. "플로리다로 가서 그린 박사를 만날 거야. 허리 전문 병원을 운영하고 있는데 치료율이 굉장히 높대. 하지만 무슨 일이 있어도 이제는 마약을 완전히 끊을 거야. 퀘일루드가 해답이 아니란 걸 알았어. 계속했다가는 결국 내 인생을 망칠 거야."

공작부인은 옆으로 돌아누워 나를 마주 보며 가만히 날 껴안았다. 그러더니 나에게 사랑한다고 말했다. 나는 아내의 금발 머리 꼭대기에 키스를 하고 아내의 체취를 맡았다. 그러면서 사랑한다고 말했고, 미안하다고 말했다. 다시는 이런 일이 없을 거라고 약속도 했다.

이렇게 하는 게 옳을 거야.

더 나쁠 수도 있겠지만.

26 죽은 자는 말이 없다

이틀 후, 세계적으로 유명한 신경외과 의사 바스 그린 Barth Green의 아내이자 플로리다 지역 부동산 공인중개사인 캐시 그린Kathy Green의 전화를 받고 잠에서 깼다. 나는 잭슨 메모리얼 병원에서 외래 치료를 받는 4주 동안 공작부인과 함께 머물 곳을 찾아달라고 캐시에게 부탁했었다.

"두 분은 인디언크리크섬Indian Creek Island을 마음에 들어 하실 거예요."라고 캐시가 친절하게 말했다. "마이애미에서 가장 조용한 곳 중 하나예요. 아무 일이 없을 만큼 정말 조용해요. 치안도 확실한 곳이고요. 당신과 아내분은 보안을 매우 중요시하시니까 이건 엄청난 장점이지요."

조용하고 평온하다? 음, 나는 그런 조건에서 벗어나고 싶었잖아. 안 그래? 그렇다면 4주라는 짧은 시간 동안, 특히 이처럼 조용하고 평화로운 인디언크리크섬에서 난 얼마나 많은 분란을 일으키려나? 차갑고 냉혹한 세상, 즉 퀘일루드, 코카인, 마약, 마리화나, 신경안정제, 수면제, 모르핀 그리고 당연히 특수요원 그레고리 콜먼으로부터 격리된 이곳에서 말이죠.

"음, 캐시. 마치 의사가 지시하는 것처럼 들리는군요. 특히 평화롭다는 부분이요. 집은 어때요?"

"이 집은 정말 끝내주죠. 붉은 기와지붕이 있는 지중해식 하얀 저택인데 중형 요트 계류장도 있어요…." 캐시의 목소리가 잠시 들리지 않았다. "…물론 네이딘호를 대기에는 좀 작지만, 여기에 머무르는 동안 까짓것 한 대 더 사면 되죠. 안 그래요? 바스가 도와줄 거예요." 그녀의 엉뚱한 제안이 수화기를 타고 울렸다. "어쨌든 뒤뜰에는 대형 수영장, 카바나, 사우나, 바비큐 파티장, 그리고 대서양을 보며 즐길 수 있는 6인용 스파까지 있어서 단연 최고랍니다. 그런데 무엇보다 가장 좋은 점은 집주인이 가구가 완비된 이 집을 단돈 550만 달러에 팔겠다는 거예요. 엄청나게 싼 거죠."

잠깐만! 누가 집을 산다고 했나? 플로리다에 4주 동안만 머무를 건데! 게다가 난 이미 가지고 있는 배도 싫어하는데, 뭐 하러 다른 배를 사겠어? "캐시, 솔직히 말하면 나는 지금 당장 플로리다에 집을 살 생각은 없어요. 한 달간 대여할 수 있는지 집주인에게 물어봐주면 안 될까요?"

"안 돼요." 550만 달러 매물에 대한 6퍼센트 중개수수료의 꿈이 사라져버리자 우울해진 캐시 그린이 말했다. "그 집은 매매용이거든요."

"흠." 나는 그 사실을 잘 납득하지 못한 채 대답했다. "집주인에게 한 달 대여료로 10만 달러를 준다고 해보고 뭐라고 하는지 들어보는 게 어때요?"

만우절에 나는 이사를 가고 있었고, 집주인은 한 달간 머물 사우스비치에 있는 5성급 호텔로 콧노래를 부르며 이사를 갔다. 만우절은 이사하기에 완벽하게 좋은 날짜였다. 인디언크리크섬이 멸종 위기에 처한 소수의 WASP를 위한 피난처 같은 곳이라는 게 마음에 안 들었지만, 캐시가 전에 말했듯이 꽤 괜찮은 집이었다.

자동차 사고 이후 이곳에 오기 전까지 나는 비행기를 타고 스위스에 가서 소렐과 위조의 달인을 만났다. 내 목표는 FBI가 내 스위스 계좌를 어떻게 알아냈는지 확인하는 거였다. 하지만 놀랍게도 모든 게 별일 없이 잘 돌아가고 있었다. 미국 정부에서는 아무런 조사도 하지 않았다고 했다. 그리고 그런 낌새가 있었다면 소렐과 위조의 달인이 가장 먼저 알게 되니까 걱정은 붙들어 매라고 했다.

인디언크리크섬은 병원에서 차로 15분 거리였다. 차도 부족하지 않았다. 공작부인은 나를 위해 새 벤츠를, 자신을 위해서는 레인지 로버를 배송했다. 귄도 마이애미에 와서 내 일을 도왔고 차가 필요했기에 마이애미 자동차 딜러에게서 새 렉서스를 사줬다.

물론 로코도 와야 했다. 가족의 일원이니까, 맞죠? 로코 역시 차가 필요했다. 빌트모어의 소유주 중 한 사람인 리처드 브론슨Richard Bronson이 내게 한 달간 빨간 컨버터블 페라리를 빌려줬다. 그래서 모든 사람당 한 대씩 돌아가도록 자동차가 있었다.

차가 이렇게 많다 보니, 병원을 왔다 갔다 하려고 18미터짜리 모터 요트를 빌리기로 한 내 결정이 우스워졌다. 냄새나는 디젤 엔진 4개에 주당 2만 달러가 들었고, 결코 발을 들여놓고 싶지는 않은 꽤 잘 꾸며진 객실이 있었지만, 캐노피가 없는 갑판 때문에 어깨와 목은 새카맣게 그을었다. 배에는 평균 5노트 속도로 나를 병원까지 데려다주는 백발 선장이 있었다.

우리는 해안가 수로를 따라 병원에서 인디언크리크섬으로 보트를 타고 돌아가고 있었다. 토요일 정오 조금 전, 한 시간가량 항해 중이었다. 나는 그로버 클리블랜드Grover Cleveland 대통령을 빼닮은 달러타임의 최고운영책임자COO 게리 델루카Gary Deluca와 갑판 위에 앉아 있었다. 델루카는 대머리에 넓적하고 험상궂은 얼굴, 네모난 턱을 가졌고, 특히 몸통에 털이 아주 많았다. 우리 둘 다 셔츠를 벗고 햇볕을 쬐고 있었다. 나는 거의 한 달 동안 술을 끊었는데, 그것 자체가 기적이었다.

오늘 아침 일찍 델루카는 나와 함께 배를 타고 병원까지 갔었다. 오가면서 마음껏 면담을 할 수 있었기 때문이다. 우리는 회생 가능성이 없는 달러타임의 향후 처리 문제를 협의했다.

달러타임의 문제들 중 델루카가 원인인 것은 없었다. 지난 6개월간 구조조정을 하면서 일부러 만들어온 것이었다.

나는 이미 델루카에게 뉴욕으로 가서 스티브 매든 제화의 COO가 되어달라고 설득했다. 그의 운영 전문성이 꼭 필요했기 때문이다.

이런 내용을 아침에 남쪽으로 가는 길에 협의했고, 북쪽으로 오면서는 훨씬 골치 아픈 문제를 논의하고 있었다. 지금은 달러타임의 CFO 게리 카민스키에 대한 그의 생각을 듣고 있었다. 거의 1년 전에 나를 장 자크 소렐과 위조의 달인에게 소개한 바로 그 CFO 말이다.

"어쨌든." 선글라스를 낀 델루카가 말했다. "내가 딱 꼬집어 말할 수 없는 이상한 점이 있어요. 달러타임과는 전혀 상관없는 일로 바빠 보이거든요. 마치 그곳이 자신과 상관없는 임시 직장인 것처럼요. 내 말은, 회사가 망하는 것 같으면 엄청나게 고민하거나 흥분해야 하는데, 이건 뭐 신경도 안 쓰는 거 같더라고요. 하루의 절반을 어떻게 하면 회사의 이익을 스위스로 빼돌릴 수 있는지 설명하느라고 다 보내는데, 그의 빌어먹을 가발을 뜯어내고 싶어지죠. 빼돌릴 만한 이익금이 없으니까…." 델루카는 어깨를 으쓱했다. "어쨌든 조만간 그놈이 무슨 꿍꿍이를 하고 있는지 알아낼 겁니다."

나는 카민스키에 대한 내 육감이 맞았다는 생각에 천천히 고개를 끄덕였다. 늑대는 약삭빠른 놈이 해외 거래에 끼어들지 못하게 했다. 그래도 카민스키가 냄새를 맡지 않았다고 완전히 확신할 수는 없었다. 그래서 나는 델루카를 통해 더 캐보기로 했다. "자네 말에 전적으로 동의해. 그 친구는 스위스 은행 일에 완전히 사로잡혀 있지. 실제로 나한테도 제안했었어." 기억을 더듬듯 눈을 가늘게 뜨고 말했다. "1년 전쯤인가, 그 친구의 제안으로 스위스에 갔지만 알아보니 효과보다 위험이 더 커서 그냥 흘려버리고 말았는데, 자네에게 무슨 얘기를 한 적이 있나?"

"아니요, 하지만 아직 그곳에 그의 고객이 많다는 건 알고 있습니다. 그 부분에 대해서는 전혀 말을 안 하니까 자세한 건 모르지만, 하루 종일 스위스로 전화를 하고 있던데요. 저는 전화요금을 항상 확인하는데, 그는 하루에 해외전화를 여섯 통화는 해요." 델루카는 과하게 고개를 저어댔다. "그가 뭘 하든지 간에 조심해야 할 거예요. 누가 도청이라도 한다면 곤경에 처하게 될 테니까요."

나는 입꼬리를 낮추고 어깨를 으쓱하며 나와는 상관없다는 듯 "그건 그의 문제지, 내 문제는 아니야!"라고 말했다. 하지만 만약 그 친구가 소렐, 위조의 달인 등과 계속 접촉한다면 나한테도 불똥이 튈 것이 분명했다. 그래서 난 관심 없는 척하며 말했다. "궁금하면 그 친구가 계속 같은 번호로 전화를 하는지 알아보면 되겠네. 그리고 만약 그렇다면 그냥 전화를 걸어서 누군지도 좀 알아보고. 나도 궁금한데, 어때?"

"알았습니다. 돌아가는 대로 사무실로 가서 조사해보겠습니다."

"서두를 필요는 없네. 통화 기록이 월요일이라고 없어지는 건 아닐 테니." 일부러 무심한 척 너스레를 떨었다. "아마 엘리엇 라빈이 우리 집에 와 있을 건데, 그 친구를 꼭 만나면 좋겠어. 스티브 매든 제화의 구조조정에 분명히 큰 도움이 될 거야."

"좀 이상한 사람 아니에요?" 델루카가 물었다.

"좀? 그는 완전히 미친놈이지! 그래도 의류 업계에서는 가장 똑똑하지. 다만 타이밍을 잘 잡아야 해. 그가 헛소리를 하거나, 코를 킁킁거리거나, 걸려 넘어지거나, 창녀를 희롱하는 데 1만 달러를 쓰지 않을 때 말이야."

4년 전, 케니와 바하마의 크리스털호텔Crystal Palace Hotel에서 휴가를 즐기고 있을 때 엘리엇 라빈을 처음 만났다. 호텔 안에 있는 카지노 수영장에 누워 있는데 케니가 뛰어와 말했다. "서둘러! 당장 카지노로 가서 봐야겠어. 우리 또래 어떤 친구가 100만 달러도 넘게 땄단 말이야."

케니의 호들갑에도 별 기대 없이 카지노로 향했다. 가면서 물었다. "직업이 뭐래?"

"카지노 직원한테 물어보니까 큰 의류 회사의 사장이라던데." 깍두기 케니가 대답했다.

2분 후 나는 믿을 수 없다는 표정으로 이 어린 의류장이를 바라보고 있었다. 돌이켜보면, 무엇이 나를 더 놀라게 했는지 말하기 어렵다. 그는 한 번에 1만 달러씩 베팅했을 뿐만 아니라 블랙잭 테이블을 혼자 다 차지하고 앉아 한 판에 7만 달러씩 걸고 있었다. 그건 모든 거래에 7만 달러 위험을 감수한다는 뜻이었다. 그의 아내 엘렌도 옆에 있었는데, 35세가 안 돼 보였지만 내가 본 적이 없는 외모, 즉 지극히 부자인 같지만 가장 가난한 것 같은 이미지였다.

깜짝 놀라 그 두 사람을 15분 동안이나 관찰했다. 아무리 봐도 그들 부부는 뭔가 안 어울렸다. 엘리엇은 작고 잘생긴 얼굴에 어깨까지 부스스하게 기른 갈색 머리칼, 말하자면 기저귀를 차고 나비넥타이를 맸으면서도 자신은 그게 가장 최신 유행이라고 믿는 스타일의 친구였다.

반면에 그녀는 작고 마른 얼굴과 얇은 코, 홀쭉한 볼, 새하얀 금발, 누런 피부에다 생기 없는 눈을 하고 있는 말라비틀어진 여자였다. 나는 그녀가 세상에서 가장 인격이 훌륭한 여자 중 한 명일 거라고 생각했다. 사랑이 넘치고 남편에게 지원을 아끼지 않는 최고의 아내일지도 몰랐다. 007 영화에서나 볼 법한 침착함과 담대함을 가지고 도박을 하는 이 잘생긴 청년이 그녀에게 끌린 이유는 무엇일까?

내가 약간 빗나갔군.

다음 날 수영장에서 엘리엇과 우연히 만났다. 우리는 평범한 농담을 거쳐서 각자 생계를 위해 무얼 했고, 얼마나 벌었고, 어떻게 인생의 이 시점에 도달했는지 알게 되었다.

엘리엇은 의류 구역의 고급 남성복 회사 중 하나인 페리 엘리스Perry Ellis의 사장이었다. 실제로 회사를 소유한 건 아니었지만 뉴욕증권거래소에서 거래된 공기업인 샐런트Salant의 전문경영인이었다. 결과적으로 엘리엇은 봉급생활자였다. 그의 연봉을 알고는 라운지 의자에서 떨어질 뻔했다. 연봉 100만 달러에 보너스 몇십만 달러밖에 되지 않았다. 나한테는 너무도 보잘것없는 액수였다. 특히나 그는 도박을 많이 하는 편이니까, 블랙잭 테이블에 앉을 때마다 2년치 월급을 걸고 도박을 하는 거나 마찬가지였다. 나는 그 장면에서 감명을 받아야 할지 경멸을 해야 할지 헷갈렸다. 일단 감명받은 걸로 하자.

하지만 페리 엘리스 외에 동양의 봉제회사에서 챙기는 부수입이 있다는 얘기를 들었다. 그가 구체적으로 말하지는 않았지만, 나는 재빨리 짐작했다. 아마 그는 공장에서 현금을 훔칠 것이다. 연간 300만 달러나 400만 달러를 번다고 해도 내 수입에 비하면 새 발의 피였다.

우리는 헤어지면서 전화번호를 교환했고, 미국에 돌아가서 다시 연락하기로 했다. 마약에 관한 얘기는 한마디도 꺼내지 않았다.

우리는 일주일 후에 최근에 핫하다는 의류 구역에서 점심을 먹기 위해 다시 만났다. 자리에 앉은 지 5분 후 엘리엇은 양복 안주머니에 손을 넣어 코카인이 가득 들어 있는 작은 비닐 봉투를 꺼냈다. 다시 옷깃에 감추더니 이내 꺼내서 코로 들이마셨다. 그런 과정을 몇 번이나 반복했는데, 그가 너무 자연스럽고 태연하게 행동했기 때문에 레스토랑

안에 있는 어느 누구도 알아차리지 못했다.

그가 내게도 봉투를 내밀었다. "미쳤어? 한낮이잖아!"라고 말하자 그는 "그냥 닥치고 해."라고 퉁명스럽게 말했다. "그래, 그럼 하지 뭐."

1분 후 나는 기분이 아주 좋았고, 4분 후에는 참을 수 없이 이를 갈며 비참해졌고, 신경안정제가 절실히 필요했다. 엘리엇은 날 불쌍한 눈빛으로 보다가 바지 주머니에서 갈색 무늬가 있는 퀘일루드 두 알을 꺼내 들고 말했다. "이걸 삼켜. 밀매품이라 발륨Valium이 들어 있어."

"지금 퀘일루드를 먹으라고?" 나는 놀라서 엘리엇을 쳐다봤다. "한낮에?"

"그래."라고 그가 쏘아붙였다. "왜 안 되지? 자네가 대장인데, 누가 뭐라고 하겠어?" 엘리엇은 퀘일루드를 더 꺼내어 웃으면서 한 개를 삼켜버렸다. 그러더니 일어서서 식당 한가운데로 가서 점핑잭jumping jacks[45]을 하기 시작했다. 그가 무얼 하고 있는지 스스로 정확히 알고 있는 것 같았기 때문에 나도 내 몫의 퀘일루드를 챙겼다.

조금 지나서 한 뚱뚱한 남자가 식당으로 걸어 들어와 많은 사람의 눈길을 끌었다. 그는 60대로 보였고 부티가 났다. 엘리엇은 "저 사람의 가치는 5억입니다. 하지만 넥타이가 얼마나 엉망인지 보세요." 하고 말하더니 스테이크 나이

---

45 몸을 가볍게 풀어주는 운동

프를 들고 붐비는 식당 한가운데서 거물에게 걸어가 그의 넥타이를 잘라냈다. 이어 자신의 화려한 넥타이를 풀어 그의 목에 걸고 금세 완벽한 윈저 매듭으로 매주었다. 그러자 거물은 그를 껴안고 감사 인사를 건넸다.

한 시간 후 엘리엇이 내게 블루칩 창녀를 소개해주었고 우리는 환상적인 시간을 보냈다. 내가 엄청난 코카인 중독자임에도 불구하고 그 창녀는 말로 나를 꾀어냈고, 나는 거기에 홀랑 넘어가 그녀의 빚 5,000달러를 대신 갚아주었다. 그때 그녀는 나더러 매우 잘생겼고, 나만 괜찮다면 결혼하고 싶다는 헛소리도 했었지.

곧이어 엘리엇이 방으로 들어와 말했다. "일어나! 옷 챙겨 입어. 우린 애틀랜틱 시티Atlantic City로 갈 거야! 카지노에서 돈을 따서 헬리콥터도 부르고 금시계도 사자고." 나는 "5,000달러밖에 없는데."라고 대답했다. 엘리엇은 "카지노에 말해놨어. 그들이 50만 달러짜리 신용대출을 만들어줄 거야."

내가 평생 1만 달러 이상 도박을 해본 적이 없는데도 그렇게 큰돈을 왜 선불해주는 것일까. 하지만 한 시간 후에 나는 트럼프 캐슬Trump Castle에서 마치 별일 아닌 것처럼 한 판에 1만 달러나 되는 블랙잭을 하고 있었다. 그날 밤 나는 25만 달러를 땄고, 도박에 푹 빠져버렸다.

엘리엇과 함께 세계일주를 시작했다. 때로는 아내와 함께, 때로는 둘이서. 나는 그를 나의 비밀금고로 만들었고,

그는 페리 엘리스에서 챙긴 돈이나 카지노에서 딴 돈으로 연간 몇백만 달러씩 현금을 만들었다. 그는 수준급 도박꾼이었고, 1년 평균 200만 달러 이상을 따고 있었다.

그 후 데니즈와 이혼했고, 네이딘과 재혼을 앞두었을 때 총각파티를 하게 되었다. 그때 엘리엇의 인생에 전환점이 생겼다. 토요일 저녁 라스베이거스에서 파티가 열렸는데, 새로 오픈한 미라지호텔the Mirage Hotel에서였다. 스트래턴 직원 100명에 매춘부 50명, 충분한 약물도 있었다. 우리는 라스베이거스 거리에서 30명, 캘리포니아에서 몇 명 더 창녀를 데려왔다. 또 경호를 책임질 뉴욕경찰청 소속 경찰 6명을 데리고 왔는데, 내가 스트래턴의 새로운 이슈로 알게 된 바로 그 경찰들이었다. 그들은 도착하자마자 재빨리 지역 경찰들과 연락했고, 우리는 그들 중 몇 명을 고용했다.

나와 엘리엇은 아래층에서 블랙잭 테이블을 독차지하고 있었고, 우리 주변에는 낯선 무리와 경호원 몇 명이 있었다. 엘리엇은 가용 게임 중 5개에 참여하고 있었고, 나는 나머지 2개에 참여하고 있었다. 우린 각 게임당 1만 달러씩 베팅했고, 둘 다 승승장구하고 있었다. 나는 퀘일루드 5개를 삼켰고 코카인을 여덟 번 들이마셨다. 엘리엇도 퀘일루드 5개를 삼켰고 코카인은 넘치게 들이켰다. 결국엔 내가 70만 달러, 엘리엇이 200만 달러를 땄다. 나는 부들부들 이를 갈면서 말했다. "이즈 그만해고 이에층에 있는 굿들 다 쪼차내."

물론 엘리엇도 나만큼 퀘일루드 약효가 올라온 상태였기 때문에 고개를 끄덕이고는 위층으로 향했다. 지금이야말로 도박을 끝내야 할 시점이었다. 잠시 현금교환소에 들러 100만 달러를 바꿨다. 나는 파란색 작은 배낭에다 돈을 찔러 넣고 어깨에 걸쳤다. 하지만 엘리엇은 판이 아직 다 끝나지 않아서 무장 경비 아래 테이블에 칩을 놓고 갔다.

위층에서 우리는 긴 복도를 걸어갔는데, 그 끝에는 엄청나게 큰 양문형 문이 있었다. 문 양쪽에는 제복을 입은 경찰관이 서서 감시하고 있었다. 그들이 문을 열자 안에서는 총각파티가 열리고 있었다. 방에 들어간 엘리엇과 나는 얼어붙었다. 그곳은 소돔과 고모라Sodom and Gomorrah[46]의 환생이었다. 후면 벽이 천장부터 바닥까지 통유리로 되어 있어 스트립쇼를 내려다볼 수 있었다. 방은 춤추고 끊임없이 섹스하는 사람들로 가득 차 있었다. 섹스 냄새와 땀 냄새가 범벅이었고, 최상급 마리화나의 톡 쏘는 냄새 때문에 속이 메스꺼웠다. 음악 소리는 너무 커서 내장까지 울리는 것 같았다. 뉴욕 경찰 6명이 모두 자유롭게 즐기도록 파티를 감독하고 있었다.

방 뒤편에는 주황색 머리에 불도그를 닮아 엄청 인기 없게 생긴 창녀가 문신으로 뒤덮인 알몸으로 바 의자에 앉아 있었다. 그녀의 다리는 활짝 열려 있었고, 벌거벗은 스트래

---

46   성경에 나오는 성적 퇴폐가 만연한 곳

턴 직원 20명이 그녀와 섹스하기 위해 기다리고 있었다.

바로 그 순간 나는 내 삶의 즐거움이었던 모든 것이 역겨
워졌다. 스트래턴의 새로운 바닥을 본 기분이었다. 유일한
해결책은 스위트룸으로 가서 신경안정제 5밀리그램, 수면
제 20밀리그램, 모르핀 30밀리그램을 복용하는 것이었다.
그런 다음 나는 관절을 풀고 깊은 잠을 청하려 했다. 그러
다 마리화나까지 한 대 피우고 나서야 겨우 잠에 빠졌다.

엘리엇 라빈이 내 어깨를 흔드는 소리에 잠에서 깼다. 다
음 날 이른 아침이었고, 그는 우리가 어떻게 한시라도 빨리
라스베이거스를 떠날 것인지 침착하게 설명해주었다. 그
이유는 너무 퇴폐적이기 때문이었다. 기쁜 마음에 서둘러
짐을 꾸렸다. 그런데 금고를 열어보니 텅 비어 있었다.

엘리엇은 거실에서 소리쳤다. "어젯밤 돈을 좀 빌려야 했
어. 내가 약간 돈을 잃었거든."

알고 보니 그는 200만 달러를 잃었다. 그로부터 일주일
쯤 지나서 엘리엇은 잃은 돈을 복구해야 한다며 나와 대니
를 이끌고 애틀랜틱 시티의 카지노에 갔고, 거기서 또 100
만 달러를 잃었다. 그 이후 몇 년 동안 계속해서 잃기만 했
고 결국은 모든 것을 잃었다. 계산해보면 그는 2,000만 달
러에서 4,000만 달러 사이로 잃었지만, 실제로 얼마나 잃
었는지는 여전히 미궁이었다. 잃은 게 얼마였든 엘리엇은
파산했다. 완전히 빈털터리가 되었다. 그는 세금을 내지 않
았고, 나에게 뇌물 상납도 하지 않았고, 육체적으로도 엉망

이었다. 그는 몸무게가 60킬로그램도 채 되지 않았고, 피부도 싸구려 퀘일루드와 같은 갈색으로 변했다. 그나마 나는 퀘일루드만 먹고 있으니 다행 아닌가. (항상 긍정적인 마인드를 가져야지.)

지금 나는 인디언크리크섬의 뒷마당에 앉아 비스케인 베이Biscayne Bay와 마이애미의 스카이라인을 바라보고 있다. 엘리엇 라빈, 게리 델루카, 엘리엇의 지인 아서 와이너Arthur Wiener도 한자리에 모였는데 그는 50대 대머리에 돈 많은 코카인 중독자였다.

수영장 옆에는 사랑스러운 공작부인과 비쩍 마른 엘렌, 아서의 아내 소니 와이너Sonny Wiener가 있었다. 오후 1시가 되자 기온은 30도를 웃돌았고 하늘에는 구름 한 점 없었다. 엘리엇은 스티브 매든이 메이시스Macy's와의 거래에 어떤 목표를 두어야 하는지에 대해 내가 방금 던진 질문에 답하려고 했다. 메이시스 백화점은 스티브 매든 입점을 수용하는 듯했다.

"매든 제아가…부랜두가…입떰우루…." 퀘일루드에 취한 엘리엇이 얼음처럼 차가운 하이네켄을 홀짝이면서 열심히 말했다.

나는 델루카에게 말했다. "엘리엇의 말은 스티브 매든 제화의 인지도가 완전히 높아졌을 때 전국 모든 매장에 동시 입점하자는 거야. 하나씩 입점시킬 수 없다고 메이시스에 말해야 한다는 거지."

옆에 있던 아서 와이너가 고개를 끄덕였다. "그렇지, 조던. 완벽한 해석이었어." 그는 들고 있던 코카인 병에 작은 숟가락을 담그고 왼쪽 콧구멍으로 들이마셨다.

엘리엇은 델루카를 바라보며 고개를 끄덕이더니 눈썹을 치켜올렸다. "이브아, 나눈 다불을 아르고우 이따구오.(이봐, 나는 답을 알고 있다고.)"

바로 그때 엘리엇의 아내가 걸어와 남편에게 말했다. "엘리엇, 루드나 줘. 나도 못 참겠어." 엘리엇은 안 된다고 고개를 가로저으며 그녀에게 가운뎃손가락을 올렸다.

"넌 정말 개자식이야!" 성난 아내가 쏘아붙였다. "다음에 당신이 외출하고 나면 어떤 일이 일어날지 기대해. 나도 너한테 엿이나 먹으라고 할 거니까!"

엘리엇을 바라보니, 엘리엇의 머리는 이제 상하좌우로 끄덕이고 있었다. 그가 이제 막 비몽사몽한 단계를 지나 침흘리는 단계에 접어든다는 명백한 신호였다. 내가 말했다. "어이, 엘리엇, 먹을 것 좀 만들어줄까? 흥분 좀 가라앉히게 말이야."

엘리엇은 활짝 웃으며 "우얼드 쿨라쑤 추즈버거 하냐만 만둘어줄 텐갸?"라고 말했다.

"그럼, 문제없지!" 이렇게 대답하고, 그에게 줄 세계적인 치즈버거를 만들기 위해 주방으로 향했다. 공작부인은 가느다란 하늘색 브라질리언 비키니를 입고 거실에서 나를 잡아당겼다.

그녀는 이를 악물고 투덜거렸다. "1초도 엘렌과 더 같이 있을 수 없어요. 그 여자는 머리가 아파요. 이제 우리 집에 안 왔으면 좋겠어. 코카인에 취해서 횡설수설하는데, 모든 게 역겨워요. 당신은 한 달째 술을 끊었는데, 이런 사람들하고 어울리면 당신에게 좋지 않아요."

공작부인이 한 말을 반쯤 놓쳤다. 내 말은, 말을 다 듣긴 들었는데, 작은 C컵으로 확대한 그녀의 가슴을 보느라 바빴기 때문이다. 그 가슴은 너무도 황홀했다. "진정해, 여보. 엘렌도 알고 보면 좋은 여자야. 게다가 엘리엇은 내 둘도 없는 친구잖아. 그러니 당신이 좀 참아줘." 마지막 몇 마디를 내뱉자마자 내가 실수했음을 깨달았다. 공작부인이 내게 달려들었다. 정말 힘껏 때린 오른손 한 방이었다.

그렇지만 술을 끊은 지 한 달이나 지났기 때문에 날쌘 반사신경이 살아 있어 그 공격을 쉽게 피했다. "열 받아 하지 마, 네이딘. 내가 술이 깼을 때는 때리기가 쉽지 않잖아?" 나는 그녀에게 장난스럽게 웃어주었다. 그러자 그녀는 활짝 웃더니 나를 껴안고 말했다. "그래, 알았어요. 당신이 이렇게 멀쩡한데. 난 이런 당신이 자랑스러워요. 허리도 많이 좋아졌죠?"

"응, 약간. 어느 정도는 견디고 있지만, 완벽하지는 않아. 어쨌든 퀘일루드의 고비는 넘긴 것 같아. 그리고 그 어느 때보다도 당신을 사랑해."

"나도 사랑해."라며 그녀가 뾰로통하게 말했다. "엘리엇과 엘렌 때문에 화가 났을 뿐이에요. 그들은 당신에게 가장 나쁜 영향을 미치는 사람이고, 만약 그가 너무 여기에 오래 머문다면…. 음, 내 말뜻 알죠?" 그녀는 내 입술에 진하게 키스를 하고 나서 배를 맞대왔다.

갑자기 내 아랫도리가 불끈해지면서 공작부인의 뜻을 이해했다. 그리고 말했다. "내 얘기 좀 들어봐. 남은 주말 동안 내 섹스파트너가 되어준다면, 엘리엇 부부가 호텔에서 머물 수 있도록 조치할게. 어때?"

공작부인은 활짝 웃으며 은근히 문질러댔다. "알았어요, 자기. 분부 받들겠어요. 그들을 여기에서 내보내기만 하면 나는 당신 거예요."

15분 후, 엘리엇은 침을 흘리며 치즈버거를 먹고 있었고, 나는 자넷하고 통화할 때 엘리엇 부부가 머물 30분 정도 떨어진 호화로운 호텔을 예약해달라고 부탁했다.

난데없이 엘리엇이 햄버거를 가득 문 채 의자에서 벌떡 일어나 수영장으로 뛰어들었다. 몇 초 후에 그는 바람을 쐬러 잠수해서 멀리 가는 시합을 하자며 나를 불렀다. 그건 우리가 자주 하는 놀이였다. 엘리엇은 바다에서 자라 수영을 잘하기 때문에 나보다 실력은 약간 높았다. 그러나 그의 현재 상태를 감안하면 내가 이길 수도 있겠다는 생각이 들었다. 게다가 나는 10대 때 인명구조대원 경험이 있어서 수영도 꽤 잘했다.

우리는 각각 네 바퀴씩 수영을 했는데, 동점이었다. 공작부인이 와서 말했다. "이제 그만하는 게 어때요? 난 그만했으면 좋겠어요. 이건 바보 같은 짓이에요. 이러다 다친다고요." 그러고 나서 덧붙였다. "그런데 엘리엇은 어딨어요?"

나는 수영장 바닥을 바라보았다. 어떻게 된 일인지 확인하려고 눈을 가느다랗게 떴다. 뭐 하는 거지? 왜 사람이 옆으로 누워 있는 거야? 이런 젠장! 순간 너무 놀라서 머리가 멍해졌다. 앞뒤 잴 겨를도 없이 엘리엇을 구하려고 수영장 바닥으로 뛰어내렸다. 그는 움직이지 않았다. 왼손으로 그의 머리칼을 움켜잡고, 내가 할 수 있는 가장 강력한 가위차기를 하면서 그를 오른손으로 힘껏 움켜쥐고 물 위로 이끌었다. 그의 몸은 물의 부력 때문에 거의 무중력 상태였다. 그를 끌어 올렸을 때, 나는 내 팔을 오른쪽으로 홱 돌렸고, 엘리엇은 물 밖으로 날아가 수영장 가장자리 콘크리트 위에 털썩 떨어졌다. 그가 죽어 있었다. 죽었어!

"오, 하나님! 엘리엇이 죽었어요!" 네이딘이 놀라 소리쳤고, 펑펑 울기 시작했다. "엘리엇이 죽었어! 살려주세요!"

"구급차 불러! 어서!" 나도 급하게 소리쳤다.

두 손가락 끝으로 경동맥을 짚어보니 맥박이 없었다. 나는 손목을 붙잡고도 확인해봤지만 아무 맥도 느껴지지 않았다. 내 친구가 죽은 게 확실했다.

바로 그때 꽥꽥거리는 비명이 들렸다. 엘렌 라빈이었다. "오, 하나님! 안 돼! 제발 남편을 살려주세요. 제발! 조던, 어떻게 좀 해봐요. 애가 둘이나 있는데 우리는 어떻게 살라고. 지금은 아직 안 돼요, 제발! 제발요!" 그녀는 속수무책으로 흐느끼기 시작했다.

내 주위에 많은 사람이 있다는 걸 알게 됐다. 게리 델루카, 아서와 소니, 권과 로코들, 심지어 무슨 소란인지 확인하려고 유아용 수영장에서 챈들러를 안고 보모까지 달려왔다. 그리고 구급차를 부르고 달려오는 네이딘을 보았다. 내 귀에서는 계속해서 "살려줘!"라는 말이 들렸다. 나는 오래전에 배워둔 심폐소생술을 시작하려고 했다.

정말 그러고 싶기는 한데, 왜 그래야 하지? 이상하게도 머릿속으로는 엘리엇이 이대로 죽는 게 낫지 않을까 싶었다. 그는 나의 가장 큰 비밀금고인데, 앞으로 콜먼이 내 주변 인물들의 계좌를 추적하겠지. 그렇지 않은가? 바로 그 순간, 심장이 멎은 채 내 앞에 죽어 있는 그를 보며 이상하게도 편안함마저 느꼈다. '죽은 자는 말이 없다.' 이 말이 계속해서 마음속에 맴돌았고, 나의 사악한 돈세탁 증거까지 그와 함께 사라지게 해달라고 속으로 기도했다.

그리고 이 친구는 내 인생의 골칫거리였다. 몇 년간 끊었던 마약에 다시 손대게 했고, 비밀금고에 대한 유혹으로 돈세탁을 더 가볍게 여기도록 만들었으며, 거기다가 도박에 빠져들게 만들었다. 콜먼은 바보가 아니었고, 국세청 문제로 감옥에 보내겠다고 협박하면 엘리엇은 어쩔 수 없이 내 비밀금고 역할을 했다고 실토하겠지. 그러니 그가 그냥 죽게 내버려둬야겠어. 염병할, 죽은 자는 말이 없잖아.

하지만 뒤에서 모두가 "어서 살려요! 죽으면 안 돼! 포기하면 안 돼요!"라고 소리치고 있었다. 갑자기 알게 됐다. 나는 이미 그에게 심폐소생술을 하고 있었어! 내 의식에서 양심과 비양심이 복잡하게 싸우고 있을 때, 훨씬 더 강력한 무언가가 내 안에서 나를 압도하고 있었던 것이다.

바로 그 순간 내 입과 엘리엇의 입이 맞닿아 있었고, 내 폐가 그의 폐로 공기를 내뿜고 있었다. 그러고 나서 입술을 떼고 엘리엇의 가슴을 리드미컬하게 압박하기 시작했다. 나는 잠시 멈추고는 그를 바라보았다.

아무 일도 안 일어났잖아! 젠장! 왜 아직 죽어 있냐고! 어떻게 이럴 수가 있지? 난 순서대로 잘했다고! 왜 심장은 다시 안 뛰는 거지?

나는 언젠가 하임리히 구급법으로 익사한 아이를 구한 기사를 읽은 게 떠올랐다. 엘리엇의 상체를 일으켜 뒤에서 감싸 안고 있는 힘껏 끌어안았다. 딱, 으드득, 뚝! 바로 그때 갈비뼈 부러지는 소리가 들렸다. 그가 숨을 쉬는지 다시 살펴봤지만, 여전히 숨을 쉬지 않았다.

끝났다. 그는 죽었다. 눈물을 글썽이며 네이딘을 향해 말했다. "이제 뭘 어떻게 해야 할지 모르겠어! 안 깨어날 것 같아."

엘렌이 목청껏 지르는 비명이 다시금 들려왔다. "오, 하나님, 제발! 조던, 제발! 살려줘요. 제 남편을 구해주세요!"

엘리엇은 완전히 퍼렇게 질렸고, 눈에서는 생명의 빛이

꺼져가고 있었다. 그래서 나는 기도를 한 뒤 할 수 있는 한 깊이 숨을 들이쉬었다. 내 폐가 모을 수 있는 숨을 한껏 모아서 그에게 불어넣었다. 그러자 엘리엇의 배가 풍선처럼 부풀어 올랐다. 갑자기 치즈버거가 올라와서 내 입으로 밀려들었고, 나는 심한 구토감에 고개를 들었다.

엘리엇이 얕은 숨을 들이마시는 것을 지켜본 다음, 수영장에 얼굴을 들이밀고 입에서 토사물을 씻어냈다. 엘리엇을 돌아보니 그의 얼굴이 아까보다는 덜 퍼렇게 보였다. 그렇지만 그의 숨은 다시 멎어 있었다. 델루카에게 "자네가 이어서 해봐!"라고 말했지만 그는 뒷걸음질하며 "절대 안 돼!"라고 말하듯 고개를 절레절레 흔들었다. 엘리엇의 절친 아서에게도 똑같이 말했지만 그 역시 델루카와 같은 반응이었다.

그래서 나는 상상할 수 있는 가장 역겨운 일을 또 할 수밖에 없었다. 공작부인이 벌떡 일어나 엘리엇의 입가에 묻은 토사물을 닦아주는 동안 수영장 물을 엘리엇의 얼굴에 끼얹어 구토물을 씻었다. 그리고 손가락을 입안에 넣어 치즈버거를 빼내고 혀를 눌러 기도가 막히지 않게 했다. 다시 그의 입에 대고 숨을 불어넣기 시작했고, 그동안 다른 사람들은 공포에 질려 얼어붙어 서 있었다.

마침내 사이렌 소리가 들렸고, 잠시 후 구급대원들이 왔다. 3초도 안 되어 엘리엇의 목구멍에 튜브를 밀어 넣고 산소를 펌프질하기 시작했다. 그러면서 들것에다 살며시 올려놓고 그늘진 나무 아래 한쪽으로 데려가 팔에 링거주사를 꽂았다.

나는 수영장으로 뛰어들어 입에서 토사물을 씻어내면서 토하기 시작했다. 공작부인이 치약과 칫솔을 가져왔고, 나는 그대로 칫솔질을 한 다음 엘리엇이 있는 곳으로 향했다. 경찰 6명이 구급대원과 함께 그곳에 있었다. 그들은 엘리엇의 심박을 되돌리려고 필사적으로 노력했지만 성공하지 못했다. 구급요원 하나가 내게 손을 내밀며 말했다. "선생님, 당신은 영웅입니다. 친구분의 목숨을 구했어요."

그 말에 짜릿한 흥분을 느꼈다. 나는 영웅이었다! 바로 나, 월스트리트의 늑대가 영웅이라고! 이 말은 들어도 계속 듣고 싶은 말이었다. 또 한 번 듣고 싶어서 다시 물었다. "뭐라고요? 무슨 말인지 못 들었어요."

그러자 그는 웃으며 "당신은 말 그대로 영웅입니다. 아무나 할 수 없는 일을 해냈어요. 훈련도 받지 않았는데 제대로 응급조치를 했어요. 선생님은 진정한 영웅이에요."

오, 주여! 내 생각에는…정말 멋진 일이었다. 하지만 나는 그 이야기를 공작부인에게 듣고 싶었다. 그녀의 허리와 가슴으로 말이다. 적어도 며칠 동안은 내 소유였다. 왜냐하면 공작부인의 남편인 나는 영웅이었고, 어떤 여성도 영웅의 성적인 요구를 거부할 수는 없으니까.

공작부인은 여전히 쇼크 상태로 휴게실 의자 가장자리에 혼자 앉아 있었다. 나는 그녀가 나를 영웅이라고 부르도록 영감을 줄 적당한 표현을 찾으려고 노력했다. 그녀가 얼마나 침착했는지, 구급차를 부른 것이 얼마나 잘한 일인지 칭찬하면서 역심리를 이용하는 것이 최선일 것이다. 그런 식으로 하면 그녀는 분명 그 칭찬에 보답해야 한다고 느낄 테니까.

옆에 앉아서 그녀를 껴안았다. "구급차를 제때 불러줘서 정말 다행이야, 여보. 내 말은, 당신 빼고는 모두 아무것도 못 했잖아. 당신은 강한 여자야." 그렇게 말한 뒤에 참을성 있게 기다렸다.

그녀는 내 옆으로 가까이 다가와 슬픈 미소를 지었다. "모르겠어." 그녀가 말했다. "그냥 본능이었던 것 같아. 알다시피 영화에서나 봤지, 실제로 내 앞에서 이런 일이 일어날 거라고 누가 상상이나 했겠어. 당신도 그렇잖아?"

어째서지? 왜 날 영웅이라고 칭찬하지 않지? 좀 더 구체적으로 얘기해야 할 것 같군. "당연하지. 이런 일이 일어날 거라고 생각도 못 했지만, 일단 그런 일이 생기니까 본능적으로 그런 훌륭한 일은 한 거로군." 어이, 공작부인! 내 말뜻 좀 알아들으라고!

그녀는 날 껴안고 이렇게 말했다. "오! 당신 정말 대단해요! 나는 그런 모습 처음 봐요. 내 말은…당신이 얼마나 훌륭했는지 말로는 표현이 안 된다고요! 다른 사람들은 모두 당황해서 얼어붙어 있었는데 당신은…."

맙소사! 그녀는 계속해서 나를 칭찬했지만 영웅이라는

그 한 단어를 말하지 못했다!

"…당신은…내 말은…정말 당신은 영웅이에요. 오늘만큼 당신이 자랑스러운 적은 없었던 것 같아요. 내 남편은 영웅이에요." 그녀는 상상할 수 있는 가장 진한 키스를 내게 퍼부었다.

그 순간 나는 왜 모든 아이가 소방관이 되고 싶어 하는지 이해할 수 있었다. 바로 그때 엘리엇이 들것에 실려 가고 있었다. "자, 우리가 엘리엇의 목숨을 구하기 위해 열심히 노력했는데 병원에서 그들이 일을 망치지 않도록 감시해야겠어." 하고 내가 말했다.

20분 후 우리는 마운트시나이병원Mount Sinai Hospital 응급실에서 엘리엇이 뇌 손상을 입었으며 식물인간이 될지는 아직 확실하지 않다는 얘기를 들었다.

병원으로 가는 길에 공작부인은 바스 그린 박사를 불렀다. 나는 그를 따라 중환자실로 들어갔는데, 그곳은 생명이 꺼져가는 듯한 분위기였다. 의사 넷, 간호사 둘이 있었고 엘리엇은 진찰대 위에 반듯이 누워 있었다.

마운트시나이병원이 바스 그린 박사의 것은 아니었지만, 그의 명성이 워낙 높았기 때문에 이 병원 의사들은 그가 누구인지 다 알고 있었다. 흰 가운을 입은 키 큰 의사가 말했다. "환자는 지금 혼수상태입니다, 그린 박사님. 자가 호흡이 힘들고, 갈비뼈가 일곱 대나 골절되었으며, 뇌 기능이 급격히 떨어져 있습니다. 부신호르몬 주사를 투여했지만 반응이 없습니다." 의사는 바스 그린 박사의 눈을 똑바로 쳐다보면서 마치 "그는 가망이 없습니다."라고 말하듯 천천히 고개를 저었다.

그런데 바스 그린 박사가 이상한 행동을 했다. 엘리엇에게 성큼성큼 다가가더니 허리를 굽히고 엘리엇의 어깨를 꽉 움켜쥐며 그의 귀에다 대고 소리쳤다. "엘리엇! 지금 당장 일어나시오!" 그러면서 엘리엇을 세차게 흔들었다. "난 그린 박사요. 엘리엇, 눈을 뜨고 당장 일어나시오. 부인이 당신을 애타게 기다리고 있소!"

그리고 그렇게, 엘렌이 그를 보고 싶어 한다는 —대부분의 남자가 싫어할— 마지막 몇 마디에도 불구하고 말이 떨어지기가 무섭게 엘리엇이 눈을 떴다. 잠시 후 그의 뇌 기능까지 정상으로 돌아왔다. 방 안을 둘러보니 모든 의사와 간호사가 입을 떡 벌리고 있었다.

나도 마찬가지였다. 기적이 일어난 것이었다. 나는 놀라움에 고개를 절레절레 흔들었고, 한구석에서 우연히 투명한 액체가 채워진 큰 주사기를 보았다. 라벨에 뭐라고 쓰여 있는지 보려고 눈을 가늘게 떴다. 그건 모르핀이었다. 흥미롭게도 의사들이 죽어가는 사람에게 모르핀을 놓는구나 하고 생각했다.

모르핀 주삿바늘을 빼내어 내 궁둥이에 찔러보고 싶은 충동에 사로잡혔다. 나는 거의 한 달 동안 금주했고, 아무 문제도 일으키지 않았다. 방 안을 둘러보니 모두 엘리엇을 지켜보며 여전히 이 놀라운 상황 변화에 경외심을 느끼고 있었다. 나는 금속 쟁반에 살짝 다가가 아무렇지도 않게 주사기를 집어서 반바지 주머니에 찔러 넣었다.

잠시 후 내 주머니가 따뜻해지고 있었다…오, 세상에! 모르핀이 얼른 맞으라고 외치고 있잖아! 바로 지금 이 모르핀을 맞아야 해! 나는 그린 박사에게 이렇게 말했다. "내가 본 것 중 가장 놀라운 일이에요, 박사님. 나가서 모두에게 좋은 소식을 전해야겠어요."

대기실에 있는 일행에게 엘리엇이 기적적으로 깨어났다고 말하자, 엘렌은 기쁨의 눈물을 흘리며 나를 껴안았다. 나는 그녀를 떼어내고 화장실이 급하다고 말했다. 내가 걸어 나가려고 하자 공작부인은 내 팔을 잡고 말했다. "여보, 괜찮아요? 안색이 안 좋아요!"

난 웃으면서 대답했다. "그럼, 괜찮고말고! 화장실이 너무 급해서 그래."

모퉁이를 도는 순간 세계 최고의 단거리 선수처럼 달렸다. 화장실 문을 열어젖히고 칸에 들어가 문을 잠그고는, 주사기를 꺼내 반바지를 내리고 등을 구부려 엉덩이를 높이 들었다. 막 바늘을 꽂으려는 순간 생각지도 못한 문제가 생겼다.

바늘에서 플런저plunger[47]가 빠지고 있었던 것이다.

---

47   피스톤과 같이 실린더 내에서 유체 압축을 할 때 사용되는 기구

그 주사기는 신형 안전바늘 중 하나였는데, 플런저 장치가 없으면 주사를 할 수가 없었다. 결국 내가 가진 것은 끝에 바늘이 달린 쓸모없는 모르핀 카트리지뿐이었다. 너무 당황스러웠다. 그래서 잠시 이 바늘에 대해 고민을 했다. 유레카!

나는 반바지를 도로 입고 선물가게로 달려가 막대사탕을 산 다음 다시 화장실로 달려갔다. 그리고 내 엉덩이에 주삿바늘을 꽂고, 막대사탕을 피스톤 삼아 모르핀이 전부 주입될 때까지 주사기를 눌렀다. 잠시 후 내 몸 안에서 거대한 폭발이 일어나는 것을 느꼈다.

맙소사! 내 생각에는 아무래도 주삿바늘이 정확히 정맥을 찌른 것 같았다. 왜냐하면 전신에 빠르게 열이 올랐기 때문이다. 무릎을 꿇고 쓰러졌고 입안은 바싹 말라갔다. 내장이 펄펄 끓고 눈동자는 불붙은 석탄 덩어리처럼 이글거렸으며 귓가에는 자유의 종소리가 울려 퍼졌다. 괄약근은 드럼보다 더 단단하게 느껴졌고, 나는 그게 너무 좋았다.

좀 전까지 영웅이었던 내가 지금은 반바지를 내리고 엉덩이에 주사기를 꽂은 채, 화장실 바닥에 이러고 있다니. 그런데 공작부인이 걱정하고 있을 거란 생각이 들었다.

잠시 후 공작부인에게 돌아가는 길에 복도에서 한 유대인 노파가 "실례합니다, 선생님!"이라고 말했다.

그 소리에 뒤돌아섰더니 노파가 신경질적으로 웃으며 내 반바지를 검지로 가리켰다. 그러면서 "네 엉덩이! 엉덩이 좀 보라고!"라고 말했다.

엉덩이에 바늘을 꽂은 채 복도를 걷고 있었던 것이다. 마치 투우사의 창에 맞은 황소처럼. 그 친절한 노파에게 미소로 감사를 전하고 나서, 엉덩이에 있는 바늘을 빼내 쓰레기통에 던져버리고 다시 대기실로 향했다.

공작부인은 나를 보고 미소를 지었다. 하지만 갑자기 방이 어두워지기 시작했고⋯어, 젠장!

정신을 차리고 보니 나는 대기실의 플라스틱 의자에 앉아 있었다. 초록색 수술복을 입은 중년 의사가 오른손에 후각 각성제를 들고 있고, 공작부인은 그 옆에서 심각한 표정으로 서 있었다. 의사가 말했다. "호흡이 심각하게 떨어졌어요. 벨포트 씨, 혹시 수면제를 드셨나요?"

"아니요." 공작부인을 향해 슬쩍 웃으며 말했다. "오늘 영웅이 되느라고 너무 스트레스를 많이 받은 거 같아요. 그렇지, 여보?" 그렇게 말한 후 다시 정신을 잃었다.

이번에는 인디언크리크섬으로 향하는 리무진 뒷좌석에서 깨어났다. 차 안에서는 아무 일도 없었다. 내가 처음 한 생각은 코카인을 흡입해서 기분을 풀어야 한다는 것이었다. 그게 문제였다. 안정제 없이 모르핀만 주사하는 건 어리석은 짓이었다. 다시는 그런 짓을 하지 말자고 마음속으로 다짐했고, 엘리엇이 코카인을 가져온 걸 신께 감사했다. 그의 방에서 코카인을 훔친 다음 그가 빌려 간 200만 달러에서 까야겠다.

5분 후, 그 게스트하우스는 CIA 요원 12명이 훔친 마이크로필름을 찾느라 3시간은 뒤진 것처럼 보였다. 사방에 옷이 널려 있었고, 모든 가구가 옆으로 넘어져 있었다. 그런데도 코카인은 없었다. 젠장! 어디 있지? 나는 계속 뒤졌다. 실제로 한 시간이 넘게 뒤지다가 마침내 그런 생각이 들었다. 아서 와이너! 그 쥐새끼가 가장 친한 친구의 코카인을 훔쳐 갔군!

　공허하고 외로운 기분으로 위층으로 올라가 안방 침대에 널브러져서 꿈도 꾸지 못할 만큼 깊은 잠에 빠져들 때까지 아서 와이너를 끝없이 저주했다.

27 착한 사람만 젊어서 죽는다

1994년 6월

스티브 매든 제화의 사무실은 마치 신발 상자 모양 같았다. 앞뒤로 네모난 건물이 두 개 있었는데, 뒤쪽 건물은 스페인계 작업자 10여 명이 근무하는 작은 제조 공장이었다. 이들 모두가 영주권 한 장을 공유하고 세금은 1달러도 내지 않았다. 그리고 앞쪽에 있는 비슷한 크기 건물은 10대 후반과 20대 초반 소녀가 근무하는 사무동이었다. 그들은 모두 다양한 머리카락 색깔과 눈에 띄는 보디 피어싱을 뽐내며 "젖꼭지뿐만 아니라 성기 쪽에도 피어싱을 했죠!"라고 말할 정도였다.

그리고 이 어린 여자 직원들이 스티브 매든 상표가 붙은 15센티미터 플랫폼 슈즈를 신고 비틀거리며 사무실을 돌아다니는 동안 힙합 음악이 울리고, 대마초 향이 타오르고, 전화기 수십 대가 울리고, 셀 수 없이 많은 새로운 신발 스타일이 디자인되고 있었다. 그것은 마치 가짜 종교지도자의 의식 행위 같았는데, 그게 진짜 효과가 있는 것 같았다. 진짜 주술사는 없었지만 왠지 다음에는 정말로 올 것 같다는 생각이 드는 분위기랄까.

어쨌든 앞서 언급한 사무실 앞에는 훨씬 더 작은 사무실(가로 3미터, 세로 6미터)이 있었는데, 구두장이로 통하는 스티브의 사무실이었다. 나도 5월 중순부터 이곳을 지키고 있었다. 구두장이와 나는 온갖 신발이 잔뜩 자리를 차지한 검은색 포마이카 책상의 건너편에 각각 앉아 있었다.

왜 미국에 있는 모든 10대 소녀가 보기에도 끔찍한 이런 신발에 열광하는지 도무지 이해할 수 없었다. 하지만 그 덕분에 우리 회사는 주문이 밀려들어 즐거운 비명을 지르고 있었다. 사무실 여기저기에 신발이 널려 있었고, 천장이나 창틀에도 신발이 가득 차 있어 쓰레기장처럼 지저분해 보였다.

그리고 스티브의 사무실 뒤편 창턱에는 더 많은 신발이 쌓여 있었는데, 너무 높이 쌓여 있어서 그 우울한 창문으로 어두컴컴한 주차장이 간신히 보일 정도였다. 그 모습은 분명 퀸즈의 우울한 구석, 즉 우드사이드의 무거운 분위기에 매우 잘 어울리긴 했다. 맨해튼에서 동쪽으로 약 3킬로미터쯤 떨어진 이곳은, 위치로만 따지면 나와 같은 '다소' 세련된 취향의 남자에게 잘 어울리는 곳이었다.

그렇지만 돈은 돈이었다. 어떤 이유인지 이 작은 회사는 엄청난 돈을 벌고 있었기 때문에 나와 자넷은 풍족한 미래를 기대하고 있었다. 자넷의 개인 사무실은 복도 아래에 있었고, 물론 그녀도 신발에 둘러싸여 있었다.

월요일 아침이었다. 구두장이와 나는 신발이 가득한 사무실에 앉아 커피를 홀짝이고 있었다. 오늘부터 새로 온 운영 매니저 게리 델루카가 함께했다. 지금까지 회사가 잘 운영돼왔기 때문에 다른 사람은 교체하지 않았다. 또 오랫동안 생산과 영업을 담당해온 존 바실레John Basile도 있었다.

우리의 차림새는 세계 제일의 여성화 전문회사를 목표로 하는 회사의 비전과는 완전히 딴판이었다. 나는 프로골퍼, 스티브는 거지, 델루카는 보수적인 사업가처럼 입고 있었다. 30대 중반에 뭉툭한 코, 대머리, 이목구비가 통통한 존은 피자 배달부처럼 색 바랜 청바지에 헐렁한 티셔츠 차림이었다. 나는 존을 정말 존경했다. 그는 진정한 재능을 가졌고, 가톨릭 신자였음에도 불구하고 진정한 개신교 직업윤리(그게 무엇을 뜻하든지 간에)관을 가지고 일했으며, 큰 그림을 보는 진정한 선견자였다.

그런데 후우, 그는 엄청난 침쟁이였다. 그가 흥분하거나, 단순히 요점을 설명하려고 할 때도 비옷을 입든지 그의 입 방향에서 30도 정도는 비켜 있어야 한다는 뜻이다. 그리고 보통 그가 침을 튀길 때는 과한 손동작도 곁들였는데, 대부분은 망할 구두장이 놈이 공장에 대량 주문을 넣어주지 않을 때였다.

지금도 존이 그 부분을 지적하고 있었다. "내 말은 스티브, 만약 그 빌어먹을 신발을 주문하지 말라면 무슨 수로 이 회사를 성장시킬 수 있지? 조던, 당신도 무슨 말인지 알죠? 어떻게 하라는 거지? —젠장! 그에게 B는 가장 치명적인 발음인데. 아, 내 이마에 튀었어!— 배달할 제품이 없는데 어떻게 백화점과 신뢰를 쌓느냐고." 침쟁이가 잠시 말을 멈추고, 내가 왜 이마에 갖다 댄 손바닥 냄새를 맡는지 궁금하다는 듯이 나를 쳐다보았다.

나는 자리에서 일어나 스티브의 등 뒤로 걸어가 침 폭탄의 사정권에서 벗어나며 말했다. "무슨 말인지 다 이해해요. 증권 중개업도 똑같지. 스티브는 보수적이라서 딱 맞춰서 생산하려고 하고, 자네는 재고를 넉넉히 확보해놓고 판매에 힘쓰겠다는 전략이고? 물론 두 사람 모두 맞는 의견이야. 많이 만들어두고 다 판다면야 돈방석에 앉겠지만, 그 반대라면 길바닥에 나앉아야겠지."

침쟁이가 흥분하며 말했다. "아니에요, 조던. 우리가 신발을 만들기만 하면 마샬Marshalls이나 티제이 맥스TJ Maxx 백화점에 모두 납품할 수 있다고요."

스티브는 의자를 빙글빙글 돌리며 말했다. "존은 전체 그림을 못 보고 있어. 설령 마샬이나 티제이 맥스에서 우리 제품을 다 팔 수도 있겠지만 그렇게 되면 싸구려 브랜드라는 이미지 때문에 고급 백화점이나 전문 매장엔 못 들어간단 말이야. 존, 우리는 브랜드를 보호해야 해."

침쟁이가 말했다. "물론 이해해요. 하지만 그건 우리가 브랜드를 키운 후에 할 얘기죠. 고객이 우리 제품을 백화점에서 살 수 없으면 브랜드를 키울 수 없어요." 존은 엄청 화가 난 듯 눈을 가늘게 뜨고 구두장이를 쏘아봤다. "만약 사장님 말대로 하면 우리는 영원히 가내수공업에 머무르고 말 거라고요. 빌어먹을 구두쇠 같으니라고, 더는 안 돼." 그가 내 쪽으로 몸을 돌렸기 때문에 나는 마음의 준비를 했다. "내 말 좀 들어봐요, 조던. ―그의 침방울이 나를 10도 비켜 갔다.― 당신이 여기 있어줘서 얼마나 다행인지 몰라요. 왜냐하면 이 남자는 정말 겁쟁이이고, 나는 정말 질려버렸어요. 우리는 지금 가장 인기 있는 신발을 가지고 있으면서도, 이 녀석이 제품 생산을 못 하게 하니 나는 빌어먹을 주문을 받을 수가 없다고요. 이게 바로 빌어먹을 그리스 비극이지, 아니면 뭐겠어요?"

스티브가 말했다. "존, 자네 같은 전략을 구사하다가 결국은 망해버린 회사가 얼마나 되는지 알아? 우리는 직영매장 체제를 제대로 갖출 때까지 최대한 위험을 피해야 한다고. 그러면 브랜드 이미지를 지키면서도 유통 마진만큼 가격을 인하해서 판매를 더 늘릴 수 있어. 그러니까 날 더 납득시키려 하지 마."

존은 마지못해 자리에 앉았다. 오늘뿐 아니라 4주간 스티브의 활약에 깊은 인상을 받았다. 스티브는 마치 양의 탈을 쓴 늑대 같았다. 외모는 그렇지 않았지만, 그는 타고난 지도자였다. 스티브는 부하 직원들에게서 충성과 복종을 이끌어내는 천부적인 리더의 소질을 갖추고 있었다. 스트래턴에서처럼, 스티브 매든 제화 직원들 모두 광신도 집단처럼 그를 떠받들었다. 구두장이의 가장 큰 문제점은 권한을 나눠주지 않는다는 것이었다. 스티브는 약간 꼰대 스타일이었는데, 그것이 그의 강점이자 약점이었다. 현재는 연간 매출액이 500만 달러 정도라서 별문제가 없었지만 상황이 달라지고 있었다. 내년 목표가 2,000만 달러이므로 이전과는 다른 전략이 필요했다.

이건 지난 4주 동안 내가 집중했던 내용이었다. 게리 델루카를 고용한 것은 첫 단계에 불과했다. 내 목표는 회사가 독립적으로 우뚝 설 수 있게 하는 것이었다. 그래서 스티브와 나는 일류 디자인 팀과 운영 직원을 구성해야 했다. 그러나 너무 빠르면 크게 실패할 수 있었다. 게다가 먼저 우리는 완전히 실패했던 사업을 수습해야 했으니 말이다.

나는 델루카를 보며 말했다. "오늘이 첫 출근인 건 알지만 자네 의견을 듣고 싶어. 스티브의 의견에 동의하든 그렇지 않든 솔직하게 이야기해줘."

침쟁이와 구두장이는 우리 회사의 새로운 관리부장에게로 눈을 돌렸다. 그는 "글쎄요, 두 분의 주장은 모두 잘 이해했습니다. ─아, 좋았어, 사회생활을 잘하는군.─ 사실, 이 중 상당 부분은 물론 가격 인하 후의 총 마진과 이것이 연간 재고 전환 수량과 어떤 관련이 있는지에 대한 문제라고 말하고 싶습니다." 델루카는 자신의 총명함에 감동하듯 고개를 끄덕였다. "여기에는 배송 방식과 관련된 복잡한 문제가 있죠. 상품을 배송할 방법과 장소를 결정해야 하는데요, 말하자면 얼마나 많은 물류창고와 배송차량으로 할 것인지 하는 문제입니다. 물론 관세와 운임을 포함한 실제 판매 원가에 대한 심층 분석도 필요하고요. 저는 즉시 그 작업을 수행하고 다음 이사회의에서 검토할 수 있도록 상세하게 엑셀 문서를 작성하려고 합니다."

오, 이런! 새로운 잔소리꾼이 나타났어! 나는 관리직 사람들과 그들이 그렇게 중요시하는 헛소리들에 큰 관심이 없었다. 디테일! 망할 놈의 디테일! 스티브를 바라보니 그는 이러한 문제들에 대해 나보다 훨씬 더 관심이 없었고, 이제는 눈에 띄게 처져 있었다. 입을 헤벌리고 고개는 푹 수그리고 있었다.

"그 외 더 중요한 것은…우리가 선택한 포장과 운송 방법에 대한 효율성 함수입니다. 그 핵심은…." 잔소리꾼은 계속 말을 이었다.

그러나 곧 침쟁이가 자리에서 일어나 잔소리꾼의 말을 끊으며 울분을 토했다. "도대체 무슨 소릴 하는 거야? 난 그냥 신발을 팔고 싶을 뿐이야! 어떻게 가게로 배송할 건지는 관심도 없다고! 그리고 빌어먹을 엑셀 파일 같은 것도 필요 없어. 내가 12달러에 신발을 만들어서 30달러에 팔면 돈을 벌 수 있는 거 아니냐고! 제기랄!" 이제 침쟁이의 관심은 내게 돌아왔다. 흘낏 보니 스티브는 피식 웃고 있었다.

침쟁이가 내게 말했다. "조던, 여기에서 결정을 내려야 해요. 스티브가 말을 들을 사람은 당신뿐이니까요." 그는 잠시 말을 멈추고 넙데데한 턱에 묻은 침을 닦았다. "당신을 위해 이 회사를 키우고 싶은데 저 혼자서는 한계가….."

"좋아!" 나는 침쟁이의 말을 끊었다. 그리고 잔소리꾼을 돌아보며 말했다. "가서 자넷에게 엘리엇 라빈을 전화로 연결해달라고 해. 그는 햄프턴에 있어." 이어 스티브를 보며 이렇게 말했다. "우리가 결정을 내리기 전에 엘리엇의 의견을 듣고 싶군요. 이 문제에 대한 답은 반드시 있다고 생각하거든. 엘리엇은 분명 그 답을 알고 있을 겁니다." 게다가 나는 자넷이 그와 통화를 연결하는 동안 엘리엇을 구한 내 영웅담을 다시 얘기할 기회가 있으리라 생각했다.

아아, 그럴 기회는 없었다. 잔소리꾼은 20초 만에 돌아왔고, 잠시 후 전화벨이 울리며 엘리엇의 목소리가 스피커폰을 통해 울렸다. "헤이 친구, 어떻게 지내?"

"잘 지내고 있지." 그의 생명의 은인이 대답했다. "자네 몸은 어때? 갈비뼈는 다 나았나?"

엘리엇은 "낫고 있는 중이지. 6주째 금주 중이야."라고 답했는데, 그건 세계 신기록이었다. "아마 이제 몇 주 후면 일도 할 수 있을 것 같아. 근데 무슨 일이야?"

나는 재빨리 간략하게 상황을 설명해주고, 그의 결정에 편견을 주지 않기 위해 누구의 의견이 어떤지는 말하지 않았다. 그런데 그건 별로 의미가 없었다. "사실, 자네 제품을 할인점에서 팔 수 없다면 문제가 될 거야." 엘리엇은 냉철하게 말했다. "대형 브랜드들은 할인점을 통해서 악성재고를 소진하니까 할인점에 판매망을 구축해두는 건 필수야. 티제이 맥스나 마샬 백화점에 가보면 유명 브랜드, 예를 들어 랄프로렌이나 캘빈클라인, DKNY, 페리 엘리스 등이 다 들어가 있지. 하지만 자체적인 아웃렛 매장을 갖고 있거나 할인점에서 염가판매도 하고 있어. 이 점은 생존을 위한 필수요소니까 심사숙고해야지.

어쨌든 재고 문제에 관해서라면, 성장하려면 반드시 적정 재고를 보유해야 하지. 백화점 바이어들은 제품 공급에 확신을 갖기 전에는 입점을 허가하지 않거든. 특히 인기 있는 제품이라면 더욱더 그래. 지금 업계 소문이 자네 회사의 신발은 공급이 달린다고 하니까 신속히 대처해야 할 거야. 게리를 경영기획 책임자로 영입한 것도 그런 이유 아냐?"

게리 델루카가 웃고 있는지 궁금해서 쳐다봤지만 무표정했다. 이 팀은 다 이상한 사람들이었다. 회의 내내 자신의 의견만 말했지, 전체적인 해답을 제시하지는 못했다. 그러니 나까지 그렇게 된다면 이런 회의는 필요 없는 것이었다.

엘리엇이 계속 말을 이어나갔다. "모두의 말을 들어보니 다들 반씩은 맞는 말이야. 스티브는 브랜드를 보호하기 위해 좀 더 큰 그림을 생각해야 할 필요가 있는 것 같군. 결국은 브랜드가 승패를 결정지으니까. 그걸 망치면 끝장이지. 한때 주목받다가 결국은 할인점 브랜드로, 그리고 지금은 벼룩시장에서나 찾을 수 있는 브랜드가 수도 없이 많아." 엘리엇은 잠시 말을 멈췄다.

스티브는 그의 의자에 털썩 쓰러져 있었다. 스티브 매든-자신의 진짜 이름!-과 벼룩시장이라는 단어가 동의어가 된다는 생각이 말 그대로 그를 기운 빠지게 만든 것이다. 침쟁이는 엘리엇을 목 졸라 죽이기 위해 전화선을 뛰어넘을 것처럼 몸을 앞으로 쭉 빼고 앉아 있었다. 그리고 델루카는 여전히 무뚝뚝한 표정이었다.

엘리엇은 "자네의 최종 목표는 결국 스티브 매든을 톱 브랜드로 만드는 거잖아. 그런 후에는 가만히 앉아 로열티만 받아도 막대한 수입이 보장되니까 말이야. 청바지, 벨트, 선글라스, 핸드백, 스포츠웨어, 마지막으로 향수까지 진출하게 되면 대성공이지. 근데 그러려면 존이 생각하는 방식으로는 안 된단 말이야. 존을 공격하려는 게 아니니까 오해는 말게. 지금 유행한다고 거기에만 대응한다면 분명 싸구려 벼룩시장용 상품으로 전락하고 말 거란 얘기니까."

이때 스티브가 나섰다. "엘리엇, 당신 의견에 동감이에요. 존이 하자는 대로 하다간 우리 창고에는 돈 대신 쓰레기 같은 재고만 쌓이게 될 거예요. 우리 제품을 또 하나의 벼룩시장용으로 전락시킬 순 없어요."

엘리엇이 그 말을 듣고 웃으며 말했다. "그건 간단해요. 물론 여러분의 사업 내용을 속속들이 알지는 못해도 주력 상품은 서너 켤레에서 나올 테고, 그런 신발들은 20센티미터가 넘는 힐과 금속 스파이크, 지퍼가 달린 난해한 것들은 아닐 거예요. 그런 신발은 젊고 힙하고 독특하다는 신비감을 만들어내긴 하겠죠. 독특한 창의력으로 신세대의 취향에 맞추었을 테고요. 하지만 현실은 아마도 그리니치 빌리지Greenwich Village[48]나 당신 사무실에 있는 몇몇 괴짜 말고는 그런 특이한 신발은 거의 사지 않을 거고요. 정말 돈을 벌어주는 모델은 마리 로우와 메릴린 같은 기본 모델이죠?"

스티브와 침쟁이 존을 쳐다봤는데, 둘 다 고개를 옆으로 숙이고 입을 굳게 다물고 아무런 말도 하지 못한 채 눈은 부릅뜨고 있었다. 잠시 후 엘리엇이 말했다. "대답이 없는 걸 보니 내 말이 맞나보죠?"

그러자 스티브가 나섰다. "그 말이 맞아요, 엘리엇. 독특한 모델은 그다지 많이 팔리는 편은 아니에요."

6주 전만 해도 침을 흘리지 않고는 말도 제대로 못 했던 엘리엇이 말했다. "그럴 수밖에 없지요. 패션의 도시 밀라노에서도 가장 유명한 브랜드조차 파격적인 제품은 그다지 많이 팔리지 않으니까요. 그건 단지 이미지 구축을 위한 홍보용에 불과하죠. 그러니 해답은 보수적이면서도 기본적인 모델을 주력 제품으로 하고 시중의 유행 색상을 가미한다면 가장 이상적이라는 겁니다. 특히 시장을 무시하고 경영진의 개인 취향에 따라 엄청난 돈을 쏟아부어서는 안 돼요.

---

48 뉴욕에 있는 예술가·작가가 많은 주택 지구

항상 검증된 제품에 주력하는 게 나아요. 그러다가 예상치도 못한 모델이 갑자기 인기가 치솟아 재고가 부족해지면 그건 인기를 오히려 높여주니까 신경 쓸 필요는 없어요. 그때는 만약 멕시코에서 만들어 와도 모두 줄 서서 사 가는 상황이 될 거예요.

그리고 드물기는 해도 제대로 예측한 제품을 잔뜩 만들어놓았는데 팔리지 않을 수도 있어요. 그런 때는 할인점을 통해서 모두 처분하면 돼요. 손해를 초기에 정리하면 결국은 그게 돈 버는 길이랍니다. 마지막으로 악성재고 얘긴데요, 백화점 바이어에게 많은 재고가 있다는 걸 알려주고 판매가 부진하면 값을 깎아서 공급하겠다고 솔직히 얘기한다면 백화점은 자체 마진을 유지하면서도 할인해서 판매를 늘릴 수 있으니까 흔쾌히 동의할 겁니다.

그것과는 별개로 직영매장을 최대한 빨리 열어야 해요. 중간 유통 마진을 흡수함으로써 이익률이 높아지고 악성재고도 처리할 수 있는 가장 좋은 방법이죠. 브랜드를 망칠 위험은 감수하지 말고요. 이제 매출 급상승 단계에 있으니 이런 전략을 잘만 세운다면 결코 실패하지 않을 겁니다."

둘러보니 비로소 모두 고개를 끄덕였다.

왜 진작 그러지 않았지? 누가 이런 논리로 말할 수 있겠는가? 이렇게 명석한 친구가 마약에 빠져 인생을 망쳐버린 게 슬픈 일이었다. 재능 낭비보다 더 슬픈 일이 어디 있겠는가. 엘리엇은 한 달 반가량 마약을 완전히 끊었다. 그러다 보니 판단력이 바늘 끝만큼 날카로워졌다. 하지만 몸이 완전히 낫고 나면 다시 마약을 찾을 게 뻔했다. 그것은 엘리엇 같은 인간의 문제였는데, 그는 마약을 이겨낼 수 있다고 스스로 믿지 않았다.

어쨌든, 나는 내 능력껏 다섯 명을 충분히 상대했다. 나는 아직 빅터 왕을 괴롭히고 있었고, 여전히 스트래턴에서 미친 듯이 날뛰고 있는 대니를 상대해야 했다. 게리 카민스키와도 여전히 문제가 있었는데, 알고 보니 그는 여전히 스위스의 소렐과 전화 통화를 하고 있었고, 특수요원 그레고리 콜먼은 소환장을 들고 쫓아다니고 있었다. 그래서 엘리엇의 금주에 관심을 둘 만한 여유가 없었다.

나는 스티브와 점심을 먹으면서 의논해야 할 긴급한 문제가 있었고, 그 후에는 공작부인과 챈들러를 보기 위해 햄프턴으로 가야 했다. 그런 상황에서 적당한 신경안정제 복용량은 소량이어야 하는데, 아마 250밀리그램 정도이거나 점심시간 30분 전에 복용한 루드 1개 정도일 것 같았다. 그렇게 거의 5년 동안 금주 중인 구두장이에게 들키지 않고 파스타를 맛있게 먹을 수 있었다. 정말 즐겁게.

그러고 나서 헬리콥터의 뒷좌석에 앉기 직전에 코카인을 몇 번 들이켰다. 결국, 나는 루드를 안 먹었을 때 항상 가장 안정된 비행을 했지만, 여전히 코카인으로 인한 편집증이 자꾸 심해지고 있었다.

점심은 루드 한 알로! 퀸즈시 코로나에 있는 이탈리아 레스토랑에서 구두장이와 식사를 하고 있었다. 역사가 오랜 이탈리아 식당은 여전히 마피아들의 근거지로 남아 있었고 보통 그 지역의 유력 인사들이 운영하고 있었다. 워낙 유명해서 멀리서 일부러 찾아오는 손님도 많았다. 할렘 지역에서는 라오 레스토랑이 그랬고, 이곳 코로나에서는 파크사이드Park Side 레스토랑이 그런 경우였다.

라오와는 달리 이곳은 규모와 장식이 매우 뛰어났다. 호두나무 조각, 연기 처리된 거울, 유리 조각, 꽃이 피는 식물, 완벽하게 다듬어진 양치식물들로 아름답게 장식되어 있었다. 인테리어는 완벽했고 음식 맛 또한 끝내줬다.

파크사이드 레스토랑의 소유주인 토니 페데리치Tony Federici는 진정 존경받는 사람이었다. 그는 이런저런 평판을 받고 있지만, 내 기준으로 그는 뉴욕 자치구 5군데에서 가장 괜찮은 레스토랑의 주인이었다. 보통 토니는 앞치마를 두르고 한 손에는 수제 와인 병을, 다른 손에는 구운 고추가 담긴 쟁반을 들고 식당을 돌아다녔다.

구두장이와 나는 멋진 정원의 식탁에 앉아 그가 엘리엇을 대신해 내 비밀금고가 되어주는 것에 대해 이야기하고 있었다. "기본적으로 문제 될 건 없어요." 뒷돈을 챙기는 데 집착하게 된 욕심쟁이 구두장이에게 말했다. "하지만 두 가지를 생각해야 해요. 하나는 계좌 추적을 피해 어떻게 현금을 내게 주느냐 하는 것인데, 금액이 워낙 커서 그래요. 다른 하나는 당신은 이미 먼로파커의 비밀금고니까 내가 거기에 누를 끼칠까 걱정된다는 점이에요. 그래서 앨런과 브라이언하고 먼저 상의해봐야겠어요."

구두장이는 고개를 끄덕였다. "당신이 무슨 말을 하는지 알아요. 우선 현금을 전달하는 건 별문제가 안 될 거예요. 스티브 매든 주식을 통해서도 할 수 있어요. 내가 당신 대신 보유하고 있는 주식을 팔면서 그 값을 더 쳐줄게요. 400만 달러 차용증을 당신이 갖고 있으니까 나중에 그만큼 수표 발행을 해줘도 법적으로 문제가 안 될 거예요. 그렇죠?"

스티브가 매든 제화를 운영하는 데 도움을 주는 대가로 매년 나에게 돈을 지불하는 일종의 컨설팅 계약을 체결한다면 나쁜 생각은 아니었다. 하지만 스티브가 내 주식을 그의 명의로 150만 주나 갖고 있는 게 더 문제였다. 즉 그의 회사임에도 불구하고 스티브는 자기 회사의 주식을 거의 보유하지 않은 셈이기 때문이었다. 먼 훗날 내가 수천만 달러를 벌고 자신은 겨우 몇백만 달러밖에 못 버는 상황이 온다면 분명히 문제가 될 테니까. 그래서 나는 웃으며 말했다. "비밀금고 건에 대해서는 좀 더 생각해보죠. 매든 제화 주식을 이용하는 방법은 처음에는 괜찮지만 나중에 당신의 지분비율 문제가 생길 수 있어요. 당신의 고유지분을 올릴 방법을 먼저 찾아야 해요. 지금은 30만 주밖에 없죠?"

스티브가 고개를 끄덕였다. "그리고 스톡옵션 몇천 개도 있어요. 그게 다죠."

"좋아요. 일반적인 파트너로서, 당신이 시장가의 절반

가격을 행사가로 하는 스톡옵션 100만 주를 행사할 수 있는 길을 찾아보죠. 그러면 우리 둘의 지분비율이 반반 정도 될 테니까. 그러면 모든 게 공평해지지 않겠어요? 나스닥이 눈도 깜짝하지 않게 당신 이름으로 보관해두고, 팔 때가 되면 당신이 다른 것들과 함께 나한테 돌려주면 되죠."

구두장이가 미소를 지으며 손을 내밀어 악수를 청했다. "정말 고마운 일이에요, 조던. 말은 안 했지만 마음속으로는 항상 신경이 쓰였어요. 시간이 흐르면 문제가 될 게 뻔했으니까요." 스티브가 자리에서 일어나 내게로 와서 마피아식 포옹을 했고, 이 레스토랑에 있는 단 한 사람도 우리를 신경 쓰지 않았다.

다시 자리에 앉아 스티브가 말했다. "그런데 150만 주로 하는 게 어때요? 각자 75만 주씩으로요."

"아니요." 나는 뻣뻣하게 손을 쫙 펴고 말했다. "나는 홀수를 싫어해요. 왠지 재수가 없을 것 같아서요. 대신에 200만 주로 하죠. 각자 100만 주라면 기억하기도 쉬우니까 좋지 않겠어요?"

"그렇게 하죠." 구두장이가 동의했다. "당신이 최대 주주니까 골치 아픈 이사회 의결을 거칠 필요는 없겠죠? 이건 합법적인 절차에 따른 이사회와 같으니까요."

"글쎄요." 나는 생각에 잠긴 듯 턱을 긁으며 대답했다. "우호적인 파트너로서 아주 긴급한 경우를 제외하고는 '합법적'이란 단어는 쓰지 않는 게 좋다고 충고하고 싶어요.

하지만 이미 그 단어를 말해버렸으니 나도 이번 안건에 찬성함으로써 공범이 되겠습니다. 앞으로 페어플레이 정신을 살려 이 약속을 지키기로 서로 약속하죠."

"동의합니다." 구두장이가 행복해하며 말했다. "어쩔 수 없어요. 변변찮은 저나 대단하신 월스트리트의 늑대보다 훨씬 더 강력한 기이한 힘이 작용하고 있으니까요."

"당신이 생각하는 방식이 마음에 들어요, 구두장이 씨. 사무실에 돌아가면 변호사들에게 전화해서 지난번 이사회의 회의록을 소급해서 작성하라고 하세요. 문제가 있으면 연락하라고 하고요."

"알겠어요."라며 이제 막 지분을 400퍼센트 늘린 구두장이가 답했다. 그리고 목소리를 낮추고 음모를 꾸미는 사람처럼 말했다. "그런데 조던, 이 얘기는 대니에게 하지 맙시다. 나도 대니한테 스톡옵션은 모두 내 거라고 말할게요."

맙소사! 이거 완전 배신자인데! 이 일로 내가 자기를 더 존경하게 되었다고 생각하는 걸까? 어이가 없군! 속으로만 이런 생각을 간직한 채 말했다. "솔직히 말하면, 나는 지금 대니가 일하는 방식이 좀 마음에 안 들어요. 주식을 되도록 많이 보유하려는 게 마치 침쟁이 존이 재고를 많이 가져가 겠다는 것과 똑같기 때문이죠. 내가 스트래턴에서 물러날 때 공매도 금액이 200만 달러였는데 지금은 제로더군요. 정말 부끄러운 일이에요." 나는 진지한 표정으로 고개를 저었다. "어쨌든 지금 스트래턴의 수익성은 어느 때보다도 좋지만 그건 장기투자를 할 경우에나 유용한 전략이에요. 지금 대니는 공격받기 좋은 모양새라서 걱정스러워요. 그렇지만 말릴 방법도 없고."

스티브가 어깨를 으쓱했다. "내 말을 오해하지 마세요. ─그래? 아니면 내가 그걸 어떻게 받아들이겠어, 이 망할 사기꾼아!─ 앞으로 한 5년은 우리가 이 회사를 비약적으로 발전시켜야 한다는 뜻에서 한 말이니까요. 풍문에 따르면 브라이언과 앨런도 대니를 그다지 좋아하지 않아요. 로웰 스턴과 브론슨도 마찬가지 아니던가요. 소문으로 들은 이야기예요. 결국 당신이 각자 갈 길을 가도록 해줘야 할 거예요. 그들은 당신에게는 항상 충성하겠지만, 대니라면 상관없다고 생각하고 있으니까요."

바로 그때 토니 페데리치가 하얀 셰프복을 입고 와인 병을 들고 우리 쪽으로 다가왔다. 나는 일어나서 그를 맞이했다. "안녕, 토니. 잘 지내죠?"

나는 스티브를 향해 손짓하며 말했다. "토니, 내 친구를 소개할게요. 스티브 매든, 우드사이드에 있는 신발 회사 파트너예요."

스티브는 즉시 의자에서 일어나 환하게 웃으며 말했다. "이봐, 터프 토니! 토니 코로나! 말씀 많이 들었습니다! 제 말은, 저도 롱아일랜드에서 자랐지만 거기서도 터프 토니는 유명했거든요! 만나서 반갑습니다!" 그 말과 함께 스티브는 새로 만난 친구 터프 토니 코로나에게 악수를 청했다.

물론 그 친구는 그 별명을 극도로 혐오했지만 말이다.

음, 어쩌면 이것이 반가움을 표현하는 방법 중 하나라는 생각이 들긴 했다. 아마도 토니가 친절하게 깐족대는 스티브에게 한 방 먹일 것 같았다.

역시나 구두장이의 손은 악수를 기다리며 불안하게 허공을 맴돌고 있었다. 토니는 웃고 있긴 했지만, 이 미소는 마치 사디스트sadist 교도소장이 사형수에게 "마지막 식사는 무엇으로 하시겠습니까?"라고 묻는 것처럼 살벌해 보였다.

마침내 토니가 어설프게나마 손을 내밀었다. "네, 만나서 반갑습니다." 무뚝뚝하게 말하는 토니의 짙은 갈색 눈에 싸한 기운이 돌았다.

"저도 반갑습니다, 터프 토니." 눈치 없는 구두장이가 또 저렇게 말했다. "저는 이 레스토랑이 좋다는 얘기만 들었는데, 앞으로는 자주 올까 합니다. 예약 전화할 때 그냥 터프 토니 코로나 친구라고 할게요. 그래도 괜찮죠?"

"좋아, 인사는 이쯤 하고!" 나는 어색하게 웃으며 끼어들었다. "이제 본론으로 돌아가는 게 좋을 것 같군, 스티브." 그런 다음 토니를 보며 "인사하러 와줘서 고마워요. 항상 그랬듯 당신을 만나서 반가웠어요."라고 말했다. 마치 "내 친구는 신경 쓰지 마세요. 투레트 증후군Tourette syndrome이라 그래요."라고 말하듯 눈에 힘을 주고는 고개를 저었다.

토니는 코를 두 번 찡긋하고는 돌아갔다. 아마도 주방으로 돌아가 스티브를 욕하면서 에스프레소를 한 모금 마셨을 것이다.

나는 앉아서 심각하게 고개를 절레절레 흔들었다. "도대체 왜 그러는 거야, 구두장이 씨? 아무도 터프 토니라고 안 불러요, 아무도! 이제 당신 큰일 났어요."

"무슨 소리예요?" 하며 눈치 없는 구두장이가 말을 이었다. "그 남자 나한테 호감이 있던데, 아니었어요?" 이내 신경질적으로 고개를 팍 숙이더니 "아니면 내가 잘못 이해한 건가요?"라고 덧붙였다.

그때 덩치가 산만 한 지배인 알프레도Alfredo가 다가왔다. "벨포트 씨, 카운터에 전화가 와 있습니다. 바 앞쪽으로 가시면 됩니다. 거긴 조용해요, 주변에 아무도 없거든요."라고 말하며 거대한 산이 웃었다.

어, 아! 그들은 스티브의 행동을 내 탓이라고 생각하고 있었다! 이것은 나 같은 유대인이 뉘앙스를 완전히 이해할 수 없는 심각한 마피아식 표현이었다. 그러나 본질적으로 내가 그를 이 식당에 데려왔다는 건 데려올 만하다고 인정한 셈이니, 이제 그의 오만방자함에 대한 후폭풍이 따를 것이었다. 나는 지배인에게 웃으며 감사를 표했다. 그런 다음 테이블에서 일어나 바(아마도 고기 냉동고)로 향했다.

나는 카운터로 가서 수화기를 들고 잠시 주위를 둘러보았다. 나는 발신음만 듣게 될 것이고, 목에 뭔가 감길 거라고 생각하면서 전화를 받았다. "여보세요?"

"사장님. 저 자넷이에요." 진짜 자넷이었다. "무슨 언짢은 일이라도 있으세요? 목소리가 이상한데요."

"아니야, 아무 일도. 무슨 일이야?" 내 말투가 평소보다 퉁명스러웠나? 아마도 루드 약발이 떨어져서 그렇겠지.

"또 전화해서 죄송하네요!" 하며 예민한 답이 돌아왔다.

"자넷, 무슨 일이냐니까? 여기 너무 힘들어."

"빅터 왕한테 전화가 왔는데 아주 다급한 일이래요. 점심 먹으러 나가셨다고 했는데 돌아올 때까지 기다리겠다고 하더라고요. 그 사람 되게 나쁜 놈 같던데요, 제 생각은 안 궁금하시겠지만."

누가— 네— 의견— 따위—를 궁금—해—하겠—냐고, 자넷!

"응, 연결시켜줘." 바 뒤에 있는 거울에 비친 내 모습을 보고 웃으며 말했다. 나는 주머니에서 스페인산 퀘일루드 한 개를 꺼내어 잠시 살펴본 다음 물도 없이 그대로 삼켰다.

나는 사악한 인간의 겁에 질린 목소리를 기다렸다. 거의 일주일가량 그를 피했고, 듀크 증권사는 주식이 목까지 차올랐을 것이다. 빅터에게 매도 주문이 쏟아지고 있었고, 그는 내 도움을 찾고 있었다. 그래서 나는 일종의 '도움'을 줄 작정이었다.

사악한 인간의 목소리가 들려왔다. 그는 간단히 인사한 다음 자신이 어떻게 특정 회사에서 실제 주식보다 더 많은 주식을 소유하고 있는지 설명하기 시작했다. 사실 전체 유동 주식 중 150만 주밖에 없었는데, 그는 현재 160만 주를 보유하고 있었다.

"…여전히 주식이 쏟아지고 있어."라고 판다가 말했다. "도대체 어떻게 그런 일이 가능한지 이해할 수 없어. 대니가 날 엿 먹이려고 한 것은 알지만 이제는 그도 그 주식이 없거든." 빅터는 완전히 얼이 빠져 있었다. 물론 내가 베어 스턴스Bear Stearns[49]의 특별 계좌를 통해 계속 매도하고 있는 건 전혀 모르고 있었다. 내가 주식을 소유했든 아니든, 돈을 빌릴 수 있든 없든 간에 내가 원하는 만큼 주식을 팔 수 있었다. 나는 전 세계 어느 증권사를 통해서도 매매할 수 있는 프라임 계정이라는 특수 계좌를 갖고 있었다. 그러니 그놈은 그 주식을 누가 팔았는지 알아낼 방법이 없었다.

"진정해, 빅터."라고 내가 말했다. "만약 자금이 부족하다면 내가 있잖아. 지금 당장이라도 30만이나 40만 주쯤 팔고 싶으면 말만 하라고." 그것은 내가 공매도한 수량에 해당했다. 물론 공매도 당시 시세가 아주 높았기 때문에 지금 시세로 되사면 막대한 시세차익을 거둘 수 있고, 나는 한도를 살린 뒤 또다시 공매로 주문을 낼 수도 있었다. 몇 번만 그렇게 하면 그 주식은 시세가 뚝 떨어져 이 녀석은 차이나타운의 자장면집에서 홀 서빙이나 해야 할 것이었다.

"그래."라고 판다가 대답했다. "그래 주면 정말 큰 도움이 될 거야. 난 자금이 부족한데 그 주식은 이미 5달러 아래로 떨어져 있어. 더 떨어지면 손해가 막심하거든."

---

49   월스트리트의 5대 투자은행 중 한 곳

"걱정 마, 빅터. 지금 메이어슨에 있는 케니 코크Kenny Kock에게 전화하면 몇 시간마다 5만 주씩 사줄 거야."

빅터가 고맙다며 전화를 끊자 나는 케니 코크에게 전화를 걸었다. 그의 아내 필리스는 내 결혼식에서 사회를 맡았었다. 나는 케니에게 말했다. "사악한 빅터 놈이 자네에게 전화해서 일전에 얘기한 그 주식을 몇 시간 단위로 5만 주씩 사달라고 요청할 거야. —나는 이미 케니 코크와 계획을 공유했고, 케니는 내가 빅터와 비밀 전쟁을 벌이고 있다는 걸 잘 알고 있었다.— 그러니 지금 당장 5만 주 공매도 주문을 내서 가격을 더 떨어뜨려. 그러고 나서 90분 단위로 5만 주를 계속 팔라고. 빅터가 출처를 모르도록 블라인드 계좌로 말이야."

M.H. 메이어슨의 수석 트레이더였던 케니 코크는 "문제없습니다, 벨포트 씨."라고 답했다. 나는 방금 IPOInitial Public Offering[50]에서 그의 회사를 위한 1,000만 달러를 모았기 때문에 그와 무제한으로 거래할 권한이 생겼다. "다른 건요?"

"아니, 그거면 돼." 내가 말했다. "매도를 5,000 또는 1만 주 단위로 적게 유지해. 난 그놈이 무작위 공매라고 생각했으면 좋겠거든." 아아, 이걸 말해줘야지. "사실 네 계

---

50 기업공개. 즉 외부 투자자가 공개적으로 주식을 살 수 있도록 기업이 자사의 주식과 경영 내역을 시장에 공개하는 것

좌에서 얼마든지 팔아도 좋아. 왜냐하면 그 주식은 이제 휴지 조각이 될 테니 말이야!"

나는 전화를 끊고 아래층 화장실로 내려가 코카인을 몇 번 들이켰다. 빅터와 함께 빛나는 주식 쇼 연기를 펼친 내게는 당연히 이럴 자격이 있다고 생각했다. 나는 듀크 증권사의 흥망성쇠에 대해 전혀 죄의식을 느끼지 않았다. 지난 몇 달간 그놈은 자기 별명에 걸맞은 행동을 해왔다. 비밀리에 스트래턴의 유능한 브로커들을 빼냈고, 스트래턴이 신규공모한 주식을 되팔아 스트래턴의 시장 조성에 찬물을 끼얹기도 했다. 그러면서 자신은 그 사실을 부인하고 있었지만. 또 대니를 스트래턴의 자격 없는 CEO라고 공개적으로 욕하고 다녔다.

결국 이건 복수였다.

나는 1분도 채 되기 전에 화장실을 들락날락하며 네 번이나 코카인을 흡입했다. 계단을 오르는데 심장이 토끼보다 빠르게 뛰고 혈압이 뇌졸중 환자보다 높아서 기분이 너무 좋았다. 완전히 날아갈 것 같았다.

그러다가 계단 꼭대기에서 덩치 큰 지배인 알프레도와 마주쳤다. "또 전화가 왔습니다."

"그래요?" 나는 턱이 떨리는 걸 참으려고 애쓰며 말했다.

"아내분인 것 같은데요."

맙소사! 공작부인! 그녀는 어떻게 이럴 때마다 전화하지? 항상 내가 좋지 않을 때를 알고 있는 것 같단 말이지!

내가 항상 나쁜 짓을 해서 그럴 수도 있겠지만, 평균 법칙에 따르면 그녀는 항상 결정적인 시간에 전화를 걸었다.

고개를 푹 숙인 채 바로 들어가서 수화기를 들었다. 그냥 허세를 부려야 할 것 같았다. "여보세요?" 하고 아닌 척 자연스럽게 전화를 받았다.

"안녕, 여보. 별일 없어요?"

나한테 별일 없냐고? 정말 날카로운 질문이군! 교활하신 내 공작부인. "그럼, 난 별일 없지, 여보. 스티브랑 점심 먹는 중이야. 무슨 일이야?"

공작부인은 깊은 한숨을 내쉬며 말했다. "나쁜 소식이에요. 패트리샤 이모가 돌아가셨어요."

28 불멸의 죽음

패트리샤 이모가 돌아가신 지 5일 후, 스위스로 가서 위조의 달인의 집 거실에 앉아 있었다. 제네바에서 20분쯤 떨어진 교외의 아늑한 곳이었다. 우리는 방금 전 저녁식사를 끝냈고, 부인은 디저트로 커피와 스위스 초콜릿, 프렌치 페이스트리, 알프스 치즈 등을 내놓았다.

나는 두 시간 전에 도착해서 곧바로 업무 얘기를 하려고 했지만, 두 부부가 스위스의 뛰어난 자연과 전원주택의 정취를 느낄 수 있게 해주겠다고 고집했다. 그래서 우리는 가죽으로 만든 안락의자에 등을 기대고 마주 앉아 있었다. 그들은 회색 운동복을 입고 있었는데, 내 눈에는 회색 안락의자와 함께 마치 타이어 회사 굿이어Good Year의 소형 비행선처럼 둥글게 보였다.

패트리샤 이모의 뇌졸중과 갑작스러운 사망 이후, 롤랜드와 나는 몇 번 짧은 전화 통화만 했다. 브룩빌 컨트리클럽의 클럽하우스는 저주받은 곳이라는 생각 때문에 이번에는 그 건너편에 있는 골드코스트 승마클럽의 공중전화를 이용했다. 그는 나에게 걱정하지 말라고, 자신이 알아서 잘 처리하겠다고 말했다. 하지만 그 방법의 복잡성 때문에 전화로는 설명하기 어렵다고 했다.

그래서 내가 어젯밤에 비행기를 타고 이곳 스위스로 날아와 직접 설명을 들으려고 얼굴을 마주하고 있는 것이다.

이번에는 내가 똑똑했다.

상업용 비행기를 타고 여승무원의 몸을 수색하다가 체포되는 위험을 무릅쓰는 대신, 전용기 걸프스트림을 이용했다. 대니도 함께 왔는데, 그는 호텔에서 스위스 창녀들과 럭비 스크럼을 짜고 놀면서 나를 기다리고 있을 터였다.

나는 얼굴에 미소를 가득 띠고 있었지만 속으로는 좌절감을 느끼며 롤랜드 부부가 디저트를 먹는 모습을 가만히 바라보고 있었다.

마침내 인내심이 바닥났고, 최대한 부드러운 목소리로 말했다. "두 분은 참으로 친절하시군요. 어떻게 감사드려야 할지 모르겠지만 유감스럽게도 난 곧 미국으로 돌아가야 해요. 괜찮다면 롤랜드, 업무 얘기를 시작할 수 있을까요?" 나는 아무렇지 않은 척 괜히 웃어 보였다.

위조의 달인은 활짝 웃었다. "물론이죠, 친구." 그러더니 부인에게 말했다. "여보, 저녁 준비 좀 하는 게 어때?"

저녁? 맙소사!

부인은 고개를 끄덕이고는 나갔고, 롤랜드는 초콜릿을 뒤집어쓴 딸기 두 개를 집어 들었다.

나는 심호흡을 하고 말했다. "롤랜드, 패트리샤 이모의 사망과 관련해서 내가 가장 걱정하는 건 유니온 뱅크에서 돈을 어떻게 빼내느냐 하는 겁니다. 그다음으로는 누구의 명의를 빌려서 그 돈을 관리하느냐 하는 것이죠. 아시다시피 제가 스위스 계좌를 이용하면서 마음 편하게 있었던 건 패트리샤 이모를 전적으로 신뢰했기 때문인데, 이렇게 빨리 돌아가실 거라고는 전혀 생각도 못 했어요." 그러면서 깊은 한숨을 내쉬었다.

위조의 달인이 어깨를 으쓱하며 말했다. "물론 패트리샤 이모님의 일은 정말 유감이에요. 그렇지만 돈에 관한 일은 걱정할 필요가 없어요. 돈은 이미 다른 두 은행으로 옮겨 놓았거든요. 두 은행에서는 패트리샤 이모님을 직접 본 적이 없습니다. 물론 거기에 필요한 서류는 미리 만들어뒀고 이모님의 서명도 만들어뒀기 때문에 전혀 문제없어요. 서류를 생전의 날짜로 조정해두었기 때문에 가능한 일이었어요. 당신 돈은 안전하게 있고 아무것도 변한 게 없답니다."

"그런데 누구 이름으로 되어 있죠?"

"물론 패트리샤 이모님의 이름이에요. 죽은 사람보다 더 훌륭한 명의는 없죠. 두 은행 모두 이모님을 본 적이 없고 무기명식 채권에 돈을 옮겨두었기 때문에 증명서만 가지고 있으면 돈을 찾는 데는 문제가 없어요. 이런 정도의 일은 이 분야에서는 그다지 어려운 일이 아니랍니다. 유니온 뱅크에서 돈을 미리 옮겨놓은 이유는 그곳에서 소렐의 입지가 좁아졌기 때문이에요. 후회하는 것보다 안전한 게 낫다고 생각했으니까요."

진정한 달인! 진정한 달인! 내가 원하는 걸 모두 알고 처리해두었다니. 그렇다. 이 사람은 세상 무엇과도 비유할 수 없을 만큼 가치가 높았다. 죽은 사람까지도 살려내다니! 패트리샤 이모도 이걸 원하셨을 것이다. 이모님의 이름은 스위스 은행 시스템의 저 아래에 영원히 살아남을 것이다. 이런 영원불멸의 마술은 위조의 달인이었기에 가능했다. 이모님은 너무도 갑작스럽게 돌아가셔서 작별을 고할 시간도 없었다. 그렇지만 이모님은 돌아가시는 순간에도, 자신이 죽고 난 후 조카사위에게 조그마한 문제도 없기를 간절히 빌었을 것이다.

롤랜드가 몸을 앞으로 굽히더니 초콜릿 딸기를 두 개 더 집어 들고 입에 넣어 쩝쩝거리기 시작했다. 그에게 말했다. "아시겠지만 나는 유니온 뱅크의 소렐을 처음 만난 순간 그를 매우 좋아했어요. 하지만 요즘 약간 실망했지요. 그는 게리 카민스키와 지속적으로 통화하고 뭔가 일을 꾸미고 있어 내게 상당히 불편한 마음을 갖게 했죠. 당신만 괜찮다면 저는 유니온 뱅크와는 이제 거래하지 않으려고 해요."

"나는 항상 당신의 결정에 따릅니다. 현시점에서는 잘 생각하신 것 같군요. 하지만 어느 쪽에서든 장 자크 소렐에 대해선 걱정할 필요가 없어요. 그는 프랑스인이지만 스위스에 살고 있는 한 미국 정부도 강제로 그를 어쩌진 못해요. 또 그는 절대 남을 배신할 사람은 아니에요."

"나도 그 사람은 믿어요. 하지만 이건 신뢰 문제가 아니에요. 그저 다른 사람이 나의 금융관계를 안다는 게 꺼림칙한 거죠. 특히 카민스키 같은 사람이요." 나는 애써 미소 지으며 말했다. "어쨌든 내가 소렐과 통화하려고 일주일 넘게 노력했지만, 사무실에서는 그가 출장 중이라고 하더군요."

위조의 달인이 고개를 끄덕였다. "네, 그는 지금 미국에 있어요. 고객과 미팅이 있다더군요."

"오, 정말요? 전혀 몰랐어요." 웬일인지 설명할 수는 없지만 뭔가 문제가 생길 수도 있다는 불안감이 솟구쳤다.

사실 롤랜드는 "네, 소렐은 미국에 많은 고객이 있어요. 저도 몇몇은 알지만 전부를 알지는 못해요."라고 말했다.

나는 내 예감을 쓸모없는 편집증으로 치부하고 고개를 끄덕였다. 15분 후에 나는 스위스의 산해진미가 든 가방을 들고 현관에 서 있었다. 우리는 작별 인사를 나누었고, 롤랜드와 따뜻한 포옹을 하며 다시 만날 것을 기약했다. "아우 르보아르Au revoir(또 봐요)!" 프랑스어로 인사했다.

돌이켜보니, '안녕good bye'이 더 적절했을 것이다.

금요일 아침 10시가 조금 지나 웨스트햄프턴의 우리 집으로 돌아왔다. 나는 챈들러를 품에 안아 뽀뽀를 해주고 공작부인과 사랑을 나누며 잠들고 싶었지만, 그럴 기회가 없었다. 집 안에 들어서자마자 전화벨이 울렸기 때문이다.

게리 델루카였다. "오시자마자 죄송합니다만,"이라고 잔소리꾼이 말했다. "당장 알려 드려야 할 중요한 일이 있어서 하루 넘게 연락하려고 노력했어요. 게리 카민스키가 어제 아침 기소되었고, 마이애미 유치장에 들어가 있습니다."

"정말?" 나는 무덤덤하게 대답했다. 나는 내가 들은 사실이나 사건에 대해 충분히 생각할 수 없을 만큼 극도로 피곤한 상태였다. "그래, 무슨 혐의로 체포되었는데?"

"돈세탁 혐의랍니다." 델루카 역시 무덤덤하게 대답했다. "장 자크 소렐이라는 이름을 들어본 적 있으세요?"

그 말에 정신이 번쩍 들었다. 젠장! "아마, 언젠가 스위스에서 만난 적이 있는 것 같은데. 그건 왜?"

"그 사람도 함께 체포되었거든요." 나쁜 뉴스 전달자가 말했다. "그 사람도 카민스키와 함께 유치장에 있는데, 구속 수사를 하는 것으로 결정되었답니다."

29 궁여지책

식탁에 앉아서 기소장을 뒤적거리고 있으려니 마음이 착
잡했다. 스위스에 얼마나 많은 은행가가 있는가? 제네바에
만 적어도 만 명은 있을 텐데, 하필이면 미국 정보당국에
걸릴 만큼 멍청한 사람을 골랐을까? 그럴 확률은 얼마나
되는 걸까? 더욱 황당한 건 해외 원정 경마를 통해 마약 자
금을 세탁한 혐의를 캐는 과정에서 전혀 관련 없는 내가 얻
어 걸린 것이다.

뭔가 심각한 일이 생겼다는 것을 공작부인이 깨닫는 데
는 그리 오래 걸리지 않았다. 내가 집에 돌아오자마자 그녀
에게 덤벼들지 않았기 때문이다. 나는 워낙 마음이 무거워
서 그녀를 끌어안을 시도조차 하지 않았고, 어느 순간 내
가 고개 숙인 남성이 되어버렸다는 걸 알았다. 하지만 나는
'발기부전'이라고 인정하는 게 죽기보다 싫었다. 스위스 은
행가의 무모한 행동에 희생양이 되긴 했지만, 여전히 나 자
신이라고 믿었던 혈기 왕성한 '진짜 남자'를 포기할 수는 없
었다. 차라리 절름발이나 스파게티 거시기라고 생각하는

게 그나마 위안이 되었다.

뭐로 부르든 간에 나는 발기가 되지 않았고, 아랫배 안쪽에 피난처를 찾은 성기를 바라보며 공작부인에게는 여행의 피로가 심하고 시차 적응이 안 돼서 그렇다고 얼버무렸다.

그날 밤, 침실 옷장으로 가서 교도소에 갈 때 입을 만한 옷을 골랐다. 빛바랜 청바지와 긴소매 회색 티셔츠, 헝겊으로 만든 운동화 등이었는데, 이런 건 부바Bubba 또는 자말Jamal이라는 이름을 가진 거구의 흑인 남성에게 빼앗길 확률이 낮았다.

월요일 아침, 회사에 출근하지 않기로 마음먹었다. 퀸즈 우드사이드의 우울한 사무실 구석보다는 내 집에서 편안하게 체포되는 편이 나을 것 같았기 때문이다. 아니, 사무실에서 FBI에게 끌려 나가는 모습을 스티브와 다른 직원들이 보는 특권을 주지 않을 것이다. 구두장이는 나를 스톡옵션에서 제외시킬 절호의 기회라고 생각할 것이고, 매든 제화 직원들은 다른 사람들처럼 〈뉴욕타임스The New York Times〉의 첫 페이지에서 그 뉴스를 접하게 될 것이다. 수갑을 찬 채 끌려가는 내 모습은 공작부인만 봤으면 했다.

그런데 아주 이상한 일이 일어났다. 아니, 아무 일도 일어나지 않았다. 소환장이 오지도 않았고, 콜먼 요원의 전화나 방문도 없었고, 스트래턴에 FBI가 수색영장을 가지고 오는 일도 없었다. 수요일 오후가 되자 나는 도대체 무슨 일이 일어나고 있는지 궁금해졌다. 금요일부터 심한 설사 증세가 있다고 아픈 척하며 웨스트햄프턴에 숨어 있었는데, 사실 그건 진짜이기도 했다. 하지만 지금까지 아무 일이 없는 걸 보니 집에 숨어 있을 이유가 없지 않을까 싶어졌다. 어쩌면 체포될 위기가 아닌지도 몰랐다!

목요일이 되자 너무 답답해서, 나는 보가 추천한 그레고리 오코넬 변호사에게 전화를 걸기로 했다. 그는 6개월 전 동부 지구에 연락해서 숀 오셰이와 통화한 사람이기 때문에 정보를 얻기에 적합한 듯했다.

분명히 나는 오코넬에게 다 털어놓지는 않을 것이다. 결국 그는 변호사였고, 어떤 변호사도 전적으로 신뢰할 수는 없으니까. 특히 형사 변호사는 당신이 실제로 유죄라는 걸 알게 되면 법적으로 당신을 변호할 수 없는 사람이기도 하다. 물론 그건 좀 이상한 논리이기는 하지만, 모든 사람은 피고 측 변호사가 유죄를 변호하면서 먹고산다는 것쯤은 알고 있다. 그러나 사기꾼과 변호사 사이에는 무언의 약속도 이 게임의 일부였다. 다시 말해 사기꾼은 변호사에게 무죄를 맹세하고 변호사는 가짜 논리로 만들어낸 변론으로 사기꾼을 무죄로 만드는 것이다.

그래서 나는 그레고리 오코넬 변호사와 처음 통화할 때, 내가 어떻게 다른 사람의 문제에 휘말리게 되었는지를 설명하면서 억울하다며 연극을 했다. 나는 그에게 영국에 있는 내 아내의 가족이 우연히도 해외 원정 도박꾼들과 같은 은행에 거래하고 있다고 말했다. 미래에 내 변호사가 될 그에게 말도 안 되는 거짓말을 시작한 것이다. 그래야 내가 더 유리해질 것 같았기 때문에 패트리샤 이모가 건강하게 살아 있는 사람인 척 그녀에 대한 모든 것을 이야기했다. 작게나마 희망이 보이는 것 같았다.

내 얘기를 다 들은 그레고리 오코넬은 다소 회의적인 말투로 이렇게 말했다. "어떻게 은퇴한 초등학교 선생님이 한 번에 300만 달러나 계좌에 집어넣었을까요?" 이 이야기를 듣기 전까지는 내 이야기가 완벽하다고 생각했었다.

흠, 내 이야기에 좀 허점이 있기는 하군. 그래도 할 수 없었다. 결국 바보같이 행동할 수밖에. "내가 그걸 어떻게 알아요?" 나는 딱 잡아뗐다. 나는 늑대니까 지금과 같은 가장 끔찍한 상황에서도 더 강하게 나갈 수 있었다. "들어보세요. 이모님은 편히 잠드셔야 해요. 이모님의 전남편이 대영제국의 전투기 조종사였다던데, 혹시 KGB와 정보거래를 해서 현금을 챙겼던 건 아닐까요? 제 기억으로는 당시에는 꽤 최첨단이라고 들었어요. 그건 아주 비밀리에 이뤄진 일일 테니." 이런! 내가 무슨 헛소릴 지껄이고 있는 거야?

"글쎄요. 어쨌든 몇 가지 빨리 확인해볼게요."라고 친절한 변호사가 말했다. "그런데 벨포트 씨, 한 가지 헷갈리는 게 있어요. 패트리샤 이모님의 생사를 밝힐 수 있을까요? 방금 편히 쉬어야 한다고 말했는데, 아까는 그분이 런던에 살아 계신다고 말했어요. 둘 중 어느 편이 정확한지 알면 도움이 되겠습니다만."

분명한 실수였다. 앞으로 이모님의 상태에 대해서 좀 더 조심해야겠다. 단지 지금은 허세를 부리는 것 외에는 선택의 여지가 없었다. "글쎄요. 그게, 그러니까 어떤 상황이 저한테 더 유리한 조건일까요? 살아 계신 것? 돌아가신 것?"

"글쎄요, 이모님이 그 돈은 자기 것이라고 진술할 수 있으면 좋을 텐데, 그렇지 않으면 적어도 그 사실을 증명하는 진술서 형태로 제출할 수 있다면 아주 유리하겠지요."

"그렇다면 이모님은 살아 계실 거예요!" 나는 위조의 달인과 온갖 훌륭한 문서를 만들 수 있는 그의 능력을 생각하며 자신 있게 쏘아붙였다. "다만 이모님은 복잡한 송사에 얽히는 걸 매우 싫어하는 성격이니 진술서로만 할 수 있었으면 합니다. 당분간 은둔생활을 하고 계시거든요."

잠시 침묵이 이어졌다. 딱 10초 후, 변호사가 입을 열었다. "좋아요. 이제 완전히 이해되었습니다. 괜찮은 방법을 찾은 것 같군요. 몇 시간 뒤 연락을 드리지요."

한 시간 후 오코넬에게서 다시 전화가 왔다. "확인해보니 특별히 새로운 건 없습니다. 사실 숀 오셰이는 2주째 출장 중이라 확실히는 모르지만, 당신 사건을 콜먼 요원이 맡고 있는 건 확실해요. 검찰청에서는 아무도 이 사건에 관심이 없고요. 스위스 은행가에 관해서는, 적어도 지금은 당신과 연관 짓고 있는 사람이 없는 것도 확실합니다." 그리고 나서 그는 몇 분간 더 시간을 들여 내가 거의 무혐의라고 강조했다.

전화를 끊자마자, 나는 처음 두 단어와 마지막 세 단어에 집착했다. 앙상한 뼈만 물고 있는 개처럼. 그래도 위조의 달인에게 전화해서 피해의 전모를 파악해야 했다. 만약 그가 소렐과 같이 감옥에 있거나, 미국으로 인도될 때까지 스위스 감옥에 있다면 나는 여전히 곤경에 처하고 말 것이다. 하지만 아직 잘 알려지지 않은 위조 기술이 있어 실력을 발휘한다면, 어쩌면 모든 것이 잘 풀릴지도 몰랐다.

나는 스타벅스 레스토랑의 공중전화에서 위조의 달인에게 전화를 걸었다. 그는 스위스 경찰이 어떻게 그의 사무실을 급습하여 수색했으며 서류 박스를 증거물로 가져갔는지 말했다. 그는 미국에서 지명수배되었지만, 공식적으로는 기소되지 않았다고 했다. 자신이 인터폴에 체포될 위험이 있어 해외로 출국하지는 못하지만 스위스에 있으면 미국의 공권력이 미치지 못하니 아무 걱정 말라고 몇 번이고 장담했다.

이야기 주제가 패트리샤 이모님의 계좌로 넘어가자 롤랜드는 이렇게 말했다. "특별히 표적이 되었기 때문에 서류가 압수된 건 아니에요. 하지만 너무 걱정 마세요. 그 계좌와 당신이 관련되어 있다는 증거는 아무것도 없으니까요. 하지만 이모님이 더는 살아 계시지 않으니까 사건이 잠잠해질 때까지 당분간 그 계좌는 거래를 중단하라고 제안하고 싶습니다."

"그럼요, 당연하죠." 내가 대답했다. "하지만 제 주된 관심사는 그 돈이 아니에요. 소렐이 FBI에다가 그 계좌의 실제 주인이 나라는 사실을 얘기할까 싶어 걱정돼요. 그러면 문제가 커지니까요. 하지만 그 계좌의 주인이 이모님이라는 걸 확실히 보여주는 서류가 있다면 굳이 소렐에게 그걸 추궁하지는 않겠지요."

위조의 달인은 "그런 거라면 걱정하지 마세요. 그런 서류는 이미 갖춰져 있으니까요. 혹시 언제 날짜로 무슨 서류가 필요한지 말씀하시면 즉시 만들어서 보내 드릴 수 있어요." 라고 말했다.

진정한 달인! 진정한 달인! 그렇다면 안심이었다. "알겠어요, 롤랜드. 필요하면 얘기하죠. 하지만 지금은 가만히 앉아서 기다리는 게 최선인 것 같네요."

위조의 달인이 말했다. "우리의 계약은 그대로예요. 하지만 수사가 진행되는 동안은 스위스에서 완전히 손을 빼야 해요. 그렇지만 나는 친구로서 계속 당신과 당신 가족을 지키기 위해 모든 노력을 다할 거예요."

전화를 끊으면서 나는 소렐에게 내 운명이 달려 있다는 것을 알았다. 그래도 나는 내 삶을 살아가야 했다. 다시 직장으로 돌아가야 했고, 공작부인과 관계도 회복해야 했다. 전화벨이 울리거나 현관에서 갑자기 노크 소리가 들려도 이제는 놀랄 필요가 없었다.

그게 내가 할 일이었다. 그렇게 다시 일상으로 돌아왔다. 스티브 매든 제화의 사무실에 나가는 동시에 여러 증권사의 자문 역할도 했다. 마약에 중독되기는 했지만 그래도 공작부인에게는 충실한 남편이고, 챈들러에게는 좋은 아버지가 되려고 최선을 다했다. 그리고 몇 달이 지나면서 마약중독은 점점 심해졌다.

언제나 그랬듯이, 난 내가 젊고 돈도 많고, 멋진 아내와 완벽한 딸이 있다는 것을 떠올리며 재빨리 내 마약중독을 합리화했다. 다들 나 같은 삶을 원했잖아, 안 그래? 부자이자 마약중독인 인생보다 더 나은 삶이 어디 있겠어?

어쨌든 10월 중순까지는 소렐의 체포에 따른 영향이 없어서 안도의 한숨을 쉬었다. 분명히 소렐은 조사에 협력하지 않았을 것이고, 월스트리트의 늑대는 이번에도 총알을 교묘하게 피했다. 챈들러는 걸음마를 시작했고, 지금은 프랑켄슈타인처럼 어기적거리며 팔을 앞으로 내밀고 무릎을 구부린 채 뻣뻣하게 걸어 다니고 있었다. 물론, 아기 천재는 큰 소리로 옹알이도 했다. 사실 첫돌 무렵, 딸아이는 완전한 문장, 즉 아기치고는 놀라운 문장을 구사했다. 나는 챈들러가 장래 노벨상이나 필즈상Fields Medal[51]을 받을 거라고 확신했다.

한편 스티브 매든 제화와 스트래턴 오크몬트는 서로 다른 길을 걷고 있었다. 스티브 매든 제화는 비약적으로 성장했고, 스트래턴 오크몬트는 거래전략 실패와 함께 SEC

---

51 수학에 업적을 남긴 자에게 주어지는 국제적인 상

의 새로운 규제의 희생양이 되었다. 후자의 책임은 대니 때문이었는데, 위원회에서 지정하는 특정 감사를 증권회사가 고용하여 회사의 운영 전반에 대해 감독 및 권고를 따라야 한다는 SEC의 새로운 규제를 대니가 거부했던 탓이었다. 권고 사항 가운데 하나는 회사가 그들의 고객과 증권 중개 직원 사이의 대화 내용을 녹취하는 시스템을 구축하는 것이었다. 그런데 대니가 거부하자 SEC는 연방 법원에 고소했고, 결국 강제명령을 선고받고 말았다.

대니는 마침내 항복했다. 법정모독죄로 감옥에 갇히지는 않았지만, 스트래턴은 그것에 대한 가처분 명령을 받았다. 이는 미국 내 모든 주에서 스트래턴 오크몬트의 영업허가권이 회수될 수 있음을 의미했고, 그런 움직임이 서서히 나타나기 시작했다. 녹취 시스템을 설치하는 것을 거부했다고 해서 스트래턴이 문을 닫게 되리라고는 상상하기 어려웠다. 결국은 조금도 달라지지 않았다. 며칠 만에 스트래턴 직원들은 시스템을 우회하는 방법을 알아냈다. 스트래턴의 전화로는 규정에 맞는 말만 하고 기밀사항을 다룰 경우는 휴대전화를 집어 들었으니 말이다. 그러나 화장실 벽에는 이런 낙서가 있었다. "스트래턴의 시대는 얼마 남지 않았다."

빌트모어와 먼로파커의 사장들도 스트래턴과 더는 거래하지 않고 각자의 길을 가겠다고 선언했다. 하지만 그 회사들이 여전히 신규공모를 할 때마다 내게 100만 달러씩 지불하는 것에는 변함이 없었다. 그 금액을 연간으로 따지면 약 1,200만 달러였다. 또 내가 스트래턴에서 비경쟁 계약에 따라 월 100만 달러씩 받는 것도 변함없었으며, 스트래턴이 상장하고 있는 회사의 내부 주식(144개 주식)을 현금화해 몇 달마다 400만~500만 달러씩 받았다.

그래도 별을 향해 가는 로켓 같은 스티브 매든 제화의 최대 주주로서 얻는 이익에 비하면 아무것도 아니었다. 스트래턴의 초창기 시절을 떠올렸다. 1980년대 말과 1990년대 초반의 영광스러운 시절, 스트래턴에서 전화기로 첫 성공을 이뤘다. 스트래턴은 내 과거였고, 스티브 매든 제화는 이제 내 미래였다.

나는 스티브의 맞은편에 앉아 있었는데, 스티브는 침쟁이가 열변을 토할 때마다 몸을 뒤로 빼며 방어했다. 스티브는 종종 나에게 "부츠 시즌이 거의 끝나가는데도 존이 부츠 주문에 끈질기게 굴어요."라고 말했다.

침쟁이가 말할 때마다 침이 사방으로 튀었고 우리에게 이슬비가 내렸다. 지금도 침쟁이가 열변을 토하고 있었다. "부츠를 더 생산하는 게 그렇게 어려운가?" 오늘 아침 회의는 B로 시작하는 단어가 많았기 때문에 그는 엄청나게 침을 튀기고 있었다. 실제로 침쟁이가 '부츠'라고 말할 때마다 구두장이는 눈에 띄게 움찔움찔했다. 그러던 침쟁이가 나에게 분노를 쏟아냈다. "잘 들어봐요, 조던. 이 부츠-오, 젠장!-는 너무 인기가 많아서 안 만들 이유가 없다고요. 날 좀 믿으라니까요. 다시 말하지만, 재고는 하나도 안 남을 거예요."

나는 동의하지 않았기에 고개를 저었다. "존, 이제 부츠는 그만. 부츠는 다 신었어요. 가격이 인하되든 아니든 상관없고, 지금 우리 회사는 사업 운영이 더 중요해요. 동시에 여러 방면으로 사업 확장을 추진하고 있잖아. 신규매장을 세 군데 열었고, 수십 군데 입점 중이야. 브랜드 론칭도 하고, 현금이 엄청나게 필요하다고. 지금은 허리띠를 졸라매야지. 혹시 늦어버릴 수도 있는 표범 무늬 부츠 생산에 자금을 투입하면 흐름이 깨질 게 뻔한데."

그러자 잔소리꾼 게리 델루카가 옆에서 거들었다. "저도 동감이에요. 지금은 새로운 시즌에 대비한 신제품 생산에 신경 써야죠."

하지만 침쟁이는 아랑곳하지 않고 자신의 주장을 이어나갔다. "말도 안 돼! 젠장, 모두 정신 좀 차리세요. 이럴 시간에 구두를 만드는 게 낫겠어. 쓸데없이 다음에 팔 신발에 신경 쓰느라 지금 팔리는 신발을 안 만들면 영영 돈을 못 번다고요!" 그러더니 사무실을 나가며 문을 쾅 닫았다.

바로 그때 전화벨이 울렸다. "토드 개럿이 전화했어요."

나는 스티브에게 눈길을 준 채 말했다. "회의 중이라고 전해줘, 자넷. 내가 전화 걸게."

자넷은 "회의 중이라는데도 급하다며 무조건 연결해달라고 하는데요?"라고 말했다.

나는 짜증스럽게 고개를 저으며 한숨을 크게 내쉬었다. 토드 개럿에게 뭐가 그렇게 중요한 일이 있다고 이 난리 야? 아, 물론 그가 진짜 좋은 마약을 손에 넣은 거라면 또 몰라! 나는 수화기를 들고 다정하면서도 다소 귀찮은 말투 로 전화를 받았다. "토드, 무슨 일이야, 친구?"

"음." 토드가 말했다. "나쁜 소식을 전하는 건 싫지만, 콜 먼이라는 FBI 요원이 왔다 갔는데, 캐롤린이 곧 구속될 거 라고 말했어요."

"왜? 무엇 때문에? 캐롤린이 뭘 잘못했는데?"

토드가 "스위스 은행의 당신 계좌관리인이 지금 구속되 어 있는데, 그가 당신에게 협조하고 있나요?"라고 말했을 때 세상이 무너지는 것 같았다.

당황스러움을 꾹 참고 말했다. "한 시간 내로 갈게."

주인을 닮아 그런지 토드의 방 두 개짜리 아파트도 심술 궂어 보였다. 다른 색은 하나도 없이 천장부터 바닥까지 온 통 검었다. 식물이라곤 찾아볼 수 없는 거실에서 보이는 거 라곤 검정 가죽과 번쩍이는 크롬뿐이었다.

토드는 내 맞은편에 앉아 있었고, 캐롤린은 하이힐을 신 고 검은색 카펫 위를 왔다 갔다 했다. 토드가 말했다. "우리 부부는 무슨 일이 있어도 당신을 배신하지 않을 거예요. 그 러니 절대 걱정하지 말아요." 그러고는 캐롤린을 보며 말했 다. "그렇지, 여보?"

캐롤린은 신경질적으로 고개를 끄덕이며 계속 서성거렸

다. 토드는 그게 짜증이 났는지 "가만히 좀 있어!"라며 으르렁거렸다. "당신 때문에 미치겠어. 당장 앉지 않으면 내 손이 한 대 쳐버릴지도 몰라!"

"이런, 제에엔자앙. 타하드!" 그녀가 폭탄처럼 소리 질렀다. "이건 심각한 일이잖여. 네가 잊어버렸는지도 모르지만 우린 애가 둘이라고. 이게 다 당신이 그 멍청한 권총을 갖고 대녀서 그런 거라고."

내가 죽는 날에도 이 두 미치광이는 서로 죽일 듯이 싸울 것이었다. "두 사람 다 그만해요." 나는 억지로 웃으며 말했다. "그런데 캐롤린, 그 권총하고 소렐이 체포된 거하고 무슨 관계가 있어요?"

"이 여자 얘기는 듣지 말아요." 토드가 툴툴거리며 말했다. "다 쓸데없는 얘기예요. 콜먼이 쇼핑센터 사건을 우연히 알고 퀸즈시 검찰청에 내 사건을 재수사하라고 한 모양이에요. 이놈들이 몇 달 전에는 집행유예라더니, 이제는 FBI에 협조하지 않으면 3년 실형을 때리겠다고 협박하더군요. 그건 큰 문제가 아니에요. 감옥에 가게 되면 뭐, 내가 가면 되니까. 문제는 저 여편네예요. 당신의 스위스 은행원과 친분을 쌓으려 했다는 거죠. 처음에 돈만 전해주고 왔어야 했는데, 점심도 함께 먹고 전화번호까지 교환했다는 거예요. 제기랄! 아마도 내가 아는 한 이 미친년은 그놈하고 잤을 거예요."

캐롤린은 요상하게 생긴 흰색 에나멜 펌프스를 신고 있

었는데, 약간 죄책감을 느낀 듯 말했다. "당신은 예민해도 너무 예민혀, 이 개자식아! 어디 나한테 다 뒤집어씌울라고 해? 브라질 출신 스트립댄서랑 네가 뭘 혔는지 내가 모를 것 같아?" 그녀는 내 눈을 똑바로 쳐다보며 말했다. "당신은 이 질투심에 사로잡힌 남자의 말을 믿어요? 타하드에게 장 자크가 그렇지 않다고 전해줄래요? 그는 늙다리 은행원이지 여자나 따먹을 남자가 아니에요. 그렇지 않아요, 벨포트 씨?" 그러더니 분노에 차서 이글거리는 파란 눈에 이를 꽉 악물고는 나를 쳐다봤다.

늙은 은행원? 장 자크? 상황이 더 나빠졌군! 이 스위스 여자가 내 은행 직원이랑 잤나? 에이, 말도 안 돼! 만약 캐롤린이 예정대로 돈을 전해줬다면 소렐은 그녀가 누구인지조차 몰랐을 것이다. 하지만 캐롤린은 그 근질근질한 입을 못 참고 미주알고주알 얘기했을 것이고, 그 사소한 얘기들을 콜먼이 조합했을 것이다. 결국 베이테라스 쇼핑센터에서 불법무기소지 혐의로 체포된 토드가 스위스로 밀수된 수백만 달러와 관련이 있다는 걸 알아냈을 것이고.

나는 토드에게 말했다. "글쎄, 내가 소렐이 늙은이라고 말하지는 않겠지만, 절대 유부녀를 유혹하는 파렴치한은 아니에요. 내 말은, 그는 결혼했고, 그런 사람이 아니라는 인상을 받았거든요."

둘 다 내 말을 자기들이 편한 대로 받아들인 듯했다. 캐롤린이 토드에게 쏘아붙였다. "자알 들었지? 그런 사람이 아니라고 하잖….”

하지만 토드도 기죽지 않고 대꾸했다. “그런데 그놈은 늙다리라며? 조던은 아니라는데? 숨기는 거 없다더니 왜 거짓말했어?”

토드와 캐롤린이 잡아먹을 듯 싸우는 모습을 보면서 나는 좌절했고, 이 난장판을 어떻게 하면 벗어날 수 있을까 고민했다. 지금은 대책이 절박했다. 내가 신뢰하는 회계사 데니스 가이토Dennis Gaito에게 전화를 해야만 했다. 그의 별명은 ‘셰프’였다. 지금까지 그에게 스위스에 계좌가 있다고 말한 적이 없지만, 이제는 솔직하게 말하고 그에게 조언을 구해서 해결책을 찾아야만 했다.

“…이제 우리는 돈을 위해 무얼 해야 하지?”라고 스위스 폭탄이 중얼거렸다. “콜먼 요원이 새의 눈으로 지켜보고 있어. ―매를 말하는 건가?― 약을 더는 팔 수 없을 거야. 우리는 이제 틀림없이 빈털터리가 될 거야!” 곧 망하게 될 스위스 폭탄은 4만 달러짜리 파텍필립Patek Philippe 시계에 2만 5,000달러짜리 다이아몬드와 루비 목걸이를 하고 5,000달러짜리 앙상블을 입은 채 검은 가죽 의자에 앉았다. 그리고 두 손으로 머리를 감싸 쥐고 앞뒤로 흔들며 괴로워했다.

그런데 하루가 끝날 무렵, 천박한 말투와 거대한 가슴을 가진 이 스위스 여자가 마침내 모든 헛소리와 불만불평을 잊고 문제의 본질에 이르렀다는 것이 얼마나 아이러니한 일인가? 결국 그들을 찾아온 건 침묵이었다. 어쨌든 나로선 잘된 일이었다. 왜냐하면 이렇게 된 게 그들에겐 잘된 일이라는 비열한 생각이 들었기 때문이다. 결과적으로 이들 부부는 수월한 돈벌이 수단을 갖고 있었고 앞으로 몇 년간은 먹고살 걱정이 없을 것이다. 그러다 조금 잘못되면, 뭐 콜먼 요원이 눈을 시퍼렇게 뜨고 기다리는 FBI에 잡혀 들어가겠지.

그날 저녁 롱아일랜드 올드브룩빌에 있는 우리 집 지하에서 나는 셰프와 함께 소파에 앉아 우리끼리 하는 '최고의 사기꾼' 게임을 하고 있었다. 게임 규칙은 간단했다. 거짓말하는 참가자는 자신의 이야기를 최대한 진짜인 척 말해야 하고, 그 외 사람들은 거짓말을 알아내야 했다. 우승하려면 다른 참가자가 의심하지 못하도록 이야기를 짜임새 있게 해야 했다. 셰프와 나는 사기꾼 마스터였기 때문에 우리 중 하나가 다른 하나를 이길 수 있다면 우리도 콜먼 요원을 이길 수 있다는 결론이 났다.

셰프는 뚜렷한 미남이었는데, 마치 청렴한 정치인의 축소판 같았다. 그는 50대 초반이었고, 내가 초등학교 때부터 회계 장부를 관리해왔다. 그는 내게 일종의 원로 정치가, 명석한 조언가였다. 그는 매력적인 미소와 강력한 사회적 카리스마를 지닌, 남자 중의 남자였다. 그는 세계적 수준의 골프 코스, 쿠바 시가, 고급 와인, 깨우침 있는 대화를 좋아하는 사람이었다. 특히 국세청과 SEC를 대적하는 일에 가장 열심이었다.

나는 오늘 저녁 그에게 솔직하게 털어놓았고, 그에게 말하지 않고 이 모든 일을 한 데 대해 진심으로 사과했다. 나는 게임을 정식으로 하기도 전에 거짓말을 시작했는데, 그를 위험에 빠뜨릴까 걱정되어 그를 스위스 문제에 끌어들이지 않았다고 설명한 것이다. 고맙게도 그는 내 어이없는 거짓말에 딴지를 걸지 않았다. 그 대신 다정하게 웃으며 어깨를 으쓱할 뿐이었다.

그에게 내 비통한 이야기를 하면서 마음이 점점 가라앉는 것을 느꼈다. 그런데도 셰프의 표정은 무덤덤했다. 내가 말을 마치자 태연하게 어깨를 으쓱하며 "조던, 그보다 더 비참한 경우도 있답니다."라고 말했다.

"진짜요?" 나는 미심쩍다는 듯 말했다. "어떻게 그럴 수 있죠?"

셰프는 손사래를 치며 "정말 그보다 더 어려운 지경에도 있어봤다오."라고 덧붙였다. 단지 나를 안심시키기 위해 하는 말이라는 걸 알면서도 그 말에 크게 안도했다. 어쨌든 우리는 게임을 시작했고, 30분 후에도 우리는 계속해서 이야기를 지어나갔다. 확실한 우승자가 나오지는 않았다. 그렇지만 이야기는 매번 점점 더 영리해졌고, 맞히기가 어려워졌다. 우리는 여전히 두 가지 문제에 몰두하고 있었다. 첫째, 패트리샤 이모는 300만 달러가 어디에서 생겨서 스위스 계좌에 맡겼을까? 둘째, 그 돈이 진짜 이모님의 것이라면 왜 이모님 사후에 두 딸이 상속권을 주장하지 않았을까? 패트리샤 이모에게는 30대 중반인 두 딸이 있었다. 별다른 유언이 없다면 두 딸은 정당한 상속인이었다.

데니스 가이토가 말했다. "제 생각에 진짜 문제는 밀반출인 것 같군요. 소렐이라는 사람이 모든 걸 자백했다고 가정한다면 FBI는 300만 달러가 여러 차례에 걸쳐서 스위스로 전달되었다는 걸 알고 그걸 증거로 삼으려고 하겠죠. 그러니까 우리에게는 패트리샤 이모님이 미국에 왔을 때 당신이 돈을 건넨 걸 물리적으로 목격한 누군가의 진술서가 있으면 되는 거죠. 만약 저쪽에서 다르게 말한다면 우리는 반박 자료를 내밀어서 활용해야 할 것 같군요."

그리고 잠시 생각하더니 말을 이어갔다. "패트리샤 이모님이 돌아가셨다는 게 정말 유감이에요. 살아 계셨다면 FBI에게 가서 그건 내 돈이라고 한마디만 하시면 모든 게 깔끔하게 끝나는데."

나도 어깨를 으쓱하며 말했다. "그건 그렇지요. 제가 이모님을 살아 돌아오게 할 수는 없어도 장모님에게 내가 이모님에게 현찰을 주는 걸 봤다는 진술서를 써달라고 할 수는 있어요. 장모님은 정부를 싫어하고, 제가 지난 4년간 잘해 드렸으니, 그렇게 한다고 해도 마이너스 될 게 없잖아요. 안 그래요?"

셰프가 고개를 끄덕이며 말했다. "만약 그렇게만 해주신다면야 매우 좋은 증거 자료가 될 수 있어요."

"분명히 해주실 거예요." 공작부인이 오늘 밤 내게 얼마나 심한 잔소릴 해댈지 추측하면서 자신 있게 말했다. "내일 장모님에게 말할게요. 먼저 아내에게 물어봐야겠어요. 그 문제는 장모님께 부탁해서 처리한다고 해도 여전히 유언장 문제가 남아 있어요. 두 딸에게 한 푼도 상속하지 않는다는 게 좀 우스꽝스럽게 들리는…." 그러다 갑자기 멋진 생각이 떠올랐다. "만약 우리가 실제로 이모님의 두 딸에게 연락해서 스위스로 함께 가서 유산 상속권을 청구하라고 하면 어떨까요? 그들은 로또 맞은 기분일 거예요. 롤랜드에게 새 유언장을 작성하라고 해야겠어요. 패트리샤에게 빌려준 돈은 내게 돌려주되 모든 수익은 자식들에게 돌아갈 거라고 말이에요. 그 아이들이 영국에 가서 그 돈을 신고한다면 미국 정부가 어떻게 그 돈이 내 것이라고 주장할 수 있겠어요?"

"아아아!" 셰프가 웃으며 말했다. "정말 좋은 생각이군요. 당신이 게임에서 이겼어요. 우리가 이 일을 잘해내면 당신은 안전할 거예요. 런던에 실제로 운영되고 있는 자매 회사가 있으니까 우리가 모든 걸 관리할 수 있을 거예요. 원래 투자했던 돈은 되찾을 수 있을 것이고, 아이들은 500만 달러를 횡재할 것이고. 우린 다시 우리 인생을 살고!"

그 말에 나도 환하게 웃으며 말했다. "패트리샤 이모님의 딸들이 가서 돈을 요구하는 걸 알면 콜먼은 깜짝 놀랄 거예요. 아마 닭 쫓던 개 지붕 쳐다보는 격이겠죠."

"그렇겠네요." 셰프가 말했다.

15분 후 나는 위층 안방에서 곧 나에게 안길 공작부인을 찾았다. 그녀는 책상에 앉아 카탈로그를 훑어보고 있었는데 겉모습은 옷을 사려고 하는 모양새가 아니었다. 그녀는 정말 멋져 보였다. 머리카락은 곱게 빗었고 보들보들한 작은 흰색 실크 속치마를 입고 있었다. 굽에 징이 박혀 있고, 발목 스트랩이 달린 섹시한 흰색 오픈토 펌프스를 신고 있었다. 그것이 그녀가 걸친 전부였다. 조명은 어두웠고, 타오르는 열두 개 촛불은 은은한 오렌지빛을 발했다.

그녀는 나를 보자 키스를 퍼부으러 달려왔다. 30초 동안 키스를 하고 나서 나는 감동한 듯 말했다. "당신 정말 아름다워. 내 말은, 당신은 항상 아름답지만, 오늘 밤은 특히 아름다워 보이는군. 말로 표현할 수 없을 정도로."

"네, 감사합니다!"라며 공작부인이 장난스럽게 말했다. "아직도 그렇게 생각해주니 기쁘네요. 방금 체온을 쟀고 배란이 되고 있다네요. 부디 준비가 되셨길 바랍니다. 오늘 밤 큰일 나셨으니까요, 아저씨!"

음, 이번 동전에는 두 가지 가능성이 있었다. 한 가지는, 배란 중인 여성이 남편에게 얼마나 화를 낼 수 있을까? 내 말은, 공작부인은 둘째를 원했기 때문에 출산을 명분으로 나쁜 소식은 무시해버릴지도 모른다는 것이다. 그러나 반대로 너무 화가 나서 나를 칠 수도 있었다. 그럼에도 불구하고 그녀가 방금 나에게 쏟아부은 키스 덕분에 내 아랫도리는 불끈 힘이 솟은 상태였다.

나는 무릎을 꿇고 발정 난 애완견처럼 그녀의 허벅지 윗부분의 냄새를 맡기 시작했다. 그러면서 "할 얘기가 있어."라고 말했다.

그녀가 킬킬 웃으며 대답했다. "침대로 가서 얘기해요."

잠시 생각해보니, 침대는 꽤 안전한 것 같았다. 사실, 공작부인은 나보다 힘이 약하니까. 게다가 그녀는 힘쓸 때 반동을 잘 이용하는데 침대에서는 그러기 힘들 것이었다.

침대에 올라, 두 손으로 그녀의 목을 감싸고 잡아먹을 듯키스를 퍼부었다. 그 순간 그녀를 사랑하는 마음이 너무 넘쳐흘러서 차마 그 말을 할 수가 없었다.

그녀가 내 머리카락을 부드럽게 쓸어 넘기며 물었다. "왜 그래, 여보? 데니스는 왜 온 거고?"

똑바로 말할 것인가, 거짓말을 할 것인가. 그녀의 다리를 보며 고민했다. 그리고 그 순간 깨달았다. 왜 그녀에게 말해야 하지? 그래! 난 그저 장모님을 매수하면 되는 거야. 이 얼마나 좋은 생각이야! 늑대가 또 얍삽한 짓을 하는 거지, 뭐. 장모님은 새 차가 필요했고, 그래서 내가 내일 장모님과 같이 차를 사고 평범한 대화를 나누는 중에 가짜 진술서 얘기를 불쑥 꺼내면 되는 거지. "저, 어머니. 새로운 컨버터블을 타시니 정말 멋있으세요. 그런데 여기 아래에 사인 하나만 해주시면 안 될까요?…그런데 위증죄에 대해 선서한다는 게 무슨 뜻이지? 음, 그건 그냥 법률 용어니까 신경 안 쓰셔도 돼요. 서명만 해주시면 혹여 나중에 무슨 일이 생기더라도 그때 다시 논의하면 됩니다." 그러면 내가 장모님께 비밀 유지를 맹세하고 그녀가 공작부인에게도 입 다물길 기도하는 거지.

나는 사랑스러운 공작부인에게 웃으면서 말했다. "별일 아니야. 데니스가 스티브 매든의 감사직을 맡아서 몇 가지 검토하고 있거든. 어쨌든, 내가 하고 싶은 말은 나도 너만큼 아기를 원한다는 거야. 당신은 세상에서 가장 위대한 엄마야. 그리고 가장 위대한 아내이기도 하지. 당신이 있어서 난 정말 행운이야."

"아, 다정하기도 하셔라." 공작부인이 달달한 목소리로 말했다. "나도 사랑해요. 우리 지금 당장 사랑을 나누자고요, 자기."

그리고 우린 그렇게 했다.

IV

THE WOLF OF WALL STREET

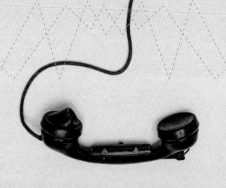

30 새로운 생명

1995년 8월 15일(그로부터 9개월 후)

"야, 이 원수 같은 놈아!" 롱아일랜드 유대인 병원의 분만대 위에서 아기를 낳던 아내가 고통스러워하며 내게 마구 욕을 해댔다. "네가 날 이렇게 만들었지, 이 원수야! 그래놓고 이런 날조차 마약에 취해 헬렐레해? 내가 여기서 내려가면 네 간을 빼서 씹어 먹을 줄 알아!"

오전 10시였나 11시였나 그랬다. 아무튼 기절할 것 같았다. 점점 심해지는 진통으로 힘들어하는 아내 때문에 반쯤 정신이 나간 나는 몸을 90도 각도로 수그린 채 받침대 위 아내의 퉁퉁 부은 다리 사이에 머리를 대고 있었다.

그때 누군가가 나를 흔드는 것 같았다. "조던, 괜찮아요?" 브루노 박사의 목소리가 먼 산에서 들리는 메아리처럼 아득하게 느껴졌다. 뭐라고 대꾸하려고 했지만 그럴 힘이 없었다. 출산 스트레스를 조금이라도 줄여보려고 아침에 먹은 퀘일루드 때문에 알딸딸했다. 출산은 아내와 남편에게 스트레스가 매우 많은 일이지만 아무래도 남자보다 여자가 더 잘 감당하는 것 같았다.

그날 저녁 이후 3개월이 세 번 지났고, 부자와 기능장애인의 생활은 계속되었다. 장모님은 나와 한 약속을 지켰고, 패트리샤 이모의 두 딸은 스위스 은행에 가서 자신들의 상속권을 주장했다. 콜먼은 이 모든 일 때문에 골치가 아팠을 것이다. 내가 듣기로는 어느 날 아침엔가 캐리 초도시의 집을 예고도 없이 찾아가서는 감옥에 처넣겠다고 협박하고, 협조하지 않으면 아들을 죽여버리겠다고 했다는 것이다. 하지만 그건 절망에 빠져버린 인간의 마지막 발악일 뿐이었다. 물론 캐리는 콜먼에게 미친 소리 하지 말고 꺼지라고 했다.

그즈음 스트래턴의 경영 상태는 점점 나빠져서 내게 매달 100만 달러씩 주던 로열티마저 줄 수 없는 지경이 되었다. 나는 이미 그럴 거라고 예상했기 때문에 담담하게 받아들였다. 하지만 먼로파커와 빌트모어는 신규상장 업무를 진행할 때마다 내게 100만 달러씩 로열티로 줬고, 스티브 매든 제화의 실적도 날이 갈수록 놀랄 만큼 올라갔다. 스티브와 나는 백화점의 주문을 따라가지 못했다.

엘리엇의 조언에 따라 진행한 여러 전략도 잘 맞아떨어졌다. 직영매장을 다섯 개나 더 늘렸으며 1년 안에 다섯 개를 더 늘리는 계획도 순조롭게 진행되었다. 이미 라이선스 비즈니스도 시작하여 스티브 매든 브랜드로 벨트와 핸드백을 출시했고, 스포츠웨어 사업을 추가로 전개하려고 계획도 세워두었다. 그리고 6개월 전 잔소리꾼 게리 델루카가 물류 창고를 남플로리다로 옮기라고 한 조언에 따랐는데 이것이 물류 효율을 최고로 끌어올렸다. 침쟁이 존도 백화점 입점과 판매 확대에 심혈을 기울여 지금은 그 성과가 엄청나게 늘어났다.

그런가 하면 구두장이 스티브도 비밀금고를 이용해 돈을 많이 벌었다. 스티브와 나는 이런 비밀금고 관계를 바탕으로 하루 중 대부분을 함께 지낼 정도로 친한 친구 사이로 발전했다. 반면 엘리엇은 또 한 번 약물중독에 빠졌다. 점점 빚도 늘어났고 우울증도 심해졌다.

공작부인이 임신 후기로 들어설 즈음에 나는 허리 수술을 다시 받았지만 경과가 좋지 않았을 뿐 아니라 전보다 더 나빠졌다. 아마도 그린 박사의 조언과 반대로 경피성 디스크 추출이라는 최소한의 외과적 시술을 하는 현지 의사(실력은 의심스러운)를 선택했기 때문에 그럴 수도 있었다. 그때부터는 통증이 왼쪽 다리로 내려가 계속 나를 괴롭혔다. 그러니 내게 위안을 주는 것은 퀘일루드뿐일 수밖에 없었다. 내가 자꾸만 정신이 흐릿해지고 자주 건망증을 보이자 공작부인은 점점 더 짜증을 냈다.

그런데도 그녀는 수동적인 아내 역할에 흠뻑 빠져서 어떤 방법도 찾지 못했다. 돈과 비서, 저택과 요트를 소유한 우리가 백화점이나 레스토랑 어디를 가든 떠받들어주면 괜찮은 척하기는 식은 죽 먹기였다.

이런 생각에 빠져 있을 때 코를 찌르는 냄새가 났다. 얼른 머리를 들었더니 아내가 경멸에 찬 눈으로 날 쳐다보고 있었다.

"괜찮아요, 조던?" 브루노 박사가 다시 한번 물었다.

나는 심호흡을 하고 대답했다. "그럼요. 전 갠차나요. 브루뇨 박샤님. 피 때메 약간 메스꺼워지긴 핸눈데 세슈를 하면 갠차나질 고예요."

나는 양해를 구하고 잽싸게 화장실로 달려가 코카인을 두 번 들이마시고 마치 새로 태어난 사람처럼 상쾌한 기분이 되어 분만실로 돌아왔다.

"좋아, 이제 나만 믿고 마음 편히 해."

그러자 아내가 눈을 흘기며 말했다. "나중에 두고 봐요."

다시 아내는 힘을 주고 소리를 지르다가 또다시 힘을 주며 이를 박박 갈았다. 갑자기 마법에 걸린 것처럼 아내의 자궁이 열리더니 검은색 아기 머리가 보였다. 이어서 미끄러지듯이 아기의 작은 어깨가 아내의 다리 사이로 빠져나왔다. 브루노 박사는 아기가 괜찮은지 확인하려고 아기 몸통을 붙잡고 부드럽게 돌렸다.

잠시 후 "으앙!" 하는 아기 울음소리가 들렸다.

"손가락 열 개와 발가락 열 개! 축하해요, 조던!" 브루노 박사가 행복한 듯 공작부인의 둥그런 배 위에 아기를 올려놓으며 말했다. "아기 이름은 정했어요? 조던?" 브루노 박사가 묻자 아내가 씩 웃으며 대답했다. "네, 카터예요. 카터 제임스 벨포트!"

"아주 좋은 이름이군요." 브루노 박사가 미소 지었다.

브루노 박사는 내가 마약에 약간 취해 있는 걸 알면서도 친절하게 나에게 탯줄을 자르도록 배려했고 나는 그 일을 멋지게 해냈다.

"좋아요. 이제 제가 산모를 돌보는 동안 아빠는 아들을 잠시 안고 계세요." 브루노 박사가 내 품에 아들을 안겨주었다.

나도 모르게 눈물이 샘솟으며 드디어 아들을 얻은 감격에 흠뻑 빠졌다. 월스트리트의 늑대 주니어! 챈들러는 정말 예쁜 딸인데, 이제는 예쁜 아들의 얼굴을 처음 마주할 차례였다. 아들의 얼굴을 확인하려고 내려다본 순간, 찌그러지고 못생긴 데다가 주름투성이에 눈도 뜨지 못하는 모습이 마치 영양이 부족한 원숭이 새끼처럼 볼품이 없었다.

아내가 실망한 내 얼굴을 보더니 미소 지으며 말했다. "여보, 걱정하지 말아요. 어떤 아기든 처음에는 못생겼으니까. 조금 자라면 챈들러처럼 아주 예뻐질 거예요. 당신을 꼭 빼닮았으니 얼마나 멋지겠어요?"

"글쎄, 난 당신을 닮았으면 좋겠어." 나는 아내가 한 말의 단어를 하나하나 음미하며 대답했다. "하지만 누구를 닮았든 신경 쓰지 않아. 내 아들을 너무 사랑해서 이 애 코가 바나나처럼 못생겼어도 상관없어." 그런데 아주 쭈글쭈글

한 아들 얼굴을 보면서 신이 있어야 한다는 사실 깨달았다. 이건 사고가 아닐 테니까 말이다. 어쨌든 사랑의 행위로 완벽한 작은 생명이 태어난 건 기적이었다.

브루노 박사가 "오, 맙소사! 산모 출혈이 심해요."라고 말할 때까지 나는 아기를 계속 응시했다. "당장 수술해야겠어요. 빨리 산모를 수술실로 옮기고 마취전문의를 불러요." 간호사는 동굴에서 빠져나온 박쥐처럼 쏜살같이 분만실을 뛰쳐나갔다.

브루노 박사는 침착함을 되찾고 차분하게 말했다. "괜찮아요, 조던. 약간 문제가 있긴 한데 태반유착이에요. 태반이 자궁벽 안으로 너무 깊이 들어가서 태반을 빼내지 않으면 피를 많이 흘릴 수 있어요. 조던, 내가 가능한 모든 방법으로 태반을 깨끗하게 제거할게요." 브루노 박사는 적당한 말을 찾으려는 듯 잠시 침묵했다. "그러나 만약 실패한다면 자궁을 들어낼 수밖에 없습니다."

너무 갑작스러운 상황에 아내에게 사랑한다는 말도 하기 전에 남자 간호사 두 명이 뛰어 들어오더니 아내를 수술용 침대로 옮겨 곧바로 밀고 나갔고 브루노 박사도 그 뒤를 쫓아갔다.

잠시 후 수술실 밖에서 아들을 안고 서 있는 나를 본 브루노 박사가 부드러운 목소리로 말했다. "조던, 너무 걱정하지 말아요. 최선을 다해 부인에게 아무 일이 없도록 할 테니 안심하고 잠시만 기다리세요." 그러고선 카터와 나를 두고 가버렸다.

나는 아들을 내려다보다 갑자기 쏟아지는 눈물을 주체할 수 없어 울음을 터뜨리고 말았다. 아내를 잃으면 우리는 어떻게 되지? 내가 엄마 없는 두 아이를 키울 수 있을까? 아내는 나의 전부였다. 내 인생에서 미친 짓은 그녀가 괜찮아져야 끝날 수 있었다. 나는 심호흡을 하고 마음을 가라앉히려고 애썼다. 내 아들, 즉 카터 제임스 벨포트를 위해 강해져야 했다. 나도 모르는 사이에 전능하신 하나님께 공작부인을 살려달라고 기도했다.

10분쯤 지났을 때 브루노 박사가 얼굴 가득 웃음을 띠고 수술실에서 나왔다.

"조던, 당신이 절대 믿지 못할 방법으로 태반을 잘 꺼냈답니다."

"어떻게요?" 나는 안심이 되어 입이 귀에 걸릴 정도로 웃으며 물었다.

"우리 병원 인턴 중 인도 출신의 몸집이 작은 여성이 있어요. 그 인턴이 작은 손을 자궁 안으로 집어넣어 태반을 끄집어냈답니다. 유착태반은 드문 경우라 위험할 뻔했는데 잘 처리되었어요. 당신은 완벽하게 건강한 아내와 완벽한 아들을 가졌습니다."

징크스 왕 브루노 박사가 안도의 한숨을 내쉬며 말했다.

31 부모가 된다는 것

다음 날 아침, 챈들러와 나는 거실에서 입씨름을 벌였다.
챈들러는 바닥에 앉아 색색의 블록을 갖고 놀고 있었고 나
는 일방적으로 떠들어댔다. 나는 챈들러에게 새로운 가족
이 생겼는데 이것이 그녀에게 좋은 일이고 상황이 전보다
더 좋아질 거라고 설득하려 했다. 나는 천재 딸에게 웃어
보이며 말했다.

"엄지공주, 잘 들어요. 카터가 얼마나 작고 귀여운지 너
는 그 애를 보자마자 사랑스러워서 어쩔 줄 모를 거야. 그
리고 조금 크면 누나를 졸졸 따라다니며 귀여운 짓을 아주
많이 하겠지? 생각해봐, 얼마나 멋진 일이니?"

챈들러가 블록으로 성을 만들다 말고 엄마에게서 물려받
은 커다란 푸른 눈동자로 날 쳐다보며 말했다. "싫어, 아기
는 병원에 두고 오란 말이야." 그러고는 다시 성 쌓기에 열
중했다.

나는 딸아이 옆에 앉아 발그레한 뺨에 부드럽게 키스했
다. 상큼한 아기 냄새가 폴폴 났다. 두 돌이 갓 지난 딸아이

의 밤색 머리카락은 부드럽기가 마치 옥수수수염 같았다. 어깨 아래까지 자란 머리칼은 끝부분이 곱슬곱슬했다. 그 모습이 믿을 수 없을 정도로 감동적이었다.

"들어봐, 엄지공주. 아기를 병원에 놔둘 수는 없단다. 이제 우리 식구니까. 카터는 네 동생이야. 너희 둘은 곧 친구처럼 아주 잘 지낼 거야."

챈들러는 어깨를 으쓱하면서 말했다. "아냐, 나는 그렇게 생각하지 않아!"

"그래? 하지만 아빠는 이제 병원에 가서 엄마와 카터를 데리고 올 거야. 엄마와 아빠가 이 세상에서 엄지공주를 가장 사랑한다는 걸 잊으면 안 돼. 알았지?"

"응, 알아." 챈들러는 성 쌓기에 정신이 팔려 건성으로 대답했다. "아빠는 카터를 데려와도 돼. 난 상관없어."

챈들러는 신기하게도 안다는 말 한마디로 우리 식구가 늘어나는 걸 받아들였다.

집을 나서서 병원으로 가는 길에 잠시 밀리스 플레이스 Millie's Place 레스토랑에 들러 짧게 사업 얘기를 하기로 했다. 내 계획은 회의를 가능한 한 빨리 끝내고 병원으로 가서 아내와 아기를 데리고 웨스트햄프턴의 우리 집으로 돌아오는 것이었다. 그곳에는 대니를 비롯하여 회계사 데니스 가이토, 위그왐 그리고 변호사 하틀리 번스타인Hartley Bernstein 등이 먼저 와서 원형 테이블 앞에 앉아 있었다. 특히 번스타인은 얼굴이 족제비가 침 뱉을 때 모습과 비슷하다고 해서 다들 족제비라고 불렀다. 사실, 그는 딕 트레이시Dick Tracy의 만화책 캐릭터 비비 아이즈BB Eyes와 꼭 닮았다.

평소 밀리스 플레이스는 아침에 문을 열지 않았지만 식당 주인 밀리는 오늘 우리 때문에 일찍 문을 열었다. 그럴 만한 게 보통 스트래턴이 신규 공모를 끝내고 나면 늘 뒤풀이를 이곳에서 했다. 먹고 마시고 섹스파티에 마약파티로 갈 데까지 가는 풀코스 난장판을 벌인 다음 레스토랑 내부 파손 정도에 따라 2만 5,000~10만 달러를 수리 비용으로 주었으니 고객 예우 차원에서 당연한 일이었다.

테이블에 가까이 가서 보니 최근 스트래턴 부사장으로 지명된 조던 샤마Jordan Shamah도 있었다. 그는 대니의 어릴 적 친구인데 별명이 장의사였다. 그의 권력이 커지는 것은 그가 올린 실적과 관련이 거의 없을뿐더러 앞을 가로막는 자는 모두 죽인다고 해서 그런 별명이 붙었다. 땅딸막한 이 장의사는 주특기가 뒷담화였다. 또 소문을 퍼뜨리고 뒤에서 찌르는 데 능통했다.

나는 같이 범죄를 저지르던 동료들과 마피아식 포옹으로 짧게 인사를 나누고 자리에 앉아 커피를 한잔 가득 따랐다. 오늘 회의를 하는 목적은 아쉽게도 스트래턴을 어떻게 정리할지를 두고 대니를 설득하는 것이었다.

우리는 바퀴벌레 이론Cockroach Theory이라는 방법의 청산 절차를 협의했다. 이는 스트래턴을 청산하기 전에 바지사장을 내세워 몇 개 소형 증권사를 세운 다음 스트래턴을 작은 그룹으로 쪼개고, 그 쪼갠 그룹을 소형 증권사로 옮기는 방식이었다. 그 절차가 끝나면 대니가 스트래턴을 파산시킨 다음 그 회사들 중 한 군데에 자문으로 가서 막후 경영을 하는 것이다. 그 결과로 돈을 벌고 감독 당국과 싸우는 과정이 다시 시작된다. 규제 위기에 처한 중개회사가 한 발 앞서 처리하는 것인데 월스트리트에서는 일반적으로 받아들여지는 방식이었다. 마치 바퀴벌레 한 마리를 밟아 납작하게 뭉개면 주위에 있던 새로운 바퀴벌레 열 마리가 사방에서 달려드는 모습과 흡사하다고 해서 붙여진 이름이다.

현재 스트래턴이 처한 상황에서 가장 적절하게 실행할 수 있는 청산 전략이었지만 문제는 대니가 바퀴벌레 이론을 별로 내켜 하지 않는다는 것이었다. 그는 현실에 정면으로 맞서 돌파함으로써 향후 20년은 탄탄대로를 달리게 한다는 자기 이론을 내세웠지만 내가 볼 때 스트래턴의 남은 수명은 1년도 채 안 되었다. 미국 전체 주가 스트래턴을 빙 둘러싼 저승사자처럼 죽을 날만 기다리는 상황이었다. 게다가 NASD까지 저승사자 행렬에 들어 있었으니 회생하기는 도저히 불가능했다.

하지만 대니는 인정하려고 하지 않았다. 사실, 그는 말년에 월스트리트 버전의 엘비스 프레슬리Elvis Presley가 되어 있었다. 그의 조련사들은 그의 거대한 몸집을 하얀 가죽 점프 슈트에 쑤셔 넣은 다음 무대 위로 올려 쇼를 하게 했다. 그리고 그가 열사병이나 수면제에 지쳐 쓰러지기 전에 다시 무대 아래로 끌어내곤 했다.

위그왐의 말을 들어보면 대니는 간부회의를 하다 말고 갑자기 책상 위로 올라가 컴퓨터 모니터를 바닥에 집어 던지고 SEC를 저주하는 말을 퍼붓는 등 과격한 모습을 보인 것 같았다. 그런데 이런 행동이 스트래턴 직원들에게는 정의감 넘치는 CEO라는 인상을 주었다. 그러자 대니는 한술 더 떠서 팬티까지 다 내리고 SEC 소환장에 오줌을 갈겼다고 했다.

나는 위그왐과 눈이 마주쳤을 때 마치 먼저 시작하라는 듯 턱짓을 했다. 위그왐은 자신만만하게 고개를 끄덕이더니 "대니, 사실은 내가 얼마나 더 거래를 성사시킬 수 있을지 모르겠어. SEC는 사방에서 우리를 죽이겠다고 위협하고 있고 승인받는 데만 6개월은 걸릴 거야. 그러니 우리가 새로운 회사를 세우고 지금부터 준비해도 연말쯤이나 되어야 업무를 시작할 수 있어."

하지만 대니는 씨도 안 먹힌다는 듯 받아쳤다. "내가 한마디 할게, 위그왐. 자네는 뭣도 모르고 쓰레기 같은 말이나 내뱉고 있어. 바퀴벌레 사냥을 하기에는 아직 때가 아니라고. 쓸데없는 소리 지껄이지 말고 입 닥치는 게 어때?"

"대니, 너나 닥쳐!" 위그왐은 손가락으로 머리를 넘기고, 더 자연스럽게 보이도록 노력하며 쏘아붙였다. "허구한 날 마약에 취해서 사니까 지금 우리 상황이 어떤지도 모르지.

네가 사무실에서 침 흘리는 동안 나는 내 인생을 허비하지 않을 거야, 바보처럼."

장의사는 아까부터 위그왐의 등에 도끼를 꽂을 기회를 엿보다가 이 틈을 타고 들어왔다. "그건 자네가 모르는 소리야. 대니는 사무실에서는 마약에 취해만 있지는 않다고. 어쩌다 한번 그럴 때도 있었지만 아무 문제도 없었지." 그러더니 장의사는 잠시 한 방을 날릴 타이밍을 찾았다. "자네가 그런 말을 할 처지는 아닐 텐데. 하루 종일 여직원들 꽁무니 쫓아다니느라 바쁘잖아?"

나는 장의사를 좋아했다. 그는 진짜 회사원이었다. 하지만 아무리 생각해도 너무 멍청했다. 그는 대부분 에너지를 사람들에 대한 악마 같은 소문을 떠올리는 데 썼다. 그런 그가 이 일에서 이렇게 열을 내면서 험한 말까지 하는 이유는 분명했다. 그에게는 고객의 클레임이 넘쳐 만약 스트래턴이 파산하면 자기가 일할 곳이 하나도 없기 때문이다.

나는 "좋아, 그만해, 제발!"이라고 소리쳤다. 나는 이런 상황이 믿을 수 없어 고개를 절레절레 흔들었다. 스트래턴은 완전히 통제 불능 상태였다. "빨리 병원에 가봐야 하는데도 여기에 들른 이유는 자네들 모두 현명하게 판단하는 데 도움이 되었으면 해서였네. 나는 스트래턴이 내게 돈을 주든 안 주든 별 상관이 없지만 내 명예와 아주 깊이 관련되어 있으니 두고 볼 수 없지 않은가?" 나는 대니를 똑바로 바라보며 말을 이었다. "대니, 나 또한 자네 생각과 같아.

하지만 앞으로 20년 동안 탄탄대로를 달릴 수 있다 해도 소송과 재판이 자네를 가만 놔두지 않을 거야."

족제비가 참견하고 나섰다. "소송이나 중재재판은 집을 사고팔듯이 간단하게 처리할 수 있는 문제가 아닙니다. 스트래턴이 보유 자산이나 직원들을 새로운 회사에 넘기도록 여건을 만들고 매각 처리를 하면 새로운 회사는 3년에 걸쳐 그 대금을 갚을 수 있는 법규가 있으니 그 제도를 이용하면 깔끔하게 청산할 수 있어요."

그레고리 오코넬도 고개를 끄덕여 동의를 표시했다. 나는 지금까지 족제비의 진면목을 본 적이 없었다. 같은 변호사라도 카리스마 넘치는 오코넬과는 딴판으로 그다지 특징이 없는 그저 그런 변호사라고 생각했다. 그를 볼 때마다 스위스 치즈를 갉아먹는 상상만 했을 뿐. 하지만 오늘 그의 얘기를 듣고는 숨겨진 보배를 찾아낸 것 같았다. 스트래턴이 고객에게 소송당한 액수를 모두 계산해보면 7,000만 달러에 달했다. 물론 건별로 배상도 해주지만 만약 스트래턴이 파산한다면 그야말로 걷잡을 수 없는 나락으로 떨어질 게 뻔했다.

그때 대니가 내게 말했다. "조던, 잠시만 저쪽으로 가서 얘기하지." 우리는 옆 테이블로 가서 앉았다. 대니가 웨이터에게 위스키를 주문했다. 대니는 두 잔 가득 위스키를 따르고는 "자, 여기에 우리의 탄탄대로가 있네. 친구!"라고 말했다. 그는 잔을 들고 내가 축배를 들기를 기다렸다. 시계를 보니 10시 30분이었다.

"대니. 나는 지금 술을 마실 수 없어. 아내와 아기를 데리러 병원에 가야 한다고." 나는 술잔을 들지 않았다.

대니는 심각한 표정으로 고개를 저었다. "이렇게 이른 아침에 축배를 들지 않는 것은 불행한 일이야. 정말 위험을 감수할 의향이 있나?"

"그래!" 나는 으르렁거리며 말했다. "기꺼이 위험을 무릅쓸 거야."

대니가 어깨를 으쓱했다. "마음대로 해." 그러더니 스카치 다섯 잔을 연거푸 마셨다. "호, 베이비!" 그가 중얼거리며 고개를 몇 번 흔들더니 주머니에 손을 넣어 퀘일루드 네 개를 꺼냈다. "최소한 퀘일루드 두 개는 괜찮지? 내게 회사 문을 닫으라고 하기 전에 말이야."

"좋아, 그러자고." 나도 웃으며 말했다.

대니가 활짝 웃으며 내게 퀘일루드 두 알을 건넸다. 나는 싱크대로 가서 수도꼭지를 틀고 그대로 입을 대고 물을 삼켰다. 그리고 대니를 힐끔 쳐다보고는 아무렇지 않은 듯 퀘일루드를 주머니에 넣었다.

"좋아, 이제 시한폭탄이니까 빨리 본론으로 들어가자." 나는 손끝을 비비며 말했다. 그리고 쓴웃음을 지으며 대니를 보았다. 지금 닥친 문제 가운데 대니 탓을 할 수 있는 게 얼마나 될지 생각해보았다. 그 많은 문제 중 내 책임이 전혀 없다고 확실히 말할 수 있는 일도 별로 없었지만 많은 부분에서 대니에게도 책임이 있었다. 그랬다. 내가 지령을 내리는 두뇌라면 대니는 근육, 즉 집행자였다. 말하자면 내가 결코 할 수 없었던 일을 그는 매일 했다. 그는 진정한 전사였다. 그를 존경해야 할지 경멸해야 할지는 모르겠지만 어쨌든 현실은 즐겁지 않았다.

"잘 들어, 대니. 이제 스트래턴은 네 회사니까 내가 이래라저래라할 수는 없어. 자네가 지금까지 해온 방식도 존중하고. 하지만 나 같으면 족제비가 말한 대로 당장이라도 문을 닫고 쓸 만한 보물들을 챙겨 튀겠네. 회사를 새로 만들어 자문역으로 가서 연봉을 받는 것이 옳고 현명한 선택이야. 내가 자네라면 분명히 그렇게 했을 거야."

대니가 고개를 끄덕였다. "알겠어. 다만 상황이 어떻게 돌아가는지 알 수 있게 몇 주 시간 여유는 줘. 알았지?"

나는 다시 한번 쓰게 웃었다. 대니가 회사 문을 닫을 마음이 없다는 걸 잘 알았기 때문이다. "그럼, 대니. 그건 괜찮아."

5분쯤 후 작별 인사를 한 뒤 리무진으로 갔다. 그때 가이토가 레스토랑에서 따라 나왔다. 그는 리무진 쪽으로 걸어오며 말했다. "대니가 무슨 말을 하든 그는 회사 문을 닫을 마음이 없어요. 저러다간 결국 구속될 겁니다."

나도 고개를 천천히 끄덕였다 "내가 알아야 할 일이 생기면 연락해요, 가이토." 나는 가이토와 포옹한 뒤 리무진에 올라타 병원으로 향했다.

롱아일랜드 병원은 스트래턴 오크몬트에서 2킬로미터쯤 떨어진 곳에 있었다. 그래선지 산부인과 직원들에게 금딱지 시계를 선물하며 감사를 표했을 때 아무도 놀라지 않았다. 챈들러가 태어났을 때도 그랬지만 왠지 앞으로 다시 만날 일이 없을 것 같은 사람들에게조차 5만 달러쯤 쓰는 것에 묘한 쾌감을 느꼈다.

행복한 의식을 마쳤을 때는 11시가 안 되었다. 공작부인이 있는 병실로 들어갔지만 그녀가 보이지 않았다. 병실 안이 빨강, 노랑, 분홍, 보라, 주황, 초록의 꽃으로 꽉 차 발디딜 틈조차 없었다. 마침내 공작부인이 안락의자에 앉아 있는 모습을 보았다. 그녀는 아기에게 우유를 먹였는데 그 모습이 무척 매력적이었다. 그녀는 출산한 지 36시간 만에 체중이 원래대로 돌아와 다시 내 사랑스러운 공작부인이 되어 있었다. 좋았어! 그녀는 낡은 리바이스 청바지에 심플한 흰색 블라우스 그리고 미색의 발레 슬리퍼를 신고 있었다. 하늘색 담요에 싸인 카터는 아래쪽으로 살짝 나와 있는 작은 얼굴만 보였다.

나는 아내에게 미소를 지으며 말했다. "당신, 정말 매력적이군. 출산하고 이틀도 안 되어 원래 모습으로 돌아오다니 놀라워. 어제만 해도 많이 부었었는데."

"아기가 우유를 안 먹으려고 해요." 내 칭찬에는 아랑곳없이 아내가 말했다. "챈들러는 언제나 잘 먹었는데."

그때 간호사가 병실로 들어와 아기를 살펴보며 퇴원 전

마지막 검사를 했다. 짐을 챙기는데 간호사의 말소리가 들렸다.

"와, 쌍꺼풀이 너무 예뻐요. 쌍꺼풀이 이렇게 예쁜 아기는 처음 보았어요. 아주 잘생긴 아이로 자랄 거예요."

아내가 우쭐해하며 말했다. "정말 그래요. 우리 아기에게는 뭔가 특별한 게 있어요."

그때 간호사가 중얼거렸다. "어? 이상하네."

나는 발뒤꿈치를 돌려 간호사를 보았다. 그녀는 의자에 앉아 카터를 안고 카터의 가슴 왼쪽에 청진기를 댔다.

"뭐가 잘못되었어요?" 나는 놀라서 물었다.

"확실하지는 않지만 아기 심장박동이 조금 이상한 것 같아요."

간호사가 매우 걱정된다는 표정으로 입술을 깨물었다. 아내를 보니 마치 한 대 얻어맞은 듯 멍해 보였다. 아내는 침대 기둥을 붙잡고 서 있었다. 나는 아내를 끌어안았지만 아무 말도 할 수 없었다.

마침내 간호사가 무척 짜증 난 듯 말했다. "믿을 수 없어요. 왜 지금까지 아무도 발견하지 못했을까요? 아기 심장에 구멍이 있는 것 같아요. 혈액이 역류되는 소리가 들려요. 심장에 구멍이 났거나 어디에 결함이 있는 게 분명해요. 죄송하지만 퇴원을 미루고 정밀검사를 해야 합니다. 지금 당장 소아과 심장전문의를 불러와야겠어요."

나는 멍해져서 심호흡을 하며 천천히 고개를 끄덕였다.

그리고 소리 없이 울고 있는 공작부인을 바라보았다. 그 순간 우리는 우리 삶이 예전과 같을 수 없음을 깨달았다.

15분 후 우리는 온갖 진단검사기와 최신 설비 그리고 조그마한 검진 테이블로 들어찬 병원 지하의 검사실에서 발가벗긴 채 의사들에 둘러싸인 아기를 내려다보았다. 조금 어두운 조명 아래에서 키가 크고 마른 의사가 진료했다.

"저기 보여요?" 의사가 말했다. 그는 왼손 검지로 모니터를 가리켰다. 화면 중앙에는 아메바 같은 선이 네 개 있었는데 그중 두 개는 빨간색, 두 개는 파란색이었다. 각각의 선은 작은 동전 크기로 서로 연결되어 느리지만 리드미컬하게 서로에게 흘러 들어가는 것 같았다. 의사가 오른손에 마이크 모양 기구를 카터 가슴에 대고 천천히 원을 그리듯 움직였다. 빨간색과 파란색은 심장 내부를 나타내는 것으로 심장 내 혈액 흐름을 보여주었다.

"여기를 보세요. 두 번째 구멍이 있는데 이게 약간 작지만 심방 사이에 있는 게 틀림없어요." 의사는 그렇게 말하며 초음파 장비를 껐다.

"아드님이 울혈성 심장마비를 일으키지 않은 게 놀라울 정도입니다. 심실 사이에 있는 구멍은 생각보다 커서 며칠 안에 개심 수술을 해야 합니다. 그런데 아기가 우유는 잘 먹던가요?"

"아니요. 첫애 때와 달리 전혀 먹으려고 하지 않아요."

아내가 걱정스럽게 대답했다.

"그럼 우유 먹을 때 땀을 흘리던가요?"

아내가 고개를 저었다. "그건 보지 못했어요. 먹는 데 전혀 관심이 없다는 것밖에는."

의사가 고개를 끄덕였다. "정맥혈과 동맥혈이 섞이기 때문에 무언가 먹으려고 하면 압박감을 심하게 느낄 겁니다. 젖을 먹으면서 땀을 흘린다면 그건 울혈성 유아 심장마비라는 신호입니다. 하지만 아직 쇼크에 빠진 적이 없었던 것으로 보아 심장의 좌우 균형은 잡힌 것 같아요. 그래서 혈액 역류가 심하지 않았고요. 하지만 앞으로 어떻게 될지는 알 수 없습니다. 일주일 정도 안에 심장마비 증세가 나타나지 않는다면 안심할 수 있겠지요."

"심부전에 걸릴 확률은 얼마나 됩니까?" 나는 의사를 바라보며 물었다.

의사는 알 수 없다는 듯 어깨를 으쓱했다. "반반입니다."

"만약 심부전을 일으킨다면 어떻게 해야 하나요?" 아내가 의사를 바라보며 물었다.

"폐에 물이 차지 않도록 이뇨제를 투여할 거예요. 다른 액들도 있고요. 하지만 어떤 약도 효과가 없으면 심장을 열고 구멍을 막는 수술을 해야 합니다." 의사는 동정 어린 미소를 지었다. "이런 나쁜 소식을 전하게 되어 유감입니다. 계속 지켜봐야 합니다. 아기를 집으로 데려가서 주의 깊게 살피다가 숨을 헐떡거리거나 땀을 많이 흘리거나 우유를 전혀 먹지 않으려고 하면 바로 전화 주세요. 어쨌든 일주일 뒤 다시 봅시다. ―그럴 것 같지가 않아요. 주님, 아무래도 다음번에는 더 큰 병원에 가야 할 것 같아요!― 심장 초음파 검사를 할 거예요. 그때쯤이면 구멍이 닫히기 시작했기를 빕니다."

공작부인과 나는 바로 기운을 차렸다. 한 줄기 희망을 찾은 나는 "구멍이 저절로 닫힐 수 있다는 뜻인가요?"라고 물었다.

"아, 네. 제가 깜빡하고 말을 안 했네요. ―그런 걸 빼먹다니 엉망진창이네!― 처음 열흘 동안 아무 증상도 나타나지 않는다면 그렇게 될 확률이 높습니다. 아드님이 자라면서 심장도 자라게 될 거고 서서히 구멍을 감싸게 될 거예요. 다섯 번째 생일이 되면 완전히 닫힐 거고요. 그리고 완전히 닫히지 않더라도 구멍이 작아서 괜찮을 거예요. 다시 말씀드리지만 처음 며칠이 중요하니까 반드시 주의 깊게 관찰하세요."

"그건 걱정 마세요." 공작부인이 자신만만하게 말했다. "집에 가면 전문 간호사를 포함해서 적어도 세 명이 늘 지킬 테니까요."

동쪽으로 110킬로미터 떨어진 웨스트햄프턴으로 가는 대신 병원에서 15분 거리에 있는 올드브룩빌로 향했다. 도착하니 양가 식구들이 다 모였다. 밉지만은 않은 실패자인 공작부인의 아버지 토니 카리디Tony Caridi도 왔다. 여전히 영화배우처럼 잘생겼고 여전히 구질구질해 보였다.

내 아버지는 점잖은 신사 맥스가 되어 앞장서서 간호했고, 공작부인과 나에게 모든 일이 잘될 거라며 안심시켜주었다. 그 후 그는 한 번도 화내지 않고 여러 의사와 병원에 전화를 걸었다. 사실상, 카터가 괜찮아질 때까지는 매드 맥스의 성격이 드러나진 않을 것이다. 다만 괜찮아지고 난 다음부터 귀신같이 매드 맥스가 다시 나타나 악랄하게 욕을 하고 마구 담배를 피워댈 것이다. 어머니는 카터를 위해 유대인식 기도를 올리고 공작부인과 나에게 은혜를 베푸는 독실한 분이었다. 허울뿐인 무정부주의자 장모님은 카터가 아픈 것이 정부의 음모라며 비난을 쏟아냈는데, 이유는 잘 모르겠지만 그런 식으로 말하는 의사들도 있었다.

우리는 챈들러에게 아기가 아프다고 얘기해주었다. 챈들러는 우리에게 사랑한다고 말했고 우리가 아기를 병원에서 집으로 데려오기로 해서 기쁘다고 말했다. 그리고 블록을 가지고 놀기 시작했다. 권과 자넷은 갓난아기가 불쌍하다며 몇 시간쯤 울다가 겨우 진정된 듯 보였다.

내 사랑스러운 반려견 샐리도 함께 간호에 들어갔다. 카터의 침대 바닥에 꼭 붙어서 화장실에 가거나 가끔 배고플 때만 자리를 비웠다. 하지만 공작부인의 못된 반려견 로키는 우리가 카터에게 신경 쓰지 못하도록 난동을 부렸다. 아무렇지 않은 척 집에 있는 모든 사람을 계속 짜증 나게 한 것이다. 끊임없이 짖고, 카펫에 오줌을 싸고, 바닥에 똥을 지렸다. 심지어 우리와 함께 기도하느라 바쁜 착한 샐리의 밥까지 훔쳐 먹었다.

그러나 가장 크게 실망한 것은 아기 간호사 루비Ruby였다. 부유한 가정에 자메이카 출신 아기 전문간호사를 보내주는 백인 전용 인력사무소에서 추천받았는데, 로코가 그녀를 마중 나가 보니 기차역에서 이미 술에 취해 있었던 것이다. 그래서 그녀가 짐을 내려놓자 그는 그녀 방을 찾아 그 짐을 대신 들어줄 수밖에 없었다. 15분 후 그녀는 쫓겨났고, 다시는 소식을 들을 수 없었다. 그녀가 남기고 간 것이라곤 로코가 압수한 위스키 다섯 병뿐이었는데, 그것은 지금 아래층 주류 캐비닛에 있다.

대체 간호사가 몇 시간 후 나타났다. 또 다른 자메이카 여성 에리카Erica였다. 그녀는 퀸은 물론 다른 사람들과도 금방 친해질 정도로 진짜 성격 좋은 간호사였다. 그래서 에리카도 관리인으로 합류해서 간호를 맡았다.

카터가 집으로 오고 나서 나흘 동안 특별한 이상이 없었다. 그사이 우리는 소아심장 전문의 가운데 최고 권위자를 수소문한 결과 맨해튼 마운트시나이병원의 심장외과 과장 에드워드 글렌코Edward Golenko 박사를 알게 되었다.

하지만 예약이 3개월이나 밀려 있어 온갖 머리를 짜낸 끝에 그 병원의 소아심장 병동에 5만 달러를 기부하기로 하고 바로 다음 날 특진을 잡을 수 있었다. 닷새째 되는 날 카터는 의사와 간호사로 구성된 엘리트 팀에 둘러싸여 있었다. 카터는 10분 동안 더 대기하다가 진료를 받았다.

아내와 나는 그 팀이 카터의 심장을 훨씬 더 깊이 들여다보고 표준 초음파보다 훨씬 선명하게 볼 수 있는 첨단 영상 장치를 이용할 때 조용히 옆으로 비켜서 있었다. 글렌코 박사는 키가 크고 말랐으며, 머리가 약간 벗어진 매우 친절한 의사였다. 방을 둘러보니 하얀 가운을 입은 의사 아홉 명이 마치 아들이 세상에서 가장 소중한 존재인 것처럼 내려다보고 있었다. 다음으로 공작부인을 바라보았는데, 여느 때처럼 볼을 우물대고 있었다. 그녀는 고개를 기웃대며 집중했는데 그녀도 나와 같은 생각을 하는지 궁금했다. 내가 부자라는 것이 지금처럼 행복했던 적이 없었으니까. 결국 우리 아들을 도울 수 있는 사람들은 이들이겠지만 말이다.

글렌코 박사는 몇 분간 의사들과 의견을 나눈 뒤 우리에게 미소를 지으며 "아주 좋은 소식이 있습니다. 아드님은 괜찮을 겁니다. 구멍은 이미 닫히기 시작했고 압력 구배로 사이의 역류 현상이 없어졌습니다."

글렌코 박사는 더 말을 잇지 못했다. 아내가 너무 기쁜 나머지 개구리처럼 예순다섯의 이 의사에게 펄쩍 뛰어올라 두 팔로 목을 감고 두 다리로 허리를 감싼 채 마구 키스를 퍼부었기 때문이다. 방 안의 모든 의사가 그 모습을 보고 웃었다.

글렌코 박사는 얼굴이 사탕무보다 더 붉어진 채 놀란 표정으로 나를 바라보며 "내 환자의 엄마들이 모두 이랬으면 좋겠어요."라고 말했다. 그러자 모두가 좀 전보다 더 크게 웃었다. 참으로 행복한 순간이었다. 카터 제임스 벨포트는 이제 더는 위험하지 않았다. 신이 이 가족의 화합을 위해 심장에 두 번째 구멍을 낸 것일 뿐 다섯 살이 되면 두 구멍 모두 닫힐 것이라고 글렌코 박사는 확신했다.

리무진을 타고 집으로 돌아오는 차 안에서 아내와 나는 환한 미소를 띠고 있었다. 카터는 우리 부부 사이에 있었고 앞에는 보디가드들이 타고 있었다. 아내가 말했다. "그동안 챈들러에게 해왔듯이 카터를 대하지 못할까봐 걱정스러워요. 챈들러는 아주 건강해서 아무런 걱정도 없었기 때문에 모든 아기가 다 그런 줄 알았는데…."

나는 몸을 숙여 아내의 뺨에 키스하며 말했다. "걱정하지 마. 우린 곧 아무렇지도 않게 될 거야."

"잘 모르겠어요." 공작부인이 말했다. "다음에는 무슨 일이 일어날지 생각하기조차 두려워요."

"다음에는 아무 일도 일어나지 않을 거야. 우리는 이제 고비를 넘겼어." 그리고 집으로 가는 내내 나는 온몸과 마음을 다 모아 우리 가족이 무사하기를 하나님께 기도했다.

32 더 많은 기쁨

1995년 9월(5주 후)

나는 구두장이가 세상 모든 것을 가진 듯이 의기양양한 표정을 짓는 게 당연하다고 생각했다. 스티브 매든 제화는 1996년 매출 목표가 5,000만 달러였는데, 성장세가 말 그대로 비약적이었다. 백화점 매출은 가히 폭발적이었고 자체 브랜드의 판매 실적이 아주 좋았을 뿐 아니라 라이선스 사업도 순조롭게 이어졌다. 직영매장은 아홉 개가 영업 중이었는데 모두 이익이 예상치를 훨씬 웃돌았다. 토요일과 일요일에는 문밖으로 줄이 늘어서 있었고 스티브 매든은 전 세계 10대 소녀에게 최고의 신발 디자이너로 유명인사가 되었다.

하지만 그는 명성에 걸맞지 않은 말을 내게 했다. "이제 잔소리꾼 게리를 쫓아낼 때가 된 것 같아요. 지금 그를 자른다면 그 스톡옵션은 우리가 가질 수 있잖아요?" 그는 태연하게 어깨를 으쓱했다. "그 친구가 오래 일할수록 그의 몫은 계속 커질 테고 우리는 결국 개털이 된단 말이에요."

나는 놀라서 고개를 저었다. 정말 아이러니한 것은 게리 델루카가 가진 스톡옵션의 양이 너무 적어서 그 스톡옵션이 공중에 사라진다면 흔들릴 게리를 제외하고는 아무에게도 문제가 되지 않는다는 점이었는데, 사실 고용계약서에 그렇게 되어 있었다.

"스티브, 게리에게 그럴 수는 없어요. 여기에서 1년간 그는 정말 몸이 부서질 정도로 일했어요. 가끔 그가 말썽을 피우기도 했지만 그 친구만큼 열심히 일하는 사람은 없어요. 그걸 떠나서 직원에게 그렇게 대접하는 건 사장으로서 도리가 아니에요, 스티브. 만약 그렇게 한다면 다른 직원들의 사기가 땅에 떨어지는 건 시간문제죠. 직원들은 모두 스톡옵션이 있으니 자기가 주인이라 생각하고 미래를 꿈꾸며 열심히 일하는 거잖아요?"

나는 숨을 몰아쉬고 나서 이렇게 덧붙였다. "그를 내보내야 한다면 그건 좋아요. 하지만 그가 마땅히 받아야 할 몫은 챙겨줘야 합니다. 오히려 보너스로 뭐라도 조금 더 주는 게 맞죠. 그게 맞아요, 스티브."

구두장이가 어깨를 으쓱했다. "이해할 수 없네요. 당신은 회의를 할 때마다 그를 놀렸어요. 그러니 내가 스톡옵션을 가져가도 상관할 일이 아니잖아요?"

나는 답답해서 고개를 저었다. "내가 그를 놀린 건 웃자고 한 거죠, 스티브. 나는 나와 당신까지 포함해서 모든 사람을 놀리잖아요. 하지만 그게 진심은 아니에요. 게리는 정말 좋은 친구예요. 그리고 누구보다 열심히 일했어요. 그만큼 나는 그 친구를 아낀다고요." 나는 크게 한숨을 쉬며 말을 이었다. "잘 들어요. 물론 게리가 여기에서 더는 할 일이 없다는 건 나도 인정합니다. 이제는 그 자리를 업계 경험이 있는 사람으로 바꿔야 할 때라고 생각해요. 하지만 스톡옵션을 빼앗을 수는 없어. 처음에 우리가 수많은 반품으로 애를 먹을 때 그 친구가 와서 서서히 자리가 잡혔고 이제는 그런 문제가 없도록 시스템을 만들었어요. 그 친구에게는 그에 마땅한 대접을 해줘야 합니다."

구두장이가 한숨을 쉬었다. "조던, 그를 잘못 알고 있어요. 그는 기회만 있다면 2초 안에 우리에게 엿을 먹일 놈이에요. 나는…."

나는 그의 말을 가로막으며 말했다. "아니요, 스티브. 그 친구는 절대 배신하지 않아요. 우리와 달리 신의가 있다고요. 자기가 한 말은 늘 지켰어요. 경영자가 직원을 해고할 수는 있지만 스톡옵션은 결코 빼앗을 수 없어요."

나는 지금까지 스티브에게 그의 실제 지분비율보다 더 많은 권한을 주었다는 사실을 깨달았다. 물론 실질적 대주주는 나였지만 그건 어디까지나 우리 사이에 비밀 합의를 한 것일 뿐 서류상으로는 스티브가 대주주였다.

"내가 게리에게 말해볼게요, 조던." 구두장이가 악마 같은 표정으로 말했다. "제가 만약 그 친구를 조용히 처리하면 당신도 더는 할 말 없겠죠?" 그는 어깨를 으쓱했다. "제 말은, 제가 그 친구 스톡옵션을 회수해 우리 둘이 반반씩 나누면 되잖아요, 그렇죠?"

나는 정말 더 할 말이 없었다. 그때가 오전 11시 30분이었는데 너무 피곤했다. 약을 너무 많이 먹은 탓일까? 최근 우리 집은 그야말로 모든 게 엉망이었다. 아내는 카터에게 지나치게 신경을 쓰느라 스트레스가 심했고, 나는 허리 통증을 어떻게 할 방법이 없어 거의 손을 들었다. 통증은 하루 종일 나를 괴롭혔다. 그래서 3주 뒤인 10월 15일 척추 신경 수술을 받으려고 병원 예약을 해둔 상태였다. 하지만 그 수술 때문에 머릿속은 걱정으로 가득 차 있었다. 전신마취를 하고 일곱 시간 동안 수술할 텐데 혹시 잘못된다면 깨어나지 못할 수도 있고 깨어나더라도 신경이 마비되어 식물인간 비슷한 상태가 될 수도 있었다.

물론 그린 박사가 그 분야 최고 권위자라고는 하지만 전신마취라면 장담할 수 없었다. 어쨌거나 수술한 뒤에는 6개월 동안 꼼짝하지 못하고 누워만 있어야 했다. 그 기간이 지나야 허리가 정상으로 되어 내 삶을 되찾을 수 있었다. 그래, 1996년 여름이 되겠군!

나는 이것을 내 마약 습관을 강화하는 그럴듯한 핑계로 삼았다. 그리고 회사와 아내에게는 허리 통증이 없어지면 마약을 끊겠다고 약속했다. 물론 지금 마약을 하지 않은 유일한 이유는 올드브룩빌에 있는 공작부인을 데리러 가려던 참이었기 때문이다. 우리는 플라자호텔에서 로맨틱한 밤을 보내려고 맨해튼으로 향했다. 카터의 심장에 문제가 생긴 후 생활이 엉망이 된 우리 부부에게 모든 걱정에서 잠시 떠나 있는 게 좋겠다며 장모님이 제안했다. 아마도 관계 회복에 좋은 기회가 될 것이다.

"잘 들어요, 스티브." 나는 억지웃음을 지으며 말했다. "난 이미 스톡옵션을 충분히 가지고 있고 당신도 마찬가지예요. 또 원하면 얼마든지 더 가질 수 있고요." 나는 하품을 크게 했다. "하지만 당신이 무얼 원하든 간에 나는 너무 피곤해서 더는 당신과 이것저것 말할 힘이 없어요."

"정말 안 좋아 보이는군요." 스티브가 말했다. "당신뿐 아니라 당신 아내도 걱정되어서 하는 말이에요. 이대로 마약에서 빠져나오지 못한다면 스스로 망치고 말 거예요. 나도 전에 몇 번 마약에 빠진 적이 있어요." 그는 적당한 말을 찾는 듯 멈칫했다. "돈이 없어서 더 깊이 빠지지는 못했지만요. 그렇지 않았다면 나도 더 깊이 빠졌을지 몰라요. 하지만 당신은 돈이 많아서 더 오래갈 수 있어요. 제발 부탁인데 당장 그만두지 않으면 좋게 끝나지 않을 거예요."

"그러죠." 나는 진심으로 말했다. "내가 허리를 고치는 순간 영원히 끝장낸다고 약속하지요."

스티브는 동의한다는 듯 고개를 끄덕였지만 그의 눈빛은 "직접 눈으로 보면 믿겠습니다."라고 말하는 것 같았다.

클러치를 밟고 기어를 4단으로 올리자 신상 컬러인 진주 빛깔 백색에 12기통 450마력인 페라리 테스타로사 엔진이 제트기 같은 굉음을 냈다. 최고급 마리화나를 입에 물고 크로스 아일랜드 파크웨이를 오갈 때 시속 200킬로미터로 빨리 달리면 퀸즈 북서쪽이 금방 지나가버렸다. 우리 목적지는 플라자호텔이었다. 한 손을 운전대에 올려놓은 채 겁에 질린 공작부인에게 고개를 돌리며 말했다. "이 차 정말 놀랍지?"

"이건 미친 짓이야!"라고 그녀가 중얼거렸다. "당장 속도를 줄이지 않으면 죽여버릴 거야! 말을 안 들으면 오늘 밤 한 침대에서 자지도 않을 거라고."

5초도 안 되어 페라리 속도가 반으로 줄었다. 카터가 태어나기 2주 전부터 지금까지 두 달 동안 아내와 섹스를 하지 못했다. 아내가 분만대에 누워 카터를 낳을 때 보았던, 곰 한 마리도 들어갈 만한 커다란 질이 내 섹스 욕구를 싹 날려버리기도 했지만, 하루 평균 열두 알이나 되는 퀘일루드와 그 정도 양이 되는 코카인이 내 섹스 욕구를 다 가져가버렸기 때문이다.

공작부인은 카터가 완전히 나았는데도 여전히 예민한 상태였다. 아마도 플라자호텔에는 이틀만 묵는 게 좋을 것 같아서 윙크하며 대답했다. "만약 당신이 밤새 날 죽여준다면 기꺼이 속도를 줄일게. 오케이?"

공작부인은 미소를 지었다. "그것은 거래야. 하지만 먼저 날 바니스Barneys로 데려간 다음 버그도프Bergdorfs에도 데려가야 해. 그다음에는 난 당신 거야."

그렇다, 오늘 밤은 아주 괜찮은 밤이 될 것 같았다. 그저 값비싼 이틀 밤을 보내기만 하면 되었다. 그러고 나면 집에서는 자유로워질 것이다. 물론 차 속도는 90킬로미터 미만으로 유지해야겠지.

우리는 바니스백화점에 들렀다. 나는 가죽 안락의자에 앉아 돔 페리뇽을 홀짝였고 아내는 예전 모델 시절로 돌아간 듯 옷을 입고 거울 앞에서 빙글빙글 돌면서 즐거워했다. 그런 아내의 늘씬한 허리를 유쾌하게 흘끗 보았고 30초 후 아내를 따라 피팅룸으로 들어간 다음 뒤에서 공격하는 체위로 격정적인 섹스를 했다.

두 시간 뒤인 저녁 7시가 막 지났을 때 우리는 플라자호텔의 회전문을 지나고 있었다. 이곳은 도널드 트럼프Donald Trump 소유임에도 뉴욕에서 내가 제일 좋아하는 호텔이었다. 사실 트럼프에게는 내가 존경할 만한 부분이 많았다. 결과적으로 그 망할 머리 스타일을 하고도 어디든 돌아다닐 수 있는 남자(억만장자라 해도)라는 점과 여전히 최고 미녀들이 줄줄 따르는 사람이라는 점은 권력자라는 개념에 새로운 의미를 부여했기 때문이다. 어쨌든 우리를 뒤쫓는 것은 벨맨 두 명이었고, 그들은 안에 15만 달러 상당의 여성복이 든 쇼핑백을 10여 개 들고 있었다. 공작부인의 왼쪽 손목에는 다이아몬드가 박힌 4만 달러짜리 새 카르티에 시계가 둘러 있었다. 우리는 지금까지 백화점 세 곳의 피팅룸에서 섹스를 했지만 밤이 되려면 아직 멀었다.

하지만 호텔 카운터에 이르자 상황이 빠르게 악화되었다. 프런트 뒤에 서 있는 사람은 금발의 30대 초반 여자로 다소 유쾌해 보였다. 그녀는 미소 지으며 내게 말했다. "금방 또 오셨군요, 벨포트 씨. 다시 뵙게 되어 반갑습니다."

다행히 아내는 뒤로 몇 걸음 떨어져 새로 산 시계를 보고 있었다. 나는 그녀에게 당황한 표정으로 마치 "맙소사, 아내가 같이 있어!"라고 말하는 듯 고개를 빠르게 저었다. 입다물라는 표시였다.

금발이 미소를 지으며 말했다. "그럼 항상 머물던 대로 스위트룸…."

"좋아요. 잘됐네요. 바로 여기에 서명할게요! 감사합니다!" 나는 방 키를 들고 공작부인을 엘리베이터 쪽으로 잡아당겼다. "자, 여보! 가자. 난 당신이 필요해!"

"다시 할 준비가 됐어요?" 그녀가 키득거리며 물었다.

루드를 주신 하나님께 감사를! 나는 "그걸 지금 말이라고 해?"라고 대답했다. "난 당신이라면 언제든 준비 완료지!"

바로 그때 금색 단추가 달린 라임그린색 플라자호텔 정복을 입고 같은 색 모자를 쓴 호텔 직원이 뛰어오더니 "환영합니다!" 하고 크게 인사했다.

나는 미소를 지으며 고갯짓으로 인사하면서도 공작부인을 엘리베이터 쪽으로 계속 끌어당겼다. 벨맨 둘은 쇼핑백을 들고 우리를 따라다녔는데, 그건 그녀가 나를 위해 모든 옷을 다시 입어볼 수 있도록 방에 가져가야 한다고 내가 우겼기 때문이다.

방 안에 들어서서 벨맨에게 100달러씩 팁을 주면서 비밀 유지를 부탁했다. 그들이 떠나자마자 나는 아내와 킹사이즈 침대로 뛰어올라 뒹굴며 키득키득 웃기 시작했다. 그때 전화벨이 울렸다. 우리 두 사람은 가슴이 철렁 내려앉는 걸 느끼며 전화기를 바라보았다. 자넷과 장모님 외에 우리가 여기 있는 걸 아는 사람이 없었기 때문이다. 장모님이 카터를 돌보고 계셨는데! 이런! 왠지 나쁜 소식일 것 같았다. 마음속 깊이깊이 생각했다. 세 번째 벨이 울리고 나서 나는 "프런트일 수도 있잖아."라고 말했다.

손을 뻗어 전화를 받았다. "여보세요?"

"조던, 날세. 지금 카터 몸이 불덩이야. 움직이지도 않아. 어서 집으로 오게."

나는 공작부인을 바라보았다. 그녀는 무슨 일인지 궁금하다는 듯 나를 쳐다보았다. 나는 무슨 말을 해야 할지 몰랐다. 그녀는 지난 6주 동안 보아온 것만큼이나 바짝 긴장했다. 갓 태어난 아들의 죽음은 엄청난 충격일 것이다. "우리 지금 당장 가야 해, 여보. 카터가 열이 펄펄 끓는다네. 어머님은 카터가 움직이지 않는다고 하셔."

아내는 울지 않았다. 그냥 눈을 꼭 감고 입술을 앙다문 채 고개만 까딱했다. 이제 끝이었다. 우리 둘 다 알고 있었다. 무슨 이유에서든 하나님은 이 죄 없는 조그만 생명을 이곳에 놓아두고 싶어 하지 않았던 것이다. 나는 알 수 없었다. 하지만 지금 당장은 눈물을 흘릴 시간이 없었다. 집에 가서 아들에게 작별 인사를 해야 했다. 나중에 한꺼번에 눈물이 몰려오겠지. 강물처럼.

우리가 퀸즈 롱아일랜드를 지날 때 페라리는 시속 200킬로미터로 고속도로를 날았다. 하지만 아내는 재촉했다. "더 빨리, 더 빨리 가야 해요. 늦기 전에 카터를 병원으로 데리고 가야 해요. 어서!"

나는 고개를 끄덕이고 액셀러레이터를 밟았고 테스타로사는 로켓처럼 달렸다. 3초 만에 속도가 시속 225로 올라갔고, 또 계속 올라갔다. 우리는 마치 다른 차들이 서 있는 것처럼 차량 75대를 앞질렀다. 우리가 장모님에게 카터를 병원에 데려가지 말라고 한 것만으로는 확신할 수 없었지만, 아마도 우리 아들을 마지막으로 집에서 보고 싶은 마음 때문이었던 것 같다.

어느새 차는 집 앞 진입로로 들어섰고 공작부인은 차가 멈추기도 전에 내려서 현관으로 달려갔다. 시계를 보니 오후 7시 45분이었다. 플라자호텔에서 핀 오크 코트까지는 보통 45분 거리였다. 그런데 나는 호텔을 나선 지 17분 만에 집에 도착했다.

집에 오는 길에 아내가 카터의 주치의에게 휴대전화로

상황을 설명하자 의사는 예후가 너무 나쁘다고 했다. 고열에 움직임이 없다는 건 척추뇌막염을 의심할 수 있었다. 여기에는 박테리아와 바이러스 두 가지 유형이 있는데, 둘 다 치명적일 수 있지만 차이점이 있었다. 바이러스성 뇌수막염은 초기 단계에 나으면 완전히 회복할 수 있었다. 그러나 박테리아성 뇌수막염에 걸리면 평생을 실명, 난청, 정신지체로 고통받아야 했다. 그것은 생각만으로도 견디기 힘들었다.

그런 장애로 고통받는 아이를 부모가 어떻게 사랑하는지 늘 궁금했다. 공원에서 정신지체 어린아이가 노는 모습을 본 적이 있다. 부모가 아이에게 조금이라도 평범한 일상이나 즐거움을 만들어주기 위해 최선을 다하는 모습을 지켜보는 것은 가슴 아픈 일이었다. 그리고 그 모든 것에도 불구하고, 다시 말해 그들이 느낄 당혹감과 죄책감에도 불구하고, 또한 그로써 삶에 따르는 명백한 부담에도 불구하고, 그들이 자녀에게 보여주는 엄청난 사랑에 항상 경외심을 느꼈다.

나도 정말 그렇게 할 수 있을까? 정말 그런 부모가 될 수 있을까? 물론, 그렇게 말하기는 쉽다. 하지만 말만으로는 아무 의미가 없다. 한 번도 제대로 알지도 못하고 친해질 기회도 없었던 아이를 사랑한다는 건…. 나는 하나님이 나에게 그런 사람, 즉 좋은 사람이 될 힘을 주시고, 정말로 진정한 힘을 가진 아빠가 되게 해달라고 기도할 수밖에 없었다. 아내도 그렇게 할 수 있을 거라 믿어 의심치 않았다. 그녀는 카터가 그런 만큼이나 과할 정도로 애착을 보였다. 나와 챈들러도 그랬다. 그 애가 아빠를 자각할 만큼 컸을 때부터. 사실 지금도 챈들러가 진정을 못 할 때는 항상 내가 달래주었다.

그리고 카터는 생후 2개월도 안 되었는데 이미 아내에게 그런 기적적 방식으로 반응했다. 마치 그녀의 존재만으로도 위안이 되고 안정을 찾으며 모든 것이 편안해짐을 느끼는 것 같았다. 언젠가 나도 내 아들과 그만큼 가까워질 것이다. 그래, 만약 신이 나에게 기회를 주신다면, 나는 틀림없이 그럴 것이다.

현관문을 열고 안으로 들어가니 아내는 이미 카터를 품에 안아 파란 담요로 감싸고 있었다. 로코는 레인지로버를 현관 쪽으로 끌어와 병원으로 급히 이송할 준비를 했다. 차로 향하면서 손등을 카터의 작은 이마에 갖다 댄 나는 너무 당황했다. 카터는 말 그대로 열이 펄펄 끓었고 간신히 숨을 쉬고 있었다. 거의 움직임이 없는 몸은 나무토막 같았다.

병원으로 가는 길에 나와 아내는 카터를 안고 뒷좌석에 앉았고, 장모님은 조수석에 앉았다. 전직 뉴욕경찰청 소속 형사답게 로코는 빨간 신호와 속도제한을 요령껏 피했다. 플로리다에 있는 그린 박사에게 전화를 걸었지만 그는 집에 없었다. 그다음 부모님에게 전화를 걸어 롱아일랜드주이시Long Island Jewish보다 5분 가까운 맨해셋Manhasset의 노스

쇼어병원North Shore Hospital에서 만나자고 했다. 나머지 사람들에게는 연락하지 않았다. 여전히 우는 사람은 아무도 없었다.

우리는 응급실로 뛰어갔는데, 공작부인이 카터를 안고 맨 앞에서 달렸다. 카터의 담당의사는 병원 연락을 받고 기다리고 있었다. 무표정한 사람들로 꽉 찬 대기실을 지나치고, 1분도 안 되어 카터를 알코올 솜으로 깨끗이 닦은 진찰대 위에 눕혔다.

눈썹이 진한 젊은 의사가 말했다. "척추뇌막염이 의심됩니다. 수술하려면 동의가 필요합니다. 위험성이 크지는 않지만 감염 우려가 있습니다."

"척추 천공인지 염병인지 즉시 해요!" 공작부인이 쏘아붙였다. 의사는 아내의 격한 반응에도 아랑곳하지 않고 고개를 끄덕였다. 그녀는 충분히 그럴 만했다.

그러고는 기다렸다. 10분이 흘렀는지 2시간이 지났는지 알 수 없었다. 도중에 열이 내려서 38.8도로 떨어졌다. 잠시 후 카터가 병원이 떠나가라 울기 시작했다. 그것은 형언할 수 없는, 귀가 찢어질 듯한 비명이었다. 나는 그것이 마치 자신에게 닥친 끔찍한 운명을 알고 본능적으로 겁에 질려 울부짖는 것처럼, 갓난아이가 자신의 신체 능력을 잃어갈 때 내는 소리인지 궁금했다.

공작부인과 나는 대기실의 하늘색 플라스틱 의자에 서로 기대어 겨우겨우 앉아 있었다. 부모님과 장모님도 함께였다. 아버지는 벽에 금연 표지판이 붙어 있는데도 담배를 피우며 서성거렸다. 절대로 담배를 끄지 않을 기세였다. 어머니는 눈물을 흘리며 내 옆에 앉아 계셨다. 그렇게 슬퍼하는 모습은 난생처음 보았다. 장모님은 딸 옆에 앉아 더는 정부의 음모를 이야기하지 않았다. 아기의 심장에 구멍이 난 것은 한 가지 일이었으니 어떻게든 극복할 수 있었다. 그러나 아기가 청각장애인, 언어장애인, 시각장애인이 된다는 것은 전혀 다른 문제였다.

바로 그때 의사가 녹색 수술복을 입고 무표정한 얼굴로 자동 이중문에서 나왔다. 아내와 나는 의자에서 벌떡 일어나 그에게 달려갔다. "죄송합니다, 두 분. 척추 수액에서 양성반응이 나왔어요. 뇌막염에 걸렸습니다…."

나는 의사의 말을 끊고 "바이러스성인가요, 박테리아성인가요?"라고 물으며 아내 손을 붙잡고 제발 바이러스성이기를 기도했다.

의사는 심호흡을 하더니 천천히 말을 이었다. "박테리아성입니다." 그가 슬프게 말했다. "대단히 죄송합니다. 우리 모두 바이러스성이길 기원하는 마음에 세 차례나 확인했는데 아드님은 박테리아성 뇌막염으로 확인되었습니다." 의사는 심호흡을 한 뒤 계속했다. "우선 열은 38도 아래로 내려와 다행입니다만, 박테리아성 뇌막염은 척추신경 계통에 손상을 주어 심하면 실명하고 청력을 잃게 되고." 의사는 적당한 말을 찾는 듯 잠시 멈췄다. "더 심하면 정신지체가 올 수 있습니다. 정말 죄송합니다. 일단 급성 단계를 벗어나면 상황을 확인하기 위해 전문가를 불러야 합니다. 지금당장 우리가 할 수 있는 일은 박테리아를 죽이기 위한 고용량의 광범위한 항생제를 투여하는 것뿐입니다. 지금으로서는 그것이 어떤 박테리아인지조차 확신할 수 없어요. 일반적으로 뇌막염에서 발견되지 않는 희귀 박테리아 같습니다. 그래서 우리 감염병 담당의가 지금 오고 있습니다."

나는 믿을 수 없어서 "어떻게 카터가 그런 박테리아에 감염된 거죠?" 하고 물었다.

"알 수 없어요." 젊은 의사가 답했다. "그래서 카터는 5층 격리병동으로 옮겨질 겁니다. 이 박테리아의 진상이 밝혀질 때까지요. 당신과 아내분 외에는 아무도 아드님을 만날 수 없습니다." 공작부인을 바라보니 입을 헤벌리고 멍하니 얼어붙어 있었다. 그러고는 기절해버렸다.

5층 격리병동은 완전히 난장판이었다. 카터는 미친 듯이 두 팔을 이리저리 흔들고 발로 차며 자지러지게 울어댔다. 공작부인 역시 미친 듯이 울면서 왔다 갔다 했다. 그녀의 얼굴에는 눈물이 흘러내렸고 공포심 때문에 피부는 잿빛이었다.

의사 한 명이 그녀에게 말했다. "정맥주사를 놓으려고 혈관을 찾고 있지만 어린 아기라서 찾지 못할 수 있어요. 제 생각엔 머리꼭지에 주삿바늘을 꽂아야 할 것 같아요. 그게 유일한 방법입니다." 그는 다소 태연하고 건조하게 말했다.

공작부인이 그에게 쏘아붙였다. "이 개자식아! 내 남편이 누군지 알아? 당장 팔에다 주사를 놓지 않으면 병원비 내기 전에 내가 당신 먼저 죽여버릴 거야!"

의사는 공포에 질려 입도 다물지 못했다. 그는 베이리지 공작부인의 패악질 상대가 되지 못했다. "뭘 멍청히 서 있는 거야? 가라고!"

의사는 고개를 끄덕이고는 아기침대로 다시 달려가 다른 정맥을 찾기 위해 카터의 작은 팔을 들어 올렸다. 바로 그때 휴대전화 벨이 울렸다. "여보세요." 나는 힘없이 전화를 받았다.

"조던, 바스 그린이에요. 방금 당신 메시지를 받았어요. 당신과 부인에게 정말 유감이에요. 박테리아성 뇌수막염이 확실합니까?"

"네, 그들이 확실하다고 합니다." 내가 대답했다. "정맥 주사를 놓고 항생제를 주입하려고 하는데 애가 발로 차고 비명을 지르며 팔을 휘젓고 있습니다."

"워, 워, 워." 그린이 내 말을 끊으며 말했다. "방금 팔을 휘젓고 있다고 했나요?"

"네, 지금도 미친 듯이 그럽니다. 열이 떨어지면서 마치 신들린 아이처럼 마구…."

"조던, 안심하세요. 아드님은 뇌수막염, 바이러스, 박테리아에 걸리지 않았어요. 만약 그랬다면 그의 열은 여전히 엄청 높고 몸이 나무토막처럼 굳어 있을 겁니다. 아마 심한 감기에 걸린 것 같아요. 유아들은 비정상적으로 높은 열을 내는 경향이 있는데 내일 아침이면 괜찮아질 겁니다."

나는 그 자리에 주저앉았다. 어떻게 그린 박사가 그렇게 무책임하게 헛된 희망을 줄 수 있지? 그는 카터를 보지도 않았고 척수 검사는 결정적이었다. 그들은 결과를 세 번이나 확인했다. 나는 심호흡을 하고 "박사님, 내 기분을 풀어주려고 노력하는 건 고맙지만 척추 수액 검사 결과 카터가 일종의 희귀한 장기를 가지고 있는 것으로 나타났어요."라고 말했다.

"테스트 결과는 신경 안 써도 돼요. 샘플에 오염물질이 있었다고 장담할 수 있습니다. 이것이 바로 응급실의 문제입니다. 응급실은 뼈가 부러지거나 총상을 입었을 때는 좋긴 하지만 그게 다예요. 그리고 이것은 음, 그들이 당신을 이렇게 걱정시켰다는 건 정말 말도 안 되는 일입니다."

전화 너머로 그가 한숨 쉬는 소리가 들렸다. "조던, 당신은 내가 척추마비에 매일 어떻게 대처하는지 알잖아요. 나는 사람들에게 나쁜 소식을 전하는 전문가가 될 수밖에 없어요. 하지만 이건 완전히 헛소리입니다! 아드님은 감기에 걸렸어요."

너무 당황스러웠다. 무슨 저주를 퍼붓는 것도 아닌데 그린 박사가 이렇게 말을 길게 하는 것을 본 적이 없으니 말이다. 그런데 그의 진단이 맞을까? 플로리다에 있는 병실에서 뛰어난 의료장비로 내 아들의 진료를 맡았던 의사 팀보다 더 정확한 진단을 내리는 것이 가능한가?

그때 그린 박사가 날카로운 어조로 말했다. "네이딘 바꿔줘요, 조던."

나는 걸어가서 공작부인에게 전화기를 건넸다. "여보, 그린 박사님이야. 당신을 바꿔달래. 그는 카터가 괜찮고 모든 의사가 미쳤다고 말하는군."

아내에게 전화기를 주고는 카터의 침대로 갔다. 의사들이 겨우 카터의 오른팔에서 정맥을 찾아내 정맥주사를 찔러놓은 것이 보였다. 카터는 좀 전보다는 안정된 것처럼 보였다. 카터는 이제 훌쩍거리고 침대 안에서 불편하게 움직일 뿐이었다. 내 아들은 정말 잘생겼다. 특히 속눈썹이 정말 예뻤다.

잠시 후 아내가 침대로 오더니 오른손 등으로 카터의 이마를 짚으며 혼란스러운 목소리로 말했다. "카터의 열이 좀 더 내린 것 같아요. 하지만 여러 의사의 진단이 어떻게 틀릴 수 있을까요? 척수검사가 틀릴 수도 있나요?"

나는 아내의 어깨를 팔로 감싸며 말했다. "우리 여기에서 교대로 잠을 자면서 카터를 지키자. 이렇게 하면 우리 중 한 명은 챈들러와 있을 수 있어."

"아니요." 그녀가 대답했다. "난 아들을 병원에 두고 떠날 수 없어요. 한 달 동안 여기 머물러야 해도 상관없어요. 난 절대 카터를 떠나지 않을 거야, 절대로."

그리고 아내는 카터 침대 옆에서 3일 동안 한 번도 방을 나가지 않았다. 그리고 사흘째 되던 날 오후 올드브룩빌로 돌아가는 길에 리무진 뒷좌석에서 카터 제임스 벨포트를 사이에 두고 앉아 혈액 샘플의 오염에 따른 오진이라는 말이 우리 귀에 기분 좋게 울리던 일을 떠올리며 바스 그린 박사를 새삼 경외했다.

　처음에 나는 그가 엘리엇 라빈을 혼수상태에서 깨어나게 하는 기적을 보았고, 18개월 후 다른 의사들의 오진까지 수화기 너머로 짚어내는 기적을 보았다. 다음 주로 예정된 그린 박사의 허리 수술을 안심하고 받을 수 있을 것 같았다. 세 번째로 내게 기적을 보여줄 거라고 믿으며 기쁜 마음으로 수술 날짜를 기다리면 되었다. 그리고 수술 후 마취에서 깨어나면 마약과도 영원히 이별하게 될 것이다.

33 집행유예

3주 후

허리 수술을 하고 마취에서 깨어났을 때도 나는 여전히 확신하지 못했다. 1995년 9월 15일 점심때쯤이었다. 눈을 뜨며 "아, ×발, 기분 뭣 같군!" 이렇게 중얼거린 듯하다. 그리고 갑자기 심한 구토가 나왔는데, 구토할 때마다 온몸의 신경 섬유 하나하나에서 격렬한 통증이 느껴졌다. 그곳은 맨해튼에 있는 특별수술 전문병원의 회복실이었는데, 바로 앞에 있는 버튼을 누르면 모르핀이 혈관에 적정량 주입되는 시스템이었다. 법이 허락하는 범위에서 이런 싸구려 모르핀을 맞으려면 7시간 동안 수술을 받아야 한다는 사실이 무척이나 서글펐다.

공작부인이 나를 보며 말했다. "여보, 잘 참았어요. 그린 박사님이 수술 경과가 좋대요." 나는 고개를 끄덕이고는 싸구려 모르핀이 유도하는 대로 잠에 빠져들었다.

집으로 돌아왔다. 비록 매일매일이 몽롱한 상태였지만,

아마도 일주일 뒤였을 것이다. 앨런 케미컬 토브가 도움이 되었다. 내가 퇴원한 첫날, 퀘일루드 500개를 가져다준 것이다. 놀랍게도 추수감사절이 되자 다 사라졌는데, 하루 평균 18개씩 먹은 셈이다. 보통의 건장한 청년도 한 알이면 하루 종일 비몽사몽인 것을 감안하면 내 체력은 스스로 생각해도 놀라웠다.

구두장이가 찾아와서는 잔소리꾼 게리 델루카와 얘기를 잘 마쳤고, 그가 스톡옵션의 일부만 챙기고 조용히 물러나기로 합의했다고 떠들어댔다. 그런데 다른 날에 게리는 나를 찾아와서 만약 구두장이가 어두운 골목에 서 있는 걸 발견하면 자신의 긴 머리카락으로 목을 졸라 죽이겠다며 분을 삭이지 못하고 씩씩댔다. 대니도 찾아와서는, 이제 주정부와 계약을 맺을 테니 앞으로는 탄탄대로일 거라고 떠들어댔다. 다른 날 위그왐은 내게 대니가 현실감각을 잃었으며, 주 정부와 거래는 없었고, 얼마 못 가 스트래턴이 문을 닫을 것이라고 말했다. 그래서 자신은 새로운 증권사를 인수해보려 한다고 말했다.

스트래턴은 하향곡선을 그리는 반면, 빌트모어와 먼로파커는 계속 번창했다. 크리스마스가 되자 그들은 스트래턴과 완전히 결별했지만, 새로운 주식을 상장할 때마다 나에게 100만 달러씩 로열티를 계속 지불했다. 회계사 데니스는 매주 한 번씩 내게 와서 패트리샤 이모의 계좌 정리 내역을 보고했다. 지금은 이모의 두 딸 티파니와 줄리가 영국

세무 당국과 세무 협상 중이라고 했다. FBI가 의혹의 눈초리를 보내고 있었지만 소환장은 발부되지 않았다. 그는 모든 상황이 괜찮을 거라고 내게 장담했다. 그는 위조의 달인과도 접촉했는데, 그가 우리와 관련된 이야기를 함구함으로써 콜먼 요원은 헛물만 켠 꼴이 되었다.

우리 가족 얘기를 하자면, 우선 카터는 생후의 험난했던 시기를 넘기고 무럭무럭 자라고 있었다. 금발 솜털이 보송보송한 머리에 완벽하게 균형 잡힌 이목구비, 커다란 푸른 눈동자, 그리고 이 집안에서 가장 긴 속눈썹을 가진 잘생긴 아기였다. 천재 아기 챈들러는 세 살이 되었고 커갈수록 아름다워졌으며, 카터에게는 아주 착한 누나였다. 마치 자신이 엄마인 것처럼 카터에게 우유도 먹이고, 권이나 에리카가 기저귀 갈아주는 걸 옆에서 신기한 듯 지켜보곤 했다.

챈들러는 내게 최고의 동료였다. 나는 왕실 같은 침실과 지하실의 소파 사이를 오가며 TV를 보고 엄청난 양의 퀘일루드를 먹어대는 일 외에 아무것도 하지 않았다. 결과적으로 내 딸은 아빠가 하는 어눌한 말을 완벽하게 이해할 줄 알았고, 그래서 나중에 뇌졸중 환자와 관련된 일을 하게 된다면 꽤 도움이 될 거라고 생각했다. 어쨌든, 챈들러는 하루의 대부분을 아빠는 언제쯤 다 나아서 자기를 데리고 밖으로 놀러 다닐 수 있냐고 내게 물으면서 보냈다. 완전히 회복할 수 있을지는 정말 잘 모르겠지만, 나는 딸아이에게 곧 그렇게 될 거라고 말했다.

공작부인도 처음엔 내게 관대했지만 추수감사절이 크리스마스로 바뀌고, 크리스마스가 새해로 바뀌자 서서히 인내심의 한계를 드러냈다. 나는 전신 깁스를 하고 있었고 그게 너무 고통스러웠기 때문에, 그녀도 아내로서 이 고통을 분담해야 한다고 생각했다. 하지만 깁스는 가장 사소한 문제였다. 날이 갈수록 허리 통증은 이전보다 심해졌다. 사실 나는 여전히 척추 통증에 시달렸을 뿐 아니라 이제는 척추 깊숙한 곳에서부터 통증이 몰려왔다. 갑작스럽게 움직일 때마다 통증이 극심했다. 그린 박사가 얘기했던 것과는 반대로 오히려 고통이 더 커지고 있었다.

해가 바뀌자 나는 절망감에 빠졌고, 공작부인은 단호하게 대처했다. 그녀는 내가 마약에 의존하는 습관을 고치지 않으면 인간 본능조차 잃어버릴 거라며 걱정했다. 나는 뉴욕의 겨울이 워낙 추워서 내 몸을 망가뜨리고 있다며 불평을 늘어놓았다. 아내는 나를 플로리다로 데려가려고 했지만, 나는 플로리다는 노인네들이나 쉬러 가는 곳이라고 한사코 거부했다. 비록 내 몸이 늙었다고 느끼기는 했지만, 마음은 아직 젊었으니까.

이후의 일은 공작부인이 처리했는데, 우리는 LA 시내가 한눈에 내려다보이는 베벌리힐스Beverly Hills로 이사했다. 물론 '부자와 기능장애인의 생활'을 계속 유지하려면 집도 여러 군데 있어야 했다. 한 달에 2만 5,000달러라는 저렴한 가격으로 피터 모턴Peter Morton[52]의 저택을 임대해서 겨울을 나기로 했다. 그녀는 자신이 꿈꾸던 것들을 야심 차게 하나씩 실행에 옮겼는데, 전도유망한 실내장식가 한 사람을 데려왔다. 우리가 그 집으로 이사할 무렵에는 100만 달러 상당의 새 가구가 배치되어 있었다. 유일한 문제점이라면 그 집이 너무 거대하다는 거였는데, 3,000제곱미터 가까운 넓이였다. 그래서 이 끝에서 저 끝까지 가려면 스쿠터를 타야 할 지경이었다.

이와는 별개로, 나는 할리우드라는 명칭이 로스엔젤레스보다 더 유명해지리란 사실을 금세 깨달았다. 그래서 몇백만 달러를 들여 영화를 만들기 시작했다. 할리우드의 모든 사람(나를 포함한)이 약간 별나고, 그들이 점심을 가장 좋아한다는 걸 깨닫는 데 3주가 걸렸다. 내 영화 사업 파트너는 백인에 대한 편견이 심한 남아프리카계 소규모 유대인 가문이었는데, 예전 스트래턴의 투자 은행 고객이기도 했다. 그들은 펭귄처럼 뚱뚱한 몸에 바늘처럼 뾰족한 코를 가진 재미있는 사람들이었다.

5월 셋째 주에 드디어 깁스를 풀었다. 이 해방감! 통증은 여전히 심했지만 물리치료를 시작하면 좋아질 거라고 주위에서 말했다. 하지만 치료 2주째에 뭔가 터지는 느낌을 받았고, 일주일 후부터는 지팡이를 짚고 걸어야 했다. 다른

---

52   테마 체인 레스토랑 '하드록 카페'의 설립자

병원에서 일주일간 검사를 받았는데, 결과는 한결같이 음성으로 나왔다. 그린 박사에 따르면, 내 몸은 통증 관리 시스템의 기능 장애를 겪고 있었다. 결과적으로 검사상 허리에 이상은 없으니, 수술을 할 수도 없다는 소견이었다.

그럴 줄 알았어. 이제 왕실의 침실로 기어 올라가서 장렬하게 죽는 것 외에는 방법이 없구나. 그렇다면 가장 좋은 방법은 퀘일루드를 한입에 털어 넣는 것이었다. 그렇다고 다른 방법이 없는 것은 아니었다. 매일 내가 사용하는 약만 해도 종류가 많았기 때문이다. 통증제어용 모르핀 90밀리그램, 옥시코돈oxycodone 40밀리그램, 근육이완제 소마Soma 12밀리그램, 신경안정제 자낙스 8밀리그램, 클로노핀Klonopin 20밀리그램, 수면제 암비엔Ambien 30밀리그램, 퀘일루드 20밀리그램, 균형감각을 위한 코카인 3그램, 우울증 예방용 프로작Prozac 20밀리그램, 공황 발작 예방용 팍실Paxil 10밀리그램, 메스꺼움 예방용 조프란Zofran 8밀리그램, 편두통을 위한 플로리날Fiorinal 200밀리그램, 신경이완제 발륨 80밀리그램, 변비 해소를 위한 세노콧Senokot 두 큰술, 구강 건조 방지용 살라겐Salagen 20밀리그램과 맥칼란Macallan 위스키 싱글 몰트 스카치 약 500밀리리터였는데, 이 모든 약을 한꺼번에 삼켜버렸다.

한 달 후 6월 20일 아침, 거의 반식물인간 상태로 침대에 누워 있었다. 인터폰으로 자넷의 목소리가 들려왔다. "바스그린 박사님 전화예요."

"미팅 중이니까 용건을 메모해줘."

"정말 재밌네요." 기분 나쁜 목소리가 들렸다. "쓸데없는 말 마시고 코카인 병 내려놓고 당장 받으세요. 급한 용무인 가봐요."

깜짝 놀랐다. 자넷이 어떻게 알았지? 혹시 몰래카메라라도 있나 싶어 방을 둘러봤지만, 그런 것 같지는 않았다. 그 많은 집안 식구 중에서 공작부인과 자넷이 날 감시하고 있었나? 할 수 없이 코카인 병을 내려놓고 수화기를 잡았다. "안녀세요? 박사니임." 마을에서 힘든 밤을 보낸 엘머 퍼드처럼 인사를 건넸다.

"조던, 바스 그린이요. 허리는 좀 어떻소?"

엄살을 떨며 말했다. "죽을 지경이에요. 박사님은요?"

"나야 잘 지내지. 우리가 통화한 건 몇 주 되었지만 부인과는 매일 통화해서 얘길 전해 듣고 있었소. 그런데 요즘은 한 일주일째 방에서 나오지도 않는다고 엄청 걱정하던데."

"걱정 마세요, 박사님. 원기 회복하느라 그런 거예요."

잠시 아무 말이 없더니 진지하게 물었다. "조던, 진짜로 상태가 어떻소?"

나는 땅이 꺼져라 한숨을 내쉬며 말했다. "사실은, 완전히 포기했어요. 나는 끝났어요. 이제 더는 고통을 참을 수가 없어요. 이렇게 사느니 차라리 죽는 게 낫겠어요. 박사님 잘못이 아니니까 미안해하지는 마세요. 박사님이 최선을 다한 건 모두가 알죠. 아마 제가 잘못 살아서 벌을 받는 거겠죠."

그린 박사는 "조던, 당신은 포기할 수 있지만 나는 의사로서 절대 포기할 수 없어요."라고 말했다. "다 나을 때까지 결코 포기하지 말아요. 꼭 좋아질 거예요. 우선 지금 당장 방에서 나와 아이들 방으로 가서 애들을 봐요. 그리고 자신을 위해서가 아니라 자식들을 위해 병과 싸우는 건 어때요? 아이들은 지금 아빠 없이 자라고 있어요. 아이들과 마지막으로 놀아준 게 언제요?"

나는 눈물을 주체할 수 없었다. "정말 못 견디겠어요. 뼈가 잘려 나가는 것 같아요. 이런 식으로 사는 건 불가능해요. 챈들러가 너무 그립고 카터도 보고 싶지만 아파서 도저히 꼼짝할 수가 없는걸요. 계속 고통스러워요. 약을 먹어도 처음 2분간만 안 아파요. 금세 고통이 나를 잡아먹어요. 모든 걸 시도해봤지만 다 소용이 없어요."

"내가 전화한 이유가 있어요." 그린 박사가 차분한 목소리로 말했다. "당신이 시도해봤으면 하는 새로운 약이 있는데 마약 성분이 아니어서 부작용도 없어요. 어떤 사람은 아주 좋은 결과를 얻었는데, 특히 당신같이 신경 손상을 입은 환자 말이에요." 그는 잠시 말을 멈추고 심호흡을 했다. "조던, 잘 들어요. 당신은 생체학적으로 허리에 아무런 이상이 없어요. 척추 수술도 완벽했어요. 다만 문제는 신경 손상에서 오는 이해 못 할 신경체계의 오작동이죠. 정상적인 사람들에게 있어서 통증이란 몸의 이상을 느낄 수 있도록 몸이 보내는 경고 신호예요. 하지만 가끔 심각한 정신적 쇼크를 받은 경우에 신경회로에 이상이 생겨 상처가 나은 이후에도 스스로 통증 신호를 보내기도 하는데, 당신이 바로 그런 경우예요."

"무슨 약인데요?" 나는 미심쩍은 듯이 물었다.

"발작을 제어하는 간질약이지만 만성 통증에도 효과가 있어요. 하지만 FDA에서 승인이 아직 안 났으니 어떻게 보면 모험이죠. 어쨌든 당신이 뉴욕에서 이 약을 시험해보는 첫 환자가 될 거요. 이미 당신의 약국에 전화했으니 한 시간 안에 받을 수 있을 거예요."

"약 이름이 뭔데요?"

"라믹탈Lamictal." 그가 대답했다. "말씀드렸듯이 부작용이 없으니까 안심하고 복용해도 돼요. 아마도 별문제 없을 겁니다. 오늘 밤 잠들기 전에 두 알을 먹어봐요. 그러고 나서 경과를 지켜보도록 합시다."

다음 날 아침, 여느 때와 마찬가지로 느지막이 일어났다. 공작부인은 아마도 마구간에서 눈이 빨개진 채 재채기를 하고 있겠지. 정오가 되면 여전히 재채기를 하며 집으로 돌아올 것이고. 그런 다음 그녀는 아래층에 있는 임부복 쇼룸으로 가서 옷을 디자인하고는 했다. 언젠가는 그녀가 그 옷들을 팔려고 할지도 모른다는 생각이 들었다.

침대에 누운 채 값비싼 흰색 실크 캐노피를 올려다보면

서 곧 통증이 시작되겠거니 하고 있었다. 그 빌어먹을 잡종개 로키 때문에 시작된 고통이 어느새 6년째였다. 하지만 왼쪽 다리를 쑤시는 통증이나 하반신을 엄습해오던 타는 듯한 통증이 아직 나타나지 않았다. 침대 옆으로 발을 휙 돌려서 똑바로 선 다음 팔을 하늘로 뻗었지만 아무 느낌이 없었다. 통증이 덜 느껴지는 게 아니라 전혀 아프지 않았다. 마치 누군가 스위치를 꺼서 내 고통을 멈춰버린 것처럼 거짓말같이 고통이 사라졌다.

나는 복서 반바지를 입은 채 아주 오래도록 서 있었다. 눈을 감고는 아랫입술을 깨물고 흐느껴 울기 시작했다. 침대로 가서, 매트리스 가장자리에 이마를 대고 계속 울었다. 지난 6년간 하루도 이 고통에서 벗어난 적이 없었다. 최근 3년간은 너무 심해서 내 생명을 송두리째 빼앗겼다고 느꼈다. 나는 마약중독자가 되었고, 언제나 우울했다. 술에 취했을 때는 비양심적인 일도 했다. 마약이 아니었다면 스트래턴이 그렇게 통제 불능 상태가 되도록 내버려두지도 않았을 것이다.

내 인생에서 마약중독 때문에 저지른 나쁜 짓이 얼마나 될까? 약에 취하지 않았다면, 그 많은 창녀와 잠자리를 했을까? 스위스에서 돈세탁을 했을까? 스트래턴의 영업 실적이 엉망진창이 되도록 내버려두었을까? 물론 모든 것을 마약 탓으로 돌려버릴 수도 있겠지만, 그래도 내 행동은 여전히 내 책임이었다. 스티브 매든 제화를 꾸려가는 더 정직한 삶을 살고 있다는 것이 지금 내게 유일한 위안이었다.

바로 그때 방문이 휙 열리며 챈들러가 들어왔다. "안녕, 아빠! 나, 아빠 아야 한 데 호오 해주러 와쩌요." 그렇게 말하고 몸을 숙여 내 허리에 쪽! 하고 키스했다. 양쪽에 한 번씩, 그다음엔 내 척추, 흉터 바로 위에도 입을 맞춰주었다.

나는 눈물이 그렁그렁한 눈으로 딸아이를 쳐다보았다. 딸아이는 이제 아기가 아니었다. 내가 고통으로 헤매는 동안 기저귀를 뗐다. 이목구비는 더 또렷해졌고, 만 세 살도 안 됐지만 이제 아기처럼 말하지도 않았다. 나는 미소를 지으며 챈들러에게 말했다. "우리 엄지공주가 아빠 아야 한 데다가 뽀뽀해줘서 싸악 나았는데?"

그 말에 딸아이가 놀란 눈으로 물었다. "정말요?"

"그러엄. 정말이지." 나는 그녀의 겨드랑이를 잡고 똑바로 서서 챈들러를 머리 위로 들어 올렸다. "봤지, 내 딸? 아빠 아픈 거 이제 싹 나았어. 대단하지 않아?"

"그럼 오늘 나랑 밖에서 놀아줄 수 이쩌요?" 챈들러는 신나서 되물었다.

"당연하지. 그러자!" 나는 챈들러를 들고 크게 원을 그리며 빙빙 돌았다. "이제부터 매일같이 우리 엄지공주와 밖에서 놀아줄게. 하지만 지금은 우선 엄마를 찾아 이 기쁜 소식을 전해야겠어."

"엄마는 말을 타고 이쩌요, 아빠." 챈들러가 의기양양하게 말했다.

"그래, 아빠도 알아. 그럼 우리 카터에게 가서 뽀뽀 한번 할까?" 딸아이는 열심히 고개를 끄덕였고, 우리는 함께 카터에게 갔다.

아내는 나를 보더니 놀라서 말 그대로 말에서 떨어져버렸다.

말은 그대로 달아났고, 아내는 바닥에 누워서 재채기를 하며 쌕쌕거리고 있었다. 그녀에게 허리 통증이 기적같이 사라져버렸다고 말하자 아내는 감격해서 축하의 키스를 퍼부었다. 그리고 왜 그랬는지는 모르겠지만, 나는 엉뚱한 제안을 했다. "우리 요트 여행이라도 하면서 휴가를 보내면 좋을 것 같지 않아?"

34 형편없는 여행

아, 네이딘호! 빌어먹을 이 요트가 꼴도 보기 싫어서 가라앉아버렸으면 좋겠다고 생각하기도 했지만, 지중해의 푸른 바다를 항해하는 150미터짜리 요트는 참으로 멋졌다. 사실 우리 8명, 공작부인과 나, 그리고 친한 친구 6명은 이 떠다니는 궁전에 승선해 즐거운 시간을 보내고 있었다.

물론 제대로 준비하지 않고 대항해를 해서는 절대 안 된다. 그래서 우리는 떠나기 전에 마약 수집을 위해 친한 친구 롭 라루소Rob Lorusso를 합류시키기로 했다. 롭은 그 일을 하기에 완벽한 남자였다. 전에도 그런 일을 한 적이 있었다. 한번은 맹렬한 눈보라 속에서 3시간이나 연방 특급 트럭을 뒤쫓으며 잃어버린 퀘일루드를 필사적으로 찾아다녔다.

나는 롭을 거의 15년간 알고 지냈고, 아주 좋아했다. 내 또래였고, 조그마한 모기지 금융회사를 운영하고 있었는데, 스트래턴 직원들을 주요 고객으로 했다. 나처럼 마약을 좋아하고, 유머감각이 뛰어났다. 약간 큰 키에 체격이 좋았고, 뚱뚱한 코와 가냘픈 턱을 가졌다. 특별히 잘생기지 않앉는데도 그는 여자들에게 인기가 많았다. 생전 처음 만난 미녀들 틈에 앉아 방귀를 뀌고 트림을 하면서도 전혀 위축되지 않는 희귀한 부류였다. 여자들은 이렇게 말했다. "롭, 당신은 정말 재밌어요. 우리랑 계속 같이 있어줘요. 그리고 제발 방귀 좀 많이 뀌어줘요."

하지만 그의 치명적인 결점은 세상에서 가장 짠 남자라는 것이었다. 그는 흑발 미인 리사와 결혼했는데, 결혼한 지 두 해 만에 끝났다. 전화요금이 너무 많이 나왔다고 따지는 데 진저리를 친 아내가 동네 바람둥이와 바람을 피웠고, 롭이 현장을 덮치면서 그들은 곧 이혼했다.

그 후로 롭의 여성 편력이 시작되었는데, 상대가 하나같이 특이한 여자들이었다. 어떤 여자는 팔에 난 털이 고릴라보다 무성했는가 하면, 어떤 여자는 마치 송장처럼 헝겊을 친친 감고 섹스하기를 즐겼고, 어떤 여자는 항문성교를 고집했다. 또 다른 (내가 개인적으로 가장 좋아했던) 여자는 시리얼에 맥주를 부어 먹는 것을 좋아했다. 최근 여자 친구인 셸리Shelly가 이번 요트 여행에 같이 올 것이다. 그녀는 못난이 강아지 허시퍼피처럼 생겼지만 귀여운 구석이 있었다. 무슨 말에든 성경을 인용하는 습관이 있었는데, 내가 보기에 그녀와 롭은 한 달 정도 갈 것 같았다.

내가 롭과 함께 여행에 필요한 도구를 챙기고 있을 때 공작부인은 집 앞 진입로를 오가며 조약돌을 줍고 있었다. 아이들을 집에 두고 여행을 떠나는 게 처음인지라 아내는 아이들에게 뭔가 특이한 것을 준비해주려고 마음먹은 것이다. 가장 비싼 구두(1,000달러짜리 마놀로 블라닉) 상자에 조약돌을 채운 다음 은박지로 감쌌다. 솜씨 좋은 공작부인은 소원 상자 위에 이탈리아와 프랑스의 휴양지 지도와 여러 여행 잡지에서 오려낸 예쁜 사진을 붙였다.

공항으로 출발하기 직전 우리는 챈들러와 카터의 놀이방으로 작별 인사를 하러 갔다. 카터는 이제 한 살이 다 되었고 누나를 졸졸 따라다녔다. 하지만 여전히 엄마를 훨씬 좋아했는데 자기 엄마가 샤워한 뒤 머리를 말리지 않고 나오면 울고불고 야단이었다. 왜냐하면 머리가 젖어 있을 때는 금발이 어두워 보였기 때문이다. 약간이라도 축축할 때면 어김없이 손가락으로 머리를 가리키면서 "싫어. 으앙! 싫어!" 하며 울음을 터뜨렸다.

나는 종종 카터가 커서 자기 엄마의 머리카락이 염색한 금발이라는 사실을 알면 어떤 반응을 보일지 궁금했다. 카터가 더 크면 자연스럽게 해결되기는 할 것이다. 어찌 됐건, 이 특별한 순간에 카터는 기분이 아주 좋다 못해 완전 신이 난 상태였다. 그는 누나를 쳐다보고 있었는데, 챈들러는 자기를 둘러싸게끔 바비 인형 100개를 완벽한 원형으로 세워놓고 있었다.

공작부인과 나는 카펫 위에 앉아 두 천사에게 소원 상자를 선물했다. "엄마 아빠가 보고 싶을 때는 이 소원 상자를 흔들면 돼. 그러면 엄마 아빠는 너희가 우리를 생각하고 있다는 걸 알게 될 거야."라고 공작부인이 설명했다. 놀랍게도 공작부인은 첫 번째 소원 상자와 똑같은 다른 상자를 꺼냈다. "그리고 엄마와 아빠도 똑같은 소원 상자를 가지고 있어! 그러니 너희가 보고 싶을 때마다 우리도 이 상자를 흔들 거야. 그러면 너희도 우리가 너희를 생각하고 있다는 걸 알게 되는 거야, 알겠지?"

챈들러가 눈을 가늘게 뜨더니 잠시 생각에 잠겼다. "하지만 우리가 어떻게 알 수 있어요?" 딸아이는 공작부인의 바람처럼 곧바로 소원 상자를 이해하지 못하고 궁금한 듯 물었다.

나는 부드럽게 웃으며 딸아이를 쳐다봤다. "그건 쉽지, 엄지공주야. 우리는 밤이고 낮이고 너희들만 생각할 테니까. 언제든 너희가 우릴 보고 싶어 한다면 그때마다 우리는 너희를 생각하고 있는 거야. 그렇게 생각하면 돼!"

어색한 침묵이 흘렀다. 공작부인이 고개를 갸웃거리며 도대체 무슨 말을 하느냐는 듯 날 쳐다봤다. 챈들러 역시 자기 엄마처럼 고개를 갸웃거리고 있었다. 마치 두 모녀가 합심해서 나를 공격하는 것 같았다. 하지만 카터는 해맑게 웃고 있었다. 아빠 편인 게 분명했다.

우리는 아이들에게 작별 키스를 하고, 인생 자체보다 더 사랑한다고 말하고는 공항으로 떠났다. 열흘 뒤면 우리는 웃으면서 다시 만날 수 있을 것이다.

문제는 우리가 로마에 도착한 순간부터 시작되었다.

우리 일행 8명, 즉 나와 아내, 롭과 셸리, 보니Bonnie와 로스 포트노이Ross Portnoy(내 친구), 오필리어Ophelia와 데이브 세라디니Dave Ceradini(공작부인의 친구)는 레오나르도 다빈치 공항에서 수하물을 찾으려고 서 있었다. 갑자기 공작부인이 소리쳤다. "세상에! 조지가 내 짐을 안 부쳤나봐요. 내 옷이 하나도 없어!" 그러더니 입을 삐쭉 내밀었다.

나는 웃으며 말했다. "자기야, 걱정 마. 우리도 아메리칸 익스프레스 광고에서 가방을 잃어버린 커플처럼 카드로 긁으면 되잖아. 뭐, 우린 그들보다 10배는 더 쓰겠지만."

오필리어와 데이브가 수심에 잠긴 공작부인을 위로하려고 다가왔다. 오필리어는 미운 오리 새끼에서 백조가 된 스페인계 미녀라고나 할까. 외모는 볼품없었지만, 성품이 훌륭한 여자였다.

데이브는 아주 평범한 외모에 커피를 엄청나게 좋아하는 애연가였다. 비록 나와 롭의 엉뚱한 농담에 웃어주기는 했지만 그는 성격이 조용한 편이었다. 데이브와 오필리어는 평범한 사람들이었다. 롭과 나처럼 극도의 약쟁이가 아니었다.

보니와 로스도 우리 쪽으로 와서 아내를 위로했다. 보니는 비행을 위해 준비한 근육이완제와 불안장애치료제에 취한 상태였다. 보니는 자라면서 동네의 모든 아이(나 포함)가 좋아하던 순진한 금발 여자아이였다. 하지만 보니는 나에게 관심이 없었다. 보니는 나쁜 남자(그리고 나이 많은)를 몹시 좋아했다. 열여섯 살 때 이미, 징역형을 받은 서른두 살짜리 마리화나 밀수업자와 자고 있었다. 10년 후 스물여섯 살이 되자 로스와 결혼했는데, 로스가 코카인을 거래한 죄로 교도소에서 출소한 직후였다. 사실, 로스는 코카인 판매상이 아니었다. 단지 친구를 도우려다가 덜미를 잡힌 불운한 멍청이였을 뿐이다. 하지만 그는 이제 예전만은 못해도 여전히 섹시한 보니와 잘 수 있게 되었다.

어쨌든 로스는 꽤 괜찮은 요트 손님이었다. 그는 평범한 마약중독자였고, 보통 실력의 스쿠버다이버이며, 괜찮은 낚시꾼이었고, 필요한 일에는 손이 빨랐다. 키가 작고 피부가 가무잡잡했으며 검은 곱슬머리에 콧수염을 기르고 있었다. 로스는 보니에게만 거친 말을 해댔는데, 그는 끊임없이 그녀가 바보 천치라고 말했다. 그러나 무엇보다도 로스는 자신이 남자 중의 남자, 또는 적어도 용감한 아웃도어맨이라는 데 자부심을 갖고 있었다.

아내가 여전히 우울해 보여서 나는 "여보! 기분 풀이 삼아 퀘일루드 한 알씩 먹고 쇼핑하러 가자. 자, 마음껏 쇼핑하세요! 마음껏 쇼핑하세요!" 나는 마지막 두 마디를 노래 후렴구처럼 계속 반복했다.

공작부인이 심각한 표정으로 나를 잡아끌었다. "여보, 조용히 할 얘기가 있어요."

"뭔데?" 그렇게 순진하게 들리지는 않았지만, 아무것도 모르는 척 물었다. 롭과 나는 이미 비행기에서부터 약에 취해 있었고 아내는 실망하고 있었다.

"당신이 무슨 약을 먹든 나는 걱정스러워요. 당신 허리는 이제 많이 좋아졌잖아요." 그녀는 고개를 저었다. "허리 때문에 이제까지는 봐줬지만, 지금은 아닌 것 같아요."

아내는 매우 진지하게 말했다. 아주 당연하고 합리적인 말이었다. 그래서 나는 뻔한 거짓말이라도 해야겠다고 생각했다. "이번 여행이 끝나면 반드시 끊을게. 하나님께 맹세해." 나는 보이스카우트 선서를 하듯 손을 번쩍 들었다.

잠시 침묵이 흘렀다. "좋아요." 아내가 마지못해 말했다. "하지만 내가 지켜볼 거예요."

"그래. 당신이 원하니까 그렇게. 이제 쇼핑하러 가자!"

주머니에서 퀘일루드 세 알을 꺼내 그중 하나를 반으로 쪼개 아내에게 주면서 "여기 반은 당신 거, 반은 내 거."라고 말했다.

공작부인은 그것을 받아서 먹고 분수대로 향했다. 나도 뒤를 따라갔지만 가는 길에 주머니에서 두 알을 더 꺼냈다. 결국 내가 하고 싶은 대로 하는 게 옳은 거야.

세 시간 후 우리는 리무진을 타고 포르토 디 치비타베키아Porto di Civitavecchia로 가는 가파른 언덕을 내려가고 있었다. 공작부인은 새 옷을 입었지만, 나는 너무 약에 취해서 제대로 볼 수가 없었다. 지금 내게 필요한 두 가지는 움직이는 것과 낮잠이었다. 퀘일루드의 효과 중 '이동 단계'였는데, 같은 자리에 1초 이상 서 있기 힘든 증상이었다. 그것은 마치 바지 속에 개미가 기어 다니는 것처럼 안절부절못하는 상태였다.

그때 데이브가 큰 소리로 말했다. "항구가 왜 저렇게 거칠지?" 그는 손가락으로 창밖을 가리켰고, 우리 모두 그곳을 쳐다보았다.

실제로, 회색빛 물은 끔찍할 정도로 거칠어 보였다. 작은 소용돌이가 이리저리 굽이치고 있었다.

오필리어가 말했다. "데이브와 난 거친 파도를 싫어해요. 우리 둘 다 뱃멀미를 해요."

"나도 그래요." 보니도 거들었다. "우리 파도가 가라앉을 때까지 기다리는 거죠?"

로스가 내 대신 대답했다. "당신은 바보 같아, 보니. 저 요트는 길이가 자그마치 150미터라고. 웬만한 파도에는 간지럼도 못 느껴. 그리고 뱃멀미는 마음에서 오는 거야."

모두를 진정시키기 위해 내가 나섰다. "만약 멀미를 한다면, 요트에 패치가 있으니까 타자마자 붙여요."

언덕 아래에 이르렀을 때 우리의 판단이 틀렸다는 걸 알아차렸다. 생각보다 파도가 심했다. 세상에! 이런 파도는 본 적이 없어! 항구 안에 1미터가 넘는 파도가 일었고, 바람의 방향에 따라 이리저리 심하게 부딪히고 있었다.

리무진이 우회전하자 바로 앞에 네이딘호가 당당한 위용

을 드러냈다. 맙소사, 내가 저걸 얼마나 싫어했는데! 대체 저걸 왜 샀지? 나는 일행을 돌아보며 물었다. "요트 정말 멋지지 않아요?"

모두 고개를 끄덕였지만, 오필리어는 걱정스러운 듯 물었다. "어째서 항구 안에 파도가 치는 거지?"

공작부인은 "오필리어, 걱정 마. 파도가 너무 심하면 좀 기다릴게."라고 말했다.

빨리 움직여! 계속 가자고! 이동…이동…나는 움직임이 필요했다.

선착장 끝에 리무진이 멈췄고, 마크 선장과 일등항해사 존John이 우릴 기다리고 있었다. 그들은 둘 다 흰색 폴로셔츠, 파란색 보트 반바지, 회색 캔버스로 된 보트 모카신으로 구성된 네이딘호 제복을 입고 있었다. 모든 옷에는 8,000달러라는 저렴한 가격에 데이브 세라디니가 디자인한 네이딘호 로고가 새겨져 있다.

아내가 마크 선장에게 인사를 건네며 물었다. "항구가 왜 이렇게 거칠어요?"

"갑자기 폭풍이 몰아쳤어요." 선장이 말했다. "바다에는 파도가 한 3미터쯤 될 거예요. 아무래도 사르디니아Sardinia로 가려면 좀 잠잠해질 때까지 기다리는 게 좋겠어요." 선장이 큰 소리로 설명했다.

"빌어먹을!" 나는 투덜거렸다. "우린 지금 바로 움직여야 한다고, 마크."

공작부인은 내 말에 초를 치듯 빠르게 대꾸했다. "마크 선장님이 괜찮다고 하기 전에는 안 움직일 거예요."

나는 안전제일주의 공작부인에게 웃으며 말했다. "새 옷도 멋지게 입었으니 그만 배 타고 나가는 게 어때? 우리는 지금 바다에 있고, 나는 바다의 신이야!"

공작부인은 눈을 굴렸다. "당신은 바보야, 바다에 대해 아무것도 모르잖아." 그러더니 일행에게로 고개를 돌렸다. "자! 얘들아, 바다의 신이 우릴 부르고 있어요." 모든 여자가 나를 비웃었다. 그런 다음 모두 일렬로 서서 그들의 소중한 지도자인 베이리지의 공작부인을 따라 요트에 올랐다.

"난 이 항구에 머무를 수가 없어, 마크. 약에 너무 취해서 자꾸 어디든 나가고 싶단 말이지. 사르디니아까지는 얼마나 걸릴까?"

"한 150킬로미터쯤이요. 하지만 지금 같으면 아주 많이 걸릴 거예요. 천천히 가야겠어요. 파도가 3미터는 되는 데다 언제 돌풍이 휘몰아칠지 몰라요. 모든 해치를 닫고 짐은 모두 중앙 선실로 옮겨서 흔들리지 않게 묶어놔야 합니다." 그는 네모난 어깨를 으쓱했다. "그래도 내부가 약간 손상될 수 있어요. 접시, 화병, 유리잔 몇 개 정도요. 잘해내겠지만 원래는 절대 안 된다고 생각해요."

나는 롭을 쳐다보았다. 롭은 "그렇게 합시다!"라고 말하듯이 입술을 꼭 다물고 내게 고개를 끄덕여 보였다. 나는 "마크, 가자고!"라고 말하고는 허공을 향해 주먹을 불끈 쥐었다. "이건 역사에 남을 만한 정말 멋진 모험이 될 거야!"

마크 선장이 미소를 지으며 직사각형 머리를 흔들었다. 우리는 곧 항해 준비를 했다.

15분 뒤, 나는 요트의 갑판 꼭대기에 있는 아주 편안한 매트리스에 누워 있었고, 긴 생머리 여승무원 미셸이 가져다준 블러디메리 칵테일을 마시고 있었다. 다른 선원들처럼 그녀도 네이딘호 제복을 입고 있었다.

"벨포트 씨, 다른 건 필요 없으세요?" 미셸이 웃으며 말했다.

"미셸. 나는 15분마다 한 잔씩 마셔야 하는 희귀한 질환이 있어요. 그리고 이건 의사의 지시 사항이니까 꼭 타이머를 맞춰놔요. 그렇지 않으면 내가 병원에 실려 갈 수도 있어요."

그녀는 킬킬거리며 웃더니 "무슨 말씀이든 하세요, 벨포트 씨."라고 말하고는 뒤돌아섰다.

"미셸!" 나는 바람 소리와 엔진 두 개의 굉음도 뚫을 만큼 큰 목소리로 미셸을 불렀다.

미셸이 쳐다봤다. "내가 잠들거든 깨우지 말고, 테이블에다 15분마다 계속 블러드메리를 놔줘요. 그러면 알아서 마실게요, 알았죠?"

그녀는 알았다는 듯 엄지손가락을 치켜세워 보이고는 아주 가파른 계단을 통해 헬리콥터가 보관되어 있는 아래 갑판으로 내려갔다.

시계를 보니 로마 시간으로 오후 1시였다. 좀 전에 삼킨 퀘일루드 네 알이 배 속에서 서서히 녹고 있었다. 15분 뒤면 얼얼해질 것이고, 또 15분이 지나면 깊이 잠들 것이다. 블러디메리를 마시면서 얼마나 기분이 좋은지, 몇 번 심호흡을 하고 눈을 감았다. 이게 진짜 쉬는 거지!

빗방울이 떨어지는 느낌에 잠에서 깼지만 하늘은 맑았다. 혼란스러웠다. 옆을 보니 테이블 위로 블러디메리 여덟 잔이 테두리까지 가득 차게 놓여 있었다. 눈을 감고 심호흡을 했다. 바람이 사나웠다. 이번에는 빗방울이 더 많이 떨어졌다. 대체 뭐야 이게? 공작부인이 또 나한테 물을 뿌린 건가? 눈을 뜨고 둘러봤지만 아내의 모습은 보이지 않았다. 갑판 위에 나 혼자뿐이었다.

갑자기 요트가 45도 각도로 곤두박질치더니 어디선가 난데없이 거친 충돌음이 들렸다. 잠시 후 시커먼 파도가 요트 옆으로 치솟더니 갑판 위로 쏟아져 내려서, 머리부터 발끝까지 흠뻑 젖고 말았다.

대체 무슨 일이지? 갑판 꼭대기는 물 위로 1미터 정도 치솟아 있는데, ─젠장, 이런 망할!─ 요트가 다시 가라앉고 있었다. 이제 나는 옆으로 미끄러지고 있었고, 블러디메리는 내 머리 위로 날아갔다.

똑바로 앉아서 옆을 보았는데, 빌어먹을! 파도는 6미터 높이에 건물보다 두꺼웠다. 그러다 균형을 잃었다. 나는 매트리스에서 튀어 올라 갑판 위로 날아가고 있었고, 내 뒤에서는 칵테일 잔이 산산조각 나면서 나를 따라왔다.

나는 옆으로 기어가서 금속 난간을 잡고 몸을 일으켰다. 배 뒤를 봤는데…이런 제길! 챈들러! 요트 옆에 선착장 밧줄로 견인해두었던 13미터짜리 구조용 보트 챈들러호가 떨어져 나가 파도에 휩쓸리고 있었다.

나는 기어서 계단을 내려가기 시작했다. 요트가 곧 부서질 것 같았다. 메인 갑판에 도착했을 때 나는 흠뻑 젖어 있었다. 이리저리 부딪히며 정신없이 헤매다가 우연히 중앙 선실로 들어갔다. 모든 일행이 표범 무늬 카펫에 앉아 구명조끼를 입고 겁에 질린 채 손을 맞잡고 있었다. 공작부인은 날 보더니 내게로 기어 오기 시작했다. 갑자기 요트가 심하게 흔들리며 옆으로 기울어졌다.

"조심해!" 아내가 카펫을 벗어나 벽에 부딪히는 모습을 보고 비명을 질렀다. 잠시 후 고풍스러운 중국 화병이 객실을 가로질러 날아가더니 아내의 머리 위 유리창을 들이받고는 산산조각이 났다.

그 순간 보트가 똑바로 섰다. 나는 아내에게 기어가서 얼른 아내를 껴안고 얼굴을 들여다봤다. "괜찮아, 여보?"

아내가 나를 보고 이를 악물었다. "이 빌어먹을 바다의 신! 이 빌어먹을 배에서 살아 나간다면 당신을 죽여버릴 거야! 우리는 다 죽을지도 몰라. 파도가 이렇게 센데, 당신은 대체 뭐 하고 있었어요?" 그녀는 파랗고 커다란 눈으로 나를 쏘아봤다.

"모르겠어." 변명하듯 말했다. "난 갑판 위에서 자고 있었어."

공작부인은 믿을 수 없다는 표정이었다. "자고 있었다고? 이런 상황에서 잠을 잤다고? 세상에…요트가 곧 가라앉을 거라고요! 오필리어와 데이브는 겁에 질렸어요. 로스와 보니도, 셸리도 마찬가지예요!"

바로 그때 롭이 얼굴 가득 미소를 지은 채 기어 왔다. "정말 격렬한 파도군. 난 항상 바다에서 죽고 싶었어."

마음 급한 공작부인이 말했다. "입 닥쳐요, 롭! 우리 남편만큼이나 당신 잘못도 크니까. 두 사람 다 병신 머저리야!"

"퀘일루드 가진 거 있나?" 롭이 날 보며 말했다. "맨정신에 죽을 순 없잖아?"

나는 고개를 끄덕였다. "주머니에 몇 개 있어. 여기." 주머니에서 퀘일루드를 한 움큼 꺼내 롭에게 네 알을 줬다.

"나도 한 개 줘요!" 공작부인이 쏘아붙였다. "좀 쉬어야겠어요."

난 공작부인에게 미소를 보냈다. 역시 최고야, 내 아내는! "여기 있어요, 여보." 아내에게 루드를 건넸다.

고개를 들어보니, 용감한 아웃도어맨 로스가 기어 오고 있었다. 그는 겁에 질린 것 같았다. "오, 이런." 그가 중얼거렸다. "이 배에서 내려야 해. 나는 딸이 있다고. 속이 울렁거려서 미치겠어! 제발 나 좀 이 배에서 내리게 해줘."

롭이 내게 말했다. "갑판 위에 올라가서 어떤지 보고 오지 않겠나?"

나는 공작부인을 쳐다봤다. "여기서 기다려. 금방 올게."

"싫어요! 나도 같이 갈 거야."

난 고개를 끄덕였다. "그래, 같이 가."

"난 여기 있을게." 용감한 아웃도어맨이 이렇게 말하며 잔뜩 풀이 죽은 채 무리로 기어가기 시작했다. 난 롭을 쳐다보았고 우린 같이 웃기 시작했다. 그런 다음 우리 셋은 갑판을 향해 기어가기 시작했다. 가는 길에 잘 갖춰진 바를 지나쳤다. 롭이 도중에 멈춰 서서 말했다. "데킬라를 한잔 하고 싶은데."

공작부인을 바라보니 그녀도 그러자며 고개를 끄덕였다. 롭에게 데킬라 병을 가져오라고 하자 30초 후 데킬라 한 병을 들고 기어서 돌아왔다. 그는 뚜껑을 열어 공작부인에게 건넸고, 그녀는 크게 한 모금 들이켰다. 진짜 멋진 여자야! 그다음 롭과 내가 차례로 벌컥벌컥 마셨다.

롭은 뚜껑을 닫은 병을 벽에다 던졌고, 와장창 소리를 내며 깨졌다. 그가 웃으며 말했다. "언젠가 한번쯤 꼭 이렇게 해보고 싶었거든요."

공작부인과 나는 서로 쳐다보았다.

우리가 메인 갑판으로 이어지는 짧은 계단을 올라갔을 때, 갑판원이 우리를 뛰어넘으며 반대편으로 내려갔다. "무슨 일이죠?" 내가 소리쳤다.

"갑판 다이빙대가 방금 뜯겨 나갔어요."라고 갑판원이 대답했다. "뒷문을 확보하지 않으면 중앙 선실이 침수될 거예요." 그러고는 계속 달려갔다.

갑판 위는 난장판이었다. 그곳은 천장이 아주 낮고, 가로 세로가 240×360센티미터 정도 되는 작은 공간이었다. 마크 선장은 두 손으로 고풍스러운 나무 핸들을 잡고 있었다. 몇 초마다 그는 오른손을 핸들에서 떼고 조절장치 두 개를 작동시켜서 활이 다가오는 파도의 방향을 가리키게 했다. 그 옆에서 일등항해사 존은 한 손으로 금속 막대기를 잡고 몸의 균형을 유지한 채 다른 손으로는 쌍안경을 들어 눈에 댔다. 여승무원 셋은 겁에 질려 눈물범벅이 된 채 서로 껴안고 있었다. 엄청난 잡음과 함께 스피커에서 굉음이 들렸다. "강풍 경보! 강풍 경보입니다!"

"도대체 무슨 일이야?" 마크 선장에게 물었다.

그는 심각하게 고개를 저었다. "이제 우린 끝장이에요. 폭풍이 더 심해질 거예요. 파도가 벌써 6미터나 되다니."

"하늘은 여전히 파란데?" 나는 천진난만하게 말했다. "이해할 수가 없네."

화가 난 공작부인이 말했다. "누가 하늘색을 신경 써요? 항구로 돌아갈 수는 없을까요, 마크?"

"그건 안 돼요." 마크가 말했다. "만일 방향을 틀면 앞에서 밀려오는 파도 때문에 배가 뒤집힐 수 있어요."

"얼마나 견딜 수 있을까?" 내가 물었다. "아니면 메이데이Mayday에 전화할까?"

"그렇게 해야겠어요. 하지만 곧 심한 폭풍우 속으로 들어갈 테고 파란 하늘이 사라질 거예요. 우리는 포스 8의 강풍 속으로 향하고 있어요."

20분쯤 지나자 퀘일루드 효과가 점점 사라지는 게 느껴졌다. 롭에게 속삭였다. "코카인 가진 거 있어?" 혹시 공작부인이 들었을까 걱정하며 옆을 돌아보았다.

역시 걱정한 대로 아내가 노려보며 말했다. "두 사람, 정말 단단히 미쳤군요!"

그렇게 두 시간쯤 지나자 파도가 10미터나 되고 요트가 심하게 출렁거렸다. 마크 선장은 불길한 목소리로 말했다. "이런, 말도 안 돼…." 그리고 잠시 후 그는 비명을 질렀다. "미친 파도야! 모두 꽉 잡아요!"

미친 파도? 그게 뭐지? 잠시 후 창밖을 내다봤을 때 모든 사람이 일제히 소리를 질렀다. "이런! 미친 파도야!"

20미터쯤 높이에서 파도가 빠르게 덮치고 있었다.

"꽉 잡아요!" 마크 선장이 소리쳤다. 나는 오른손으로 공작부인의 작은 허리를 잡아 내 몸 가까이 끌어당겼다. 그 순간에도 공작부인의 냄새는 좋았다.

요트는 거의 똑바로 아래를 향해 엄청나게 가파른 각도로 가라앉기 시작했다. 마크 선장이 전속력으로 조절기를 작동시키자 요트가 갑자기 확 돌진했고, 우리는 흉포한 파도에 맞서게 됐다. 갑자기 배가 멈추는 것 같았다. 그러더니 파도가 선장실 위로 휘어지기 시작했고, 다이너마이트 수천 톤이 터지는 듯한 힘으로 거세게 내리꽂혔다. 우르르 릉 쾅!

사방이 깜깜해졌다.

배가 영원히 바닷속으로 가라앉은 것 같았지만, 아주 느리고도 고통스럽게 우리는 다시 불쑥 떠올랐다. 60도 정도 좌현으로 크게 기울어져 있었다.

"모두 괜찮아요?" 선장이 소리쳤다.

나는 공작부인을 바라보았다. 그녀는 고개를 끄덕였다. "우린 괜찮아요." 내가 대답했다. "롭, 너는 어때?"

"아주 좋아."라고 그가 중얼거렸다. "하지만 나는 빌어먹을 경주마처럼 오줌을 눠야 해. 아래층에 내려가서 모두 확인할 거야."

롭이 계단을 내려갈 때 갑판원이 소리치며 다가왔다. "전면 해치가 방금 열렸어요! 우리는 아래로 내려가요."

"음, 좀 짜증 나는데." 공작부인이 체념한 듯 말했다. "바보 같은 휴가 얘기 좀 해봐."

마크 선장은 무전 송신기를 집어 들며 버튼을 누르고는 "메이데이."라고 다급하게 말했다. "요트 네이딘호의 선장 마크 엘리엇입니다. 이것은 구조 요청입니다. 우리는 로마 해안에서 80킬로미터쯤 떨어진 곳에 있고, 침몰 직전입니다. 즉각 구조를 요청합니다. 승선 인원은 19명입니다." 그러더니 허리를 굽혀 컴퓨터 모니터에 있는 숫자를 보며 읽어나갔다. 이탈리아 해경에 정확한 좌표를 알려주는 것이었다.

"가서 소원 상자 가져와요!" 공작부인이 명령했다. "아래층, 우리 방에 있어요."

나는 그녀가 미친 줄 알았다. "당신 뭐 하⋯."

아내가 갑자기 소리쳤다. "여보, 소원 상자를 갖다줘요. 당장!"

나는 깊이 숨을 들이마셨다. "좋아, 가져올게. 그런데 나 너무 배가 고프다고." 마크 선장을 쳐다보았다. "셰프한테 샌드위치 좀 만들어달라고 해주면 안 될까요?"

마크 선장이 웃기 시작했다. "당신도 참 못 말리는 사람이에요!" 그는 머리를 흔들었다. "셰프에게 샌드위치를 만들어달라고 할게요. 오래 걸리기는 하겠지만."

나는 계단으로 향하면서 "당신이 최고예요."라고 말했다. "싱싱한 과일도 좀 얻을 수 있을까요?"라고 덧붙이고는 계단을 뛰어 내려갔다.

중앙 선실에서 일행들은 서로를 로프로 단단히 묶은 채 공포에 떨며 앉아 있었다. 하지만 나는 조금도 걱정이 되지 않았다. 곧 이탈리아 해경이 우리를 구조하러 올 거라고 믿었기 때문이다. 몇 시간 후면 우리는 무사할 거고 이 몹쓸 요트도 안녕이겠지. 나는 "여러분, 즐거운 휴가들 보내고 있나요?"라고 물었다.

아무도 웃지 않았다. "우리를 구조하러 올까요?" 오필리어가 물었다.

나는 고개를 끄덕였다. "선장이 방금 조난 신고를 했어요. 모두 아무 일 없을 거예요. 난 침실에 가봐야 해요. 금방 돌아올게요." 계단으로 향했지만, 나는 곧바로 거대한 파도의 힘에 이끌려 벽에 부딪히고 말았다. 결국 네 발로 계단을 기어가기 시작했다.

바로 그때 갑판원 하나가 나를 지나치며 소리를 질렀다. "챈들러를 잃었어요! 그게 뚝 끊겼어요!" 그리고 그는 계속 달렸다.

맨 아래 계단에 다다르자 나는 난간을 붙잡고 몸을 일으켰다. 발목까지 차오른 물을 헤치고 침실로 가니 침대 위에 반짝이는 소원 상자가 있었다. 그걸 집어 들고 아내에게 갖다주자 아내는 눈을 감고 소원 상자를 흔들기 시작했다.

나는 선장에게 물었다. "마크, 내가 헬리콥터를 띄우면 한 번에 네 명은 태울 수 있는데 어때요?"

선장은 "잊어버리세요."라고 말했다. "이런 바다에서 충돌하지 않고 버텨낸다면 기적이겠죠. 설사 그렇게 한다 해도 다시 착륙하는 것은 불가능합니다."

세 시간 후에도 엔진은 계속 돌았지만 요트는 전혀 전진을 못 하고 있었다. 우리 주위를 거대한 컨테이너 수송선 네 척이 감쌌다. 선장의 조난신호를 듣고 밀려오는 대형 파도에서 우리를 보호해주려고 애쓰고 있는 거였다. 이제 거의 어둑어둑해졌고, 우리는 그 상태로 구조를 기다리고 있었다. 빗줄기가 창문을 세차게 때렸고, 10미터가 넘는 파도가 울렁거렸으며 강풍도 불었다. 그래도 요트는 그다지 흔들리지 않고 차분한 상태가 되었다. 우리는 바다에 다리를 가진 셈이었다.

마크 선장은 해안경비대와 무전기로 대화를 나누고 있었다. 그러다 마침내 우리에게 말했다. "자, 헬리콥터가 위에 맴돌고 있어요. 모두 갑판 위로 올라가세요. 헬리콥터가 바구니를 내려주면 먼저 여자 손님, 여자 승무원, 그다음에 남자 손님이 탈 거예요. 남자 승무원이 제일 나중에 갈 거고, 제가 마지막으로 구조 헬기에 오를 겁니다. 가방은 못 가져갑니다. 주머니에 넣을 수 있는 것만 챙기세요."

나는 공작부인을 바라보며 쓸쓸하게 웃었다. "이런, 새로 산 옷들 전부 안녕이네!" 그녀는 어깨를 으쓱하고는 행복하게 말했다. "언제든지 더 살 수 있잖아요!" 그런 다음 그녀는 내 팔을 잡고 아래층으로 내려갔다.

모두에게 상황을 설명한 후, 롭을 옆으로 끌어당기며 물었다. "루드 가진 거 있어?"

"아니." 그가 우울하게 말했다. "그거 네 방에 있었잖아. 저 밑은 완전히 물에 잠겼고, 아마 깊이가 1미터 정도는 되지 싶은데. 지금쯤이면 더 많이 잠겼을 거야."

나는 심호흡을 하고 천천히 말했다. "롭, 내 침실에 현금 25만 달러가 있는데 전혀 신경을 쓸 수가 없어. 하지만 퀘일루드 200개는 절대 두고 갈 수가 없어. 그건 배신이지."

"맞는 말이야." 롭이 말했다. "내가 가져올게." 그러더니 금세 돌아왔다. "나 충격 먹었어." 그가 중얼거렸다. "저 아래에 전기가 누전된 것 같은데, 어쩌지?"

나는 대답하지 않았다. 다만 그의 눈을 똑바로 보면서 "할 수 있어, 친구!"라고 말하듯이 허공에 주먹을 한 번 날렸다.

롭은 고개를 끄덕이며 말했다. "만약 내가 잘못되면, 셸리 가슴 수술비 7,000달러는 자네가 좀 내줘. 그 여자 만난 날부터 그 일로 날 아주 귀찮게 했거든!"

"그건 걱정 마." 난 당연하다는 듯이 대답했다.

3분 후 롭은 퀘일루드를 가지고 돌아왔다. "세상에, 너무 아파! 발에 3도 화상은 입은 것 같아." 그러고는 웃으며 말했다. "내가 최고지, 그렇지?"

나는 엄살인 줄 알면서도 웃었다. "그럼, 친구밖에 없지. 네가 최고야."

5분 후에 우리는 모두 갑판으로 올라가 구조용 바구니를 매달고 떠 있는 헬리콥터를 쳐다보고 있었다. 그곳에서 30분이 넘도록 바구니가 이리저리 흔들리는 걸 보는 사이에 해는 수평선 아래로 떨어졌다.

그때 일등항해사 존이 난처한 표정으로 말했다. "모두 아래층으로 내려와야 해요. 헬리콥터는 연료가 다 되어 돌아가야 한답니다. 그런데 지금 요트가 가라앉기 시작했으니 배를 버려야 할 것 같아요."

나는 놀라서 그를 쳐다봤다.

"이건 선장의 명령이에요."라고 그가 덧붙였다. "고무보트가 다이빙 플랫폼이 있던 곳에 있으니 모두 그쪽으로 이동해서 옮겨 타랍니다. 어서 움직이세요!" 그가 손짓했다.

고무보트에 옮겨 타라고? 15미터나 되는 파도 속에서? 아무리 생각해도 그건 미친 짓이었다. 하지만 선장의 명령이니, 모든 사람이 어쩔 수 없이 따라야 했다. 보트 쪽으로 다가갔을 때 승무원들이 오렌지색 고무보트를 양쪽에서 잡고 바다로 던지는 것이 보였다. 하지만 고무보트는 바다에 닿자마자 파도에 휩쓸려버렸다.

"음, 그런데!" 나는 어색하게 웃으며 말했다. "고무보트는 분명 실패할 거야." 나는 공작부인 쪽으로 돌아서서 손을 내밀었다. "마크 선장한테 얘기하러 가야겠어."

나는 마크 선장에게 고무보트가 어떻게 되었는지 설명했다. "빌어먹을!" 그가 화를 냈다. "먼저 보트를 묶은 다음에 바다에 던지라고 말했건만⋯." 그는 심호흡을 하고 잠시 생각하더니 말했다.

"좋아요, 이젠 어쩔 수 없습니다. 잘 들으세요. 지금 엔진도 고장 나서 한쪽 엔진으로 버티고 있어요. 그나마도 꺼지면 조종할 수 없게 되겠죠. 그러니 여기에 가만히 있다가 배가 물에 잠기기 시작하면 물에 뛰어들어서 있는 힘껏 배에서 멀리 헤엄쳐요. 배가 침몰하면서 강한 회오리가 생겨 모든 걸 빨아들일 테니까요. 해수 온도는 다행히 따뜻해서 체온에 큰 지장은 없을 겁니다. 그리고 지금 해군 함정이 우릴 구조하기 위해 출동했다는 무전을 받았습니다. 80킬로미터 거리에 있는 이탈리아 해군 함정이 이쪽으로 오고 있어요. 특수부대 요원들이 다른 헬리콥터를 띄워 구조하러 올 거예요. 악천후 때문에 해경의 헬리콥터로는 구조가 불가능하답니다."

나는 고개를 끄덕이며 마크 선장에게 말했다. "내가 내려가서 모두에게 말할게요."

"아니요. 두 분은 여기 계세요. 우리가 금방 내려갈 수 있으니, 당신은 여기 함께 있는 게 좋겠어요." 그러더니 존에게 돌아서서 말했다. "아래층에 내려가서 손님들에게 전부 설명해요."

두 시간 뒤 배가 간신히 떠 있을 때 무전이 들어왔다. 잠시 후 이탈리아 특수부대의 헬리콥터가 머리 위로 모습을 나타냈다.

"좋아요." 마크 선장이 미친 듯이 웃으며 말했다. "이렇게 하죠. 헬리콥터에서 구조용 로프에 매달린 특수요원이 내려올 겁니다. 그 전에 우리는 공간을 확보하기 위해 갑판 위에 있는 헬리콥터를 바다로 밀어뜨려야 합니다."

"이게 무슨 개소리야!" 내가 웃으며 소리쳤다.

"오, 세상에!" 공작부인은 놀라서 입을 손으로 가리며 소리를 질렀다.

선장이 말했다. "비디오카메라를 가져오겠습니다. 이 장면은 후손을 위해 남겨야 합니다."

마크 선장과 내가 갑판원과 롭을 데리고 비행갑판까지 가는 동안 존은 조종실에 있었다. 갑판에 도착한 마크 선장은 비디오카메라를 갑판원에게 건네고 헬리콥터의 고정 줄을 재빨리 풀었다. 그러고는 헬리콥터 앞으로 나를 끌어당기더니 내 어깨에 팔을 둘렀다. "됐어요." 그는 웃으며 말했다. "스튜디오 관객들에게 몇 마디 해주셨으면 합니다."

나는 비디오카메라를 바라보며 말했다. "이봐! 우리는 헬리콥터를 지중해로 밀어내고 있어. 엄청나지 않아?"

마크 선장이 맞장구를 쳤다. "그래요! 요트 역사상 처음 있는 일이지! 앞일은 요트 네이딘호에 맡기자고요!"

"만약 우리 모두가 죽는다면, 이 잘못된 방법을 생각해낸 내 탓이라는 걸 모두가 알았으면 좋겠어. 내가 마크 선장을 강제로 끌어들였으니 그의 장례는 잘 치러주고!"라고 내가 덧붙였다.

이것으로 우리 녹화는 끝났다. 마크 선장이 말했다. "좋아요, 파도에 부딪히고 요트가 오른쪽으로 기울기 시작할 때까지 기다려요. 그러고 나서 우리 모두 한 번에 힘을 모읍시다." 요트가 오른쪽으로 기울자 우리는 모두 위로 힘껏 밀었고 헬리콥터는 갑판 옆으로 날아갔다. 우리는 후다닥 달려가 헬리콥터가 10초도 안 되어 바다 밑으로 가라앉는 광경을 지켜보았다.

2분 후 요트 인원 중 17명이 비행갑판에서 구조를 기다리고 있었다. 마크 선장과 존은 요트의 침몰을 막기 위해 조종실에 남아 있었다. 머리 위 30미터 상공에 어마어마하게 큰 국방색 치누크 헬리콥터가 정지해 있었다. 30미터 아래에서도 메인 회전자가 돌아가는 소리에 귀가 먹먹했다.

특수요원 한 명이 헬리콥터에서 두꺼운 금속 줄에 매달려 우리 쪽으로 내려왔다. 그는 머리에 꽉 끼는 후드가 달린 검은색 고무 잠수복을 입고 특수부대 복장을 하고 있었다. 어깨에 배낭을 메고 있었고 한쪽 다리에는 작살총으로 보이는 것을 매달고 있었다. 그는 둥글게 호를 그리며 매달려 있었다. 배에서 10미터 높이에 다다르자 작살총을 조준해 배로 작살을 쏘았다. 10초 후 특공대는 갑판에 무사히 도착했고, 활짝 웃으면서 엄지손가락을 치켜세웠다. 그는 이 상황을 즐기고 있는 것처럼 신나 보였다.

우리 18명 모두 안전한 곳으로 옮겨졌다. 그러나 여성을 우선 구조할 때 약간 혼란이 있었다. 공황에 빠진 로스(전직 용감한 아웃도어맨)가 오필리어와 갑판원을 밀쳐 내고 특공대를 향해 미친 듯이 달려들어, 그의 팔과 다리를 붙잡고 배에서 구조될 때까지 놓아주지 않았던 것이다. 하지만 롭과 나는 괜찮다고 생각했다. 왜냐하면 이제 평생 로스를 놀려먹을 거리가 생겼으니까.

하지만 마크 선장은 요트를 타고 침몰할 것이다. 사실 헬리콥터가 이륙하기 전 마지막으로 본 것은 요트의 선미였다. 내가 맨 마지막으로 올라오면서 갑판을 내려다봤을 때

는 선체가 거의 물에 잠겼고, 마크 선장의 사각형 정수리가
파도 속에서 위아래로 흔들리고 있었다.

이탈리아인에게 구조되어서 좋은 점은, 그들이 가장 먼
저 하는 일이 먹을 것과 레드와인을 내주고서 춤추게끔 만
든다는 것이다. 그랬다. 우리는 바로 이탈리아 해군과 함께
이탈리아 해군 구축함에서 미친 듯이 파티를 했다. 그들은
흥이 많은 사람들이었고, 롭과 나는 그 상황을 즐기느라 잠
시 마약 욕구를 잊을 수 있었다. 잠시 후 마크 선장도 해경
에 의해 구조되었다는 소식이 전해져왔다.

마지막으로 기억나는 건 구축함 선장과 공작부인이 날
의무실로 데려갔던 일이다. 선장은 이탈리아 정부가 구조
에 대해 어떻게 큰 거래를 하고 있는지 설명했다. 말하자면
홍보 경쟁이었다. 그래서 그는 우리를 의료기관 어디든 데
려갈 수 있는 권한을 부여받았고, 우리가 선택할 수 있었
다. 그는 세계에서 가장 멋진 호텔 중 하나라고 말하며 사
르디니아의 칼라디볼페호텔Cala di Volpe Hotel을 추천했다. 나
는 열심히 고개를 끄덕이며 엄지손가락을 치켜세우고는
"나룰 사아르디니아로 데료가주세요."라고 말했다.

나는 사르디니아에서 깨어났는데, 구축함은 포르토체르
보Porto Cervo항에 정박해 있었다. 우리 18명은 메인 갑판에
서서 사르디니아 주민 수백 명이 우리에게 손을 흔들며 환
대하는 모습에 감동했다. 열 명쯤 되는 기자들이 카메라를

들고 대체 어떤 멍청한 미국인들이 최고 위험 수준의 파랑 경보 속에서 요트를 타고 휴가를 즐기고 있었는지 취재하느라 난리였다.

구축함에서 내리는 길에 공작부인과 나는 이탈리아 구조대원들에게 감사를 표하고 전화번호를 교환했다. 우리는 그들에게 미국에 올 일이 있으면 우리를 꼭 찾아오라고 했다. 나는 그들에게 용기와 희생을 보여준 대가로 보상금을 주겠다고 했지만, 그들은 모두 거절했다. 그들은 정말 대단한 사람들이었고, 진정한 일류 영웅이었다.

사르디니아 인파를 헤치고 나오다 보니, 입을 옷이 하나도 없다는 걸 알게 됐다. 공작부인의 2차 쇼핑이 시작되겠지. 하지만 그건 괜찮았다. 나는 다행스럽게도 런던의 로이드Lloyd사에 요트와 헬리콥터에 대한 손해보험을 가입해두었기 때문에 미국에 돌아가면 보험금을 받을 수 있을 것이었다. 호텔에 체크인하고 나서 우리 일행과 모든 승무원을 데리고 쇼핑하러 갔다. 휴양지답게 모든 옷은 핑크며 노랑, 빨강, 실버 등등 알록달록했다. 어쩔 수 없이 우리는 인간 공작새가 되어 사르디니아에서 열흘간 휴가를 즐겼다.

열흘 후 내가 가진 루드가 다 떨어졌으니 이제 집으로 돌아가야 했다. 아침 6시도 되기 전에 호텔 숙박비를 지불하기 위해 로비로 내려갔다. 70만 달러나 됐다. 하지만 그 돈에는 루비와 에메랄드가 박힌 30만 달러짜리 금팔찌도 포함돼 있었기 때문에 나쁘지 않았다. 나는 마약에 취해 잠든 지 5일 만에 어딘가에서 공작부인을 위해 금팔찌를 샀었다. 그것이 내가 공작부인에게 해줄 수 있는 가장 최소한의 일이었기 때문이다.

공항에서 우리는 내 전용기를 두 시간 동안 기다렸다. 그때 공항 직원이 다가와서 말했다. "벨포트 씨, 자가용 제트기가 이곳으로 오는 도중 갈매기 떼가 엔진에 빨려 들어가 고장을 일으키는 바람에 프랑스에 불시착했답니다. 재정비해서 도착하려면 시간이 많이 걸린답니다."

어이가 없었다. 이런 일이 흔한가? 그렇지 않잖아. 공작부인한테 이 소식을 전했더니 아무 말도 없이 그냥 고개를 저으며 가버렸다.

나는 자넷에게 전화를 걸어 새로운 비행기 편을 구하려고 했지만 여기에서는 전화를 걸 수 없었다. 우선 영국으로 가야겠다고 생각했다. 일단 거기는 말이 통했으니까. 우리가 런던에 도착했을 때는 모든 일이 잘되리라 생각했다. 검은색 런던 택시 뒤에 앉아 있다가 이상한 점을 깨닫기 전까지는 말이다. 거리는 미친 듯이 붐볐다. 사실 하이드파크에 가까워질수록 사람이 더 많아졌다.

얼굴이 창백한 영국 택시 기사에게 말했다. "왜 이렇게 붐비죠? 런던에는 수십 번 와봤지만 이런 경우는 한 번도 없었는데요."

"아이고, 이사님." 택시 기사가 말했다. "이번 주말에 우드스탁Woodstock 축제가 있어서 하이드파크에는 50만 명이 넘는 사람이 모일 거예요. 에릭 클랩튼Eric Clapton 공연도 있고 후Who, 얼래니스 모리셋Alanis Morissette 등등 아주 좋은 공연이 많아요. 지금 런던에는 남은 방이 거의 없으니 부디 호텔을 예약하고 오셨길 바랍니다."

흠, 지금 택시를 타고 나서 나는 다음 세 가지 때문에 놀랐다. 첫째는 이 빌어먹을 택시 기사가 계속 나를 "이사"라고 불렀다는 것이다. 둘째는 제2차 세계대전 이후 가장 붐비는 주말에 우연히 런던에 오게 됐다는 사실이다. 그래서 지금 런던에는 호텔 방이 없었다. 아, 셋째는 우리 모두 옷을 다시 사러 가야 한다는 것이었다. 2주도 채 안 되어 공작부인은 세 번이나 억지로 엄청난 쇼핑을 했다.

롭이 나에게 물었다. "또 옷을 사러 가야 한다는 게 믿기지가 않는군. 아직도 결제 중이라고?"

난 웃으며 대답했다. "잔소리 닥치고 옷이나 사, 롭."

도체스터호텔 로비에서 안내원은 다음과 같이 말했다. "정말 죄송합니다, 벨포트 씨. 주말 내내 예약이 꽉 찼습니다. 사실, 지금 런던 어디에도 빈방은 없을 것 같습니다. 그래도 바에 일행분과 함께 편하게 머무실 수는 있습니다. 지금은 티타임이고 일행분들께 차와 핑거 샌드위치를 무료로 제공해 드릴 수 있거든요."

나는 침착함을 유지하려고 목을 좌우로 돌렸다. "다른 호텔에 전화해서 빈방이 있는지 알아봐주시겠어요?"

"물론이죠. 당연히 그렇게 해 드리겠습니다."라고 그가 대답했다.

3시간 후에도 우리는 여전히 바에서 차를 마시며 빵을 먹고 있었는데, 그 안내원이 해맑게 웃으며 "포시즌스Four Seasons호텔에 취소 건이 생겼어요. 당신의 취향에 특히 잘 맞는 프레지덴셜 스위트룸입니다. 비용은 8….."

나는 다 듣지도 않고 소리쳤다. "그 방 주세요!"

"알겠습니다." 그가 말했다. "밖에서 롤스로이스가 기다리고 있습니다. 제가 듣기로 그 호텔에는 아주 멋진 스파가 있습니다. 오늘 일정을 다 마치고 마사지를 받으시면 좋을 것 같네요."

나는 알겠다며 고개를 끄덕였고 2시간 후 포시즌스호텔의 프레지덴셜 스위트룸의 마사지 테이블에 엎드려 있었다. 발코니에서는 콘서트가 한창인 하이드파크가 내려다보였다.

내 일행들은 런던 거리를 활보하며 쇼핑을 했다. 자넷은 콩코드 비행기 편을 준비하느라 바빴다. 그리고 사랑스러운 공작부인은 에릭 클랩튼과 경쟁하듯 노래를 부르며 샤워를 하고 있었다.

나는 아름다운 공작부인을 사랑했다. 이번에 그녀는 다시 한번 자신의 건재함을 증명했고, 나는 극심한 압박을 받았다. 나를 마주 보며 아름다운 얼굴에 항상 미소를 머금고 있는 그녀는 그야말로 나를 죽이려는 전사 같았다.

바로 그런 이유 때문이었다. 장신의 에티오피아인 안마

사가 내 물건을 건드렸을 때, 왜 내가 지금 발기 상태를 유지하는 것이 그렇게 어려웠는지를 깨달은 것은. 물론 나는 아내가 지척에서 샤워하며 노래를 부르고 있는 동안 안마사에게 손을 대는 것이 잘못된 일이라는 것을 알고는 있었다. 그런데 정말 남의 손으로 하는 것과 내 손으로 하는 거랑 뭐가 다르지?

흠, 나는 그런 생각을 위안 삼아 자위를 계속했고, 그다음 날 다시 올드브룩빌로 돌아와서 '부자와 기능장애인의 생활'을 재개할 준비가 되어 있는 나를 발견했다.

35 폭풍 전의 폭풍

1997년 4월

상상하기 힘들겠지만 요트가 침몰한 지 9개월이 지났을 때 내 삶은 더욱 피폐해져 있었다. 자기 파괴적인 행동의 새로운 극단으로 몰고 가는 논리적 방법을 선택했는데, 바로 퀘일루드 대신 코카인에 중독된 것이다. 그래, 변화가 필요했다. 그렇게 생각한 이유는 공공장소에서 침을 흘리고 부적절한 환경에서 잠드는 데 싫증을 느꼈기 때문이었다.

그래서 퀘일루드 네 알과 아이스커피로 하루를 시작하는 대신 코카인 1그램을 정확히 반씩 나눠 양쪽 콧구멍으로 들이마시는 식으로 바꿨다. 양쪽 뇌에 균등하게 작용하도록 말이다. 그것은 진정한 '챔피언의 아침 식사'였다. 그리고 그 후에 뒤따를 편집증을 가라앉히기 위해 자낙스 3밀리그램을 별도로 복용함으로써 아침 식사를 마무리했다. 그 후 비록 지금은 허리 통증이 완전히 없어졌지만, 코카인과 마약이 서로를 위해 만들어졌다는 이유만으로 모르핀 45밀리그램을 복용했다. 게다가 아직도 모르핀을 처방해주는 의사가 많았는데, 그게 그렇게 나쁜 일인가?

그리고 점심시간 한 시간 전에 반드시 뒤따르는 주체할 수 없는 피로감을 극복하기 위해 처음 코카인을 흡입한 뒤에 퀘일루드 4개를 복용했다. 물론 나는 여전히 하루에 퀘일루드를 스무 알도 먹을 수 있지만, 이전과는 다르게 좀 더 건강하고 생산적인 방법으로 복용하고 있다.

이는 매우 좋은 전략이었고, 한동안은 완벽하게 효과가 있었다. 하지만 인생의 모든 것과 마찬가지로 몇 가지 부작용이 있었다. 가장 큰 문제는 내가 일주일에 단 세 시간만 잔다는 것이었다. 그리고 4월 중순에는 코카인 때문에 편집증에 빠져서 12구경 엽총으로 우유 배달원을 향해 사격을 가한 일도 있었다.

운이 좋다면, 우유 배달원이 월스트리트의 늑대가 우습게 여길 만한 사람이 아니라는 말을 퍼뜨려줄 수도 있을 것 같았다. 비록 경호원들이 근무 중에 잠을 자고 있더라도, 그의 소유지에 침입할 만큼 어리석은 자를 막을 준비가 되어 있다는 말을 퍼뜨려줄 거라고 말이다.

스트래턴은 마침내 4개월 전인 12월 중순에 문을 닫았다. 문을 닫게 만든 건 주 정부가 아니라 NASD였다. 주식 시세조종 및 판매행위 위반을 이유로 스트래턴의 회원 자격을 취소했다. 법적인 관점에서 그것은 치명타였기에 어쩔 수 없이 스트래턴은 항복했다. NASD 가입은 주 경계를 넘나들며 유가증권을 판매하는 데 필수 조건이었다. 그러니 회원 자격 취소는 실질적인 업계 추방을 의미했다. 마지못해 대니는 스트래턴을 폐업했고, 스트래턴의 시대는 그렇게 막을 내렸다. 8년 만의 일이었다. 비록 언론은 우호적으로 보도하지 않을 테지만, 스트래턴이 사람들에게 어떻게 기억될는지는 나도 잘 모르겠다.

하지만 빌트모어와 먼로파크는 여전히 건재했다. 비록 나는 앨런 립스키가 아닌 다른 소유주가 나에 대해 음모를 꾸몄을 가능성이 분명히 있다고 생각했지만. 어떻게, 왜 그런지 확신할 수는 없었지만, 특히 공모자들이 가장 친한 친구일 때 음모의 본질은 그랬다.

한편 스티브 매든은 나를 배신하려 하고 있었다. 우리 관계는 극도로 틀어졌었다. 스티브에 따르면 내가 마약에 취해 사무실에 나타나서 "이 독선적인 자식아! 너는 내가 아니었다면 여전히 차 트렁크에서나 신발을 팔았을 거야!"라고 욕설을 퍼부었다고 한다. 그런 일이 쌓여서 이렇게 관계가 소원해졌다고 했다. 그게 사실이든 아니든 현재 주당 시세는 13달러에 거래되고 있었고, 20달러까지도 무난히 거래될 것이다.

우리는 18개 매장이 있었고, 백화점 영업은 두 계절 전에 예약이 끝났다. 나는 그가 나를 어떻게 생각하는지 상상만 할 뿐이었다. 스티브는 내가 실제 지분 85퍼센트를 가지고서 4년 동안 주식시세를 마음대로 주물러왔다고 느낀 것

같았다. 하지만 이제 스트래턴도 문을 닫았으니 주식시세
는 특정 증권사 주도가 아닌 시장의 자연스러운 법칙에 따
라 결정될 것이므로 교활한 구두장이가 배신을 꾀하는 건
어찌 보면 당연했다. 물론 내가 사무실에서 욕을 한 건 잘
못된 일이지만 그래도 그건 나를 회사에서 몰아내고 내 지
분을 훔치기 위한 핑계에 불과했다. 만약 그가 그렇게 하려
고 한다면 나는 어떻게 대응해야 할까?

우리는 비밀 계약을 맺었지만, 그건 내 고유의 지분인
120만 주에만 적용된다. 내 스톡옵션은 모두 스티브의 명
의였고, 서류로 된 증거는 아무것도 없었다. 그가 그것을
내게서 훔치려 할까? 아니면 그가 내 주식과 스톡옵션을
모두 훔치려고 할까? 아마도 그 대머리 녀석은 내가 우리
의 비밀 계약을 폭로할 배짱이 없을 거라고 생각할지도 모
른다. 이를 공개하면 우리 둘 모두에게 너무 많은 문제를
일으킬 거라고 여기면서.

그는 뜻밖의 각성에 빠졌다. 그가 내 주식과 옵션들을 훔
쳐 달아날 가능성은 제로에도 못 미쳤다. 비록 그것이 우리
둘 다 감옥에 가는 것을 의미한다고 해도 말이다.

냉정하고 명석한 정신으로 이런 생각을 했으면 좋은데,
현재 내 정신 상태에서는 가장 독기 어린 방법이 피어올랐
다. 스티브가 나를 엿 먹일 계획이었는지는 전혀 중요하지
않았다. 그는 절대 그럴 기회를 얻지 못할 것이다. 그는 사
악한 빅터 왕과 다를 바 없었다. 그 교활한 인간이 날 배신

하려 했기 때문에 그놈을 철저히 짓밟아 차이나타운으로 돌려보냈지.

4월 둘째 주가 되었고, 나는 한 달이 넘도록 스티브 매든 제화 사무실에 출근하지 않았다. 금요일 오후, 나는 서재에 있는 마호가니 책상 앞에 앉아 있었다. 공작부인은 햄프턴에 있었고, 아이들은 엄마와 주말을 보내고 있었다. 나만 혼자 전쟁을 준비하며 생각에 잠겨 있었다.

나는 위그왐의 집으로 전화를 걸어 말했다. "스티브 매든에게 전화해서 내 위탁 대리인으로서 주식 10만 주를 매도하라고 전해줘. 현재 시세로 130만 달러쯤 될 거야. 그리고 계약서에 따라 그도 그에 상응하는 비율만큼 주식을 팔 수 있다고 말해줘. 아마 1만 7,000주 정도 될 텐데, 팔든 말든 알아서 하라고 하고."

위그왐이 불안한 듯 물었다. "빨리 끝내려면 스티브의 서명이 있어야 하는데, 만약 거부하면?"

나는 화를 참느라 심호흡을 했다. "만약 말을 안 들으면 위탁합의서에 따라 네가 그 어음을 압류하고 주식을 임의대로 팔아버린다고 강력하게 얘기해. 그에게 내가 이미 그것을 사기로 동의했다고 말해줘. 그리고 대머리 개자식에게 나한테 지분 15퍼센트를 준다고 하면 내가 SEC에 13D를 신청해야 하고, 그러면 월스트리트의 모든 사람이 자연스럽게 스티브가 날 엿 먹이려고 했기 때문에 내가 대응하는 것이라는 걸 알게 될 거라고 말해. 그리고 그 개자식한테 내가 모든 비밀 계약 내용을 공개하겠다고 말하고, 매주 시장에 나오는 주식을 모두 매수함으로써 공식적인 최대주주가 되어서 그 개자식을 회사에서 쫓아낼 거라고 전하라고." 나는 다시 심호흡을 했다. 가슴이 두근거렸다. "그런데도 그 개자식이 내가 허풍을 떠는 것이라 생각한다면 그 자식 머리 위로 핵폭탄을 투하할 테니 지하벙커로 숨으라고 얘기해." 나는 책상 서랍에 손을 넣어 코카인 450그램이 들어 있는 지퍼백 하나를 꺼냈다.

"네가 하라는 대로 할게." 약자 위그왐이 대답했다. "하지만 잠시만 더 생각해봐. 자넨 내가 아는 가장 현명한 친구야. 지금은 너무 흥분한 것 같아. 자네의 고문변호사로서 권고하는데 이 비밀 계약서를 절대로 공개하지 말라고…."

나는 변호사의 말을 바로 잘랐다. "잘 들어, 앤디. 자네는 내가 엿 같은 SEC와 NASD에게 어떤 꼴을 당했는지 알지도 못하잖아." 나는 지퍼백을 열고 책상에서 플레이 카드를 집어 들고 흰수염고래도 심장마비를 일으킬 만큼 코카인을 듬뿍 퍼서 책상 위에 놓고는, 허리를 굽혀 코를 푹 파묻고 들이마시기 시작했다. 코카인 가루로 범벅이 된 얼굴로 "더군다나," 하고 말을 이었다. "FBI의 콜먼 개새끼한테도 두 번 다시 험한 꼴을 당할 수는 없어. 염병할 놈이 4년 동안이나 내 꽁무니를 캐고 다녔는데, 아직 내 털끝 하나 건드리지 못했지." 나는 머리를 몇 번 흔들었다.

"그리고 내가 그 비밀 계약을 공개해도 기소되지는 않

을 거야. 콜먼에게는 너무 뻔하잖아. 그는 명예로운 사람이니 뭔가 큰 건을 터뜨리고 싶을 텐데 그깟 증권거래법 위반으로 날 잡으려고 하겠어? 그건 거액 탈세로 알 카포네[Al Capone][53]를 잡아넣는 것과 같아. 그러니 콜먼이 숨 쉬는 곳에나 가라고!"

"알았어, 조던." 위그왐이 말했다. "그런데 한 가지 부탁이 있어."

"뭔데?"

"돈이 좀 필요해." 위그왐이 효과를 노린 듯 잠시 뜸을 들이더니 말했다. "자네도 알다시피 대니가 바퀴벌레 이론을 무시해서 영업을 정지당하는 바람에 여태껏 손가락만 빨고 있잖아. 증권사 영업허가가 나오기를 기다리고 있는데, 그동안 좀 도와줄 수 있을까?"

이런 쥐새끼 같은 놈. 내 위탁대리인이 내게 돈을 달라고 하다니. 이 개자식! 이놈도 죽여야겠어!

"얼마나 필요한데?"

"글쎄, 20만 달러 정도?" 그가 힘없이 대답했다.

"좋아." 내가 쏘아붙였다. "25만 달러를 줄 테니까 지금 당장 빌어먹을 스티브에게 전화하고 그가 뭐라고 하는지 바로 알려줘." 나는 인사도 없이 수화기를 쾅 내려놓았다.

---

53 미국의 전설적인 마피아 두목이며, 수백 명 살해를 배후에서 지휘했다고
    알려졌으나 정작 탈세 혐의로 붙잡혔다.

그러고 나서 다시 허리를 굽혀 코카인에 얼굴을 박았다.

10분 후 전화벨이 울렸다. "그래, 그 개자식이 뭐래?" 내가 물었다.

"네가 좋아하지 않을 거야."라고 위그왐이 말했다. "그 친구는 비밀 계약을 부정하던데? 그런 계약은 불법이니까 자네가 공개하지 않을 것을 알고 있다고 말하더라고."

나는 심호흡을 하면서 흥분하지 않으려고 노력했다. "그러니까 개자식이 내가 허풍 떤다고 생각한단 말이지? 어?"

"아주 많이."라고 위그왐은 말했다. "그렇지만 자기도 이 사태를 좀 더 평화적으로 해결하고 싶대. 그러면서 주당 2달러를 제안했어."

나는 머릿속으로 재빨리 계산하면서 목을 크게 돌렸다. 주당 2달러씩이라면 지금 시세로 따져도 1,300만 달러를 나한테서 훔쳐가는 것이다. 그건 단지 주식만 해당한다. 주당 6달러에 정해져 있는 스톡옵션 행사가격과 현재 시세를 따져보면 450만 달러를 더 주는 것이다. 그는 내게서 1,750만 달러를 훔치려 하고 있다. 아이러니하게도 나는 그것에 대해 그렇게 화가 나지 않았다. 결국, 나는 몇 년 전 사무실에서 대니에게 그의 친구를 못 믿겠다고 했던 바로 그날부터 줄곧 언젠가 이런 날이 올 줄 알고 있었기 때문이다. 사실 바로 그 이유 때문에 스티브에게 조건부날인증서escrow에 서명하고 주식을 넘긴 거였으니 말이다.

그런데 내가 왜 화를 내야 하지? 나는 나스닥의 멍청이

들 때문에 어리석은 선택을 했었다. 그래서 스티브에게 내 주식을 넘길 수밖에 없었다. 그렇지만 나는 모든 필요한 대비책을 세워뒀다. 바로 이와 같은 만일의 사태를 대비해서 말이다. 난 그와 교류해온 모든 과정을 머릿속으로 훑어봤지만, 내가 저지른 실수는 단 하나도 없었다. 그리고 약에 취한 채 사무실에 나타난 게 내 잘못이 아니라는 걸 부정할 수는 없었지만, 그건 여기에서 벌어지는 일과는 전혀 관계없는 일이었다. 어쨌든 그는 나를 엿 먹이려고 했을 것이다. 그저 마약이 수면 위로 더 빨리 드러난 것뿐이었다.

"좋아." 나는 침착하게 말했다. "나는 지금 햄프턴에 가야 하니까 다음 주 월요일에 이 문제를 해결하지. 스티브에게는 전화할 생각도 하지 마. 주식 매수를 위한 서류만 준비해놔. 이젠 전쟁이야!"

사우샘프턴! WASP 햄프턴! 그렇다. 그곳은 나의 새 해변 별장이 있는 곳이다. 시간이 지나면서 웨스트햄프턴이 아내의 고상한 취향에는 좀 평범해 보였다. 게다가 웨스트햄프턴은 유대인으로 가득 차 있었고, 내가 유대인인데도 불구하고 유대인에게 넌더리가 났다. 도나 카란Donna Karan[54]의 집은 서쪽에, 헨리 크래비스Henry Kravis[55]의 집은 동쪽에

---

54 미국의 유명한 패션 디자이너이자 유대인 상류층
55 억만장자 투자자 겸 자선가이며 기업인, 역시 유대인 상류층

있었다. 그래서 얼마 전 550만 달러라는 헐값에, 나는 지구 상 가장 독점적인 도로인 메도레인Meadow Lane에 1,200제곱 미터 규모인 흰색과 회색 포스트모던 현대식 저택을 소유 하게 됐다. 저택 앞으로는 시네코크만Shinnecock Bay이 펼쳐 졌고, 뒤로는 대서양이 내다보였다. 일출과 일몰은 형언할 수 없는 색색으로 아름다운 그림으로 펼쳐졌다. 그것은 야 생 늑대에게 걸맞은 광경이었다.

건물 정면의 철문을 지나면서 나는 자부심을 느꼈다. 나 는 30만 달러짜리 신형 로열블루 벤틀리 터보의 운전대를 잡고 있었다. 물론 나는 사우샘프턴 마을 전체를 석 달 열 흘 동안 흥분의 도가니로 빠뜨릴 수 있을 만큼 충분한 코카 인도 가지고 있었다.

나는 이 집에 딱 한 번, 한 달 남짓 전에 가구가 없을 때 와본 적 있다. 데이비드 데이비드슨David Davidson이라는 동 료와 함께였다. 그의 이름이 너무 장난 같았지만, 나는 그 의 이름보다 그가 오른쪽 눈을 깜박이는 것에 더 집중했다. 음, 눈을 깜빡이기는 했지만, 한쪽 눈만 깜빡이는 탓에 더 당황스러웠다. 데이비드는 DL 크롬웰DL Cromwell이라는 증 권사를 소유하고 있었는데, 스트래턴 출신 직원을 많이 고 용했다. 우리는 함께 사업을 하면서 돈을 벌고 있었다. 무 엇보다 그의 가장 바람직한 특징은 코카인 광이라는 점이 었다. 내가 그를 집으로 데려온 바로 그날 밤, 우리는 캔 맥 주를 50개나 샀다. 그런 다음 우리는 마룻바닥에 앉아 코카인과 함께 진탕 마셨다. 특히 우리가 두 번씩 번갈아가며 콧구멍으로 코카인을 들이마실 때는 정말 굉장했다.

그때도 물론 환상적이었지만 오늘 밤 준비한 것과 비교하면 아무것도 아니었다. 공작부인은 내가 번 200만 달러를 들여 가구를 완벽하게 갖춰두었다. 그녀는 매우 흥분해서 야심 찬 데코레이터인 척 말했고, 그동안 내내 코카인 중독자라는 이유로 나를 구박할 기회도 놓치지 않았다.

지랄! 내가 그녀의 이익을 위해 코카인 중독자가 되었을 때 나한테 이래라저래라한 게 도대체 누구였지? 결국 아내는 내가 식탁에서 잠드는 생활을 그만두지 않으면 날 떠나겠다고 협박했다. 그래서 퀘일루드 대신 코카인으로 바꾼 거였다. 얼마 전 아내가 이렇게 말했다. "당신은 지금 정상이 아니에요. 한 달 동안 잠도 제대로 못 잤잖아요. 이젠 나와 섹스도 못 할 정도로 몸이 약해졌다고요. 몸무게는 60킬로그램도 안 돼요. 먹는 거라곤 과일 주스밖에 없고, 피부도 푸르게 변해버렸어요."

내가 아팠을 때 그녀는 나를 사랑하기 쉬웠다. 내가 만성적인 허리 통증으로 고생하던 그날 밤 내내 그녀는 와서 나를 위로하며, 무슨 일이 있어도 사랑한다고 말하곤 했다. 그런데 그게 이제 모두 거짓임이 밝혀졌다. 이제 더는 그녀를 믿을 수 없다. 좋아, 좋다고. 마음대로 하게 내버려둬. 난 그녀가 필요하지 않아. 사실, 나는 아무도 필요 없어.

마호가니 계단을 올라 저택의 현관문을 열었을 때 이런

생각들이 뇌리를 스치고 지나갔다. "나 왔어." 현관으로 들어서면서 아주 큰 목소리로 말했다. 뒷벽 통유리로 대서양의 전경이 한눈에 들어왔다. 봄날 저녁 7시, 태양은 내 뒤에서 해안 쪽으로 지고 있었고 고급스러운 자줏빛 바닷물은 아름다운 덮개처럼 보였다.

반면 우리 집은 그야말로 대단했다. 그렇다. 공작부인은 세계 제일의 과소비여왕인데도 불구하고 실내장식에 재능이 있었다. 넓은 거실로 이어지는 입구는 천장이 우뚝 솟은 탁 트인 공간이었다. 거실은 너무 많은 가구가 빽빽하게 들어차 있어서 정신이 아찔할 정도였다. 푹신한 소파와 2인용 의자, 안락의자, 1인용 소파, 등받이 없는 의자가 여기저기 흩어져 있었는데, 각각 별도의 공간에 놓여 있었다. 이 멋들어진 가구는 모두 흰색과 회갈색이어서 하얀 모래 사장처럼 나름 안락함을 추구한 것 같았다.

바로 그때 이 집 고용인들이 왔다. 뚱뚱한 요리사 마리아Maria, 아내보다 키가 크지만 146센티미터인 남편 이그나시오Ignacio였다. 그들은 포르투갈 출신이었고 공식적이고 전통적인 방식으로 집안일을 하는 데 자부심을 가지고 있었다. 나와 아내, 아이들을 진심으로 걱정해주는 몇 안 되는 사람 중 하나인 귄이 그들을 무시했기 때문에 나도 그들을 무시했다. 이 두 사람을 믿을 수 있을지 어떻게 알겠어? 나는 그들을 예의주시해야 하고…어쩌면 내보내야 할 수도 있다.

"안녕하세요, 벨포트 씨." 마리아와 이그나시오가 정중하게 절하며 말했다. 그러고 나서 이그나시오가 물었다. "오늘 저녁은 어떠십니까, 선생님?"

"아주 좋아요."라고 중얼거렸다. "내 사랑스러운 아내는 어디 있소?"

"시내로 쇼핑을 가셨습니다." 요리사가 대답했다.

"빌어먹을, 놀랍군." 나는 투덜거리며 그들을 지나갔다. 나는 독한 마약이 잔뜩 들어 있는 루이비통 여행용 가방을 들고 있었다.

"저녁은 8시에 준비됩니다."라고 이그나시오가 말했다. "벨포트 부인께서 오늘 손님이 7시 30분에 오실 테니 그때까지 준비해두라고 말씀하시더군요."

"좋아요."라고 내뱉었다. "TV룸에 있을 테니까 방해하지 마세요. 중요한 볼일이 있으니까." 나는 그렇게 말하고 TV룸으로 들어가 마약을 시작했다. 공작부인이 내게 7시 30분까지 준비하라고 지시했다? 그게 무슨 뜻이야? 염병할, 내가 빌어먹을 턱시도라도 입으란 말이야? 아니면 모자를 쓰고 꼬리라도 쳐야 해? 내가 뭐, 망할 원숭이였어? 나는 회색 운동복 바지와 흰색 티셔츠를 입고 있었는데, 얼마나 멋져! 도대체 누가 번 돈으로 이런 호화로운 생활을 즐기는데! 바로 내 덕이잖아. 그런데도 그녀는 뻔뻔하게 나한테 명령을 내렸어!

저녁 8시에 저녁이 제공되었다. 나는 과일 주스에 우유 한 잔이면 충분했지만, 마리아와 공작부인이 요란하게 준비한 식사에 할 수 없이 동참했다. 그래도 저녁 손님들은 공작부인을 제외하고는 그렇게 나쁘지 않았다. 아내는 내 맞은편에 앉아 있었다. 너무 멀어서 대화할 마이크가 필요할 정도였는데, 어쩌면 그게 다행이었는지도 모른다. 물론 그녀는 아름다웠다. 하지만 아름다운 전리품 같은 아내들은 널려 있고, 좋은 아내라면 이유 없이 나에게 등을 돌리지 않겠지.

내 오른쪽에는 데이브Dave와 로리 비올Laurie Beall이 앉아 있었는데, 그들은 플로리다에서 온 사람들이었다. 로리는 성격 좋은 금발이었다. 그녀는 전반적으로 자기 분수를 아는 사람이어서 나를 이해해주었다. 유일한 문제는 그녀가 나를 적대시하는 공작부인의 영향을 받고 있다는 점이었다. 그래서 로리는 완전히 믿을 수 없었다.

그녀의 남편인 데이브는 달랐다. 그는 다소 믿을 수 있을 것 같았다. 그는 단단한 근육으로 똘똘 뭉쳐진, 덩치 큰 시골 촌놈이었다. 그가 경비원으로 일하던 대학 시절, 어느 날 누군가 그에게 시비를 걸자 그 사람 옆통수를 때렸는데 눈이 멀었다고 한다. 소문에 따르면 다리로 눈을 찍었다나 뭐라나. 데이브는 스트래턴 출신이며 지금 DL 크롬웰에서 일하고 있다. 내가 DL 크롬웰의 경영 상태를 감독하기 위해 심어둔 심복이었다.

다른 손님은 스콧 슈나이더맨Scott Schneidermans과 앤드리아Andrea였다. 스콧은 같은 베이사이드 출신이었지만 동네 친구는 아니었다. 그는 알 수 없는 이유로 결혼한 게이였다. 내가 추측해보건대 아이를 낳기 위해 결혼한 것 같았고, 그에게는 이제 딸이 하나 있었다. 그 역시 스트래턴 출신이었지만 지금은 증권업에서 손을 뗐다. 그는 단지 한 가지 이유로 여기에 있었다. 나의 코카인 공급책. 그는 공항에서 연락을 받고 콜롬비아산 코카인을 가져왔다. 그의 아내는 조용한 성격에 통통한 갈색 머리였는데, 이 모든 사실을 하나도 알지 못했다.

이런저런 쓸데없는 이야기를 하며 네 가지 코스 요리를 즐기는 데 두 시간 반이 흘러 금세 11시가 되었다. 나는 데이브와 스콧에게 말했다. "이봐 친구들, TV룸에 가서 영화나 볼까?" 의자에서 일어나 두 사람을 데리고 TV룸으로 향했다. 물론 아내는 나와 할 말이 없을 것이다. 하지만 아무 상관이 없었다. 우리 결혼생활은 기본적으로 금이 가 있었고, 깨지는 것은 시간문제였다.

TV룸으로 들어가서 코카인을 꺼내 파티를 두 번 즐길 것이었다. 첫 번째 파티는 코카인 가루 8그램으로 구성되는데, 이곳 TV룸에서 약 2시간 동안 지속될 것이다. 그러고 나서 우리는 2층 게임룸으로 가서 당구도 치고 다트 게임도 하며 시간을 보낼 것이고, 그러다 새벽 2시가 되면 다시 TV룸으로 내려와 순수한 코카인 28그램으로 두 번째 코카인

파티를 시작할 것이다. 코카인을 단숨에 직접 들이켜는 경험은 늑대에게 걸맞은 정복이 될 것이다.

그리고 우리는 이 계획을 충실히 따랐다. MTV를 소리 없이 시청하고 —사실 아주 빌어먹을 가사를 따라 부르며— 'Sympathy for the Devil(악마를 위한 동정)'을 반복 재생한 우리는 2시간 동안 18K 금빨대로 코카인을 흠뻑 마셨다. 그다음 위층 게임룸으로 갔다. 새벽 2시가 되자 나는 환하게 웃으며 말했다. "친구들이여, 이제 코로 직접 들이마실 때가 왔습니다! 날 따라오세요."

우리는 아래층으로 내려가 TV룸에 아까처럼 자리 잡았다. 그런데 서랍 안에 있어야 할 코카인이 없었다. 코카인이 사라졌다고? 어떻게 그럴 수 있지? 나는 데이브와 스콧을 보며 말했다. "좋아요, 여러분. 장난하지 말고 어서 내놓으시지? 누가 가져갔어?"

둘 다 깜짝 놀라서 나를 쳐다보았다. 데이브는 펄쩍 뛰며 말했다. "뭐야, 장난해? 난 가져가지 않았어! 내 아이의 눈을 걸고 맹세해!"

스콧도 볼멘소리를 했다. "날 의심하지 마. 그런 짓은 절대 안 해." 그는 심각하게 고개를 저었다. "남의 코카인에 손대는 건 지옥에 갈 중죄야. 그건 내 신조니까 절대 의심하지 말라고."

우리 셋은 무릎을 꿇고 손으로 카펫 위를 기어 다니기 시작했다. 2분 후에 우리는 어안이 벙벙한 채 빈손으로 서로를 바라보았다. 나는 실망한 채 "의자 쿠션 뒤로 떨어졌을 거야."라고 말했다.

데이브와 스콧은 고개를 끄덕였고 우리는 쿠션을 모두 치우기 시작했다. 그러나 아무것도 찾지 못했다.

"이런 거지 같은 경우가 있다니. 말도 안 돼."라고 내가 말했다. 갑자기 엉뚱한 생각이 떠올랐다. 아마도 코카인이 시트 쿠션 안에 들어가 있나봐! 있을 것 같지 않은 일이 일어나기도 하지 않나?

그럴 수 있다. "곧 돌아올게."라고 말하고는 전속력으로 주방에 가서 스테인리스 정육점 칼을 나무 홀더에서 빼내어 다시 TV룸으로 달려왔다. 코카인은 내 거야!

"대체 뭐 하는 거야?" 데이브가 믿을 수 없다는 투로 물었다.

"내가 뭘 하고 있는 것 같냐?" 나는 소리를 지르며 무릎을 꿇고 칼을 방석에 찔러 넣었다. 그리고 쿠션에서 나온 폼과 깃털을 카펫으로 던지기 시작했다. 소파 등받이 세 개에는 각각 방석이 놓여 있었다. 1분도 안 되어 나는 그것들을 모두 갈가리 찢어버렸다. "이런 젠장!" 내가 중얼거렸다. 이번에는 2인용 의자로 눈을 돌려 앙갚음하듯 쿠션을 잘랐다. 여전히 아무것도 없었다. 이제 나는 잔뜩 화가 났다. "나는 지금 이 개 같은 상황이 믿어지지가 않아! 그 빌어먹을 코카인이 어디로 갔냐고?" 나는 데이브를 보았다. "우리가 거실에 있었어?"

그는 초조하게 고개를 앞뒤로 흔들었다. "나는 거실에 있었던 기억이 없어."라고 그가 말했다. "코카인은 잊어버리는 게 어때?"

"미쳤어? 난 꼭 찾아야겠어. 그게 내 마지막 일이야." 나는 스콧을 돌아보며 비난하듯 눈을 가늘게 떴다. "헛소리하지 마, 스콧. 거실에 있었지?"

스콧은 고개를 저었다. "아닌 거 같아. 정말 거실엔 간 적이 없었어."

"그거 알아?" 나는 소리를 질렀다. "너희 둘 다 쓸모없는 쓰레기야! 저 빌어먹을 코카인이 방석에 떨어졌잖아. 너희도 알잖아. 그럼 분명 어딘가에 있을 것이고, 내가 그걸 증명해 보이겠어." 나는 자리에서 일어나 쿠션의 잔해를 걷어차며 거실로 걸어갔다. 내 오른손에는 '도살용 칼'이 들려 있었다. 분노에 차서 눈을 홉뜨고 이를 꽉 깨물었다.

이 망할 소파들 좀 봐! 이 가구를 다 사고도 무사할 줄 알았나? 엿이나 먹어! 나는 초조했다. 심호흡을 했다. 정신을 좀 차려야 했다. 새벽 두 시까지 코카인 파티를 하려는 내 계획은 완벽했는데! 이 가구들이 다 망쳤어. 다 엿이나 먹어! 나는 무릎을 꿇고 거실을 돌아다니며 모든 소파와 의자가 속을 드러낼 때까지 마구 찔러댔다. 나를 쳐다보고 있는 데이브와 스콧이 보였다.

그러다가 문득 떠올랐다. 카펫 아래야! 제일 뻔한 곳이었는데! 나는 타우프 카펫을 내려다보았다. 이 카펫은 얼마짜리지? 10만 달러? 20만 달러? 그녀는 내 돈을 쉽게 써댔다. 나는 마치 무언가에 홀린 사람처럼 카펫을 자르기 시작했다.

잠시 후, 거기에는 아무것도 없었다. 나는 아궁이에 앉아서 거실을 둘러보았다. 완전히 엉망이었다. 바로 그때 나는 놋쇠 램프를 보았다. 사람처럼 보였다. 왠지 가슴이 두근거리면서 정육점 칼을 떨어뜨렸다. 난 그 램프를 머리 위로 들어 올려 천둥신 토르가 망치를 휘두르듯 빙빙 돌려 벽난로 쪽으로 확 던져버렸다. 우당탕 쾅쾅! 나는 다시 칼을 집어 들었다.

바로 그때 안방 문이 열리며 공작부인이 흰색 속옷 차림으로 뛰어나왔다. 갈색 머리카락과 쭉 뻗은 늘씬한 다리가 아름다웠다. 나를 조종하는 그녀만의 방식이었다. 물론 이전까지는 효과가 있었지만, 이번에는 그렇지 않았다. 나는 경계를 늦추지 않았다. 나는 그녀의 게임에 현명하게 대처했다.

"오! 세상에!" 그녀가 손으로 입을 막으면서 소리쳤다. "제발 그만해요! 도대체 왜 그래요?"

"왜 이러냐고?" 나는 소리쳤다. "왜 이러는지 알고 싶어? 그래, 이유를 말해줄게. 난 지금 마이크로필름을 찾는 제임스 본드야. 그게 이유라고!"

아내는 입을 쩍 벌리고 눈을 크게 뜨더니 나를 바라보고 힘없이 말했다. "진정해요. 당신은 도움이 필요해요. 당신

641

은 환자라고요."

아내의 말이 나를 격분시켰다. "쳇, 역이나 먹어, 네이딘! 도대체 당신이 뭔데 내가 아프다는 거야? 어떻게 할 거야? 나한테 한 대 휘두르기라도 할 거야? 자, 이리 와봐. 와서 무슨 일이 일어나는지 한번 보라고!"

갑자기 허리가 너무 아팠다! 누군가 날 바닥으로 밀었다. 이제 내 손목이 으스러지고 있었다. "아, ×발!" 나는 소리를 질렀다. 위를 보니 데이브가 내 위에 있었다. 그는 정육점 칼이 바닥에 떨어질 때까지 내 손목을 꽉 쥐었다.

그는 네이딘을 올려다보고 침착하게 말했다. "방으로 들어가세요. 내가 돌볼게요. 별일 없을 겁니다."

네이딘은 안방으로 뛰어 들어가 문을 쾅 닫았다. 잠시 후 방문이 딸깍 잠기는 소리가 들렸다.

여전히 데이브 밑에 깔려 있던 나는 고개를 돌려 그를 보고 웃기 시작했다. "좋아. 이제 그만 비켜요. 그냥 장난 좀 친 거야. 다치게 할 생각은 없었다고. 나는 그녀에게 누가 남편인지 보여주려고 한 것뿐이라고."

데이브는 커다란 손으로 내 팔뚝을 붙잡고 반대편 소파로 데려갔다. 내가 망가뜨리지 않은 얼마 안 되는 곳 중 하나였다. 데이브는 나를 일으켜 성한 클럽 의자에 앉히며 스콧에게 말했다. "가서 자낙스 약병을 가져와."

내가 마지막으로 기억하는 건 데이브가 나에게 물 한 잔과 자낙스 몇 알을 건네주던 모습이었다.

일어나보니 다음 날 밤이었다. 올드브룩빌에 있는 사무실로 돌아와 마호가니 책상 앞에 앉아 있었다. 어떻게 내가 여기까지 왔는지는 모르겠지만, 사우샘프턴에서 집으로 돌아오는 길에 가장자리 돌기둥에 부딪힌 후 낮의 로코가 나를 차에서 끌어내준 게 기억났다. 그때 낮의 로코에게 "고마워, 로코!"라고 말했었다. 아니면 밤의 로코였나? 음, 그게 무슨 상관이야? 그들은 보에게 충성했고, 보는 나에게 충성했고, 공작부인은 그들 중 어느 쪽과도 말을 많이 섞지 않았다. 그래서 그녀는 아직 그들에게 마수를 뻗치진 않았다. 그래도 나는 조심할 것이다.

슬픔에 잠긴 공작부인은 어디에 있나? 궁금했다. 그 '정육점 칼 사건' 이후로 본 적이 없다. 그녀는 집에 있긴 했는데, 저택 어딘가에 숨어 있었다. 나한테서 숨어버린 거였다! 안방에 있나? 하지만 아무래도 좋았다. 중요한 건 내 아이들이었다. 적어도 나는 좋은 아버지였다. 결국 나는 이렇게 기억될 것이다. 그는 좋은 아빠였고, 마음속으로는 가정적인 사람이었으며, 훌륭한 가장이었어요!

나는 책상 서랍을 열고 코카인 450그램이 든 지퍼백을 꺼냈다. 그것을 책상 위에 듬뿍 붓고 그 위에 고개를 처박았다. 잠시 후 다시 고개를 홱 들고 투덜거렸다. "이런 젠장, 염병할, 이런 엿 같은!" 그러고 나서 의자에 털썩 주저앉아 거친 숨을 몰아쉬기 시작했다.

그 순간 TV 볼륨이 급격히 커지는 것 같았고, 투덜대는 목소리가 들렸다. "지금 몇 시인지 아세요? 당신의 가족은 어디에 있나요? 이 시간에 텔레비전 앞에 앉아 있는 것이 당신이 꿈꿔온 즐거운 생활인가요? 술에 취했나요? 마약에 취했나요? 시계를 아직 가지고 있다면 지금 시계를 한번 보세요."

뭐가 어째? 나는 시계를 보았다. 수만 달러짜리 불가리 금시계였다. 다시 TV를 들여다봤다. 참 뻔뻔하군! 젠장! 그는 50대 초반의 남자였고, 커다란 머리, 두꺼운 목, 험악하게 생긴 이목구비, 흐트러짐 없는 회색 머리…. 바로 그 순간 프레드 플린스톤Fred Flintstone[56]이라는 이름이 딱 떠올랐다.

프레드 플린스톤이 계속 말했다. "날 없애려고요? 차라리 지금 당장 당신이 갖고 있는 병을 없애면 어떨까요? 알코올과 마약 중독은 당신을 죽이고 있어요. 시필드Seafield가 도와드리겠습니다. 지금 전화 주세요. 저희가 도와드릴 수 있습니다."

믿을 수가 없어! 정말 거슬리네! 나는 TV에다 대고 중얼거리기 시작했다. "이 망할 놈의 원시인, 네 빌어먹을 엉덩이를 저어기 우주 끝까지 걷어차버리기 전에 조용히 해!"

플린스톤은 계속 말했다. "기억하세요. 알코올과 마약 중독은 전혀 부끄러운 게 아닙니다. 부끄러운 건 그것에 대

---

56 애니메이션 〈고인돌 가족The Flintstones〉의 주인공 원시인

해 아무것도 하지 않는 것입니다. 그러니 지금 바로 전화해서…."

나는 방을 둘러보았다. 저기 있군! 대리석 녹색 받침대 위에 있는 조각품. 그것은 단단한 황동으로 만들어진 60센티미터 높이의 조각상이었고, 야생마를 탄 카우보이 형태였다. 나는 그걸 집어 들고 TV 화면으로 달려가 있는 힘을 다해서 프레드 플린스톤에게 집어던졌다…쾅! 와장창!

프레드 플린스톤은 이제 없었다.

나는 산산조각 난 TV에 대고 이렇게 말했다. "야! 이 개새끼야. 내가 경고했지! 우리 집에 들어와서 내게 환자라고 말하다니. 지금 네 꼴 좀 봐, 이 개자식아!"

나는 책상으로 돌아와 앉았다. 코피가 코카인 더미에 떨어졌다. 코카인을 들이마시지는 않았고, 베개로 얼굴을 감쌌다.

나는 아이들이 위층에 있다는 사실에 약간 죄책감을 느꼈지만, 모든 문을 단단한 마호가니로 만들었기 때문에 소리가 새어나갈 일은 없었다. 아무도, 아무 말도 듣지 못했을 것이다. 아니, 계단에서 무거운 발소리가 들리기 전까지는 그렇게 생각했다. 잠시 후 공작부인의 목소리가 들려왔다. "맙소사! 지금 뭐 하는 거예요?"

나는 고개를 들었다. 물론 얼굴이 코카인으로 완전히 뒤덮여 있다는 걸 알았지만 신경 쓰지 않았다. 공작부인을 바라보니, 그녀는 섹스로 나를 조종하려는 듯이 완전한 알몸

상태였다.

"프레드 플린스톤이 TV에서 나오려고 했어. 하지만 걱정하지 마. 내가 못 나오게 막았어. 이젠 가서 자도 돼. 아무일 없어."

그녀는 입을 벌리고 나를 쳐다보았다. 가슴 아래에 팔짱을 끼고 있었기 때문에 젖꼭지에 자꾸 눈이 갔다. 이 여자가 나에게 등을 돌린 것이 얼마나 유감스러운 일인지. 아무도 그녀를 대체할 수는 없을 것이다. 불가능하지는 않지만분명 어려울 것이다.

"당신 코에서 코피가 쏟아지고 있어요." 그녀가 조용히말했다.

나는 역겹다는 듯이 고개를 저었다. "과장하지 마, 네이딘. 이건 코피가 아냐. 지금 환절기라 알레르기 때문에 나오는 콧물이야."

아내가 울기 시작했다. "당신이 마약중독 치료를 받지 않으면 난 더는 여기에서 살 수 없어요. 당신이 자신을 죽이는 걸 볼 수가 없으니까요. 당신을 너무 사랑해요. 나는 항상 당신을 사랑했어요. 절대 잊지 말아요." 그리고 그녀는방을 나갔지만, 문을 쾅 닫지는 않았다.

"×발!" 나는 문에 대고 소리를 질렀다. "빌어먹을! 난아무 문제 없어! 내가 원하면 언제든지 약을 끊을 수 있다고!" 나는 심호흡을 하고 티셔츠로 코와 턱의 피를 닦았다. 날 속여서 재활원에 데려갈 수 있다고 생각했나? 제발 그만해! 나는 또다시 코피가 흐르는 걸 느끼고 티셔츠 밑단을 들어 올려 더 많은 피를 닦아냈다. 이런! 그러다가 에테르 ether만 있으면 코카인을 흡연용 정제 크랙으로 만들어 코에 무리를 주지 않을 거란 생각이 들었다. 하지만 지금 어디서 에테르를 구해? 가만, 집에서 간단히 크랙을 만드는 방법이 있잖아. 예전에 인터넷에서 본 적이 있는 베이킹소다 관련 요리법이 떠올랐다.

5분 후에 나는 답을 얻었다. 나는 비틀거리며 부엌으로 가서 재료를 집어 화강암 조리대 위에 떨어뜨렸다. 구리 냄비에 물을 채우고 코카인과 베이킹소다를 부은 뒤 레인지를 켜고 뚜껑을 덮었다. 뚜껑 위에는 도자기로 된 쿠키 항아리를 올려놓았다.

나는 난로 옆 의자에 앉아 머리를 조리대 위에 대고 엎드렸다. 현기증이 나서 눈을 감고 긴장을 풀려고 했다. 머리가 빙글빙글…우르르 쾅쾅! 깜짝 놀라서 눈을 떠보니 도자기 그릇은 산산조각 나서 여기저기 흩어져 있고 주전자는 반쯤 찌그러진 채 구석에서 뒹굴고 있었다. 천장과 벽, 바닥에는 금이 가 있었다.

잠시 후 공작부인이 뛰어 들어왔다. "오, 세상에! 무슨 일이에요? 뭐가 폭발한 거예요?" 아내는 놀라서 숨도 제대로 못 쉬고 공포에 질려 있었다.

"아무것도 아냐." 내가 중얼거렸다. "케이크를 굽다가 잠이 들었어."

마지막으로 기억나는 말은 "내일 아침에 엄마에게 가겠어요."였다.

그리고 마지막으로 내가 생각한 건 "그래, 빠를수록 좋아."였다.

36 점점 더 역겨워지다

다음 날 아침, 말하자면 몇 시간 후에 나는 서재에서 코 밑과 뺨에 따뜻하고 기분 좋은 감촉을 느끼고 있었다. 아 아, 너무 기분이 좋잖아. 공작부인은 여전히 나와 함께 있 는 거였어. 마치 어머니처럼 내 얼굴에 묻은 코피를 닦아주 고 토닥여주고….

눈을 떴는데, 아내가 아니라 귄이었다. 그녀가 미지근한 물에 적신 하얀 목욕 타월을 들고 내 얼굴에 묻어 있는 코 카인과 피를 닦아내고 있었다.

내 곁을 끝까지 지켜준 사람 중 하나인 귄을 향해 미소를 지었다. 하지만 정말 귄을 믿을 수 있을까? 눈을 감고 내 마음속을 들여다봤다. 그래, 믿을 수 있지. 아니 다른 선택 지가 있을 수 없어. 사실 공작부인이 나를 버리고 난 뒤 한 참 후에라도 귄은 끝까지 내 곁에서 배신하지 않고 나를 돌 봐주고 아이들도 키워줄 것이다.

"괜찮아요오?" 내가 가장 좋아하는 남부 미인이 물었다.

"괜찮아요." 나는 잔뜩 가라앉은 목소리로 물었다. "일요일에 여기에서 뭐 하세요? 교회에 안 갔어요?"

권이 슬픈 미소를 지었다. "벨포트 부인이 제게 전화해서 아이들을 좀 돌봐달라고 부탁했어요오. 자아, 팔을 들어요오. 제가 새 티셔츠를 가져왔어요오."

"고마워요, 권. 배가 좀 고프네요. 시리얼 한 그릇만 가져다줄래요?"

그녀는 황동 카우보이가 놓여 있던 초록색 대리석 받침대 쪽을 가리키며 "바로 저기 있네요." 하고 말했다. "저건 괜찮긴 한데 좀 눅눅해요." 했더니 그녀가 대답했다. "그럼 새로 갖다 드릴게요!"

보살핌 말이야! 공작부인은 왜 그렇게 못 했지? "그런데 네이딘은 어디 있어요?" 내가 물었다.

권은 입술을 오므렸다. "부인은 위층에서 짐을 챙기고 있어요오. 어머니 집에 간다고요오."

끔찍한 기분이 나를 엄습했다. 그 기분이 내 배 속에서 시작해 온몸으로 퍼졌다. 마치 온 마음과 온몸이 찢어지는 것 같았다. 갑자기 속에서 메스꺼운 기운이 올라오며 기분이 나빠졌다. "금방 갔다 올게요." 나는 의자에서 벌떡 일어나 나선형 계단으로 향했다. 부글부글 끓어오르는 속을 부여잡고 계단을 뛰어 올라갔다.

안방은 계단 바로 옆에 있었다. 문은 잠겨 있었다. 나는 문을 쿵쿵 두드렸다. "문 좀 열어줘, 네이딘!" 아무 반응이 없었다. "여기는 내 침실이기도 하잖아! 문 좀 열라고!"

30초쯤 뒤에 자물쇠가 열리는 찰칵 소리가 났다. 나는 문을 열고 침실로 들어갔다. 침대 위에는 옷가지로 가득한 여행 가방이 놓여 있었다. 모든 것이 깔끔하게 정돈되어 있었지만 공작부인은 안 보였다. 초콜릿 브라운색 가방에는 루이비통 로고가 도배되어 있었다. 엄청난 돈이 들었다. 내 피 같은 돈!

바로 그때 공작부인이 어마어마하게 큰 신발장에서 신발 상자 두 개를 들고 나왔다. 한쪽 겨드랑이에 하나씩 끼고서. 그녀는 아무 말도 하지 않았고, 나를 쳐다보지도 않았다. 그녀는 바로 침대로 걸어가 신발 상자를 여행 가방 옆에 놓고는 뒤돌아 다시 옷장으로 갔다.

"어딜 가려는 거야?" 퉁명스럽게 말했다.

그녀는 경멸에 찬 눈빛으로 나를 쳐다봤다. "내가 말했잖아요. 엄마 집에 가는 거예요. 당신이 스스로를 죽이는 걸 두고 볼 수는 없어요."

머릿속에서 화가 치밀어 올랐다. "아이들을 데려가는 건 아니겠지? 절대로 아이들은 데려갈 수 없어!"

"아이들은 여기 있어요." 그녀가 차분하게 대답했다. "나 혼자 가는 거예요."

허를 찔렸다. 그녀는 왜 아이들을 두고 떠나려 하는 걸까? 무슨 꿍꿍이가 있는 게 아니라면. 공작부인은 뭔가를 숨기고 있었다. "내가 바보인 줄 알아? 내가 잠들었을 때 와서 아이들을 데려가려는 거지?"

아내가 어이없다는 표정으로 말했다. "대체 뭐라고 답해야 할지 모르겠네요." 그러고는 옷장으로 발걸음을 옮겼다.

내가 그동안 너무 잘해줬나? 갑자기 오기가 발동했다. "당신이 이 옷들을 가지고 어딜 가는지 모르겠는데, 여기를 떠나려거든 이 옷들은 다 두고 가. 이 염치없는 꽃뱀!"

그 말에 아내가 화났어! 그녀는 빙글 돌더니 나를 마주 보았다. "하, 어이가 없네!" 그녀가 소리쳤다. "난 당신에게 최고의 아내였어. 그렇게 오랜 세월이 흘렀는데도 감히 날 그런 식으로 불러요? 나는 예쁜 아이를 두 명 낳았고, 지난 6년간 당신의 빌어먹을 손길만 기다렸어! 나는 항상 당신에게 충실했어, 항상! 한 번도 당신을 속인 적 없다고! 그리고 내가 뭘 받았는지 봐! 우리가 결혼한 이후로 당신은 얼마나 많은 여자와 잤어? 이 개자식아! 엿이나 먹으라고!"

나는 심호흡을 했다. "네이딘, 원하는 게 뭔지 말해. 하지만 여기를 떠나려면 아무것도 가져가지 말란 말이야." 내 말투는 차분하면서도 위협적이었다.

"그래? 뭐, 내 옷을 몽땅 태우기라도 하겠다는 거야?"

좋은 생각이야! 나는 그녀의 여행 가방을 침대에서 끌어내리고 벽난로 쪽으로 가져갔다. 그러고는 그녀의 모든 옷을 벽난로 안에 들어 있는 불쏘시개 나무 위에 던져버렸다. 점화 버튼에 손가락을 올렸다. 공작부인을 바라보니, 그녀는 공포에 질려 얼어붙은 채 꼼짝도 않고 서 있었다.

그녀의 반응이 마음에 들지 않았다. 나는 아내의 옷장

으로 가서 스웨터와 셔츠, 드레스, 치마, 바지를 아주 비싸 보이는 옷걸이에 걸치고 가져와서는 벽난로로 몽땅 집어던 졌다.

나는 그녀를 다시 쳐다보았다. 이제 그녀는 눈물을 글썽 이고 있었다. 하지만 그 정도로는 분이 풀리지 않았다. 나는 아내가 사과하기를 원했고, 제발 그만해달라고 애원하기를 바랐다. 그래서 나는 결심한 듯 이를 악물고는 아내의 화장대로 갔다. 보석함을 들고 와서 뚜껑을 열고 모든 보석을 꺼내어 옷 더미 위에다 부었다. 그리고 점화 버튼에 손을 올리고 아내를 바라보았다. 이제 눈물이 그녀의 뺨을 타고 흘러내리고 있었다.

"×발! 꺼져버려!" 나는 고함을 질렀고, 버튼을 눌렀다.

잠시 후 그녀의 옷과 보석이 화염에 휩싸였다. 그녀는 아무 말 없이 방을 나가 조용히 문을 닫았다. 나는 돌아서서 불꽃을 응시했다. ×발! 내가 이렇게 한 건 자기도 나한테 협박했기 때문이야. 내가 그렇게 만만해 보였어? 나는 주차장에서 차가 출발하는 소리가 들릴 때까지 불길만 쳐다보고 있었다. 창가로 달려가 보니 정문을 향해 그녀의 검은색 레인지로버의 뒷부분이 나가고 있었다.

잘됐어! 공작부인과 내가 끝났다는 말이 나오자마자 문 앞에 수많은 여자가 줄을 설 거라고! 그러면 누가 승자인지 알 수 있겠네!

이제 공작부인이 사라졌으니 행복한 표정을 하고 엄마

없이도 얼마나 멋지게 살 수 있는지 아이들에게 보여줄 때였다. 챈들러는 이제 시간제한 없이 놀게 해주고, 카터는 원할 때마다 초콜릿 푸딩을 먹게 해줘야지. 나는 아이들에게 뒷마당에 있는 그네를 태워주며 함께 놀았다. 권, 낮의 로코, 에리카, 마리아, 이그나시오와 몇몇 다른 식구가 우리를 보고 있었다.

우리는 오랜만에 아주 긴 시간 동안 행복하게 놀았다. 우리는 낄낄 웃으며 놀았고, 푸른 하늘을 올려다보며 싱싱한 봄꽃 향기를 맡았다. 역시 아이를 갖는 게 최고였다!

아, 그런데 영원이라는 시간은 겨우 3분 30초밖에 되지 않았다. 조금 시간이 지나자 나는 완벽한 두 아이에 대한 흥미를 잃고 권에게 말했다. "권, 아이들을 돌봐줘요. 나는 검토해야 할 서류가 좀 있어요."

1분 후에 나는 서재로 돌아왔고, 내 앞에는 코카인 피라미드가 있었다. 그리고 모든 인형을 세워두고 법정을 여는 챈들러의 열정에 경의를 표하기 위해, 나는 내 모든 약을 책상 위에 놓고 법정을 열었다. 모두 22종류였는데, 주로 병에 들어 있었고 일부는 비닐에 들어 있었다. 이렇게 많은 종류의 약을 먹으면서 얼마나 많은 남자가 약물 과다복용을 하지 않을 수 있을까? 거의 없지! 오직 월스트리트의 늑대만 할 수 있어! 수년간 신중한 혼합과 균형을 거치면서 몸소 저항력을 키웠고, 제대로 된 결과를 얻기 위해 수많은 시행착오를 겪은 덕분이었다.

다음 날 아침은 전쟁이었다.

아침 8시. 위그왐은 우리 집 거실에 앉아서 나를 열받게 했다. 우리 집에 와서 미국 증권거래법에 대해 설명하려고 하지 말았어야 했다. 그건 광범위하고 무의미한 행정일 뿐이다. 내가 세상 많은 분야의 지식이 부족하기는 하지만, 지구상의 어떤 사람보다 미국 증권거래법에 대해서는 잘 알고 있었다. 사실 3개월 동안 기본적으로 잠을 못 잤고, 지난 72시간 동안 코카인 42그램, 루드 60개, 자낙스 30개, 발륨 15개, 클로노핀 10개, 모르핀 270밀리그램, 암비엔 90밀리그램, 팍실과 프로작, 페르코셋Percocet, 파멜러Pamelor 와 GHB를 먹었다. 그리고 내가 얼마나 많은 술을 마셨는지는 신만이 알 것이다.

위그왐은 "주요 문제는 스티브가 공식적으로 주식위임을 해주지 않아서 우리가 주식의 소유권을 주장할 수 없다는 거야."라고 말했다.

그 말을 듣는 순간, 정신이 몽롱하면서도 이 친구가 얼마나 아마추어인가 싶어 섬뜩했다. 게다가 너무 간단한 문제여서 짜증이 팍 났다. 심호흡을 한 번 하고 말했다. "이 한심한 친구야. 잘 들어봐. 내가 너를 형제처럼 사랑하지만, 앞으로 비밀 계약으로 뭘 할 수 없다고 한 번만 더 지껄이면 눈깔을 파버릴 줄 알아. 내게 25만 달러를 빌리러 와놓고 그걸 걱정해? 세상에, 앤디! 주식을 팔고 싶으면 주식만 있으면 되고, 주식을 사고 싶으면 아무리 돈이 있어도 못

사! 무슨 말인지 모르겠어? 이건 소유 전쟁이야. 일단 주식을 손에 넣으면 우리가 우위를 점하게 되는 거라고."

나는 목소리를 낮췄다. "들어봐. 비밀 계약에 따라서 어음을 공개하면 어음을 지불하려고 주식을 팔아야 하는 법적 의무가 생겨. 그러면 그 주식을 주당 4달러에 나한테 팔면 내가 총 480만 달러에 대한 수표를 보내지. 그 금액은 주식 매입 가격에 해당해. 그런 다음에 자네가 480만 달러의 수표를 나한테 바로 보내서 그 어음을 갚고. 이게 다야! 모르겠어? 정말 간단해!"

그는 힘없이 고개를 끄덕였다.

나는 차분하게 말했다. "주식 소유는 법적으로 10분의 9야. 내가 지금 수표를 써주면 공식적으로 재고관리를 할 수 있어. 그런 다음 오늘 오후에 13D를 신청하고, 주식공개매수를 선언하고 지분 싸움을 개시하는 거야. 그렇게 되면 구두장이는 손을 안 쓸 수가 없겠지. 그리고 나는 매주 더 많은 주식을 사 모으고 계속해서 13D를 업데이트할 거야. 매주 〈월스트리트저널〉에 관련 기사가 나갈 거고, 그러면 스티브는 미치고 팔짝 뛰겠지."

15분 후 위그왐은 25만 달러와 수표 480만 달러를 갖고 우리 집을 떠났다. 오후가 되면 내가 스티브 매든 제화를 인수하려 한다는 뉴스가 나올 것이다. 실제로 그렇게 할 의도는 없었지만, 스티브가 미쳐버릴 것이라는 데는 의심할 여지가 없었다. 이 경우 나의 법적인 책임은 없었다. 곰곰이 생각해봤는데, 나와 스티브는 실제로 주식공모 후 1년 동안 비밀계약서에 서명하지 않았으므로 스트래턴이 공모 신청서상에 거짓 정보를 신고했다고 볼 수는 없었다. 설령 거짓 신고 혐의를 받더라도 CEO는 스티브이기 때문에 나보다 더 큰 책임을 져야 했다. 나는 서류 작업이 올바르게 진행되고 있다고 생각했다고 말하면 합법적인 진술거부권으로 인정받을 수 있을 것이다.

어느 쪽이든 위그왐은 이제 날 귀찮게 하지 않겠지.

다시 위층으로 올라가 코카인을 들이마셨다. 화장대 위에는 코카인이 쌓여 있었고, 거울과 100만 달러짜리 회색 대리석 바닥에 수천 개의 불빛이 반사되어 일렁이고 있었다. 한편으로는 마음이 끔찍하게 허전했다. 텅 비어 있었다. 공작부인이 너무도 보고 싶었지만 되돌아오게 할 방법이 없었다. 결국 그녀에게 굴복한다면 패배를 인정하는 게 되고 만다. 즉 내게 문제가 있고, 도움이 필요하다는 것을 인정하는 셈이 되는 것이다.

그래서 나는 코카인 더미에 코를 박고 양쪽 콧구멍으로 들이마셨다. 그리고 자낙스 몇 개와 퀘일루드 한 줌을 더 삼켰다. 하지만 중요한 것은 루드와 자낙스가 아니었다. 그것은 내가 코카인을 아주 초기 단계 약효처럼 계속 마시려는 목적이었다. 소용돌이치는 상황에서도 모든 것이 완벽하게 이해되고, 내게 닥친 문제가 아주 멀리 떨어져 있는 것처럼 보이게 만들려는 것이다. 그러려면 코카인을 4, 5분에 한 번씩 크게 들이마셔야 할 것 같았다. 하지만 만약 내가 일주일 정도 이 상태로 컨디션을 유지한다면, 공작부인과 한 침대에서 잘 수도 있지 않을까 하는 생각이 들었다. 물론 마약중독에 빠지지 않으려면 철저한 노력이 필수였지만, 월스트리트의 늑대는 그 일을 감당할 수 있을 것이다.

…내가 잠들면 아내가 몰래 와서 아이들을 데려갈지도 몰랐다. 여행을 하기에 카터는 좀 작았지만, 그녀의 악랄한 손아귀에서 아이들을 지키려면 잠시 동안 집을 떠나 있어야겠다고 생각했다. 카터는 아직 기저귀를 차고 있었고, 공작부인을 의지하고 있었다. 물론 그것도 곧 달라질 것이다. 특히 아들이 첫 차를 탈 준비가 되면, 나는 그가 어머니를 잊기로 약속하면 기꺼이 페라리를 사줄 것이다.

따라서 권과 함께 챈들러를 데리고 마을을 떠나는 것이 더 합리적이었다. 챈들러는 내게 좋은 친구가 돼주고, 우리는 아버지와 딸로서 함께 세계 일주를 할 수 있을 것이다. 우리는 호의호식하며 남들이 부러워할 만큼 잘살 것이다. 그런 다음 몇 년 후에, 카터를 찾으러 다시 올 것이다.

30분 후, 나는 거실로 돌아와 한쪽 눈을 깜빡이는 데이비드 데이비드슨과 업무를 협의했다. 그는 주가가 오를수록 손해를 보고 있다며 단기적인 측면에서 불만을 토로했다. 하지만 집중할 수가 없었다. 공작부인을 만나 챈들러와 함께 세계 일주할 계획을 알리고 싶었을 뿐이다.

바로 그때 현관문이 열리는 소리가 들렸다. 몇 초 후 공작부인이 거실을 지나 아이들 놀이방으로 들어갔다. 데이비드슨과 거래 전략에 대해 상의하고 있는데, 그녀가 챈들러를 데리고 나왔다. 나는 기계적으로 말하고 있었고, 귀로는 공작부인이 부드러운 발걸음으로 지하실 임부복 전시실로 가는 소리에 집중했다. 그녀는 나 따위는 안중에도 없다는 듯 눈길 한번 주지 않았다. 세상에! 나를 조롱하는 거였어! 내가 투명인간이야? 속에서 분노가 끓어올랐다.

"…그러니 다음 거래를 위해 꼭 참석해야 합니다." 나는 정신이 오락가락해졌다. "핵심은 데이비드, 당신이…잠시 실례할게요." 나는 검지를 들고 말했다. "아래층으로 내려가서 아내와 이야기를 좀 해야겠어요."

나는 나선형 계단으로 내려갔다. 공작부인은 책상에 앉아서 우편물을 뜯고 있었다. 우편물을 뜯어? 뻔뻔한 여자네! 챈들러는 바닥에 누워 크레용으로 그림책에 색칠을 하고 있었다. 나는 독기가 서린 어조로 말했다. "플로리다로 갈 거야!"

그녀는 나를 올려다보며 물었다. "그래서? 그게 나랑 무슨 상관인데?"

나는 크게 숨을 들이쉬었다. "당신이 알 바는 아니지만 난 챈들러와 함께 갈 거야."

그녀는 피식 웃었다. "그건 안 돼요."

혈압이 수직으로 상승했다. "안 된다고? 네가 뭔데?" 나는 소리를 빽 지른 뒤 챈들러를 안고 계단을 향해 뛰기 시작했다. 공작부인이 의자에서 벌떡 일어나 뒤따라 쫓아왔다. "죽여버릴 거야! 아이를 내려놔!"

챈들러는 겁에 질려 울부짖기 시작했고, 나는 공작부인에게 "웃기지 마, 네이딘!"이라고 소리쳤다. 나는 뛰다가 계단을 들이받았다. 공작부인은 내게 달려들어 내 허벅지를 움켜쥐고 내가 계단으로 올라가지 못하게 하려고 필사적으로 매달렸다.

"그만!" 그녀가 소리쳤다. "제발 멈춰요! 당신 딸이잖아! 어서 내려놔요!" 그녀는 계속 꿈틀거리며 내 다리 위로 올라와서 내 몸통을 잡으려 했다. 나는 그녀를 쳐다보다가 갑자기 아내가 죽어버렸으면 좋겠다는 생각이 들었다. 우리가 결혼한 지 수년이 지난 지금까지 한 번도 그녀에게 손을 댄 적이 없었다. 나는 한쪽 발로 아내의 배를 힘껏 걷어찼다. 아내가 계단 아래로 날아가 쿵! 하고 떨어졌다.

나는 놀라고 당황해서 잠시 멈춰 섰다. 마치 내가 알지 못하는 미친 두 사람이 이런 끔찍한 일을 저지르는 모습을 본 것 같은 느낌이었다. 잠시 후 아내가 일어나 앉아 고통스러운 듯 두 손으로 허리를 감싸는 게 보였다. 갈비뼈가 부러진 듯했다. 하지만 아내는 이내 굳은 얼굴을 하고는 계단 위로 기어 올라오며 내게서 챈들러를 빼앗으려고 했다.

나는 몸을 돌려 계단을 뛰어 올라갔고, 챈들러를 가슴에 꼭 안고 말했다. "괜찮아, 아가야! 아빠는 너를 사랑해. 그래서 여행을 가려는 거야." 계단 꼭대기에 다다르자 나는 전속력으로 뛰기 시작했고, 챈들러는 걷잡을 수 없이 울어 댔다. 나는 차고로 달려가면서 생각했다. 곧 우리 둘은 함께 여행을 하게 될 것이고 모든 것이 괜찮아질 거야. 언젠가 챈들러가 이 모든 것, 지금 자신의 엄마를 말려야 하는 이유를 이해할 것이다. 아마도 챈들러가 훨씬 더 자라면 - 아내가 제정신을 차리고 나면- 그들은 재회해서 새로운 관계를 이어갈 수 있지 않을까. 아마도.

주차장에는 차가 4대 있었다. 가장 가까운 흰색 2도어 컨버터블 메르세데스의 조수석 문을 열고 챈들러를 앉힌 다음 문을 쾅 닫았다. 차 뒤쪽으로 뛰어서 운전석 쪽으로 향할 때 가정부 하나가 공포에 질려 바라보는 모습이 보였다. 나는 차 안으로 뛰어들어 시동을 걸었다.

공작부인은 조수석 문에 몸을 던지며 창문을 쾅쾅 두드리고 소리를 질렀다. 나는 즉시 버튼을 눌러 문을 잠갔다. 그 순간 주차장 문이 스르르 닫히기 시작했다. 가정부가 어느새 달려와 버튼을 누른 것이었다. 젠장, 뒈져버려! 나는 액셀러레이터를 밟고 차고 문을 박살 내면서 전속력으로 달렸다. 진입로 가장자리에 있는 석회암 기둥을 들이받았다. 챈들러를 보니 안전벨트를 안 맸는데도 다친 곳은 없어 보였다. 챈들러는 미친 듯이 울면서 비명을 지르고 있었다.

갑자기 불안한 생각이 떠오르기 시작했다. 내가 뭘 하고 있었지? 어디로 가고 있었지? 챈들러는 왜 안전벨트도 안 하고 조수석에 앉아 있는 거지? 말도 안 돼. 나는 문을 열고 차에서 내려 그 자리에 우두커니 서 있었다. 잠시 후 경호원 중 한 명이 달려와 챈들러를 안고 집으로 달려갔다. 잘하고 있는 것 같았다. 공작부인이 조용히 다가와 모든 게 괜찮을 것이며 내가 진정할 필요가 있다고 말했다. 그리고 여전히 나를 사랑한다고 말하며 나를 팔로 감싸 안았다.

우리는 거기에 한참 서 있었다. 얼마 동안인지는 모르겠지만. 사이렌 소리가 들렸고, 번쩍이는 불빛이 보였다. 나는 수갑을 찬 채 경찰차 뒷좌석에 앉아 목을 움츠리고는 감옥에 가기 전에 아내의 마지막 모습을 눈에 담았다.

나는 올드브룩빌 경찰서의 감방부터 시작해 다른 감옥으로 옮겨 다니며 남은 하루를 보냈다. 2시간 후 그들은 다시 한번 수갑을 채우고 나를 다른 경찰서로 데려갔고, 나는 다른 감방으로 호송되었다. 감방이 매우 크고 사람들로 가득 차 있었지만 나는 아무에게도 말을 걸지 않았고 아무도 나에게 말을 걸지 않았다. 여기저기서 비명과 고함이 들렸고 안은 몹시도 추웠다. 콜먼 요원이 구속영장을 갖고 날 체포하러 오면 따뜻한 옷으로 갈아입혀달라고 해야겠다는 생각이 들었다. 얼마 후 경찰이 내 이름을 불렀고, 나는 다시 다른 경찰차의 뒷좌석에 앉았다. 주 법원이 있는 미니올라 Mineola로 가서 법정에 서게 되었다. 한 여성 판사 앞이었다. 아, 꼼짝없이 죽었군! 내 옆에 앉은 변호사 조 파메게티에게 말했다. "이제 우린 망했어요, 조! 저 여자가 내게 사형 선고를 내리겠죠?"

조가 웃으며 내 어깨에 팔을 얹었다. "안심하세요. 10분 안에 여기서 나가도록 해줄게요. 대신 내가 말하라고 할 때까지는 한마디도 하지 마세요."

몇 분간 이런저런 얘기가 이어지더니 조가 귓속말로 속삭였다. "아무 죄가 없다고 말해요." 그래서 나는 웃으며 "나는 아무 죄도 없어요."라고 말했다.

10분 후 나는 자유로워졌고, 변호사 조와 함께 법원을 걸어 나왔다. 조지와 밤의 로코가 법원 밖 도로변에서 리무진을 타고 우리를 기다리고 있었다. 로코가 내 믿음직한 루이비통 가방을 들고 있었다. 로코가 차 뒤쪽으로 돌아서 가는 동안, 조지는 아무 말 없이 리무진 문을 열었다. 그는 나에게 가방을 건네며 말했다. "사장님의 여행에 필요한 물건이 여기에 있어요. 현금 5만 달러도요."

변호사가 재빨리 말했다. "리퍼블릭공항에 자가용 비행기가 준비돼 있어요. 조지와 로코가 모시고 갈 겁니다."

나는 갑자기 혼란스러워졌다. 공작부인이 뭔가 꿍꿍이를 꾸몄어! "도대체 무슨 소리를 하는 거예요? 나를 어디로 데려가려고?" 나는 가래를 뱉었다.

"플로리다에요." 변호사가 말했다. "데이비드 데이비슨이 지금 리퍼블릭공항에서 기다리고 있어요. 사장님이 도착해서 보카공항에 내리면 데이브 비올이 기다리고 있을 겁니다." 변호사가 한숨을 내쉬며 말했다. "이봐요, 친구.

당신 부인과 이 문제를 해결할 때까지 잠시 여길 떠나 있어
야 해요. 안 그러면 다시 감옥에 가야 한다고요."

로코가 말했다. "보와 이야기했는데, 그는 저한테 여기
에 남아서 사모님을 잘 지켜보라고 했어요. 사장님은 집에
갈 수 없어요. 사모님이 사장님을 보호하라고 명령하셨어
요. 사장님은 집으로 가시면 체포될 거예요."

나는 심호흡을 하고 내가 누구를 믿어야 할지 생각해보
았다. 내 변호사, 오케이…로코, 오케이…데이브, 오케이…
심보가 더러운 공작부인은 안 돼! 그나저나 집에 가는 목적
이 뭐야? 그녀는 나를 미워했고 나는 그녀를 미워했고, 내
가 그녀를 보면 결국 그녀를 죽일 것이고, 그러면 챈들러와
카터와의 여행 계획에 심각한 방해가 될 것이다. 그러니 아
마도 맘먹고 며칠 쉬는 게 좋을 것 같았다.

나는 미심쩍은 눈으로 로코를 쳐다봤다. "가방에 다 들어
있다고? 내 약도 모두?"

"네, 다 챙겼습니다." 지쳐 보이는 로코가 말했다. "서랍
과 책상에 있던 모든 물건과 사모님께서 주신 현금 5만 달
러까지요. 거기에 다 들어 있습니다."

그래! 할 수 없지 뭐. 5만 달러면 며칠은 버틸 수 있겠지.
그리고 그 마약도…. 아마 4월의 남은 기간까지는 차고 넘
치게 할 만큼 충분할 것이다.

37 감옥, 시설, 죽음

이건 완전히 미친 짓이야! 10킬로미터 상공을 날고 있었고, 재순환되는 공기에 코카인 분자가 너무 많이 떠다니고 있었다. 화장실에 가려고 일어났을 때 보니 두 조종사는 방독면을 쓰고 있었다. 잘하고 있군. 충분히 좋은 사람들인 것 같던데 나 때문에 약물 검사에 걸리면 안 되지.

나는 지금 도주 중이었다. 난 도망자였어! 살아남으려면 계속 이동해야 했다. 가만히 있으면 끝이었다. 깜빡 졸다가 깨서 다른 일에 집중하는 건 확실히 위험한 일이었다!

그런데 왜 그런 일이 일어났을까? 내가 왜 공작부인을 발로 차서 계단 아래로 떨어뜨렸을까? 내 아내이고, 나는 누구보다 아내를 사랑했는데. 그리고 어쩌자고 챈들러를 차에 태워 안전벨트도 채우지 않고 전속력으로 차를 몰았을까? 세상에서 가장 소중한 내 딸인데. 내 딸이 지하 계단에서 있었던 일을 평생 기억하지는 않을까? 엄마가 무언가로부터 자신을 구하려고 계단을 기어 올라가서 애쓰던 모습을 평생 기억하지는 않을까? 그런데 그 무언가가 마약중독자 아빠라니!

노스캐롤라이나 어딘가에서 나는 내가 마약에 중독된 미친놈이란 사실을 문득 깨달았다. 잠깐이지만 나는 넘지 말아야 하는 선을 넘었다. 지금은 다시 제정신으로 돌아왔다. 내가 왜 그랬을까?

나는 코카인을 계속 마셔야 했고 루드와 자낙스, 발륨도 꽤 먹어야 했다. 편집증을 이겨내야 했으니까. 나는 무슨 수를 써서라도 각성 상태를 유지해야 했다. 마약 없이는 살 수 없었고, 마약을 하지 않는 것은 곧 내게 죽음을 의미했다.

20분 후 안전벨트 사인이 켜지면서, 코카인 흡입을 멈추고 루드와 자낙스를 삼켜 완벽한 각성 상태로 착륙해야 할 시간임을 분명히 알려주었다.

변호사가 말한 대로 데이브가 검은색 링컨 리무진을 세워놓고 활주로에서 나를 기다리고 있었다. 나는 자넷이 이미 교통수단을 마련해뒀으리라 생각했다.

팔짱을 낀 채 서 있는 데이브는 산보다 더 커 보였다. "파티 할 준비는 되어 있겠지?" 나는 의기양양하게 말했다. "나는 다음 아내를 찾아야 하거든."

"우리 집에 가서 좀 쉬어." 산이 대답했다. "로리는 네이딘을 위로할 겸 뉴욕으로 가서 집이 텅 비었어. 잠을 좀 자야 할 것 같은데."

아니, 아니지! 그건 안 되지! "죽으면 실컷 잘게, 이 개자식아. 그건 그렇고, 너는 누구 편이야? 나야, 내 아내야?"

나는 그에게 한 방을 날렸는데, 정확히 그의 오른쪽 이두박근에 맞았다.

그는 타격감을 전혀 느끼지 못한 듯 어깨만 으쓱했다. "난 네 편이야."라고 그가 따뜻하게 말했다. "항상 네 편이지만, 부부 싸움이란 칼로 물 베기니까 금방 화해하게 될 거야. 아내가 진정할 수 있도록 며칠 시간을 줘. 여자에게는 그런 시간이 필요해."

나는 이를 악물고 거세게 고개를 흔들었다. 마치 "절대 안 돼! 백만 년이 지나도 안 돼!"라고 말하듯.

아아, 사실 내 진심은 그게 아니었다. 나는 공작부인이 돌아오기를 원했다. 아주 간절히. 하지만 데이브에게 말할 수가 없었다. 그는 분명 로리에게 말할 테고, 로리는 공작부인에게 전달할 것이고, 그러면 공작부인은 내가 그녀 없이는 비참하다는 걸 알게 되고, 그러면 아내는 더욱 기고만장해질 게 뻔하니까.

나는 "그녀가 죽었으면 좋겠어."라고 중얼거렸다. "내 말은, 그러니까 내게 어떻게 했는지 알기나 해? 그녀가 이 세상에 마지막 남은 여자라고 해도 나는 그녀에게 돌아가지 않을 거야. 그건 그렇고 우리 솔리드골드로 가서 스트립 걸한테 새로운 일거리나 주자고."

"네가 대장이야." 데이브가 말했다. "내 임무는 네가 스스로를 망치지만 않는다면 뭐든 따라가는 거지."

"오, 그래?" 퉁명스럽게 물었다. "누가 자네한테 그런 임

무릎 꿇었어?"

"모두."라고 내 큰 친구가 고개를 저으며 말했다.

"그럼, 모두에게 엿 한번 먹여봐?" 나는 버럭 소리를 지르며 리무진으로 향했다. "모두 엿이나 먹어!"

솔리드골드, 정말 멋진 곳이야! 스무 명도 넘는 스트립걸이 여기저기서 춤을 추고 있었다. 중앙 무대 쪽으로 걸어가면서 얼굴을 자세히 보게 됐는데, 대부분 못생긴 막대기로 머리를 얻어맞았다는 슬픈 결론에 도달했다.

나는 산과 한쪽 눈 깜빡이를 돌아다보며 말했다. "여긴 폭탄 천지군. 그래도 잘 찾아보면 거친 곳에서 다이아몬드를 찾을 수도 있을 거야." 나는 머리를 이리저리 돌려보았다. "조금만 더 둘러보자고."

클럽 뒤편에 VIP 코너가 있었다. 거대한 흑인 경비원이 빨간 벨벳 밧줄로 막아놓은 짧은 층계 앞에 서 있었다. 나는 곧바로 그들에게 다가갔다. "어이! 수고들이 많군." 나는 부드럽게 말했다.

그러자 성가신 벌레를 보듯 나를 내려다보았다. 나는 그에게 약간의 태도 조정이 필요하다고 생각했고, 오른쪽 양말에 손을 넣어 100달러짜리로 된 1만 달러 한 묶음을 꺼낸 뒤 그중 절반을 그에게 건네줬다.

그러자 그의 태도가 적절하게 바뀌었다. "여기에서 가장 섹시한 여자 다섯 명을 데려오고, 나와 내 친구들을 위해

VIP 코너를 좀 준비해주겠나?"

그가 알겠다는 듯 웃었다.

5분 후 우리는 VIP 코너 전체를 접수했다. 그리고 꽤 섹시한 스트리퍼 네 명이 나체에 하이힐을 신고 우리 방으로 들어왔다. 모두 외모가 훌륭했지만 결혼할 만한 정도는 아니었다. 나는 진정한 미인이 필요했다. 롱아일랜드에 데리고 가서 공작부인의 콧대를 꺾어버릴 정도로 끝내주는 아가씨 말이다.

바로 그때 그 경비원이 벨벳 밧줄을 열자 벌거벗은 10대 소녀가 흰색 에나멜가죽 펌프스를 신고 계단을 올라왔다. 그녀는 맨다리를 아무렇지도 않게 꼬고 내 옆에 앉더니 몸을 기울여 내 뺨에 뽀뽀를 해주었다. 그녀는 에인절 향수와 함께 춤출 때 나는 그녀만의 부드러운 체취를 풍겼다. 정말 아름다운 아가씨였다. 분명 열여덟 살이 안 넘었을 거야. 옅은 갈색 머리, 에메랄드빛 눈, 작은 단추 코, 매끄러운 턱선, C컵으로 보이는 가슴, 배를 따라 흐르는 완만한 곡선, 공작부인과 견줄 만한 다리. 그녀의 피부는 올리브색이었고 흠 없이 완벽했다.

우리는 서로 마주 보며 웃었고 웃을 때 보이는 그녀의 치아가 고르고 하얬다. 시끄러운 음악 소리를 뚫을 만큼 큰 목소리로 "이름이 뭐야?"라고 물었다.

그러자 그녀는 입술이 내 오른쪽 귀를 거의 누를 때까지 내 쪽으로 몸을 기울이며 말했다. "블레이즈Blaze(불꽃)."

나는 뒤로 물러서서 고개를 갸웃거리며 그녀를 쳐다봤다. "블레이즈가 뭐야? 너희 엄마는 네가 스트립 걸이 될 거라고 네가 태어날 때부터 생각했대?"

그녀가 나에게 혀를 내밀었고, 나도 그녀에게 혀를 내밀었다. "제 진짜 이름은 제니퍼예요. 불꽃은 별명이죠."

"그렇군. 만나서 반가워, 제니퍼."

"우와." 그녀가 자신의 볼을 내 뺨에 비비며 말했다. "당신은 정말 작고 귀엽군요."

뭐, 작다고? 이 홀딱 벗은 창녀야! 이게 죽으려고 환장했나? 나는 심호흡을 하고 "무슨 뜻이야?"라고 물었다.

그녀는 잠시 고민하더니 "당신이 귀엽고, 눈이 예쁘고 젊다는 뜻이에요."라고 말하고는 내게 미소를 보냈다.

블레이즈의 목소리는 참으로 부드러웠다. 하지만 귄이 이 아가씨를 인정할까? 아이들에게 적합한 엄마가 될 수 있다고 말하기에는 아직 이르다.

"퀘일루드 좋아하니?" 내가 물었다.

그녀는 맨 어깨를 으쓱했다. "한 번도 먹어본 적 없어요. 기분이 어떤가요?"

흠, 초보인 줄 알았어. 인내심 없이 또 물었다. "코카인은 어때? 해본 적 있어?"

그녀는 눈썹을 치켜올렸다. "그럼요. 아주 좋아하죠. 갖고 있어요?"

나는 열심히 고개를 끄덕였다. "그럼, 산더미만큼 있지."

"그럼, 이리로 와요." 그녀가 내 손을 잡으며 말했다. "이제 나를 블레이즈라고 부르지 마세요. 알았죠? 그냥 제니라고 불러요."

나는 미래의 아내에게 미소를 지었다. "좋아, 제니. 그런데 아이들은 좋아하나?" 속으로 행운을 빌었다.

그녀는 입을 크게 벌리며 웃었다. "그럼요. 아이들 엄청 좋아하죠. 언젠가는 한 열 명쯤 낳고 싶어요. 그런데 그건 왜 물어요?"

"특별한 이유는 없어." 미래의 아내에게 말했다. "그냥, 궁금해서."

아, 제니! 공작부인에게 뒤통수를 맞은 나에게 해독제 같은 여자! 그럼 이제 올드브룩빌의 내 집으로 들어갈 여자는? 챈들러와 카터는 플로리다로 보내고, 귄과 자넷도 올 거야. 공작부인은 법원의 감독하에 1년에 1회 면회권을 갖게 될 거고. 그게 공평하지.

제니와 나는 매니저 사무실에서 코카인을 마시며 4시간 동안 재미있게 놀았다. 제니는 비장의 무기라며 탭댄스를 보여주기도 했고, 손과 입으로 나를 황홀의 극치까지 이끌었다. 나는 제니가 내 아이들의 엄마가 될 자격이 충분하다는 생각이 들었다. 그래서 제니의 머리 꼭대기에서 말했다. "잠깐만 제니, 잠깐만 그만 빨아봐."

그녀는 목을 길게 빼고 내게 미소를 지어 보였다. "왜요?

무슨 일이에요?”

나는 머리를 흔들었다. “아무 일도 아니야. 사실, 모든 것이 좋아. 너를 우리 엄마에게 소개하고 싶어서. 잠깐만 기다려.” 나는 휴대전화를 꺼내서 35년간 같은 전화번호를 쓰는 베이사이드에 있는 부모님 집으로 전화를 걸었다.

잠시 후 엄마의 걱정스러운 목소리가 들려왔다. “아녜요, 엄마. 네이딘 얘기는 듣지 마세요. 모든 게 괜찮아요… 접근금지 명령이요? 그게 뭐 어쨌다고요. 난 집이 두 채니까 그 집은 네이딘 주고 다른 집에서 살면 되죠. 아이들요? 물론 제가 데리고 살 거예요. 누가 저보다 아이들을 더 잘 키울 수 있겠어요? 어쨌든, 그래서 전화한 게 아니에요, 엄마. 제가 네이딘에게 이혼을 요청한다는 걸 알려 드리려고 전화했어요. 왜냐하면 그녀는 배신자예요. 게다가 이미 다른 사람을 만났는데, 정말 착해요.” 나는 제니를 바라보았고, 제니는 웃고 있었다. 나는 그녀에게 윙크했다.

다시 전화기에 대고 말했다. “엄마, 들어보세요. 미래의 제 아내와 한번 통화해보세요. 그녀는 정말 다정하고 아름다워요. 그리고…지금 어디냐고요? 저는 지금 마이애미에 있는 클럽이에요. 왜요? 아니, 제니는 스트립 걸이 아녜요. 적어도 이제부터는요. 지금 그 일은 그만뒀어요. 제가 못 하게 할 거예요.” 나는 제니에게 다시 윙크했다. “그녀의 이름은 제니지만 엄마가 원한다면 블레이즈라고 불러도 돼요. 그녀는 그래도 화내지 않을 거예요. 정말 마음씨가 착한 아가씨예요. 잠깐만요, 여기에 그녀가 있어요."

제니에게 휴대전화를 건네주면서 말했다. "우리 엄마 이름은 레아Leah이고, 정말 좋은 분이야. 모두가 그녀를 사랑하지."

제니는 어깨를 으쓱하며 전화기를 잡았다. "여보세요? 제니라고 해요. 안녕하세요? 아, 괜찮아요. 물어봐주셔서 감사합니다. 네, 그는 괜찮아요. 네, 알았어요. 잠깐만요." 제니는 휴대전화를 건네주며 말했다. "어머니가 다시 바꿔 달라고 하세요."

믿을 수가 없다! 미래의 내 아내에게 엄마가 무례하게 하시다니! 나는 서운해서 전화를 그대로 끊어버렸다. 그러고는 미소를 지으며 내 아랫도리를 손으로 가리키며 다시 소파에 누웠다.

제니는 열심히 고개를 끄덕이고는 내 위로 몸을 숙이고는 빨기 시작했다…꽉 움켜쥐고, 잡아당기고, 마사지하고, 빨고…계속해서 빨았다. 아무리 생각해도 피가 흐르지 않는 것 같았다. 어린 제니는 투사였고, 결단력 있는 10대였다. 좀처럼 그만두려고 하지 않았다. 15분 후 그녀는 마침내 그 특별한 작은 장소를 발견했고, 그다음에 내가 돌처럼 단단해졌다는 것을 알았다. 싸구려 하얀 천 소파에 그녀를 무자비하게 눕히고 사랑한다고 그녀에게 말했다. 그녀도 나에게 사랑한다고 말했고, 그때 우리는 둘 다 킥킥대며 웃었다. 상처받은 두 영혼이 이러한 상황에서도 어쩌면 그렇

게 빨리 사랑에 빠질 수 있는지 놀라웠고, 그만큼 우리에게
는 행복한 순간이었다.

아주 놀라웠다. 바로 그 순간, 내가 깨닫기 전까지는 제
니가 전부였다. 그리고 잠시 후, 나는 그녀가 허공으로 사
라졌으면 했다. 거대한 해일처럼 끔찍한 후회가 나를 덮쳤
다. 가슴이 철렁 내려앉았다. 나는 눈에 띄게 기분이 처졌
다. 공작부인을 생각하고 있었다. 그녀가 보고 싶었다.

나는 그녀에게 필사적으로 말해야 했다. 그녀가 여전히
나를 사랑하고, 여전히 내 것이라고 말해줬으면 했다. 나는
슬픈 얼굴로 제니에게 잠깐 데이브와 얘기할 게 있는데 곧
오겠다고 말했다. 그러고는 클럽에 가서 데이브를 찾아, 지
금 당장 이곳을 떠나지 않으면 죽을 것 같다고 말했다. 만
약 그렇게 되면 그는 깊은 곤경에 처하게 될 것이다. 왜냐
하면 상황이 안정될 때까지 나를 보호하는 것이 그의 임무
이기 때문이다. 그래서 우리는 제니에게 작별 인사도 없이
클럽을 떠났다.

데이브와 나는 리무진 뒷자리에 앉아서 보카러톤의 외부
인 출입 제한 주택지인 브로큰 사운드Broken Sound에 있는 데
이브의 집으로 가고 있었다. 한쪽 눈 깜빡이는 스트리퍼와
사랑에 빠져서 클럽에 남았다. 나는 내 손목을 자를까 생각
하고 있었다. 코카인 기운이 다 떨어지자 한없이 우울해졌
다. 공작부인과 이야기를 좀 해야겠다. 오직 그녀만 나를

도울 수 있었다.

새벽 2시였다. 나는 데이브의 휴대전화로 집에 전화했다. 여자 목소리가 흘러나왔는데 공작부인은 아니었다.

"누구세요?" 퉁명스럽게 물었다.

"저, 도나예요."

이런 염병할! 도나 슐레진저Donna Schlesinger는 네이딘의 소꿉친구였는데, 질투심이 아주 강했고 한 성질 하는 여자였다. 그녀는 어느 정도 컸을 때부터 네이딘을 질투했다. 나는 심호흡을 하고 말했다. "도나, 아내를 바꿔줘요."

"네이딘은 당신과 얘기하고 싶어 하지 않아요."

나는 화가 났다. "그냥 전화나 바꿔요. 도나."

"얘기했잖아요." 도나가 쏘아붙였다. "네이딘이 전화 받기 싫다잖아요!"

"도나." 나는 침착하게 말했다. "나 지금 장난하는 거 아녜요. 경고하는데 지금 전화를 바꾸지 않으면 지금 당장 뉴욕으로 날아가서 당신의 심장에 칼을 꽂아버릴 거야. 그리고 당신의 남편도 마찬가지라고." 그리고 다시 목소리를 높여 소리쳤다. "당장 네이딘 바꾸란 말이야!"

"잠깐만요." 잔뜩 긴장한 목소리로 도나가 대답했다.

나는 마음을 가라앉히려고 목을 굴렸다. 그런 다음 데이브를 바라보며 말했다. "내 말이 좀 심했나? 나는 그냥 내 뜻을 전달하려고 했을 뿐이야."

데이브는 고개를 끄덕이며 말했다. "나도 너만큼 도나를 싫어해. 하지만 아내는 며칠간 그냥 두는 게 좋다고 생각해. 조금만 여유를 가지고 기다려. 로리가 그러는데 네이딘이 많이 당황했다고 하더라고."

"로리가 또 뭐라고 했어?"

"만약 네가 재활원에 가지 않으면 다시는 보지 않겠다고 했대."

바로 그때 전화기에서 오필리어의 목소리가 들렸다. "조던, 잘 지내죠?"

나는 심호흡을 했다. 오필리어는 좋은 여자이긴 했지만 완전히 믿을 수는 없었다. 그녀는 공작부인의 오랜 친구였고 우리 부부가 잘되기를 바랄 것이다. 그렇지만 공작부인이 그녀를 꼬여서 지금은 아내의 편이 된 게 틀림없었다. 내게서 등을 돌린 것이다. 그러니 오필리어도 적인 셈이다. 그래도 도나와 달리 악하지는 않지. 나는 오필리어의 목소리가 차분하다는 걸 느꼈다. "난 괜찮아요, 오필리어. 네이딘 좀 바꿔줄래요?"

오필리어가 한숨을 쉬었다. "조던, 네이딘은 전화를 안 받을 거예요. 당신이 재활원에 가지 않는다면 앞으로도 그럴 거고요."

"재활원은 필요 없어요."라고 내가 진지하게 대답했다. "마약은 스스로 끊을 수 있으니까. 아내에게 그렇게 하겠다고 전해줘요."

오필리어는 "알았어요, 그렇게 말할게요. 하지만 그건

말처럼 쉽지 않을걸요. 미안하지만 이만 끊을게요."라고 말하고 바로 전화를 끊었다.

내 기분은 끝없이 가라앉았다. 심호흡을 하고 고개를 떨구었다. "믿을 수가 없어." 나는 한숨 쉬듯 중얼거렸다.

데이브가 내 어깨에 팔을 얹으며 조용히 물었다. "괜찮나, 친구?"

"어." 거짓말이었다. "난 괜찮아. 근데 지금은 말하고 싶지가 않아. 생각할 시간이 좀 필요해."

데이브는 고개를 끄덕였고 우리는 말없이 남은 시간을 보냈다.

15분 후 나는 절망적인 기분으로 데이브의 집 거실에 앉아 있었다. 점점 더 심란해졌다. 절망감이 끝도 없이 밀려왔다. 데이브는 내 옆에 앉아서 아무 말도 하지 않았다. 그저 나를 지켜보면서 기다렸다. 내 앞에는 코카인 더미가 있었고, 다른 약들은 주방에 있었다. 내가 집으로 수십 번이나 전화를 걸었지만 로코가 받았다. 보아하니 그도 내게서 등을 돌린 것 같았다. 이번 일이 해결되는 대로 잘라버려야겠어.

데이브에게 말했다. "데이브, 로리에게 전화해줘. 그 방법밖에는 없겠어."

데이브는 고개를 끄덕이고는 로리에게 전화했다. 잠시 후 전화를 받는데, 로리는 울고 있었다. "들어봐요, 조던."이라고 그녀가 눈물을 삼키며 말했다. "우리 부부가 당신을 얼마나 사랑하는지 알죠? 그러니 제발 부탁인데 재활원에 가세요. 당신은 도움이 필요해요. 이렇게 가다간 죽을지도 몰라요. 모르겠어요? 당신은 똑똑한 사람이잖아요. 그런데도 스스로를 왜 그렇게 망치고 있는 거예요? 당신 자신을 위해서 못 하겠다면 챈들러와 카터를 위해서 그렇게 해줘요. 제발요!"

나는 숨을 크게 쉬면서 소파에서 일어나 주방으로 향했다. 데이브는 몇 발짝 떨어져 날 따라왔다. "네이딘은 여전히 날 사랑한대요?" 내가 물었다.

"그럼요." 로리가 말했다. "여전히 당신을 사랑하지만 당신이 재활원에 가지 않으면 더는 당신과 함께 있지 않을 거예요."

나는 심호흡을 한 번 더 했다. "나를 사랑한다면 전화를 받겠죠."

"아니요, 당신을 사랑하기 때문에 전화를 받지 않는 거예요. 당신도 네이딘도 모두 아프니까요. 이 상태가 오래되면 더 아플지도 몰라요. 어서 재활원으로 가세요, 조던. 두 사람 다 치료를 받아야 해요."

나는 믿을 수가 없었다. 로리마저도 날 배신하다니! 이런 생각은 한 번도 해본 적이 없다. 아, 엿이나 먹으라지! 공작부인도 마찬가지고! 쳇! 지구상의 모든 영혼도 엿 먹으라고! 갑자기 지금이 내 인생의 정점이라는 생각이 들었다. 이제 서른넷이지만 이미 커다란 성공을 거뒀다. 그러니 내려갈 일만 남은 것일까? 서서히 내려가느냐, 아니면 영광의 순간에 불꽃처럼 타오르느냐, 둘 중 무엇이 더 나을까?

눈앞에 모르핀 약병이 보였다. 15밀리그램짜리 모르핀이 알약 형태로 100개가 넘게 들어 있었다. 완두콩 절반 크기의 예쁜 보라색이었다. 오늘 열 개쯤 삼켰는데 그 정도면 대부분의 건강한 남자가 혼수상태에 빠지고도 남을 분량이었다. 그런데 내게 그쯤은 아무것도 아니었다.

슬픔에 가득 찬 목소리로 로리에게 말했다. "네이딘에게 미안하다고, 그리고 아이들에게는 작별의 키스를 전해 줘요." 전화를 끊기 전에 로리가 외치는 소리가 들렸다. "조던, 안 돼요! 전화 끊지….'

나는 순식간에 모르핀 병뚜껑을 열고 손바닥에 그대로 쏟았다. 약이 너무 많아서 절반은 바닥에 떨어졌다. 그래도 꽤 많은 양이 피라미드 모양으로 손바닥에 쌓였다. 보라색 피라미드가 예뻤다. 그걸 입에 털어 넣고 씹기 시작했다. 그리고 지옥 문이 열렸다.

데이브가 내게 달려오는 걸 보고 나는 반대편으로 뛰어가서 위스키 병을 집어 들고 뚜껑을 열었다. 내가 그 병에 입술을 대기도 전에 데이브가 내 손에서 병을 빼앗고 나를 껴안았다. 전화벨이 울렸다. 데이브는 벨 소리를 무시하고 나를 바닥에 쓰러뜨린 채 내 입에서 알약을 빼내려고 입안으로 손가락을 밀어 넣었다. 내가 손가락을 깨물었지만 그는 워낙 힘이 셌다. 데이브가 소리를 질렀다. "어서 뱉어.

뱉으라고!"

"×발!" 나는 소리를 질렀다. "놔! 안 놓으면 죽여버리겠
어! 이 개자식아!"

전화벨이 계속 울렸고 데이브는 계속해서 소리쳤다. "약
을 뱉어! 어서!" 나는 계속 씹으며 약을 조금씩 삼켰다. 그
는 오른손으로 내 뺨을 움켜쥐고 엄청난 힘으로 쥐어짰다.

"와, ×발!" 결국 약을 뱉었다. 엄청나게 독하고도 쓴맛
이 났다. 그래도 이미 많이 삼켰기 때문에 약 기운이 퍼지
는 건 시간문제였다.

그는 한 손으로 나를 붙잡고 911에 전화를 걸어 재빨리
주소를 알려줬다. 그러더니 또다시 내 입에 손을 넣어 남아
있는 약을 빼내려고 했다. 나는 또 물어버렸다.

"내 입에서 손 치워, 이 개새끼야! 절대로 널 용서하지
않을 거야. 넌 배신자야. 싹 다 한 패라고!"

그는 "진정해."라고 말하면서 나를 집어 들고 소파로 데
려가 앉혔다.

소파에 앉아 욕할 기운이 다 없어질 때까지 데이브를 계
속해서 저주하는 사이 깜빡깜빡 졸리기 시작했다. 나는 많
이 지쳤고…너무 더웠고…꿈꾸는 듯하면서 기분이 꽤 좋았
다. 그때 전화벨이 울렸다. 데이브가 받았는데, 로리였다.
둘의 대화를 들어보려고 했지만 정신이 가물가물해졌다.
데이브가 전화기를 내 귀에 대고 말했다. "자, 친구. 네 아
내야. 너하고 이야기하고 싶대. 여전히 당신을 사랑한다고

말하고 싶대."

"네?" 내가 잠에 취한 목소리로 말했다.

사랑하는 공작부인이 말했다. "여보, 조금만 참아줘요. 난 당신을 아직 사랑해요. 다 잘될 거야. 아이들도 당신을 사랑하고, 나도 당신을 사랑해요. 다 괜찮아질 거니까 절대 잠들면 안 돼요."

나는 울기 시작했다. "미안해. 오늘 당신에게 일부러 그런 게 아니야. 난 내가 무슨 짓을 하고 있는지도 몰랐어. 내 자신이 견딜 수 없이…미안해." 나는 걷잡을 수 없이 흐느꼈다.

"괜찮아요." 아내가 말했다. "여전히 당신을 사랑해요. 조금만 참고 견뎌줘요. 다 좋아질 거예요."

"난 당신을 처음 본 순간부터 항상 사랑했어."

그리고 정신을 잃었다.

끔찍한 느낌으로 잠에서 깼다. 정확히는 모르겠지만 "안 돼! 그거 내 입에서 치워, 이 새끼야!"라고 소리쳤던 게 기억났다. 왜 그랬는지 조금 후에 알게 됐다.

나는 응급실 진찰대에 묶여 있었고, 의사와 간호사 다섯 명이 나를 둘러싸고 있었다. 나는 테이블에 팔과 다리뿐만 아니라 몸도 두꺼운 비닐 벨트 두 개로 묶여 있었는데, 벨트 하나는 상체에, 다른 하나는 허벅지에 둘러 있었다. 녹색 가운을 입은 의사 하나가 자동차 라디에이터에서나 볼 수 있을 법한 두꺼운 검은색 튜브를 손에 들고 있었다.

"조던." 그가 단호하게 말했다. "내 손 그만 깨물고 어서 협조해요. 위를 세척해야 해요."

"난 괜찮아요."라고 내가 중얼거렸다. "아무것도 삼키지 않았어요. 다 뱉어버렸다니까. 그냥 장난한 거예요."

"이해해요. 하지만 그런 모험을 할 여유가 없어요. 모르핀 해독제를 주사했으니 일단 위험한 고비는 넘겼어요. 하지만 혈압이 극도로 높고 심장박동은 불규칙해요. 모르핀 말고 또 무슨 약을 드셨죠?"

나는 잠시 의사를 바라보았다. 그는 이란이나 페르시아계 사람 같았다. 그를 신뢰할 수 있을까? 나는 유대인이고 그들에겐 철천지원수 같은 존재인데 말이다. 아니면 히포크라테스 선서가 그 모든 것을 초월할 수 있나? 방을 둘러보니, 모퉁이 너머로 매우 혼란스러운 광경이 보였다. 제복을 입은 경찰 두 명이 총을 들고 있었던 것이다. 그들은 벽에 기대어 나를 관찰하고 있었다. 입을 꼭 다물어야 할 때라고 나는 생각했다.

"아무것도." 나는 소리를 내질렀다. "모르핀만, 자낙스도 조금. 나는 허리가 좋지 않아요. 전부 의사가 처방해준 거라고요."

의사가 씁쓸하게 웃었다. "당신을 도우려는 거지 해치려는 게 아니에요, 조던."

나는 눈을 감고 고문당할 준비를 했다. 이제 앞으로 무슨 일이 일어날지 알았으니까. 이 페르시아 의사 놈이 내 식도에 저 무시무시한 튜브를 꽂고 위까지 밀어 넣은 다음 위에 있는 모든 내용물을 진공청소기로 빼내겠지. 그리고 거기에 검은 숯을 잔뜩 쏟아 넣을 거야. 숯은 체내로 흡수되지 않은 약물을 빨아들일 테니까. 몰라도 되는 이런 절차를 너무 자세히 알고 있는 나의 박학다식함이 후회되었다. 그리고 의사와 간호사 다섯 명이 나를 붙잡고 튜브를 목구멍에 밀어 넣기 전에 마지막으로 했던 생각은 '아이고, 하나님! 나는 항상 옳은 일이 싫어!'였다.

한 시간쯤 지나자 내 위는 완전히 비었다. 그들이 채워 넣은 검은 숯가루만 빼고는. 마침내 검은색 튜브는 제거됐지만 나는 여전히 침대에 묶여 있었다. 튜브의 마지막 부분이 식도 위로 빠져나오는데, 문득 여성 포르노 스타가 어떻게 그 거대한 성기를 자연스럽게 목구멍으로 깊이 빨아들이는지 궁금해졌다. 그게 이상한 생각이라는 것을 알고는 있었지만, 그래도 그런 생각이 들었다.

"좀 어떻소?" 친절한 의사가 물었다.

"화장실이 너무 급해요."라고 내가 말했다. "지금 당장 풀어주지 않으면 바지에 쌀 수밖에 없어요."

의사가 고개를 끄덕이자 간호사들이 내 몸을 묶고 있던 줄을 풀어줬다. "화장실은 저 안에 있어요." 의사가 말했다. "조금 후에 들어가서 확인해보겠소."

나는 내 직장에서 폭발하듯 내용물이 쏟아지기 전까지는 그가 한 말이 무슨 뜻인지 잘 몰랐다. 나는 너무 궁금해서 변기를 들여다보고 싶었지만 꾹 참았다. 10분 정도를 쏟아붓고 나서 결국 참지 못하고 변기를 들여다보았다. 그것은 정말 화산 폭발 현장 같았다. 내 항문에서 0.5킬로그램이나 되는 시커먼 화산재가 쏟아져 나왔다. 그래서 오늘 아침에 60킬로그램 정도였던 몸무게가 지금은 10킬로그램 정도밖에 안 나가는 것처럼 느껴졌다. 내 내장이 플로리다 보카러톤에 있는 값싼 도자기 변기 안에 다 쏟아져버려서.

아주 한참 만에 화장실에서 나왔다. 내 몸은 고비를 넘겼고, 정신 상태도 말끔해진 것 같았다. 의사들이 내게서 광기를 빨아먹었을지도 모른다는 생각이 들었다. 나는 새로운 삶을 시작할 수 있을 것 같았다. 공작부인과 관계를 회복하고, 마약도 줄이고, 좀 더 절제된 삶을 살아야 했다. 나는 서른네 살이었고, 두 아이의 아빠니까.

"고맙습니다."라고 친절한 의사에게 말했다. "물어뜯어서 정말 미안해요. 아까는 너무 흥분했어요. 이해하실 수 있죠?"

의사가 고개를 끄덕였다. "괜찮아요. 우리가 도울 수 있어서 기뻐요."

"택시를 좀 불러주실 수 있나요? 이제 집에 가서 좀 자고 싶네요."

그때 문득 경찰관 두 명이 아직 병실에 있다는 걸 깨달았다. 그들은 내게 다가왔다. 나는 그들이 나를 고이 집에 보내주지 않을 것 같다는 생각이 들었다.

경찰 한 명이 수갑을 꺼내자 의사는 두 걸음 뒤로 물러섰다. 오, 이런! 내가 또 수갑을 차는 거야? 24시간 안에 늑대가 사슬에 묶인 건 이번이 네 번째야! 내가 무슨 잘못을 했지? 그런 생각보다는 사실 내가 어디로 가게 될지가 궁금했다.

경찰관 한 명이 말했다. "베이커 법령Baker Act[57]에 따라 72시간 동안 정신의학 병동에 갇히게 됩니다. 그 후에 판사 앞에서 당신이 자신과 타인에게 해를 끼칠 수 있는지 재판을 받게 됩니다. 죄송하지만 이해해주십시오."

이 플로리다 경찰은 좋은 친구처럼 보였다. 그는 자신의 일을 할 뿐이고, 그나마 나는 경찰관이 나를 감옥이 아닌 정신의학 병동으로 인도한다는 사실이 고마웠다.

"나는 나비야! 나는 나비야!" 파란색 하와이 민속의상을 입은 뚱뚱하고 머리칼이 검은 여성이 옷자락을 펄럭이며 델레이메디컬센터Delray Medical Center 4층 정신의학 병동을 어슬렁거리며 비명을 질러댔다.

그렇게 그녀가 돌아다니는 동안 나는 공동 구역의 한가운데에 있는 불편한 소파에 앉아 있었다. 나는 그녀에게 옷

---

57   자살 위험이 있는 경우 정신병원으로 인도하는 규정

어주며 고개를 끄덕였다. 환자 40여 명이 있었는데, 대부분 목욕 가운에 슬리퍼 차림으로 각기 다른 이상한 행동을 하고 있었다. 앞에는 간호사실이 있었는데, 그곳에서는 환자들이 향정신성 약물을 타기 위해서 몇 시간마다 줄을 서곤 했다.

"난 그거 갖고 싶어. 6.0, 2 곱하기 10에서 23."이라고 여드름투성이인, 키가 크고 마른 10대 아이가 중얼거렸다.

매우 흥미로웠다. 나는 이 가엾은 아이가 분자 밀도를 측정하는 데 사용되는 수학 상수인 아보가드로 수Avogadro's number를 내뱉고, 놀라울 정도로 완벽한 원을 그리며 걸어가는 모습을 두 시간 넘게 지켜봤다. IQ가 매우 높은 난치성 LSD(환각제)중독자이며 이를 잘못 복용할 때마다 아보가드로 수에 집착하게 되었다고 한 보호관이 설명할 때까지, 나는 그가 왜 이 숫자에 집착하는지 전혀 이해하지 못했다. 그는 지난 1년 동안 델레이 치료센터에 세 번이나 들어왔다고 했다.

내가 이렇게 멀쩡한데도 이곳에 갇혀 있어야 하는 건 웃긴 일이었다. 이게 다 법률의 문제였다. 베이커 법령은 대중의 요구를 충족시키려고 고안된 것이었다. 물론 지금까지는 일이 상당히 잘 진행되고 있었다. 나는 의사에게 라믹탈을 처방해달라고 요구했고, 의사는 내 금단증상 치료를 돕기 위해 일종의 단기요법 치료를 시도했다.

하지만 문제는 전화를 할 수 없다는 것이었는데, 심지어 친구, 가족, 변호사, 사업 동료에게도 전화를 걸 수 없었다. 나는 앨런에게 연락해서 내가 치료센터에서 나갈 때 퀘일루드를 새로 구해달라고 하려 했지만 아무와도 연락이 되지 않았다. 아내는 물론이고 부모님이나 앨런, 데이브, 로리, 권, 자넷, 위그왐, 변호사 조, 심지어 보카지. 그래서 마치 모두에게 버려진 듯한 느낌마저 들었다.

사실 이곳에 들어온 지 하루가 지나갈 때, 나는 어느 때보다도 공작부인을 증오하고 있었다. 그녀는 나를 완전히 잊어버렸고, 모든 사람이 내게 등을 돌렸다. 내가 계단에서 저지른 비열한 행동 한 번으로 내 친구들과 사업 동료들에게 동정심을 얻은 것이다. 나는 그녀가 이제는 나를 사랑하지도 않는다고 생각했고, 나를 너무 동정해서 그런 말을 했을 뿐이라고 확신했다. 내가 진짜 죽어버린다면 그녀는 아마도 "사랑해."라는 거짓 한마디를 마지막으로 나를 잊어버리겠지.

자정 무렵, 코카인과 퀘일루드에 대한 중독 의존성은 거의 없어졌지만 여전히 잠이 오지 않았다. 1997년 4월 17일 새벽, 아주 친절한 간호사가 내 오른쪽 엉덩이에다 최면 주사를 놔주었다. 그리고 15분 후, 나는 3개월 만에 처음으로 코카인 없이 잠들었다.

18시간 후에 내 이름을 부르는 소리에 잠에서 깼다. 눈을 떠보니 덩치 큰 흑인 간호 보조가 서 있었다.

"벨포트 씨, 손님이 오셨습니다."

공작부인이야! 그녀가 나를 여기에서 꺼내주러 온 것이다. "누구예요?"

그는 어깨를 으쓱했다. "그의 이름은 모릅니다."

'그'라는 말에 침울해졌다. 간호 보조가 나를 패딩 처리된 벽이 있는 방으로 안내했다. 면회실에는 회색 철제 책상과 철제 의자 세 개가 있었다. 스위스 입국심사대에서 여승무원 추행 혐의로 조사받을 때가 생각났다. 패딩으로 덧칠된 두꺼운 벽은 달랐지만. 책상 한쪽에 뿔테 안경을 쓴 40대 남자가 앉아 있었다. 눈이 마주치자 그는 의자에서 일어나 나를 반겼다.

"조던이시죠?" 그가 오른손을 내밀며 말했다. "저는 데니스 메이너드Dennis Maynard라고 합니다."

본능적으로 그와 악수를 했다. 뭔가 모르게 기분이 나빴는데, 나와 같은 흰색 폴로 셔츠에 청바지와 운동화 차림이었다. 그는 보통 체격에 갈색 머리를 옆으로 시원하게 넘겼고, 59세 정도 되는 꽤 잘생긴 남자였다.

그가 맞은편 자리로 손짓했다. 나는 고개를 끄덕이고 자리에 앉았다. 잠시 후 또 다른 간호 보조가 들어왔다. 이 덩치 큰 사람은 겉으로 봐선 아일랜드인 술고래 같았다. 이 두 사람은 내 뒤쪽에 서서, 혹시 내가 공격적인 행동을 하지는 않는지 지켜보고 있었다. 그렇지만 나는 아무 생각이 없었다.

데니스 메이너드가 말했다. "부인이 보내서 왔습니다."

나는 깜짝 놀랐다. "뭐라고요? 빌어먹을 이혼 변호사라도 되나요? 젠장, 그 여자는 뭐가 그리 급해서 이렇게 빨리 움직이는 거야! 이혼 소송을 제기하기 전까지 적어도 3일은 기다려주는 게 예의 아닌가요?"

그가 웃었다. "저는 이혼 변호사가 아닙니다, 조던. 약물 중독 치료사죠. 여전히 당신을 사랑하고 있는 부인께서 의뢰해서 온 것이니 너무 속단하지 마십시오."

나는 미심쩍은 눈으로 이 개자식을 바라보며 무슨 꿍꿍이일까 파악하려고 애썼다. 나는 더는 편집증 증상은 없었지만 여전히 경계심은 충만했다. "날 사랑하는 아내가 보내서 왔다고 했는데, 왜 사랑한다면서 아내는 여기 오지 않는 거죠?"

"부인께서는 지금 심한 정신적 공포감에 빠져 혼란스러워하고 계십니다. 어제 만 하루 동안 부인을 상담하면서 살펴보니 정신적으로 아주 위험한 상태였어요. 아직 당신을 볼 마음의 준비가 안 되어 있습니다."

이놈이 공작부인을 위해 연극을 하고 있다는 생각이 들자 화가 치밀어 올랐다. 그래서 의자에서 벌떡 일어나 책상을 뛰어넘으며 소리쳤다. "야! 이 개자식아." 간호 보조 두 명이 내 뒤를 쫓아오자 그는 뒤로 물러섰다. "내가 여기 갇혀 있는 동안 내 아내의 꽁무니나 쫓아다니는 더러운 놈! 칼로 찔러 죽여버릴 거야! 넌 죽었어! 네놈뿐만 아니라 네놈 가족도 죽었어! 왜, 내가 못 할 것 같아?"

두 간호 보조가 날 의자에 다시 앉혔고, 나는 심호흡을 했다.

"진정하십시오." 공작부인의 미래의 남편이 말했다. "전 부인을 쫓아다닌 적이 없습니다. 부인은 여전히 당신을 사랑하고 있고, 저는 다른 여자를 사랑하고 있어요. 제가 하려는 말은, 어제 만 하루 동안 부인과 당신 부부 사이의 일에 대해서 속속들이 들었다는 거예요."

나는 완전히 비이성적으로 느껴졌다. 나는 통제력이 있는 사람인데, 스스로 통제할 수 없다는 현실이 매우 당황스러웠다. "내가 딸을 안고 계단 아래로 자신을 차버렸다고 아내가 말했나요? 내가 200만 달러어치나 되는 가구를 난도질했다고 그래요? 자기 옷과 보석을 다 태워버렸다고 하던가요? 그녀가 무슨 말을 했을지 상상이 가네요." 나는 혐오감에 머리를 흔들었다. 내 행동뿐 아니라 공작부인이 우리 부부 사이의 더러운 일을 낯선 사람에게 내보였다는 것에 대해서.

그가 고개를 끄덕이며 내 분노를 가라앉히려고 살짝 웃었다. "그래요. 그 모든 얘기를 해줬어요. 그중 몇 가지는 꽤 재미있었어요. 특히 가구에 관한 부분은 한 번도 들어본 적이 없어요. 하지만 계단과 차고에서 일어났던 일처럼, 대부분의 상황은 꽤 불안했습니다. 하지만 이 중 어느 것도 당신의 잘못이 아니라는 걸 이해하세요. 아니면 이런 것들 중 어느 것도 당신을 나쁜 사람으로 만들지 않는다고 말해야겠군요. 조던, 당신은 아픈 사람이에요. 암이나 당뇨병과 다를 바 없어요."

그가 잠시 말을 끊었다가 어깨를 으쓱했다. "하지만 부인은 당신이 마약에 빠져들기 전에 얼마나 멋진 사람이었는지도 말해줬어요. 당신이 얼마나 똑똑했고 대단한 업적을 쌓았는지, 그리고 당신을 처음 본 순간 어떻게 마음을 빼앗겼고 어떻게 사랑했는지도요. 당신을 사랑하는 것처럼 누군가를 사랑한 적이 없다고 했어요. 또 당신이 모두에게 얼마나 관대한지, 그 관대함으로 얼마나 많은 사람이 덕을 봤는지도 말해줬어요. 그리고 당신의 허리 통증에 관해서도 말해줬습니다…."

나는 그가 하는 말을 들으면서, 아내가 나를 사랑했다고 과거형으로 얘기하는 것에 주목했다. 이제는 아내가 나를 사랑하지 않는다는 뜻인가? 그럴지도 몰랐다. 나를 사랑한다면 나를 보러 왔을 테니까. 나한테 겁을 먹었다는 건 말이 안 돼. 난 정신의학 병동에 갇혀 있는데, 어떻게 아내를 해칠 수 있단 말인가? 마음이 정말 아팠다. 하지만 아내가 잠시만이라도 날 찾아와서 사랑한다고 말하며 안아준다면 금방 나을 것 같았다. 그녀를 위해서라면 그렇게 할 수 있다. 그러나 내가 자살 시도까지 했는데 찾아오지 않는 걸 보면 아내의 마음은 이미 멀어진 게 확실했다. 상황이 어떻든, ─별거 여부도 관계없이─ 그건 사랑하는 아내의 행동이라고 생각되지 않았다.

분명히 데니스 메이너드는 재활원으로 가자고 설득하러 온 것이었다. 아내가 직접 와서 설득했다면 갈지도 모르지만, 이렇게는 갈 수 없었다. 그녀가 원하는 대로 하지 않으면 날 떠나겠다고 협박하는 동안에는 그럴 수 없었다. 재활은 내가 원하는 건 아니었지만 적어도 내게 필요한 것이기는 했다. 내가 정말 마약중독자로 살고 싶을까? 하지만 마약 없이는 살 수 없는 상태가 되어버렸다. 루데스와 코카인 없이 다음 50년을 산다는 생각 자체를 할 수가 없었다. 이 모든 일이 일어나기 훨씬 전에 냉정하게 살던 때가 있었다. 시간을 되돌려 그때로 돌아가는 것이 가능할까? 아니면 내 뇌의 화학작용이 끊임없이 변해서 이제 중독자로서 죽는 날까지 살아가야 하는 걸까?

　"…당신 부친의 성격이 워낙 불같아서 어머니가 아버지에게서 당신을 보호하려고 노력했지만 항상 성공적이지는 못했다고 들었어요." 그는 계속 말을 이었다. "부인이 제게 모두 얘기해줬습니다."

　나는 그 말에 아이러니함을 느꼈지만 금방 생각을 바꿨다. "그래서 어린 마사 스튜어트가 얼마나 완벽한지도 말해줬나요? 나는 워낙 망가진 물건이라 어쩔 수 없고 그녀는 완벽하다고, 그렇게 말했겠죠. 그녀는 한마디로 베이리지의 공작부인이에요."

　마지막 몇 마디 말에 그는 싱긋 웃었다. "들어보세요." 그가 말했다. "부인은 완벽과는 거리가 멉니다. 어쩌면 당신보다 더 아픈 사람이죠. 생각해보세요. 마약에 중독된 남편과, 곁에서 사랑하는 남편이 스스로를 파멸해가는 걸 지켜봐야 하는 부인 중에서 누가 더 아플까요? 후자라고 할 수 있죠. 부인은 공범이라는 죄책감에 시달리고 있어요. 당신만 신경 쓰다 보니 자신의 문제를 무시했던 거죠. 제가 지금까지 봐온 부인들 중에서 가장 심각한 상태였어요."

"이런, 어쩌고저쩌고." 내가 말했다. "내가 그 정도도 모를 거라고 생각해요? 아무도 말해주지 않았겠지만, 난 다방면의 공부를 했어요. 지금까지 퀘일루드를 5만 개 정도 먹었지만, 그래도 유치원 시절부터 배운 모든 걸 기억하고 있어요."

그가 고개를 끄덕였다. "저는 당신의 부인만 만난 게 아니에요. 당신의 친구, 가족 등 당신에게 중요한 사람들은 모두 만났어요. 그들 모두 같은 이야기를 하더군요. 당신이 지구상에서 가장 머리가 좋은 사람이라고. 그러니 단도직입적으로 얘기할게요. 이렇게 합시다. 조지아에 탤벗 마시 Talbot Marsh라는 마약재활 시설이 있어요. 의사들 치료를 전문으로 하는 곳이죠. 그곳에는 당신같이 뛰어난 사람들로 가득 차 있어서 당신이 잘 적응할 수 있을 거예요. 지금 당장이라도 두 시간이면 도착할 수 있죠. 아래층에 당신의 리무진이 있고, 자가용 비행기가 연료를 가득 채우고 공항에 대기하고 있어요. 탤벗 마시는 아주 좋고 고급스러운 곳이어서 마음에 들 거예요."

"당신이 무슨 자격으로 날 데려간다는 거죠? 의사라도 되나요?"

"아니요."라고 그가 말했다. "저 또한 당신처럼 마약중독자일 뿐이죠. 다만 나는 회복 중이고 당신은 그렇지 않다는 점만 달라요."

"얼마나 오래 마약을 끊었는데요?"

"10년이요."

"대박, 10년?" 나는 가래를 뱉었다. "하나님 맙소사. 어떻게 그게 가능하죠? 나는 마약 생각을 하루도, 아니 한 시간도 안 할 수 없는데! 난 당신과 정신 구조가 달라요. 어쨌든 재활원에는 갈 필요가 없어요. A.A.Alcoholics Anonymous[58] 나 그런 걸 해볼까 해요."

"당신은 이미 그 시기를 놓쳤어요. 사실 당신은 지금 살아 있는 것만도 기적이죠. 이미 오래전에 죽었어야 할 만큼." 그가 어깨를 으쓱이며 말을 이었다. "하지만 언젠가는 운이 다하겠죠. 다음번에는 친구 데이브가 911에 전화를 걸지 못할 수도 있고, 그러면 정신의학 병동이 아니라 관에 갇히게 되겠죠."

그는 자못 진지해진 말투로 "A.A.에 이런 말이 있어요. 알코올의존자가 끝내게 되는 세 장소가 있는데 바로 감옥, 시설, 죽음이죠. 지난 이틀간 감옥과 시설에 있었군요. 당

58　익명의 알코올의존자 단체

신의 장례식장에서 부인이 두 아이에게 왜 이제는 아빠를 만날 수 없는지 설명해주는 걸 봐야 만족할 겁니까?"

나는 어깨를 으쓱했다. 그가 옳았지만, 자존심 때문에 인정할 수가 없었다. 설명할 수 없는 어떤 이유 때문에 나는 그와 공작부인에게 저항해야 한다고 느꼈다. 자발적으로 내가 마약을 끊었더라면…그것은 다른 누구도 아닌 나 자신의 과제였으며 확실히 그것이 나를 살리는 길이었다. "만약 네이딘이 직접 이곳에 온다면 고려해보죠. 그렇지 않으면 뒈져버려."

"부인은 오지 않을 겁니다." 그가 말했다. "당신이 재활원에 가지 않는 한 대화하지 않을 겁니다."

"좋아." 나는 화가 나서 내뱉었다. "그러면 너희 둘 다 엿 먹으라고! 나는 이틀 안에 여기에서 나갈 테고 내 방식대로 해결하지. 그게 만약 아내를 잃는 걸 의미한다면, 그렇게 해야지 뭐." 나는 의자에서 일어나 간호 보조들에게 손짓했다.

내가 방에서 나가는데 데니스가 말했다. "다른 아름다운 아내를 찾을 수는 있겠지만, 부인만큼 당신을 사랑하는 아내는 만나지 못할 겁니다. 누가 이 모든 것을 계획했을까요? 부인은 당신을 구하려고 지난 며칠을 공황 상태에서 보냈어요. 그녀를 보내는 건 바보 같은 짓이에요."

나는 심호흡을 하고 말했다. "오래전 네이딘만큼 날 사랑했던 여자가 있었어요. 이름이 데니즈였는데, 난 그 착한 여자를 차버렸어요. 어쩌면 죗값을 치르고 있는지도 모르죠. 어쨌든 재활원에는 안 가요. 시간 낭비 말고 다시는 찾아오지 마세요."

그러고는 면회실을 떠났다.

남은 하루도 매우 고통스러웠다. 부모님을 비롯해 친한 친구들과 가족들이 한 명씩 와서 재활원에 가라고 끊임없이 설득했다. 공작부인만 빼고. 어떻게 그렇게 냉정할 수가 있지?

나는 자살이란 단어를 쓰는 것에 심한 거부감을 갖고 있었다. 아마도 너무 고통스러웠기 때문일 수도 있고, 사랑이나 그 문제에 관해서는 내 아내에 대한 집착이 나를 자살로 몰아갈 수 있다는 생각에 당혹스러웠기 때문일 수도 있다. 자살은 진정한 권력자의 행위도 아니고, 자존감 낮은 사람의 행위도 아니었다.

사실 나는 자살을 하려는 의도가 전혀 없었다. 마음 깊은 곳에서, 나는 내가 병원으로 바로 옮겨져 위 세척을 받게 되리라는 걸 알았다. 언제든 나를 막을 준비가 되어 있는 데이브가 내 옆에 있기도 했고. 공작부인은 그 사실을 몰랐다. 그녀의 관점에서는 내가 그녀를 잃을지도 모른다는 절망감과 코카인 중독에 따른 편집증으로 괴로워서 스스로 목숨을 끊으려 했다고 생각할 것이다. 그런데도 어떻게 아내는 그것에 감동하지 않을 수가 있지?

사실 또 나는 계단 사건뿐만 아니라 자살 시도에 이르기까지 몇 달 동안 그녀에게 괴물처럼 행동했다. 아니 어쩌면 몇 년을 그래왔는지도 몰랐다. 결혼 초기부터 나는 그녀에게 부유한 삶을 제공함으로써 내게 성적인 자유를 부여해왔다. 그리고 지금의 이 후회가 진심으로 받아들여질지 모르겠지만, 내가 선을 넘었다는 것만은 분명했다.

　그러나 이 모든 잘못에도 불구하고 나는 여전히 동정을 받을 자격이 있다고 생각했다.

　공작부인은 동정심이 부족한가? 그녀의 마음 한구석에 아무리 해도 내가 이해할 수 없는 분명한 냉정함이 있었나? 사실 늘 그렇게 느끼긴 했다. 나와 ─아니 모두─ 똑같이 느꼈겠지만 공작부인은 어딘가 감정이 메마른 사람이었다. 그녀는 좋은 아내였지만, 결혼생활에 자신의 상처를 짊어지고 온 아내였다.

　어린 시절, 그녀의 아버지는 그녀를 거의 방치하다시피 했다. 그 당시에도 예뻤던, 찰랑이는 금발 머리와 천사 같은 얼굴의 그녀는 주말에도 옷을 멋지게 차려입고는 아빠와 멋진 곳에서 저녁 식사를 하거나, 놀이동산에서 롤러코스터를 타거나, 브루클린의 바닷가로 놀러 가 아빠가 많은 사람에게 "제 딸입니다! 얼마나 예쁜지 보세요! 얘가 내 딸이라는 것이 너무 자랑스럽습니다." 하고 말해주기를 기다렸다고 했다. 그녀는 매일 문 앞에서 아빠를 기다렸지만 오지 않았고, 심지어 구차한 변명으로 그녀를 달래주는 전화조차 하지 않아서 실망했다고 했다.

물론 장모님은, 아빠도 너를 사랑하지만 늘 방랑자처럼 살아야 하는 역마살 때문에 그렇다며 오히려 아버지를 감쌌다. 그런 상황을 겪었기 때문에 지금 내가 이런 고통을 겪고 있는 것일까? 그런 어린 시절의 상처 때문에 동정심 많은 여자가 되지 못했던 것일까? 아니면 그냥 그렇게 냉정해진 것일까? 혹시 내가 창녀들과 밖에서 놀고 다닌 일이나 헬리콥터로 새벽에 귀가한 것, 잠꼬대를 하면서 창녀 이름을 부르고, 마사지를 받으러 다니고, 여승무원을 희롱한 일들 때문에 죗값을 치르는 것인가?

아니면 다른 죗값을 받는 건가? 내가 법을 어긴 결과일까? 법을 어기고 주식 시세조종을 해서? 스위스로 돈을 밀반출해서? 내게 충직한 파트너였던 깍두기 케니 그린을 괴롭혀서? 아아, 더 말하기가 힘들었다. 지난 10년간은 이루 말할 수 없이 복잡한 삶이었다. 마치 소설에나 나올 법한 정도로.

하지만 이것이 내 인생이었다. 좋든 나쁘든 나, 월스트리트의 늑대 조던 벨포트는 진정한 야인이었다. 나는 항상 나 자신을 방탕아라고 생각했다. 죽음과 감옥을 피하고, 록스타처럼 살고, 수천 명보다 더 많이 마약을 소비하고, 그것을 공공연하게 말하는 화려한 생활을 해왔다.

이런 생각들이 내 머릿속을 맴돌았다. 델레이메디컬센터의 정신의학 병동에서 이틀째를 보내고 있었다. 온몸에서 마약이 빠져나감에 따라 정신은 점점 더 날카로워졌다. 내 온 힘을 다해 세상을 마주할 준비를 하고 있었다. 대머리 개자식 스티브 매든을 박살 내고, 나의 적수인 그레고리 콜 먼과의 싸움을 재개하며, 무슨 일이 있어도 공작부인을 되 찾을 준비가.

다음 날 아침 약물치료를 받은 직후 면회실로 불려 갔다. 그곳에서 의사 두 명이 나를 기다리고 있었다. 한 사람은 뚱뚱했고, 다른 한 사람은 툭 튀어나온 파란 눈과 커다란 목젖을 가지고 있었지만 평범해 보였다. 기형 인간glandular case이라고 부르기로 했다.

그들은 자신을 브래드Dr. Brad와 마이크Dr. Mike라고 소개하 고는 즉시 간호 보조들을 방 밖으로 내보냈다. 대화가 흥미 롭긴 했지만 처음 2분만큼 재미있지는 않았다. 이들 두 의 사는 마약중독 치료사라기보다는 스탠딩 개그맨에 더 적합 해 보였다. 아니면 그게 그들의 설득 방식이었나? 왠지 이 두 사람은 괜찮은 것 같았다. 사실, 나는 이 둘을 좋아했다. 이들은 데니스 메이너드가 나를 설득하는 데 실패하자 공 작부인이 캘리포니아에서 자가용 비행기로 데려온 사람들 이었다.

그렇다면 이 둘은 추가 요원이었군.

"들어보세요." 닥터 브래드가 말했다. "저는 지금 당장 이 망할 곳에서 당신이 나가도록 사인해줄 수 있고, 두 시간 후면 탤벗 마시에서 버진 피나 콜라다virgin piña colada**59**를 홀짝홀짝 마시며 젊은 간호사를 볼 수 있어요. 현재 환자 한 명이 간호사의 치마 사이로 데메롤Demerol**60**을 쏘다가 적발돼 있어요." 그는 어깨를 으쓱했다. "아니면 하루 더 여기에 머물면서 나비 아가씨나 수학 소년과 더 친해질 수도 있어요. 하지만 이곳에 굳이 1초라도 더 있으려고 하는 건 미친 짓 같아요. 내 말은, 냄새가 마치…."

"젠장." 기형 인간이 말했다. "당신이 여기에서 빠져나가도록 우리가 허락할게요. 내 말은, 당신이 심각한 마약중독인 게 틀림없다는 거예요. 그리고 당신은 아마도 몇 년간 갇혀 있어야 하겠죠. 하지만 여기는 아니에요. 이 똥구멍에서는! 당신은 좀 더 고급스러운 정신병동에 있어야 해요."

"맞아요."라고 뚱보가 덧붙였다. "농담 그만하시고, 아래층에 리무진이 기다리고 있고, 당신의 제트기는 보카공항에서 대기하고 있어요. 그러니 이 미친 집에서 빠져나가 제트기를 타고 재미있게 노는 게 어때요?"

기형 인간은 "나도 동의해요."라고 말했다. "제트기가 정말 멋지더군요. 캘리포니아에서 여기까지 오는 데 부인께서 돈을 얼마나 썼을까요?"

"잘 모르겠어요."라고 내가 말했다. "꽤 썼을걸요. 공작

---

59   논알코올 칵테일
60   마취 전 사용하는 모르핀 대용약제

부인이 싫어하는 게 하나 있는데, 싸게 사는 거예요."

두 사람 모두 웃었는데, 특히 뚱보 닥터 브래드는 웃음이 헤픈 것 같았다. "공작부인! 그거 아주 좋은데요! 그녀는 아름다운 숙녀이고 당신의 아내죠. 그녀는 당신을 정말 사랑합니다."

"그런데 왜 공작부인이라고 부르는 거죠?" 기형 인간이 물었다.

"음, 이야기하자면 길어요."라고 나는 말했다. "사실 그 별명에 내 지분은 거의 없어요. 그게 그러니까, 증권사를 하는 친구 브라이언한테서 온 거예요. 어쨌든 우리는 세인트 바트St. Bart에서 휴가를 보내고 전용기를 타고 집으로 돌아오는 길이었어요. 성탄절 전이었고, 우린 모두 술이 꽤 취해 있었죠. 브라이언은 아내의 맞은편에 앉아 있었는데, 갑자기 엄청나게 큰 방귀를 뀌며 말했어요. '이런, 젠장! 방금 방귀를 뀌면서 팬티에 스키드마크를 남긴 것 같아!' 아내가 그 말을 듣고 화가 나서 그에게 너무도 무례하고 역겹다고 말했죠. 그러자 브라이언은 '오, 실례했습니다. 베이리지의 공작부인께서는 절대 방귀도 안 뀌고 실크 팬티에 스키드마크 따위는 안 남기는 분이란 걸 몰랐습니다!'라고 말했어요."

"정말 웃기는군요." 뚱보 브래드가 말했다. "베이리지의 공작부인, 아주 좋은데요."

"아니, 아직 웃긴 부분이 아니에요. 그다음에 일어난 일이 정말 재미있어요. 브라이언은 자기가 한 농담이 너무 재미있다면서 배를 잡고 웃어대느라 공작부인이 들고 있던 잡지를 말아 쥐는 걸 못 봤죠. 그가 고개를 들 때, 아내가 자리에서 튀어나와 엄청난 힘을 가해 그의 머리를 잡지로 내리쳤어요. 거대한 철썩 소리가 났고, 브라이언은 곧바로 기절해버렸어요. 아내는 아무 일 없었다는 듯이 도로 앉아서 다시 잡지를 읽기 시작했죠. 브라이언은 그의 아내가 얼굴에 찬물을 한 컵 끼얹은 다음에야 깨어났어요. 그때 이후로 별명이 생긴 거예요."

"정말 대단한데요!"라고 기형 인간이 말했다. "부인은 천사처럼 생겼어요. 그런 일을 할 거라고 누구도 생각하지 못할 거예요." 뚱보도 동의한다는 듯 고개를 끄덕였다.

나는 눈을 굴렸다. "음, 당신은 그녀가 어떤 사람인지 잘 모르죠. 보기에는 안 그렇지만 마치 황소처럼 힘이 세요. 아내가 날 몇 번이나 때렸는지 아세요? 특히 물을 끼얹는 데는 선수예요." 나는 낄낄 웃었다. "오해하지는 마세요. 대부분 내가 맞아도 싼 경우예요. 그녀를 사랑하는 만큼 모범적인 남편이 되지는 못했어요. 하지만 아무리 그래도 아내라면 남편을 찾아왔어야 한다고 생각해요. 만약 그랬다면 이미 재활원에 갔을 텐데. 이렇게 인질로 잡혀 있는 게 싫어서 가고 싶지 않아요."

"저는 부인이 오고 싶어 했다고 생각해요."라고 뚱보 브래드가 말했다. "그런데 데니스 메이너드는 그러지 말라고 충고했어요."

"그럴 줄 알았어요." 나는 투덜거렸다. "그놈은 진짜 개자
식이에요. 모든 일이 해결되는 대로 한번 혼을 내야겠어요."

하지만 코미디 팀은 그 일에 관심이 없어 보였다. "제가
제안을 하나 해도 될까요?"라고 기형 인간이 물었다.

나는 고개를 끄덕였다. "물론이죠. 안 될 게 뭐 있어요?
나는 당신들이 좋아요. 내가 싫어했던 건 다른 지질한 놈이
에요."

그는 음흉하게 웃으며 주위를 둘러보았다. 그러고 나서
목소리를 낮춰서 말했다. "우선 우리가 여기에서 당신을 나
가게 하고 애틀랜타로 가서 재활원에 등록합시다. 그곳에
는 벽도, 기둥도, 철조망도, 우릴 막는 건 아무것도 없어요.
괴짜 의사들과 함께 호화로운 콘도에 머물게 되죠."

"그래요."라고 뚱보 브래드가 말했다. "일단 애틀랜타에
데려다주면 베이커 법령은 무효가 되고 당신은 자유예요.
조종사에게 공항에 머무르라고 해놓고, 재활원이 마음에
들지 않으면 그냥 가버리면 돼요."

나는 웃기 시작했다. "당신들은 믿을 수가 없어요! 내 마
음에 호소하려는 거죠, 그렇죠?"

"저는 당신을 재활원으로 데려갈 수만 있다면 무슨 일이
든 할 거예요."라고 뚱보 브래드가 말했다. "당신은 좋은 사
람이고, 반드시 살아야 하니까요. 마약중독으로 죽어서는
안 돼요. 하지만 치료하지 않으면 그렇게 되겠죠. 저를 믿

으세요. 경험에서 우러나오는 말이에요."

"당신도 재활 치료를 받았나요?" 내가 물었다.

"우리 둘 다 그래요."라고 기형 인간이 말했다. "저는 11년간 끊었어요. 브래드는 13년째고요."

"어떻게 그게 가능하죠? 사실 끊고 싶지만 안 됐어요. 난 13년은 꿈도 못 꾸고, 며칠 동안도 끊지 못했는데."

"당신은 할 수 있어요."라고 뚱보가 말했다. "13년 동안은 아니지만, 오늘은 잘해낼 거예요."

"그래요." 내가 말했다. "오늘은 버틸 수 있지만, 그게 다예요."

"그런 마음이면 충분합니다." 기형 인간이 말했다. "오늘이 가장 중요해요. 내일 무슨 일이 생길지 누가 알겠어요? 한 번에 하루만 성공하면 괜찮을 거예요. 그게 제가 하는 방식이죠. 나는 오늘 아침에 일어나서 '이런, 마이크. 평생 술을 마시고 싶은 충동을 억제하는 것이 중요해!'라고 말하지 않았어요. 다만 '세상에 마이크, 앞으로 24시간만 버티면 남은 인생이 알아서 할 거야.'라고 말했죠."

뚱보가 고개를 끄덕였다. "그 말이 맞아요, 조던. 당신이 지금 속으로 무슨 생각을 하고 있는지도 알겠어요. 어쩌면 그건 눈속임처럼 바보 같은 마음가짐일 뿐이죠." 그가 어깨를 으쓱하며 말을 이었다. "물론 그렇게 보일 수도 있지만, 저는 개인적으로 전혀 신경 쓰지 않았어요. 그 말이 효과가 있다는 것, 그것에만 집중했죠. 제가 새 삶을 찾았으니 당신도 그렇게 할 수 있을 겁니다."

나는 크게 숨을 들이마셨다가 천천히 내뱉었다. 이 두 사람이 마음에 들었다. 정말 좋았다. 그리고 정말로 마약을 끊고 싶었다. 아주 간절하게. 하지만 내 강박관념이 너무 강했다. 내 친구들은 모두 마약을 했고, 내 취미 또한 모두 마약과 연관되어 있었다. 그리고 내 아내는…음, 공작부인은 나를 만나러 오지 않았다. 비록 내가 그녀에게 끔찍한 행동을 하긴 했지만 내가 자살을 시도한 후에도 나를 보러 오지 않았다는 것은 결코 잊을 수 없을 것이다.

물론 공작부인의 입장에서는 나를 용서하지 않을 것이다. 그녀를 탓할 수는 없다. 그녀는 내게 정말 좋은 아내였는데, 나는 마약중독자가 되어 아내에게 못 할 짓을 했으니까. 나 나름의 이유가 있다고 해도 상황이 달라지지는 않을 것이다. 만약 그녀가 이혼을 요구하더라도 그녀 입장에서는 정당할 것이다. 나는 항상 그녀를 돌보고, 그녀를 사랑하고, 그녀가 좋은 삶을 살도록 해줄 것이다. 그녀는 내게 멋진 두 아이를 주었고, 이 모든 것을 계획한 사람이었다.

나는 뚱보 브래드의 눈을 똑바로 쳐다보며 천천히 고개를 끄덕였다. "이 지옥에서 나갑시다."

"그럼요."라고 그가 말했다. "그래야지요."

38 제3국의 화성인들

그곳은 얼핏 보기에 평범했다.

탤벗 마시 재활원은 조지아주 애틀랜타의 깨끗한 조경지에 자리 잡고 있었다. 사설 비행장에서 자동차로 10분 거리였고, 나는 탈출을 계획하는 데 600초를 소비했다. 사실 이미 조종사에게 어떤 상황에서도 내 허락 없이는 이륙하지 말라고 지시해두었다. 비용을 지불한 건 결국 공작부인이 아니라 나였으니까. 게다가 그들이 잠시 머물면 그들에게 약간의 추가 비용도 줄 것이었고. 그들은 내게 그렇게 하겠다고 약속했다.

리무진이 진입로에 들어서자, 나는 마치 죄수라도 된 것처럼 지형지물을 살폈다. 뚱보와 기형 인간은 내 맞은편에 앉아 있었다. 그리고 그들이 말한 대로 시멘트 담벼락, 철제 빗장이나 감시탑, 가시철조망 따위는 보이지 않았다.

조지아의 햇빛이 보라색과 노란색 꽃들, 매니큐어를 칠한 듯한 장미 덤불과 우뚝 솟은 참나무와 느릅나무에서 찬란한 빛을 내뿜고 있었다. 델레이메디컬센터처럼 오줌 지린내가 진동하는 복도와는 거리가 멀었다. 하지만 뭔가 좀 의아했다. 아마도 여기가 너무 멋있어서 그런가? 도대체 무슨 돈으로 마약 재활시설을 이렇게 훌륭하게 꾸밀 수 있는 걸까?

건물 앞에는 원형 하차장이 있었다. 리무진이 멈추자 뚱뚱한 브래드가 주머니에 손을 넣어 20달러짜리 세 장을 꺼냈다. "여기요. 당신에겐 돈이 없을 것 같아서 주는 것이니 선물로 생각하세요. 비행장까지 가는 택시비예요. 히치하이킹 안 해도 되겠죠? 어떤 마약중독자와 마주칠지는 아무도 몰라요."

"그게 무슨 말이죠?" 나는 시치미를 떼고 물었다.

"아까 조종사 귀에다 속삭이는 거 다 봤어요." 뚱뚱한 브래드가 말했다. "전 이 일을 오랫동안 해오면서 느낀 게 있어요. 만약 누군가가 술을 끊을 준비가 되어 있지 않다면 제가 억지로 강요할 수 없다는 거예요. 말을 물가로 데려갈 수는 있어도 어쩌고 하는 속담을 굳이 꺼내서 당신을 모욕하진 않겠어요. 어쨌든 당신을 여기까지 데리고 오는 동안 웃게 해줬으니 60달러를 주는 거예요." 그는 고개를 저었다. "당신은 정말 구제불능이군요."

그는 적당한 말을 찾듯이 잠시 멈추었다. "어쨌든, 저는 세상에서 가장 기괴한 일에 개입되었다고 말씀드릴 수 있겠네요. 어제 캘리포니아에서 지루한 컨벤션에 앉아 있었는데 데니스 메이너드에게 엄청난 전화를 받았죠. 그는 제게 백만장자를 남편으로 둔 멋진 모델에 대해 얘기했어요. 믿거나 말거나, 사실 처음에는 너무 먼 곳이라 망설였어요. 하지만 베이리지의 공작부인이 전화를 걸었을 때는 거절하지 않았고, 어느새 우리는 자가용 비행기를 타고 있더라고요. 그리고 당신을 만났고, 생애 가장 엄청난 여행이었어요." 그는 어깨를 으쓱했다. "제가 드릴 수 있는 말은, 당신과 부인에게 행운을 빈다는 것뿐이에요. 두 분이 계속 함께하길 바라요. 그러면 이야기는 멋진 결말이 되겠죠."

기형 인간이 동의하며 고개를 끄덕였다. "당신은 좋은 사람이에요, 조던. 절대 그걸 잊지 마세요. 10분 안에 빠져나가 다시 마약의 소굴로 돌아간다고 해도 당신의 본성은 절대 변하지 않아요. 그저 지독한 병 때문이죠. 악랄하고 교활한 중독이라는 병 말이에요. 난 세 번이나 여기에서 뛰쳐나왔고, 우리 가족은 다리 밑에서 거지로 살고 있는 나를 찾아냈어요. 정말 마음 아픈 일은, 가족이 나를 재활원에 데려다놓은 후에 내가 다시 탈출해서 다리로 돌아갔다는 사실이에요. 그게 이 병의 특징이에요."

나는 한숨을 크게 내쉬었다. "솔직하게 말할게요. 비행기를 타고 오는 동안에도 광기에 가득 찬 내 인생을 수없이 얘기했고 우리는 배꼽을 잡고 웃기도 했죠. 하지만 그동안에도 끊임없이 마약을 생각했어요. 내 마음 한구석에서 빌어먹을 용광로처럼 타올랐어요. 여기에서 나가자마자 퀘일루드 공급책한테 연락할까 생각했고. 뭐, 코카인은 끊을 수 있겠지만 퀘일루드 없이는 못 살 것 같아요. 퀘일루드는 이미 내 인생에서 너무 많은 부분을 차지하고 있어요."

"무슨 말인지 정확히 이해해요." 뚱보 브래드가 고개를 끄덕이며 말했다. "사실 나는 지금도 코카인에 대해서 당신과 똑같은 생각을 하고 있어요. 하고 싶은 충동이 생기지 않는 날이 하루도 없어요. 하지만 13년이 넘도록 끊었죠. 내가 어떻게 하는지 알아요?"

나는 웃었다. "알지, 이 뚱뚱한 양반아. 하루에 한 번씩, 맞죠?"

"아." 뚱뚱한 브래드가 말했다. "잘 배웠군요! 당신에게는 아직 희망이 있어요."

"예." 나는 중얼거렸다. "치료를 시작하죠."

우리는 차에서 내려 정문으로 통하는 짧은 콘크리트 길을 걸어갔다. 내부는 내가 상상했던 모습과는 딴판이었다. 매우 우아했다. 남성용 흡연실 같았는데, 화려한 카펫에 고급스러운 마호가니와 호두나무 원목 집기, 편안해 보이는 소파가 있었다. 책이 가득 꽂혀 있는, 골동품처럼 생긴 커다란 책장 맞은편에 등이 높은 가죽 클럽 의자가 있었다. 유난히 편안해 보여서 곧장 그리로 가서 털썩 주저앉았다.

아, 코카인과 퀘일루드에 취해 부글부글 끓지 않는 상태에서 편안하게 의자에 앉아본 게 얼마 만이지? 나는 이제 다리나 허리, 고관절 통증 따위는 전혀 없었다. 나는 심호흡을 했다. 기분 좋고 시원한 숨결이었다. 얼마 만에 맛보는 신선함인가? 9년이 다 되었다. 9년간 미친 듯이 살았어! 이런 젠장.

배고파! 나는 뭔가 먹고 싶은 생각이 간절했다. 과일 맛 시리얼만 빼고 몽땅.

뚱보가 다가와서 물었다. "기분이 어때요?"

"배고프군요."라고 내가 말했다. "당장 빅맥을 먹을 수 있다면 10만 달러라도 내겠어요."

"한번 알아볼게요."라고 그가 말했다. "마이크와 저는 서류를 작성할 게 있어요. 그런 다음 요깃거리를 가져다줄게요." 그는 미소를 지으며 걸어 나갔다.

나는 10초간 숨을 참았다가 심호흡을 한 번 더 했다. 내가 내 내면을 들여다보고 더는 마약을 해서는 안 된다고 생각한 바로 그 순간, 내 몸에서 마약을 갈구하던 충동이 나를 싹 떠나는 느낌이 들었다. 이제 그만하면 됐어. 마약은 끝났어. 이유는 모르겠지만 마약에 대한 욕구가 사라졌다. 앞으로 절대 마약 따위에는 손대지 않을 거야. 마치 오랫동안 머릿속에 켜져 있던 스위치를 반대쪽으로 돌려놓은 듯한 기분이었다.

나는 의자에서 일어나 대기실 반대편으로 걸어갔다. 뚱보 브래드와 기형 인간이 서류를 작성하고 있었다. 나는 주머니에 손을 넣어 60달러를 꺼냈다. "여기요." 뚱뚱한 브래드에게 말했다. "도로 받으세요. 여기에 있을게요."

그는 알겠다는 듯이 웃으며 고개를 끄덕였다. "잘됐군

요, 친구!"

그들이 떠나기 직전에 나는 말했다. "베이리지의 공작부인에게 연락해서 조종사한테 연락하라고 말해주세요. 그렇지 않으면 몇 주라도 기다리고 있을 테니까."

뚱보 브래드는 건배하는 시늉을 하면서 "자, 베이리지의 공작부인을 위하여!"라고 말했다.

"베이리지의 공작부인을 위하여!" 우리 모두 동시에 말했다.

그러고 나서 우리는 포옹을 주고받았고, 계속 연락하며 지내기로 약속했다. 하지만 그럴 수 없다는 걸 나는 알고 있었다. 그들은 제 몫을 다 했고, 이제 다음 환자를 찾아갈 것이다. 그리고 나는 이제 정신을 차려야 했다.

다음 날 아침, 새로운 종류의 광기가 시작되었다. 냉철한 광기였다. 9시쯤 일어났는데 기분이 상쾌했다. 금단증상도 숙취도 없었고, 약에 대한 강박도 없었다. 그렇다고 아직 재활 프로그램이 시작된 것은 아니었다. 나는 아직 해독 과정이었고, 프로그램은 내일부터라고 했다. 아침을 먹으려고 식당으로 가는 동안에도 마음 한구석에는 아직도 공작부인과 연락이 되지 않았다는 허전함이 자리 잡고 있었다. 어젯밤에는 올드브룩빌의 집으로 전화해서 권과 통화했다. 권은 아내가 집에 없다고 했고, 아이들과 통화하려고 전화를 한 번 했을 뿐 내 얘기는 꺼내지도 않더라고 했다. 그래서 나는 우리 결혼생활이 끝났다고 생각했다.

아침 식사 후 내 방으로 돌아오는데 뚱뚱해 보이는 한 남자가 큰 숭어를 집착하듯 들고 있는 모습이 어른거렸다. 우리는 공중전화에서 만났다. "안녕하세요." 내가 고개를 내밀어 인사했다. "조던이라고 합니다. 잘 지내나요?"

그는 조심스럽게 내 손을 흔들었다. "쉿!" 그가 눈을 이리저리 돌리며 말했다. "날 따라와요."

나는 고개를 끄덕이고 그를 따라 식당으로 들어갔다. 우리는 사람들에게서 멀찍이 떨어진 테이블에 앉았다. 아침이 시간에는 식당에 사람이 거의 없었고, 있는 사람들은 대부분 흰색 가운 차림의 직원들이었다. 나는 내 새 친구를 완전 미치광이라고 생각했다. 그는 나처럼 청바지에 티셔츠를 입고 있었다.

"난 앤서니Anthony예요."라고 말하며 손을 내밀었다. "당신이 어제 전용기를 타고 온 사람인가요?"

맙소사! 아무도 모르기를 바랐는데…. "네, 저였어요. 하지만 다른 사람들에겐 얘기 안 했으면 좋겠어요. 저는 그냥 눈에 띄지 않게 섞이고 싶어요. 이해하시죠?"

"그럼요. 저는 비밀을 잘 지킨답니다."라고 그는 중얼거렸다. "하지만 이곳에서는 비밀을 지키려면 특별한 행운이 있어야 해요."

좀 이상하게 들렸다. 조지 오웰George Orwell의 소설처럼. "아니 왜요?" 내가 물었다.

그가 다시 주위를 경계하면서 말했다. "여기는 아우슈비츠와 똑같아요." 그가 속삭이더니 내게 윙크했다.

나는 그 사람이 완전히 미친 것이 아니라 아마도 약간 이상하다고 생각했다. "왜 아우슈비츠 같은 곳이죠?" 나는 웃으며 물었다.

그는 두툼한 어깨를 으쓱했다. "나치 수용소처럼 끔찍한 고문을 당하니까요. 저기 직원들 보이죠?" 그는 머리로 직원을 가리켰다. "저놈들은 친위대예요. 기차가 당신을 이곳에 내려준 이상 영원히 벗어날 수 없어요. 노예 노동도 해야 하죠."

"대체 무슨 소리예요? 4주 프로그램으로 알고 있는데요."

그는 입술을 꽉 다물고 고개를 저었다. "당신에게는 그럴 수도 있겠지만 우리는 달라요. 당신은 의사가 아니죠?"

"네, 난 금융 계통에서 일했어요. 지금은 거의 은퇴했지만요."

"뭐라고요? 아직 애 같아 보이는데 은퇴를 했다고요?"

나는 웃었다. "전 애가 아니에요. 그건 그렇고, 왜 의사인지 물었어요?"

"여기 오는 거의 모든 사람이 의사이거나 간호사니까요. 저는 지압사예요. 당신 같은 사람은 몇 안 돼요. 다른 사람들은 대부분 의사 면허를 빼앗기고 여기에 와 있어요. 그래서 여기 직원들에게 약점이 잡혀 있죠. 이곳에서 완치되었다고 인정받지 못하면 면허증을 돌려받지 못하니, 빌어먹을 악몽이겠죠? 어떤 사람은 1년 넘게 이곳에 있는데도 면허증을 돌려받지 못했죠."

그는 심각한 듯 고개를 저었다. "이건 완전히 미친 짓이야. 어떻게든 직원들에게 잘 보이려고 별별 짓을 다 해요. 정말 지긋지긋해요. 당신은 아직 모를 거예요. 이곳에 있는 환자들은 마치 중독이 완치된 척하면서 로봇처럼 활발하게 돌아다녀요."

나는 이곳 전후 사정을 완전히 이해하고 고개를 끄덕였다. 직원들이 그런 권력을 가지고 있는 이런 엉망진창인 구조가 학대의 비법이었어. 고맙군, 나는 거기에 휘둘리지 않을 거야. "여자 환자들은 어때요? 핫한 사람 있어요?"

"딱 한 명." 그가 대답했다. "완전 죽여줘요. 10점 만점에 12점이에요."

기분이 좋아졌다! "오예, 어떻게 생겼어요?"

"그녀는 작은 금발에 몸매도 날씬한 55사이즈, 곱슬머리에다 얼굴도 완벽해요. 음, 정말 아름다워요. 진짜 죽인다니까요."

그 여자를 멀리해야겠다고 마음속으로 다짐하며 고개를 끄덕였다. 얘기만 들어도 완전히 문제 덩어리 같았다. "원장인 더그 탤벗Doug Talbot이란 사람은 어때요? 직원들이 전부 대단한 사람처럼 이야기하던데, 진짜인가요?"

"어떠냐고요?" 편집증적인 친구가 중얼거렸다. "그는 마치 아돌프 히틀러 같아요. 아니면 악명 높은 요제프 멩겔레 박사Dr. Josef Mengele**61**와 더 비슷할 수도 있겠네요. 당신과 다른 두 사람만 **빼고** 우리 모두의 약점을 꿰뚫고 있는 놈이 죠. 그래도 조심해야 해요. 가족을 이용할지도 모르니까요. 아마 당신을 이곳에 6개월간 잡아두지 않으면 마약중독이 재발해서 아이들을 불에 집어 던질지도 모른다고 부인에게 겁을 줄 거예요."

그날 저녁 7시쯤 아내를 찾으려고 집으로 전화를 해봤지 만 여전히 행방불명이었다. 그나마 권과 통화할 수 있었다. 나는 그녀에게 오늘 치료사를 만났고 강박적 지출 중독과 섹스 중독이라는 진단을 받았다고 설명했다. 둘 다 기본적 으로 사실이었고, 내 생각에는 둘 다 그렇게 나쁜 일이 아 니라고 생각했다. 나쁘든 아니든, 치료사는 나에게 금전 소 유와 자위행위를 제한할 거라고 했다. 돈은 자판기에서 쓸 만큼만 가지고 있고 자위는 며칠에 한 번만 할 수 있었다. 나는 후자의 제한이 내 명예지킴이라고 위안 삼았다.

나는 권에게 양말 속에 수천 달러를 집어넣고 UPS로 배 송하는 방법이 있는지 물어보았다. 그들에게 들킬 수도 있 겠지만, 어쨌든 이게 그녀가 할 수 있는 최소한의 일이라고 말했다. 금전적 제한보다 더 큰 문제가 될 것 같다는 걱정 도 조금 되긴 했지만, 자위 제한은 굳이 권에게 말하지 않

---

61   나치 강제수용소의 내과 의사. 수감자를 대상으로 생체실험을 한 것으로 악명 높다.

기로 했다. 결국, 나는 이제 겨우 4일째 마약을 끊었고, 이미 사소한 일에도 자연스럽게 발기가 되고 있었다.

더 슬픈 일은, 전화를 끊으려는데 챈들러가 전화기 앞으로 와서는 "엄마를 계단에서 밀어서 지금 애틀랜티카에 이쩌요?"라고 물었다는 사실이었다.

나는 대답했다. "그것도 한 가지 이유야, 엄지공주. 그렇지만 아빠는 그때 너무 아파서 아빠가 뭘 하고 있는지도 몰랐단다."

"아빠가 아직도 아프면 내가 다시 호오 해쥬까요?"

"그래주면 고맙지." 나는 슬픈 마음으로 대답했다. "엄지공주가 아빠하고 엄마 모두에게 호오 해주면 다 나을 거야." 눈시울이 뜨거워졌다.

"알아쪄요." 챈들러가 아주 진지하게 대답했다.

난 입술을 깨물며 울음을 참았다. "그럴 줄 알았어, 아가야. 고마워." 그런 다음 나는 딸아이에게 사랑한다고 말하고 전화를 끊었다.

그날 밤 잠자리에 들기 전에 나는 무릎을 꿇고 하나님께 기도했다. 채니가 호오 불어서 우리의 상처가 다 낫게 해달라고. 그러면 모든 게 다 괜찮아질 것 같았다.

다음 날 아침, 아돌프 히틀러의 환생을 만난다는 기대감에 눈을 떴다. 아니면 악명 높은 요제프 멩겔레 박사였나? 어쨌든 오늘 아침에는 정기 그룹 회의를 하기 위해 환자며 직원 모두 강당에 모였다. 칸막이가 없는 탁 트인 공간이었다. 120개나 되는 기다란 교회 의자가 커다란 원형으로 줄지어 있었고, 앞쪽에는 발표자가 마약중독에 대한 자신의 이야기를 할 수 있는 강연대 공간이 있었다.

나는 이제 마약에 중독된 의사와 간호사들(아니면 탤벗 화성에서 온 화성인쯤 되려나) 틈에서 또 다른 환자로 끼어 있었다. 이 순간, 모든 시선이 오늘의 발표자로 향했다. 커다란 덩치에 안쓰러워 보이는 40대 초반 여성이었고, 인생의 대부분을 향정신성 약물로 보낸 정신병자들에게서 흔히 볼 수 있는 심한 여드름이 나 있었다.

"안녕하세요." 그녀가 기어드는 목소리로 말했다. "저는 수전Susan이고요. 알코올과 마약 중독자예요."

나를 포함해 강당에 있던 모든 화성인이 "안녕, 수전!"이라고 충실하게 인사했다. 그녀는 얼굴을 붉히더니 쑥스러움에 고개를 숙였다. 아니면 여유를 부리는 걸까? 나는 그녀가 심한 수다쟁일 것이라고 확신했다.

잠시 침묵이 흘렀다. 수전은 대중 앞에서 발표하는 게 어색한 듯 주저하고 있었다. 아마도 그녀가 복용한 약물 때문에 뇌 신경이 파괴되어 그런 것 같았다. 수전이 생각을 정리하는 동안 나는 잠시 더그 탤벗을 쳐다봤다. 그는 직원 다섯 명과 함께 앉아 있었다. 짧고 하얀 머리에 50대 후반이나 60대 초반으로 보였다. 피부는 희고 푸석푸석했으며, 전기의자의 스위치를 켜기 전에 사형수를 바라보며 "나는 단지 당신을 위해 이 일을 하는 것뿐입니다!"라고 말하는 평범한 교도관이 생각나는 사각 턱에 무거운 표정을 짓고 있었다.

마침내 수전이 말을 이었다. "저는, 어, 약을 끊은 지 거의 18개월이 지났어요. 어, 더그 탤벗의 도움이 없었다면 이 일을 해낼 수 없었을 거예요." 그리고 그녀는 더그 탤벗 원장에게 정중히 고개를 숙였고, 청중은 일제히 일어서서 손뼉을 치기 시작했다. 나를 뺀 모두가. 100명이 넘는 화성인이 자신의 면허증을 돌려받으려고 애쓰는 모습에 깜짝 놀랐다.

탤벗 원장은 화성인들에게 손을 흔들고 나서 무시하듯 고개를 저었다. "오, 수전이 나를 부끄럽게 하는군요! 저는 그저 인간에 대한 사랑으로 이 일을 할 뿐입니다!" 그러나 나는 그의 충실한 직원들이 누가 충분히 크게 손뼉을 치지 않았는지 메모하고 있다고 의심했다.

수전이 계속 말을 이어나가자 나는 화려한 얼굴과 죽이는 몸매를 가진 곱슬머리 금발 여자를 찾으려고 이리저리 둘러보기 시작했다. 그녀는 내 맞은편 테이블 반대쪽에 앉아 있었다. 정말 아름다웠다. 그래, 저 여자구나. 그녀는 부드럽고 천사 같은 얼굴이었다. 공작부인처럼 조각 같지는 않았지만 그래도 아름다웠다.

갑자기 화성인들이 다시 벌떡 일어나 환호했고, 수전은 박수 소리에 당황하여 연신 고개를 숙여 인사했다. 그러더니 더그 탤벗 원장에게 다가가 허리를 굽히고 포옹을 했다.

하지만 그녀의 몸이 멀리 떨어져 있는, 그리 따뜻한 포옹은 아니었다. 멩겔레 박사의 몇 안 되는 생존 환자들도 지금처럼 잔혹한 모임에서 그를 격려했을 것이다. 이것은 인질들이 납치범을 동경해서 찾아오는 극단적인 현상의 일종인 스톡홀름 증후군Stockholm syndrome 같았다.

이제 직원 중 한 명이 말을 하기 시작했다. 이번에는 화성인들이 서 있을 때 나도 서 있었고, 다들 옆 사람의 손을 잡아서 나도 어쩔 수 없이 나란히 손을 잡았다.

우리는 다 같이 고개를 숙이고 A.A.의 구호를 외쳤다. "하나님, 제가 스스로 바꿀 수 없는 것을 받아들일 평온함을 주시고, 제가 스스로 바꿀 수 있는 것들은 행할 용기를 주시며, 그 차이를 깨달을 수 있는 지혜를 허락해주소서."

모두 손뼉을 치기 시작하자 나도 따라서 손뼉을 쳤다. 다만 이번에는 진심으로 손뼉을 쳤다. 결국 냉정한 집단임에도 불구하고 A.A.가 수많은 생명을 구하고 있다는 사실은 부인할 수 없었다.

강당 뒤쪽 긴 직사각형 테이블 위에 커피포트 몇 개와 쿠키, 케이크가 놓여 있었다. 그쪽으로 가고 있는데 누군가 나를 부르는 소리가 들렸다. "조던, 조던 벨포트 씨!"

뒤돌아서서 보니 -오, 신이시여!- 더그 탤벗 원장이었다. 그는 푸석푸석한 얼굴에 밝은 미소를 띠며 나를 향해 걸어왔다. 185센티미터 정도로 키가 컸지만 특별히 좋은 몸매는 아니었다. 고급스러워 보이는 파란색 스포츠 재킷과 회색 트위드 슬랙스를 입고 있었다. 그런 그가 나를 향해 손을 흔들고 있었다.

바로 그 순간, 나는 나를 쳐다보지 않는 척하는 105쌍의 눈을 느낄 수 있었다. 사실 직원들도 그런 척하고 있었으니 모두 150쌍의 눈이었다.

그는 손을 내밀고는 고개를 끄덕이며 말했다. "드디어 만났군요. 반갑습니다. 탤벗 마시에 오신 것을 환영합니다. 우린 마음이 잘 통할 것 같군요. 닥터 브래드한테 얘기 들었어요. 저도 이야기를 빨리 듣고 싶군요. 제 이야기도 몇 가지 있지만, 당신 이야기만큼 재미있진 않을 거예요."

나는 웃으며 새 친구와 악수를 했다. "저도 원장님에 대해 많은 얘기를 들었습니다." 나는 우스꽝스러운 말투를 쓰고 싶은 충동을 누르며 대답했다.

그는 내 어깨에 팔을 얹었다. "자, 잠깐 내 사무실로 가죠."라고 그가 따뜻하게 말했다. "오늘 오후 늦게 보내 드릴게요. 당신 거처를 언덕 위에 있는 콘도 중 한 곳으로 옮기고 있어요. 제가 모셔다드리지요."

나는 이곳 재활원에 심각한 문제가 발생했다는 것을 깨달았다. 절대자인 탤벗과 내가 아주 절친한 친구가 되었고, 모든 환자와 직원이 그 사실을 알게 된 것이다. 늑대는 재활원에서조차 날카로운 송곳니를 감출 수가 없게 되었다.

더그 탤벗은 괜찮은 사람이었고, 우리는 서로 전쟁과도 같았던 그동안의 일들을 주고받으며 좋은 시간을 보냈다.

사실 금방 깨달은 사실인데, 치료 중인 마약중독자는 거의 모두 "누가 더 심한 중독자인가?" 하는 대결을 하고 싶어 하는 병적인 욕망이 있었다. 분명한 것은 더그 탤벗이 자신이 심각하게 밀린다는 것을 깨닫는 데 그리 오랜 시간이 걸리지 않았고, 내가 칼로 가구를 찌르는 부분에 이르러서는 이미 졌다고 생각했을 것이라는 점이다.

그는 화제를 바꾸어 자신이 재활원을 운영하게 된 과정을 설명하기 시작했다. 그리고 자신이 얼마나 훌륭하게 운영하고 있는지를 보여주는 서류를 몇 개 건네줬다. 집중하기가 힘들었지만 그래도 열심히 읽었다. 월스트리트에 관한 한 내 머릿속에 아이디어가 많이 떠오르곤 했는데, 그의 서류를 보면서는 이전처럼 빠릿빠릿하게 머리가 돌아가지 않았다.

잠시 후 우리는 그의 검은 메르세데스에 올랐고, 그는 나를 콘도까지 데려다주었다. 재활원 바로 아래쪽이었다. 실제로 탤벗 마시의 소유는 아니었지만 단지를 운영하는 관리 회사와 계약을 맺었고, 방 50개 가운데 3분의 1은 탤벗의 환자들이 차지하고 있었다. 또 다른 돈벌이 수단이로군.

메르세데스에서 내릴 때 탤벗 원장이 내게 말했다. "내 도움이 필요하거나, 직원이나 환자 중 누가 불편하게 하면 알려주세요. 제가 바로 처리하겠습니다."

4주가 지나기 전에 그럴 가능성이 99퍼센트라고 확신하면서 그에게 고맙다고 전했다. 그런 다음 나는 사자 굴로 향했다.

타운하우스마다 개별 아파트가 6채 있었고, 내 방은 2층에 있었다. 짧은 계단을 올라가니 현관문이 활짝 열려 있었다. 룸메이트 두 명이 싸구려 원형 식탁에 둘러앉아 스프링 노트에 미친 듯이 뭔가를 쓰고 있었다.

"안녕하세요, 조던입니다. 만나서 반가워요."

그들이 자기소개도 하기 전에 큰 키에 40대 초반 남자 금발이 다짜고짜 물었다. "탤벗 원장이 뭐래요?"

옆에 있던 잘생긴 다른 룸메이트는 "반가워요. 그런데 더 그 탤벗은 어떻게 알아요?"라고 덧붙였다.

나는 그들에게 미소를 지으며 말했다. "나도 만나서 반가워요." 그러고는 말없이 그들을 지나 침실로 들어가 문을 닫았다. 안에는 침대가 세 개 있었는데 그중 하나는 엉망진창인 상태였다. 나는 그 옆에 여행 가방을 팽개쳐놓고 침대에 걸터앉았다. 방의 반대편에는 값싼 나무 받침대 위에 싸구려 TV가 있었다. 나는 재빨리 TV를 켜고 뉴스를 틀었다.

1분쯤 후에 룸메이트들이 들어왔다. 금발이 "낮에 TV를 보는 건 좋지 않아요."라고 말했다.

잘생긴 사람도 이어 말했다. "치료에 방해가 된다고요. 그건 올바른 생각이 아닌 것 같아요."

옳은 생각? 염병! 내 정신이 얼마나 미쳤는지만 알면 되지, 무슨! "음, 내 병을 걱정해주는 건 고맙지만 난 일주일째 TV를 못 봤어요. 그러니까 내 머리에 신경 쓰지 말고 자신의 병이나 걱정하는 게 어때요? 치료가 잘못되든 말든 난 TV를 봐야겠어요."

"그런데 무슨 의사예요?" 금발이 물었다.

"난 의사가 아녜요. 그런데 저 전화기는 뭐죠?" 나는 나무 탁자 위에 있는 황갈색 전화기를 가리켰다. 그 위로 때에 절어 있는 조그만 직사각형 창문이 보였다. "우리가 사용할 수 있는 건가요, 아니면 저것도 치료에 방해되는, 옳지 못한 생각인 건가요?"

"아니, 사용할 수 있어요."라고 잘생긴 사람이 대답했다. "하지만 수신자 부담만 가능해요."

나는 고개를 끄덕였다. "당신은 무슨 의사예요?"

"난 안과 의사였지만 지금은 면허를 잃었어요."

"당신은요?" 히틀러 청년단의 일원 중 한 명이 틀림없어 보이는 금발에게 물었다. "당신도 면허를 잃었나요?"

그는 고개를 끄덕였다. "난 치과 의사이고, 면허를 잃을 만도 했어요." 말투가 마치 로봇 같았다. 그는 "지독한 병에 걸려서 치료가 필요해요. 탤벗 마시의 직원들 덕분에 지금은 많이 회복했어요. 완치되어서 의사 면허를 다시 찾으려고 노력하고 있어요."라고 말했다.

나는 이해가 안 된다는 듯이 고개를 저었다. 그러고 나서 전화기로 다가가 올드브룩빌로 전화를 걸었다.

"5분 이상 통화하는 건 치료에 방해가 돼요. 회복에 좋지 않아요." 치과 의사가 말했다.

안과 의사는 "직원들이 전화 사용에 대해서 당신을 제재할 거예요."라고 덧붙였다.

"오, 진짜요?" 내가 물었다. "그들이 어떻게 알아낼 수 있죠?"

둘 다 눈썹을 치켜올리고 모르는 척 어깨만 으쓱했다.

나는 그들에게 썩은 미소를 날렸다. "저, 실례해요. 전화를 몇 통 해야 해서요. 한 시간 정도 걸릴 거예요."

금발은 시계를 보며 고개를 끄덕였다. 두 사람은 식당으로 향했고, 다시 치료에 전념했다.

잠시 후 권이 전화를 받았다. 우리는 따뜻한 인사를 주고받았고, 그녀가 속삭였다. "양말에 1,000달러를 넣어 보냈어요오. 아직 못 받았어요오?"

"아직." 내가 말했다. "내일 오겠죠. 그런데 중요한 건 권, 네이딘을 위해 거짓말할 필요는 없어요. 네이딘은 지금 집에 있으면서 내 전화를 받으려 하지 않는다는 것도 알지만 괜찮아요. 내가 전화했다는 말도 하지 말아요. 매일 아침 8시쯤 전화할 테니까 아이들 바꿔주고요. 알았죠?"

"네, 좋아요오. 사장님 부부께서 이전처럼 자알 지내시면 좋겠어요오. 여기는 너무 조용해서 슬퍼요오."

"나도 역시 그러길 바라요, 권. 정말 그러길요." 권과 조금 더 얘기를 나누고 전화를 끊었다.

그날 밤 9시 직전에 탤벗 마시의 광기를 처음으로 받아들였다. 거실에서 타운하우스의 모든 환자를 위한 모임이 열렸는데, 낮 동안 쌓인 분노나 스트레스를 다른 사람들 앞에서 푸는 방식이었다. A.A.의 10단계 프로그램과 관련이 있어서 '10단계 미팅'이라고 불렀다. 그러나 내가 A.A.의 책자를 집어 들고 10단계를 읽었을 때 −개인의 실천 목록을 적고 실패했을 때, 그것을 즉시 인정하는 것이었다.− 나는 이 모임이 그것에 어떻게 적용되는지 전혀 상상할 수 없었다.

어찌 됐든 우리 여덟 명은 동그랗게 둘러앉아 있었다. 뚱뚱한 40대 초반 대머리 남자 의사가 발표를 시작했다. "스티브입니다. 아, 저는 알코올중독에다 마약중독, 거기에다 섹스중독자입니다. 오늘로 42일째 맨정신으로 살고 있습니다."

다른 의사 여섯 명은 "안녕하세요, 스티브."라고 말했다. 그들은 내가 잘 알지 못했다면, 그들이 오늘 스티브와 처음 만났다고 맹세했을 정도로 아주 즐겁게 인사했다.

스티브가 말했다. "오늘 딱 한 가지 분노를 느꼈는데, 그건 조던에 대한 것입니다."

"내게요?" 나는 깜짝 놀라서 소리쳤다. "오늘 난 당신에게 두 단어도 말을 안 했는데 어떻게 분노를 느낄 수 있죠?"

치과 의사가 내게 말했다. "조던, 당신은 자신을 방어할 수 없어요. 이 모임은 그런 취지가 아니에요."

"실례했군요." 내가 중얼거렸다. "이 미친 미팅의 취지가 뭐죠? 아무리 생각해도 난 모르겠어요."

그들은 마치 나를 모자라는 놈 보듯이 일제히 고개를 저었다. 나치 치과 의사가 말했다. "분개심을 품는 것이 치료를 방해할 수 있어요. 그래서 우리는 매일 모여서 낮에 쌓였을지도 모르는 분노를 토로하는 겁니다."

무리를 바라보니 그들 모두 입꼬리를 낮추고 진지한 표정으로 현명한 척 고개를 끄덕이고 있었다.

나는 불만스러워서 고개를 저었다. "그럼, 스티브가 왜 내게 화났는지 들을 수 있을까요?"

그들은 모두 고개를 끄덕였고, 스티브는 말했다. "탤벗 원장과의 관계에 대해서 화가 났어요. 우리는 모두 몇 달간, 일부는 일 년 가까이 여기에 있었지만 우리 중에서 누구도 탤벗 원장과 대화를 나눈 적이 없어요. 게다가 당신은 벤츠에 태워 데려다줬잖아요."

나는 스티브의 면전에서 웃기 시작했다. "그래서 날 원망하는 겁니까? 빌어먹을 벤츠에 태워 나를 데려다줘서요?"

그는 고개를 끄덕이다가 인정한다는 듯이 고개를 떨궜다. 몇 초 후 모임의 다른 의사가 같은 방식으로 자기를 소개하더니 말했다. "나도 당신이 여기에 자가용 비행기를 타고 온 게 화가 나요. 나는 뭘 사 먹을 돈도 없는데, 당신은 전용기를 타고 다니잖아요."

둘러보니 모두가 동의하며 고개를 끄덕이고 있었다. "그 외에 나를 원망하는 다른 이유가 있나요?"

그는 "네, 탤벗 원장과의 관계에 대해서도 원망스러워

요."라고 말하더니 고개를 더 끄덕였다.

그러자 다음 의사도 자신을 알코올과 마약, 음식 중독자라고 소개하고는 똑같이 말했다. "나 또한 한 가지 화나는 일이 있는데, 그건 조던에 대한 거예요."

"이런, 의존증 환자들."이라고 나는 중얼거렸다. "정말 놀랍군요! 그 이유를 좀 재치 있게 설명해주실 분?"

그는 입술을 꾹 깨물었다. "당신은 탤벗 원장과 친하기 때문에 이곳의 규칙을 따르지 않아도 불이익이 없을 테니까요."

둘러보니 모두가 동의하며 고개를 끄덕이고 있었다.

한 사람 한 사람, 환자 일곱 명이 모두 똑같이 나에 대한 불만을 털어놓았다. 드디어 내가 말할 차례가 되었다.

"안녕하세요. 조던입니다. 나는 알코올중독에 퀘일루드와 코카인, 자낙스, 모르핀, 발륨, 클로노핀, GHB, 마리화나, 페르코셋, 메스칼린에 중독되어 있어요. 그리고 고급 창녀, 중급 창녀, 가끔 나 스스로에게 벌을 주고 싶을 때 찾는 길거리 창녀까지 포함해서 모든 것에 중독되어 있죠. 가끔 오후에 한국식 마사지를 받는데, 어린 한국 여자애가 베이비오일을 발라주면서 자위를 도와주죠. 만약 내 엉덩이를 핥아주면 몇백 달러를 추가로 주겠다고 했지만 언어 장벽 때문에 그건 잘 안 됐어요. 어쨌든, 나는 내가 정한 원칙에 따라 콘돔은 쓰지 않아요. 지금 5일째 마약과 섹스를 완전히 끊은 상태라서 계속 발기 상태로 돌아다니고 있어요.

아내가 너무 보고 싶고 여러분에게 사진이라도 보여주고 싶지만, 그러면 여러분이 더 심하게 나한테 분노를 느낄 것 같아서 참겠어요." 나는 어깨를 으쓱했다.

"어쨌든 저는 여러분 모두가 삶의 좌절감을 제게 털어놓으려 하는 것이 원망스럽군요. 여러분이 정말 중독에서 해방되고 싶다면 밖을 보지 말고 안을 들여다보세요. 왜냐하면 여러분 모두 인간성을 완전히 망신 주고 있거든요. 그나저나 한 가지는 여러분의 말이 옳아요. 제가 탤벗 원장과 친하다는 사실이에요. 그러니 나에 대한 헛소리를 직원들에게 할 때 행운을 빌어요." 그리고 일어나며 "실례합니다. 전화를 몇 통 해야겠어요."라고 말했다.

내가 가장 좋아하는 치과 의사가 말했다 "아직 당신의 세부 작업에 대해 논의해야 해요. 각 사람이 한 구역씩 청소해야 하거든요. 이번 주에는 화장실로 정해놓았어요."

"그렇게 생각하지 않는데요. 내일부터 가정부 서비스가 시작될 테니, 그녀에게 이야기하세요." 나는 이렇게 말하고 침실로 들어가 문을 쾅 닫고는 앨런 립스키에게 전화를 걸어 탤벗 화성인들의 미친 짓에 대해 이야기했다. 우리는 15분간 웃고 나서 옛날이야기를 시작했다.

전화를 끊기 전에 공작부인의 소식을 물었더니 전혀 없다고 했다. 나는 슬퍼져서 전화를 끊었다. 이제 거의 일주일이 지났지만 그녀는 감감무소식이었다. TV라도 틀어놓고 자려고 했지만 여느 때처럼 잠이 잘 오지 않았다. 결국 자정 무렵에야 겨우 잠들 수 있었다. 며칠째 마약 없는 맨 정신에다 맹렬한 발기 상태로.

다음 날 아침 8시 정각에 올드브룩빌로 전화를 걸었다. 첫 벨이 울리고 전화를 받았다.

"여보세요?" 공작부인이 부드럽게 말했다.

"다, 당신이야?"

"네, 저예요." 동정적인 목소리였다.

"어떻게 지냈어?"

"저는 괜찮아요. 잘 버티고 있는 것 같아요."

나는 천천히 크게 숨을 내쉬고는 말했다. "아이들 목소리를 들으려고 전화했어. 아이들 옆에 있지?"

"왜 그래요?" 그녀가 슬픈 듯 말했다. "나랑 얘기하기 싫어요?"

"아니, 당연히 얘기하고 싶지! 당신과 이야기하는 것보다 더 기다려온 건 없어. 그저 당신이 나와 얘기하고 싶어 하지 않는다고 생각했어."

아내는 친절한 목소리로 말했다. "아니, 그렇지 않아요. 나도 당신과 얘기하고 싶어요. 좋든 싫든 당신은 제 남편이잖아요. 이게 더 안 좋은 부분인 거 같아요, 그죠?"

나는 눈물이 차올랐지만 꾹 참았다. "무슨 말을 해야 할지 모르겠어, 여보. 정말…그 일은 정말 미안해. 나는… 난…."

"그만." 아내가 말했다. "사과하지 말아요. 무슨 일이 있었든 이해하고 용서할게요. 용서란 쉬운 거잖아요. 잊어버리는 것과는 다르지만요." 그녀가 멈칫했다. "하지만 전 당신을 용서했고 우리 관계도 계속되었으면 해요. 우리 결혼이 이전처럼 되도록 노력하고 싶어요. 이 모든 일에도 불구하고 여전히 당신을 사랑해요."

"나도 당신을 사랑해." 나는 눈물을 흘리며 말했다. "당신이 아는 것보다 더 많이. 여보, 무슨 말을 해야 할지 모르겠어. 어떻게 된 일인지…난 몇 달간 잠을 못 잤고," 나는 잠시 심호흡을 했다. "내가 뭘 하고 있는지 몰랐어. 모두 흐릿해."

"나도 당신만큼 잘못이 있어요." 그녀가 친절하게 말했다. "당신이 자살하는 것을 보고도 나는 가만히 서 있기만 했어요. 그게 당신을 돕는 길이라 생각했지만 알고 보니 반대였어요. 나도 몰랐어요."

"당신 탓이 아니야. 모두 내 잘못이야. 아주 오랫동안 천천히 진행되는 바람에 그 지경인 줄은 꿈에도 몰랐어. 어느새 내가 통제 불능이 되어 있었어. 난 항상 내가 강하다고 생각했는데, 마약이 훨씬 더 강했던 거야."

"아이들이 당신을 보고 싶어 해요. 나도 보고 싶고요. 그동안 당신과 얘기하고 싶었지만 데니스 메이너드가 당신의 몸에서 마약이 완전히 빠져나갈 때까지 기다리라고 했어요."

그 쥐새끼 같은 놈! 콱 밟아버리고 말겠어! 나는 마음을 가라앉히려고 심호흡을 했다. 공작부인과 통화하면 절대로 화를 내지 않으려고 결심했었다. 나는 그녀에게 내가 이성 적이라는 사실을 증명해야 했고, 마약이 나를 영구적으로 변화시키지는 않았다는 걸 보여줘야 했다.

"저기," 나는 침착하게 말했다. "당신이 나중에 그 두 의 사를 보내길 정말 잘했어. 나는 데니스 메이너드가 너무 마 음에 안 들어서 그놈 때문에라도 재활센터-정신병원이라 는 단어를 쓰지는 않겠다.-에 가지 않겠다고 생각했어. 그 사람에게 뭔가 이상한 점이 있었어. 뭔가 당신에게 호감이 있는 거 같았어." 나는 아내가 나한테 미쳤다고 말할 거라 고 생각하며 반응을 기다렸다.

그녀가 웃었다. "당신이 그런 말을 하다니 웃겨요. 왜냐 하면 로리도 같은 생각을 했다는 거예요."

"진짜야?" 나는 분노에 차서 소리쳤다. "나는 내가 편집 증이라서 그렇게 느끼는 줄 알았어!"

"나는 모르겠어요." 다정한 공작부인이 말했다. "처음에 는 너무 충격에 빠져서 정신을 못 차렸는데, 나보고 영화 보러 가자고 해서 좀 지나치다고 생각했어요."

"같이 갔어?" 그놈 거시기를 잘라버려야겠군.

"아니, 당연히 안 갔죠! 그가 나한테 그러는 건 부적절하 잖아요. 어쨌든, 그는 다음 날 떠났고 그게 끝이에요."

"그런데 왜 날 보러 병원에 오지 않는 거야? 당신이 너무

보고 싶어. 온통 당신 생각만 하고 있어."

한동안 침묵이 흘렀지만 나는 기다렸다. 아내의 대답을 들어야 했다. 아직도 나를 사랑하는 이 여자, 내 아내가 도 대체 내가 자살까지 시도했는데 왜 오지 않았는지 궁금했다. 그건 말이 안 된다.

잠시 후 그녀는 "처음에는 계단에서 일어난 일 때문에 무서웠어요. 설명하기는 어렵지만, 당신은 그날 뭔가에 홀린 듯 완전히 다른 사람 같았어요. 정말로요. 다음에는 데니스 메이너드가 당신이 재활원에 가기 전에는 절대 만나서는 안 된다고 했어요. 그게 옳은지 그른지 몰랐어요. 전문가의 얘기니까 그냥 따랐죠. 지금은 당신이 재활원에 간 게 중요해요, 그렇죠?"

아니라고 말하고 싶었지만 지금은 말다툼을 시작할 때가 아니었다. 평생 그녀와 말다툼을 할 시간이 있으니 말이다. "그래, 난 여기에 있고 이게 가장 중요하지."

"금단증상은 어때요?" 그녀가 화제를 바꾸며 물었다.

"금단증상을 느낀 적이 없어. 당신은 못 믿겠지만 여기에 들어오는 순간 마약을 하고 싶은 충동이 완전히 사라졌어. 대기실에 앉아 있는데 갑자기 강박이 나를 떠났어. 어쨌든 여기는 좀 이상해. 나를 맨정신으로 되돌리는 건 재활원이 라는 시설이 아니라 내 마음인 것 같아."

"그래도 28일 동안 거기에 있을 거죠?" 아내가 살짝 긴장한 투로 말했다.

나는 부드럽게 웃었다. "그럼, 걱정하지 마, 여보. 여기에 있을 거야. 난 그동안의 모든 광기 어린 삶에서 휴식이 필요해. A.A.는 참 괜찮더라고. 거기에서 발간한 책을 읽었는데 정말 놀라웠어. 집에 가서도 재발하지 않도록 정기적으로 참석할 거야."

우리는 그 후에도 30분간 통화를 했고, 대화가 끝날 때쯤 나는 공작부인이 내게로 돌아온 것을 확신했다. 그럴 줄 알았어. 그녀가 진짜 돌아왔어. 나는 그녀에게 지금 내 발기 상태를 이야기했고 그녀는 내가 집에 도착하자마자 그 부분을 해결해주겠다고 약속했다. 나는 그녀에게 나와 전화 섹스를 할 수 있냐고 물었지만 그녀는 거절했다. 그래도 나는 그녀를 계속 설득할 것이고, 결국에는 받아주리라 믿었다. 우리는 서로 사랑한다는 말을 주고받았다. 전화를 끊기 전에 나는 앞으로 하루 세 번씩 전화하겠다고 말했다.

며칠이 별일 없이 지났고, 나는 맨정신으로 일주일을 보냈다.

우리는 매일 몇 시간씩 체육관에 갈 수 있었다. 나는 재빨리 치료에 열심인 환자인 척했다. 1년 넘게 탈벗 마시에서 근무한 의사 중 한 명―환자가 진찰대 위에 있는 동안 자신을 마취시키는 습관이 있었던 마취과 의사―이 차를 내주었다. 그것은 회색 토요타 해치백에 불과했지만 차를 구하겠다는 목적은 달성한 셈이었다.

체육관까지는 10분쯤 걸렸다. 나는 회색 아디다스 반바지와 러닝셔츠를 입고 오른쪽 뒷좌석에 앉아 있었는데, 갑자기 심하게 흔들렸다. 아마도 4기통 엔진에서 오는 진동이나 도로의 요철 때문일 것이다. 그때 뭔가 내 허리에 충격을 주어 피를 돌게 만들었는데, 바위처럼 크고 단단한 발기가 일어났다. 속옷에 눌려 있어서 다시 조정해야 할 정도였다. 여러 사람을 미치게 하지 않으려면.

나는 반바지 앞자락을 내리고 화성인들에게 내 성기를 보여주면서 "이것 좀 봐."라고 말했다.

그들은 모두 돌아서서 응시했다. 내 생각에는 좋아 보였다. 내가 비록 키는 작았지만, 하나님은 내 거시기에 축복을 내리셨다. "하나도 초라하지 않아!" 나는 내 페니스를 움켜쥐고 몇 번 튕기면서 의사 친구들에게 말했다. 그런 다음 그것을 내 배에다 툭툭 쳤고, 꽤 기분 좋은 쿵 소리가 났다.

마침내 네 번째 쿵 소리가 나자 모두가 웃기 시작했다. 탤벗 마시에서는 보기 드문 저질스러운 순간이었다. 남자들 간에, 화성인 간에 평범한 사회적 미덕이 벗겨질 수 있고, 동성애 혐오증을 완전히 날려버릴 수 있고, 남자가 진짜 남자일 수 있는 순간이었다. 남자여! 나는 그날 오후에 운동으로 개운하게 몸을 풀었고, 그 외의 시간은 별일 없이 지나갔다.

다음 날 점심 식사 직후에 어마어마하게 지루한 집단치료를 시작했다. 상담 의사가 나를 불렀다.

2분 뒤 우리는 그녀의 작은 사무실에 앉아 있었는데, 그녀가 나를 뚫어져라 쳐다보면서 마치 대심문관처럼 물었다. "요즘은 어때요, 조던?"

나는 입꼬리를 낮추고 어깨를 으쓱하며 말했다. "괜찮은 것 같아요."

그녀는 미소를 지으며 조심스레 물었다. "최근에 어떤 충동을 느꼈나요?"

"아니요, 전혀." 내가 말했다. "마약에 대한 충동은 1부터 10점까지라면 0점이에요. 그보다 낮을 수도 있고요."

"오, 그거 정말 잘됐네요, 조던. 아주 아주 좋아요."

대체 뭐라는 거지? 내가 뭔가 중요한 걸 놓치고 있음을 깨달았다. "음, 뭔가 좀 혼란스럽네요. 내가 마약 충동을 느낀다고 누가 말했나요?"

"아뇨, 아뇨." 그녀가 고개를 저으며 말했다. "그것과는 아무 상관이 없어요. 당신이 최근에 마약 말고 다른 충동을 느꼈는지 궁금해서요."

나는 무슨 충동을 느꼈나 싶어 기억을 되짚어봤지만 아무것도 없었다. 다만 이곳에서 벗어나 집에 가서 한 달 내내 그녀와 자고 싶은 충동만은 분명했다. "아니요. 그런 건 전혀 없어요. 다만 아내가 너무 그립고, 집에 가서 아내와 함께 있고 싶죠."

그녀는 입술을 오므리며 천천히 고개를 끄덕이다가 "혹시 공공장소에서 자신을 드러내고 싶은 충동이 있었나요?"라고 말했다.

"뭐라고요?" 깜짝 놀라서 내가 소리를 질렀다. "무슨 소리예요? 내가 무슨 발정 난 개입니까?" 나는 경멸에 차서 고개를 저었다.

"글쎄요." 그녀가 엄숙하게 말했다. "오늘 다른 환자 세 명이 각각 불만 사항을 접수했는데, 그들 모두 당신이 그들에게 노출했다고 말했어요. 당신이 그들의 면전에서 반바지를 내리고 자위행위를 했다고 말입니다."

"그건 완전히 헛소리예요." 나는 발끈했다. "일부러 확 돌려서 보여준 게 아니에요. 그냥 거시기를 몇 번 잡아당겼다가 배에 부딪혀서 나는 소리를 들은 거예요. 그게 다예요. 그게 뭐 큰일인가요? 내 고향에서는 남자들끼리 나체는 그리 큰 흠이 아니에요." 나는 고개를 저었다. "그냥 장난을 좀 친 거예요. 여기 재활센터에 들어온 후에 내 거시기가 마약에서 깨어나는 것 같아요. 그런데 그게 다른 사람들을 괴롭히는 거라면 다음 몇 주 동안 뱀을 우리에 가둬둘게요. 별일 아니에요."

그녀는 고개를 끄덕였다. "음, 당신이 한 행동이 다른 환자들에게 충격을 줬다는 걸 알아야 해요. 현재 이들은 매우 힘들게 회복해가고 있는데, 갑작스러운 충격을 받고 다시 마약에 손댈 수도 있으니까요."

"정신적 충격이라고 말한 거예요? 젠장, 과장이 심하군요. 내 말은, 참나! 그들은 다 큰 어른이에요! 내 거시기를 본다고 어떻게 정신적 충격까지 받아요? 혹시 그들 중에서 빨고 싶어 하지 않았다면 말이에요. 그렇게 생각하세요?"

그녀는 어깨를 으쓱했다. "글쎄요."

"감히 말하자면 그 차에 있던 누구도 정신적 충격을 받지 않았어요. 그냥 남자들끼리의 시간이었어요. 그런데도 그들이 나를 비난한다면 그건 직원들에게 자신이 규칙도 잘 따르고 치료도 잘 받고 있다는 사실을 증명하려는 이유일 거예요. 그래야 어떻게든 의사 면허를 되찾을 수 있을 테니까요. 내 말이 틀려요?"

그녀가 고개를 끄덕였다. "맞는 말이에요."

"아, 그런 사실을 알고 있었다는 말이군요."

"그럼요, 잘 알지요. 그리고 그들이 당신을 신고했다는 사실 때문에 그들의 회복 상태에 대해 심각하게 의문을 품게 됩니다." 그녀의 입가에 가벼운 미소가 떠올랐다. "어쨌든 당신의 행동이 부적절했다는 사실은 변하지 않아요."

"그건 알았어요." 내가 중얼거렸다. "앞으로는 그런 일 없을 거예요."

"그럼, 됐어요."라고 말하면서 그녀는 뭔가 타이핑이 되어 있는 서류를 내게 건넸다. "이 서류는 행동 서약서인데, 서명만 해서 돌려주세요. 다시 공개하지 않기로 동의한다는 내용이에요." 그녀는 내게 펜을 내밀었다.

"엿을 먹이는군요."

그녀는 고개를 저었다. 나는 계약서를 읽으면서 웃기 시작했다. 몇 줄에 불과했고, 그녀가 말한 대로 적혀 있었다.

나는 어깨를 으쓱하고 사인을 한 다음 의자에서 일어나 문으로 향했다. "이게 다인가요? 사건 종결?"

"네, 사건 종결되었습니다."

치료를 받으러 돌아가면서 '이건 아닌데.' 하는 이상한 느낌을 받았다. 이 탤벗 화성인들은 정말 이상한 사람들이었다.

다음 날, 또 다른 원탁회의 시간이었다. 다시 한번 강당에는 모든 화성인 105명과 탤벗 마시 직원 10여 명이 큰 원형 대열로 앉아 있었다. 탤벗 원장은 보이지 않았다.

그래서 나는 눈을 감고 말더듬이 발표자의 얘기를 들을 준비를 했다. 잠에 취해 있다가 어느 순간 "…여러분이 대부분 알고 있는 조던 벨포트입니다."라는 말을 들었다.

나는 눈을 떴다. 내 담당 치료사가 어느 순간 회의를 맡았고, 지금은 내 얘기를 하고 있었다. 왜지? 궁금했다.

"그래서 오늘 초청 연사를 하는 것보다 조던이 자신의 그룹과 어떤 일이 있었는지 공유한다면 더 좋을 것 같습니다."라고 상담사가 말했다. 그녀는 잠시 말을 멈추고 내 쪽을 바라보았다. "얘기를 좀 나눠줄래요, 조던?"

멋진 금발 곱슬머리를 한 셜리 템플Shirley Temple을 포함해서 모든 화성인의 시선이 내게 쏠렸다. 내 치료사가 나더러 이야기하길 바라는 것이, 내가 성적 일탈자인 것과 관련이 있다는 의심이 조금 들긴 했지만 나는 여전히 무슨 이야기를 해야 할지 판단이 안 섰다.

나는 자리에서 몸을 앞으로 수그린 채, 치료사를 올려다보며 어깨를 으쓱했다. "나는 워낙 많은 얘깃거리를 갖고 있으니까 여러분이 원하는 어떤 얘기도 할 수 있어요. 무슨 얘기를 하면 좋겠어요? 한번 골라보세요."

그러자 화성인 105명의 고개가 모두 치료사를 향했다. 마치 우리 둘이 테니스 시합을 하는 것 같았다. "음." 그녀는 치료하듯이 말했다. "당신은 원하는 모든 것에 대해 자유롭게 말할 수 있어요. 매우 안전한 장소니까요. 하지만 며칠 전 체육관으로 가던 차 안에서 있었던 일부터 시작하는 게 어떨까요?"

화성인들은 내게로 고개를 돌렸다. 나는 한번 웃고는 "농담이죠?"라고 말했다.

이제 화성인들은 내 치료사를 돌아보았다. 그녀는 입술을 오므리고 고개를 저었다. "아니에요. 진심으로 하는 얘기예요."

참 아이러니했다. 내 치료사가 나에게 중심 무대를 주다니, 영광이군! 늑대가 돌아왔어. 나는 중앙 무대를 아주 좋아한다. 강당의 절반이 여성이라는 사실이 제일 기분 좋았다. SEC는 군중 앞에 서서 발언할 기회를 빼앗아갔지만, 나의 치료사는 친절하게도 내게 그 기회를 다시 만들어주었다. 화성인들이 결코 잊지 못할 쇼를 보여주겠어!

나는 고개를 끄덕이며 치료사에게 미소를 보냈다. "제가 한가운데 서서 이야기해도 괜찮을까요? 나는 움직일 때 생각이 더 잘 나는 편이거든요."

화성인 105명의 고개가 치료사에게 돌아갔다. "좋을 대로 하세요."

나는 중앙으로 걸어가서 12점 만점의 금발 미녀 셜리 템플을 지그시 바라봤다. "여러분, 안녕하세요? 저는 조던입니다. 알코올과 마약 중독자이며 성적인 일탈자입니다."

"반가워요, 조던." 몇 번의 웃음과 함께 여기저기서 인사가 들려왔다. 그러나 셜리 템플은 홍당무처럼 얼굴이 빨개졌다. 스스로를 성적 일탈자라고 말할 때 나는 그녀의 크고 파란 눈을 똑바로 바라보고 있었다.

"저는 대중 앞에서 얘기하는 데 그다지 능숙하진 않지만 최선을 다해 얘기할게요. 그런데 어디서부터 시작하지요? 아! 그렇군요. 제 거시기의 발기 부분이 좋겠어요. 문제의 근원부터 말할게요. 저는 지난 10년간 마약 습관 때문에 좀처럼 흥분을 느끼지 못하는 상태로 지내왔어요. 아, 오해는 하지 마세요. 발기불능이거나 뭐 그런 건 아니었어요. 하지만 제가 술과 루드 때문에 그걸 일으키지 못한 적이 1,000번 정도 있었다는 건 인정합니다."

웃음소리가 흩어졌다. 아, 월스트리트의 늑대여! 이제 게임을 시작하자. 나는 조용하라는 듯 손을 들었다.

"아니요, 진지합니다. 이건 웃을 얘기가 아니에요. 보세요. 나는 거의 일주일에 세 번은 창녀들과 같이 있었어요. 한 번에 1,000달러를 넘게 쓰고도 그들과 잠도 잘 수 없는 상황이었어요. 매우 값비싼 슬픔이었죠. 어쩌다 수준급 창녀를 만나면 그것도 성인용 장난감의 힘을 빌려 겨우 자존심을 세워주는 정도였지요." 나는 마치 "섹스 완구라면 부끄러워할 것 없어!"라고 말하는 것처럼 입꼬리를 낮추고 어깨를 으쓱했다.

강당 안에 비로소 큰 웃음이 터져 나왔다. 물론 볼 것도 없이 여성 화성인들의 환호성이 대부분이었다. 내가 둘러보니 여성 화성인들이 모두 다정한 얼굴로 웃음을 띠면서 나를 쳐다보고 있었고 그것을 눈으로 확인하고 나자 내 의심은 저 멀리 날아갔다. 그들은 어깨가 흔들릴 정도로 깔깔대며 웃고 있었다. 반면 남성 화성인들은 차가운 눈으로 나를 째려보고 있었다.

나는 무시하듯 손을 흔들며 이렇게 말했다. "그래도 상관없었어요. 이상하게도 아내와 함께 있을 때는 그런 문제가 전혀 없었거든요. 저는 항상, 아니 적어도 보통 때는 아내와 잘 할 수 있었어요. 아마 그녀의 실물을 보면 내가 왜 그럴 수밖에 없는지 이해할 수 있을 겁니다. 그러다가 하루에 7그램씩 코카인을 마시면서부터는 아내와의 사이에도 문제가 생겼죠.

마약을 일주일 넘게 만지지도 않아서 그런지, 내 성기가 변성기를 겪는 건지, 아무튼 다시 깨어나고 있는 것 같아요. 심지어 하루에 스물세 시간씩 고개를 빳빳이 들고 다니죠. 어쩌면 그 이상일 수도 있고요." 여성 화성인들의 폭소가 터져 나왔다. 주위를 둘러보니 모두 내 얘기에 푹 빠져 있었다. 오, 그래. 이젠 내 거야! 늑대가 여자들을 위해 실을 잣고 있어! 중앙 무대!

"어쨌든 저는 여기 계신 몇몇 남성분이 제 불행을 자신의 행복으로 여길 거라고 생각했습니다. 왜냐하면 다른 사람들도 그런 끔찍한 고통을 겪고 있다는 걸 알게 되었으니 이해가 되지 않나요?"

여성 화성인들은 모두 동의하며 고개를 끄덕이고 있었고, 남성 화성인들은 고개를 앞뒤로 흔들며 경멸에 찬 눈으로 나를 쳐다보고 있었다. 나는 아무렇지도 않은 척 말을 이었다. "어쨌든 여기에서 문제가 시작됐어요. 저는 다른 남성 환자 세 명과 함께 체육관으로 가는 차에 앉아 있었어요. 아무래도 엔진의 진동이나 도로의 요철 때문이었던 것 같지만, 이유가 뭐였든 간에 갑자기 내 거시기가 우뚝 섰던 거예요."

남자 화성인들의 질투 어린 시선을 스윽 피하며 사람들을 쭉 둘러보았다. 그리고 여성 화성인들의 즐거워하는 표정을 즐겼다. 셜리 템플은 기대감에 혀로 입술을 쓸었다. 그래서 나는 그녀에게 윙크를 했다. "그 정도는 남자들 사이에서 크게 문제 될 게 없는 행동이죠. 그게 다예요. 아, 그다음에 내가 뱀을 몇 번 앞으로 잡아당겼다는 걸 부인하지는 않을게요." 이 대목에서 다시 화성녀들의 폭소가 터져 나왔다.

"나는 뱀을 한 번 또는 두 번 북 치듯 배에다 때렸다는 것
도 부인하지는 않을 거예요. −더 웃어!− 하지만 그건 모두
장난으로 한 거죠. 자위행위가 아니었어요. 물론 그 정도는
여러분도 각자 판단할 수 있을 거라 믿습니다. 그렇죠?"

내 말에 신원을 알 수 없는 한 여성 화성인이 "그래, 개
인 취향!"이라고 소리쳤고, 나머지 여성 화성인들은 환호성
과 함께 박수를 보냈다.

직원들이 얼마 동안이나 내가 얘기를 계속하게 둘까 궁
금해하며, 조용히 해달라고 손을 들었다. 시간을 제한 없이
줄 수도 있을 것 같았다. 솔직히 내 말 한마디 한마디를 감
시당하는 기분이었다.

"그러니 요약하자면, 이 모든 일에 대해서 내가 기분 나
쁜 건, 나와 함께 차 안에 있던 간사한 세 사람이 나를 밀고
했다는 사실입니다. 물론 여러분이 그들을 피하려고 개인
적으로 묻는다면 가르쳐 드릴 수 있지만 이 자리에서는 밝
히지 않겠습니다. 그들은 우리가 차에 있는 동안 모두 웃고
농담을 했습니다. 아무도 내게 좋지 않은 행동이니 하지 말
라고 하지 않았고, 심지어 내가 하는 일이 천박하다고 생각
한다는 암시조차 주지 않았어요."

나는 스스로가 역겨워져서 고개를 저었다. "여러분, 나
는 지난 10년간 매춘과 방탕, 그리고 온갖 추악한 행동이
정상이라고 여겨지는, 매우 기능적이지 못한 세계에서 살
았습니다. 돌이켜보면 그게 잘못되었다는 것을 압니다. 미

친 짓이었다는 것도 알아요. 그러나 지금, 바로 오늘, 여기에 서 있는 저는 정신을 차린 남자입니다. 지금의 나는 난쟁이 던지기가 잘못된 것이고, 창녀 네 명과 자는 것도 잘못된 일이고, 주식을 조작하는 것도 잘못한 일이고, 바람을 피우는 것도 잘못한 일인 줄 압니다. 또 식탁이나 길가에서 잠들거나, 운전석에서 잠들어 교통사고를 낸 것도 잘못한 일이라는 걸 알고 있어요. 나는 내가 한참 부족한 사람이라는 사실을 오늘 처음으로 인정합니다. 사실 불안정하고 변변찮은 성격이라 쉽게 당황하거든요."

나는 잠시 말을 끊고 사뭇 진지하게 말을 이었다. "하지만 나는 그런 모습을 보이기 싫습니다. 당황하는 것과 죽음 중 하나를 택해야 한다면 나는 죽음을 택할 겁니다. 그래요, 난 나약하고 불완전한 사람이죠. 하지만 나는 결코 다른 사람들에 대해 쉽게 평가를 내리지는 않아요."

나는 어깨를 으쓱하면서 한숨을 내쉬었다. "그래요. 아마도 차 안에서 했던 행동은 잘못되었을 겁니다. 악취미거나 공격적인 행동으로 보일 수도 있고요. 하지만 악의적으로, 재활 활동에 방해를 주려고 했던 건 절대 아니었습니다. 내가 처한 끔찍한 상황을 알리기 위해 그렇게 한 거죠. 지난 10년간 빠져 있던 마약중독에서 벗어나 완전히는 아니지만 이제는 어느 정도 정상이 되어가고 있습니다. 그리고 몇 주 뒤면 이곳을 떠나겠지요. 그러나 다시 예전의 사자 굴로 돌아가기가 두려운 것도 사실입니다. 사랑하는 아내와 아이들이 있는 곳으로 돌아가서 충동에 빠져 예전의 나로 돌아간다면 우리 가족은 파멸을 맞이할 테니까요. 특히 내 아이들이요.

하지만 그동안 나를 동병상련으로 이해해줄 줄 알았던 이곳 탤벗 마시에 나의 재활을 방해하고 나를 하루빨리 쫓아내려는 사람들이 있다는 사실이 진정 슬픕니다. 나는 여러분보다 돈이 조금 더 많다는 것 외에는, 미래를 불안해하고 모든 것이 잘되게 해달라고 하나님께 기도하면서 하루의 대부분을 보낸답니다. 언젠가 아이들을 앉혀놓고 '얘들아! 아빠가 마약에 빠져서 엄마를 계단에서 발로 찬 적도 있지만 그건 20년 전이었고, 그 후로 지금까지 건전하게 살아왔단다.'라고 말할 수 있게 될 거예요."

나는 또 고개를 저었다. "다음번에 저를 직원에게 신고하려 한다면 한 번 더 신중하게 생각할 것을 당부합니다. 그건 자기 자신에게 상처를 입히는 일이며, 저는 그렇게 빨리 여기에서 쫓겨나지도 않을 거예요. 이곳 직원들은 여러분이 생각하는 이상으로 현명하기 때문입니다. 내가 하고 싶은 말은 끝났습니다. 실례지만, 슬슬 발기하기 시작해서 여러분이 당황하지 않도록 가서 앉고 싶군요. 감사합니다."
마치 내가 선거유세장의 후보처럼 손을 흔들자 우레와 같은 박수갈채가 터져 나왔다. 여성 화성인 전부와 직원들, 남자 화성인의 절반가량이 내게 기립박수를 보냈다.

자리에 앉을 때 내 담당 치료사와 눈이 마주쳤다. 그녀는 나를 보고 웃으며 고개를 끄덕이고는 마치 "잘됐구나, 조던."이라고 말하듯 허공을 향해 주먹을 날렸다.

그 후 30분간 공개 토론이 이어졌다. 그 시간에 여성 화성인들은 내 행동을 옹호하며 내가 멋지다고 말했고, 반면에 남자 화성인 중 일부는 나를 계속 공격하며 내가 재활센터에 위협이 되는 존재라고 맞섰다.

그날 저녁 나는 룸메이트들을 앉혀두고 이렇게 말했다. "들어봐요, 나는 여기에서 벌어지는 모든 쓰레기 같은 규칙이 지긋지긋해요. 변기 뚜껑 내리는 걸 깜빡했다느니, 전화통화를 너무 많이 한다느니, 숨소리가 너무 크다느니 하는 잔소리를 듣고 싶지 않다고요. 이게 다예요. 나랑 거래하실래요? 두 사람 다 현금 필요하지 않아요?"

그들은 고개를 끄덕였다.

"좋아요." 계속 말을 이었다. "이제 이렇게 하면 어떨까요? 내일 아침 내 친구 앨런 립스키에게 전화를 걸면 그가당신들의 계좌를 개설해줄 거예요. 내일 오후까지 당신들은 각각 5,000달러를 벌게 될 거예요. 그 돈은 얼마든지 원하는 곳에 송금할 수 있어요. 하지만 내가 이곳을 떠날 때까지 두 사람의 뭣 같은 잔소리는 이제 그만 듣고 싶어요. 앞으로 3주도 안 남았으니 크게 어렵지는 않을 거예요."

물론 다음 날 아침에 둘 다 앨런에게 전화를 했고, 우리사이는 크게 좋아졌다. 그럼에도 불구하고 탤벗 마시에서의 내 문제는 아직도 끝나지 않았다. 그러나 그건 아름다운 셜리 템플 때문이 아니었다. 내 문제는 공작부인을 보고 싶은 욕망에서 비롯되었다. 그러던 어느 날 드물긴 하지만 주말 외박 제도가 있다는 것을 우연히 알게 되었다. 나는 공작부인에게 전화를 걸어 허락을 받으면 주말에 비행기를 타고 올 수 있는지 물었다.

"어디에서, 언제인지 말해줘요."라고 그녀는 대답했다. "당신이 결코 잊지 못할 주말을 만들어줄게요."

내가 지금 휴가를 받으려고 내 치료사 사무실에 앉아 있는 것도 바로 그 이유 때문이었다. 탤벗 마시 행성에 온 지 3주째 되었고, 내가 그룹 치료 과정의 25%만 참석했다는 것은 화성인 사이에서 널리 알려진 사실이었지만, 나는 새로운 문제에 휘말리지 않았다. 더는 아무도 내게 신경 쓰지 않는 것 같았다. 그들은 더그 탤벗이 나를 내보내지 않을 것이며, 나만의 색다른 방식으로 이곳에 긍정적인 영향을 미치고 있다는 사실을 깨달은 것 같았다.

나는 치료사에게 웃으며 말했다. "금요일에 출발해서 일요일에 돌아오는 게 무슨 큰 문제인지 모르겠네요. 나는 내내 아내와 함께 있을 거예요. 당신은 그녀와 이야기도 해봤고, 그녀도 이 프로그램을 잘 알고 있잖아요. 회복에 도움이 될 겁니다."

"그건 안 될 것 같아요." 치료사가 고개를 저으며 진지하게 말했다. "다른 환자들에게 반감을 살 거예요. 당신이 여기에서 받는 특별대우에 모두 시선이 곱지 않잖아요." 그녀는 따뜻하게 웃었다. "조던, 규정상 환자들은 재활원에서 적어도 90일이 지나야 휴가를 신청할 수 있어요. 물론 재활 프로그램을 모범적으로 소화한 환자들에게 적용되는 규정이고요."

나도 치료사를 보며 마주 웃었다. 그녀는 좋은 여자였고, 나는 지난 몇 주 동안 그녀와 가까워졌다. 그날 그녀는 재치 있게 군중 앞에 나를 세워 나 자신을 변호할 기회를 주었다. 나중에야 그녀가 공작부인과 이야기했다는 걸 알게 되었다. 공작부인이 약이 되든 독이 되든 간에 내가 대중을 쥐락펴락할 수 있는 능력이 있다는 걸 알려줬던 거였다.

"규칙이 있다는 건 이해하지만, 제 상황에 맞는 규칙은 아니잖아요. 전체 체류 기간이 28일인데 어떻게 90일의 유예기간을 요하는 규칙을 적용받아야 하죠?" 나는 내 논리에 너무 자신만만해하지 않고 어깨만 으쓱해 보였다. 더 좋은 아이디어가 번뜩 떠오르기 전까지는 말이다. "좋은 생각이 있어요!" 하고 내가 소리를 질렀다. "다시 강당에서 다른 연설을 하게 해주면 어떻겠어요? 규칙에 어긋나더라도 휴가를 받을 자격이 있다는 점을 피력해볼 테니까요."

그녀가 손가락으로 콧대를 문지르기 시작했다. 그러더니 부드럽게 웃으며 말했다. "아시다시피 제 대답은 거의 예스예요. 당신이 환자에게 또 어떤 쇼를 보여줄지 보고 싶거든요. 솔직히, 당신이 그들을 설득할 것이라고 믿어 의심치 않아요." 그녀는 몇 번 더 크게 웃고는 말을 이었다. "당신이 2주 전에 한 연설은 탤벗 마시 역사상 단연 최고였어요. 당신은 놀라운 능력을 가졌어요, 조던. 나는 그런 능력을 난생처음 봤거든요. 그냥 호기심에 묻는 건데, 내가 당신에게 기회를 준다면 당신은 환자들에게 무슨 이야기를 할 거예요?"

나는 어깨를 으쓱했다. "잘 모르겠어요. 말할 내용을 미리 계획한 게 아니거든요. 사람들로 붐비는 시끄러운 회의장에서 하루에 두 번 회의를 하곤 했죠. 거의 5년 동안 그 일을 했고, 실제로 말하기 전에 내가 무슨 말을 할 것인지 생각해본 적이 단 한 번도 없어요. 평소에 생각해야 할 주제가 한두 가지가 아니기도 했지만, 모든 것은 순간의 자극에 따른 것이죠. 군중 앞에 서면 나에게 일어나는 일이 있어요. 말로 설명하기 어렵지만 갑자기 모든 것이 매우 명확해진달까요. 내 생각은 두뇌를 거치지 않고 혀에서 굴러가기 시작해요. 하나의 생각은 다른 생각으로 이어지고 나는 순조롭게 말하게 되는 거죠.

하지만 당신의 질문에 답해보자면, 나는 아마도 그들의 심리를 역이용해 내가 휴가를 내도록 하는 것이 어떻게 그들의 치료에도 도움이 되는지 설명할 것 같군요. 원래 삶은 전체적으로 공평하지 않으며 통제된 환경에서 이제 익숙해져야 한다는 내용으로 말이죠. 그런 다음 나는 계단에서 내 아내에게 한 짓과 마약중독으로 인해 내 가족이 어떻게 파괴될 위기에 처했는지 말하면서 그들이 나를 부정적으로 보게 만들 겁니다."

내 치료사는 미소를 지었다. "나는 당신이 자신의 능력을 잘 활용하는 방법을 찾아야 한다고 생각해요. 메시지를 전달할 수 있는 방법을 찾는 거죠. 단, 이번에는 사람들을 이용하지 말고 더 큰 이익을 위해서 하는 겁니다."

"아아." 나는 웃으며 대답했다. "그래서 당신이 이번 주 내내 내 이야기를 들어준 거군요. 근데 아직 확신은 없어요. 어쨌든 언젠가는 그럴 수도 있겠지만 지금은 그냥 가족에게 돌아가고 싶은 마음뿐입니다. 중개업은 아예 접을 생각이고요. 마무리 지어야 할 투자가 몇 개 있는데, 그게 끝나면 난 영원히 주식과는 안녕입니다. 마약, 창녀, 외도, 주식과 관련된 모든 나쁜 짓들, 그것도 전부 끝났고요. 여생을 조용히, 주목받지 않고 살고 싶어요."

그녀는 다시 웃기 시작했다. "글쎄요, 왠지 당신의 인생이 그렇게 흘러갈 것 같지는 않은데요. 제 생각엔 당신이 결코 뒷방 늙은이처럼 살 것 같지 않다는 말이에요. 적어도 아주 길게는 아닐 거예요. 이건 나쁜 뜻이 아닙니다. 내가 말하고 싶은 건 당신에게 훌륭한 능력이 있고, 그 능력을 긍정적인 방식으로 사용하는 법을 배우는 것이 치료를 위해 중요하다는 것입니다. 우선은 회복에 집중하고 정신을 차리세요. 그러면 남은 인생은 저절로 해결될 겁니다."

나는 고개를 숙이고 바닥을 바라보며 고개를 끄덕였다. 나는 그녀의 말이 옳다는 것을 알고 있었고 그것이 죽을 만큼 두려웠다. 나는 필사적으로 술을 끊고 싶었지만 내가 실패할 확률이 크다는 것을 알고 있었다. 물론 A.A.에 대해 자세히 알게 된 후에는 아주 불가능해 보이지 않았고 그저 먼 길을 돌아왔다는 생각이 들었다. 성공과 실패의 차이는 재활센터를 떠나자마자 A.A.에 얼마나 잘 적응하느냐—술을 끊는 일이 뜻대로 되지 않을 때 내게 희망과 격려를 해줄 수 있는 후원자 찾기—의 문제일 것 같았다.

"어떻게, 내 휴가는 가능할까요?" 나는 눈썹을 치켜올리며 물었다.

"내일 직원회의 때 이 문제를 말씀드릴게요. 결국 결정권은 내가 아니라 탤벗 원장님에게 있으니까요." 그녀는 어깨를 으쓱했다. "당신의 1차 치료사로서 거부권을 행사할 수도 있지만 저는 그렇게 하지 않을 겁니다. 기권이에요."

나는 그 뜻을 이해하며 고개를 끄덕였다. 나는 그 회의를 시작하기 전에 탤벗과 이야기할 것이다. "여러 가지로 고맙습니다." 내가 말했다. "이제 치료도 일주일 정도 남았네요. 나는 당신이 날 좋아하도록 열심히 노력할 거예요."

"난 당신을 싫어한 적 없어요." 그녀가 대답했다. "오히려 좋아하는 쪽이죠. 그런데 다른 사람한테 인정하기는 싫어요."

"그러면 비밀로 할게요." 우리는 서로를 다정하게 마주 앉았다.

5일 뒤 금요일 오후, 나는 애틀랜타 국제공항의 개인 터

미널 활주로에서 대기 중이었다. 검은색 링컨 리무진의 뒷좌석에 기대어 차분한 정신으로 북쪽 하늘을 올려다보고 있었다. 상체는 여유롭게 팔짱을 끼고 있었지만 내 아래는 극도로 발기 중이었다. 공작부인을 기다리고 있었죠.

그동안 몸무게가 5킬로그램 정도 늘었고, 건강해지자 피부마저 윤기가 흘렀다. 나는 서른넷이었고, 말도 안 되는 수준—오래전에 죽었어야 할 정도로 광기에 가까운—의 마약중독, 약물 과다복용, 자동차 사고, 헬리콥터 추락, 스쿠버다이빙 사고 등 형언할 수 없이 수많은 일을 겪고도 살아남았다.

그러나 나는 여전히 30대의 건장함을 유지한 채 여기에 서 있었다. 약간 산들바람이 부는 아름다운 저녁이었다. 여름이 코앞으로 다가온 이 시기에, 태양은 아직도 높게 떠 있어서 비행기가 활주로에 내리기 훨씬 전부터 멕시코만류의 아름다운 모습이 보였다. 저 공항 안에서 7년 동안이나 마약중독의 지옥을 견뎌낸 아름다운 아내가 나를 기다리고 있다는 게 믿어지지 않았다. 그녀가 무엇을 입고 무슨 생각을 하고 있는지 궁금했다. 나만큼 긴장했을까? 여전히 내가 기억하는 만큼 아름다울까? 그녀도 여전히 나와 같은 마음일까? 그녀가 아직도 날 사랑할까? 예전으로 돌아갈 수 있을까?

걸프스트림의 문이 열리고 멋진 금발을 흩날리며 유쾌한 공작부인이 나타난 순간 알게 되었다. 그녀는 멋져 보였다.

한 발짝 앞으로 나오더니 전형적인 공작부인 포즈, 고개는 한쪽으로 기울이고 팔짱을 낀 채로 다리를 옆으로 내민 거만한 자세를 취했다. 그러고는 나를 쳐다보기만 했다. 짧은 분홍색 원피스를 입고 있었는데, 민소매에다 무릎이 살짝 드러나서 아주 잘 어울렸다. 여전히 그 포즈 그대로, 예쁜 입술을 앙다문 채 마치 "이 사람이 내가 사랑하는 남자라니 믿을 수가 없어!"라고 말하는 것처럼 조그만 금발 머리를 흔들며 웃었다. 그래서 내가 한 걸음 앞으로 나아가 양손을 들고 어깨를 으쓱했다.

그녀가 즉시 자세를 풀고 나에게 열렬한 키스를 날릴 때까지 우리는 그렇게 잠시 동안 서로를 바라보며 서 있었다. 내가 그렇게 행동하자, 그녀는 두 팔을 벌려 내가 애틀랜타에 도착했음을 알리듯 몇 바퀴 빙 돌더니 환한 미소를 지으며 계단을 뛰어 내려왔다. 나는 그녀를 향해 내달렸고, 우리는 아스팔트 활주로 한복판에서 만났다. 그녀는 내 목에 팔을 두르며 살짝 뛰어올라 다리로 내 허리를 감쌌다.

우리는 서로의 향기를 들이마시면서 영원처럼 보이는 키스를 나눴다. 둘 다 웃음이 터지기 전까지 껴안고 빙빙 돌며 계속 키스를 나눴다. 입술을 떼어내고 그녀의 가슴에 코를 파묻고 강아지처럼 킁킁거렸다. 그녀는 못 참겠다는 듯 크게 웃어댔다. 그녀의 향기가 너무 좋아서 난 멈출 수가 없었다.

나는 머리를 뒤로 젖히고 아내의 반짝이는 푸른 눈을 한

참 응시했다. 그리고 진지하게 말했다. "지금 당장 당신과 사랑을 나누지 못한다면 여기 활주로로 올라갈 거야."

공작부인은 아기 목소리로 돌아가서 "아유, 가엾은 꼬마야!"라고 말했다. 꼬마라고? 믿을 수가 없다! "너무 흥분해서 곧 터질 것 같구나, 그렇죠?"

나는 힘차게 고개를 끄덕였다.

공작부인은 이어서 말했다. "살도 좀 찌고 피부도 푸르지 않으니 이렇게 젊고 잘생겨졌어. 이번 주말에 한 수 가르쳐 줘야 하는데, 아쉽네." 그녀는 어깨를 으쓱했다. "7월 4일까지는 사랑을 나누지 못해요."

응? "그게 무슨 소리야?"

"내 말을 들었구나, 사랑 벌레야. 넌 정말 못되게 굴었으니 이제 대가를 치러야 할 거야. 내가 다시 끼어들기 전에 먼저 나에게 네 자신을 증명해야 해. 지금은 나한테 키스만 할 수 있어."

나는 말도 안 된다는 듯이 아내의 손목을 잡고 리무진으로 이끌었다. "7월 4일까지는 못 기다려요! 지금 당장 당신이 필요해요. 지금 당장! 리무진에서 당신과 사랑을 나누고 싶다고요."

"이런, 안 돼요. 아가야. 이번 주말에는 키스만 하는 거야. 앞으로 이틀 동안 어떻게 행동하는지 지켜보자. 그리고 일요일이 되면 좀 더 생각해볼게."

리무진 기사 밥Bob은 키가 자그마한 늙은 백인이었다. 기사 유니폼을 입은 채 뒷문 옆에 서서 우리를 기다리고 있었다. "밥, 이 사람은 제 아내입니다. 그녀는 공작부인이니 그에 걸맞게 예우해주세요. 여기에서는 왕족도 그렇게 많은 대우를 받지는 않겠지만요, 그렇죠?"

"오, 아니에요."라고 밥이 아주 진지하게 말했다. "전혀 그렇지 않습니다."

나는 입술을 꾹 다문 채 심각하게 고개를 끄덕이며 말했다. "그럴 줄 알았어요. 어쨌든, 너무 어렵게는 생각하지 마세요. 아주 현실적인 사람이니까요. 그렇지, 여보?"

"네, 아주 현실적이죠. 이제 주둥이 닥치고 망할 리무진으로 들어가!" 공작부인이 쏘아붙였다.

밥은 공포에 질려 얼어붙었는데, 베이리지의 공작부인과 같은 왕족 혈통을 가진 여인의 입에서 어떻게 그렇게 험한 말이 나오는지 깜짝 놀란 것이 분명했다.

나는 밥에게 말했다. "그녀는 신경 쓰지 마세요. 단지 너무 거만해 보이고 싶어 하지 않을 뿐이에요. 귀족적인 행동은 영국에서 다른 귀족들과 함께 있을 때나 보인답니다." 밥에게 윙크하고는 말했다. "어쨌든 공작부인과 결혼한 나는 공작으로 대접받는 게 당연하니까, 이번 주말 동안은 혼동을 피하기 위해서라도 우리를 공작과 공작부인으로 불러주면 고맙겠어요."

밥은 즉시 공손히 허리를 숙이며 말했다. "물론입니다, 공작님!"

"좋아요." 나는 공작부인을 그녀의 멋진 왕실 맨 뒷자리로 밀어 넣었다. 그리고 그녀를 따라 나도 올라탔다. 밥은 문을 쾅 닫고 나서 공작부인의 왕실 짐을 찾으러 비행기로 향했다.

나는 즉시 아내의 드레스를 잡아당겼는데 그녀는 팬티를 입지 않고 있었다. 아내에게 덤벼들었다. "여보, 사랑해. 정말 정말 사랑해." 나는 그녀를 뒷좌석에 배로 밀치고 발기 부위로 눌렀다. 그녀는 흥분한 신음을 흘리며 골반을 내 몸에 대고 꿈틀거리며 나에게 부딪혀왔다. 나는 그녀에게 키스하고 몇 분 후에 그녀가 팔을 뻗어 나를 밀어낼 때까지 계속 키스를 퍼부었다.

키득키득 웃으며 공작부인이 말했다. "그만해요, 이 바보! 밥이 오잖아요. 호텔로 돌아갈 때까지 조금만 참아요." 그녀는 청바지 아래가 부풀어 오른 내 모습을 보았다. "아, 불쌍한 내 작은 −작다고? 왜 항상 작다고 하지?− 아기, 터질 것 같아!" 그녀가 입술을 오므렸다. "자, 내가 만져줄게요." 그녀는 손바닥으로 청바지 위를 문지르기 시작했다.

내부 칸막이의 버튼을 눌러 공작부인의 손길에 응답했다. 칸막이가 미끄러지듯 닫히자 나는 중얼거렸다. "호텔이 너무 멀어서 나는 기다릴 수가 없어. 밥이 오든 말든 바로 지금 당신과 사랑을 나누고 싶어!"

"좋아!" 공작부인이 쾌활하게 대답했다. "하지만 이건 동정심에서 해주는 것뿐이니 중요한 게 아니에요. 당신이 착한 아이가 되었다는 걸 증명할 때까지 나는 당신과 사랑을 나누지 않을 거예요, 알겠어요?"

나는 그녀에게 착한 강아지 같은 눈으로 고개를 끄덕였고, 우리는 서로의 옷을 벗기기 시작했다. 밥이 리무진으로 돌아왔을 때, 나는 이미 공작부인의 안에 깊숙이 있었고, 우리 둘은 심하게 신음하고 있었다. 나는 손가락을 입술에 갖다 대고 "쉿!"이라고 말했다.

그녀가 고개를 끄덕이자 나는 손을 들어 인터폰 버튼을 눌렀다. "밥, 거기 있어요?"

"예, 공작님!"

"훌륭합니다. 공작부인과 저는 아주 급한 용무가 있으니 호텔에 도착할 때까지 방해하지 말아줘요."

나는 공작부인에게 윙크한 다음 눈썹으로 인터폰 버튼을 가리켰다. "이거 끌까, 말까?" 내가 속삭였다.

공작부인은 고개를 들고 볼을 깨물기 시작했다. 잠시 후 그녀는 어깨를 으쓱했다. "그냥 켜두는 게 낫겠어요."

역시 내 여자야! 나는 목소리를 높이며 말했다. "귀족들의 쇼를 즐겨요, 밥!" 그 말을 남긴 채, 정신이 말짱한 퀸즈 베이사이드의 공작은 그의 아내 브루클린의 사랑스러운 베이리지 공작부인과 사랑을 나누기 시작했다. 마치 내일이 없는 것처럼.

39 마약중독 치료사를 죽이는 여섯 가지 방법

우리 집 개는 수술해야 해요…내 차는 고장 났어요…직장 상사가 미친놈이에요…우리 여편네는 더한 년이고…교통체증 때문에 돌아버리겠어요…인생은 너무 불공평해요…등등.

롱아일랜드 사우샘프턴의 A.A. 정기모임에서 지독히도 말을 못 하는 어느 알코올중독자가 더듬거리며 체험담을 말하고 있었다. 치료의 일환으로 나는 90일 동안 A.A.의 모임에 90회 참석하는 것을 목표로 잡았다. 그리고 매우 긴장한 공작부인이 나를 매의 눈으로 지켜보고 있었기 때문에 나는 그것을 실행할 수밖에 없었다.

90일은 생각보다 매우 긴 시간이었다.

처음 모임에 나간 날, 누군가가 내게 초청 연사가 되고 싶냐고 물었고, 나는 "모임에서 연설을 하라고요? 해야죠, 왜 안 되겠어요!"라고 대답했다. 그것보다 더 좋은 일이 어디 있을까?

그런데 생각보다 문제가 빨리 찾아왔다. 나는 앞쪽에 놓인 테이블 뒤쪽 자리를 배정받았다. 인상이 좋고 50대 초반으로 보이는 모임의 의장이 내 옆에 앉아 간단히 발표하고는 나에게 발언권을 넘겨주었다.

나는 고개를 끄덕이고는 큰 소리로 인사했다. "반갑습니다, 여러분. 저는 알코올중독자이면서 마약중독자인 조던이라고 합니다."

30명 남짓한 술꾼들이 일제히 "반가워요, 조던."이라고 대답했다.

나는 미소를 지으며 고개를 끄덕였다. 그리고 자신감에 가득 찬 목소리로 말을 시작했다. "저는 지금까지 37일째 충동을 억제하고…."

그 순간 내 말이 잘리고 말았다. "실례합니다." 백발에 콧물을 줄줄 흘리는 전직 주정뱅이가 말했다. "이 모임에서 연설을 하려면 최소 90일은 되어야 자격이 있어요."

아, 이 늙은 개자식 같으니라고! 나는 마치 교복을 입지 않고 스쿨버스에 탄 기분이었다. 나는 아주 불편한 나무 의자에 멍하니 앉아 늙은 주정뱅이를 바라보며, 누군가가 여기에서 날 좀 데려가줬으면 싶었다.

"아니요, 우리가 그렇게 엄격할 필요는 없어요." 의장이 말했다. "이미 시작했으니 그냥 말하도록 내버려두는 게 어때요? 새로운 얘기를 들으면 분위기가 신선해질 거예요."

군중 사이에서 무례한 발언들이 터져 나왔고, 불손하게 어깨를 들썩이며 경멸하듯이 고개를 흔드는 사람도 있었다. 그들의 표정은 화가 난 것 같았고 악의로 가득했다. 의장은 내 어깨에 팔을 얹고 내 눈을 바라보며 "괜찮아요."라고 말했다. "계속하세요."

나는 신경질적으로 고개를 끄덕였다. "좋습니다." 잔뜩 성난 전직 주정뱅이들에게 말했다. "오늘로 저는 37일째 충동을 억제하고 있습니다. 그리고…."

이번에도 말을 멈춰야 했는데, 그것은 우레와 같은 박수 소리 때문이었다. 아! 정말 좋다! 늑대에게 향한 첫 번째 박수갈채. 그래, 난 아직 죽지 않았어! 내 이야기를 다 들을 때까지 기다려! 내가 아주 박살을 내주겠어!

서서히 박수 소리가 잦아들었고, 나는 자신감을 가지고 다시 말을 이었다. "여러분, 제게 보여주시는 신뢰에 정말 감사드립니다. 제가 처음에 마약을 시작한 건 퀘일루드였지만 결국은 코카인에 빠져들었습니다. 사실…."

바로 그때, 누군가가 또 내 말을 잘랐다. "미안하지만, 여기는 A.A.이지 N.A.Narcotics Anonymous[62]가 아니에요. 알코올중독과 관련해서만 얘기할 수 있어요."

나는 방을 둘러보았고, 모두가 동의한다는 듯이 고개를 끄덕였다. 이런 젠장! 이건 정말 시대에 뒤떨어진 정책 아닌가? 지금은 90년대잖아. 알코올중독자가 마약을 어떻게 피해 갈 수 있지? 그건 말도 안 돼.

---

62   익명의 마약중독자 단체

의자에서 벌떡 일어나 나가버리려고 하는 순간 쩌렁쩌렁 울리는 한 여자의 외침이 들려왔다. "빌! 어쩌면 그렇게도 무례해요? 이 어린 친구가 그의 인생과 사투를 벌이고 있는데, 도움은 주지 못할망정 무슨 심술이에요? 우리는 모두 중독자잖아요. 입 닥치고 이 아이가 하는 얘기나 들어보는 게 어때요?"

이 아이? 나를 아이라고 불렀나? 나는 이제 거의 서른다섯인데, 이런 빌어먹을! 소리 나는 곳을 쳐다보니 할머니 안경을 쓴 아주머니였다. 그녀는 내게 윙크를 했다. 그래서 나도 윙크를 했지.

늙은 주정뱅이가 할머니에게 툴툴거렸다. "규칙은 규칙 아니오? 이 늙은 할망구야!"

나는 믿을 수 없다는 듯 고개를 저었다. 왜 내가 가는 곳마다 광기가 따라다닐까? 내가 여기에서 뭐 잘못한 건 없잖아? 나는 단지 술을 끊고 정신을 차리고 싶었을 뿐. 그러나 나는 다시 한번 소란의 중심에 서게 되었다. 나는 의장에게 말했다. "당신이 원하는 대로 할게요."

그들은 내게 말하기를 허락했다. 비록 내가 그 늙은 놈의 목을 비틀고 싶어서 모임을 떠났지만. 이후 N.A. 모임에 참석했지만 상황은 더 악화했다. 그곳에는 네 명만 있었는데, 세 사람은 한눈에 보아도 마약에 취해 있었고 그나마 한 명은 나보다도 마약을 끊은 지 얼마 되지 않은 상태였다.

나는 공작부인에게 이 모든 모임이 나와 안 맞는다고 말하고 싶었지만 그녀가 너무 충격을 받을 것 같았다. 탤벗 마시를 떠나온 이후 우리 부부의 관계는 나날이 좋아지고 있었다. 이제 싸우거나 욕하거나 때리거나 물을 뿌리는 일도 없었다. 우리는 두 아이와 가사도우미 22명과 함께 평범한 삶을 사는 평범한 부부였다. 우리는 여름 동안 사우샘프턴에 머물기로 했다. 적어도 내가 멀쩡하게 정신을 차릴 때까지는 나를 다른 유혹에서 격리하는 것이 낫다는 판단에서였다. 공작부인은 내 옛 친구들에게 경고했다. 마약을 하지 않은 맨정신이라야 우리 집에 방문할 수 있었다. 마약 공급책 앨런 케미컬 토브는 보에게 개인적인 경고를 받았고, 다시는 그의 소식을 듣지 못했다.

내 사업들은? 아직까지는 퀘일루드와 코카인 없이 더 하고 싶은 용기가 나지 않았다. 마약을 끊고 정신이 맑아지니 스티브 매든 제화 같은 문제는 오히려 다루기 쉬워 보였다. 재활센터에 있을 때 이면계약서를 공개하고 변호사를 통해 소송을 진행했다. 지금까지는 그것 때문에 체포되지 않았고, 앞으로도 그럴 일은 없을 것 같았다. 사실 표면상으로 이면계약 자체는 불법이 아니었다. 다만 스티브 매든이 그 내용을 공개하지 않은 것은 CEO로서 부도덕하다고 비난받아 마땅했다.

콜먼 요원은 소리 소문도 없이 내 일에서 손을 뗀 것처럼 보였는데, 다시는 그의 소식이 들리지 않으면 좋겠다. 결국 내게 남은 문제는 구두장이와의 개인적인 해결밖에 없었다. 나는 이미 그 사실을 인정했고 더는 신경 쓰고 싶지 않았다. 내가 재활센터에 가기 직전 극도의 심리적인 불안 상태에서도 구두장이에게 배신감을 느낀 것은 돈 때문이 아니라 나를 속이고 내 지분을 자신의 것으로 슬쩍 돌렸기 때문이었다. 하지만 이제 더는 그럴 수 없었다. 합의의 일환으로 나에게 돈을 갚기 위해 그는 내 주식을 팔아야 했고, 그렇게 했다. 그 일은 내 변호사들이 알아서 처리할 것이다.

내가 A.A. 모임을 마치고 집에 돌아온 뒤로 일주일 넘게 집에 머무르던 어느 날, 공작부인이 TV룸에 앉아 있었다. 6주 전에 잃어버렸던 20그램짜리 코카인을, 그녀가 변기에 버렸다고 인정한 바로 그 방이었다.

얼굴 가득 미소를 지으며 내가 말을 걸었다. "헤이, 자기야! 뭐 하…."

공작부인이 올려다보는 순간 깜짝 놀랐다. 그녀가 눈에 띄게 흔들리고 있었다. 얼굴엔 눈물이 흐르고 코도 훌쩍거리고 있었다. 나는 가슴이 철렁 내려앉았다. "제발, 자기야! 뭐가 문제야? 무슨 일 있어?" 그녀를 다정하게 껴안았다.

그녀가 TV 화면을 가리키며 말했다. "스콧 슈나이더맨이요. 그가 몇 시간 전에 경찰관을 죽였대요. 코카인을 살 돈을 마련하려고 아버지를 강탈하려다가 경찰관을 쐈어요." 그러고는 곧 까무러쳤다.

내 눈에서도 눈물이 뺨을 타고 흘렀다. "세상에, 여보.

한 달 전만 해도 여기 왔었는데. 나는, 나는⋯." 뭐라고 할 말을 찾았지만 그 어떤 말로도 이 비극을 표현할 수 없다는 것을 금세 깨달았다.

그래서 아무 말도 하지 못했다.

일주일 후 어느 금요일 저녁 7시 30분, 폴란드 성모 교회에서 모임이 막 시작되었다. 그날은 마침 메모리얼데이[63] 주간이었는데, 평소처럼 한 시간 정도 지겨운 시간이 이어질 거라고 예상하고 있었다. 그런데 놀랍게도 의장은 누구든 더듬거리며 길게 체험 발표를 해서는 안 된다고 말했다.

그는 A.A.의 목적이 그랜드 유니온 계산대의 길이에 대해 불평하기 위해서가 아니라 희망과 믿음을 만드는 것이라고 설명했다. 그러더니 달걀 모양 타이머를 들고 "누구든 2분 30초 안에 자신의 경험담 발표를 끝내야 합니다. 여기 참석한 사람들은 고문당하는 기분이 아니라 즐겁고 각오를 다질 수 있는 계기가 되기를 기대하고 왔으니까요. 짧고, 달콤하게 말하세요."라고 말하면서 고개를 한 번 끄덕였다.

나는 뒷자리에 앉았는데, 술에 취한 사람치고는 꽤 건강해 보이는 중년 여성 옆자리였다. 그녀는 붉은 머리카락에 혈색도 좋았다. 옆에 앉은 여자에게 물었다. "저 사람은 누구죠?"

---

63   우리나라의 현충일에 해당하는 전몰장병 추모일

"조지라고 하는데, 일종의 비공식적인 리더예요."

"아, 그래요? 이 모임에서요?"

"여기뿐만 아니라 햄프턴 전역에서요." 그러더니 마치 비밀첩보원이라도 된 듯이 주위를 살피며 속삭였다. "마약 재활센터 시필드를 운영하고 있다오. TV에서 혹시 본 적 없수?"

나는 고개를 흔들었다. "상당히 낯이 익지만 저는 TV를 잘 안 봐서요. 그…하나님 맙소사!" 나는 할 말을 잃었다. 프레드 플린스톤이었어. 새벽 3시에 갑자기 TV 화면에 불쑥 나타나서 레밍턴 흉상을 집어던지도록 영감을 주었지!

모임이 끝나고 사람들이 빠져나가길 기다렸다가 조지에게 다가갔다. "안녕하세요? 조던이라고 합니다. 덕분에 모임이 정말 즐겁고 좋았어요."

그는 포수 글러브만큼이나 큰 손을 내밀었다. 나는 그가 내 팔을 뽑지 않기를 기도하면서 열심히 악수를 했다.

"고맙소. 여긴 처음인가요?"

"네, 43일째 마약과 담쌓고 있죠."

"정말 축하합니다. 결코 쉬운 일이 아니었을 텐데요. 자부심을 가져도 됩니다." 그는 잠시 말을 멈추고 머리를 옆으로 꺾으며 나를 찬찬히 살폈다. "그런데 어디선가 본 것 같은데, 이름이 뭐라 하셨죠?"

이런, 나를 신문에서 봤겠군. 화제를 돌려야겠어! 프레드 플린스톤은 신문에서 내 사진을 봤을 테고 이제 나를 심판

하기 시작할 테니 주제를 바꿔야 했다. "저는 조던입니다. 재미있는 얘기를 해볼게요, 조지. 저는 올드브룩빌에 있는 제 집에 있었는데 새벽 3시였어요." 내가 레밍턴 흉상을 어떻게 그의 얼굴에 던졌는지 계속해서 말했고, 그는 웃으며 이렇게 말했다. "당신과 수많은 다른 사람이 그랬어요. 내 광고를 보고 TV를 망가뜨린 마약중독자에게 다시 판매한 TV마다 1달러씩 나한테 줘야 해요." 킬킬거리며 웃다가 그가 말했다. "올드브룩빌에 산다고요? 정말 멋진 동네죠. 부모님과 함께 사나요?"

"아니요." 나는 웃으며 말했다. "저는 결혼해서 아이들이 있는데, 그 광고는 너무…."

그는 내 말을 잘랐다. "현충일 때문에 온 건가요?"

젠장! 그가 몰아붙이니까 내 계획대로 안 됐어. "아니요, 거기에 집이 있어요."

놀란 듯 물었다. "오, 정말요, 어딘데요?"

나는 심호흡을 하고 "메도레인."이라고 답했다.

그는 고개를 약간 뒤로 젖히고 눈을 가늘게 떴다. "메도레인이라고요? 그래요?"

나는 천천히 고개를 끄덕였다.

프레드 플린스톤이 피식 웃었다. 상황은 점점 더 분명해지고 있었다. 그가 미소를 지으며 물었다. "당신 성이 뭐라고 했었죠?"

"아직 말하지 않았는데요, 벨포트입니다. 벨이라도 울릴까요?"

"네." 그가 킬킬거리며 말했다. "그들 중 몇몇은…. 당신이 그 아이…어, 뭐라고 하더라? 스트래드먼인가 뭔가….."

"스트래턴 오크몬트." 나는 억양 없이 말했다.

"맞아! 바로 그거예요. 스트래턴 오크몬트! 와, 맙소사! 당신은 꼭 10대처럼 보여요! 그런데 어떻게 그렇게 유명해졌죠?"

나는 어깨를 으쓱했다. "마약의 힘 아닐까요?"

그는 고개를 끄덕였다. "그랬군. 음, 그 개새끼들이 날 그 망할 주식에 10만 달러나 투자하게 만들었어. 이름도 기억이 안 나지만."

오, 젠장! 이건 안 좋은 징조였다. 조지가 이걸 빌미로 나를 공격할지도 모르겠군! 지금 당장 그에게 갚겠다고 해야겠다. 집으로 달려가 금고에서 돈도 꺼내야겠고. "나는 이제 스트래턴과는 아무런 관계도 없지만, 그래도 기꺼이…."

그는 다시 내 말을 끊었다. "당신과 더 얘기하고 싶지만 지금 집으로 가야 해요. 전화가 오기로 되어 있어서."

"이런, 죄송합니다. 당신을 붙잡아둘 의도는 없었어요. 그럼 다음 주말에 뵙지요."

"왜요? 어디 다른 데라도 가시나요?"

"아니요. 왜요?"

그가 웃었다. "당신을 초대해서 커피라도 한잔하며 얘기하려고 했어요. 우리 집도 당신 집 바로 아래예요."

나는 눈썹을 치켜올리며 말했다. "10만 달러에 화난 거 아닌가요?"

"아니, 두 주정뱅이 사이에 10만 달러가 무슨 대수라고, 안 그래요? 게다가 세금 공제도 필요했어요." 그는 미소를 지으며 내게 어깨동무를 했고 우리는 걸음을 옮겼다. 그가 말했다. "언젠가 모임에서 당신을 만나고 싶었어요. 당신에 대해 꽤 황당한 이야기를 들어서요. 너무 늦기 전에 만나서 다행입니다."

나는 동의한다는 뜻으로 고개를 끄덕였다. 조지는 이렇게 덧붙였다. "어쨌든 한 가지 조건으로 당신을 우리 집에 초대하고 싶어요."

"그게 뭔데요?"

"보험금을 노리고 요트를 빠뜨렸는지 궁금해요. 그 사건에 대한 진실을 알고 싶어요." 그는 의심스러운 듯 눈을 가늘게 떴다.

나는 웃으며 말했다. "자, 가는 길에 말해줄게요!"

그렇게 나는 나의 새로운 후원자 조지와 함께 금요일 밤 A.A. 모임을 빠져나왔다.

조지는 사우샘프턴의 부동산 가격으로 따지면 최고가 거리 중 하나인 사우스 메인스트리트에 살고 있었다. 가격에 한해서는 우리 동네보다 한 단계 낮지만 사우스 메인에서 가장 저렴한 집이라 해도 300만 달러는 족히 나갔다. 우리는 그의 집, 프랑스 시골식 주방에 있는 고가의 참나무 테이블에 마주 보고 앉았다.

나는 그에게 마약중독 치료사 데니스 메이너드를 어떻게 죽일지에 대한 방법을 설명하고 있었다. 조지가 위조 소환장을 배달하려고 집에 찾아온 영장 배달부에 대한 짧은 에피소드를 내게 이야기해준 후에야, 나는 그가 그러한 일을 함께 도모할 적절한 사람이라고 판단했다. 조지가 소환장을 거부하자, 영장 배달부는 마호가니 문에 못으로 소환장을 박기 시작했다. 그러자 조지는 문으로 가서 영장 배달부가 망치를 들어 올릴 때까지 기다렸다가 문을 열어서 조명을 끄고는 문을 쾅 닫아버렸다. 모든 일이 너무 순식간에 일어나버려서 배달부가 경찰에게 아무것도 설명하지 못해 처벌받지 않았다고 했다.

"…그건 빌어먹을 비열한 짓이에요."라고 내가 말하고 있었다. "그 개자식이 스스로 전문가라면서 내가 정신병동에서 고통받는 동안 내 아내에게 날 찾아오지 말라고 했다는 사실은 잊어야겠죠! 사실 그것만으로도 다리를 분질러놓을 수 있어요. 하지만 아내를 유혹하려고 영화관에 가자고 했다는 건, 음, 그렇다면 죽어 마땅하겠죠?" 나는 화가 나서 고개를 가로저으며 거친 숨을 내쉬었다. 마침내 가슴에서 뭔가를 털어놓게 되어 기뻤다.

조지는 내 말에 동의했다. 그때부터 우리는 그 마약중

독 치료사를 죽이는 가장 좋은 방법에 대해 토론하기 시작했다. 먼저 유압 절단기로 그놈의 거시기를 자르는 것이었다. 하지만 조지는 이 방법이 충분히 고통스럽지 않다고 판단했다. 왜냐하면 그 치료사는 그의 거시기가 잘려 나가고 피를 흘리기도 전에, 그야말로 순식간에 쇼크 상태가 될 것이기 때문이다. 그래서 우리는 불로 생각을 바꿨다. 화형은 충분한 고통을 주기는 하지만 잘못하면 집까지 태워버릴 위험성이 있었다.

일산화탄소 중독은 너무 고통스럽지 않은 방법이어서 금세 얘기가 끝났고, 다음으로 음식에 독약을 넣어 독살하는 방법을 놓고 옥신각신했다. 결국에는 너무 전근대적인 방법이라 마음에 들지 않았다. 그리고 녹슨 칼로 그의 배를 찔러 창자에 상처를 내도록 마약중독자에게 5달러를 주는 방법도 생각했다. 조지는 이렇게 하면 피가 천천히 흐를 것이고, 특히 찔린 상처가 간 바로 위에 있으면 훨씬 더 고통스러울 것이라고도 했다.

그때 현관문이 휙 열렸고, 여자 목소리가 들렸다. "조지, 이 벤츠는 누구 거죠?" 친절하고 부드러운 목소리에 사나운 브루클린 억양이 더해져 "조지이, 이 벤쯔는 누구 거고?"라고 들렸다.

조금 있으니, 세상에서 가장 귀여운 여자 중 한 명이 주방으로 걸어 들어왔다. 조지가 큰 만큼, 그녀는 아주 작았다. 아마도 150센티미터에 45킬로그램쯤 돼 보였다. 붉은 금발 머리, 꿀 빛깔의 갈색 눈, 작은 이목구비, 그리고 주근깨가 꽤 흩어져 있는 완벽한 아일랜드계의 화사한 피부. 40대 후반이나 50대 초반으로 보였지만 관리를 아주 잘한 듯했다.

조지가 말했다. "애넷Annette, 조던에게 인사해. 조던, 애넷이에요."

악수를 하려고 했는데, 그녀는 따뜻한 포옹과 볼 키스를 해주었다. 그녀에게서 깨끗하고 신선한 향기가 났는데, 아주 값비싼 향수 냄새였다. 애넷은 미소를 지으며 마치 나를 살피는 것처럼 내 어깨를 붙들었다. "음, 제가 한 가지만 말씀드려도 될까요." 그녀는 솔직히 말했다. "당신은 조지가 집으로 데려오던 전형적인 양아치가 아니네요."

우리는 모두 그 말에 멈칫했다. 그러자 애넷은 양해를 구한 뒤 일상적인 집안일을 하러 갔다. 조지는 금세 표정이 편안해졌다. 탁자 위에는 순식간에 신선한 커피와 케이크, 페이스트리, 도넛, 갓 자른 과일 한 그릇이 놓였다. 그런 다음 그녀는 내가 너무 마른 것 같다며, 근사한 저녁 식사를 만들어주겠다고 했다. 그래서 나는 "43일 전에 저를 봤어야 해요!"라고 말했다.

우리는 커피를 홀짝이며 내 치료사에 대한 이야기를 계속 이어갔다. 애넷은 곧바로 시류에 편승했다. "그 사람 진짜 개새끼인 것 같은데요. 저한테 묻는다면," 작은 브루클린 폭죽이 말했다. "당신이 그놈의 고환을 잘라낼 권리가 있다고 생각해요. 안 그래요, 귀요미?"

귀요미? 그것은 조지에게 놀라운 별명이었다! 정말로 그에게 어울리지는 않았지만 마음에 들었다. 사실 새스콰치 Sasquatch[64]나 골리앗Goliath[65], 제우스Zeus가 더 잘 어울리지만.

덩치 큰 귀요미는 고개를 끄덕이며 말했다. "이 사람은 아주 고통스럽게 천천히 죽어도 싸다고 생각해. 그런 방법을 밤새 천천히 생각해봅시다. 그런 다음에 내일 계획을 세우죠."

나는 조지를 바라보며 고개를 끄덕였다. "물론이지요. 그놈은 고통스럽게 죽어 마땅해요."

애넷이 조지에게 말했다. "내일 그에게 무슨 말을 할 건가요, 귀요미?"

귀요미는 "그건 오늘 밤새 생각하고 싶다고 말하고 나서 우린 다음 날 계획을 세워야지."라고 말했다. 그는 쓴웃음을 지었다.

나는 웃으며 고개를 저었다. "당신들 너무하잖아요! 나한테 장난치는 줄 알았어요."

애넷은 "나는 아니에요! 나는 당신이 그의 고환을 자를 자격이 있다고 생각해요!" 이제 그녀의 목소리는 아주 당당한 어조로 변했다. "조지가 수많은 사람을 치료했지만 아내

---

64   미국 북서부의 산속에 산다는 사람 같은 큰 짐승
65   성경에 나오는 힘이 세고 엄청 큰 장군

를 제외한다는 말은 들어본 적이 없어요. 그렇죠, 귀요미?"

조지는 두툼한 어깨를 으쓱했다. "남의 치료 방식에 대해 이러쿵저러쿵하는 건 별로 좋아하지 않지만, 그 사람의 방식에는 어떤 인간적인 면이 빠진 것 같네요. 나는 수백 번 해봤지만, 내가 치료 과정에서 항상 확신하는 한 가지는 환자들이 자신이 얼마나 사랑받고 있는지, 옳은 일을 하고 정신을 차린다면 모든 사람이 그를 기다려줄 것인지 느끼고 이해해야 한다는 것입니다. 나는 절대 부부 사이를 떼어놓지 않을 거예요." 그는 다시 한번 어깨를 으쓱해 보였다. "하지만 끝이 좋으면 다 좋은 거죠? 당신은 지금 중독에서 벗어나 부인과도 관계가 회복되었으니 기적이죠. 물론 당신이 완전히 마약 충동에서 벗어났는지는 모르지만요."

"무슨 말이에요? 전 완전히 말짱해졌어요. 오늘이 43일째이고, 몇 시간 뒤면 44일째라고요. 술이고 마약이고 전혀 손대지 않았어요. 맹세해요."

"아아," 조지가 말했다. "술과 마약 없이 43일을 지냈지만, 그것이 실제로 중독을 벗어났다는 의미는 아니에요. 그건 차이가 있죠, 애넷?"

애넷은 고개를 끄덕였다. "켄턴 로즈Kenton Rhodes에 대해 말해줘요, 조지."

"백화점 아저씨 말인가요?" 내가 물었다.

둘 다 고개를 끄덕였고, 조지가 말했다. "네. 뭐 사실은 그의 멍청한 아들이죠, 왕위 계승자요. 그는 당신 집에서 멀지 않은 사우샘프턴에 살고 있어요."

갑자기 애넷이 이야기에 뛰어들었다. "예, 저는 여기에서 길 바로 위 윈드밀레인Windmill Lane에서 양복점을 하고 있었어요. 스탠리 블래커 부티크Stanley Blacker Boutique라고. 우리는 모든 멋진 양복을 다 팔고 있었죠, 토니 라마 부···."

조지는 자신의 아내라도 수다가 길어지는 걸 참아주지 않았고 바로 말을 끊어버렸다. "세상에, 애넷. 그게 이 이야기와 도대체 무슨 상관이 있어? 당신이 망할 가게에서 무엇을 팔았는지, 19년 전 내 세입자가 누구였는지는 아무도 신경 안 써." 그는 민망한 듯 나를 쳐다봤다.

조지는 산업용 냉장고 크기만큼 어마어마하게 숨을 들이마시더니 천천히 내쉬었다. "애넷이 요 앞 윈드밀레인에서 가게를 하고 있었고, 항상 가게 앞 도로변에 작은 메르세데스를 세워놓곤 했어요. 어느 날 가게 안에서 손님을 기다리고 있었는데, 창문을 통해 다른 메르세데스가 주차하면서 아내의 차 뒤 범퍼를 들이받는 것을 봤어요. 몇 초 후 한 남자가 여자 친구와 같이 내리더니 메모도 남기지 않은 채 시내로 걸어갔고요."

이때 애넷은 나를 보면서 눈썹을 치켜올렸다. 그리고 속삭였다. "내 차를 치고 간 건 켄턴 로즈였죠!"

조지는 그녀를 한 번 쏘아보며 말했다. "맞아요, 켄턴 로즈. 어쨌든 그걸 본 애넷이 가게 밖으로 나와서 불법주차와 뺑소니로 경찰을 불렀고, 경찰은 불법주차 스티커를 발부했어요. 한 시간쯤 후 그놈이 술에 곤드레만드레 취해서 나타나서는 주차위반 딱지를 보고 웃더니 갈기갈기 찢어서 길에다 던졌어요."

애넷은 참지 못하고 다시 끼어들었다. "그래요, 이 개자식이 너무 당당한 표정을 짓고 있어서 나는 곧장 뛰어가서 이렇게 말했죠. '애야, 네가 내 차를 들이받아서 움푹 패였을 뿐 아니라, 너는 뻔뻔하게도 소방 구역에 주차했고 주차 딱지 찢은 쓰레기를 바닥에 버렸어.'"

조지가 진지하게 고개를 끄덕였다. "이런 일이 일어나고 있을 때 우연히 지나가다가 애넷이 이 개자식한테 손가락질하면서 소리 지르는 모습을 보았고, 그놈이 아내에게 미친년이라고 욕하는 소리를 듣게 되었어요. 그래서 애넷에게 당장 가게로 들어가라고 말했고, 애넷은 이제 무슨 일이 일어날지 알고는 가게 안으로 들어갔죠. 한편, 퀜턴 로즈는 자기 벤츠에 타면서 나에게 뭔가 심한 욕을 해대고 있었어요. 그가 차 문을 쾅 닫고 시동을 걸어 버튼을 누르니 두꺼운 강화유리가 올라가더군요. 곤충처럼 보이는 커다란 포르세 선글라스를 쓰고 날 보고 히죽 웃더니 가운뎃손가락으로 욕을 날리더군요."

나는 웃으며 고개를 흔들었다. "그래서 어떻게 했어요?"

조지는 목을 굴렸다. "내가 뭘 어쨌게요? 온 힘을 다해 주먹으로 조수석 유리창을 쳤어요. 물론 산산조각이 났고요. 그놈 머리는 내 주먹에 맞아서 여자 친구의 무릎에 떨어졌고, 기절했죠. 건방진 표정으로 그 역겨운 포르셰 선글라스를 쓴 채로 말이죠.”

나는 웃으면서 “당신 잡혀갔겠네요?”라고 물었다.

그는 고개를 저었다. “확실하진 않은데. 음, 그때 옆에 있던 그놈의 여자 친구가 마구 소리를 질렀죠. ‘세상에, 네가 죽였어! 넌 미친놈이야!’ 그러더니 경찰서로 뛰어가서 경찰을 데리고 왔죠. 몇 분 후 켄턴 로즈가 정신을 차렸어요. 그때 온 경찰은 제 절친 피트 올랜도Pete Orlando였어요. 여자 친구가 운전석으로 달려가서 켄턴 로즈가 차에서 내리는 걸 도와서 유리 파편을 모두 털어내더니, 둘은 피트 올랜도에게 억울하다고 항변하면서 나를 체포하라고 요구했어요.

애넷이 뛰쳐나와서 ‘주차 딱지를 찢어서 바닥에 던졌어요, 피트. 빌어먹을 쓰레기라고요. 게다가 소방 구역에 주차했어요!’라고 말했지. 가만히 듣고 있던 피트가 차를 한 바퀴 둘러보더니 켄턴 로즈에게 불법주차 구역에 주차했으니 지금 당장 빼지 않으면 견인하겠다고 말했어요. 그러자 그놈은 씩씩거리며 불평을 늘어놓으면서도 차를 빼려고 차에 올라 슬슬 후진을 하는데, 그때 이 경찰 친구가 차를 세우더니 내리라고 했어요. 그놈이 왜 그러냐고 짜증을 내니까 ‘당신 입에서 술 냄새가 심하게 나는데 음주 측정을 해야 합니다.’라고 말했죠. 자기가 누군지 아느냐고 그놈이 고래고래 고함을 질렀지만 피트는 그를 음주운전 현행범으로 체포해서 경찰서로 끌고 갔지요."

우리 세 사람은 그 얘기를 듣고 한참이나 배꼽이 빠지게 웃어댔다. 맨정신으로 이렇게 웃어본 게 거의 10년 만인 것 같았다. 솔직히 이렇게 정신없이 웃어본 게 언제인지 기억도 나지 않는다. 조지는 그때 자기도 알코올중독 치료를 시작해서 맨정신이긴 했지만 정말로 술을 끊었다는 확신은 못 가졌었다고 했다. 술은 끊었지만 여전히 취한 것처럼 살고 있었다는 뜻이었다.

마침내 웃음이 진정된 조지가 말했다. "물론 당신은 똑똑한 사람이니까 이 얘기가 뭘 뜻하는지 알 거예요."

나는 고개를 끄덕였다. "그래요. 마약중독 치료사를 죽이는 것은 정신이 말짱한 사람이 할 행동은 아니죠."

"바로 그거예요. 물론 생각은 할 수 있고 농담은 할 수 있어요. 하지만 실제로 행동에 옮긴다면 온전한 정신으로 돌아오지 못했다는 걸 의미하죠." 그는 심호흡을 하고 천천히 말했다. "지금까지 20년 동안 술을 끊었지만 A.A. 모임에 매일같이 참석하고 있어요. 술을 마시지 않겠다고 다짐하는 것뿐 아니라 온전한 정신을 유지하기 위한 것이죠. 모임에서 당신 같은 신규 회원을 만날 때마다 술에 대한 유혹에 빠져들기가 얼마나 쉬운지 느낀답니다. 그리고 나보다 훨씬 더 오래된 회원들을 보며 A.A.에서 운영하는 프로그램이 얼마나 놀랍고, 그동안 얼마나 많은 사람의 목숨을 구했는지 새삼 알게 돼요."

그의 말을 이해할 수 있었다. "제가 진짜로 그놈을 죽이 겠다고 마음먹은 건 아니에요. 그냥 누구에게라도 털어놓 고 싶었어요." 나는 어깨를 으쓱 올리며 고개를 가로저었 다. "지금에 와서 돌아보면 켄턴에게 했던 행동이 심했다고 느끼겠군요. 지금은 20년이나 온전한 정신을 가진 분이니 이제 그런 개자식에게는 다른 쪽 뺨을 내주겠네요?"

조지가 눈을 크게 뜨며 허풍을 떨었다. "지금 농담해요? 내가 100년 동안 술을 끊었다고 해도 그런 개자식은 때려 잡고 말지!" 그 말에 우리는 배꼽을 쥐고 웃고 또 웃었다. 유쾌한 맨정신으로 1997년 여름을 그렇게 보냈다.

조지 부부와 가까워지는 만큼 나는 계속 웃었고, 공작부 인도 그랬다. 그리고 나의 옛 친구들은 하나둘씩 과거로 사 라져갔다. 그리고 마약을 끊은 지 1년이 되자 거의 모든 사 람과 연락이 끊겼다. 네이딘의 옛 친구인 비올 부부는 여전 히 곁에 있었지만 엘리엇 라빈, 대니 포루시, 롭 라루소, 토 드, 캐롤린 같은 이들은 만날 수 없었다.

물론 위그왐이나 보니, 로스 같은 사람들과 다른 어릴 적 친구들은 여전히 가끔 만나기는 했지만 이전처럼 자주는 아니었다. 쉽게 큰돈을 버는 일도 끝났고, 접착제와도 같았 던 마약도 이제는 안녕이었다. 결국 월스트리트의 늑대는 그날 밤 플로리다 보카러톤의 데이브와 로리 비올의 주방 에서 모르핀 과다복용으로 죽어버렸다. 그리고 내 마음속 에 약간이나마 남아 있던 늑대 근성은 조지를 만나면서 완전히 소멸되었다. 그가 나를 진정한 절제의 길로 인도했다.

물론, 내 가장 오래되고 친한 친구인 앨런 립스키는 1997년 가을에 내게 찾아와서, 고객의 돈을 잃는 것에 신물이 났으며 더는 참을 수 없고, 먼로파커를 계속 열어두는 것보다 아무것도 하지 않는 게 낫겠다고 말했다. 나도 그의 말에 동의했고, 그 직후에 먼로파커는 문을 닫았다. 몇 달 후 빌트모어가 뒤를 따랐고, 스트래턴 시대는 마침내 막을 내렸다.

내가 마침내 스티브 매든과의 소송을 해결한 것도 비슷한 시기였다. 말도 안 되는 금액이지만 500만 달러에 합의했다. 내 지분은 뮤추얼 펀드에 인수되었기 때문에 스티브 매든도 별로 이득을 본 것은 없었다. 나는 평생 스티브 매든을 약삭빠른 사람이라 생각할 것이다. 그런 일이 있었음에도 나는 여전히 주식 거래로 2,000만 달러 이상을 벌었다. 터무니없이 높은 내 기준에도 그건 결코 적은 액수가 아니었다.

한편, 공작부인과 나는 좀 더 조용하고 겸손한 방식으로 생활을 바꿨다. 조금씩 관리인력을 줄였는데, 마리아와 이그나시오, 로코 등 열 명쯤이 우리 집을 떠났다. 사실 범죄가 없는 동네에서 사설 경호원을 둔다는 것은 다소 우스꽝스러운 일이다. 보는 해고를 당당하게 받아들였고, 내가 살아서 이 모든 것을 이겨낸 것만으로도 행복하다고 말했다. 그리고 실제로 그런 말을 한 적은 없지만, 내 마약중독이 얼마나 극심했는지 알지 못했어도 그가 죄책감을 느꼈을 것이라고 확신했다.

어쨌든 공작부인과 나는 내 중독의 심각성을 꽤 잘 숨겼다. 그게 아니었다면 이 집의 모든 사람이 내게 무슨 일이 벌어지고 있는지 정확히 알고 있으면서도 계속 돈만 잘 벌어다준다면 상관없다고 생각했다는 거겠지.

물론 귄과 자넷은 계속 있었고, 그들이 공작부인은 모르는 내 수석 지원자라는 얘기는 하지 않겠다. 때로는 긁어 부스럼을 만들지 않는 게 나으니까. 자넷은 과거를 모른 척하는 데 전문가였고, 귄도 과거를 캐묻지 않는 남부 사람이었다. 어쨌든 나는 둘 다 사랑했고, 둘 다 나를 아껴줬다는 것을 알고 있었다. 간단히 말하면 마약중독은 망할 질병이고, 올바른 판단의 경계를 매우 모호하게 만든다. 특히 부자이자 기능장애인의 삶을 사는 사람에게는.

그리고 브루클린 베이리지의 공작부인은 내게 맞서 "이제 그만해요!"라고 말해준 유일한 사람이었다.

하지만 내가 온전한 정신으로 돌아온 지 1년쯤 지날 무렵부터 그녀에게서 미묘한 변화가 보였다. 가끔 그녀의 멋진 얼굴을 나 혼자 바라보곤 했는데, 흐릿하고 멍한 눈에는 슬픔의 흔적이 가득해 보였다. 그럴 때마다 아내가 무슨 생각을 하고 있을지 궁금해졌다. 계단에서의 그 비열한 순간뿐만 아니라 내가 마약에 취해 했던 온갖 쓰레기와 같은 끔찍한 모습들이 잠재의식 속에 남아 있는 것은 아닐까 하고 생각했다. 조지에게 물어보니 그는 알 수 없다고 말했고, 나는 내가 할 수 있는 일이 있을지 물었다.

그가 약간 슬픈 목소리로 이 모든 일이 아직 끝난 것이 아니라고 말했다. 네이딘과 내가 우리의 문제를 극복하고 나서 그냥 덮어버렸다는 게 말도 안 되는 일이라고 말이다. 사실 그가 술을 끊고 몇 년간 이런 이야기는 들어본 적도 없다고 했다. 공작부인과 나의 문제적 관계에 새로운 장이 열렸다. 그는 네이딘을 베수비오산Vesuvio山[66]에 비유했는데, 언젠가는 폭발할 휴화산이라는 거였다. 언제, 얼마나 사납게 폭발할지는 모르겠지만. 조지는 우리 부부에게 치료를 받으라고 권했지만 우리는 그렇게 하지 않았다. 대신 과거를 묻고 앞으로 나아갔다.

나는 가끔 공작부인이 울고 있는 모습을 보았다. 무슨 일이냐고 물으면, 아내는 왜 우리에게 이런 일이 일어났는지 이해할 수 없다고 말하곤 했다. 왜 내가 그녀에게서 돌아서서 마약에 빠져 있었을까? 왜 그녀를 그렇게 나쁘게 대했을까? 그리고 왜 이제야 좋은 남편이 된 걸까? 지금 내가 그녀에게 보여주는 친절한 행동들 때문에 그녀는 오랜 시간 동안 그렇게 보내지 못한 데 대해 분개하기도 했다. 우리는 사랑을 나눴고, 또다시 울고 있는 아내를 발견하기 전

---

66 이탈리아 남부 나폴리의 동쪽에 있는 활화산이며 폼페이를 매몰한 대분화가 유명하다.

까지는 잘 지냈다.

그래도 우리에게는 챈들러와 카터가 있었다. 카터는 막 세 돌이 되었다. 백금발과 기나긴 속눈썹으로 어느 때보다 멋있었다. 그는 노스쇼어병원에서의 그 끔찍한 날부터 특별하게 보호받고 있는 하나님의 자녀였다. 아이러니하게도 그날 이후로 그렇게 크게 우는 일은 없었다. 평생 불구로 살아가야 할지도 모른다고 했던 우려가 말끔히 씻겼고, 심장에 나 있던 구멍도 이제는 거의 닫혀서 더는 문제 될 일이 없었다.

아빠의 상처를 호오 불어서 치료해주던 엄지공주 챈들러는 여전히 아빠의 사랑스러운 딸이었다. 요즘은 사람들의 대화를 듣고 이것저것 정보를 모으고 다녀서 CIA라는 별명을 얻었다. 딸아이는 이제 막 다섯 살이 되었고 나이보다 훨씬 더 똑똑했다. 그녀는 은근히 압력을 넣어 내게서 원하는 바를 얻어내는 조그만 영업사원이었다. 물론 그게 그렇게 들어주기 어려운 일은 아니었지만 말이다.

가끔씩 챈들러가 잠든 모습을 바라보곤 했다. 그동안 그 아이를 둘러싸고 일어났던 혼돈과 광기를 어떻게 기억하고 있을까 궁금했다. 중요한 성격 형성기에 우리는 최대한 챈들러에게 그런 모습을 감추려고 애썼지만 아이들은 관찰력이 예리하다. 사실 채니는 자주 그날 계단에서 있었던 일을 끄집어내고는 했다. 그리고 엄마와 아빠가 다시 행복해질 수 있도록 내가 애틀랜타에 가서 정말 행복했다고 말하곤 했다. 그 얘기를 들으면서 나는 속으로 울었다. 그러면 어느 순간에 다시 빠르게 다른 이야기로 화제를 바꾸었다. 언젠가 그 모든 것을 설명할 날이 오겠지. 앞으로 그럴 시간이 있을 것이기에 당분간은 지금의 어린 시절을 행복하게 즐길 수 있게 해주는 것이 옳아 보였다.

이 순간, 딸아이와 나는 올드브룩빌에 있는 우리 집의 부엌에 서 있었고, 채니는 내 청바지를 잡아당기며 말했다. "새로운 애니메이션 비디오를 사러 블록버스터에 가고 싶어요! 약속했잖아요!"

사실 아무 약속도 안 했는데…내 딸이지만 존경스러웠다. 결국, 다섯 살 난 딸이 나에게 강매를 권하고 있었다. 그것도 약자가 아닌 강자의 입장에서 말이다. 저녁 7시 반이었다. "좋아. 그럼, 엄마가 돌아오기 전에 지금 당장 갔다 오자. 가자, 엄지공주!" 내가 두 팔을 앞으로 쭉 내밀자 딸아이가 폴짝 뛰어올라 작은 팔을 내 목에 감고는 깔깔거렸다.

"가요, 아빠. 빨리! 빨리!"

나는 이 완벽한 딸에게 미소를 지었고, 깊고 차분하게 숨을 들이쉬며 아기 냄새를 만끽했다. 너무도 행복한 순간이었다. 챈들러는 마음도 겉모습도 모두 아름다웠다. 자라서 언젠가는 이 세상에서 큰일을 할 것이라는 데 의심할 여지가 없었다. 그녀는 방금 눈이 반짝였는데, 태어나던 순간에 내가 알아차린 바로 그 반짝임이었다.

우리는 그녀가 가장 좋아하는 소형 벤츠를 타고 가기로 했고, 아름다운 여름 저녁을 즐길 수 있도록 덮개를 걷었다. 근로자의 날을 며칠 앞두고 있어 날씨가 화창했다. 맑고 바람 한 점 없는 밤이었고, 가을 냄새를 살짝 맡을 수 있었다. 16개월 전 난리가 났던 그날과는 달리, 내 소중한 딸을 조수석에 앉혀 벨트를 채우고, 아무것도 부딪히지 않고 천천히 진입로를 빠져나왔다.

가장자리에 있는 돌기둥을 지나는데 내 집 밖에 주차된 차가 눈에 띄었다. 회색 4도어 세단, 아마 올즈모빌Oldsmobile 모델일 것이다. 내가 차를 몰고 지나갈 때, 좁은 두개골에 옆 가르마를 탄 짧은 회색 머리를 한 중년 백인 남자가 운전석 창문 밖으로 머리를 내밀고 말했다. "실례지만, 여기가 크라이더레인Cryder Lane인가요?"

나는 브레이크를 밟았다. 크라이더레인? 무슨 얘기지? 올드브룩빌이나 로커스트밸리Locust Valley에는 크라이더레인이 없었다. 나는 채니를 바라보고, 공포가 엄습했다. 바로 그 순간, 나는 여전히 로코들이 나를 지켜보고 있었으면 했다. 이 만남은 뭔가 이상하고 불안했다.

나는 고개를 저으며 말했다. "아니요, 여기는 핀 오크 코트예요. 크라이더레인은 몰라요." 그 순간 차 안에 세 사람이 더 앉아 있는 게 보였다. 이런, 챈들러를 납치하러 온 거야! 나는 손을 뻗어 챈들러의 가슴에 팔을 얹고 눈을 바라보며 말했다. "꽉 잡아, 채니!"

내가 막 액셀러레이터를 밟으려 하자 올즈모빌의 뒷문이 열리면서 한 여성이 내렸다. 그녀는 웃으며 내게 손을 흔들었다. "괜찮아요, 조던. 당신을 해치려는 게 아녜요. 제발 도망가지 말아요." 그녀는 다시 웃었다.

나는 다시 브레이크에 발을 올려놓았다. "뭘 원하시죠?" 나는 퉁명스럽게 물었다.

"FBI에서 나왔어요." 그녀는 주머니에서 검은 가죽 지갑을 꺼내 휙 펼쳤다. 아니나 다를까, 세 활자 F-B-I가 내 얼굴을 똑바로 쳐다보고 있었다. 옅은 파란색 커다란 블록 문자였고, 그 위와 아래에 공식적인 모양의 글씨가 있었다. 잠시 후 좁은 두개골을 가진 남자도 자신의 신분증을 번쩍 들어 보였다.

나는 씁쓸하게 웃으며 말했다. "설탕이나 한 컵 빌리려고 온 건 아니겠죠?"

둘 다 고개를 저었다. 잠시 후 또 다른 두 명이 올즈모빌에서 내려 다가오며 자신들의 신분증을 보여줬다. 착해 보이는 그 여자가 내게 슬픈 미소를 보내면서 말했다. "집으로 들어가서 따님을 두고 나오시겠어요? 할 이야기가 있어요."

"그렇게 하죠. 배려해줘서 고맙습니다."

그 여자는 딸아이 앞에서 소란을 피우지 않는 예의에 대한 나의 감사를 받아들이며 고개를 끄덕였다. "콜먼 요원은 어디에 있죠? 본 지 너무 오래돼서 만나고 싶어 죽겠어요."

여자는 다시 미소를 지었다. "그도 같은 마음이겠죠. 아마 곧 도착할 거예요."

나는 체념하고 고개를 끄덕였다. 챈들러에게 나쁜 소식을 전할 때가 온 것이다. 아빠가 얼마간 집에 없다는 것부터 오늘 저녁에는 새로운 비디오를 사러 갈 수 없다는 것까지. 그 어느 것도 딸아이는 좋아하지 않을 텐데. 사실, 나는 내게 무슨 일이 생기지 않을까 걱정을 하긴 했었다.

나는 챈들러를 보며 말했다. "엄지공주, 아빠가 손님을 만나야 해서 블록버스터에 갈 수가 없어."

딸아이는 눈을 가늘게 뜨고 불평을 늘어놓았다. "안 돼! 아빠가 약속했잖아! 약속을 어기면 돼요? 지금 블록버스터에 가고 싶어! 약속했잖아!"

차를 몰고 집으로 돌아가자 챈들러는 계속 소리를 질렀고, 집 안으로 들어올 때까지 울면서 보챘다. 나는 귄에게 딸아이를 맡기고 짧게 말했다. "네이딘에게 전화해서 FBI가 날 체포하러 왔다고 말해줘요."

귄이 말없이 고개를 끄덕이며 챈들러를 데리고 위층으로 올라갔다. 챈들러가 보이지 않자 친절한 FBI 여성 요원이 내게 수갑을 채웠다. "당신을 주식 사기와 돈세탁 혐의로 체포합니다."

그녀가 내게 수갑을 채우고 인간과 하나님, 그리고 다른 모든 이에 대한 나의 죄를 열거하는데, 그저 뭐라고 중얼대는 것처럼 들렸다. 솔직히 아무 말도 제대로 들리지 않았다. 그렇게 말하는 것이 내게는 완전히 무의미하고 들을 가치가 없었기 때문이다. 어쨌든 나는 내가 저지른 일을 알고 있었고 어떤 벌이 주어져도 달게 받아야 한다는 사실도 알고 있었다. 게다가 내 변호사와 함께 체포영장을 검토할 시간도 충분히 있을 거고.

잠시 후 우리 집에는 스무 명이나 되는 FBI 요원이 우글거렸다. 마치 범죄단체라도 제압하러 온 듯 하나같이 총과 방탄조끼, 탄약 등으로 중무장하고 있었다. 뭔가 아이러니한 생각이 들었다.

몇 분 후 특수요원 그레고리 콜먼이 마침내 나타났다. 나는 그를 보고 깜짝 놀랐다. 내가 생각한 것과 달리 매우 어려 보였다. 내 키 정도에 짧은 갈색 머리, 짙은 눈, 고른 이목구비, 아주 평범한 체격을 가진 남자였다.

그가 내게 미소를 짓고는 오른손을 내밀었다. 내 손은 수갑을 차고 있어서 비록 조금 어색하긴 했지만, 우리는 악수를 했다. 그는 존경하는 듯한 어조로 말했다. "당신은 치밀한 숙적이었어요. 지금까지 수백 개의 문을 두드렸지만 어느 하나 열리질 않더군요. 당신 주위의 누구도 내게 협조하지 않았어요." 그는 스트래턴 직원들의 굳건한 신의에 깊은 인상을 받은 듯 고개를 가로저었다. 그러면서 "당신이 그걸 알고 싶어 할 거라고 생각했어요."라고 덧붙였다.

나는 어깨를 으쓱하며 말했다. "그럼요. 그 정도는 돼야 세상이 인정해주겠죠?"

그는 입꼬리를 낮추고는 고개를 끄덕였다. "물론 그렇기는 하죠."

그때 공작부인이 집 안으로 뛰어 들어왔다. 눈에는 눈물이 가득 고여 있었지만 여전히 아름다웠다. 체포되는 순간에도 그녀의 다리를 훔쳐보지 않을 수 없었다. 특히 이 예쁜 다리를 언제 다시 볼 수 있을지 확신할 수 없었기 때문이다.

FBI가 나를 데리고 나가자 공작부인은 내 뺨에 입맞춤을 해주며 걱정하지 말라고 말해주었다. 나는 고개를 끄덕이며 사랑한다고 말했고, 앞으로도 영원히 그럴 거라고 말했다. 그리고 어디로 가는지도 모른 채 FBI에 이끌려 집을 떠났다. 맨해튼 어딘가에 있는 유치장으로 갔다가 연방 법정에 서게 될 거라고 막연히 생각했다.

돌이켜보면 그때 나는 어느 정도 안도감을 느꼈던 것 같다. 그 모든 혼돈과 광기가 마침내 끝날 것이었기에. 나는 죗값을 치른 다음 두 아이의 아빠이자 마음씩 착한 여자의 남편으로서 새로운 인생을 출발하고 싶었다.

다 잘될 거니까.

배신자들

사실 공작부인과 내가 행복하게 살았더라면 좋았을 것이다. 내 뜻대로 할 수 있었다면, 나는 형기를 마치고 나와서 아내의 사랑스러운 품으로 돌아갔을 것이다. 하지만 동화와는 달리 해피엔딩이 아니었다.

판사가 내게 1,000만 달러에 보석을 허가해서 법정 계단을 내려오는데 공작부인이 내게 폭탄선언을 했다.

"난 이제 당신을 사랑하지 않아요. 우리 결혼생활은 끝났어요." 그러고 나서 발걸음을 돌려 휴대전화로 이혼전문 변호사에게 전화를 걸었다.

물론 나는 그녀의 마음을 돌리려고 온갖 애를 써봤지만 소용없었다. 아내는 코웃음을 치며 "사랑은 목각 인형과 같아요. 아무것도 남지 않을 때까지 계속 깎아가는 거죠."

그래, 그럴지도 모르지. 내가 기소될 때까지 기다렸다는 사실만 아니었다면! 이 뒤로 호박씨 까는 년!

어쨌든 우리는 몇 주 후에 헤어졌고, 나는 사우샘프턴에 있는 멋진 해변가 집으로 갔다. 그곳은 현실의 벽이 무너져 내리는 모습을 바라보기에 꽤 좋은 장소였다. 대서양의 부서지는 파도 소리를 들으며 시네코크만의 숨이 멎을 듯한 일몰을 바라보기에도 안성맞춤이고.

한편, 재판은 상황이 더 악화하고 있었다. 보석으로 나온 지 나흘째 되던 날, 미국 변호사가 내 변호사에게 연락해서는 내가 유죄를 인정하고 협조하지 않으면 공작부인을 추가로 기소하겠다고 말했다. 혐의를 구체적으로 밝히지는 않았지만, 그녀는 돈을 엄청나게 물 쓰듯 한 죄밖에 없는데 그게 죄가 될 수는 있을까?

어쨌든 세상이 뒤죽박죽이었다. 먹이 사슬의 맨 위에 있는 내가 어떻게 나 살자고 아래 있는 사람들을 희생시킬 수 있을까? 작은 물고기들을 포기한 게 내가 마을에서 제일 큰 물고기라는 사실을 상쇄한 걸까? 새끼 50마리를 고래 한 마리로 치는 것처럼 단순한 문제일까?

하지만 검찰에 협조한다는 건 내가 총대를 메야 하는 걸 의미했다. 나는 재판에서 내 친구들에게 불리한 증언을 해야 하고, 지난 10년간 저지른 범법 행위를 낱낱이 까발려야 하는 것이다. 정말 끔찍한 일이었지만 선택의 여지가 없었다. 내가 협조하지 않으면 공작부인에게 수갑을 채워 끌고 간다니.

처음에는 수갑을 차고 기소된 공작부인을 보는 편이 좋겠다고 생각했다. 둘이 함께 기소된다면 이혼도 재고할 테니까. 하지만 그건 절대 안 될 일이었다. 아내는 내 아이들의 엄마였으니까.

변호사도 적극적으로 나를 설득했다. 나와 같은 경우 모든 사람이 검찰에 협조했으며, 만일 내가 협조를 거부하고 법정다툼을 벌여 공판에서 패소한다면 적어도 30년 형을 선고받을 거라고 했다. 그리고 6년 혹은 7년 치 유죄만 인정할 수도 있었지만, 그렇게 하면 공작부인이 기소되어야 했기 때문에, 절대 그렇게 할 수가 없었다.

어쩔 수 없이 협조하기로 했다.

그 결과 대니가 기소되었고, 빌트모어와 먼로파커도 마찬가지였다. 대니는 20개월을 선고받았고 다른 친구들은 집행유예 형을 받았다. 다음으로 빅터 왕이 기소되었고 검찰에 협조했지만 8년 형을 선고받았다. 비열한 구두장이 스티브 매든과 엘리엇 라빈도 죄를 인정했고 각각 3년 반과 3년을 선고받았다. 마지막으로 셰프 데니스 가이토는 협조를 거부하고 재판까지 갔지만 패소함으로써 10년 형을 선고받았다.

위그왐 앤디 그린과 깍두기 케니 그린은 범법 행위에 깊이 관련되어 있었지만 용케 기소를 면했다. 하지만 몇 년 후 스트래턴과는 관계없는 주식 사기 사건으로 기소되었고 다른 친구들처럼 검찰에 협조해서 12개월을 선고받았다.

한편 공작부인과 나는 다시 사랑에 빠졌다. 각기 다른 사람이기는 했지만. 나는 약혼까지 했지만 마지막 단계에서 파혼했고, 네이딘은 재혼해서 지금까지 잘 살고 있다. 그녀는 나와 얼마 떨어진 캘리포니아에 살고 있다. 우리는 힘든 몇 년을 보내고서야 서로 화해했고, 지금은 잘 지내고 있다. 그녀가 훌륭한 여성인 덕분이기도 하고, 그녀의 새 남편이 훌륭한 사람인 덕분이기도 하다. 우리는 아이들의 양육권을 공유하고 있고, 나는 거의 매일 아이들을 보며 살고 있다.

의외로 나는 기소되고 5년이 지나서 수감되었으며, 연방 교도소에서 22개월을 복역했다. 그리고 미처 짐작하지 못했는데, 사실 백만 년은 아니었지만 지난 5년은 그 이전의 5년만큼이나 정신없었다.

감사의 말

매우 난장판인 내 원고 세 페이지를 읽고 나서, 내가 하던 모든 것을 접고 전업 작가가 되라고 말했던, 나의 문인 대리인 조엘 고틀러Joel Gotler에게 무한한 감사를 표합니다. 그는 내게 글 코치이고 고문이자 정신과 의사였으며, 무엇보다도 진정한 친구였습니다. 그가 없었다면, 이 책을 결코 쓰지 못했을 것입니다. (만약 당신의 이름이 혹시 이 책에 있다면 내가 아니라 그를 탓하세요!)

또 처음부터 저를 믿어주신 어바인애플바움Irwyn Applebaum 출판사에도 감사드립니다. 이 책이 잘 마무리된 것은 전부 저를 믿어주신 덕분이라고 생각합니다.

편집자 대니엘 퍼레즈Danielle Perez에게 무한한 감사를 드립니다. 1,200페이지짜리 원고를 500페이지짜리 책으로 바꿔놓았습니다. 편집자 세 명분의 작업을 혼자 해냈죠. 그녀는 자신만의 스타일과 우아함을 모두 갖춘 대단한 여성입니다. 9개월이 넘는 지난 시간 동안 그녀가 나에게 가장 많이 했던 말이 "당신의 간이 어떻게 생겼는지 보고 싶지 않아요!"였으니까요.

멋쟁이 여장부 알렉산드라 밀찬Alexandra Milchan 감독에게 깊은 감사를 드립니다. 모든 작가가 알렉산드라 밀찬 감독과 인연이 닿을 만큼 운이 좋았다면, 세상에는 굶주리는 작가가 훨씬 적을 겁니다. 그녀는 거칠지만 친절하고 똑똑하며, 멋진 겉모습과 마찬가지로 속마음도 아름답습니다. 역시 그 아버지에 그 딸인 것 같습니다.

그리고 제 좋은 친구인 스콧 램버트Scott Lambert, 크리스 메스너Kris Mesner, 조니 마린Johnnie Marine, 마이클 페라진Michael Peragine, 키라 랜다조Kira Randazzo, 마크 글레이저Marc Glazier, 파예 그린Faye Greene, 베스 고틀러Beth Gotler, 존 매칼루소John Macaluso, 그리고 제가 이 책을 썼던 레스토랑과 커피하우스의 모든 웨이터와 웨이트리스에게도 정말 감사드립니다. 특히 차야Chaya와 스카이바Skybar, 커피빈Coffee Bean의 소녀들, 그리고 일 보카치오Il Boccaccio의 조Joe에게 감사를 전합니다.

그리고 마지막으로 전 부인 브루클린 베이리지의 공작부인에게 감사드립니다. 마치 내가 아직도 진짜 남편인 것처럼 막 대하지만 그녀는 여전히 최고입니다.

더 울프 오브 월스트리트

초판 1쇄 발행 2022년 1월 20일
초판 4쇄 발행 2022년 2월 20일

지은이 조던 벨포트
옮긴이 장지웅
발행인 장지웅
편집 선우지운
마케팅 이상혁

디자인 소요 이경란
교정교열 김영희 이상희

펴낸곳 여의도책방
인쇄 한영문화사
출판등록 2018년 10월 23일(제2018-000139호)
주소 서울시 영등포구 여의나루로 60 여의도포스트타워 13층
전화 02-6952-2431
팩스 02-6952-4213
이메일 esangbook@lsinvest.co.kr

ISBN 979-11-91904-11-6 (03320)